Meinhard Stark

Frauen im Gulag

Alltag und Überleben. 1936 bis 1956

Carl Hanser Verlag

Die Forschungen zu diesem Buch
wurden von der Volkswagen-Stiftung gefördert.

1 2 3 4 5 07 06 05 04 03

ISBN 3-446-20286-2

Satz: Fotosatz Reinhard Amann, Aichstetten
Druck und Bindung: Kösel, Kempten
Printed in Germany

Inhalt

1. Überlieferungen

Das Häuschen war von einem Bretterzaun umgeben und stand gleich neben dem Friedhof. Notdürftig war das Dach mit Teerpappe gedeckt, über die einige Leisten genagelt waren. Wenn man durch die Eingangstür ging, mußte der Kopf eingezogen werden. In der warmen Küche stand ein großer russischer Lehmofen. Eine dahinter aus Brettern gezimmerte Liege erinnerte eher an eine Pritsche, obwohl auf ihr eine Matratze und eine Zudecke lagen. An den Wänden der kleinen Zimmer hingen selbstgefertigte Heiligenbilder. Jeweils in einer Ecke stand ein Altartischchen, auf dem tagsüber ständig eine Kerze brannte. Hier lebten Ende der 1990er Jahre Serafima Alikina und ihre Schwester Aleksandra Okunjewa.[1] Annähernd fünf Jahrzehnte zuvor hatten sowjetische Sicherheitsbeamte in einem Dorf bei Tschistopol die jungen Frauen verhaftet. Das Vergehen: ihr religiöser Glaube. Die Strafe: Serafima 25 Jahre, Aleksandra 5 Jahre Haft. Sie sind zwei von 91 Frauen, die sich an ihr jahrelanges Leben und Leiden im Gulag erinnern.[2] Das Gespräch mit den gläubigen Schwestern fand im Frühjahr 1998 statt. Mehr als acht Stunden erzählten die ehemaligen Häftlinge aus ihrem Leben, erstmals so ausführlich und detailliert. »Ich habe Angst davor, mich zu erinnern«, sagt die 82jährige Serafima an einer Stelle, »wenn ich daran zurückdenke, muß ich sofort weinen. Manchmal kann ich gar nicht glauben, daß ich das war im Lager und das alles aushalten konnte. Die Kälte, der Hunger, nackt in der dunklen Strafzelle, zwischen Ungeziefer und Ratten. Es fällt mir heute manchmal schwer zu glauben, daß ich das alles überstanden habe.«[3] Bevor die Schwester Aleksandra begann, ihre Lebensgeschichte zu erzählen, betete sie und bekreuzigte sich. Nach Erinnerungen an die Kindheit und Jugend in den 1920er und 1930er Jahren kam sie schnell auf die Verhaftung und die Zeit im Lager zu sprechen. Immer wieder stockte der Redefluß, suchte die Frau nach Worten. »Es ist nicht so, daß ich das alles vergessen habe«, warf Aleksandra entschuldigend ein, »aber es regt mich zu sehr auf, wenn ich davon

Serafima Alikina und Aleksandra Okunjewa in ihrem Häuschen, 1998.

erzähle. Die Hände und Füße beginnen zu zittern.« Nach 30 Minuten bricht die 79jährige ihre Erzählung ab. Sie kann vor Erregung nicht weitersprechen. »Das Überleben war doch kein Spaß«, sagt sie zum Schluß. Die ältere Schwester nimmt das Gespräch wieder auf und erzählt über die Jahre davor und danach. Irgendwann sagt sie: »Wir müssen uns erinnern und dürfen das Geschehene nicht vergessen.«

Diesem Anliegen fühlen sich auch andere ehemalige Lagerhäftlinge verbunden. Die Jüdin Nadeschda Joffe betrachtet ihre in der Sowjetunion Anfang der 1970er Jahre heimlich aufgeschriebenen Lagererinnerungen als Pflicht jenen gegenüber, »die mit mir in den Gefängniszellen und auf den Doppelpritschen der Lager für die Langzeithäftlinge in Kolyma saßen, die hinter den Gittern der Stolypin-Waggons reisten, denen, die neben mir in Reih und Glied marschieren mußten.«[4] Die in der Sowjetunion aufgewachsene und seit einigen Jahren in Deutschland lebende Luise Hörmann fühlte die Verpflichtung, an ihren Vater, an ihre zwei Brüder und an all die Gestorbenen zu erinnern. »Den Toten bin ich das schuldig«, lautet ihr Fazit.[5] Ähnlich empfindet die

Russin Anna Kandalina. Sie hat 40 Jahre darauf warten müssen, wie sie meint, ehe jemand kam, dem sie ihre Hafterlebnisse mitteilen konnte. »Ich möchte, daß man die Wahrheit erfährt und offen darüber spricht, wobei ich dabei nicht an mich denke«, äußert sie an einer Stelle, »die Menschen sollen erfahren, was die Sowjetmacht dem Volk angetan hat.«[6] Auch Irmgard Schünemann möchte mit ihren Erinnerungen Zeugnis ablegen, nicht nur für sich, »sondern für alle, die dort für nichts und wieder nichts ihr Leben lassen mußten«.[7] Maria Dyck schreibt am Ende ihres 33seitigen Berichtes: »Die Welt muß es wissen, muß unser Los kennen, damit sich dieses Grauen nicht wiederholt.«[8] Die Weißrussin Praskowja wollte, wie sie sagte, einfach über ihre Leidenszeit mit jemandem sprechen. Aufschreiben konnte die 88jährige nichts, denn die Erinnerungen versetzten sie jedesmal in kaum beherrschbare Erregung.[9] Während der Zeit der Perestroika, Ende der 1980er Jahre, schrieben viele Zeitungen in der Sowjetunion über Verfolgte des staatlichen Terrors. Aber warum berichtete man nur über die »großen Leute«, über Militärs, Gelehrte und Mitglieder des ZK der Partei, beklagte Sinaida Gribina-Kaverina, warum war so wenig über einfache Menschen zu lesen?[10] Der Moskauer Verlag Nowyi Mir brachte 1990 Alexander Solschenizyns Buch »Archipel GULAG« heraus. Das Buch wurde millionenfach vertrieben und war in der zerfallenden UdSSR in aller Munde. Überlebenden des Terrors machte man es zum Geschenk. Nicht wenige sahen sich jedoch erneut als Objekt, als »lebendige Exponate«, wie Nora Pfeffer ihr in Moskau entstandenes Gedicht nannte: »Heute sind wir große Mode. Wir – und die vielen Toten. Und die wenigen lebendigen Exponate, die den Vorzug haben, ausgefragt werden zu können. Und man fragt uns aus – aus purer Neugier, aus augenblicklanger Teilnahme. Und wir erzählen auch zuweilen etwas aus jenem Leben, um nicht unhöflich zu erscheinen, und auch, damit sich nie wiederhole das Golgatha von Millionen. Und es gibt auch welche unter euch, denen sich das Herz umdreht im Leibe vor Wehe. Und es gibt auch welche unter euch, denen die Tränen über die Wangen rollen bei unsrem Erzählen. Aber bitte, macht euch Gedanken darüber, daß wir dabei unsere Wunden spüren, in den Eingeweiden unserer Seele wühlen und grausame Schatten heraufbeschwören, als ob sie wieder lebendig wären. Aber bitte, macht euch Gedanken darüber, daß wir das neugierige und auch das mitleidüberströmte Ausfragen mit Qualen der Einsamkeit schlafloser Nächte und dem Wüten teuflischer Mächte in alpschweren Träumen bezahlen.«[11]

Gespräche

Anfang der 1990er Jahre verebbte das Interesse der Medien und der Öffentlichkeit an den ehemaligen Gulag-Häftlingen. In dieser Zeit begannen die Forschungen für dieses Projekt. Im Verlauf der vergangenen zehn Jahre haben sich 37 Frauen bereit erklärt, über die Leidensjahre im Lager und in der Verbannung zu erzählen. Die jüngste unter ihnen war Ende 60, die meisten weit über 80 Jahre alt. In Berlin stieß ich auf die ersten Frauen, die mich später auch mit anderen Leidensgefährtinnen bekannt machten.[12] Viele Ehemalige meldeten sich auf eine Zeitungsannonce in Deutschland. Andere Kontakte vermittelten die Häftlingsorganisationen MEMORIAL in Tschistopol (Tatarstan) bzw. ADILET in Karaganda (Kasachstan). Die Wohnungen der oft alleinlebenden Frauen waren meist bescheiden und praktisch eingerichtet. Bücher fanden sich da und dort, bei mancher ein ganzes Regal, und an den Wänden hingen Fotos von Familienangehörigen. Durchschnittlich zehn Stunden währten die Gespräche, in denen die Frauen sich an ihre Kindheit und Jugend erinnerten, die Untersuchungshaft, den Transport ins Lager, die Jahre hinter Stacheldraht und jene danach. Immer wieder ist von Mitgefangenen, Freundinnen wie Rivalinnen, die Rede, denen sie in den Haftjahren begegneten. Mit Verbitterung oder gar Haß sprachen die Verfolgten selten; meist hingegen mit souveräner Sachlichkeit, zuweilen mit nachdenklicher Trauer und tränenden Augen. Alle Frauen erzählten erstmals in dieser Ausführlichkeit über ihr Leben. Die in der Sowjetunion und in der DDR Lebenden schwiegen in den ersten Jahren nach der Haftentlassung, vor allem aus Angst vor erneuter Verfolgung. Wer über die Verfolgung in späteren Jahren öffentlich redete, lief Gefahr, nicht nur selbst sozial ausgegrenzt zu werden, sondern auch das berufliche Vorankommen der eigenen Kinder zu gefährden. Sofia Main verweigerte noch aus einem anderen Grund ihrer Tochter biographische Mitteilungen: Sie wollte die 1946 im Lager geborene Elvira nicht mit ihren Hafterfahrungen emotional belasten. Auch von einem kleinen Tagebuch, das die Gefangene einige Wochen führte, wußte die Tochter nichts. Erst 1995, als die kleine Familie nach Deutschland übersiedelte, ließ Sofia Einblick in die heimlich gemachten Aufzeichnungen im Lager nehmen.

Das zwar auch heute beschränkte, aber immerhin bestehende öffentliche Interesse, das Gefragtwerden kam den Frauen entgegen und überwand ihre Jahrzehnte bestehende Angst zu sprechen und half ihnen, sich detailliert zu erinnern. Dadurch gelang eine Stimulierung des Gedächtnisses und eine schrittweise Annäherung an Vergangenes. Nicht alles Erlebte und Erfahrene ist für die einzelne jedoch gleichermaßen erinnerbar, die Rückschau bleibt lückenhaft. »Manches habe ich total vergessen, von einigen Ereignissen den Zusammenhang verloren«, räumt Maria Dyck ein, »anderes dagegen steht so deutlich vor meinen Augen, als sei es gestern geschehen.«[13] Aber nicht alles Erinnerte ist auch aussprechbar. Vor allem Situationen, in denen die Frauen völlig ausgeliefert waren und seelische oder körperliche Demütigungen zu ertragen hatten, sind schwer vermittelbar. Manches Erlebnis kleideten die Gesprächspartnerinnen nur zögerlich in leise Worte und schreckten dann doch vor der Öffentlichkeit zurück.

Niemand kann sich an alles gleichermaßen gut erinnern. Manche Erlebnisse und Erfahrungen verdrängten die Frauen, zu mancher Erinnerung oder Niederschrift fehlte einfach die Kraft. Alle Frauen litten gleichermaßen und jede für sich selbst und auf ihre Art. Mimi Brichmann meint, sie hätte während ihrer achtjährigen Lagerhaft *noch Glück* gehabt und nicht so schmachten müssen wie andere Frauen. Frieda Mayer-Melikowa wurde kurz vor dem Ende ihrer achtjährigen Haft erneut im Lager festgenommen und erhielt weitere acht Jahre. Sie dachte an Selbstmord, scheute aber als gläubige Frau davor zurück. Der Schmerz war individuell und sperrt sich gegen eine Hierarchie des Leidens, die vermerkt, wer mehr oder wer weniger schwere Lagerjahre zu bewältigen hatte. Selbst wenn manch äußere Lagerumstände in der Erinnerung positiv ausfallen, so können die dort ertragenen inneren Verletzungen bis heute anhalten. Zudem waren die Wertmaßstäbe verschoben, denn die Frauen orientierten sich immer weniger an den Erfahrungen *vor*, als an denen *während* der Haft. Wenn manche Häftlinge, etwa Elinor Lipper, Susanne Leonhard oder Jewgenia Ginsburg, häufiger oder ausführlicher als andere zu Wort kommen, darf auch dies nicht als eine Rangfolge des persönlich Erlittenen aufgefaßt werden. Die Überpräsenz mancher Berichte ist lediglich der individuellen Überlieferung geschuldet und schmälert keinesfalls das Leid der anderen Mitgefangenen.

Die Erfahrungen aller Überlebenden gestatten mosaikartig ein Bild des Geschehens, obgleich das Erinnerte, ausgesprochen oder niedergeschrieben, nicht reale, sondern angenäherte Vergangenheit darstellt. Aber es ist die einzige Chance über die Haft im Gulag etwas zu erfahren, und zwar von jenen, die hinter dem Stacheldraht litten. Gerade sie kommen zu Wort, die ehemaligen weiblichen Gefangenen. In ihren Erfahrungen zeigen sich sowohl allgemeine Tendenzen des Erlebten, als auch verschiedene Extreme. Orte und Zeiten lassen sich allerdings aus unterschiedlichen Gründen nicht immer genau bestimmen. An einen erinnert sich Tamara Ruschenzewa: »Man schlug mich zu lange in der Lubjanka und Butyrka, während der Transporte und in den Lagern. Mein Gedächtnis hat man kaputtgeschlagen. Besonders vergessen habe ich die Daten und Namen der Orte, wohin mich das Schicksal trieb, oder besser gesagt Stalins Regierung.«[14] Frieda Mayer-Melikowa sieht eine andere Ursache für das Erinnerungsdefizit in der Schwere des Durchlebten. Starke seelische und körperliche Erschütterungen können die Fähigkeit des Gedächtnisses, Erlebnisse zeitlich und räumlich zu bestimmen, durchaus beeinträchtigen. Andere Daten oder Orte werden dagegen zu Klammern der Erinnerung, innerhalb derer das Erlebte geschildert wird. Zudem wechselten die Gefangenen befehlsgemäß alle ein bis zwei Jahre den Lagerort. In der ständigen Neuverteilung sah die Lageradministration ein wichtiges Instrument der Kontrolle über die Häftlinge. Die Überlieferungen beziehen sich daher auch auf kein einzelnes Lager oder einen bestimmten Zeitraum, sondern auf Erfahrungen, die Frauen zwischen 1936 und 1956 im weitverzweigten Archipel Gulag machten. Diese Herangehensweise birgt in sich jedoch auch den Nutzen, ähnliche äußere Bedingungen und Erfahrungen der Lagerhaft an verschiedenen Orten und zu unterschiedlichen Zeiten in den Blick zu nehmen und auf eine gewisse Kontinuität der Lagerzustände zu verweisen.

Berichte

Neben den lebensgeschichtlichen Gesprächen sind 14 unveröffentlichte Berichte von ehemaligen Gulag-Frauen ausgewertet worden, die MEMORIAL St. Petersburg und Krasnojarsk bzw. einzelne Gefan-

Frieda Mayer-Melikowa während eines Gespräches, 2002.

gene zur Verfügung stellten. Die meisten davon entstanden Ende der 1980er Jahre in der Sowjetunion, zu einer Zeit, als auch Frieda Mayer-Melikowa ihre Aufzeichnungen begann. Nun mußte sich die über 80jährige beeilen, denn sie erblindete zusehends. Lieber hätte sie gleich im Herbst 1962 mit ihrer Niederschrift begonnen. Zu diesem Zeitpunkt kehrte die Deutsche nach 16 Jahren im Lager und vierjähriger Verbannung in ihre Heimatstadt Tbilissi, Georgien, zurück. »Nur wenige nahmen mich mit offenem Herzen auf. Mißtrauen und Mißachtung uns Gewesenen gegenüber war die Einstellung der meisten. Als ich das auch von meinen nächsten Angehörigen zu spüren bekam, reifte in mir die Überzeugung, daß es meine moralische Pflicht ist, über meine Familie und mich selbst zu erzählen.« Angst hielt Frieda Mayer-Melikowa Jahrzehnte zurück, erst im Oktober 1997 erschienen ihre Erinnerungen im Selbstverlag.[15]

Helena Kutscherowa-Koch begann Ende der 1960er Jahre Aufzeichnungen über ihre achtjährige Lagerzeit zu machen. Plötzlich mußte sie schreiben, erinnert sie sich: »Es gibt Gedanken, die man mit niemandem besprechen kann. Das mußte ich niederschreiben, und das war für mich eine Erleichterung.« Sie verstand ihre Notizen und Gedichte aber auch als Gegenrede auf die Geschichtsverfälschung in der Sowjetunion. Das Schreiben behielt die Frau für sich, nicht einmal ihr Ehemann hatte Kenntnis davon. Wenn er schlief, setzte sie sich an den Tisch und begann mit der Niederschrift. Manchmal wartete sie auf diese Abende, an denen sie wieder ein paar Zeilen zu Papier bringen konnte. Bis heute liegen ihre Manuskripte ungedruckt in einer Schublade.[16]

Zu den 40 publizierten Erinnerungen, die für dieses Buch herangezogen wurden, gehört eine 1991 erschienene Bilderchronik über den Gulag. Jefrosinija Kersnowskaja vertraute bereits in den Jahren 1963 und 1964 mehreren Schulheften ihre biographischen Erfahrungen an. Schließlich entstanden ca. 700 farbige Zeichnungen und 1500 Textseiten, die das Lagerleben beschrieben. Ursprünglich drängte die kranke Mutter, sie wollte mehr über das Schicksal der Tochter erfahren. Am Grab der Mutter, die vor der Fertigstellung gestorben war, sagte Jefrosinija: »Mama! Meine gütige Alte! Ich habe deinen Wunsch erfüllt. Alles, was hier geschrieben steht, ist die Wahrheit. Und die Wahrheit währt ewig. Aber manchmal ist diese Wahrheit grausam. Sollte man eine solche Wahrheit nicht aus dem Gedächtnis bannen? Aber was bleibt dann? Eine Leere, in die sich die Lüge einschleichen kann!«[17] Die frühesten Berichte, die das Leben weiblicher Häftlinge im Gulag schildern, entstanden verständlicherweise außerhalb der UdSSR. Die Polin Marta Rudzka schildert in ihren 1948 verlegten Erinnerungen »Workuta. Weg zur Knechtschaft« die Deportation aus der Westukraine und ihre zweijährige Odyssee durch sowjetische Gefängnisse und Lager.[18] Die frühe Freilassung im Jahr 1941 verdankte die einstige Gutsherrin einer Amnestie für polnische Staatsbürgerinnen und -bürger, die sich teils der polnischen Armeeformation unter dem Befehl von Wladyslaw Anders im Kampf gegen die deutschen Okkupationstruppen anschlossen. Im Gegensatz zu diesem weithin vergessenen Bericht erlangte das 1949 erschienene Buch »Als Gefangene bei Stalin und Hitler. Eine Welt im Dunkel« von Margarete Buber-Neumann internationale Popularität.[19] Die 1940 vom sowjetischen Volkskommissariat des Innern, NKWD, an die deutsche Gestapo ausgelieferte Autorin schildert in ihrem Bericht sowohl ihren Arrest im Moskauer Butyrka-Gefängnis und in verschiedenen Lagern Kasachstans als auch im Frauenkonzentrationslager Ravensbrück bei Berlin.[20] Gerade der vergleichende Blick auf beide Diktaturen und ihre jeweilige Haftpraxis erregte den Zorn der östlichen Sicherheitsinstanzen. Das Ministerium für Staatssicherheit der DDR observierte und »bearbeitete« die einstige Kommunistin und deren Bekannte in den operativen Vorgängen »Illegale« und »Publizisten« bis Ende der 1950er Jahre nicht nur in der DDR, sondern auch in der Bundesrepublik Deutschland.[21] Der Erinnerungsband »Elf Jahre in sowjetischen Gefängnissen und Lagern« von Elinor Lipper erschien 1950.[22] Die 1912 in Brüssel geborene Jüdin verbrachte ihre Lagerhaft im Kolymagebiet und konnte als eine der wenigen Ausländerinnen bereits 1948 die UdSSR verlassen. Ihr Rückblick enthält eine Vielzahl von Häftlingsbiographien, Schilderungen der Lagerbedingungen sowie soziologische Beobachtungen über den Haftalltag und das Verhalten der Gefangenen. Auch der bekannte Bericht von Susanne Leonhard überschreitet den rein subjektiven Horizont und informiert nicht nur über das Selbsterlebte, sondern sucht es soziologisch und analytisch zu durchdringen. Die frühe Entlassung der deutschen Sozialistin aus der Verbannung und die Ausreiseerlaubnis aus der UdSSR im Jahr 1948 waren wohl nur aufgrund der Fürsprache ihres Sohnes Wolfgang Leonhard, eines seinerzeit wichtigen, später abtrünnigen SED-Funktionärs, erteilt worden.[23] Zunächst ging Susanne Leonhard in den sowjetisch besetzten Teil Deutschlands. »Als ich Ende August 1948 nach dreizehneinhalbjähriger Emigration nach Deutschland zurückkehrte«, schreibt sie in ihren Erinnerungen, »beseelte mich der Wunsch, so bald wie möglich die langen Jahre, die ich in sowjetischen Gefängnissen, Zwangsarbeitslagern und Verbannungsorten zugebracht hatte, zu vergessen.«[24] Bereits im Jahr darauf floh Susanne Leonhard in die Bundesrepublik Deutschland und ließ sich in Stuttgart nieder. Schnell war der Entschluß gefaßt, nun doch Erinnerungen niederzuschreiben, und schon im Mai 1950 lag die erste Fassung vor. Mit ihrem Bericht wollte sie sich den politischen Kreisen zuordnen, »die den Kampf gegen beide Fronten, gegen die monopolkapitalistisch-imperialistische Versklavung und gegen die stalinistisch-expansionistische Versklavung aufgenommen haben«.[25] In eineinhalb Jahren schrieb die 53jährige mehr als 800 Druckseiten, und dies unter den widrigsten materiellen Bedingungen: »teils herumvagabundierend, teils im Flüchtlingslager, ohne Geld, ohne Bleibe«.[26] Ein Verleger fand sich auch in der demokratischen Bundesrepublik nicht so bald. »Ja, wer hat heute Interesse für ein Buch, das auf dem Standpunkt ›Weder Ost noch West / Eine einige sozialistische freie Welt‹ steht?? Niemand – wenigstens niemand mit Geld«, schreibt am 22. Juni 1951 Susanne Leonhard einer Freundin.[27] Erst fünf Jahre später erschienen ihre beeindruckenden Memoiren und Betrachtungen über die sowjetische Lagerwelt in der Europäischen Verlagsanstalt in Frankfurt am Main. Obgleich in den nächsten Jahren weitere Auflagen folgten, scheint der Bericht über den Gulag schon in den 1970er Jahren in der bundesdeutschen Öffentlichkeit weithin in Vergessenheit geraten zu sein.[28]

Die weltweit bekanntesten, heimlich in der Sowjetunion verfaßten Erinnerungen stammen von Jewgenia Ginsburg, einer ehemaligen Kommunistin. Die zweibändige Ausgabe, »Marschroute eines Lebens« und »Gratwanderung«, erschien erstmals 1967 bzw. 1979 in Italien. »Dieses Buch hat über dreißig Jahre mit mir gelebt«, schreibt die Autorin im Epilog des zweiten Bandes: »Zuerst als Idee, später als Manuskript, in dem ich viele Passagen immer wieder umgeschrieben, große Textabschnitte gestrichen, nach dem präzisesten Ausdruck und einer reiferen Betrachtungsweise gesucht habe.«[29] Mit dem »Sammeln des Materials«, der bewußten Speicherung von Erlebnissen, Eindrücken, Namen und Fakten begann die Jüdin unmittelbar nach ihrer Verhaftung 1937 in Kasan. Das kontinuierliche Schreiben begann 1959. Drei Jahre später lag ein 400seitiges Manuskript vor; ein persönlicher, emotionaler, von der Seele geschriebener Bericht, den die Autorin aus Unzufriedenheit allerdings wieder vernichtete.[30] Die heimliche Arbeit begann von neuem. Nachdem unter Chruschtschow in der sowjetischen Zeitschrift »Nowyi Mir« im November 1962 die Erzählung »Ein Tag im Leben des Iwan Denissowitsch« von Solschenizyn veröffentlicht wurde, bekam auch Jewgenia Ginsburg neuen Auftrieb.[31] Doch mit den Hoffnungen auf eine Veröffentlichung in der UdSSR hatte sich, so die nunmehr Mitte 50jährige, »in mir leider auch der ›innere Redakteur‹ eingenistet, der mich in jedem Absatz mit dem üblichen Einwand: ›Das wird die Zensur nicht passieren‹ korrigierte. Ich begann, nach verschlüsselten Formulierungen zu suchen, und verdarb oft gelungene Stellen, wobei ich mich damit tröstete, daß es ja nur dieser eine Satz sei – kein allzu großes Opfer dafür, daß ich veröffentlicht würde und endlich die Menschen erreichen könnte.«[32] Sowjetischen Lesern wurde der Text allerdings nur im Untergrund, im »Samisdat«, zugänglich. Dutzende, vielleicht sogar Hunderte mit Hand oder Schreibmaschine angefertigte Kopien gingen illegal von Leserin zu Leserin, von Leser zu Leser. Nachdem Jewgenia Ginsburg alle Hoffnungen auf eine Veröffentlichung in der Sowjetunion aufgeben mußte, befreite sie sich auch wieder von ihrem »inneren Redakteur«. Beim Schreiben der »Gratwanderung« ließ sich die Autorin von keinerlei sachfremden Erwägungen mehr einschränken. Dieser Band, so heißt es im Epilog, enthält »keine tendenziösen Beschönigungen und keine bewußten Auslassungen. In meinem Alter, wenn man das Leben schon aus einiger Distanz betrachtet, hätte es keinen Sinn mehr, sich zu verstellen. So habe ich also die Wahrheit geschrieben. Nicht die *ganze Wahrheit* (die *ganze* habe ich vermutlich auch nicht gekannt), doch *nur die Wahrheit*!«[33]

Etwa im gleichen Zeitraum arbeitete Alexander Solschenizyn an seinem 1974 in der Schweiz veröffentlichten Werk »Archipel GULAG«. Die vom Autor gewählte Abkürzung bezeichnete zunächst die Moskauer Hauptverwaltung Lager, der alle Haftlager unterstanden.[35] Seit dem Erscheinen von Solschenizyns Buch wird das Wort Gulag allerdings schlechthin als Bezeichnung für das gesamte sowjetische Lagersystem benutzt. Im Kapitel »Die Frau im Lager« befaßte sich der Autor auf 22 Seiten mit Erfahrungen weiblicher Häftlinge.[34] Erwähnung fand auch eine Mitgefangene Jewgenia Ginsburgs, die Sozialrevolutionärin Ekatarina Olizkaja, deren umfangreiche Erinnerungen wenige Jahre zuvor in Frankfurt am Main, allerdings nur auf russisch, publiziert wurden.[36] In der UdSSR erschienen erst während der Regierungszeit Gorbatschows ab Ende der 1980er Jahre Erinnerungen weiblicher Gulag-Häftlinge. Für das Entstehen und die Herausgabe der Berichte leisteten die Organisationen MEMORIAL und WOSWRASCHTSCHENIE, in denen sich ehemalige Gefangene und historisch interessierte Menschen zusammenfanden, einen unersetzlichen Beitrag. Der Sammelband »Dodnes tjagoteet«, 1989 in Moskau erschienen, präsentiert biographische Überlieferungen, vor allem intellektueller, der kommunistischen Bewegung nahestehender Frauen. Mit den politischen und sozioökonomischen Veränderungen seit Anfang der 1990er Jahre verschlechterten sich die materiellen Entstehungsbedingungen für weitere Memoiren. Die anhaltende gesellschaftliche und ökonomische Krise in Rußland bewirkte nicht nur das schwindende öffentliche Interesse an den Verfolgten, sondern blockierte auch deren Bedürfnis, von dem erlittenen Unrecht schriftlich Zeugnis abzulegen. Nur so scheint sich, angesichts von Millionen inhaftierter Frauen, eine überaus spärliche Publizität neuer Erinnerungsberichte in den 1990er Jahren erklären zu lassen. Wenige, meist kurze, broschierte Überlieferungen fanden überhaupt Leserinnen und Leser. Eine landesweite Verbreitung scheiterte nicht nur an den viel zu kleinen Auflagen, sondern auch am Fehlen eines funktionierenden Buchvertriebs. Um so mehr sind die Autorinnen und ihre Förderer zu würdigen, die über diese Unwägbarkeiten hinweg ihre Erlebnisse aufschrieben und der Öffentlichkeit zugänglich gemacht haben. Stellvertretend genannt seien die ehemaligen Häftlinge: Ariadna Efron, Ada Federolf, Nina Hagen-Torn, Walentina Iewlewa, Galina Lewinson, Nina Monitsch, Agnessa Mironowa-Korol, Galina Nurmina, Tamara Ruschenzewa und Alja Tartak.

Herkunft

Die ehemaligen Gefangenen, deren Erinnerungen in dieses Buch eingeflossen sind, stammen aus unterschiedlichen sozialen und nationalen Gruppen. Aber auch ihre Lebenserfahrungen, politischen Vorstellungen und kulturellen Prägungen beeinflußten ihr Verhalten im Lager. 49 Frauen sind in Rußland bzw. der Sowjetunion geboren und aufgewachsen und waren Staatsbürgerinnen der UdSSR. Unter ihnen befinden sich 24 Russinnen, 13 Deutsche, fünf Jüdinnen, zwei Ukrainerinnen sowie fünf Frauen anderer bzw. unbekannter Nationalität. Aus dem Ausland stammen 42 weibliche Häftlinge, darunter 20 Deutsche, sechs Jüdinnen, fünf Ukrainerinnen, vier Polinnen, vier Österreicherinnen und drei Frauen anderer Nationalität. Der über dem Lagerdurchschnitt liegende hohe Anteil ausländischer Häftlinge muß nicht in jedem Fall kritisch gedeutet werden und das kollektive Erfahrungsbild verzerren. Der Blick einer Fremden kann auf manche Erscheinung in sowjetischen Lagern durchaus unverstellter oder gelegentlich klarer ausfallen als die Sicht Einheimischer. Das bezieht sich nicht nur auf Schilderungen der für Westeuropäerinnen noch weniger gewohnten Existenzbedingungen, wie Unterkünfte, Hygiene, Kleidung oder das Klima, sondern auch auf Betrachtungen über Mentalität und Verhaltensformen von Häftlingen und Lagerpersonal.

Der sozialen Herkunft nach stammen 31 Frauen aus dem Mittelstand, zwölf aus dem Arbeitermilieu sowie je elf aus der Bauern- und der Unternehmerschaft.[37] Der eigenen beruflichen Tätigkeit nach waren 43 als mittlere Angestellte in Wirtschaft, Staat oder Partei beschäftigt, 24 lernten bzw. studierten noch, und insgesamt zehn Frauen zählten zur Gruppe der Arbeiterinnen und Bäuerinnen.[38] Die sowjetischen Sicherheitsinstitutionen inhaftierten alle hier zu Wort kommenden Gefangenen für vermeintliche konterrevolutionäre Verbrechen. Die Anklagen waren durchweg konstruiert und lauteten u. a. »konterrevolutionäre« Agitation bzw. Tätigkeit, »Spionage«, »Vaterlandsverrat«, oder man nahm Ehefrauen von bereits inhaftierten Männern als »sozial gefährliche Elemente« einfach in Sippenhaft.

23 Frauen waren Mitglieder der Kommunistischen Partei, 15 weitere verstanden sich als Sympathisanten des Sowjetsystems. Überdurchschnittliche politische Loyalität herrschte vor allem unter großstädtischen Russinnen und bei den Ausländerinnen, vor allem Deutschen, die Anfang der 1930er Jahre als Fachkräfte oder politische Exilantinnen in die Sowjetunion kamen.[39] Antisowjetisch artikulierten sich dagegen polnische und ukrainische, vor allem aber russisch-orthodoxe Gefangene. Als Gruppe betrachtet entsprechen die berichtenden Frauen nicht unbedingt dem nationalen, sozialen und politischen Häftlingsprofil, soweit das zumindest heute definiert werden kann. Zu wenige Überlieferungen existieren gerade von Vertretern des Hauptteils der Gefangenen, nämlich parteilose Arbeiterinnen und Bäuerinnen. Um so bedeutsamer sind die hier eingeflossenen lebensgeschichtlichen Gespräche mit den russisch-orthodoxen Bäuerinnen Serafima Alikina, Anna Kandalina und Aleksandra Okunjewa. Vertreterinnen dieser Häftlingsgruppe hinterlassen im Gegensatz zu Intellektuellen bzw. Angestellten selten schriftliche Berichte und stellen sich eher zurückhaltend für Interviews zur Verfügung. Zusätzliche Kenntnisse erhalten wir über solche Frauen durch Häftlingsakten und mehr noch durch die Erinnerungen ihrer Mitgefangenen.

Mit 16 Jahren verbüßte die Rußlanddeutsche Frieda Mayer-Melikowa die längste Haftstrafe im Lager. Weitere sechs Frauen verblieben mehr als zehn Jahre hinter Stacheldraht. Die übergroße Mehrheit, 54 weibliche Häftlinge, verbüßten zwischen sechs und zehn Jahren. 21 Frauen waren bis zu fünf Jahren inhaftiert. Die verbliebenen Frauen bestrafte man mit Verbannung. Mit Strafansiedlung in unwirtlichen Gebieten östlich des Urals hatte auch die Mehrzahl der Haftentlassenen zu rechnen. Mehr als 60 der 91 Frauen verbrachten nach der Lagerhaft als Verbannte mehrere, teils bis zehn Jahre unter »Kommandantur«, d. h. ständiger Polizeiaufsicht. Die Mehrheit der Frauen (39) war zum Zeitpunkt ihrer Inhaftierung zwischen 21 und 30 Jahre alt; 27 Frauen hatten zwischen 31 und 40 Lebensjahre hinter sich. Nur drei Frauen waren bereits über 41. Von den elf Frauen unter 20 hatte das NKWD zwei Minderjährige verhaftet.[40] Mehr als 80 % der berichtenden Frauen gehörten zu den jungen, kräftigen und überlebensfähigeren Gefangenen. Das entspricht weitgehend dem Ende der 1940er Jahre bestehenden Altersdurchschnitt der Lagerhäftlinge. Jüngere Häftlinge hatten häufiger Zugang zu leichteren Tätigkeiten, guten Posten oder kleinen Funktionen, einer wichtigen Voraussetzung zum Überleben. Über ältere Frauen sowie die Verstorbenen und Erschossenen erfahren wir nur vermittelt aus den Berichten der jüngeren Gefangenen oder den Akten der Verfolger.

Akten

Das vorliegende Buch stützt sich neben den Erinnerungen der Opfer auch auf Überlieferungen der Verfolger, also derjenigen, die im Auftrag der sowjetischen Staatsführung über die Moskauer Hauptverwaltung Lager die Haft organisierten und sicherstellten. Die Täter hielten ihr Vorgehen ebenso für legitim wie die Aufbewahrung ihrer schriftlichen Hinterlassenschaften. Im Frühjahr 1936 befahl der amtierende Volkskommissar des Inneren der UdSSR, Genrich Jagoda, in den »Archiven aller Besserungsarbeitslager des NKWD Unterlagen über die Geschichte, die Praxis und die Arbeit der Lager sowie deren Baustellen … zu konzentrieren. Die Systematisierung der Archive und die entsprechende Klassifikation des Materials«, so hieß es weiter, »hat historische Bedeutung für das Studium sowie für die Verallgemeinerung von Arbeitserfahrungen bei der Errichtung und Leitung der OGPU-NKWD und der Umerziehungsarbeit in den Lagern.«[41] Zwischen 1936 und 1956 sind in den »Besserungsarbeitslagern« (ITL), so die amtliche sowjetische Bezeichnung, Millionen Akten angelegt worden.[42] Ein Ordner begleitete jeden Häftling durch das Lager, und jeder Angestellte des Lagerpersonals verfügte über eine Kaderakte, die allerdings keiner von beiden je zu Gesicht bekam. Befehle, Berichte, Anweisungen und Instruktionen der Moskauer Hauptverwaltung Lager für die Administrationen der einzelnen Lagerkomplexe über einen Zeitraum von 20 Jahren füllen Tausende Aktenordner. Allerdings haben nicht alle Bestände die Zeiten unversehrt überstanden. Bis heute faktisch bar jeglicher Kontrolle, hatten die Verantwortlichen der entsprechenden Sicherheitsinstanzen jederzeit die Möglichkeit, nach Bedarf einzelne Schlüsseldokumente oder ganze Konvolute vernichten zu lassen. Bestände der Hauptverwaltung Lager sind im Moskauer Staatsarchiv der Russischen Föderation deponiert und seit Anfang der 1990er Jahre zugänglich. Allerdings sind der russischen Historikerin Irina Schtscherbakowa zufolge bislang erst zehn Prozent des Überlieferten für die Forschung freigegeben worden. Die Akten der »Operativ-tschekistischen Abteilung«, d.h. der Lagergeheimpolizei, die für Repressionen und Spitzel zuständig war, befinden sich nach wie vor im Besitz des Föderalen Sicherheitsdienstes Rußlands und stehen der Forschung nicht zur Verfügung. Im Russischen Staatsarchiv existieren Akten zu verschiedenen Bereichen der Lagerhaft: Lagerordnung bzw. Haftregime, Tagesablauf, Festlegungen zur Zwangsarbeit, Versorgungsnormen für Ausrüstung und Verpflegung, Direktiven für die »Kultur- und Erziehungsarbeit« oder die medizinische Betreuung. Die entsprechenden Befehle und Instruktionen schufen den administrativen Rahmen der Haft und bestimmten die Existenzbedingungen jedes einzelnen Häftlings. So regeln die von der Moskauer Hauptverwaltung Lager erlassenen Instruktionen zum »Regime der Unterbringung der Häftlinge in Besserungsarbeitslagern und Kolonien« des Volkskommissariats bzw. des Ministeriums des Innern aus den Jahren 1939 und 1947 bis ins kleinste die Haftordnung aller in der UdSSR existierenden Lager und deren Außenstellen. Immer wieder wechselnde Festlegungen der Versorgungsrichtlinien für Verpflegung, Bekleidung und Ausrüstung nahmen unmittelbar Einfluß auf die Existenzbedingungen und entschieden schließlich über Leben und Tod des einzelnen. Nicht unerheblich für die Inhaftierten war auch der Befehl »Über das Verbot der Anwendung verschiedenster Maßnahmen der Nötigung oder der physischen Einwirkung auf die Häftlinge« vom 4. April 1953.[43] Nunmehr machte sich der Minister des Innern der UdSSR, Lawrenti Berija, zum Verfolger von Vergehen, die 15 Jahre lang unter seiner Ägide nicht nur geduldet, sondern bei Bedarf obligatorisch waren. Selbst der Befehl spricht von »verbreiteter Anwendung verschiedenster Foltermethoden: wie grausames Prügeln der Verhafteten; Fesselung mit Handschellen auf dem Rücken rund um die Uhr, die in einzelnen Fällen mehrere Monate andauerte; längere erzwungene Schlaflosigkeit; Arrest unbekleideter Gefangener in kalten Strafzellen«. Dem Innenminister zufolge kam Folter nur bei der Ermittlungstätigkeit vor. Häftlingserfahrungen belegen jedoch, daß physische Gewalt gegen Gefangene auch im Lager ein Mittel der Disziplinierung war, ohne dabei vor Frauen haltzumachen. Überhaupt sahen die Verantwortlichen der Moskauer Administration keine Veranlassung, zwischen männlichen und weiblichen Häftlingen zu unterscheiden. Alle wesentlichen Bestimmungen zum Haftregime, zum Arbeitseinsatz und zur Versorgung trafen für beide Geschlechter zu. Sonderbestimmungen, die lediglich für Schwangere und Mütter galten, sorgten in der Realität nicht unbedingt für eine verbesserte Existenzsituation der Lagerfrauen und deren Kinder, sondern – aus Sicht der Administration – für den geregelten Umgang mit dieser Häftlingsgruppe.

Die bisherigen Kenntnisse über die Befehle und Weisungen der Moskauer Haupverwaltung Lager können nun erstmals im Archiv eines Lagerkomplexes, nämlich des Karagandinsker Besserungsarbeitslagers (Karlag) in Kasachstan, überprüft werden. Bezugnehmend auf den Jagoda-Ukas vom Frühjahr 1936 befahl wenige Monate später der Chef der Verwaltung des Karlag für alle Struktureinheiten des Lagers die Sammlung von Dokumenten folgender Bereiche: Entstehung, Produktionstätigkeit, »kulturerzieherische« Arbeit, Organisation des sanitären Dienstes, Bewachung, Lagerregime, Personalbestand der Führung, »tschekistische«, ingenieurtechnische Kader sowie Leiter der Abteilungen, Unterabteilungen und Zweigstellen.[44] Die Ausführung des Befehls wurde von einer speziellen Archivgruppe innerhalb des Karlag organisiert und kontrolliert.[45] Diese Befehle bildeten die langjährige Arbeitsgrundlage des Karlag-Archivs, das als überlieferter Bestand bis heute besteht. Bis zur Auflösung des Karagandinsker Lagers 1957 sind Dokumente, Befehle, Weisungen, Inspektionsergebnisse und vor allem Viertel-, Halb- und Jahresberichte der verschiedensten Verwaltungsebenen über alle relevanten Bereiche der Lagerstruktur und -organisation, der Zwangsarbeit, der Häftlinge und des Lagerpersonals archiviert worden – insgesamt ca. 15 000 Akteneinheiten. Die Häftlingskartei enthält ca. 800 000 Registrierkarten mit jeweils 20 biographischen Angaben aller Gefangenen, die zwischen 1931 und 1957 im Karlag auch zeitweilig inhaftiert waren. Darüber hinaus lagern in den Archivregalen mehr als 70 000 vollständige Akten von Gefangenen, die dort starben oder erschossen wurden. So ist es möglich, den Leidensweg von bislang völlig unbekannten Häftlingen zu rekonstruieren. Etwa den der gläubigen Geschwister Warwara, Uljana, Fekla und Maria Ignatenko, die wegen Verweigerung der Zwangsarbeit im Karlag erschossen wurden. Wir wüßten auch nichts von der Ermordung der ehemaligen Kommunistin Maria Dawtjan, die das Lager-NKWD wegen unbedachter politischer Äußerungen anklagte und wegen »antisowjetischer Agitation« unter Kriegsbedingungen zum Tode verurteilte. Wir könnten auch nicht in das Antlitz der 54jährigen Maria Sakatowa schauen, als jemand auf den Auslöser drückte und ihr Haftfoto entstand.

Die Auswertung und Einbeziehung von Häftlings- und Verwaltungsakten eines regionalen Lagerarchivs stellt wissenschaftlich gesehen ein völliges Novum dar. Nicht nur ein kritischer Umgang mit dem von den Verfolgern hinterlassenen Schriftgut ist nötig, sondern dessen Überprüfung an anderen Dokumenten und Überlieferungen. Vor allem aber ist die Abwägung ihres Wahrheitsgehaltes an den Erinnerungen und Erfahrungen der einstigen Opfer geboten. Denn es sind in erster Linie die Berichte der Zeuginnen, die uns am Alltag, am Leiden und am Überleben im Lager als nachgeborene Beobachter teilhaben lassen.

Sich das Erlebte und Erfahrene so intensiv und detailliert in Erinnerung zu rufen, war für die Frauen schwer und bedrückend. Die meisten saßen allein am Tisch und schrieben sich verlassen in die Vergangenheit, ungewiß, ob sich jemand dafür interessieren würde. Auch das gemeinsame Gespräch endete wohl oder übel mit Einsamkeit, in der ich eine erregte alte Frau zurücklassen mußte. Zwei Wochen nach einem Interview schrieb mir Luise Hörmann: »Ich habe mich bereits ein wenig erholt und wieder beruhigt, von all dem Bösen, an das ich mich wieder erinnern mußte. Ich wollte, es wäre schon alles aus der Welt.«[46] Ihnen, den schreibenden und erzählenden Frauen, gilt meine Hoch-

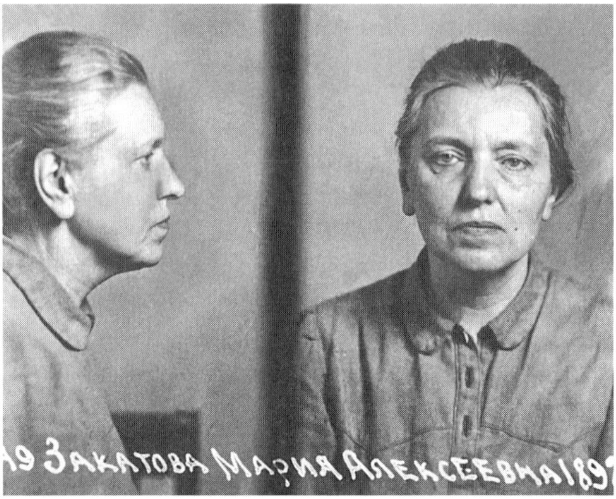

Haftfoto des MWD von Maria Sakatowa, 1946.

achtung und mein herzlichster Dank. Mit Zuneigung und Nachdenklichkeit erinnere ich mich der ehemaligen Häftlinge, denen ich persönlich begegnen durfte. Meine Anteilnahme gehört auch den Frauen, die ich nur durch ihre schriftlichen Zeugnisse kennenlernte. Und ich möchte jener gedenken, die in jüngster Zeit verstorben sind.

Mit Dankbarkeit erinnere ich mich der Mitarbeiterinnen und Mitarbeiter verschiedenster Institutionen im In- und Ausland, die diese Forschungen maßgeblich gefördert haben: so der Generalstaatsanwalt der Republik Kasachstan, Zentrum für Rechtsstatistik und Information für das Gebiet Karaganda (Archiv des Karagandinsker Besserungsarbeitslagers); das Archiv des Föderalen Sicherheitsdienstes der Russischen Föderation, Moskau; das Dokumentationsarchiv des österreichischen Widerstandes, Wien; das Institut für Geschichte und Biographie der FernUniversität Hagen; die Polskiej Akademii Nauk, Instytut Studiów Politycznych, Warschau; die MEMORIAL-Büros in Krasnojarsk, Moskau und St. Petersburg; das MEMORIAL-Büro und das Pasternak-Museum in Tschistopol, Republik Tatarstan; das Gedenkzentrum in Tscheremschan, Republik Tatarstan; der Verbund der staatlichen Museen der Republik Tatarstan; das Zentrale Staatsarchiv der historisch-politischen Dokumente der Republik Tatarstan in Kasan; das ADILET-Büro in Karaganda, Kasachstan; die Stiftung Archiv der Parteien und Massenorganisationen der DDR im Bundesarchiv, Berlin; das Archiv der Stanford University, USA; das Staatliche Museum der industriellen Entwicklung der Region Norilsk, Russische Föderation; das Staatsarchiv der Russischen Föderation, Moskau; die Forschungsstelle Osteuropa an der Universität Bremen; das Seminar für Osteuropäische Geschichte der Ruprecht-Karls-Universität Heidelberg und die Zeitschrift der Deutschen aus Rußland »Volk auf dem Weg«. Mein Dank gilt aber auch all jenen Menschen, die Texte kritisch lasen, wertvolle Hinweise gaben, die halfen, Dokumente zu übersetzen oder mich zur Weiterarbeit ermunterten, so Mimi Barillot, Dittmar Dahlmann, Tiggo Eichler, Manfred Hahn, Wladislaw Hedeler, Bernd Keil, Henry Lewenstein, Utta K. Link, Heinz-Dietrich Löwe, Anders Lundgren, Barry McLoughlin, Thomas Meyer, Dietrich Mühlberg, Ilse Münz, Lutz Niethammer, Rainer Potratz, Hans Schafranek, Ulrike Schröder, Irina Schtscherbakowa, Almut Seebass, Olga Sidor, Carola Tischler und nicht zuletzt meiner Frau Annette Stark.

Im Jahr 1956 wurde die Moskauer Hauptverwaltung Lager aufgelöst. Ein Jahr zuvor bin ich geboren. Dennoch versuchte ich durch die Zeugnisse der Überlebenden und die Hinterlassenschaften der Täter einen Einblick in das Leben hinter dem Stacheldraht zu geben. »Nur die da können es verstehen, wo selbst mit uns haben aus einem Napf gelöffelt«, schrieb eine Bäuerin an Alexander Solschenizyn. Sicher können wir nicht alles *verstehen*, aber wenigstens davon wissen.

Berlin, im Herbst 2002

2. Umrisse der Lagerwelt

»Es gibt viele weibliche Häftlinge im Solowezki-Lager, politische wie kriminelle. Wie die männlichen Gefangenen bilden auch sie eine recht gemischte Gesellschaft. Darunter sind professionelle Diebe, Betrüger und Prostituierte ebenso wie Opfer der Revolution, die für politische ›Verbrechen‹ oder lediglich ›auf Verdacht‹ inhaftiert worden sind. Die Gruppe umfaßt zudem Frauen, die einfach wegen ihrer ›bürgerlichen Herkunft‹ in Haft sind, aber auch eine große Anzahl von Studenten, die am politischen Protest teilnahmen. All diese Gefangenen pferchte man zusammen in die sogenannte ›Frauenbaracke‹. Sie sind völlig in der Gewalt der Administration des Solowezki-Lagers.« – So ein seltener früher Lagerbericht, der 1924 in Berlin veröffentlicht wurde.[1] Ob die Autorin bzw. der Autor selbst Häftling des Solowezki-Lagers war oder Gehörtes aufschrieben wurde, ist ungewiß. Das Bemühen der Frauen, »ihre Identität zu verteidigen, wird immer wieder durch harte Zwangsarbeit, Kerkerstrafen und so weiter zermürbt. Im letzten Winter bekam eine Frau, nach dem sie in den Kerker gesperrt wurde, einen hysterischen Anfall. Sie war nicht mehr in der Lage, die Peinigungen zu erdulden, weinte, begann zu schreien und schlug die Fensterscheiben ein. Der wachhabende Soldat erschoß sie einfach.«[2] Eine der Gefangenen im Solowezki-Lager war Wera Arkawina. Sie war bei ihrer Verhaftung 1922 in Moskau 24 Jahre alt und Mitglied der gegen die Sowjetregierung opponierenden Sozialdemokratischen Arbeiterpartei Rußlands, Menschewiki. Um ihre Anerkennung als politische Häftlinge und humanere Haftbedingungen durchzusetzen nahm sie mit anderen Frauen trotz ernsthafter Erkrankung an mehreren Hungerstreiks teil.[3]

Der Gulag entsteht

Die Einrichtung von Haftlagern geht auf ein Telegramm Lenins, des Führers der russischen Revolution, zurück, der am 9. August 1918 einer örtlichen Sowjetinstanz befahl, sogenannte Verdächtige in ein –

so wörtlich – »Konzentrationslager« zu sperren. Im Erlaß »Über den Roten Terror« ermächtigte die sowjetrussische Regierung am 5. September 1918 ihre Geheimpolizei, »die Sowjetrepublik vor ihren Klassenfeinden zu schützen, indem diese in Konzentrationslagern isoliert werden« sollten.[4] Während des Bürgerkrieges entstanden derartige Isolationslager an vielen Orten, oft als spontane Gründungen lokaler Sowjetorgane. Nicht selten nutzte man Kirchen oder Klosteranlagen. Die Anzahl der Insassen in den einzelnen Lagern schwankte zwischen mehreren Hundert und einigen Tausend.[5] Nach dem Bürgerkrieg kam es einerseits zur Auflösung vieler der improvisierten Haftlager und zu einer Liberalisierung der Verfolgung von gestrauchelten Arbeitern und Bauern, sogenannten »Systemnahen«. Andererseits setzte eine Professionalisierung der sowjetischen Haft- und Lagerpolitik ein, die vorsah, künftige Haftorte aus besiedelten Regionen in das nördlichere Gebiet Archangelsk zu verlegen. In dieser frühen Periode sah man das wichtigste Ziel der Haft noch in der »Besserung« bzw. »Umerziehung« der Häftlinge. Allerdings bezog sich diese Intention nur auf die Gefangenen, die nicht als Systemgegner, wie beispielsweise zaristische Beamte, Offiziere, hohe Geistliche oder Funktionäre oppositioneller Parteien, galten. Ihnen traute man keinen inneren Wandel zu, weshalb sie streng zu isolieren, gegebenenfalls zu liquidieren waren. Die wirtschaftliche Ausbeutung der Arbeitskraft der Häftlinge spielte bis Mitte der 1920er Jahre gegenüber der Erziehungsintention noch eine untergeordnete Rolle.

Das Solowezki-Besserungsarbeitslager ließ die sowjetische Regierung 1923 auf einer Inselgruppe im Weißen Meer, ca. 150 km südlich des Polarkreises, einrichten.[6] Die auf mehreren Inseln verteilten Gebäude eines jahrhundertealten Klosters, das nach der Errichtung der Sowjetmacht aufgelöst wurde, dienten als Haftort für das erste und bedeutendste Lager sowjetischer Prägung. Die ersten 150 Gefangenen trafen im Juli 1923 im »Solowezki-Lager mit besonderer Verwendung« ein, so die anfängliche Bezeichnung. Mitglieder der verschiedensten Oppositionsparteien, Offiziere der zaristischen Armee, Angehörige des bürgerlichen Parlaments, Kaufleute, Unternehmer, Aristokraten und Geistliche aller Konfessionen – kurzum ein Spiegelbild der vorsowjetischen Gesellschaft – bildeten die Masse der Inhaftierten. Hinzu kamen schon bald die ersten Sympathisanten der Sowjetmacht, die sich enttäuscht von der russischen Revolution abwandten und in die politische Opposition gingen. Später deportierte man auch Kriminelle nach Solowezki. Ende 1923 waren bereits mehr als 3000 Gefangene auf der Inselgruppe mit dem rauhen Klima interniert. Wenn sie durch das Lagertor auf der Hauptinsel marschierten, konnten sie den Spruch lesen: »Laßt uns mit eiserner Hand die Menschheit ihrem Glück entgegentreiben.«[7] Zum 1. Januar 1931 zählte das Lager annähernd 72000 Häftlinge.[8] Um Lager- und Wachpersonal einzusparen, entwickelte man das Prinzip der sogenannten Häftlingsselbstverwaltung, in der zahlreiche, vor allem untere Positionen und Funktionen von Gefangenen ausgeübt wurden. Im Laufe der Zeit übergab man mehr und mehr Positionen an Kriminelle, die die politischen Häftlinge zusätzlich verhöhnten und malträtierten. Das Machtmonopol gab die Lagerführung freilich nicht aus der Hand. Überliefert sind Erzählungen über brutale Torturen und Mißhandlungen: »Der ›steinerne Sack‹, bei dem man in Nischen eingesperrt wurde, Sitzen auf Stangen, das für den Herunterfallenden tödlich sein konnte, nackt im Sommer den Mücken oder im Winter im Schnee ausgesetzt zu werden. Von Sekirnaja Gora, dem Axtberg, wurden Häftlinge, an Baumstämme gefesselt, die Steiltreppe hinabgestürzt.«[9] Immer wieder kam es zur Erschießung von mißliebigen Gefangenen. Die Haftbedingungen, insbesondere Unterkünfte, Verpflegung, Bekleidung sowie die medizinische Versorgung, waren völlig unzureichend. Der Arbeitseinsatz der Gefangenen war allerdings noch nicht einem von oben vorgegebenen Wirtschaftsplan unterworfen, sondern diente fast ausschließlich der Lagerinfrastruktur und -selbstversorgung, gelegentlich als Bestrafung oder Willkürmaßnahme. Dies änderte sich jedoch seit Mitte der 1920er Jahre. Der Großteil der Häftlinge wurde immer systematischer zur Zwangsarbeit, insbesondere zu Holzfällerarbeiten und zum Straßenbau eingesetzt. Eine täglich zu leistende, persönliche Arbeitsnorm wurde eingeführt, von deren Erfüllung man die Höhe der Verpflegungsration abhängig machte. Das Solowezki-Lager war in den 1920er Jahren der wichtigste und größte Haftort in der UdSSR. Die Inselgruppe im Weißen Meer war das Laboratorium, die menschliche Versuchsstation, für den sich wenige Jahre später über die ganze Sowjetunion ausbreitenden Archipel Gulag.

Am 7. April 1930 erließ die Sowjetregierung das Statut über die »Besserungsarbeitslager«. Die offizielle Bezeichnung der Haftorte verdeutlichte unmißverständlich die gewandelte Haftintention, die nunmehr »Besserung durch Arbeit« lautete. Die Erfahrungen des Solowezki-Lagers nutzten die verantwortlichen Sowjetkader zunächst beim Bau des Weißmeer-Ostsee-Kanals, der ersten und größten in den Volkswirtschaftsplan der UdSSR integrierten Baustelle. Zum erstenmal basierte eine »Großbaustelle des Kommunismus« nicht nur völlig auf Häftlingszwangsarbeit, vielmehr hatte die Regierung die alleinige Verantwortung für die Realisierung des Projektes den Sicherheitsorganen übertragen. Der 227 km lange Kanal mit 19 Schleusen sollte innerhalb von nur 20 Monaten, von September 1931 bis April 1933, errichtet werden. Entlang der künstlichen Flußstraße entstanden zahlreiche Lager, die einen bestimmten Abschnitt des Kanals zu errichten hatten und der Verwaltung des Weißmeer-Ostsee-Kanal-Lagers, russ. Belomorsko-Baltiski-Kanal-Lag, unterstanden. Das Produktionsreservoir bildeten mehrere Hunderttausend Häftlinge, die mit ihrer Muskelkraft, mit Spaten und Tragebrettern Abermillionen Kubikmeter Erde bewegten. In drei Schichten mußten die »Kanalarmisten«, wie die Gefangenen bald bezeichnet wurden, rund um die Uhr auf ihrem »Kampfabschnitt« schuften. Die Höhe der Essenration war wie im Solowezki-Lager an die Erfüllung der täglichen Arbeitsvorgabe gekoppelt. Die technischen und sanitären Zustände in den meist improvisierten Massenlagern waren katastrophal, Krankheiten, vor allem Typhus und Skorbut, die Folge. Schätzungen über die Anzahl der Toten schwanken zwischen 50 000 und 250 000.[10] Am 1. Mai 1933 wurde der Kanal termingerecht übergeben. Die Sicherheitsorgane hatten bewiesen, daß auch mit gut organisierter Zwangsarbeit ein Beitrag zur von Stalin 1929 geforderten »forcierten Industrialisierung« zu leisten möglich war. Ein Teil der Häftlinge wurde daraufhin amnestiert, die große Mehrheit jedoch zu anderen Großbaustellen der Industrialisierung transportiert, etwa dem Bau des Moskau-Wolga-Kanals oder der Baikal-Amur-Eisenbahnmagistrale.

Bis Mitte der 1930er Jahre stieg die Anzahl der Inhaftierten deutlich an. Die Ursachen: die staatlichen Repressionen während der Zwangskollektivierung gegen Verweigerer, Mittelbauern und Religiöse. Zählte die offizielle Statistik zum 1. Januar 1930 noch 179 000 Gefangene, waren es fünf Jahre später annähernd 800 000.[11] Die neuen volkswirtschaftlichen Aufgaben und die stetig steigende Anzahl von Inhaftierten machten eine Neuorganisation des Systems der Besserungsarbeitslager notwendig. 1934 ging aus dem bisher zuständigen Sicherheitsorgan, der OGPU, das Volkskommissariat des Innern (NKWD) hervor. In diesem für die gesamte UdSSR zuständigen Ministerium vereinigten sich Instanzen der Staatssicherheit, des Innern und einer eigenen Sondergerichtsbarkeit. Das NKWD (später MWD) war eines, wenn nicht das wichtigste Machtinstrument Stalins. Die amtierenden Volkskommissare bzw. Minister – 1934-1936 Jagoda, 1936-1938 Jeschow, 1938-1953 Berija – perfektionierten ihre Behörde zu einem willfährigen Terrororgan, das man in der Bevölkerung kaum beim Namen zu nennen wagte und verängstigt als »zuständiges Organ« bezeichnete. Noch im gleichen Jahr 1934 wurde die Hauptverwaltung Lager (GULag) beim NKWD gegründet.[12] Dieser Behörde unterstanden nunmehr sämtliche Gefängnisse, Lager und andere Haftorte, die in der UdSSR existierten und bis dahin verschiedenen staatlichen Instanzen zugeordnet waren. Die GULag avancierte schnell zur größten und wichtigsten Hauptverwaltung des NKWD/MWD. Örtliche Instanzen hatten auf die in ihrem Territorium liegenden Haftorte keinerlei Zugriff bzw. Einfluß. Insofern kann die der Moskauer Lagerhauptverwaltung unterstehende Lagerwelt als ein »administrativer Sonderbereich innerhalb der Sowjetunion« betrachtet werden.[13]

Die sowjetische Führung verfolgte mit der Errichtung und Betreibung des Gulag verschiedene Ziele. Zunächst ging es darum, tatsächliche oder vermeintliche Gegner des Sowjetregimes oder einfach »sozialgefährliche Elemente« auszuschalten und zu isolieren. Zudem wirkte die anhaltende Terrorpolitik und das Wissen um die Lager disziplinierend und verängstigend auf die übrige Bevölkerung. Seit Anfang der 1930er Jahre spielte die wirtschaftliche Ausbeutung der Häftlinge eine zunehmende Rolle. Obgleich die Zwangsarbeit ökonomisch nie wirklich effizient war, wurde auf den Knochen der Lagerhäftlinge ein nicht unbedeutender Beitrag zur Urbanisierung bzw. Industrialisierung vor allem in schwer zugänglichen Regionen der UdSSR geleistet. Seit ihrer Gründung waren die Lagerhauptverwaltung und die ihr unterstehenden Lagerkomplexe in die Vorgaben der sowjetischen Fünfjahrpläne eingebunden. Sogenannten Branchenabteilungen, etwa für Holz- und Landwirtschaft, Eisenbahn-, Straßen- oder Bergbau, sowie anderen Großbauprojekten waren Großlager zugeordnet, die eigenständige

Planaufgaben zu erfüllen hatten. Andere Abteilungen der GULag waren für spezielle Aufgaben in den Lagern verantwortlich: wie etwa die »Kaderverwaltung« für das Lagerpersonal, die »Operativ-tschekistische Verwaltung« für Spitzel und Repressionen, die »Wach- und Regimeverwaltung« für die Bewachung und die Einhaltung der Haftordnung, die »Medizinische Verwaltung« für die Hygiene und die Arbeitsfähigkeit der Häftlinge, die Abteilung für »Verwaltung und Versorgung« für die Logistik und Belieferung der Lager oder die »Verwaltung für Kultur und Erziehung« für die Hebung des »kulturellen Niveaus« und der »Arbeitseinstellung« der Häftlinge. Auf allen Ebenen der streng hierarchisierten Lagerwelt fanden sich die entsprechenden Unterverwaltungen, die die Befehle und Anordnungen aus Moskau auch in das im letzten Winkel der UdSSR gelegene Lager brachten und umsetzten.

Mitte 1938 waren im Gulag bereits über 2 Millionen Menschen inhaftiert.[14] Vor allem im Norden, in Sibirien und im fernen Osten lokalisierte das NKWD Lagerkomplexe, die über mehrere Lagerabteilungen, das heißt Hauptlager, und zahlreiche Nebenlager, Produktionsabschnitte, Außenstellen usw. verfügten. Zu den größten und bekanntesten Lagerkomplexen gehören folgende: Das »Nord-Östliche Besserungsarbeitslager« (Switlag oder Sewwostlag) lag mit seiner Hauptstadt Magadan im Gebiet des Flusses Kolyma, westlich der russischen Halbinsel Kamschatka. Die ersten 10 000 Häftlinge kamen 1932; 1940 waren es annähernd 200 000 und zwölf Jahre später immer noch mehr als 170 000 Gefangene.[15] Unmittelbar mit dem Haftlager war das NKWD-Unternehmen »Fernöstliche Bauverwaltung« (Dalsstroi) verbunden, das für die wirtschaftliche Ausbeutung der seinerzeit größten Goldvorkommen in der UdSSR und der nötigen Infrastrukturentwicklung des Gebietes verantwortlich war. Das nur im Sommerhalbjahr per Schiff von Wladiwostok aus zugängliche Lagergebiet war bei Häftlingen wegen seiner schweren Zwangsarbeit in der Goldgewinnung unter Tage und seinem ausgesprochen rauhen Klima besonders gefürchtet. Zwischen 25 und 30 % der Häftlinge sind jedes Jahr an den unerträglichen Haftbedingungen zugrunde gegangen.[16]

Ähnliche Haftbedingungen herrschten im Lagerkomplex im Gebiet Kotlas, Uchta, Petschora und Workuta beiderseits des Polarkreises. Im bereits 1931 gegründeten Uchtpetschlag, bzw. seinen Nachfolgelagern, leisteten bis 1960 Hunderttausende Häftlinge Zwangsarbeit vor allem

Haftfoto des NKWD von Aleksandra Ustimowa, 1940.

in der Kohle- und Erdölförderung sowie beim Holzeinschlag, Eisenbahn- und Straßenbau. Auch in dieser Region sorgten eigene NKWD-Wirtschaftsunternehmen, etwa das Kohleförderunternehmen Workuta Ugol, im Verbund mit den Haftlagern für die möglichst effektive Ausbeutung der Natur- und Häftlingsressourcen. Besondere Bedeutung erlangte diese Lagerregion, als während des Zweiten Weltkrieges das traditionelle sowjetische Kohlenrevier rund um Donezk von deutschen Truppen besetzt war. Weitere große Lagerkomplexe in unwirtlichen Gegenden der UdSSR lagen in den Regionen um Norilsk, Krasnojarsk, Kuibyschew und Solikamsk. Das »Sibirskii ITL« (Siblag) betrieb das NKWD von 1929 bis 1960; es ist untrennbar mit den Städten Nowosibirsk und Mariinsk verbunden. Hier betrug die Belegungsstärke durchschnittlich zwischen 30000 und 40000 Häftlinge.[17] Im fernen Osten existierte neben dem Bamlag u. a. das in der Burjätischen Autonomen Sowjetrepublik gelegene Dschidlag, unweit der mongolischen Grenze. Auf das bereits erwähnte Karagandinsker Besserungsarbeitslager (Karlag) in der kasachischen Steppe wird an anderer Stelle näher eingegangen. Im Laufe von mehr als zwei Jahrzehnten entstand ein riesiges Lagersystem, das nicht weniger als 476 Lagerkomplexe umfaßte.[18]

Im Zuge der Entstalinisierung in der UdSSR, Stalin starb im März 1953, wurde die Moskauer Hauptverwaltung Lager im Mai 1956 aufgelöst. Nach offiziellen Angaben sollen bis Mai 1957 rund 70 % der Gefängnis- und Lagerinsassen entlassen worden sein.[19] Das Lager als Haftort blieb allerdings in der UdSSR wie in ihren Nachfolgestaaten bestehen.

Häftlingsströme

Die Terrorpolitik der sowjetischen Staatsführung löste innerhalb der UdSSR und in den von ihr okkupierten Gebieten periodisch immer wieder neue Verfolgungswellen aus, denen Millionen Menschen zum Opfer fielen. Nach den bereits seit der Oktoberrevolution von 1917 verhafteten Menschewisten, Sozialrevolutionären, Monarchisten oder sogenannten »Bürgerlichen« traf die Repressionspolitik ab Ende der 1920er Jahre vor allem Anhänger Trotzkis, Gläubige der verschiedensten Konfessionen sowie Bäuerinnen und Bauern, die sich der Kollektivierung in der Landwirtschaft verweigerten. Menschen vom Dorf – stets eine der größten Häftlingsgruppen – nahmen ihr »unverständliches Schicksal«, so Elinor Lipper, »mit der stummen Ergebenheit mißhandelter Tiere« hin. Das russische Sprichwort »Vor Bettelsack und Gefängnis kann man nie sicher sein« wurde für viele Menschen in den nächsten Jahrzehnten zur bitteren Wirklichkeit.[20] Dem Attentat auf Kirow am 1. Dezember 1934 folgten Massenverhaftungen von vermeintlichen Parteifeinden und Oppositionellen in Leningrad, Moskau und anderen Großstädten. Während der »Großen Säuberung« von 1936 bis 1938 wurden Millionen Männer und Frauen aus allen sozialen, politischen und religiösen Schichten der Bevölkerung, unabhängig von ihrer Nationalität, verhaftet, erschossen oder interniert, unter ihnen Tausende politischer Exilantinnen und Exilanten aus aller Welt.[21]

Große Häftlingsströme aus Ostpolen, Moldawien, Lettland, Litauen und Estland gingen nach deren Okkupation durch die UdSSR nach 1939 in die Lager. Andere Opfer kamen aus den Balkanstaaten, der Tschechoslowakei und Österreich, zu einem nicht geringen Teil Juden, die vor den deutschen Besatzungstruppen flohen und Schutz in der Sowjetunion suchten.[22] Als sogenannte »Überläufer« verurteilte man sie wegen »Spionageverdachts« zu drei bis acht Jahren.[23] Vor und während des Krieges verschärften verschiedene »Ukasse«, d. h. Regierungserlasse, arbeitsrechtliche Bestimmungen in der sowjetischen Wirtschaft. Zuspätkommen, unerlaubter Arbeitsplatzwechsel und geringste Eigentumsdelikte ahndeten die »zuständigen Organe«. Vor allem Frauen fielen in der Notzeit des Krieges diesen drakonischen Gesetzen zum Opfer und fanden sich als »Ukasnitza« im Lager wieder. In den Erinnerungen wird immer wieder über geringste Verstöße berichtet, die harte Strafen zur Folge hatten. Für ein Säckchen gestohlener Kartoffeln, Ährenlesen nach der Ernte oder den Diebstahl einer Garnrolle konnten Frauen mehrere Jahre Freiheitsentzug bekommen.[24] Vier bis fünf Lagerjahre erhielten Mädchen und Frauen, die ihren vorgeschriebenen Arbeitsplatz während der Kriegszeit verließen. Nadeschda Joffe traf im Lager eine 15jährige, die von ihrem Dorf zur Arbeit nach Moskau abkommandiert worden war. Von einem dreitägigen Sonderurlaub, ihre Mutter lag im Sterben, kam sie zu spät zurück. Ihr Urteil, zwei Jahre, soll sie mit den Worten kommentiert haben: »Was soll's, ein Dank dem Genossen Stalin für die glückliche Zukunft.« Daraufhin verlängerte das Gericht die Strafe auf fünf Jahre.[25] Während die Mehrzahl der verfolgten Delikte aus purer Not und Verzweiflung erfolgte, blühten während der Kriegszeit auch Schiebung und Spekulation auf der Funktionärsebene. Antonie Satzger hatte dies mehrfach öffentlich kritisiert und wurde deshalb vom NKWD Anfang 1944 wegen »antisowjetischer Agitation« zu acht Jahren Lager verurteilt.[26] Ebenso erging es während der Kriegsjahre jenen, die geringste Zweifel an der politischen und militärischen Führung der Sowjetunion hegten. Unglückliche Formulierungen oder naive Fragen zum Kriegsverlauf interpretierten die NKWD-Organe als »Defätismus« und leiteten ihre Ermittlungen ein. Dem Vormarsch der Roten Armee 1944/45 in die einst von den Deutschen okkupierten Gebiete, vor allem in die Ukraine, Belorußland und die baltischen Staaten, folgten die Sicherheitsorgane auf der Suche nach »Kollaborateuren«. Die geringsten Kontakte mit den deutschen Besatzungstruppen, die schließlich kaum zu umgehen waren, machten aus Frauen »Vaterlandsverräterinnen«. Das Strafgesetzbuch der UdSSR sah für die Verhafteten bis zu 25 Jahre Lagerhaft, bis 1947 auch die Todesstrafe, vor. Diesen Häftlingen gegenüber zeigten sich die Lageradministration und die Wachmannschaft in den speziell für sie eingeführten Lagern mit »verschärfter Haftordnung« meist unversöhnlich und besonders rigide. Seit Ende 1944 verschleppte man Zehntausende Deutsche aus Ostpreußen oder Rumänien, meist junge Frauen und halbwüchsige Mädchen, zur Zwangsarbeit in die UdSSR. Nach Ende des Krieges inhaftierte das MWD aus Deutschland und anderen europäischen Staaten repatriierte Sowjetbürgerinnen und -bürger, unter ihnen ehemalige KZ-Häftlinge, Zwangsarbeiterinnen, Kriegsgefangene oder Rußlanddeutsche. Hinzu kamen Zivilisten und Verhaftete mit oder ohne Terrorurteil aus dem besetzten Deutschland und Österreich, die in die UdSSR deportiert wurden. »Banderowzi« nannte man im Lager Männer und Frauen, die der nationalen Unabhängigkeitsbewegung in der Ukraine unter Stepan Bandera angehörten oder ihr nahestanden. Eine neue Verfolgungswelle setzte in der Nachkriegszeit auch in den baltischen Staaten ein. Ende der 1940er, Anfang der 1950er Jahre trafen die Repressionen neben Juden viele Männer und Frauen, die gerade erst vor einigen Jahren aus dem Lager entlassen worden waren. Bei der Zahl, wie viele Menschen in den Lagern zwischen Anfang der 1920er und Mitte der 1950er Jahre inhaftiert waren, gibt es erhebliche Divergenzen. Die Angaben schwanken zwischen 10 und 30 Millionen.[27] Nach seriösen Schätzungen hat die Regierung der UdSSR bis Stalins Tod ca. 15 Millionen Menschen im Gulag interniert, von denen annähernd 20 %, d. h. jeder fünfte, umgekommen sind. Weitere fünf Millionen Personen sind in Verbannungsgebiete deportiert worden. Unter den Opfern befanden sich mindestens drei bis vier Millionen Frauen und Mädchen.[28]

Untersuchungshaft

Käte L. schildert während des Interviews einen Traum, den sie nach der Verhaftung ihres Mannes 1937, wenige Wochen vor ihrer eigenen, hatte: »Ich habe geträumt, da steht ein langer Tisch, und alle haben wir diese russischen Schüsseln vor uns und einen Holzlöffel. Ein langer Tisch war das, und wir saßen alle daran, ihr Mann und mein Mann und ich und sie. Und wir haben alle unseren Löffel und unsere Schüssel gehabt und an dem langen Tisch gesessen. Am nächsten Tag ging ich zu meiner Freundin und sagte: ›Li, ich habe diese Nacht geträumt, unsere Männer kommen wieder.‹ Fragte sie: ›Wieso?‹ ›Na ja‹, sagte ich, ›wir haben alle zusammen an einem langen Tisch gesessen.‹ Aber ich hatte den Traum falsch gedeutet. Wir sind alle an den langen Tisch gekommen und haben mit Holzlöffeln aus solch kleinen Schalen ge-

Haftfoto des NKWD von Maria Pawlowa, 1940.

gessen.«[29] Der Leidenszeit im Gulag ging oft eine monatelange Untersuchungshaft im Gefängnis voraus, eine Zeit der ungewollten Gewöhnung und gewaltsamen Anpassung.

Die Verhaftungen nahm das NKWD/MWD meist nachts vor. Wenn es an der Tür der kommunalen Gemeinschaftswohnung läutete oder an der Hütte klopfte, hielten sich alle Bewohner ruhig. Niemand wollte auffallen. Nach bangen Minuten traten mindestens zwei bewaffnete Sicherheitsbeamte, meist uniformiert, in den Raum und legten einen Haftbefehl vor. Dienstlich knapp war die Order überschrieben: »Haussuchung, verhaften«, »Bescheinigung zur Festnahme«, »Haftbefehl« oder juristisch umständlich »Beschluß über Bestimmung der Vorbeugungsmaßregel und über die Anklage«.[30] Eine Durchsuchung folgte, deren Augenmerk auf möglichen Beweisen lag: fremdsprachige Bücher und Briefe, »konterrevolutionäre« Symbole, Fotoapparate, Ausweise und Geld. Ein Protokoll verzeichnete jeden konfiszierten Gegenstand. Wer Glück hatte, erhielt von den Uniformierten Ratschläge, was vorsichtshalber in den mitzunehmenden Koffer oder das Bündel hinein sollte: warme Sachen und Schuhe etwa, wenn möglich Pelze, Filzstiefel, Handschuhe und Mützen. Selten verließ ein Nachbar oder eine Nachbarin in dieser Stunde den eigenen Raum, um der Arretierten beizustehen oder sich von ihr zu verabschieden. Manche jedoch überwanden die Angst. Brunhilde Hebel erinnert sich der stillen Verbundenheit, die ihr Russinnen und Wolgadeutsche beim Abschied in Engels entgegenbrachten: »In der Nacht, als ich verhaftet wurde, gingen wir durch das Zimmer meiner Wirtin. Dort saßen ungefähr zehn Frauen unter einer Ikone. Es war nachts, 2.00 oder 3.00 Uhr. Meine Wirtin hatte in der Ecke eine Ikone, wo immer ein Licht brannte. Die Frauen saßen schweigend da, sahen mir nach und nahmen auf diese Art von mir Abschied.«[31]

»Konterrevolutionäre Tätigkeit«, »Antisowjetische Agitation und Propaganda«, »Spionage« oder »Verrat der Heimat« waren die wichtigsten Tatbestände des berüchtigten Paragraphen 58 des Strafgesetzbuches, nach denen politische Gefangene verurteilt wurden. Ehefrauen von inhaftierten »Volksfeinden« konnten einem Beschluß des Politbüros der KPdSU vom 5. Juli 1937 zufolge einfach in Sippenhaft genommen werden.

Traumatisch wirkte bei den Müttern der Abschied bzw. die gewaltsame Trennung von ihren Kindern. Wie für die Mütter wurde auch für die Kinder der Verlust der Eltern und die nachfolgende Odyssee durch Kinderheime oder fremde Familien zur dominanten Erschütterung ihres Lebens. Die Tochter von Käte L. war keine zwei Jahre alt: »Ich dachte doch nicht, daß die mich mit dem Kind verhaften würden. Das hab ich doch nicht gedacht, daß die mich da festhalten. Dann haben die mir gesagt, ich soll das Kind abgeben. Da habe ich gesagt, ich habe nichts getan und ich gebe mein Kind nicht weg, ich geb das nicht her. Ich hab's festgehalten. Und da war dann so ein Weibsbild, die war wahrscheinlich aus einem Kinderheim, und da haben zwei Soldaten mich festgehalten, einer hat mir das Kind vom Arm gerissen und hat's der gegeben, und weg war das Kind. Ich war so aufgeregt, daß ich plötzlich meine Menstruation bekommen habe. Und die war so stark, daß gar nichts half. Ich trieb richtig weg. Mich haben die dann in eine Zelle gebracht und einen Arzt geschickt. Aber es hat lange gedauert, bis das Blut sich gestillt hatte.«[32]

Die Inhaftnahme bedeutete für die Frauen in vielerlei Hinsicht eine bis dahin unbekannte seelische und körperliche Drangsal, die ihr Selbstwertgefühl auf das äußerste herausforderte. Denn das Haftregime, die Aufenthaltsbedingungen und die Untersuchung hatten gerade das zum Ziel, die persönliche Integrität, die geschlechtliche und kulturelle Identität der inhaftierten Frauen zu zerstören. Seit den ersten Minuten der Haft und der Konfrontation mit den Haftbedingungen waren die Inhaftierten zur Hinnahme gravierender persönlicher Entwürdigungen genötigt. Mit Beginn der Verhaftung waren Gespräche und Meinungsäußerungen untersagt; Bitten um Auskünfte oder Erklärungen blieben unbeantwortet. Die Frauen hatten knappen und eindeutigen Befehlen zu gehorchen, mußten während des Transportes oder neben Leidensgefährtinnen in den Aufnahmezellen schweigen. »Vom Moment der Verhaftung an wird der Gefangene in ständiger Spannung gehalten«, bemerkt Elinor Lipper, »was auch immer mit ihm geschieht, wohin er auch immer gebracht wird, keine Wort der Erklärung wird darüber abgegeben. Diese dauernde Ungewißheit, dieses völlige Ausgeliefertsein an eine stumme, unheimliche Macht bewirkt bei jedem Gefangenen das, was es hervorrufen soll: Angst.«[33]

Wenn es die Zahl der »Eingänge« an Inhaftierten gestattete, sperrte man die Frauen unmittelbar nach der Ankunft im Gefängnis in winzige Sonder- bzw. Stehzellen. Erna Kolbe berichtet: »Nachdem ich aufgerufen wurde, kam ich in eine Einzelzelle. Zwei Tage war ich ganz allein, vollkommen isoliert, abgesehen davon, daß ich Essen bekam. Ich wußte überhaupt nicht, was passiert war.«[34] In eine Stehzelle von ca. einem Quadratmeter ohne Sitzgelegenheit wurde Irmgard Schünemann nach ihrer Inhaftierung eingesperrt. »Das war ein unheimlicher Schock«, erinnert sie sich, »aus der Freiheit in die Stehzelle.« Und ihre Reaktion: »Also, da muß man die Nerven behalten, ruhig bleiben. Eine ganze Weile mußte ich da drin bleiben. Das war furchtbar, der Eindruck, ich war ja nun in ihren Händen da. Aber ich hab alles ruhig überstanden. Ich hab nicht geweint und habe das alles so hingenommen.«[35] Auf schmerzliche Weise nahmen die Frauen den Verlust der Freiheit und die Verstoßung aus der menschlichen Gemeinschaft wahr. »Als man in die Zelle gekommen ist«, berichtet Julie Bevern, »und die Tür ist auf einmal hinter dir zugemacht worden, keine Klinke und nichts, da ist man irgendwie wie eine Irre gewesen. Du warst wie ein gefangener Vogel. Erst da hat man begriffen, was dir geschehen ist. Du warst einfach weg vom Leben.«[36]

Vor dem Gang in die Zelle des Untersuchungsgefängnisses erfolgte die Aufnahmeprozedur: erkennungsdienstliche Behandlung, Anfertigung von Gefangenenfotos, Abnahme der Fingerabdrücke, Entkleidung,

Duschen, Leibesvisitation, Desinfektion, in manchen Gefängnissen Scheren der Körperbehaarung, oftmals von männlichem Gefängnispersonal oder Häftlingen. Über ihre Aufnahme in das Moskauer Butyrka-Gefängnis 1937 schreibt Elinor Lipper: »Jede Gefangene, die in das Butyrka-Gefängnis eingeliefert wurde, kam zunächst in einen Raum, wo sie sich nackt ausziehen mußte. Eine Wächterin tastete ihre Haare ab, untersuchte ihre Ohrmuscheln und Nasenlöcher, fingerte in ihrem aufgerissenen Munde herum, sah ihr unter die Achseln und in den After, ließ die Nackte eine Reihe von Kniebeugen machen und schloß mit einer gynäkologischen Untersuchung ab. Von ihren Kleidungsstücken wurden sämtliche Knöpfe, Haken, Ösen und Gummibänder entfernt, jeder Saum, alle Taschen untersucht, dann durfte sie sich wieder anziehen.«[37] Antonie Satzger beraubte man 1944 während der Aufnahme im Gefängnis in Kasan ihrer Kopfbehaarung: »Gleich wo ich dort ankam, haben sie mir die Haare runtergeschnitten, kahl, ganz kahl. Ich mußte mich splitternackt ausziehen.« Um die Erniedrigung vollständig zu machen, wurden auch von ihrer Kleidung sämtliche Knöpfe, Gummis, Schnallen und Schnüren entfernt, so daß sie ihre Sachen mit beiden Händen am Körper festhalten mußte. »Du sahst aus wie ein Lump«, erinnert sich Antonie, »wie eine Vogelscheuche. Da hab ich mich geschämt, ich hab mich so geschämt.«[38]

Nach der Aufnahmeprozedur sperrte man die Häftlingsfrauen in unhygienische und stickige Massenzellen, die oft überfüllt waren. Die Fenster waren vergittert und von außen mit einer Blende versehen, die den freien Blick nach draußen verhinderte. Wenn Betten oder Pritschen vorhanden waren, reichten sie selten für alle Häftlinge. Wer nichts mehr erwischte, schlief auf dem Boden, meist blanker Zement. Matratzen, Decken, Kissen oder sonstiges Schlafzubehör waren selten vorhanden. Für Neuzugänge blieb oft nur der feuchte und stinkende Platz am Kübel übrig. Klara D. erinnert sich an die Haftanstalt in Saratow im Frühjahr 1938: »Die Kammer war voller Menschen, voller Frauen. Zwischen den eisernen Betten lagen Bretter, auf denen Frauen dicht bei dicht lagen. Sie lagen auf dem Fußboden und auch noch unter den Betten. Und jetzt steh ich da. Wo soll ich hin? Ich sehe ja keinen freien Platz mehr. Bis mir irgend jemand unterm Bett zuwinkt: ›Komm her, komm her, wir rücken auseinander, wir machen hier Platz.‹ Und ich quetsche mich dazwischen, unters Bett.«[39]

Haftfoto des NKWD von Antonie Satzger, 1944.

Die Zusammenlegung von politischen und kriminellen Häftlingen gehörte zum bewußt eingesetzten Repertoire des Haftregimes, das für eine zusätzliche Demoralisierung sorgen sollte. Die kriminellen Frauen – gemeint sind hier nicht Frauen, die durch Zufall oder soziale Not straffällig wurden – verfügten meist über Haft- und Lagererfahrungen und waren je nach Schwere des Vergehens sowie der individuellen Machtansprüche hierarchisch gegliedert. So konnten sie auch als Minderheit eine Zelle beherrschen und über die vereinzelten und verängstigten politischen Frauen Macht ausüben, etwa die Platz- und Essenverteilung beeinflussen. Quälend wirkten auch häufige Durchsuchungen der Massenzellen und wiederholte Leibesvisitationen. Sie dienten einzig dem Zweck, die Insassen zu zermürben und Zwietracht zwischen ihnen zu säen.

Eine außerordentliche Belastung stellten für die Frauen die hygienischen Bedingungen in den Gefängnissen dar. Eine tägliche Körperreinigung gab es nicht. Das wenige Wasser, meist kaum mehr als ein Becher, mußte zum Waschen, Zähneputzen und Trinken reichen. Alle acht bis zehn Tage führte man die Frauen für eine kurze Zeit in eine Badestube, wo das wenige zugeteilte Wasser gleichermaßen der Körper- wie Wäschereinigung dienen mußte. Die öffentliche Verrichtung der Notdurft auf dem Kübel oder der kollektive Vollzug auf Kommando beim verordneten Toilettengang – eine täglich wiederkehrende Pein – waren bedrückende und demütigende Situationen, an die sich die Frauen nur langsam »gewöhnen« konnten. In anderen Gefängnissen – so in Smolensk – hatten die Frauen dem Wachpersonal durch Klopfen an die Zellentür ihre Bedürfnisse zu melden. »Die wollten oft das Klopfen nicht hören. Und man stand händeringend da und wartete, daß man endlich auf die Toilette gelassen wurde«, erinnert sich Adele Schiffmann.[40] Auch wer in einer kleinen Einzelzelle inhaftiert war, empfand den demoralisierenden Alltag des Kübels. »Du hast den ganzen Tag den Kübel in der Zelle gehabt«, schildert Antonie Satzger, »den durfte ich bloß einmal am Tag ausleeren. Der Uringestank war ständig da. Groß mußtest du ja auch mal. Den Gestank hat man dann auch drin gehabt. Und das Schlimmste war, du hast ja kein Papier, kein Klopapier gehabt. Du konntest dich nicht säubern und hast regelrecht gemerkt, wie der Stuhl am Hintern angetrocknet ist.«[41]

Bedrückender noch waren die Belastungen der Frauen während der Menstruation. War dieser biologische Vorgang für die Angehörigen dieser Generation schon unter normalen Umständen nicht unproblematisch, so wurde die Periode im Gefängnis zur Tortur. Meist völlig auf sich gestellt, ohne jegliche hygienische Mittel, mußten sich die Frauen behelfen. Die Mütter unter den Verhafteten hatten zusätzlich in den ersten Wochen die Trennung von ihren Kindern zu verarbeiten. Die Sehnsucht nach ihnen war eines der dominierendsten und bedrückendsten Gefühle. Frauen ohne Kinder wähnten sich glücklich, vor dieser Qual bewahrt zu sein. Die gewaltsame Trennung von den Kindern, die Ungewißheit über ihr Schicksal und die Verweigerung von Kontakten und Wiederbegegnungen waren eine akute emotionale Belastung. »Eine Rumänin hatte drei Kinder zurückgelassen«, berichtet Erna Kolbe, »eins mußte noch gestillt werden und dadurch hatte sie Probleme mit ihrer Brust. Sie hat nachher den Kalk von den Wänden gekratzt und gefressen. Dann war eine Russin, die hat immer an der Tür gestanden und geflüstert. Einmal hat sie mich angesprochen: ›Erna Genrichowna, hören Sie denn nicht die vielen Menschen, ich höre doch ununterbrochen Stimmen.‹«[42]

Die Atmosphäre in den Gefängniskammern, die Situation und das Befinden der inhaftierten Frauen und ihre Beziehungen untereinander waren zwar in erster Linie vom Haftregime abhängig, jedoch auch davon, wie es den Häftlingen im Laufe der Zeit gelang, kameradschaftliche und einverträgliche Beziehungen untereinander zu gestalten. Dieser allein schon schwierige und widersprüchliche Prozeß der »Wiederselbstfindung« verlief von Gefängnis zu Gefängnis, ja von Zelle zu Zelle verschieden und differiert in den Erinnerungen über die U-Haft nicht unbeträchtlich. Zunächst waren auch die Politischen von sehr unterschiedlichen Lebenserfahrungen geprägt und entstammten verschiedenen sozialen Gruppen. Elinor Lipper macht in ihren Erinnerungen auf die unterschiedliche Herkunft aufmerksam und verweist auf die Kontinuität vorangegangener Konflikte und gegenseitiger Antipathien. Das Klima unter den Gefangenen ihrer Zelle des Butyrka-Gefängnisses beschrieb sie als eine »Atmosphäre des Mißtrauens, der Unaufrichtigkeit, Heimlichtuerei und der Gruppen- und Grüppchenwirtschaft von alten und jungen Parteimitgliedern, von Parteilosen, von Gattinnen großer Männer und von verschüchterten Weiblein vom Lande, die alle in ihrer Geisteshaltung eine getreues Abbild des sowjetischen Lebens in der Freiheit abgaben«.[43]

Die vor allem unter Mitgliedern und Sympathisantinnen der Kommunistischen Partei verbreitete Erklärung – Verhaftungen seien legitime Maßnahmen des Staates bzw. es gebe keine ungerechtfertigten Verhaftungen in der Sowjetunion – blockierte vollständig oder behinderte zumindest die Ausprägung solidarischer Beziehungen unter politischen Häftlingen. Die Umstände der Inhaftierung, die Trennung von Angehörigen und Kindern, die Bedingungen in den Gefängnissen, anhaltende Ungewißheit und Angst hinterließen ihre Spuren und führten nicht selten zur Selbstaufgabe. »Es gab eine Menge Frauen, die resignierten, die lagen den ganzen Tag auf ihrer Pritsche und dösten vor sich hin und wurden mit ihrem Schicksal nicht fertig«, erinnert sich Mimi Brichmann. Gleichsam wurde die Gefahr apathischen Verhaltens erkannt und dagegen angekämpft. »Das war alles so deprimierend und so schockierend. Man hatte zu tun, mit den Gegebenheiten fertig zu werden und nicht einfach in Trübsal zu verfallen.«[44]

Gegenseitige Zuwendung und Hilfeleistung stellten unter den Häftlingen in der Untersuchungshaft eher die Ausnahme dar. Aber sie gab es, wenn sie sich auch nur langsam und schwerlich entwickeln mochten. Von Anbeginn versuchten die NKWD-Behörden einer breiten Solidarisierung der Gefangenen durch Isolierung und Sprechverbot sowie gezielte Infiltration mittels Denunzianten entgegenzuwirken. Die Angst vor ungebetenen Zuhörern und Spitzeln behinderte Gespräche wie die Entfaltung von Gemeinschaftssinn und gegenseitiger Hilfe. »Man hat nicht gewagt, sich den Menschen gegenüber zu öffnen«, erinnert sich Julie Bevern, »weil man sehr mißtrauisch geworden ist. Man hat ja Angst gehabt. Immer waren Leute mit eingeschleust, die gemeldet haben, wenn sich einer abfällig oder empörend geäußert hat. Und die haben das dann verraten.«[45]

Die anhaltende physische und psychische Zersetzung der Häftlinge wurde durch den Umstand verschärft, tage- ja wochenlang auf das erste Verhör warten zu müssen. »Aus der ruhigen Selbstsicherheit des Unschuldigen, mit der er die Zelle betrat«, konstatiert Elinor Lipper, »wird die hysterische Schlaflosigkeit des Wartenden, der allnächtlich bei jedem Geräusch und bei jedem Ausruf wie elektrisiert in die Höhe fährt.«[46] Vorwiegend nachts wurden die Frauen zum Verhör aus der Zelle geholt. Nicht russischsprechenden Ausländerinnen stellte man eher selten während der Vernehmung einen Dolmetscher zur Verfügung. Am Ende der Verhöre nötigten NKWD-Untersuchungsführer die Häftlinge, teils mit physischer oder psychischer Gewalt, das Protokoll zu unterzeichnen; wenn sie es nicht aus Angst oder aus naivem Glauben, entlassen zu werden, von alleine taten. Auf der Grundlage der fingierten bzw. erpreßten Aussagen ist die »Untersuchung« nach einer bestimmten Zeit, auch ohne »Geständnis«, abgeschlossen worden. Der verantwortliche Untersuchungsführer verfaßte eine »Anklageerhebung«, ließ sie von seinem Dienstvorgesetzten bestätigen und übergab diese der »Sonderberatung«, der Sondergerichtsbarkeit innerhalb des NKWD. Die »Sonderberatung« faßte nach Listen Massenurteile in Minutenschnelle ab. Andere wurden von Gebiets- und »Volksgerichten« oder von einem Militärtribunal verurteilt. Zwischen drei und 25 Jahren lagen die verhängten Haftstrafen.

3. Transport ins Lager

»Als alle ihr Urteil erfahren hatten, brachte man uns in eine ›Peresilka‹-Zelle. Das sind die Gefängniszellen«, so Susanne Leonhard, »in denen die Verurteilten bis zum Abgang ihres Transportes untergebracht werden.«[1] Die Abgangs- bzw. Durchgangszellen konnten sich wie in der Moskauer Butyrka innerhalb des bisherigen Gefängnisses befinden.[2] In anderen Städten existierten besondere »Durchgangsgefängnisse«, in denen die Häftlinge auf die »Etappe«, so die russische Bezeichnung für den Transport, warteten.

Abgangszelle und Erwartungen vom Lager

Die Zeitdauer hing von der Koordination zwischen den regionalen NKWD/MWD-Institutionen[3] und der Moskauer Hauptverwaltung Lager, die die Verteilung der Häftlinge vornahm, sowie den Umständen des Eisenbahntransportes ab. Die NKWD-Administration befahl einen Transport aus der jeweiligen Region, wenn aus ihrer Sicht genügend Gefangene zur Verfügung standen, die eine effektive Auslastung der Häftlingswaggons gestatteten, und die Aufnahme im Lagerort formal sichergestellt schien. Die Verurteilung durch ein Gericht oder ein Tribunal des NKWD/MWD war für den Weg ins Lager keine unbedingte Voraussetzung. Die Festlegung des Urteils konnte, wie im Falle der 1941 verhafteten Rußlanddeutschen Luise Hörmann, auch während des mehrwöchigen Weges zum oder im Lager selbst stattfinden. Im Transitgefängnis Irkutsk führten Untersuchungsführer des NKWD die Verhöre fort, und erst im Lager erhielt sie ihr Urteil.[4]

Die Zeit bis zum Transport ins Lager konnte sich unter Umständen mehrere Monate hinziehen. Die Existenzbedingungen in den Abgangszellen waren den Berichten nach meist noch schlechter als während der Untersuchungshaft. Vor allem Überbelegung, mangelnde Hygiene und das erste Zusammentreffen mit kriminellen Frauen blieben in der Erinnerung haften. In der Zelle waren so viele Menschen zusammengesperrt, schildert Wera Ljudyno, »daß sie sich mit dem Ausruhen auf den Pritschen abwechseln mußten und dabei noch so dicht aneinanderlagen, daß sie sich stets nur gleichzeitig von einer Seite auf die andere umdrehen konnten.«[5] Nora Pfeffer schob man in eine Zelle, die von drückendem Dunst und ohrenbetäubendem Geschrei erfüllt war. Gleich neben der Tür stand ein halbes Faß, das als Kübel für die Notdurft diente und einen schrecklichen Gestank über die gesamte Zelle verbreitete. Auf engstem Raum wurden annähernd 240 Frauen gefangengehalten. An allen Wänden und in der Mitte standen Pritschen, es war kaum Platz, um hindurchzukommen. Eine ältere Frau winkte der 23jährigen, schob ihre wenigen Habseligkeiten zusammen und schuf so einen Sitzplatz auf dem Zellenboden für die Neuangekommene. Nora Pfeffer traf zum erstenmal auf kriminelle Frauen, die sich von den Politischen distanzierten und sich auf einer Zellenseite niedergelassen hatten. Vor allem ihr Äußeres stieß ab: »Manche liefen halbnackt, teils ohne Büstenhalter umher. Viele waren tätowiert und hatten schrecklich eklige Sachen auf ihrem Körper geschrieben.«[6]

Die Haupttätigkeit in der Abgangszelle bestand im Warten. Die wenigen Höhepunkte des Alltags sind mit wenigen Worten beschrieben: aufräumen, essen, notdürftige Hygiene und gelegentlich ein 15minütiger bewachter Freigang. Mit Gesprächen und Handarbeiten überbrückten politische Häftlinge die Zeit. Den hygienischen Bedürfnissen der Frauen trug die Gefängnisadministration in keiner Weise Rechnung. Statt täglicher Körperreinigung war der meist kurze Aufenthalt in einem meist schlecht ausgestatteten Waschraum oder einer »Banja«, einem Badehaus, alle 10 bis 20 Tage vorgesehen. Die Frauen behalfen sich so gut es eben ging und teilten das spärlich erhaltene Wasser gleichermaßen für Körperpflege und zum Trinken ein. Der stinkende Kübel und die öffentliche Verrichtung der Notdurft, die Hilflosigkeit gegenüber der Menstruation, die Körperausdünstungen in den ungelüfteten Massenzellen sowie Ungeziefer, einschließlich Mäuse und Ratten, ließen für die Frauen den Aufenthalt in der Abgangszelle zu einer besonderen Qual werden.[7] Nach Wochen und Monaten der Haft, erinnert sich Helene Golnipa, hatten sich die Gefangenen nicht selten bis zur Unkenntlichkeit verändert.[8]

Die berichtenden Frauen sind zwischen 1935 und Anfang der 1950er Jahre in den Gulag transportiert worden. »Eines Nachts Mitte Mai 1938 öffnete sich plötzlich die Tür. Herein kam die Aufsicht. Ich begriff sofort, daß ich auf Transport sollte.« Mit diesen Worten beginnt Galina Satmilowa die Schilderung über ihren Weg ins Lager. »Ich weinte die ganze Nacht, den ganzen Morgen, bis man mich holen kam. Ich war völlig verquollen. Mir war jetzt alles völlig egal, ich wußte nur eins, daß der letzte, so wichtige Faden, der mich mit meinem bisherigen Leben verband, für immer zerriß.«[9] Maria Rand, wegen angeblicher Spionage zu acht Jahren Lager verurteilt, wurde im August 1939 in das Karagandinsker Besserungsarbeitslager deportiert. Die Grundlage bildete ein Transportbefehl mit folgenden persönlichen Angaben: Name, Geburtsdatum; »Zielpunkt: Karaganda, Kasachische SSR, übernehmende Dienststelle: Chef der Verwaltung des Karlag; Art der Bewachung: gewöhnlich; Vermerk des Arztes: transportfähig; besondere Kennzeichen: Estin aus Estland«.[10] In den Begleitpapieren der Russin Fedora Korotkowa hieß es 1942 u.a.: »Grund der Beförderung: laut Verfügung der Verwaltung der Besserungsarbeitslager und -kolonien des NKWD der UdSSR; Ort der Bestimmung: Eisenbahnstation Karabas[11]; Art der Bewachung: verstärkte; Vermerke: gesund, sanitäre Behandlung durchgeführt, epidemische Krankheiten nicht vorhanden.«[12] Links oben befand sich ein Haftfoto der Gefangenen, die wegen Mittäterschaft und Hehlerei von Diebesgut aus einem Raubmord zu zehn Jahren Lager verurteilt worden war.

Nach Wochen und Monaten der Untersuchungshaft in überfüllten Gefängniszellen lag vor den gefangenen Frauen nunmehr das Lager. Der Transport in die entlegenen Haftorte rief nach der Verhaftung und den ersten Hafterfahrungen erneut ein Trauma hervor. »Was für unglaubliche Verzerrungen drängten sich plötzlich in das Leben«, so die 1938 verhaftete Russin Wera Schulz: »Warum bin ich hier, warum führt man mich wie eine Banditin, umringt von Wachposten? In jenen Tagen hatte ich es noch nicht verlernt, über solche Absurditäten, die sich vor meinen Augen und mit mir abspielten, zu grübeln.«[13] Auch für Hilda Vitzthum wurde der von Soldaten eskortierte Fußmarsch zum Bahnhof des ehemaligen Wohnortes Kusnezk einer der, wie sie schreibt, schmerz- und schmachvollsten Wege ihres Lebens. »Ich glaube«, schildert sie, »daß ich in dieser Stunde erst so recht begriff, welcher Nie-

Haftfoto des NKWD von Jewgenia Ginsburg, 1937.

dertracht wir ausgeliefert waren. Zu beiden Seiten gingen die Wachen mit schußbereiten Gewehren, hinter uns liefen die Hunde.«[14] Der Aufruf zum Transport zerstörte nicht nur gewachsene Häftlingskontakte und die mühselig eingeübten Verhaltensroutinen aus der Untersuchungshaft, sondern machte den Zustand der Gefangenschaft auf unumkehrbare Weise bewußt. Der Transport zerstörte alle Hoffnungen auf die »Korrektur des Irrtums« und baldige Entlassung aus der Haft. Das Massenschicksal konnte gelegentlich das persönliche Leid ein wenig lindern, kaum aber den individuellen Trennungsschmerz von Kindern und anderen Familienangehörigen.

Meist ging es unerwartet auf Transport. Ein Wachsoldat öffnete die Zellentür und rief einen Buchstaben, seltener gleich den Familiennamen. Die Gefangenen, deren Familienname mit dem entsprechenden Buchstaben begann, hatten sich mit Vaters- und Vornamen sowie Paragraph und Urteil zu melden. Es folgte das Kommando: »Raustreten! Mit Sachen!« Der erste Hinweis auf den bevorstehenden Transport. Um die Entstehung fester Häftlingskontakte zu behindern, vermied die Administration soweit wie möglich den Abtransport aller Gefangenen einer Abgangszelle, sondern sorgte für ihre ständige Mischung. Zeit zum Abschiednehmen blieb nicht viel. »Name um Name wurde aufgerufen, und eine nach der anderen Frau griff ihre Habe und verließ die Zelle«, erinnert sich die Engländerin Flora Leipman. Abschiedsworte fielen: »Gott schütze dich«, »Auf Wiedersehen« oder »Vergiß bitte nicht meinen Namen, wie ich deinen nicht vergessen werde«. Flora Leipman umarmte und küßte ihre verbliebenen Freundinnen und verließ unter Tränen die Zelle.[15] »An diesem Tag habe ich zum erstenmal jenen besonderen seelischen Schmerz erlebt, den ein Abschied im Gefängnis auslöst«, erinnert sich Jewgenia Ginsburg ihrer Empfindungen 1938: »Wir gehen für immer auseinander, wir werden uns nie wiedersehen. Wir gehen fort wie in den Tod und vielleicht tatsächlich in den Tod.«[16]

Vor dem Verlassen des Gefängnisses erfolgte die Durchsuchung der persönlichen Habe, eine Leibesvisitation und die Beschlagnahme von Messern, Scheren, Nadeln und anderer verbotener Gegenstände sowie von Gefängnisgeschirr.[17] Bei Politischen suchte man vor allem nach Schreibzeug und Papier. Keiner sollte die Möglichkeit haben, etwas aufzuschreiben und aus dem fahrenden Zug zu werfen. Frauen nahm man unter Umständen auch die Fotos ihrer Kinder und Familien weg, erinnert sich Jewgenia Ginsburg, und warf sie auf einen Haufen im Gefängnishof. Achtlos ging ein Wachsoldat über die Bilder hinweg.[18]

Die Gefängnisadministration gestattete gelegentlich Angehörigen der Gefangenen, Kleidung, Geld und Lebensmittel für den Weg ins Lager zu übergeben. Selten erhielten Häftlinge all die Gegenstände zurück, die nach der Verhaftung und Aufnahme ins Untersuchungsgefängnis konfisziert wurden. Mia Spitz erhielt gar nichts davon.[19] Susanne Leonhard gab man ihre Handtasche, ihre Armbanduhr und statt ihrer ausländischen Währung zwei Quittungen zurück. Die Brille und das Bild ihres Sohnes fehlten. Sie protestierte, doch ein Wachsoldat schob sie einfach weiter und brüllte sie an: »Dawajtje! – Weitergehen!«[20] Die Armenierin Maria Dawtjan versuchte im Mai 1939 vom Lager aus, ihre Wertsachen zurückzuerhalten. Es läge ein Schreiben vor, auf dem sie den Erhalt ihrer Wertsachen quittiert hätte, teilte man ihr aus Moskau mit. Ihre Antwort lautete: »Mir wurde versprochen, gleich nachdem ich unterschrieb, meine Sachen auszuhändigen, doch ich bekam nichts. Es wurde versprochen, sie mir zu schicken, aber bis jetzt habe ich nichts erhalten. Ich bitte darum, daß man mir meine Geldbörse, die goldene Brosche und andere Kleinigkeiten zusendet.«[21] Erhalten hat die Gefangene ihr Eigentum nie.

Die NKWD/MWD-Administration verfolgte mit dem Prozedere der

Transportvorbereitung mehrere Ziele: die Demütigung und Einschüchterung der gefangenen Frauen, die Verhinderung von Zuwiderhandlungen, aber auch die Bereicherung der NKWD/MWD-Organe bzw. einzelner Mitarbeiter auf Kosten des Häftlingseigentums. Wichtiger Bestandteil des Transportregimes war die zielgerichtete Unwissenheit, in der die Häftlinge gehalten wurden. Der Zeitpunkt und die Dauer des Transportes blieb ihnen ebenso verborgen wie der künftige Lagerort. »Wir wissen nie, wohin es geht«, erinnert sich nicht nur die Polin Marta Rudzka, die das NKWD 1940 im besetzten Lwow verhaftete. Nachfragen quittierten Gefängniswärter mit: »Ihr werdet schon sehen!«, »Dort, wo ihr hingehört!«, »In einen Kurort!« oder »Das geht euch nichts an!«[22]

Das Gefühl der Unwissenheit ließ in Verbindung mit der bevorstehenden langjährigen Lagerhaft recht unterschiedliche Zukunftserwartungen entstehen. Vor allem bei ländlichen und religiösen Frauen spielten Traumdeutungen eine Rolle. In Träumen vorkommende Brötchen, Zwirnsfäden, Haarbürsten, Kirchen oder grüne Äpfel waren für manche Häftlinge unfehlbare Anzeichen eines bevorstehenden Ortswechsels.[23] Überwiegend hoffnungsvolle Erwartungen hegte die deutsche Kommunistin Erna Kolbe. »Merkwürdig« nannte sie selbst im nachhinein ihre damaligen Vorstellungen vom Lager, etwa: »Daß wir frei rumlaufen könnten, daß wir zu lesen hätten, arbeiten würden – ein Ort, wo wir unser Bett haben würden, wo wir in eine Bibliothek gehen, wo wir Schach spielen könnten und unsere Zeit absitzen würden. So haben wir uns das Lager vorgestellt.«[24] Angesichts der bevorstehenden zehnjährigen Lagerfrist förderten die eher positiven Erwartungen den Durchhaltewillen der Gefangenen. Nach Monaten und Wochen in stickigen und überfüllten Gefängniszellen sahen nicht wenige dem Lager erwartungsvoll entgegen. »Obwohl niemand genau wußte, was einen dort erwartete«, erinnert sich die Ukrainerin Ljuba Ukrainska, glaubte man, zumindest in der Lagerzone, an eine unkontrollierte Bewegungsfreiheit und hoffte vor allem auf frische Luft.[25] Die Russin Nina Monitsch, Anfang 1942 inhaftiert und zu zehn Jahren Lager verurteilt, stellte sich die Arbeit im Lager »so ähnlich wie an der Arbeitsfront in der Freiheit« vor. Auch dort könne sie »im Kampf gegen den Feind helfen«. Im nachhinein meint auch sie, daß ihre Erwartung vom Lager auf ganz wenigen, diffusen und völlig phantastischen Informationen basierte.[26] Für Eleonora Leibbrandt gab es nach fast zweijährigem Gefängnisaufenthalt nur einen Wunsch: Sie wollte über sich den Himmel sehen. »Man hat auf etwas Besseres gehofft«, resümiert die damals 20jährige Rußlanddeutsche.[27] Großes Glück empfand Jewgenia Ginsburg, nachdem 1939 ihre zehnjährige Gefängnisstrafe in Lagerhaft umgewandelt wurde und sie auf Transport ging. »Ganz egal wohin«, so ihre damaligen Gedanken, »nur raus aus diesem Steinsarg.«[28] Ganz anders waren die Empfindungen von Hilda Vitzthum, die die Kusnezker Gefängnisadministration bereits nach einer Woche Untersuchungshaft im Herbst 1938 auf Transport schickte. Die unerwartete Verhaftung und die Trennung von ihren Kindern lagen erst wenige Tage zurück. »Was konnte ich nach all dem noch Gutes erwarten?« dachte sie damals. »Das Lager, für mich völlig unbekannt, würde mich um noch einige tausend Kilometer von meinen Kindern trennen. In mir erlosch der kleinste Funke Hoffnung.« Zudem litt Hilda Vitzthum körperlich. Da sie während der Stillperiode verhaftet wurde, war ihre Brust schmerzhaft angeschwollen und mußte, um die Milch zum Versiegen zu bringen, fest abgebunden werden. »Es war ein doppeltes Leid«, erinnert sie sich, »weil zum Schmerz über die Trennung von den Kindern noch die physische Qual dazukam.«[29]

Transport

»Unser Zug fuhr langsam, tat es recht holpernd, und jeder seiner Stöße endete in uns, verfing sich in unseren schmerzenden Leibern.«[30]

Belegung und Ausstattung der Häftlingswaggons

Die Verladung der Häftlinge zum Transport erfolgte in den großen Städten vor allem nachts, meist abseits der öffentlichen Bahnhöfe.[31] Per Lastwagen oder zu Fuß kamen die Häftlinge an die Transportzüge. Die Gefängnisverwaltung übergab das »Kontingent«, so die Bezeichnung der Häftlinge in der Sprache des NKWD/MWD, und die persönlichen Akten an den Befehlshaber der Begleitmannschaft. »Kniend warteten wir«, erinnert sich Hilda Vitzthum, »bis man uns übergeben hatte und wir in die Waggons eingelassen wurden.«[32] Für die Häftlinge war die Prozedur eine immer wiederkehrende Demütigung, denn das Niederknien bzw. Niederhocken vor den Wachmannschaften war die allgemein übliche Wartestellung der Gefangenen. »Es war erniedrigend und sehr unbequem«, resümiert Wanda Bronska-Pampuch.[33] »Man hatte uns so eng umkreist, so eng aneinander geschoben, daß wir keinen Raum hatten, die Beine auszustrecken, selbst wenn wir uns dazu entschlossen hätten, einfach auf dem Boden zu sitzen.«[34] Mit Schimpftiraden und Flüchen trieben die Wachsoldaten die Häftlinge in die Waggons.[35] »Wie beim Viehverladen«, bezeichnet Margaretha Witschel den Vorgang: »Nachdem ich meinen Namen genannt, Daten, Paragraphen und Frist der Strafe wiederholt hatte, ertönte der Befehl: ›Marsch!‹, und ich mußte über eine Leiter in den Waggon. Dort wurde ich von einem Soldaten in Empfang genommen, laut wurde die Zahl genannt, als wievielte ich in den Waggon geladen wurde, bei 100 sprang er heraus, schob die Tür zu, und der nächste Waggon wurde gefüllt.«[36] Die Angaben über die Zahl der Insassen eines Transportwaggons differieren. In Güterwaggons, die für Gefangenentransporte genutzt wurden, befanden sich zwischen 50 und 100 Frauen.[37] Die Polin Marta Rudzka beschreibt den Waggon als »dunklen Schrank mit Fächern«. Auf den jeweils an den Stirnseiten angebrachten zwei- bzw. dreietagigen Bretterflächen drängten sich jeweils acht Häftlinge, der Rest mußte sich mit einem Platz auf dem Fußboden begnügen.[38] Der Abstand zwischen den übereinanderliegenden Pritschen erlaubte nicht einmal das Sitzen. Im Liegen konnte man ohne Mühe mit der Hand die darüberliegende Pritsche bzw. die Wagendecke berühren. Ein oder zwei kleine vergitterte Fenster waren neben Bretterspalten in den Wänden die einzigen Öffnungen, durch die frische Luft kam. Gelegentlich befand sich ein primitiver Kanonenofen, seltener eine Tonne für Wasser im Waggon.[39] Häftlinge wurden je nach Bedarf auch in regulären Güter- bzw. Viehwaggons ohne Pritschen transportiert, die ebenso hoffnungslos überfüllt wurden. Liegen konnte man nicht, so Erna Kolbe über ihre Erfahrungen im Viehwaggon, höchstens hocken.[40] In der gleichen Position wachten die Gefangenen auch auf, denn die Enge erlaubte keine Änderung der Körperhaltung. Wenn der Platz zum Liegen reichte, mußten alle Frauen meist auf einer Seite liegen und konnten sich nur gemeinsam, auf Kommando, drehen. »Das ist schlafen und kein schlafen«, resümiert Faina Nauschütz.[41]

»Stolypinskiwaggons« dienten seit der Zarenzeit zum Gefangenentransport und wurden auch in der UdSSR in großem Umfang eingesetzt.[42] Der Waggon war in mehrere Gefangenenabteile gegliedert, die jeweils mit einem kleinen vergitterten, meist fest verschlossenen Fenster und einer Gittertür zum Gang versehen waren. In zwei bis drei Etagen lagen sich Einzelpritschen gegenüber. Am Beginn und Ende jedes Wagens befanden sich Abteile der Begleitsoldaten und die Aborte. Die Abteile der speziellen Gefangenenwaggons stolypinscher Bauart waren für vier, maximal sechs Häftlinge vorgesehen. Mehr als vier waren es auch nicht, als Hilda Schreiner und Mira Fainjut 1935 in einem »Stolypinski« auf Transport gingen.[43] In den nachfolgenden Jahren pferchte man immer mehr Häftlinge in ein einziges Abteil, Berichten nach zwischen 10 und 25 Personen.[44] Mit angezogenen Knien saßen die Frauen auf den Doppelstockpritschen der einzelnen Abteile.[45] Der Platz war so beengt, daß sie nicht aufstehen oder liegen konnten. Nur beim Gang zur Toilette, zweimal am Tag, fanden die Häftlinge Gelegenheit, ihren Körper auszustrecken und ein wenig zu lockern. Dicht aneinandergepreßt und hinter Gittern, verglichen Häftlinge ihre Lage mit denen von Zootieren.[46] Die Überfüllung der Abteile, mangelnde Hygiene und Reinlichkeit erzeugten schwer zu ertragende Zustände, die Anna Bucharina so beschrieb: »Es herrschten unbeschreibliche Hitze und Gestank. Der abgetretene, schmutzige Korridor, in dem immer Schneewasserpfützen von den Stiefeln der Wachsoldaten standen, die an den Bahnhöfen ausstiegen; die stickige Luft von der schmutzigen, verschwitzten Wäsche der Häftlinge; das ›Aroma‹ von ekelhaftem Salzfisch und süßem Schwarzbrot (den Häftlingsrationen); ein grauenhafter Gestank, der den Waggon von der niemals gesäuberten Toilette aus durchzog – all das machte die besondere Atmosphäre der Stolypinwagen aus, die Menschen in nur noch entfernt menschenähnliche Geschöpfe verwandelte.«[47]

Die Enge und die damit verbundenen Konflikte und Belästigungen waren in beiden Waggontypen unerträgliche Begleiter des Transportes. Streit um die Belegung der Plätze war unvermeidlich, vor allem wenn Kriminelle anwesend waren. »Um die Plätze wurde gekämpft«, so Wera Ljudyno: »Auf den oberen Pritschen gab es mehr Licht und ein wenig frische Luft, auf den unteren war es düster und das Atmen fiel einem schwer.«[48] Jewgenia Ginsburg landete im allgemeinen Gedränge auf einem Eckplatz, wie sie meint, ein ausgezeichneter Platz. Erstens weil man nur von einer Seite gestoßen werden konnte, und zweitens weil sich über ihr das kleine vergitterte Fenster befand, durch das ein schwacher Luftzug hereinwehte.[49] Wera Ljudyno blieb nur ein Platz auf dem Holzfußboden, glücklicherweise an der Tür, wo mehr frische Luft war als anderswo. Mehr als unangenehm war dagegen ein Platz in der Nähe der Fußbodenöffnung, durch die die Notdurft verrichtet werden mußte.

Die Dauer des Transportes war unterschiedlich und hing nicht nur von der eigentlichen Entfernung, sondern von der Planung und Organisation der zuständigen NKWD/MWD-Instanzen ab. Vom 20. Oktober bis 1. Dezember 1937 war Christina Kjossewa in einem Güterzug von Moskau nach Wladiwostok unterwegs.[50] Andere Transporte brauchten für diese Strecke quer durch die UdSSR 35 bis 40 Tage.[51] Von mehreren Wochen ist bei Mia Spitz und Margarete Buber-Neumann für ihren Transport von Moskau nach Karabas, Kasachstan, die Rede.[52] Stunden-, teils tagelanges Warten auf Abstellgleisen, meist außerhalb von Ortschaften, verlängerte die Fahrtdauer und das Leiden der Frauen in den beengten und unhygienischen Transportwaggons. »Das waren die schlimmsten Tage«, resümiert Jewgenia Ginsburg.[53] Zusätzliche Strapazen verursachten Transporte im Winter und Sommer. Drückende Hitze und klirrende Kälte machten dann den Häftlingen zu schaffen. Es war so kalt, erinnert sich Mia Spitz, »daß einem an der Wand die Haare angefroren sind«.[54] Im Viehwaggon, in dem Christina Kjossewa auf dem Weg nach Wladiwostok war, befand sich zwar ein kleiner Ofen, den die Gefangenen aber nur kurze Zeit benutzen konnten. Immer wieder lockerte sich das Ofenrohr, und der entweichende Qualm nahm den Frauen die eh schon knappe Luft. Während der kurzen heißen Sommer in Sibirien und Kasachstan luden sich die Waggons, besonders wenn sie standen, mit einer unerträglichen Hitze auf. Man konnte nur noch zwischen den Bohlen auf dem Fußboden des Waggons atmen, wohin alle Häftlinge strebten, um einen frischen Luftzug zu erhaschen.[55] Auf dem Weg von Baku nach Nowosibirsk stand der Transport, in dem sich Nora Pfeffer befand, eine Woche in der glühenden Hitze auf einem Nebengleis. Nur zur Verpflegungsausgabe wurde die Schiebetür kurz geöffnet. Es war unerträglich heiß, aber es gab kein Wasser für die Häftlinge. Die Wachsoldaten dagegen vergeudeten das kostbare Naß.[56]

Wem es zeitweise gelang, den Platz an einem der kleinen Fenster zu ergattern, hatte wohl frische Luft, war aber auch auf stärkere Weise mit der vorbeiziehenden und unerreichbar gewordenen Freiheit konfrontiert. Die Natur konnte noch tröstlich wirken, anders hingegen Erlebnisse, die an die eigene Vergangenheit und Freiheit erinnerten. An einem Abend gelangte auch Nora Pfeffer auf die obere Pritsche mit dem begehrten Platz am vergitterten Fensterchen. »Die Sonne geht unter«, erinnert sie sich: »Ich sehe immer Wald, Wald, Wald über Wald, mal kleine Wiesen, dann wieder Wald. Dann höre ich plötzlich von weitem Harmonikaspiel und Gesang. Man singt solch ein wehmütiges russisches Volkslied. Das ist mir bis jetzt im Gedächtnis geblieben. Und so groß war das Verlangen, hinauszukommen, dorthin in die Freiheit.«[57]

Verpflegung, Hygiene, Krankheit und Sterben

Die Versorgung der Häftlinge mit Lebensmitteln war während des Transportes völlig unzureichend. Die Nahrung bestand regulär pro Tag aus einer Brotration von 500 bis 600 Gramm, ein bis zwei Bechern Wasser sowie einem Stück stark gesalzenem Fisch, meist Hering oder Trockenfisch. Die Qualität des Brotes wird unterschiedlich beschrieben: »mehr Leim als Brot«, das im Sommer feucht und im Winter hart und gefroren sein konnte.[58] Eine kleine Menge Zucker, die zur Tagesration gehörte, erhielten die Gefangenen äußerst selten. Den wenigsten verabreichte man eine warme Mahlzeit, wie Grütze oder Suppe. Das Resümee vieler Häftlinge lautet, daß die Ernährung noch schlechter als im Gefängnis war. Hunger wurde zum ständigen Begleiter der Frauen. Die Zeiten zwischen der Ausgabe der kargen Verpflegung empfanden sie als unendlich lang.[59] Verteilung und Verzehr des Brotes gerieten nicht selten zu einem vertrackten Vorgang, wie ihn Helene Golnipa schildert: Sie kauten »schweigend und ergeben. Heute war es uns zwar nicht geglückt, das größte Stück zu erhalten, aber die nächste Verteilung konnte es bringen. So und in dieser Art hielten wir uns aufrecht, obwohl der Unterschied in den Gewichten des Brotes nicht erheblich war, manches Mal nur ein einziger Bissen, um den es ging.«[60]

Die Gefängnisverwaltungen schickten die Häftlinge ohne jegliches Geschirr auf Transport. Selbst Becher zum Wassertrinken waren eine

Rarität. Einigen Frauen, wie Mia Spitz, gelang es, ein Gefäß aus dem Gefängnis zu schmuggeln. Ihr Aluminiumbecher erlaubte überhaupt erst, die Wasserration in Empfang zu nehmen.[61] Ruth Z. war froh, den Becher einer an Typhus erkrankten Leidensgefährtin mit nutzen zu dürfen.[62] Und im Stolypin-Abteil, in dem Margarete Buber-Neumann nach Kasachstan fuhr, fand sich eine verrostete Konservenbüchse, aus der alle 16 Frauen tranken. Je weiter wir uns von Moskau entfernten, berichtet die deutsche Exilantin, um so spärlicher wurde der Reiseproviant. Zuerst verschwand der Zucker, dann die Teeblätter im heißen Wasser, und zuletzt gab es nur noch einen halben Salzfisch.[63] Brot und gesalzener Fisch waren letztlich die Hauptnahrungsmittel während der Transporte. Der salzige Fisch, den nur wenige Frauen vor Hunger und den absehbaren Folgen verschmähen konnten, verursachte anhaltenden Durst. Es blieb nichts anderes übrig, als den Hering zu essen, konstatiert Tamara Ruschenzewa, »um dann vor Durst zu sterben«.[64] Der Wassermangel nahm während der mehrwöchigen Transporte unerträgliche Ausmaße an. Die in dieser Hinsicht völlig unzureichende Vorsorge ist Ausdruck dafür, daß die Moskauer Lagerhauptverwaltung Durst und unzureichende Hygiene von vornherein einkalkulierte. Die Versorgung erfolgte nicht über mitgeführte Wasservorräte, sondern ausschließlich während plan- und unplanmäßiger Stopps der Gefangenenzüge. Wasserbehälter in den Waggons waren entweder gar nicht vorhanden oder in der Regel völlig unzureichend.[65] Für die den Gefangenen zustehende Ration von ein bis zwei Bechern sorgte das Begleitkommando nur selten. Deren Faulheit, Gleichgültigkeit, aber auch Menschenverachtung stand einer ordnungsgemäßen Wasserversorgung ebenso im Wege wie die real zur Verfügung stehenden Möglichkeiten. Nur vereinzelt oder für kurze Zeit erfolgte der Aufenthalt in der Nähe öffentlicher Bahnhöfe, auf denen die Häftlinge mit Trinkwasser versorgt werden konnten. »Die Soldaten brachten dann in aller Eile, je nach ihrer Geschicklichkeit«, so Helene Golnipa, »einen vollen Eimer oder einen schon halbverschütteten.«[66] Margarete Buber-Neumann meint, die sie begleitenden Wachleute hatten einfach keine Lust, Wasser zu holen.[67] Ohne Kampf mit den Wachen erhielt auch der Transport von Marta Rudzka kein Wasser.[68] Mia Spitz und Elinor Lipper berichten darüber, wie sie, auf Bahnstationen oder auf Abstellgleisen, teils stundenlang im Chor nach Wasser riefen. Ohne jeglichen Erfolg.[69] Der Wasserentzug wirkte auf die Häftlinge noch dadurch verschärfend, da sie um das Vorhandensein von Wasser wußten und mit Recht vermuteten, daß es ihnen vorsätzlich vorenthalten wurde. »Wir schrien uns heiser um einen Tropfen kalten Wassers«, erinnert sich Elinor Lipper, »während die Speisen und der dampfende Teekessel für die Begleitmannschaft auf dem Gang an unserem Gitter vorbeigetragen wurden. Auf jeder Station gab es Wasser – aber nicht für uns.«[70]

Nicht selten erhielten die Frauen verschmutztes Wasser. Elinor Lipper und ihren Leidensgefährtinnen verabreichte man Sumpfwasser in dreckigen Eimern.[71] Von Wasser, mit dem ansonsten die Dampflokomotive gefüllt wurde, ist bei Margaretha Witschel die Rede.[72] Wasser aus Straßengräben bekamen Marta Rudzka und ihre Gefährtinnen: »Wir trinken es, ohne uns zu besinnen, denn die Hitze ist überwältigend.«[73] Der Durst war so groß, schildert Agnessa Mironowa-Korol, daß eine Frau während der Fahrt ein Stück Eis, schwarz von Kohle und Ruß, packte und zu lecken begann, um sich den ausgetrockneten Mund zu befeuchten. Andere Häftlinge baten um den Eiszapfen und leckten ebenfalls gierig daran.[74] »Wasser genossen wir wie eine Kostbarkeit«, konstatiert nicht nur Elinor Lipper.[75] Den Durstigen war jedoch nicht selten die innere Ruhe genommen, das wenige Wasser zu genießen. Zumal wenn eine Waggonbelegung schlangestehend aus einem Eimer mit einem Becher »getränkt« wurde. »Die Gabe des Wassers wurde wortlos hingenommen«, schildert Helene Golnipa, »obwohl der Atem schneller ging und die Hände zitterten, wenn sie den Becher hielten. Die Geräusche, die dabei zu hören waren, hatten etwas Unmenschliches an sich. Sicher verliert die ausgetrocknete Kehle die Möglichkeit, sich der Flüssigkeit lautlos zu öffnen, vielleicht war aber auch die Hast daran schuld, daß man sich öfters verschluckte. Es gab Unglückliche, die danach in ein bellendes, atemringendes Husten ausbrachen, was eine Verzögerung veranlaßte, die nicht nur den Soldaten, sondern auch die Gefangenen aufbrachte.«[76]

Der bewußt einkalkulierte Wassermangel wirkte sich katastrophal auf die Möglichkeiten der persönlichen Hygiene aus. Der Wassermangel erlaubte den Frauen über Wochen faktisch keinerlei Körperreinigung. Nur bei regelmäßiger Versorgung konnten die Frauen etwas abzweigen, einen Lappen mit Wasser tränken und sich den mit Schmutz und

Ruß bedeckten Körper abreiben.[77] Besonders Durstige meinten allerdings, dieses Verhalten sei »Luxus«, gar »Grausamkeit«.[78]

Wasser zum Spülen der Abtritte stand ebensowenig zur Verfügung wie zu deren regelmäßigen Reinigung. Auch nach den Erfahrungen im Untersuchungsgefängnis stellte die öffentliche Verrichtung der Notdurft vor den Mitgefangenen, vor allem vor männlichen Wachsoldaten, eine besondere Pein für die Frauen dar. Auch wenn Maria Wensel rückblickend argumentiert: »Wir haben uns nicht geschämt. Wenn die sich nicht geschämt haben, mit uns so was zu machen, da sollen wir uns schämen?«[79] In den Viehwaggons diente einfach ein Bodenloch der Notdurft, gelegentlich ein Eimer. Der Latrinengeruch stand ständig im Waggon. Im Winter konnte der Abtritt vereisen und im Laufe der Zeit einen festgefrorenen Turm menschlicher Ausscheidungen bilden.[80] Seltener ließ man die Frauen ins Freie, wo sie vor den Augen der Begleitsoldaten austreten mußten. In den Stolypin-Abteilen waren die Gefangenen auf das Wohlwollen ihrer Bewacher angewiesen, die sie zum Abtritt am Ende des Waggons zu führen hatten. Dort konnte es passieren, daß der Wachsoldat durch den Spion in der Klosett-Tür zuschaute.[81] Der Vorschrift nach waren die Frauen zwei- bis dreimal pro Tag, meist morgens und abends, zur Toilette zu führen, ungeachtet grassierenden Durchfalls.[82] »Die Häftlinge bitten, betteln, brüllen, krampfen sich an die Gitter«, schildert Elinor Lipper, »und rufen: ›Laßt uns hinaus, laßt uns hinaus!‹«[83] Auch andere wehrten sich. Ein junges Mädchen hatte einem Wachsoldaten, der sie nicht austreten lassen wollte, ins Gesicht gespuckt. Sie wurde abgeführt und erst nach Stunden zurückgebracht, in Handschellen und mit blauen Striemen an den Armen.[84]

Nina Monitsch erinnert sich einer schon älteren Frau, die »ihre große emaillierte Literkanne sowohl für Trinkwasser als auch zum Urinieren benutzte«.[85] Die Auswirkungen der verwehrten Notdurft stellte für die Mitreisenden eine Pein, für die Frau, die sich ungewollt beschmutzte, eine noch größere Demütigung dar. Daher muß die Verweigerung der Notdurft durchaus als eine Form der Folter angesehen werden.

Für die Reinigung der Waggons und Abteile war während des Transportes keinerlei Vorsorge getroffen. Wasser stand zur Säuberung der Fußböden, Pritschen und Abtritte nicht zur Verfügung. Nur bei Margaretha Witschel ist die Rede von der Verwendung eines Teils ihrer über-

Katharina Stoljarow während eines Gespräches, 2002.

durchschnittlichen Wasserration für die Reinigung der Bodenplanken.[86] Fraglich ist auch, ob und inwieweit die Transportwaggons vor einer Neubelegung gereinigt und desinfiziert wurden. Die Folge war Ungeziefer. Vor allem Kleiderläuse peinigten die Frauen. »Die Läuse haben uns fast aufgefressen«, konstatiert Luise Hörmann, »es gab keine Rettung davor.«[87] Zur körperlichen Hygiene und Desinfizierung der Häftlinge war den Berichten nach in einem Zeitraum von ca. 20 Tagen ein Aufenthalt in einem Transitgefängnis vorgesehen. Dort sollte die Kleidung entlaust und eine Ganzkörperreinigung der Häftlinge durchgeführt werden.

Krank und ermattet waren nach den langen Transporten fast alle Häftlinge. Skorbut, Krätze, Erkältungen, vor allem aber Durchfallerkrankungen waren verbreitet und übertrugen sich schnell.[88] Auf medizinische Versorgung oder gar Behandlung warteten Kranke während des Transportes jedoch vergebens. Medikamente gab es faktisch keine. In Krankenwaggons, die gelegentlich erwähnt werden, wurden Schwerkranke nur isoliert und nicht therapiert.[89] Während der Transporte verstarben insbesondere ältere und geschwächte Frauen. »Nichts Besonderes«, resümiert Marta Rudzka, »Tote gab es auf jeder Station.« Kriminelle kommentierten: »Wieder einer, der seinen Vertrag mit dem Staat nicht einhält.«[90] Den Berichten nach war zwar das Sterben von Frauen während des Transportes in der Tat »nichts Besonderes«, aber auch kein Massenphänomen, das zur Gewohnheit geworden war. Drei Tage lang lag Katharina Stoljarow neben ihrer toten Mutter, mit der sie gemeinsam auf Transport geschickt worden war. »Als die Mutter tot war, habe ich mich hingelegt und nur gebrüllt«, erinnert sich die Rußlanddeutsche. Andere Häftlinge suchten sie zu trösten: »Das Leben wird weitergehen. Schau mal, sie ist doch nicht allein, jetzt haben sie wieder jemand rausgebracht.«[91]

Das Sterben war noch nicht vollständig anonymisiert und erregte das Mitgefühl anderer Häftlinge. Von manchen Verstorbenen hatten sich Frauen die Namen und, soweit möglich, die Adressen gemerkt. Sie hofften, irgendwann Angehörige der Toten verständigen und ihnen einen letzten Dienst erweisen zu können.[92] Von einer spontanen Totenfeier für eine Verstorbene berichtet Helene Golnipa: »Man sang, man war auf die Knie gefallen oder hätte es wenigstens tun wollen, wenn nur der Platz ausgereicht hätte. Selbst die Bevorzugten, die einen Sitzplatz hatten, wollten sich auf den Boden niederlassen, was aber nicht gelang. Man sang das Totengebet für ›Unbekannt‹.« Helene Golnipa macht in ihren Erinnerungen zugleich auf die fortschreitende Begrenztheit menschlichen Mitgefühls aufmerksam. »Jeder hatte mit sich selbst genug zu tun« und zunehmend die Kraft verloren, »über sich hinauszudenken«.[93]

Soweit möglich, wurden Verstorbene in einem besonderen Waggon, meist dem Lazarettwagen, konzentriert. Frieda Mayer-Melikowa verbrachte eine Zeitlang in diesem Waggon. Auf einer Stirnseite hatte man die Toten aufgestapelt, meist Männer. »Ich habe diese Toten gesehen, wie sie immer wieder angeschleppt wurden«, schildert Frieda Mayer-Melikowa: »Einmal wurde einer an Füßen und Armen hereingetragen. Da sehe ich, wie sich noch seine Hand bewegte. Er war noch nicht ganz tot und wurde schon als Toter gebracht.«[94] Anderen Erfahrungen nach verblieben die Toten auch in den regulären Waggons und wurden erst auf größeren Bahnstationen entfernt.[95] Das Begleitkommando übergab die Verstorbenen den örtlichen Instanzen, die die anonyme »Entsorgung« organisierten.

Gedanken und Verhalten der Gefangenen

Gefühle der Resignation und Einsamkeit stellten sich im Laufe des Transportes in unterschiedlichem Maße ein. »Alle waren still, alle haben geschlafen, alle haben geweint, alle waren bedrückt«, erinnert sich Maria Wensel, »alle waren stumm, alle waren verkrampft, alle waren bis zum Dorthinaus traurig.«[96] Abgestumpftheit half verschiedenen Häftlingen, sich zumindest mental den bedrückenden Existenzbedingungen zu entziehen. »Ich stand und schaute, ohne etwas zu sehen, aber mein Gehör nahm, gewiß ohne mein Dazutun, alle Geräusche auf«, so Helene Golnipa, »aus allen Abteilen drangen Laute, Husten und Stöhnen auf mich ein, aber dieses war so gewohnt, so alltäglich, daß es mich nicht weiter berührte.«[97] Marta Rudzka versuchte mittels Schlaf der Realität zu entfliehen. Ihre dahinschwindenden Kräfte gestatteten schon bald nicht mehr, über die Enge, die Abfälle oder die feuchte Kälte zu verzweifeln.[98] An Einsamkeit und Isolation litten viele Frauen im Laufe der langen Transporte. Auch Freundinnen hatten das Reden verlernt. »Worte waren überflüssig«, so Elinor Lipper, »jetzt, wo die Tatsachen ihre vernehmliche Sprache führten.« Sie und ihre Leidensgefährtinnen hatten das Glück, einen kleinen Ofen im Waggon zu haben, an dem sie sich gelegentlich wärmen konnten. Obwohl Körper an Körper liegend, kehrte anschließend die Einsamkeit zurück. »Nach einer Stunde kroch jeder stumm auf die Bretter«, schreibt Elinor Lipper, »wieder jeder für sich, ein einsames, verlassenes, hilfloses Menschlein, mit zu wenig Decken, mit zu wenig Mänteln, mit zu wenig Blut für diesen eisigen sibirischen Winterwind, der durch die vielen Ritzen in den Waggon hineinpfiff.«[99] Auch Eleonora Leibbrandt, gerade 20 Jahre, als sie 1940 auf Transport ging, separierte sich. »Jetzt war man allein«, erinnert sie sich, »ich habe mich um niemanden gekümmert.« Zwei Jahre Untersuchungsgefängnis hatten sie zermürbt und ängstlich gemacht. »Es war einem fast alles egal«, beschreibt sie die Situation, »man konnte nichts für sich tun, man war ausgeliefert.«[100]

Die Fahrt in die unbekannte Ferne steigerte den Trennungsschmerz von Angehörigen. Vor allem die Sehnsucht nach den eigenen Kindern peinigte die Mütter. Unter ihren Mitgefangenen war das Thema Kinder von vornherein »tabu«, so Nadeschda Joffe.[101] Auch Anna Bucharina bemühte sich, ihr Muttergefühl zu verdrängen. »Uns gibt es nicht mehr in diesem Leben, meinen Sohn und mich«, redete sie sich ein. Durch

Schlaf versuchte sie den quälenden Gedanken zu entkommen. »Aber nach dem Aufwachen«, erinnert sie sich, »brach die Katastrophe nur um so heftiger über mich herein.«[102] Aber auch um andere Familienangehörige kreisten die Gedanken, vor allem wenn diese ebenfalls inhaftiert waren. Ida Konrad war im selben Transport wie ihre Mutter und Schwester, allerdings waren sie durch das Transportkommando bewußt in verschiedene Waggons gesteckt worden. So nahe die Lieben doch waren, quälten sie die Gedanken: Wo werde ich sie treffen, wo werde ich sie wiedersehen?[103]

Größere Konflikte und Auseinandersetzungen in den Transportwaggons wurden meist von kriminellen Frauen provoziert. Gerade Gewalt- und Wiederholungstäterinnen gingen dabei organisiert und brutal gegen Politische vor. Ihre Sprache war grob und mit den wildesten Flüchen durchsetzt. Jadwiga Kowalska bezeichnet diese Häftlinge als »Abschaum der Bevölkerung«, der sofort begann, die anderen zu terrorisieren.[104] Gemeinsam mit 25 Politischen wurde Elinor Lipper in einen Waggon geladen, in dem sich bereits 75 kriminelle Frauen befanden. Von ihren Pritschen aus reckten sie die Hälse, erinnert sich die Jüdin, sie »zeigten mit ausgestreckten, tätowierten Armen auf uns, kicherten, grölten, feixten und spuckten verächtlich vor unsere Füße«.[105] Kriminelle Frauen, erinnert sich Chawa Wolowitsch, »tauschten unter den Augen der Wachposten unsere Verpflegung gegen Wodka und Weißbrot. Sie praßten mit den Wachposten und lachten über ihre verblichenen Freier. Diese Diebinnen, acht bis zehn Stück (ich sage Stück, denn sie hatten keine Seele), auf 30, 40 Politische, terrorisierten uns, wo sie nur konnten, bestahlen uns, während wir nicht zu mucksen wagten, denn die Kriminellen hatten Messer.«[106]

Politische Häftlinge vermieden weitgehend Konflikte und Auseinandersetzungen untereinander. Wie einer unausgesprochenen Vereinbarung folgend, suchte niemand unnötig die Pein der Extremsituation, der Sehnsüchte und Ängste zu steigern. Auch die zunehmende Schwäche der Häftlinge und die Konzentrierung auf das eigene Leid führten zur Vermeidung von Streitigkeiten. Spannungen ergaben sich vor allem aus den unerträglichen Lebensbedingungen im Transportwaggon, die sich dann meist individuell und spontan ausdrückten. »Manche, die älter waren«, erinnert sich Josephine Stephan, »die waren unzufrieden. Besonders die eine, die war in den Wechseljahren. Ich dachte, die Frau wird verrückt.«[107] Einzelne Frauen waren von vornherein oder sind während des Transportes streitsüchtig oder bösartig geworden. »Nichts war ihnen mehr recht«, entsinnt sich Helene Golnipa, »und ihre Vorwände für ein Gezänk holten sie nicht etwa nur aus den Unzulänglichkeiten ihrer Umgebung«, sondern suchten sie genauso im Verhalten ihrer Mithäftlinge.[108] Zänkischen Häftlingen versuchten einzelne Frauen aber auch Grenzen zu setzen. Diesen Gefangenen war daran gelegen, die Situation in der Leidensgemeinschaft, in der es allen gleich schlechtging, nicht durch unnötige Zwistigkeiten noch weiter zu verschärfen. Zudem versuchten Häftlinge, die Routine des Leidens und die Gleichgültigkeit gegenüber Mithäftlingen zu durchbrechen. Es waren meist einzelne Häftlinge, die versuchten, die Atmosphäre zu entspannen. Sie erzählten etwas aus der Vergangenheit oder brachten Gespräche zwischen Frauen in Gang.[109] Man hat sich unterhalten, woher man kommt, so die Finnin Enni Kiutto, und sprach über das eigene Schicksal.[110] Die Frauen, mit denen Galina Nurmina auf Transport ging, machten sich gleich zu Beginn miteinander bekannt: Man fragt sich aus über die Ereignisse in der Freiheit und über das Schicksal von Gefängnisgefährtinnen.[111] Von einem Erzählspiel berichtet Hilda Vitzthum. Jede Gefangene war aufgefordert, eines ihrer beeindruckendsten Erlebnisse zu erzählen.[112] Frauen versuchten die Anonymität des einzelnen aufzuheben und zwischenmenschliche Beziehungen herzustellen, die erste Voraussetzung für gegenseitiges Mitgefühl, Hilfe und Solidarität. Gemeinschaftssinn fand sich auch im gemeinsamen Singen von Liedern, gerade auch entgegen dem offiziellen Verbot. Auf Wunsch trugen gute Sängerinnen ihren Mitgefangenen etwas vor.[113] Komsomol- und Arbeiterlieder stärkten das Selbstwertgefühl vor allem partei- und staatsloyaler Frauen.[114] Religiöse und Volkslieder wurden von Gläubigen, Ukrainerinnen und Frauen aus dem Baltikum bevorzugt.

Es gab aber auch ganz praktische und uneigennützige Hilfe unter den gepeinigten Frauen. Wenn von der kargen Nahrung nicht abgegeben werden konnte, so teilten Frauen doch andere überlebenswichtige Gegenstände, vor allem Kleidung und Decken.[115] Es gab Hilfe gegenüber kranken Frauen, die nicht nur der Leidenden, sondern auch der Selbstachtung der einzelnen wie der ganzen Gemeinschaft dienten. Einer Frau, die Geschwüre im Ohr und schreckliche Schmerzen hatte, suchte Josephine Stephan zu helfen. Sie drängelte sich zu ihr durch, nahm sie in den Arm und blies ihren warmen Atem in das schmerzende Ohr. Es half, und andere Frauen lösten später Josephine Stephan ab.[116] Galina Nurmina berichtet, wie Frauen einer der ältesten Mitgefangenen mit Taschentüchern frische Luft zufächelten.[117] Einer ohnmächtigen Frau halfen Hella Frischer und einige Leidensgefährtinnen. Sie betupften ihre Stirn mit einem angefeuchteten Lappen und legten sie, soweit irgend möglich, etwas bequemer. »Man hat ihr geholfen, und das half uns«, resümiert Hella Frischer, »alle bedurften einander. Die Spannung verflog, selbst das Gefühl der Ausweglosigkeit schien zu schwinden.«[118]

Höhepunkte gemeinsamen Handelns stellten Proteste gegen die Transportbedingungen dar, vor allem gegen die unzureichende Verpflegung oder die Zusammenlegung mit Kriminellen. Kollektive Sprechchöre für mehr Brot und für mehr Wasser bündelten die Bedürfnisse aller Häftlinge. Von selbst kam die Renitenz nicht. Aktive, mutige Frauen gingen die ersten Schritte, machten verhalten Vorschläge und ermunterten Mitgefangene. Die Angst vor der Verfolgung der kollektiven Gegenwehr, um deren Bestrafung alle wußten, mußte überwunden werden. Doch nicht immer gelang das. Ein gemeinsamer Hungerstreik politischer Frauen, der sich gegen die Zusammenlegung mit Kriminellen in einem Waggon richten sollte, kam nicht zustande. »Teils aus Hunger, teils aus Angst«, so Elinor Lipper, »es war zu gefährlich. Es sah nach Demonstration aus.«[119] Allerdings behinderte auch die unterschiedliche soziale und politische Herkunft gemeinschaftlichen Widerstand der Gefangenen. Vor allem während der Terrorjahre 1936 bis 1938 verhaftete Kommunistinnen suchten sich von anderen Gefangenen abzusetzen. Mit ehemaligen Parteimitgliedern, verhaftet aus verantwortlichen Positionen, saß 1939 die Sozialrevolutionärin Ekatarina Olizkaja in einem gemeinsamen Waggon. »Keine einzige empörte sich oder protestierte«, erinnert sie sich, »alle bemühten sich um eine Wiederaufnahme ihres Verfahrens. Von ihrer eigenen Unschuld waren sie überzeugt, den anderen glaubten sie nichts.«[120]

Regime und Bewachung

Bei Halt kein Sterbenswörtchen! Das war eine der wichtigsten Verhaltensregeln, nach der sich alle Häftlinge während des Transportes zu richten hatten. Verstöße konnten mit der Verlegung in die Strafzelle des Zuges geahndet werden.[121] Chawa Wolowitsch berichtet von einem besonderen Strafwaggon, in dem renitente Häftlinge eingesperrt wurden.[122] Über Verhöre, die das Begleitkommando im benachbarten Waggon durchführte, berichtet Tamara Sokolowa: »Nachts schallten aus diesem Waggon furchtbare Schreie zu uns herüber. Wir befanden uns in der ständigen Furcht, daß sie uns jeden Moment in den Waggon holen würden.«[123] Jefrosinija Kersnowskaja steckte die Begleitmannschaft dreimal in den »Schrank«, wie die Gefangene eine enge Strafzelle nannte. Während eines kurzen Halts auf freier Strecke hatte sie sich einige Meter unerlaubt vom Zug entfernt. Während sich Wachsoldaten in einem neben dem Bahngleis liegenden See erfrischten, versorgte Jefrosinija eine entbindende Mitgefangene mit frischem Wasser. Das wurde ihr zum Verhängnis. Da sich die Gefangene zudem persönliche Beleidigungen der Wachsoldaten nicht gefallen ließ, legte man ihr strafverschärfend Handschellen an.[124]

Während der teils langen Standzeiten wurde der Zug streng bewacht. Der Waggon durfte nur auf Befehl geöffnet werden. Posten kontrollierten die Beschaffenheit der Waggons, einschließlich der Dächer, und patrouillierten auf beiden Seiten der Bahnstrecke.[125] Bei tatsächlichen oder vermeintlichen Fluchtversuchen machten NKWD-Soldaten ohne weiteren Anruf von der Schußwaffe Gebrauch. Regelmäßig wurde die Vollzähligkeit der Häftlinge kontrolliert. Ewdokia Kuprijanowa mußte sich dabei mit ihren Mitgefangenen täglich in eine Ecke des Waggons stellen und nach dem Zählen in die andere wechseln.[126] Die Überbelegung des Waggons machte diese Prozedur zur immer wiederkehrenden Qual. Zu den Schikanen gehörten auch Durchsuchungen der Waggons, wie sie Marta Rudzka in ihren Erinnerungen beschreibt: Auf irgendeinem Bahnhof stürzten Soldaten mit Laternen in den Waggon und »treten auf uns herum wie auf Korngarben. Sie leuchten uns ins Gesicht und kontrollieren, kontrollieren uns endlos anhand ihrer Listen. Sie werden nie mit ihrer Rechnung fertig, aber sie kommandieren alle aus den Bunkern herunter und vom Boden herauf, sich in Reih und Glied zu stellen, und während sie ihre Stiefel auf unseren armen Dekken und Mänteln auf dem Fußboden abwischen, gehen sie auf und ab und fangen mit Zählen wieder von vorn an. Das geschieht manchmal abends, manchmal mitten in der Nacht und manchmal gegen Morgen.«[127]

Jeder Zwischenstopp, jedes Aussteigen aus dem Waggon begann mit dem Kommando »Na Koleni«, »Auf die Knie!« oder »Nieder! In die Hocke!«. Meist folgten die drohenden Worte: »Aufstehen wird als Fluchtversuch betrachtet!«, »Es wird ohne Warnung geschossen!«[128] Egal ob Schmutz oder Dreck war, die Gefangenen mußten sich niederknien.[129] Margaretha Witschel und ihre Mithäftlinge erhielten gar den Befehl, sich auf einem öffentlichen Bahnsteig niederzulegen. Ihre Reaktion: »Ich deckte mein Gesicht mit einem Tuch zu, ich konnte den neugierigen Blicken der Vorübergehenden nicht standhalten.«[130]

Jeden Transport begleitete ein spezielles Kommando des NKWD. Der verantwortliche Offizier und die Mannschaft nahmen in der Regel ausschließlich Konvoiaufgaben wahr und begleiteten Häftlingszüge und -kolonnen quer durch die Sowjetunion.[131] Sie übernahmen die Häftlinge und deren Transportbescheinigungen von der Gefängnisadministration und übergaben diese an die vorgegebenen Transit- oder Verteilungslager. Die militärische Instruktion der Begleittruppe, aber auch die Anonymität zwischen Bewachern und Bewachten verschärften die Existenzbedingungen der Häftlinge während der oft wochenlangen Transporte. »Die Etappen sind immer das Schrecklichste«, resümiert Luise Hörmann, »dabei kommen die Menschen zu Tode. Sie verlieren ganz und gar ihre Kräfte. Die Wachhabenden sind dort sehr grausam. Sie können machen, was sie wollen.«[132] Die Gefangenen sollten allerdings lebend, in welchem Zustand auch immer, den Zielort erreichen. »Wenn du sie in Tomsk abgeliefert hast«, sagte ein Gefängnisdirektor dem Begleitoffizier, »können ruhig alle krepieren.«[133] Die Gefangenen wurden von den Wachen selten als Menschen betrachtet, »sondern bestenfalls als lebendige Fracht«. Charakteristisch für das Verhalten der Wachmannschaft war nach Nina Hagen-Torn allerdings nicht pure »Boshaftigkeit«, vielmehr »ihre völlige Gleichgültigkeit«.[134] Helene Golnipa macht zudem auf die Verachtung, ja den Ekel aufmerksam, den vor allem jüngere Begleitsoldaten gegenüber politischen Häftlingen hegten.[135]

Die Dienstvorschrift sah ein strenges militärisches Transportregime vor und untersagte persönliche Kontakte zwischen Begleitsoldaten und Häftlingen. Zusätzliche Strenge, Willkür und Gewalt der Wachmannschaften verschärften die Transportbedingungen. Eine besondere Schikane war die bereits erwähnte Verweigerung der Notdurft. Die sexuelle

Demütigung der Frauen machte dort jedoch keineswegs halt. Nötigungen und Vergewaltigungen durch Angehörige des Begleitkommandos kamen immer wieder vor. Margaretha Witschel konnte sich der sexuellen Zudringlichkeiten eines Wachmannes noch erwehren.[136] Nicht immer gelang das. Begleitsoldaten eines Stolypin-Waggons suchten sich nach einem Zechgelage aus dem Kreis der weiblichen Gefangenen Frauen aus, schreibt Agnessa Mironowa-Korol, und nötigten sie zum Geschlechtsverkehr. Der Transportchef ging »diplomatischer« vor, er musterte rauchend alle Gesichter, zeigte schließlich auf eine junge Lehrerin und sagte: »Vielleicht reinigen Sie bei mir den Fußboden!« Die anderen Frauen redeten ihr noch zu: »Geh, sie geben Brot, immerhin ist er ein Vertreter der Macht, vielleicht kann er für dich etwas tun.«[137]

Auch andere Formen körperlicher Gewalt erlebten Frauen. Emilie B. transportierte man nach Kriegsende gemeinsam mit anderen Gefangenen, die überwiegend als »Vaterlandsverräterinnen« galten. Sie erlebte, wie ein Wachsoldat eine ältere Russin aus dem Waggon zerrte. »Dann fing er an, die Frau mit seinen Stiefeln zu treten, und schrie: ›Du Faschistka, hast uns verraten.‹ Sie sagte: ›Mein Junge, ich könnte deine Mutter sein.‹ Und er schlägt weiter. Wir durften kein Wort sagen. Er hat sie fast totgeschlagen und immer mit den Stiefeln in den Bauch getreten.« Wenige Wochen nach Ankunft im Lager war die Frau tot.[138] Die Situation der Gefangenen verschlechterte sich zusätzlich durch die Unterschlagung von Nahrungsmitteln und den Diebstahl von Häftlingseigentum. Derartiges Verhalten war unter Begleitkommandos weit verbreitet. Man hielt einfach die vorgeschriebenen Verpflegungsnormen nicht ein und verringerte die ausgegebene Häftlingsration. An den Bahnstationen verkauften die Wachen später ihr Diebesgut. »Dort wurde gefeilscht und getauscht«, erinnert sich Jefrosinija Kersnowskaja, »die Wachen tauschten das an uns gesparte Brot gegen Fleisch, Fisch, Milch und den selbstangebauten Tabak der Bauern ein.«[139] Andere Wachleute erpreßten oder stahlen direkt Häftlingseigentum. Ihren kleinen Vorrat an Tabak, den sich Helene Golnipa angelegt hatte, eigneten sie sich ohne Umschweife an, obwohl dieser nicht zu den verbotenen Dingen gehörte.[140] Anderen Häftlingen gaben Wachleute einige Tage nichts zu essen, um dann »im Tausch« gegen Nahrungsmittel persönliche Wertgegenstände oder Geld der Gefangenen zu erpressen.[141] »Das Begleitkommando hat nur gesoffen«, erinnert sich Josephine Stephan, die im Laderaum eines Schiffes mit anderen in den hohen Norden transportiert wurde. Zu essen bekamen sie nichts. »Ein Tag geht vorüber, der zweite Tag, und dann kommt auf einmal ein Betrunkener zu uns. Er sagte: ›Gebt Geld für Schnaps, dann werden wir euch füttern.‹« Josephine Stephan gab ihre letzten 25 Rubel und erkaufte damit die karge Häftlingsration für sich und andere Mitgefangene.[142] Auf den exzessiven Alkoholkonsum der Begleitsoldaten, besonders in wenig besiedelten Gebieten, wird in den Erinnerungen immer wieder verwiesen.[143] Susanne Leonhard war Tage mit anderen Häftlingen per Lastkähnen auf dem Weg ins Lager. Während die Begleitsoldaten ans Ufer fuhren, sich in Bauernhäusern wärmten, etwas braten ließen, tranken, Karten spielten und schliefen, saßen die Gefangenen bei Regen oder Schnee auf ihren kleinen Schiffen und warteten auf ihre Bewacher. Ein besonderes Zechgelage währte, so Susanne Leonhard, vom Abend bis zum Mittag des nächsten Tages.[144]

Die individuellen Erlebnisse der Häftlinge differenzieren allerdings auch den Blick auf das Begleitpersonal. Helene Golnipa erlebte beispielsweise bei einem Fußmarsch sowohl Wachen, die gestürzten Frauen, »wenn auch nicht gerade freundlich«, so doch aufhalfen. Andere stießen mit dem Gewehrkolben nach den schwächlichen Frauen.[145] Anna Bucharina bewachte zeitweilig ein 18jähriger, den die Gefangene als freundlich, gesprächig und ungewöhnlich wohlwollend in Erinnerung behielt. Er bewies, »daß es noch Menschen gab, die sich ihre Sensibilität trotz unangenehmer Verpflichtungen bewahrt hatten«.[146] Helene Golnipa schildert in ihrem Bericht einen alten Wachmann, der ihnen mehr zu trinken gab und sie öfter die Notdurft verrichten ließ. Er teilte zwar nicht den Kummer der gefangenen Frauen, »hatte aber anscheinend seinen eigenen, der ebenfalls nicht klein sein mochte«.[147] Anna Bucharina vernahm unbemerkt die Worte eines älteren und weisen Wachmanns, wie sie schreibt, die er an einen jungen Soldaten richtete: »Als kleiner Junge habe ich Vieh gehütet und den Bauern geholfen. Heute hüte ich Menschen, und es werden so viele Menschen, die man hüten muß, daß es bald nicht mehr genug Hirten gibt, und zum Viehhüten gibt es dann überhaupt niemanden mehr und auch niemanden, der Korn sät. Es wird einem angst und bange, wenn man daran denkt. Das ist kein Leben, sondern der reinste Weltuntergang!«[148] Positive Erfahrungen mit einzelnen Angehörigen des Begleitkommandos sind in den Erinnerungen der Frauen nicht auf wenige Ausnahmen beschränkt. Bemerkenswert war die geleistete Hilfe deshalb, weil die verfemten Häftlinge propagandistisch als »Volksfeinde« oder »Verräterinnen der Heimat« gebrandmarkt waren. Die Soldaten hatten aber nicht nur ideologische Barrieren zu überwinden. Sie mußten auch das vorgeschriebene Wachregime, das jeglichen persönlichen Kontakt zu Häftlingen untersagte, verletzen. Damit setzten sie sich selbst einer möglichen Strafverfolgung aus. Mitleid und tröstende Worte einzelner Wachsoldaten waren für die inhaftierten Frauen auf dem Weg in die Ungewißheit von unschätzbarer Bedeutung. »In diesen schweren Stunden, die wir auf dem Schiff erlebten«, so Margaretha Witschel, »vergaß auch mancher Posten, daß wir Gefangene waren, und fing ein Gespräch mit uns an.«[149] Margarete Buber-Neumann erinnert sich dankbar der menschlichen Reaktion eines Begleitsoldaten und seiner beruhigenden Worte: »Es wird nicht so schlimm, du kommst auch mal wieder nach Hause.«[150] Gute und weniger gute Erfahrungen lagen allerdings ebenso oft beieinander wie unerwartete Reaktionen. Helene Golnipa und eine Mitgefangene brauchten Feuer, um ihre Zigarette anzumachen. Der Wachsoldat gab es erst, als ihm die Gefangenen durch die Gitterstäbe des Stolypin-Waggons den Tabak für eine Selbstgedrehte reichten. Man rauchte zusammen und schwieg, bis eine der Frauen die Frage an den nicht mehr jungen Wachmann richtete: »Ach, sagen Sie mir doch, wird das alles noch lange dauern?« Nach längerem Schweigen sagte er, scheinbar ganz unberührt von dieser so ungehörigen Frage: »›Ob dies noch lange dauern wird?‹ Daraufhin machte er eine Pause, zog den Rauch des Tabaks tief ein und blies ihn der Frau in das Gesicht, was aber weiter mit ihr nichts zu tun hatte. Es war nicht seine Schuld, daß sie gerade im Bereiche seines Rauches stand. Er wiederholte danach die Worte der Frage abermals und antwortete mit einer Sicherheit, die keinen Zweifel zuließ: ›Das wird so lange dauern, bis jeder von uns einmal im Gefängnis gewesen ist!‹«[151]

Erinnerungen unmittelbarer materieller Hilfe werden kaum geschildert. Häufiger hingegen legten Wachangehörige das Transportregime liberaler aus, vermieden unnötige Härten und sorgten für erleichterte Bedingungen für die Gefangenen. Nora Pfeffer beschreibt, wie ein Begleitsoldat während eines Fußmarsches ihr Bündel trug.[152] Ein Transportkommandant kam der Bitte um die Separierung von politischen und kriminellen Frauen in verschiedenen Waggons nach.[153] Ein halbes Kilo Schwarzbrot und zwei Tomaten legte unverhofft ein Begleitoffizier Margaretha Witschel in den Schoß.[154] Auch Anna Bucharina erhielt in ihrer Zelle eines Stolypin-Waggons unerwartet ein Lebensmittelpaket.[155] Der Rußlanddeutschen Luise Hörmann stand ein russischer Wachmann bei, der sich mit ihr durch die gemeinsame Heimat bei Woroschilowgrad verbunden fühlte. Er sorgte für eine Unterbrechung des Transportes und die Einlieferung der Todkranken in die Krankenstation des Transitgefängnisses von Tscheljabinsk. Nicht zuletzt dieser Hilfe verdankt sie ihr Leben.[156] Den Häftlingen half auch, wenn Wachsoldaten, entgegen den Vorschriften, freien Sowjetbürgern gestatteten, den Gefangenen Nahrungsmittel zuzustecken. »Die wollten, daß wir das bekommen«, meint Mia Spitz, »aber sie durften das nicht. Also haben sie so getan, als ob sie es nicht sehen würden.«[157] Unklar bleibt allerdings, ob diese Produkte allein den Gefangenen zugute kamen oder in den Handel der Wachmannschaften mit Nahrungsmitteln der Häftlinge einbezogen wurden. Zum Beispiel, indem man die nächste Ration um ein bestimmtes Maß kürzte und einen Teil der Häftlingsration in die eigene Tasche fließen ließ.

Begegnungen mit Freien

Das Begleitkommando versuchte unmittelbare Kontakte zwischen Gefangenen und freien Sowjetbürgern weitestgehend zu vermeiden. Die Züge stellte man meist auf Anschlußgleisen außerhalb der zivilen Bahnhöfe und wenn möglich nachts ab. »Es ist besser«, so die Russin Wera Schulz, »wenn man den Anblick der Gefangenenzüge vor dem Volk verbirgt und alles klammheimlich vor sich geht.«[158] Dennoch kam es zu Begegnungen unterschiedlichster Art, vor allem östlich des Urals. Die Versorgung der Gefangenen war in den dünnbesiedelten Gebieten nur auf Bahnstationen möglich. Und der Fußmarsch zu den Transitgefängnissen führte notwendigerweise durch bewohnte Gebiete. Das Verhalten der freien Bürger gegenüber den Gefangenen ist auch Teil der Hafterinnerungen. Ende 1938 ging Mia Spitz von Moskau aus in Richtung Osten auf Transport. Auf dem Bahnhof erwartete die Gefangenen eine große Menschenansammlung, »die uns mit Steinen beworfen, uns angespuckt und geschrien hat: ›Volksfeinde, Volksfeinde‹.« Die Beschimpfungen hielten die Nacht über an, bis der Zug den Bahnhof verließ. Anfangs war die österreichische Kommunistin deprimiert, später vermutete sie eher eine offizielle Inszenierung hinter dieser Art der »Verabschiedung«.[159]

Nina Monitsch beobachtete in Swerdlowsk während des Fußmarsches vom Bahnhof zum Transitgefängnis die Passanten. Einige schauten »mit sichtbarem Mitleid, andere mit Schrecken, die dritten teilnahmslos«.[160] Ähnliche Erfahrungen machte Hella Frischer: »Ohne zu wissen, wie der Bahnhof, wie die Station hieß, führte man uns langsam durch verwinkelte Gassen einer gottverlassenen Stadt. Die Menschen wandten sich ab, vielleicht vor Schrecken, vielleicht weil sie sich schon daran gewöhnt hatten.«[161] Nach Kriegsausbruch 1941 marschierte Helene Golnipa als Teil einer Gefangenenkolonne durch Saratow. Ihre Beobachtungen: »Auf den Straßen dieser Stadt standen die Einwohner Spalier. Sie standen stumm, viele mit erregten und, wie es schien, sogar mitleidigen Gesichtern. Nein, sie haben uns nicht beleidigt!«[162] Das Mitgefühl von Teilen der Bevölkerung äußerte sich auch in praktischer Unterstützung. Mia Spitz, die Moskauer offiziell noch als »Volksfeindin« verabschiedeten, empfing hinter dem Ural die Hilfe der ländlichen Bevölkerung. Bäuerinnen hatten Kartoffeln auf Krautblättern zubereitet und brachten diese Kostbarkeit an die Viehwaggons der Gefangenen. Durch die Schreie der Begleitsoldaten ließen sich die helfenden Frauen keineswegs beirren.[163] Auch Elena Sidorkina erhielt Hilfe von sibirischen Bauern. Während eines 150 km langen Fußmarsches machte die Häftlingskolonne, bestehend aus 80 Frauen, in einem Dorf halt. Die Bäuerinnen kochten eigens für die Gefangenen Kohlsuppe und setzten sie wie Menschen an einen Tisch, auf dem sich für jeden ein Teller und ein Löffel befand. »Für kurze Zeit«, erinnert sich Elena Sidorkina, »fühlten wir uns wie im Paradies. Die Kolchosbauern hatten Mitleid mit uns. Die Bewacher erlaubten ihnen jedoch nicht, sich mit uns zu unterhalten.«[164] Frauen verschiedenster Nationalität schildern in ihren Erinnerungen Hilfeleistungen der Bevölkerung. Die deutsche Exilantin Alice S. berichtet darüber, wie Menschen auf der Station Karaganda wortlos den Häftlingen Wasser zum Waggon brachten.[165] Eleonora Leibbrandt warf aus dem Zug heimlich zwei Briefchen mit der Adresse ihrer Mutter, die tatsächlich ihr Ziel erreichten. »Die Leute standen am Zug«, so Eleonora, »und wußten schon, wer da wegfuhr. Sie haben solche Papiere aufgehoben und abgeschickt.«[166] Entgegen den Kommandos der Begleitposten steckten Passanten vor allem gefangenen Müttern mit Kleinkindern Lebensmittel zu. Frieda Mayer-Melikowa erhielt unvermutet Hilfe während eines Fußmarsches in Usbekistan. Die Wache gestattete den einheimischen Bäuerinnen, an die Gefangenen Eier und Brot zu übergeben. »Es war rührend und zugleich schmerzlich«, erinnert sich Frieda noch heute dankbar daran zurück.[167]

Transitstationen

Der wochenlange Transport fand in Transitgefängnissen oder -lagern eine Unterbrechung. Transitstationen waren Kreuzungen und Weichen der Transportwege, über die die Moskauer Lagerhauptverwaltung die Häftlingsströme in die verschiedenen Lager regulierte. Der Aufenthalt diente der Zusammenstellung neuer Transporte, der erneuten Mischung der Häftlinge oder auch ihrer »sanitären Behandlung«. Wenige Tage oder aber mehrere Monate konnte der Halt währen, und dessen Dauer hing vor allem von den Transportkapazitäten und -möglichkeiten ab.

Für die Gefangenen besserten sich die Aufenthaltsbedingungen nach dem Zugtransport keineswegs, denn auch in den meisten Transitgefängnissen und -lagern herrschten hoffnungslose Überfüllung und Enge. »Die Tür wurde aufgeschlossen, und wir wurden hineingepreßt«, schildert Frieda Mayer-Melikowa ihre Ankunft im Transitgefängnis Nowosibirsk: »Es war kein Platz, weder zum Sitzen noch zum Liegen. Wir standen eine Weile an der Tür, denn wir konnten uns einfach nicht bewegen. Da winkte mir eine junge Frau unter den Pritschen zu.«[168] Auf dem Bauch kroch Frieda zu der Leidensgefährtin und verfügte so wenigstens über einen »Liegeplatz« auf dem kalten Fußboden. Eine Massenzelle mit 400 Frauen lernte Nadeschda Joffe in Kuibyschew kennen.[169] In Wologda mußten sich die Frauen an den Körpern ihrer Mitgefangenen vorbeizwängen, um zum Kübel zu gelangen.[170] Im Transitgefängnis von Swerdlowsk brachte man die Häftlinge, nachdem niemand mehr auf, unter oder zwischen die Pritschen paßte, im Korridor unter.[171] Ende der 1940er Jahre ließ die Verwaltung im Transitgefängnis Nowosibirsk auf dem Hof Käfige errichten. Nora Pfeffer verarbeitete ihre Erlebnisse in einem Gedicht: »Man hatte uns in Käfige gesperrt, wie einst Jemelja Pugatschow. Das war für uns gar nicht so unerhört. Die Käfige standen im Hof, die Zellen seien schon überfüllt, darum diese Menagerie. Es wurde im Hof auch gefaucht und gebrüllt, o nein, in den Käfigen nie. Man schob die Balanda[172] uns unten durchs Gitter, so wie im Zoo reißenden Tieren, bloß daß man die Tiere dort besser füttert und daß wir nicht krochen auf allen vieren. Bloß daß an den Gittern die Blechschilder fehlten mit der Inschrift in einwandfrei schönem Latein: Homo sapiens. Weil wir ja doch darauf hielten, selbst in Käfigen immer noch Menschen zu sein.«[173]

Im Winter quälte die Gefangenen unerträglicher Frost. »Wir schliefen auf den nackten Pritschen«, schildert Elena Sidorkina, »und deckten uns mit dem zu, was wir hatten. Starr vor Kälte stand man am Morgen auf, machte einige gymnastische Übungen, damit die Gelenke wieder beweglich wurden und wir uns ein wenig erwärmten.«[174] »Wir froren, aber dieses Wort genügt nicht, unseren Zustand zu erfassen«, erinnert sich Helene Golnipa, »es enthält nicht das ganze Entsetzen dieses Frierens. Unsere Kleider, unsere Wäsche waren naß und nahmen uns den letzten Rest einer Wärme, die uns noch von dem Zustand einer Leiche trennte. Wie wir uns in dieser Kälte verhielten? Gewiß verschieden. Man klapperte mit den Zähnen, man zog die Beine bis zum Kinn herauf, einige weinten, aber nur eine Frau heulte.«[175]

Eines der bekanntesten Transitlager war das bei Wladiwostok, von dem aus Hunderttausende Häftlinge zum Kolymagebiet deportiert wurden. »Nach etwa einstündigem Marsch öffnete sich vor uns das erste Tor unseres ersten Lagers. Transitlager Wladiwostok. Kahle Hügel mit hölzernen Baracken und Stacheldraht gespickt.« So schildert Elinor Lipper ihre ersten Eindrücke, als sie Ende 1938 die Durchgangsstation zum Kolyma erreichte. »Nachdem sich sowohl die Transport- wie die Lagerkommandanten an uns satt gezählt hatten«, heißt es weiter in ihren Erinnerungen, führte man die Frauen in eine Baracke einer speziell abgezäunten Lagerzone. Dort herrschte die gleiche unerträgliche Enge wie in Transitgefängnissen. Weiter als bis zur Tür kamen die Neuankömmlinge nicht. »Denn der ganze Fußboden war über und über besät mit Frauenleibern. Die Bretter, die in zwei Etagen übereinander beide Längsseiten der Baracke einnahmen, waren ebenfalls bis zum Biegen mit aneinandergepferchten Frauen besetzt.« Auf rund 140 qm zwängten sich annähernd 250 Frauen.[176] Die Luft war stickig und getragen von menschlichen Ausdünstungen. Strohsäcke und Decken gab es für die Häftlinge nicht. Ein mehrfacher Kordon von

Nora Pfeffer während eines Gespräches, 2002.

Stacheldraht umgab die Zone, in der die »Konterrevolutionäre« getrennt von den Kriminellen untergebracht waren. An den Ecken standen hölzerne Wachtürme, bei Dunkelheit erhellten grelle Scheinwerfer die Lagerumzäunung.[177] Nachts patrouillierten Wachsoldaten mit Hunden.[178] Sechseinhalb Monate verbrachte Elinor Lipper im Transitlager Wladiwostok, da der Seeweg nach Kolyma im Winter blockiert war. Auch Christina Kjossewa überwinterte wie Tausende andere, hungernd und frierend, geplagt von Ruhr und Skorbut.[179] Die Folge der katastrophalen Bedingungen: Häftlinge starben oder gingen so geschwächt auf den weiteren Transport, daß sich ihre Überlebenschancen im Lager beträchtlich reduzierten.

Zur Aufnahmeprozedur in Wladiwostok gehörte wie in anderen Transitstationen die sogenannte »sanitäre Behandlung« der Neuankömmlinge. Elinor Lipper: »Wir hatten uns nackt auszuziehen, unsere sämtlichen Kleidungsstücke auf einen eisernen Ring zu hängen, der dem Desinfektor übergeben werden mußte.« Der Desinfektor war ein

Krimineller, ebenso der Friseur und Sanitäter. Der Sanitäter untersuchte die Köpfe der verfrorenen Frauen nach Läusen. Wer verlaust war, wurde kahlgeschoren. »Dann hatten sich sämtliche Frauen in einer Reihe vor dem Friseur aufzustellen, der ihnen die Haare unter den Achseln und auf der Scham abrasierte. Schluchzen und Proteste der Frauen halfen nichts.« Ein einziges stumpfes Rasiermesser machte, ohne zwischendurch abgewaschen zu werden, die Runde. Im Waschraum erhielt jede Frau zehn Gramm Seife und einen hölzernen Bottich, der zweimal gefüllt werden durfte, bevor das lauwarme Wasser abgestellt wurde. Frierend zogen die Frauen ihre angeblich desinfizierte Kleidung wieder an, die durcheinander auf dem schmutzigen Zementboden des Ankleideraumes herumlag.[180] Alle zwei bis drei Monate hatten Frauen in Wladiwostok Gelegenheit, sich im Waschraum zu reinigen, meist in Hast und mit Streit, da die Waschbottiche nicht für alle reichten. Die Desinfizierung der Kleidung war völlig unzureichend. »Wir waren so verlaust«, schildert Elinor Lipper weiter, »daß wir schließlich gar nicht mehr den Versuch machten, die Läuse zu knacken, sondern wir griffen nur ab und zu unter das Hemd, wenn wir es vor Jucken gar nicht mehr aushielten, fischten eine Handvoll des Geziefers heraus und warfen es von uns.« Einer durch Kleiderläuse ausgelösten Flecktyphusepidemie, die 1938 ausbrach, erlagen Tausende von Häftlingen. Eine weitere Plage waren die Wanzen in Wladiwostok. »Aus den Wänden, aus den Brettern, über und unter uns kamen sie angekrabbelt, überfielen die Gepeinigten, die sich unter ihren brennenden Stichen wanden und drehten, sie zu fangen strebten, da doch die Erwischten stets von neuen Wanzen ersetzt wurden, und dieser Kampf dauerte allnächtlich bis zum Morgengrauen, das den erschöpften Opfern endlich den Schlaf brachte.«[181]

Unter diesen extremen Bedingungen, genährt von allerlei Gerüchten und Erfahrungen ehemaliger Lagerhäftlinge, entstanden immer wieder auch unbestimmte Hoffnungen, so Jewgenia Ginsburg, die sich auf eine Besserung der Lebenssituation in den vorgesehenen Endlagern bezogen. »Wenn es doch endlich losginge!« oder »In Kolyma werden wir wenigstens satt werden!« waren verzweifelte Ausrufe, in denen sich die Erwartungen der Häftlinge widerspiegelten.[182]

Die Behandlung der politischen Häftlinge ähnelte sich in allen Transitgefängnissen und -lagern und zu allen Zeiten. Das Aufnahmeritual und die »sanitäre Behandlung« änderten sich auch nach Kriegsende nicht. Die Stationen der Gefangenen Margaretha Witschel im Transitgefängnis Lwow 1948: Entkleidung vor männlichen Häftlingen, mangelhafte Entlausung der Kleidung, Rasur der Körperbehaarung.[183] Jefrosinija Kersnowskaja und ihre Leidensgefährtinnen warteten im Transitgefängnis Tomsk fünf Stunden lang unbekleidet auf dem kalten Fußboden des Ankleideraumes auf ihre Sachen. »Es war ein grausiges Bild«, schreibt sie, »das Knäuel aus nassen, blau-violetten Frauenleibern bewegte sich die ganze Zeit – jede einzelne Frau versuchte aus Leibeskräften, in die Mitte des ›Knäuels‹ zu gelangen und wurde von dort von den Außenstehenden wieder verdrängt. Es kann sein, daß diese dauernde Bewegung uns gerettet hat.« Ein Wachsoldat, bekleidet mit einem Pelzmantel, bewachte die nackten Frauen. Andere spotteten aus der Ferne: »Seht mal, die Gottesmütter!«[184] Wer sich auflehnte, riskierte die Strafzelle. Jefrosinija Kersnowskaja bat den Gefängnisleiter von Tomsk um Nachsicht für die grenzenlos erschöpften Neuankömmlinge. Seine Reaktion: »Du wagst es, Überlegungen anzustellen?! Auskleiden und in den Karzer mit ihr!«[185] Forderungen Anna Bucharinas zur Linderung der Haftbedingungen kam dagegen der Chef des Swerdlowsker Transitgefängnisses weitgehend nach.[186]

Die meiste Zeit mußten die Gefangenen in den Zellen verbleiben. Selten erhielten sie Freigang. Nach acht Tagen führte man Helene Golnipa und andere Häftlinge, die durch die Enge in den Zellen das »Aussehen von Bündeln« angenommen hatten, erstmals auf den Gefängnishof. Nach der langen Dunkelheit nahmen sie das Tageslicht nur blinzelnd durch ihre vor den Augen gehaltenen Fingern wahr. »Dieser Gang war für uns durchaus nicht notwendig«, empfand schließlich Helene Golnipa, »er strengte uns über Gebühr an, gab uns unseren Zustand deutlich zu fühlen.«[187] Auch die Sorge um die letzte Habe, die die Frauen schutzlos in der Finsternis der Zelle zurücklassen mußten, bewegte sie. Nach der frischen Luft empfand sie den schlechten, ekelerregenden Zellengeruch um so mehr.

Unerträglich war auch die Versorgung mit Lebensmitteln. In Lwow, erinnert sich Margaretha Witschel, kam das Frühstück 6.00 Uhr morgens. »Man stellte mir zu Füßen auf den Boden eine Tonschüssel mit einer roten Flüssigkeit. Die Farbe kam von roten Rüben, und als ich mit dem Löffel darin herumrührte, sprang ich auf, um mich zu übergeben.« Andere Zutaten waren Köpfe, Gräten und Schwänze alter Fische, Kartoffeln mit schmutzigen Schalen sowie einige wenige Graupenkörner.[188] In der dünnen Brühe, die Gefangene im Transitgefängnis Swerdlowsk bekamen, schwammen Anna Bucharina zufolge regelmäßig einige Küchenschaben.[189] Allein das Aussehen der Verpflegung rief bei den Gefangenen Ekel hervor.[190]

Vor allem ältere und durch den bisherigen Transport erschöpfte Frauen gingen in den Zellen der Transitstationen zugrunde. »Die Menschen starben leise und unmerklich, sie schwanden dahin«, erinnert sich Helene Golnipa: »Es war uns schon fast selbstverständlich geworden, einen Tod zur Kenntnis zu nehmen.«[191] Kriminelle Häftlinge warteten nicht lange damit, Toten die Kleider vom Körper zu reißen und unter sich aufzuteilen. Nur im Hemd verließ mancher Leichnam die Zelle.

Die desolaten Existenzbedingungen in den Transitgefängnissen und -lagern sowie die erneute Durchmischung der Häftlinge erschwerten die Entwicklung von Gemeinschaftssinn und Solidarität unter den Gefangenen. Hinzu kamen Gewalt und Diebstähle durch nicht selten organisiert handelnde Kriminelle, die zudem oft über reichhaltige Hafterfahrungen verfügten.[192] Unter diesen Bedingungen stellten sich engere Kontakte zwischen Häftlingen nur schwer her, obwohl alle nach Bekannten oder Landsleuten Ausschau hielten. Doch viele trafen verängstigt und verunsichert nur auf ebensolche suchenden Blicke.[193]

Verteilungslager

»Nach 20 Tagen erreichten wir das Karlag«, so Wera Ljudyno: »An der Eisenbahnstation Karabas wurden wir unter Hundegebell und den Schreien der Wachsoldaten ausgeladen.«[194] Karabas, das Verteilungslager, bildete das Tor zum Karagandinsker Besserungsarbeitslager, in dem zwischen 1931 und 1957 ca. 800000 Gefangene inhaftiert waren.[195] Jeder Lagerkomplex verfügte über ein spezielles Verteilungslager, das der Aufnahme, Registrierung, Quarantäne und Weiterleitung der Gefangenen zum vorgesehenen Haftort diente. Das letzte Stück von der Eisenbahnstation zum Lager Karabas ging es zu Fuß. »Bald sahen wir Stacheldraht«, erinnert sich Nina Monitsch, »und hinter ihm niedrige Lehmbauten mit Dächern, die mit Erde bedeckt waren und sauber geweißte Wände hatten. Das Tor öffnete sich und wir wurden in einen großen Hof geführt, der auch mit Stacheldraht umzäunt war.«[196] Die von Häftlingen in Karabas gemachten Erfahrungen sind durchaus typisch auch für andere Verteilungslager. »Dort war es schlecht, dort war überhaupt nichts«, resümiert mit knappen Worten die Finnin Enni Kiutto ihren Aufenthalt in Karabas.[197] Eleonora Leibbrandt ängstigte sich besonders vor kriminellen Häftlingen, allerdings nicht nur vor deren Raubzügen durchs Lager: »Die haben uns beschimpft: ›Ihr Verräter, ihr Hitler und Faschisten. Euch sollte man alle totschlagen!‹ Das hat man ganz still über sich ergehen lassen. Man hat sich in eine Ecke gesetzt und versteckt, damit man den Kriminellen gar nicht erst unter die Augen kommt.«[198] Gegenüber Untersuchungsgefängnis und Transportwaggon empfanden anfänglich nicht wenige Frauen die Bedingungen im Verteilungslager vorteilhafter. »Obwohl der Drahtzaun sehr hoch war, mit großen Pfosten, trotzdem war dies keine Wand, kein grauer Stein oder roter Ziegel. Man konnte ringsherum alles sehen«, heißt es bei Nina Monitsch: »Man sah den weiten Himmel. Die Erde war mit trockenem Gras bedeckt. Man konnte entweder in der Baracke sitzen oder draußen umhergehen. Man befand sich in der Zone. So wurde der Raum, der mit Stacheldraht umgeben war, benannt. Es störte einen keineswegs, daß nachts Hunde an langen Ketten und Wachposten am Zaun entlangliefen. Man konnte draußen rumlaufen und sich auf das trockene Gras setzen. Niemand verfolgte einen ständig. Sogar auf die Latrine, die sich in der Zone befand, konnten wir alleine gehen und so oft wir wollten.«[199] Derlei positive Eindrücke zurückgewonnener Bewegungsfreiheit verloren sich jedoch bei den meisten Frauen über kurz oder lang.

Die Baracken in Karabas ähnelten großen Erdhütten, sie waren niedrig, dunkel und verfügten nur über einen festgetretenen Erdboden. In den meisten Verteilungslagern, durch die die zuständige Lageradministration im Laufe eines Jahres mehrere Tausend Häftlinge schleuste, herrschten katastrophale hygienische Bedingungen. Vor allem das Ungeziefer war für die Häftlinge eine unerträgliche Plage, der gegenüber die Lagerführung oft gleichgültig blieb. Es war die Eigeninitiative der Gefangenen, die sich der Bekämpfung annahmen. Mit einem schweren Gegenstand klopfte ein Häftling auf die Pritschen, und die »Wanzen fielen in Strömen herab«, erinnert sich Wera Ljudyno. »Ein anderer fegte sie mit dem Besen zusammen. Nach dieser Prozedur kam es uns vor, als ob es weniger Wanzen geworden seien.«[200] Arbeitspflicht bestand in Verteilungslagern nicht. Allerdings meldeten sich Häftlinge freiwillig zur Arbeit, um dem Trübsal des Barackenalltags zu entgehen oder eine größere Verpflegungsration zu bekommen. Alle warteten auf den Weitertransport, und viele waren gespannt, wo und wie sie ihre Haftstrafe verbringen würden. Diese »unendlich sorgenvollen Gespräche über unsere unmittelbare Zukunft« blieben nicht nur für Nina Monitsch die wichtigste Erinnerung an ihren zweiwöchigen Aufenthalt im Verteilungslager Karabas.[201]

Meist noch im Verteilungslager nahm die zuständige Administration eine individuelle Prüfung der künftigen Arbeitskräfte vor. Verantwortliche Offiziere aus den Lagerabteilungen, den Hauptlagern des Karlag, kamen nach Karabas, studierten die Häftlingsakten und prüften die Einsatzmöglichkeiten für die Zwangsarbeit. Anschließend mußten die Gefangenen auf dem Appellplatz antreten und wurden auf die einzelnen Lager verteilt. Fachkräfte waren auf dem Häftlingsmarkt besonders begehrt.[202] Helena Kutscherowa-Koch erlebte die Aufteilung der Häftlinge 1948 im Verteilungslager Orscha: »Man hat uns in einen Raum geführt, in dem wir uns vollständig entkleiden mußten. Wir waren ca. 80 bis 100 Frauen. Im Nachbarzimmer saßen sechs bis acht Offiziere, die uns sozusagen gekauft haben. Darunter war eine Frau, alle trugen Schafpelzmäntel und Mützen. Daneben standen noch einige Ärzte und Sanitätshäftlinge. Einzeln mußte jedes Mädchen nackt wie auf einem Markt in diesen Raum gehen, sich vor die Kommission stellen, den Namen, die Höhe der Frist und den Paragraphen nennen. Dann hat man uns angeschaut, nur angeschaut. Nichts weiter, und dann sind wir für die verschiedenen Lager eingeteilt worden. In dem Moment, als ich dort stand, konnte ich an nichts denken. Ich habe nur gedacht, daß wir hier wie auf einem Markt sind, wo Sklaven eingekauft werden.«[203]

Schiffstransport

Der Weg in das vorgesehene Lager war mit dem Eisenbahntransport selten beendet. Die meisten Lagerpunkte und Außenstellen in den unwirtlichen Gegenden des hohen Nordens, Sibiriens oder Fernosts waren nur zu Fuß oder per Schiff erreichbar. Vom Transitlager Krasnojarsk transportierte man Nora Pfeffer gemeinsam mit je 1000 männlichen und weiblichen Häftlingen, vornehmlich Kriminellen, auf dem Jenissej nordwärts. Bis Dudinka, annähernd 400 km nördlich des Polarkreises, war man vier Wochen im dunklen und muffigen Laderaum eines Schleppkahns, ohne je an Deck gelangt zu sein, unterwegs.[204] Tamara Ruschenzewa empfand den Transport per Schiff schrecklicher noch als den im Gefangenenwaggon. »Man jagte uns in den Laderaum«, erinnert sie sich, »es gab nichts zu essen, Luft fehlte, die Menschen starben wie die Fliegen, Dysenterie brach aus.«[205] Susanne Leonhard legte die letzte Wegstrecke zum Lager auf einem Lastkahn zurück, der allein durch manuelles Staken fortbewegt wurde. »Achtzehn Tage und Nächte haben wir auf diesen Schnjaken gesessen«, schreibt sie in ihren Erinnerungen, »ohne uns auch nur einmal durch einen Schluck heißen Tee aufwärmen zu können und ohne aus den durchnäßten Kleidern herauszukommen. Achtzehn Tage und Nächte bei Sturm, Regen und Schnee.«[206]

Christina Kjossewa erfuhr im Frühjahr 1938 in Wladiwostok, daß das erste Schiff zum Kolymagebiet im Juni aufbrechen würde. »Wir hatten fast alle nur einen Wunsch – das Glück zu haben, mitgenommen zu werden. Aus den Erzählungen der Kriminellen hatten wir den Eindruck gewonnen, daß das Leben dort besser sein würde als im Umschlaglager. 130 Frauen wurden für das Schiff ausgewählt und endlich kam der Tag der Abreise.«[207] »Wolchowstroi«, »Dschurma« oder »Dalstroi« hießen Schiffe, in denen zwischen 7000 und 9000 Häftlinge auf engstem Raum zusammengepfercht zur Halbinsel Kolyma gebracht wurden.[208] Ca. eine Woche währte die Überfahrt. »Einsteigen ... Einsteigen ... Hinauf, hinab über die brüchige Treppe«, schildert Jewgenia Ginsburg das Beladen der »Dschurma« in ihren Erinnerungen: »Mir scheint, ich halte mich nur deshalb auf den Beinen, weil kein Platz zum Hinfallen da ist. Dicht gedrängt bewegen wir uns vorwärts. Jede ist nur ein Tropfen in dieser grauen Woge.«[209] Emilie B. erhielt von einem Begleitoffizier einen Tritt und stürzte die steile Treppe hinunter in den Laderaum. Die Demütigung versetzte die junge Frau in einen dreitägigen weinerlichen Zustand. Die Enge in den stickigen, schmutzigen und fensterlosen Laderäumen war unerträglich. »Es gab keine Betten«, erinnert sich die Polin Jadwiga Kowalska, »sondern nur eine große aus Brettern bestehende Pritsche. Die Frauen schliefen durcheinander, so wie sie Platz fanden. Die Ernährung bestand aus Suppe und ein wenig Brot, aber die meiste Zeit weigerten sich die Gefangenen zu essen, weil ihr Gesundheitszustand so kritisch geworden war, daß sie das Wenige, das sie aßen, erbrechen mußten. Alles war in einem Zustand abstoßender Schmutzigkeit. Läuse kamen von überall her, es war unerträglich. Obgleich eine fürchterliche Kälte herrschte, gab es keine Decken.«[210] Eine kleine Funzel spendete nur diesiges Licht. Die Tage waren von den Nächten kaum mehr zu unterscheiden. Liegend verbrachten die Frauen die meiste Zeit, schlecht und recht, wie es gerade ging. Das Verlassen der Laderäume war nur mit Genehmigung der Wachmannschaft erlaubt. Für die Notdurft wurden die Häftlinge in Gruppen, nicht selten dem Belieben der Wachmannschaft nach, auf Deck geführt. Dort befanden sich halsbrecherische Latrinen, die Dorothea Garai in ihren Erinnerungen beschreibt: offene Hütten auf einem langen Brettergestell, die über die Bordwand hinausreichten. Der Weg dorthin war rutschig »vom Nebel, vom Schaum der Wogen, die bis zu uns heraufspritzten, wenn wir auf der Latrine saßen, glitschig von der Scheiße, die wir unterwegs verloren. Wir faßten einander an Händen, wenn wir dort hinmußten, um nicht durch die breiten Lücken des Treppenverhaus ins Meer zu rutschen.«[211] Auf anderen Schiffen standen in den Laderäumen Kübel für die Verrichtung der Notdurft. Um das Fassungsvermögen zu steigern, wählte das Begleitkommando mindestens einen Meter hohe Tonnen. Die Frauen mußten etwas unterstellen, um sich erleichtern zu können. Und wenn der Kübel voll war, organisierte die Bewachung nicht unbedingt die Entleerung.[212]

Der desolate Gesundheitszustand der meisten Häftlinge nach wochenlangem Transport und Aufenthalt in Transitlagern wurde durch die mangelhafte Ernährung, die hygienischen Bedingungen und die Enge auf den Schiffen sowie durch Seekrankheit weiter verschärft. Übelkeit, hohes Fieber und Ruhr grassierten. Gefangene kamen nicht umhin, sich neben oder über ihrer Nachbarin zu entleeren.[213] Jede Überfahrt nach Kolyma kostete einer unbekannten Anzahl von Häft lingen das Leben, die das Begleitkommando einfach ins Meer warf.[214] Manche Häftlinge hielten es nicht mehr aus und sprangen über Bord, um ihrem Leben selbst ein Ende zu machen. Gewöhnlich versanken sie in aller Stille.[215]

In den großen, zwar nach Geschlechtern getrennten Frachträumen, in die sich die Wachmannschaften nicht hineinwagten, herrschte meist das Faustrecht krimineller Häftlinge. »Offener Terror« nennt es Elinor

Lipper: »Wer von den Konterrevolutionären ein Kleidungsstück besitzt, das den Kriminellen gefällt, wird ausgezogen. Wehrt er sich, wird er zusammengeschlagen. Den Alten und Schwachen wird das Brot mit einem Faustschlag weggerissen. Es gibt keinen Transport, bei dem nicht mehrere Gefangene an diesen Mißhandlungen zu Grunde gehen.«[216] Während eines Transportes durchbrachen kriminelle Männer die Holzwände zu den weiblichen Gefangenen und vergewaltigten alle, die ihnen gefielen.[217] Andere Kriminelle bestachen die Wachen oder vermittelten ihnen Huren, um zu den anderen weiblichen Häftlingen zu gelangen. Wanda Bronska-Pampuch schildert in ihren Erinnerungen eine Orgie unter kriminellen Männern und Frauen, deren Zeuge sie während ihrer Überfahrt nach Kolyma im November 1938 wurde. Die Kriminellen warfen Konserven und Weißbrot, Butter, Schnaps und Tabak zu ihren Mädchen auf die Pritschen und schwangen sich dann selbst hinauf. Die »Kabinen« waren mit Bettlaken abgegrenzt und festlich hergerichtet. »Das Liebesgestöhne auf den Pritschen übertönte das Jammern der Seekranken. Der Geruch von Schweiß, Sprit und Sperma mischte sich mit dem von Urin, Kohl und Erbrochenem.«[218]

Fußmarsch

»Plötzlich erfahren wir zu unserem Schrecken, unserem grenzenlosen Schrecken, daß wir jetzt zu Fuß weiter müssen! Es gibt nicht einmal Wagen, um unsere Sachen zu befördern, obwohl manche krank sind und andere so schwere Bündel tragen, daß sie sich kaum damit fortbewegen können.« Marta Rudzka und ihre Mitgefangenen mußten die letzte Wegstrecke zum vorgesehenen Lager zu Fuß zurücklegen. Die Wachsoldaten trieben die Frauen durch die Tundra. Geschwächt vom bisherigen Transport, stolperten die Frauen immer wieder über den welligen, teils morastigen Boden, über Schilfgras, Heidekraut, verkrüppelte Bäume und Strauchgewächse. »Diese Reise«, erinnert sich die Polin, »werde ich mein Lebtag nicht vergessen. Ich weiß nicht, wieviel Kilometer es sind, in Wirklichkeit wahrscheinlich nicht mehr als fünfzehn. Aber fünfzehn Kilometer von diesem Stolpern, Versinken, sich wieder Aufraffen sind soviel wie fünfzig auf einer normalen Straße. Von Hunger geschwächt, von der Last unserer Bündel, die mit jedem Schritt drückender wird, gebeugt, blutig verschrammt von den scharfen Reisern, oft bis zum Knie im Schlamm, bewegen wir uns mit dem

Aufwand unserer letzten Kräfte vorwärts.«[219] Von Bedeutung für den Verlauf des Marsches war auch das Verhalten der Begleitsoldaten. Auch sie gingen zu Fuß, ausgenommen der Verantwortliche des Konvois, der oft beritten war. Das durch sie vorgegebene Tempo, die Anzahl der Ruhepausen und die Absicherung der Verpflegung waren für die Häftlinge von größter Wichtigkeit. »Es gibt eine Erleichterung«, berichtet Marta Rudzka weiter, »man hetzt uns nicht mehr. Wir schleppen uns unendlich langsam vorwärts. Der Zug ist so auseinandergelaufen, daß die wenigen Wachen ihn nicht mehr in der Gewalt haben. Außerdem sind auch sie müde. Sie machen diesen Marsch heute schon zum zweitenmal. Nur der Mann auf dem Pony reitet unter uns auf und ab, aber er treibt uns nicht an. Ich sehe, wie er Wala und Irka Zigaretten anbietet. Sie lassen uns oft rasten, und ich falle wie tot zu Boden. Mir ist, als ob das schmerzhafte Klopfen meiner Pulse sich weit über die Grenzen meines Leibes ausdehnte – ein höchst merkwürdiges Gefühl. Ich liege mit geschlossenen Augen und ausgebreiteten Armen auf dem Rücken, und mir ist, als bedecke ich ein endloses Stück der Tundra, als läge ich darauf wie der große, brennende Schatten einer Wolke.«[220]

Vor einer Häftlingsgruppe, in der sich Elena Sidorkina befand, lagen bis zum Zielpunkt noch 150 km. Vom Transitlager Solikamsk kommend, ging es im Winter zu Fuß weiter: 80 Frauen, bewacht von drei Soldaten. Das Gepäck wurde auf einem Fuhrwerk transportiert. Nur zweimal während des mehrtägigen Marsches hatten die Frauen Gelegenheit, im Warmen zu übernachten und ihre Sachen zu trocknen, die vom Schnee feucht waren. Ansonsten übernachteten die Frauen in verlassenen Waldhütten oder verwüsteten Kirchen. Völlig durchnäßt konnten sie sich nur dadurch ein wenig erwärmen, indem sie sich aneinanderpreßten. An ihrer Brust tauten sie das gefrorene Brot.[221] Zusätzlich bedrückend und erniedrigend war das Fehlen jeglicher Hygiene und die mehr oder weniger öffentliche Verrichtung der Notdurft vor den männlichen Begleitern. »Was mich betrifft«, resümiert Jefrosinija Kersnowskaja, »so bereitete mir die Scham die grausamsten Leiden. Sie war schlimmer als Hunger, Durst oder die das Menschenmögliche übersteigende Müdigkeit. Ein qualvolles, erniedrigendes Gefühl.«[222] Die Anwesenheit krimineller Häftlinge steigerte die Mühsal der »Fußetappe«. Acht Tage und Nächte war Maria Dyck als einzige Politische in einer solchen Gesellschaft durch die Taiga gezogen. Diese Tage, schreibt sie in ihren Erinnerungen, gehören zu den schrecklichsten, die sie erlebt hat. Nicht genug, daß die kriminellen Frauen unter den Augen des Wachsoldaten die gesamte Habe von Maria Dyck raubten. »Als alles geteilt war«, berichtet die Rußlanddeutsche weiter, »traten sie auf mich zu und befahlen mir, mich auszukleiden. Dann reichte mir eine von ihnen ein Sommerkleid, das von oben bis unten aufgerissen war. Ich riß Zweige von einem Strauch und hielt sie vor mich, nur um meine Blöße zu bedecken. So trat ich die letzten paar Kilometer des Weges an.«[223] Zu alledem kamen noch klimatische Unbilden, die die letzten Kräfte der Häftlinge herausforderten. Die Plage der kurzen warmen Sommer waren vor allem riesige Schwärme von Mücken, die nicht nur stachen, sondern sich auch in Körperöffnungen einnisteten. In den Übergangszeiten verwandelten sich die Trampelwege meist in morastige Pfade, die die Fortbewegung erschwerten. Unerbittliche Kälte und kräftige Schneestürme kosteten im Winter schwachen, meist älteren sowie mangelhaft gekleideten Häftlingen das Leben. Besonders gefährlich waren plötzlich eintretende Wetterumschwünge. Als der Fußmarsch begann, schien noch die Sonne, erinnert sich Agnessa Mironowa-Korol. Die Kolonne begleitete ein Fuhrwerk, auf das die Frauen Sachen legen konnten. Unterwegs setzte Regen ein: »Sofort bilden sich Pfützen, und der Weg verwandelt sich in einen schmutzigen Fluß. Wir stolpern durch den Morast. Statt Regen fängt es an zu hageln. Der Hagel schlägt auf den Rücken, ins Gesicht. Alles ist durchnäßt, und es wird immer kälter. Die nasse Kleidung gefriert, das Fell meines Mantels ist mit einer Eisschicht bedeckt.«[224] Innerhalb kurzer Zeit kam ein Schneesturm auf, der die Sicht auf wenige Meter reduzierte und Häftlinge wie Bewacher unsichtbar werden ließ. Agnessa Mironowa-Korol gelang es, sich auf den Beinen zu halten, nicht hinzufallen und liegenzubleiben wie andere Häftlinge. Ihre Kräfte reichten noch bis zu einer Hütte, in der sich die Begleitsoldaten bereits ein Feuerchen gemacht hatten. »Sie ließen uns im Stich«, resümiert Agnessa, »um sich selbst zu retten.« Am nächsten Morgen machte sich eine Gruppe auf den Weg, um nach den Zurückgebliebenen zu suchen. Ein Fuhrwerk brachte schließlich 15 Tote. »Jemand empörte sich«, berichtet Agnessa weiter, »doch die Wachleute konstatierten ruhig: ›Das passiert bei uns jedes Jahr.‹ Gestorbene, erfrorene, verunglückte Häftlinge beunruhigten sie nicht.«[225] Nach Wochen, teils nach Monaten erreichten die gefangenen Frauen das Lager, in dem sie ihre Haftstrafe ableisten sollten. Der Weg hatte die Frauen gezeichnet. »Ich verbarg mich vor den anderen, saß unbeweglich da, den Kopf gesenkt, mit leerem Blick, entsinnt sich Maria Kono, »ich machte auf andere den Eindruck eines nicht völlig normalen Menschen.«[226]

4. Lagertopographie und Anpassung

»Als wir die Baracken sahen, waren wir glücklich«, so Frieda Siebenaicher über die Ankunft in einem »Speziallager« für Ehefrauen von »Volksfeinden« bei Akmolinsk in Kasachstan 1938.[1] Ähnlicher Empfindungen erinnert sich Luise Hörmann: »Endlich, endlich sahen wir die Lichter vom Lager. Ein großes allmächtiges Tor, ein hoher Zaun, und wir waren so froh.«[2]

Erste Eindrücke und Aufnahme

Die verständlichen Erwartungen nach dem strapaziösen Transport trübten sich jedoch schnell. Nach der ersten Nacht schon hatte Frieda Siebenaicher ihre Augen nicht mehr aufmachen wollen. »Wenn du die aufmachtest und das alles sahst – die Frauen, die Baracke – das konnte kein Mensch begreifen. Drei oder vier Tage sind wir im Lager wie blöd rumgelaufen.«[3]

Frustrierend wirkte auch der erste Eindruck auf die gerade 18jährige Ida Konrad, die gemeinsam mit ihrer Mutter im gleichen Frauenlager in der kasachischen Steppe inhaftiert war. »Schrecklich war das«, erinnert sie sich, »kein Bäumchen war zu sehen, nur der Stacheldraht, die Häuser und ein großes Tor.«[4] Die Österreicherin Hilda Vitzthum kam im Oktober 1938 nach Akmolinsk. Das Lager war bereits überfüllt, die Neuankömmlinge mußten lange Zeit auf dem Boden liegen.[5] Ähnliche Erfahrungen mit Enge und Überfüllung schildern Erna Kolbe für das Ende der 1930er und Serafima Alikina für Anfang der 1950er Jahre. Die Frauen drängten sich auf, neben und unter den Pritschen. Selbst das Bücken war den Frauen in manchen Baracken unmöglich, schildert die Gläubige Alikina.[6]

Frauen suchten aber auch ihre zurückhaltenden Hoffnungen zu erhalten und »Vorzüge« des Lagerlebens gegenüber den Qualen des

Gefängnisses und des Transportes bewußt wahrzunehmen. Manche Häftlinge fanden Trost an der scheinbar unkontrollierten Bewegungsfreiheit innerhalb der Häftlingszone, an der frischen Luft oder am Anblick der Natur. Nina Hagen-Torn erinnert sich, wie sie unter Bäumen und dem Gezwitscher der Vögel ein wenig Erleichterung fand.[7] Drei Tage erörterte Olga Adamowa-Sliosberg gemeinsam mit Leidensgefährtinnen die Vorteile des Lagerlebens. Obwohl die Lagerbevölkerung von etwa 1000 Personen riesig schien, hoffte die Jüdin, viele Gespräche führen und Freundschaften schließen zu können. Erste Erfahrungen mit Lagerinsassen machten Olga Adamowa-Sliosberg allerdings stutzig. Sie und andere politische Neuzugänge träumten davon, mit ihrer Arbeit »zu beweisen«, daß sie »ehrliche« und fleißige Sowjetmenschen seien. Alteingesessene Häftlinge empfanden dieses Vorhaben allerdings »pathetisch, dumm und unehrlich«.[8]

Jede Ankunft eines Transportes erregte die Aufmerksamkeit der Lagerinsassen. Manche politische Häftlinge suchten das Gespräch. Vorsichtig befragten sich die Frauen: Woher kommt ihr, wie lange seid ihr schon hier, kennt ihr die oder den, was gibt es draußen Neues, wer war schon wo in Haft?[9] Alteingesessene wie Neuzugänge suchten nach Bekannten und Freundinnen, um ihre Erfahrungen mitzuteilen und der Fremdheit und Anonymität des Massenlagers zu entfliehen. Kriminelle taxierten die Kleidung und Habe der Neuzugänge. Noch in den ersten Tagen stahlen kriminelle Frauen alle warmen Sachen von Tamara Ruschenzewa, die fortan zerlumpt und frierend herumlaufen mußte.[10] Margaretha Witschel erlebte, wie sich weibliche Kriminelle auf Ukrainerinnen stürzten, deren Gepäck durchsuchten und sich einfach das nahmen, was ihnen gefiel.[11]

Emilie B. traf nicht auf alteingesessene Häftlinge, russ. »Lagerniki«. Gemeinsam mit ca. 35 kriminellen und 30 politischen Häftlingen wurde sie Anfang 1948 in einem unberührten Wald fern von Bratsk ausgesetzt. Ihr erster Eindruck verursachte einen Schock, begleitet von der bohrenden Frage: Wofür? Mit Äxten und Schaufeln hatten sie fernab der Zivilisation ihr eigenes Lager zu errichten. Den ersten Winter schliefen sie unter LKW-Planen. Um nachts nicht zu erfrieren, standen die Frauen immer wieder auf und liefen sich warm. Unter den Augen der Wachsoldaten beraubten Kriminelle sie und andere politische Häftlinge ihrer ohnehin bescheidenen Habe. Bis die Küche und ein Back-

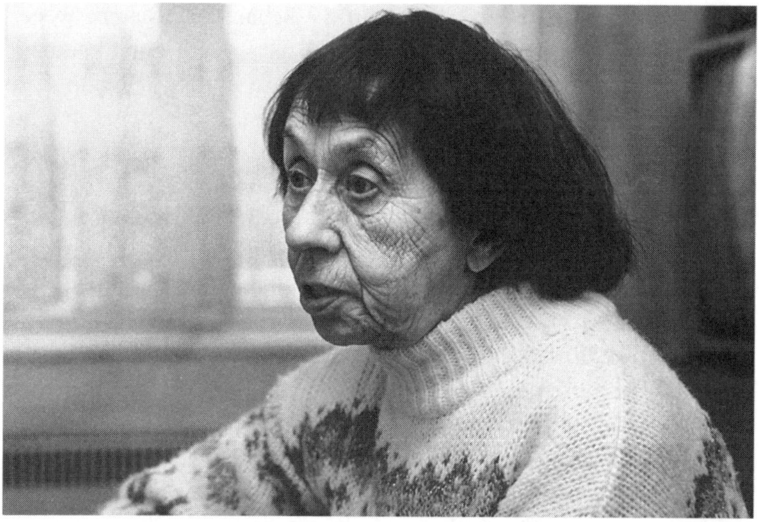

Frieda Siebenaicher während des Interviews, 1990.

ofen fertig war, wurde die dünne Suppe und das feuchte Brot angeliefert. »Ich habe zwei Jahre geweint«, erinnert sich Emilie, »fast jeden Tag habe ich geweint.«[12]

Der Ankunft im vorgesehenen Lager folgte die festgelegte Aufnahmeprozedur des Häftlings.[13] Zunächst hatte das Konvoikommando die Gefangenen und ihre persönlichen Begleitdokumente an die Lageradministration zu übergeben. Währenddessen standen meist die Häftlinge vor dem Lager, der »Zone«.[14] Es konnte mehrere Stunden dauern, bis die Wache das Tor öffnete.[15] Nach der bürokratischen Übernahme der Häftlinge erfolgte deren »sanitäre Behandlung«, wie sie den Frauen aus Gefängnissen und Transitstationen bekannt war. Während sich die Neuankömmlinge in meist primitiv eingerichteten Badestuben so gut es ging reinigten, desinfizierte man zur gleichen Zeit mehr oder weniger, meist jedoch weniger, erfolgreich deren Kleidung. Das Personal bildeten in der Regel kriminelle Männer. Zu ihren Aufgaben gehörte auch, soweit von der Lageradministration befohlen, die Rasur der Körperbehaarung. »Ich sitze auf einer Steinbank«, entsinnt sich Vera Schulz, »so wie mich meine Mutter geboren hat, nackt. Vor mir steht ein älterer Usbek mit einem Rasiermesser. Seine Aufgabe ist es, den Frauen die Scham zu rasieren. Wegen meiner Krankheit erfasse ich diese neuerliche Erniedrigung kaum.«[16] Die Beseitigung der Kopfbehaarung erfolgte auf Weisung des zuständigen Chefs der Sanitätsstelle des Lagers, in der Regel nur bei intensiver Verlausung.[17] Teil der Aufnahmeprozedur war eine »bis ins kleinste gehende Gepäckrevision«, wie sie Susanne Leonhard schildert.[18] Näh- und Stricknadeln, Brotmesser, Nagelscheren oder -feilen und andere wichtige Instrumente zur Bewältigung des Haftalltags konnten der Durchsuchung zum Opfer fallen. Eine anschließende Leibesvisitation mit der Kontrolle aller Körperöffnungen, durchgeführt von »kräftigen Weibern in weißen Kitteln und Gummihandschuhen«, hatten Alja Tartak und ihre Transportgefährtinnen über sich ergehen zu lassen.[19]

Während der Aufnahmeprozedur registrierte die Lageradministration in einem statistischen Registraturbogen biographische Angaben zur Herkunft, der Verurteilung sowie zur Berufs- und Haftkarriere jedes einzelnen Häftlings. Eine medizinische Kontrolluntersuchung diente vor allem dem Ziel, die Arbeitsfähigkeit und ansteckende Krankheiten der Häftlinge zu ermitteln. Wie umfassend und intensiv die Untersuchung war, hing vom Engagement der Ärzte, ihren materiellen Möglichkeiten sowie der Anzahl der eingetroffenen Häftlinge ab. Das medizinische Lagerpersonal, unter dem sich auch Gefangene befanden, war in seinen Entscheidungen allerdings nicht unabhängig von den Vorgaben und Erwartungen der Lageradministration, denen an Arbeitskräften und der Erfüllung der Produktionsvorgaben gelegen war. Die Kategorisierung der Häftlinge entschied über ihren Einsatz zur Zwangsarbeit – darüber, ob die Gefangene künftig leichte, mittlere oder schwere Arbeit zu verrichten hatte. Eine lettische Ärztin invalidisierte Susanne Leonhard und verordnete ausschließlich sitzende Arbeit.[20] Ihrer Erfahrung nach war das Ergebnis der ersten medizinischen Kommission, der während der Lagerjahre weitere folgten, von außerordentlicher Wichtigkeit. Gerade weniger gebildete oder auch wohlwollende Ärzte, so Susanne Leonhard, griffen nicht selten auf das Urteil der ersten Untersuchung zurück und konnten auf dessen Grundlage die Gefangene durchaus vor schwerer körperlicher Arbeit schützen.[21]

Bevor die Neuzugänge in den Prozeß der Zwangsarbeit integriert wurden, beließ man die Häftlinge je nach den örtlichen Bedingungen in Quarantäne. Die »Instruktion zum Regime der Unterbringung der Häftlinge in Besserungsarbeitslagern und -kolonien des MWD« vom 27. März 1947 legte fest, daß die Gefangenen 25 Tage getrennt von der Stammbelegung in isolierten Räumen und bei isoliertem Arbeitseinsatz zu halten waren.[22] Auf »klebrigen schwarzen Dreck« und »Wolken von Flöhen und Wanzen« traf Chawa Wolowitsch in der Quarantänebaracke. Die Unterkunft glich »einer Brutstätte aller möglichen Krankheiten«, in der sie wegen der Überfüllung nur unter einer Holzpritsche Platz fand.[23] Jefrosinija Kersnowskaja empfand das Aufnahmeritual als »Gipfel der Demütigung«.[24] Vereinzelt suchten Lageroffiziere neu eingetroffene politische Frauen, vor allem Verfolgte der Terrorjahre 1937/38, auf besondere Weise zu erniedrigen. Die Kommunistin Adele Schiffmann erlebte, wie die Lageradministration neue Politische gegenüber den alteingesessenen kriminellen Häftlingen regelrecht vorführte. »Man stellte uns hier auf«, erinnert sich die Jüdin, »und gegenüber die Verbrecher. Und dann sagte man: ›Hier, seht euch die Konterrevolutionäre an! Das sind die Feinde, das sind unsere Feinde, und die haben euch zu gehorchen. Ihr habt zwar dies und jenes gemacht, aber ihr seid echte Russen. Das sind Vaterlandsverräter und unsere Feinde. Seht sie euch genau an und paßt auf sie auf!‹«[25]

Lagertopographie

Maßgebend für die Einrichtung und Organisation der Lager waren Weisungen und Befehle des NKWD/MWD. Die »Instruktion[en] zum Regime der Unterbringung der Häftlinge in Besserungsarbeitslagern und -kolonien« von 1939 und 1947 regelten über Jahre hinweg die Standards der Lagertopographie.

Struktur und Organisation

Die Haftorte hatten »maximal dem Arbeitsort angenähert und von Wohnorten maximal entfernt« zu sein.[26] Das künftige Lagerterritorium sollte den Abfluß jeglichen Oberflächenwassers, Regen, Schmelzwasser usw. sowie den unkomplizierten Zugang zu Brauch- und Trinkwasser garantieren.[27] Stacheldraht oder Bretter dienten als Umzäunung der Haftorte. Im Inneren des Lagers war fünf Meter davon entfernt eine zweite, »präventive« Umzäunung anzulegen. Um die beste Übersicht zu gewährleisten, sollte der Grundriß des Lagers, so die Instruktion von 1939, die Form eines Rechteckes oder Quadrates besitzen. An der Hauptumzäunung waren zur »Beobachtung und zum Schutz« Wachtürme zu errichten, die sich außerhalb des Lagerterritoriums zu befinden hatten.[28] Ein Tor, in großen Lagern mehrere, jeweils mit Wachgebäuden versehen, ermöglichten den kontrollierten Aus- und Einmarsch der Häftlinge.

Die Lager waren der unmittelbaren Verwaltung und Kontrolle der Moskauer Hauptverwaltung Lager des NKWD/MWD unterstellt und bestanden aus vielen unterschiedlichen Lagerstruktureinheiten.[29] Diese unterstanden der Verwaltung eines Lagers und bildeten quasi einen Lagerkomplex, der in mehrere Lagerabteilungen strukturiert war. Die einzelnen Lagerabteilungen richteten entsprechend den Produktionsanforderungen Lagerpunkte ein, denen wiederum kleinere Lagerstruktureinheiten, d. h. Nebenlager wie Abschnitte, Stützpunkte, Kolonnen oder sogenannte »Kommandirowkas« unterstellt waren.

Das Territorium des Karagandinsker Besserungsarbeitslagers (Karlag) erstreckte sich beispielsweise von Nord nach Süd über 260 km und von Ost nach West über 130 km. Das 16 600 qkm große Gebiet des Lagers lag mitten in der kasachischen Steppe und umfaßte sowohl das Haftterritorium wie vor allem landwirtschaftliche Produktionsflächen.[30] Die direkt Moskau unterstehende Verwaltung des Karlag hatte ihren Sitz in der Siedlung Dolinka, ca. 40 km entfernt von Karaganda. Zwischen 1931 und 1957 waren im Karlag wie bereits erwähnt ca. 800 000 Häftlinge interniert. Anfang 1940 verfügte das Karlag über 21 Lagerabteilungen, 16 mit vorwiegend landwirtschaftlicher und fünf mit industrieller bzw. handwerklicher Produktion. Benannt waren die Lagerabteilungen nach den nächstgelegenen Städten bzw. Siedlungen, so Dolinsker, Samarsker, Akmolinsker, Tartaulsker Abteilung usw. Außerdem gab es im Karlag eine landwirtschaftliche Versuchsstation sowie ein Invalidenlager.[31] Die einzelnen Lagerabteilungen waren in Lagerpunkte mit meist mehreren Nebenlagern wie Schaffarmen, Milchwirtschaften, Feldstützpunkte u. a. unterteilt. Allerdings war die Administration des Karlag aufgrund materieller Versorgungsprobleme sowie der Zergliederung des Lagersystems nicht in der Lage, alle Häftlinge, wie vorgeschrieben, in umzäunten Lagerzonen unterzubringen. Auf 205 von Gefangenen betriebenen Produktionsstützpunkten fehlte jegliche Umzäunung. Zur Einhaltung der vorgeschriebenen Haftinstruktionen benötigte die Karlag-Administration laut einem Bericht vom 1. November 1939 an die Moskauer Hauptverwaltung Lager: über 66 km Stacheldrahtumzäunung, 212 Wachtürme und 172 Wachgebäude.[32] Aber auch Anfang der 1950er Jahre lebten mehr als 15000 Häftlinge, ein Drittel aller Gefangenen, auf 92 Abschnitten und Farmen, die nicht umzäunt waren.[33] Hier waren vornehmlich Gefangene mit niedrigen Haftstrafen oder vor der Entlassung stehende Häftlinge konzentriert. Flucht schien eh den meisten politischen Häftlingen langfristig gesehen ohne Aussicht auf Erfolg.

Als Regel galt die Einteilung des Lagerpunktes in eine Zone für Frauen, eine für Männer und eine für die Zwangsarbeit, jeweils getrennt durch Stacheldraht- oder Bretterzäune. Obgleich der Aufenthalt im andersgeschlechtlichen Lagerbereich offiziell verboten war und bestraft wurde, gab es vielfältige und verschiedenartige Beziehungen zwischen männlichen und weiblichen Häftlingen. Darüber hinaus kam es zu Begegnungen und gemeinsamen Aufgaben von Männern und Frauen bei der zu leistenden Zwangsarbeit beim Feldbau und Waldeinschlag, in Werkstätten, Viehställen und Gärtnereien, beim Gleis- und Straßenbau, in Schächten oder Tagebauen. Das gemischte Lager war die Regel, die geschlechtliche Trennung eher die Ausnahme. Im Jahr 1947 verfügte die Moskauer Hauptverwaltung Lager allerdings die getrennte Unterbringung von Männern und Frauen in eigenständigen Lagerpunkten. Ausnahmen davon gestattete nur der Chef der Moskauer Hauptverwaltung.[34] Aufgrund logistischer bzw. materieller Probleme in den Lagern konnte die strikte Separierung der Frauen jedoch nur zögerlich und nie vollständig realisiert werden. Noch im Januar 1951 mußte etwa die Verwaltung des Karlag nach Moskau melden: »Die verurteilten Frauen sind nicht vollständig von Männern isoliert.«[35] Bestimmte Arbeits- und Serviceaufgaben zur Unterhaltung der einzelnen Lager konnten zudem vom jeweils anderen Geschlecht effektiver geleistet werden. Außerdem versprachen sich Lageradministrationen durch den Kontakt zwischen den Geschlechtern verschiedene

Effekte, etwa Ansporn zu höheren Arbeitsleistungen, Verbesserung der persönlichen Hygiene oder vermehrten Lebenssinn. Die geschlechtliche Verteilung in den gemischten Lagern richtete sich nach den örtlichen Gegebenheiten und den zu erfüllenden Arbeitsaufgaben. In Lagern mit einem dominierenden Frauenanteil hatten die Häftlinge oft Textilproduktion zu leisten, betrieben Schneidereien und Stickereien oder waren in der Landwirtschaft und beim Waldeinschlag eingesetzt.

Lagerpunkt und Nebenlager

Der Lagerpunkt oder ein Nebenlager waren die Haftorte, in denen die Frauen ihre langjährigen Strafen verbrachten. Durch ständige Transporte und Verschiebungen lernten die Häftlinge im Laufe der Jahre verschiedene Haftorte kennen. »Das Lagerleben war in den einzelnen Lagern sehr ähnlich«, resümiert Erna Kolbe: »Der Aufbau, die Strukturen im Lager, die Ernährung, die Bewertung nach den Arbeitsergebnissen, das war überall das gleiche Prinzip.«[36] Im einzelnen unterschieden sich freilich die Lagerpunkte: etwa nach geographischen und klimatischen Gegebenheiten, nach der Art der Bewachung und der Strenge der Lageradministration, nach der zu leistenden Zwangsarbeit oder der Zusammensetzung der Häftlingsgesellschaft. Aus Sicht der Häftlinge gab es schlechte und weniger schlechte, unter Umständen »gute« Lager. Und es gab schlechte und weniger schlechte Zeiten in ein und demselben Lager. »Wer nicht während des Krieges in Haft war, hat das Lager nicht kennengelernt«, lautete eine unter Häftlingen gängige Redewendung.[37]

Die Belorussin Praskowja kam 1938 in die Lagerabteilung Dolinka des Karlag, die ein Jahr später neben dem Hauptlager 34 Nebenlager mit insgesamt 4165 Häftlingen umfaßte.[38] Als »riesige Zone« erinnert sich Praskowja des zentralen Lagerpunktes in Dolinka, in dem ein doppelter Stacheldrahtzaun die Männer- von der Frauenzone trennte. Die weiblichen Häftlinge arbeiteten vorrangig in der Landwirtschaft, kultivierten die brache Steppe, errichteten ein Bewässerungssystem oder waren in der Viehzucht eingesetzt.[39] Hilda Vitzthum hingegen war zeitweise in einem Lager, in dem die Unterkünfte der Frauen und Männer durch keine Absperrung getrennt waren. Ein anderer Punkt, den Hilda Vitzthum in ihren Erinnerungen schildert, galt als Frauenlager. Eine Nähfabrik und Werkstätten, in denen die meisten Gefangenen arbeiteten, lagen innerhalb der Zone. Die Männer, deren Anzahl begrenzt war, arbeiteten als Mechaniker und Monteure oder bei Verladearbeiten und der Holzbeschaffung.[40] Nonna Tschekanowa-Janzen lieferte man 1945 in ein Männerlager bei Uchta ein. Zu den 4000 Männern kamen 600 Frauen, die gemeinsam Zwangsarbeit bei der Erdölgewinnung unter und über Tage leisteten.[41] »Alle Gebäude waren einstöckig«, erinnert sich Ljuba Ukrainska an einen kleinen Lagerpunkt. Außer den Häftlingsbaracken, einer Krankenstation und der Kantine gab es eine kleine Baracke für die Post und die sogenannte »Kulturerziehungsabteilung«. Wie alle Gebäude war auch die »Banja« aus Holz gebaut, nur zusätzlich mit Lehm verkleidet. Alles war ganz primitiv und heruntergekommen, so Ljuba Ukrainska.[42]

Helena Kutscherowa-Koch wurde 1948 in den Lagerpunkt Rakpas, unweit von Knjaschpogost im Petschoragebiet, eingeliefert. Circa 1000 Männer und 200 Frauen, die meisten Politische, wegen »Verrat an der Heimat« zu 10 bis 25 Jahren Lager verurteilt, lebten unter »strengem Regime«. Ihrer Erinnerung nach bestand das Lager aus einer größeren Männer-, einer kleinen Frauen- und einer Arbeitszone, die mit einem Zaun und Stacheldraht getrennt und durch bewachte Tore zu erreichen waren. In der Männerzone gab es neben den allgemeinen Wohnbaracken Unterkünfte für Funktionshäftlinge sowie ein Lazarett mit mehreren Gebäuden; außerdem eine kleine Apotheke, ein Badehaus mit Wäscherei, Latrinen, einen Friseur, die Küche mit Speisehalle, ein Versorgungsmagazin, das Kontor mit verschiedenen Verwaltungsstellen, das Gebäude des Lagerchefs und das Lagergefängnis, der sogenannte »Strafisolator«. In der Frauenzone befanden sich zwei Unterkünfte, ebenfalls ein »Isolator« und eine Latrine. Jeweils an den Ecken des rechteckigen Lagers standen Wachtürme. Die Wohnzone hatte kein eigenes Lagertor, sondern war nur über einen Durchgang zu den Produktionseinrichtungen erreichbar. Das eigentliche Lagertor lag in der Arbeitszone, daneben das Wachgebäude und das Büro des Lager-NKWD/MWD. Die Häftlinge leisteten Zwangsarbeit bei der Holzverarbeitung und stellten verschiedene textile Gebrauchsartikel her. Andere arbeiteten beim Holzeinschlag oder Eisenbahnbau.[43]

Alice S. während eines Gespräches, 2002.

Alice S. wies die Lageradministration Arbeit in der Schafhaltung zu. Auf verschiedenen Farmen versorgte sie die Tiere und hütete gemeinsam mit einer Gefährtin mehrere Hundert Schafe. Tagelang waren sie in der Steppe Kasachstans unterwegs und übernachteten in provisorischen Unterkünften. Die überschaubaren und abgelegenen Feld- und Tierstützpunkte waren nicht umzäunt. Die meisten Funktionen hatten dort Häftlinge inne. Jeder kannte jeden, man richtete sich ein. »Das war ganz familiär«, so Alice S., »da konnte man sich fast fühlen, als ob man auf einer freien Schaffarm ist.«[44]

Nicht alle Außenlager boten jedoch den Häftlingen eine entspanntere Arbeitsorganisation und bessere Lebensbedingungen. Vor allem Waldlager in der undurchdringlichen Taiga fürchteten die Häftlinge. Im Winter war man mehr oder weniger von der Außenwelt abgeschlossen, und Gefühle des Verlorenseins machten sich breit. Hilda Vitzthum empfand den Waldstützpunkt um vieles trostloser als den gewohnten Lagerpunkt. »Dort war immer die Verbindung mit der Außenwelt gewesen«, schreibt sie in ihren Erinnerungen: »Die Arbeit im Sägewerk, wo man sich hatte frei bewegen können, war ein unschätzbarer Vorteil.«[45]

Wie außerhalb des Stacheldrahts spielten politische Losungen auch im Lager eine wichtige Rolle. Besondere Bedeutung kam dem Schriftzug über dem Lagertor zu, den die Häftlinge beim Einmarsch lesen konnten. Eher selten lautete die Losung so nüchtern wie zeitweise in einem Lager auf Kolyma: »Hauptlager Elgen. Frauenlager der Verwaltung für Nordöstliche Besserungsarbeitslager des NKWD«.[46] Später wohl besann sich die Lageradministration auch hier der Arbeitspropaganda und wechselte den Spruch. Nun hatten die Häftlinge die Inschrift vor Augen: »Durch aufopfernde Arbeit werden wir in die Familie der Werktätigen zurückkehren«.[47] Auch Galina Nurmina marschierte mit ihren Leidensgefährtinnen durch einen Torbogen mit der Aufschrift »Durch Arbeit – zur Befreiung«.[48] Und auf Alja Tartak und ihre Mitgefangenen schauten Porträts von Marx, Engels, Lenin und Stalin vom Lagertor herab.[49] »Wer nicht arbeitet, soll nicht essen!« stand über dem Eingang einer Speisehalle. An den Wänden Agitation und Propaganda: »Reih dich ein unter die Bestarbeiter!«, »Zweihundertprozentler, übergebt eure Erfahrung den übrigen!«, »Ehrliche Arbeit ist der Weg zur vorfristigen Befreiung!«, »Sauberkeit garantiert die Gesundheit!«[50] Luise Hörmann hat während ihrer Haftzeit Losungen gemalt. Wenn es ihre Chefin von der »Kulturerziehungsstelle« verlangte, malte sie 30 Schriftzüge an einem einzigen Tag auf die Wände der Gebäude. Vor allem während der Kriegsjahre blühte die Arbeitspropaganda. »Auf jeder freien Stelle an jeder Wand waren Losungen«, so Luise Hörmann, etwa »Arbeitet gut!«, »Alles für die Front!« oder »Alles für den Sieg!«. Nach einigen Wochen waren die mit Ruß oder rotem Lehm geschriebenen Losungen wieder verblaßt. Dann wurde wieder Luise Hörmann gerufen. Der eigentliche Adressat, der Häftling, blieb an den Propagandasprüchen allerdings weitgehend uninteressiert.[51]

Baracken

Nonna Tschekanowa-Janzen kam 1946 mit 600 Frauen in ein Männerlager nahe Uchta: »100 bis 120 Frauen waren in einer Baracke. Hölzerne Pfosten und Bretter in Etagen bildeten die Pritschen, auf denen wir schliefen. 1936/37 waren sie errichtet worden, baufällig und voller Wanzen.«[52] Derart kurze, prägnante Beschreibungen der Häftlingsunterkünfte finden sich in vielen Erinnerungen.

Die Haftinstruktion des MWD von 1947 definierte konkrete Modalitäten der Unterbringung.[53] Danach waren die Häftlinge brigadeweise in »bewohnbaren Räumen unterzubringen, mit individuellem Schlafplatz und Bettzubehör«. Die Unterkünfte hatten »trocken, hell und warm sowie mit dem notwendigen Inventar ausgerüstet« zu sein.[54] Ferner sahen die Richtlinien vor, pro Häftling ein Minimum von 2 qm Wohnfläche, pro Häftling eine Pritsche mit Bettzubehör, die notwendige Anzahl an Waschgelegenheiten, Hockern, Tischen, Bänken, Kleiderhaken, Schränkchen und Wasserbehältern, eine Innentemperatur von 16-18° C sowie elektrische Beleuchtung und einen Lautsprecher sicherzustellen.[55] »Für die kulturelle Erholung in den Unterkünften«, hieß es weiter, »sind Plätze für Tischspiele (Schach, Dame, Domino usw.) bereitzustellen. In Frauenzonen sind Hygienezimmer einzurichten.« Ferner wurde darauf verwiesen, daß die »festgelegte Unterbringungsnorm pro Gebäude nicht überschritten werden darf«.[56]

Die Häftlinge fanden allerdings weder vor noch nach 1947 die Forderungen der MWD-Instruktion erfüllt, ganz im Gegenteil. Täglich aufs neue bedrückte vor allem die Enge in den Unterkünften, die eine anhaltende physische und psychische Belastung darstellte. »Dicht an dicht« drängten sich die gefangenen Frauen auf der durchgehenden Pritsche, so Anna Bucharina: »Die Nächte waren eine reine Tortur: Kaum jemand konnte frei liegen; fast alle lagen auf der Seite, und wenn man die Lage ändern wollte, mußte man die Nachbarin wecken, um sich gleichzeitig umzudrehen, und eine Kettenreaktion des allgemeinen Aufwachens begann.«[57] Mia Spitz war in Baracken, in denen sich bis zu 360 Frauen drängen mußten.[58] Vor allem Neulinge mußten in überfüllten Unterkünften mit dem Fußboden vorliebnehmen. Eine Mitgefangene bot Margaretha Witschel einen Nachbarplatz unter der Pritsche an. »Man mußte sich auf den Bauch legen«, erinnert sich die Österreicherin, »und mit den Füßen zuerst nach hinten robben, um in die Behausung zu gelangen.« Sie hatte dort ein Stückchen Decke ausgebreitet und aus ihren Habseligkeiten ein Kissen fabriziert. Ein Blechtöpfchen, ein Holzlöffel und ein Glas waren die ganze Einrichtung.[59]

Die Überfüllung der Lager nahm zeitweilig beträchtliche Ausmaße an. Am Ende der Säuberungswelle 1937/38 hatte beispielsweise das Karlag eine Aufnahmekapazität für 21825 Häftlinge. Im Winter 1939 mußte das Karagandinsker ITL jedoch 32000 Gefangene unterbringen.[60] »Infolge des Mangels an Unterbringungsmöglichkeiten sind die Baracken im Durchschnitt um 30% überfüllt. Deshalb können die notwendigen sanitär-medizinischen Bedingungen in den am meisten überfüllten Baracken unmöglich eingehalten werden«, so ein Bericht der Verwaltung des Karlag zum 1. Januar 1940.[61] Auch ein Jahrzehnt danach hatte sich wenig geändert. Stichproben einer Überprüfung in der Dschartassker Abteilung des Karlag am 29. September 1949 ergaben: In der »Baracke Nr. 2, 1. Sektion, in der stillende Mütter und schwangere Frauen untergebracht sind, kommen auf 120 Häftlinge 63 Schlafplätze, 10 Frauen schlafen auf dem Fußboden«. In der Baracke Nr. 1, 1. Sektion, gab es für 61 Gefangene 42 Plätze und in der Baracke Nr. 1, 2. Sektion, fehlten neun Pritschen.[62] Durchschnittlich standen 1951 dem Häftling im Karlag 1,8 qm Fläche zur Verfügung, in einigen Lagern lediglich 1,2 bis 1,5 qm.[63] Eine Pritsche, 60 cm breit, 2 Meter lang, umfaßte 1,2 qm. Selbst über einen solchen »individuellen Schlafplatz«, wie es im Bericht hieß, verfügten Anfang der 1950er Jahre nur 90 % aller Häftlinge im Karlag.[64]

Die Bauart und Einrichtung der Häftlingsunterkünfte richtete sich vornehmlich nach den örtlichen Gegebenheiten. Die aus Holz oder Lehm gefertigte Baracke stellte zweifellos das verbreitetste, jedoch nicht das einzige Massenquartier dar. Grundelemente ihrer Ausstattung waren: die Pritschen, die den größten Teil der Fläche einnahmen, vereinzelt grob gezimmerte Tische, Bänke, selten Schränkchen. Spartanisch war der Ausstattungsgrad auch noch Anfang der 1950er Jahre. In den Baracken des Karlag fehlten beispielsweise 16 % Tische, 35 % Hocker und Bänke sowie 78 % Schränkchen.[65] Eine einfache Waschgelegenheit oder ein Trockenraum, in dem meist auch ein Kübel für die nächtliche Notdurft stand, befand sich gelegentlich an der Stirnseite der Baracke. In kleinen Zimmern oder abgetrennten Verschlägen schliefen die Barackenälteste oder andere privilegierte Funktionshäftlinge. Die Fenster waren eher klein, ihre Scheiben oft geborsten. Im Winter, so Elinor Lipper, waren Häftlinge ständig auf der Suche nach Lumpen, Werg, Brettchen und Papier, um die Löcher und Sprünge in den Scheiben zuzustopfen.[66] Die Lüftung der Massenquartiere war völlig unzureichend. Um das Eindringen von Stechmücken zu verhindern, blieben auch im Sommer die Fenster oft geschlossen. Als Beleuchtung diente eine mit Petroleum betriebene Funzel oder, wenn die Baracke über Stromanschluß verfügte, eine einfache Glühbirne, die jeweils die ganze Nacht über brannte.

Die Beheizung der Baracken war, wenn überhaupt die Möglichkeit dazu bestand, meist unzureichend. Neben Lehm- oder eisernen Öfen dienten ausrangierte Benzinfässer zur Heizung. Für die Beschaffung des Brennmaterials (Holz, Schilf, Torf oder Mist) waren der Barackendienst oder die Häftlinge in ihrer Freizeit verantwortlich. Die Heizkraft der zwei oder drei Öfen in den langgestreckten Baracken reichte nie, um den gesamten Raum zu erwärmen. Wer kein wärmendes Bettzeug hatte, suchte einen begehrten Platz am Ofen zu finden. Diese hatten aber meist kriminelle Frauen inne, die Politische nicht heranließen. Die gedrängten Gefangenen sorgten mit ihrer eigenen Körperwärme gegen Erfrierungen.[67] Bei großer Kälte trugen die weibliche Gefangenen oft alles, was sie hatten, einschließlich Mützen und Schuhwerk.[68]

Helene Golnipa wurde in eine neuerrichtete Baracke eingewiesen. Allerdings hatte man den Lehmziegeln in Ermangelung von Stroh feuchten Pferdemist beigegeben. Die ganze Baracke »stank ganz erbärmlich«, erinnert sich Helene Golnipa: »Ihre Wände waren schwarz, es wuchsen aus ihnen verschiedene Gräser heraus, begannen zu grünen, und selbst kleine Pilze versuchten, ihr Leben auf ihnen zu fristen.«[69]

Dennoch versuchten Frauen auch unter den Haftbedingungen, soweit irgend möglich, ihrer Umgebung eine gewisse Wohnlichkeit zu verleihen. »Die Männerbaracken waren kahl«, erinnert sich Nina Hagen-Torn, »und in den Frauenbaracken versuchte man immer wieder Häuslichkeit zu schaffen.«[70] Mit Handfertigkeit und Improvisation suchten Frauen eine Identität zu wahren und Gemeinschaftssinn zu stiften. Mit Laken und Stoffetzen wurden Schlafkabinen abgehangen, Kissen bestickt, Bilder oder Fotos aufgestellt. Andere fertigten aus alten Kisten kleine Schränkchen, auf denen selbstgemachte, häusliche Dinge standen.[71] Mal war das erlaubt, mal wurde es unterbunden, »je nach Laune der Lagerführung«.[72] Weitaus bessere Lebensbedingungen als in den allgemeinen Massenbaracken herrschten in kleineren Unterkünften, in denen meist Häftlinge mit Lagerfunktionen oder Spezialaufgaben untergebracht waren. Trude Richter hatte Einblick in einen solchen Raum. Der Schlafplatz war ausgestattet mit Federkissen, Daunendecke und Wandbehang, und Blumen auf dem Fensterbrett zeugten ihrer Bewertung nach von einem »relativ zivilisiertem Dasein«.[73]

Erdhütten

Jewgenia Ginsburg und ihre Mitgefangenen vegetierten in »unter Schnee begrabenen schiefen Hütten mit Löchern in den Decken. Tag für Tag verstopfen wir diese Löcher mit den Fetzen alter, ausrangierter Fußlappen.«[74] Das gleiche versuchten Susanne Leonhard und ihre Leidensgefährtinnen in der Baracke, deren Wände vereist waren. Dennoch lag morgens oft eine Schneedecke über ihnen.[75]

Mehr als 80 % der Häftlingsunterkünfte im Karlag waren 1939 aus Lehmziegeln kasachischer Art gebaut, mehr als zwei Drittel in der Erde.[76] Diese in der UdSSR verbreiteten Erdhütten, sogenannte »Semljankas«, sollten sowohl Baumaterial einsparen als auch besser vor Kälte schützen. »Ein paar Stufen ging es hinunter«, erinnert sich Frieda Mayer-Melikowa, »dann war man schon fast unter der Erdoberfläche. Darüber war ein Dach, der Fußboden einfache Erde. Wenn es draußen geregnet hat, gab es keinen Unterschied zwischen dem Dreck draußen und dem drinnen.«[77] Luise Hörmann und ihre Mitgefangenen mußten einige Wochen in einer Erdhütte leben, in der Schmelz- und Grundwasser bis zur ersten Pritsche reichte. Von der Treppe an lagen Laufbretter auf Ziegelsteinen, ohne Licht traten nachts einige Frauen daneben und fielen ins Wasser.[78] Nicht selten war die Höhe der Erdhütten so gering, daß man nur in gebückter Haltung gehen konnte.[79]

In der landwirtschaftlichen Produktion, vor allem beim Feldbau oder der Viehhaltung, arbeiteten Frauen in kleinen Außenlagern und Stützpunkten. Dort vegetierten sie, laut einem Bericht des Karlag von 1939, in »zeitweilig eingerichteten Gras- und Erdhütten oder unter freiem Himmel«.[80] Frieda Siebenaicher arbeitete auf einem Feldstützpunkt. »Gelebt haben wir in einer Höhle, einer Erdhöhle, die wir uns selbst ausgebuddelt hatten«, erinnert sie sich: »Im Frühjahr und im Herbst war das natürlich kalt. Alles was wir an Sachen und Decken hatten, legten wir beim Schlafen auf uns. Wir hatten zwei Schichten und die ging, schmiß alles auf die kommende Schicht. Dann kamen nachts auch die Wölfe. Die haben auf dem Dach gebuddelt. Wir haben uns vor Angst unter den Decken verkrochen.«[81]

Zelte

Auch Mannschaftszelte dienten als Unterkünfte für Frauen. Als Antonie Satzger 1944 in das Dschidlag, in der Burjätischen Autonomen Sowjetrepublik, eingeliefert wurde, gab es auf ihrem Lagerpunkt noch keine Baracken, »nur Zelte und die Kälte«.[82] Auf nackten Holzpritschen schliefen die Frauen in ihrer Tageskleidung, ohne Matratze oder Decke, unter dem Kopf ihre Schuhe.

Die gleiche Erfahrung machte Justina Nagljak im Winter 1947/48. Die große Kälte ließ ihre Haare an der Zeltwand festfrieren.[83] »Gedämpft und unwirklich sickert das Licht durch die Zeltbahn«, schildert Marta Rudzka, »die Luft ist stickig, riecht säuerlich nach den Reisern unserer Betten und dem Rauch des feuchten Feuerholzes, das im Ofen schwelt; die Tür hängt schief in ihrem hölzernen Rahmen, und wenn man sie aufmacht, muß die Öffnung mit einer Zeltbahn verhängt werden, weil sonst mehr Mücken als Luft hereinschwirren.«[84] Oft mußten Frauen in überfüllten oder gerade entstehenden Lagerpunkten monatelang in Zelten leben, bevor die Lageradministration ihnen einen Platz in einer nur wenig komfortableren Baracke zuwies.

Schlafstellen

»Deine Pritsche, deine Matratze, das ist dein Zuhause«, konstatiert Emilie B.[85] Wie eng sich das persönliche Verhältnis der Gefangenen zu ihrem »Zuhause« entwickelte, hing maßgeblich von dessen Beschaffenheit ab. In den Lagerpunkten existierten ganz verschiedene Schlafgelegenheiten, wie auch deren Ausstattung variierte. Durchgängige Pritschen reichten von einem zum anderen Ende der Baracke und boten dem einzelnen keinen individuell abgegrenzten Platz. Jedem standen drei Bretter zu.[86] Wenn die Massenpritsche dreietagig angelegt war, drängelten sich die Frauen beim Essen oder Ankleiden in den schmalen Gängen der Baracke. Als günstiger empfanden Frauen Einzelpritschen, vor allem wenn sie im sogenannten »Wagonetkisystem« erbaut waren. Die einzelnen Pritschen waren ähnlich Eisenbahnwaggons zwei- oder dreietagig angeordnet und bildeten »Abteile«, in der sich kleine Gemeinschaften besser herausbilden konnten. In der Regel wurden für den Bau der Pritschen Balken und Bretter genutzt, je nachdem gehobelt oder nicht. Verwendung fanden aber auch Rundhölzer, deren Astknoten nicht immer abgehobelt waren und sich in die Körper der Frauen bohrten.[87] Sofia Main und Eleonora Leibbrandt schliefen in Lehmmulden, die mit geflochtenen Ästen bzw. etwas Stroh aufgefüllt waren.[88] Die gefangenen Frauen machten im Verlaufe ihrer Haftjahre mit ihren Schlafstellen ganz unterschiedliche Erfahrungen. Galina Lewinson erhielt im »Speziallager« für Angehörige von »Verrätern der Heimat« eine Matratze und ein Kissen, das sie sich mit Stroh stopfte.[89] »Auf nackten Pritschen, unter sich die nassen Mäntel« schliefen dagegen Ewdokia Kuprijanowa und ihre Mitgefangenen.[90] Auch Julie Bevern verbrachte die erste Zeit auf blanken Brettern.[91] Besser waren die Häftlinge dran, die wie Alice S. eine dicke Schlafdecke mit ins Lager hatten bringen können.

Die Utensilien, die Häftlinge von der Lageradministration zum Schlafen erhielten, entsprachen in keiner Weise den klimatischen Verhältnissen in den Lagergebieten. »Zum Bett eines jeden Gefangenen«, so Elinor Lipper, »gehört ein sogenannter Strohsack, in dem sich aber kein Stroh befindet, was es dort nicht gibt, auch selten Heu, weil es nicht einmal für das Vieh ausreicht, sondern zum Beispiel Hobelspäne oder irgendwelche privaten Kleidungsstücke, falls man solche noch besitzt. Außerdem eine wollene Decke und ein Kissenüberzug, in den man ebenfalls hineintun kann, was man will.«[92]

Die Versorgung aller Häftlinge mit den notwendigen Schlafutensilien blieb in den Lagerpunkten ein stetes Problem. Im Karlag konnten beispielsweise zum 1. Januar 1940 nur 66 % der Gefangenen mit Kissen und Bezügen, 71 % mit Matratzen und 72 % mit Laken versorgt werden.[93] Anfang der 1950er Jahre soll sich der nominelle Versorgungsgrad verbessert haben. Alle Häftlinge, so die offiziellen Angaben, konnten mit Matratzen, Decken und Bezügen versorgt werden. Allerdings waren 30-40 % der Decken so verschlissen, daß sie hätten ausgewechselt werden müssen, wozu man wiederum nicht in der Lage war.[94]

Waschgelegenheiten

In den Baracken selbst gab es selten Waschgelegenheiten. Wenn überhaupt, befanden sie sich meist an den Stirnseiten oder hinter einem Bretterverschlag, oft außerhalb der Baracke, und bestanden zumeist aus wenigen einzelnen Schüsseln oder langen Waschtrögen. Behälter, die täglich durch den Barackendienst und seine Gehilfen gefüllt wurden, speicherten das Wasser. Im Winter war aufgrund des starken Frostes die Nutzung der Waschräume faktisch ausgeschlossen. Die Möglichkeiten der persönlichen Hygiene waren durch die beschränkte Anzahl der Waschgelegenheiten und den weitverbreiteten Wassermangel erheblich eingeschränkt. Einen Liter pro Tag bekamen beispielsweise Emilie B. und ihre Mitgefangenen. Das mußte zum Trinken und zur Körperreinigung reichen.[95] Selten gab es die Möglichkeit der freien Verfügbarkeit von Wasser, etwa wenn ein Bach durch das Lager verlief oder ein Brunnen gegraben war.

Frauen suchten immer wieder der persönlichen Hygiene soweit es irgend möglich war nachzukommen, auch wenn die Bedingungen mehr als schlecht waren. Nach Kriegsende besserten sich die Zustände kaum. Selbst in offiziellen Berichten der Verwaltung des Karlag mußte man registrieren: Lagerabteilung Akmolinsk 1949, »es fehlt an Waschgelegenheiten«, »für 100 Häftlinge keine einzige stationäre Waschgelegenheit«, »Abwassergruben nicht abgedeckt«[96]; Lagerabteilung Dschartassk 1949, »besonders mangelt es an Waschgelegenheiten«.[97] Im Karlag fehlten 1951 nach eigenen Angaben in 57 % der Häftlingsunterkünfte ausreichende Waschgelegenheiten.[98]

Dreimal monatlich, so die Haftinstruktion von 1947, sollten die Gefangenen einer »komplexen hygienischen Behandlung« unterzogen werden, die dem Papier nach aus folgenden Elementen bestehen sollte: Waschen mit Seife unter der Dusche oder im Badehaus, verbunden mit Wechsel der Unterwäsche; die Desinfektion der Oberbekleidung und des Bettzeugs sowie das Scheren der Kopfbehaarung bei intensiver Verlausung aufgrund eines ärztlichen Urteils bzw. bei Einverständnis.[99] Zumindest der Rhythmus der vorgeschriebenen Waschzeiten konnte Häftlingsberichten nach formal in den Lagerpunkten eingehalten werden, die über ein Badehaus verfügten.[100] Nicht wenige Häftlinge lebten aber in Außenlagern, die, wenn überhaupt, nur über eine »Banja« für die Angestellten des Lagers und der Wachtruppe verfügten. Seife und ausreichend warmes Wasser blieben für die übergroße Mehrzahl der gefangenen Frauen ebenso unerfüllte Wünsche wie der regelmäßige Tausch von Unterwäsche und Bettzeug.

Ungeziefer

»An den Wänden wimmelte es von Wanzen, und es war unmöglich, sich von diesem Ungeziefer zu befreien. Sehen konnte ich sie nicht, denn es war zu dunkel, aber ich spürte sie, wenn sie auf meinem Körper spazierten, denn sie waren ganz dick.«[101] So der Bericht von Margaretha Witschel. In den Unterkünften der Gefangenen gehörte Ungeziefer zum Haftalltag. Vor allem Schilderungen westeuropäischer Häftlinge widmen sich der eher ungewohnten und peinigenden Belästigung. Ihr Resümee: »Die haben uns bald aufgefressen.«, »Eine fürchterliche Plage«, es gab »so viele Wanzen, daß ich trotz meiner großen Müdigkeit nicht schlafen konnte.«[102] Manch einer Frau krochen Wanzen, Läuse oder Flöhe in die Ohren oder Nasen. Andere Frauen erwachten am Morgen mit kleinen Wanzen in den Mundwinkeln.[103] Meist waren es die Häftlinge selbst, die die Desinfizierungen ihrer Baracken initiierten und schließlich auch selbst, an einem der wenigen freien Tage, durchführten. Heißes Wasser oder Schwefeldampf ließen die Ungezieferplage nur zeitweilig verschwinden. Die völlig unzureichende hygienische Vorsorge der Lageradministration und die Überbelegung der Baracken sorgten über kurz oder lang für die erneute Verbreitung von Ungeziefer. Neben Wanzen und Läusen gehörten Ratten in den Baracken zur Plage, an die sich die Frauen gewöhnen mußten. Die erste Angst wich der Erfahrung, so Hilda Schlegel, daß, wenn man sich ruhig verhielt, die Ratten keine lebenden Menschen angriffen.[104] Die Ratten »sind über uns drüber gelaufen«, erinnert sich Anna Etterer, »das störte einen gar nicht mehr. Ich habe da keine Angst mehr gehabt.«[105] Die Tiere waren auf das versteckte Brot der Frauen aus, fraßen Löcher in Brotbeutel oder krochen in die Taschen von Jacken und Mänteln.[106] Eine regelrechte »Rattenplage« im Winter 1945 erwähnt Susanne Leonhard in ihrem Bericht. An der Krankenstation, wo zeitweilig verstorbene Häftlinge lagen, »fraßen Ratten halbe Leichen auf«.[107]

Latrinen

Orte zur Verrichtung der Notdurft lagen außerhalb der Baracke. Nachts konnte unter Umständen ein Kübel benutzt werden. Im Lager Akmolinsk befanden sich zwischen den Baracken die Latrinen, einfache Häuschen aus Lehmziegeln. »Auf einer bestimmten Höhe hat ein

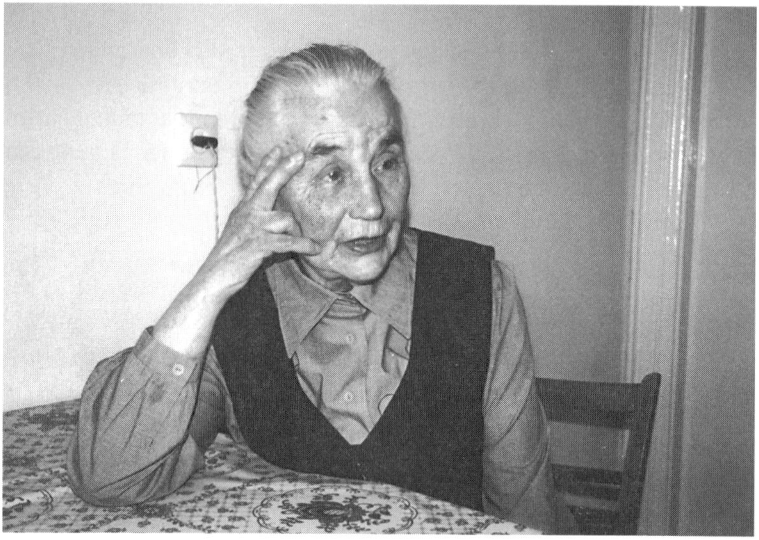

Praskowja S. während des Interviews, 1998.

Brett gelegen«, erinnert sich Gertrud Platais, »und da waren die Löcher drin. Da durften wir hingehen und unsere Notdurft verrichten.«[108] Eine Latrine mit mehr als 10 Löchern, die durch keinerlei Wände abgetrennt waren, schildert Ljuba Ukrainska.[109] Einen etwa 20 m langen, rückwärtig offenen Latrinenschuppen beschreibt Marta Rudzka in ihren Erinnerungen. »Durch die Mitte dieses zugigen, niedrigen Schuppens läuft ein Graben, der mit zwei Brettern bedeckt ist, zwischen denen sich ein schmaler Spalt befindet. Wenn die Bretter nicht zerbrochen sind, wippen sie derartig, daß man sehr fest auftreten muß, um nicht das Gleichgewicht zu verlieren, wenn jemand anderer darauf tritt. Es ist eine Art schauerliche Wippe, so schmutzig, schlüpfrig von Chlorkalk und anderem, daß man mit jedem unvorsichtigen Schritt riskiert, auszugleiten und in den Graben zu fallen.« Marta Rudzka wurde mit ihren Leidensgefährtinnen barackenweise zur Notdurft geführt. »Wenige Augenblicke später ist der Schuppen gestopft voll, und was uns noch an Schamhaftigkeit, Feingefühl oder ästhetischem Empfinden geblieben ist, geht unter in dem unbeschreiblichen Graben. Der Garten ist voll von arbeitenden Männern, nichts verbirgt uns vor ihnen, aber der Häftling hat kein Recht auf menschliche Gefühle; die ganze Zeit geht eine Wärterin auf und ab, bleibt stehen, schreit, hetzt uns, und eine höhere Aufsichtsbeamtin überwacht ebenfalls die Vorstellung.«[110] Zur Reinigung stand den Häftlingen gewöhnlich nichts zur Verfügung, im günstigsten Fall ein Fetzen Zeitungspapier, Buchseiten, Laubblätter oder ein Büschel Gras.[111] Sommer wie Winter hatten die Frauen die Massenlatrinen zu benutzen. Aufgrund der winterlichen Kälte wuchsen Eispyramiden menschlicher Exkremente in den Abtritten, die von Häftlingen mit einem langen Brecheisen immer wieder beseitigt werden mußten. Die Bedingungen für die Verrichtung der Notdurft waren über alle Jahre katastrophal. Auch Anfang der 1950er Jahre kam die Verwaltung des Karlag nicht umhin, über den Zustand der Latrinen in den Lagerabteilungen Karadscharsk und Burminsk zu konstatieren: »Die Gruben sind überfüllt und so stark verunreinigt, daß man sie nicht benutzen kann. Die Gruben sind nicht ordnungsgemäß ausgerüstet, verfügen über keine Abdeckung, was zu einer massenhaften Verbreitung von Fliegen in Unterkünften und Wirtschaftsgebäuden führt.«[112]

Kleidung

Aus einer unförmigen Wattejacke, die fest um den Leib geschlungen war, einem Kopftuch, das die gefangenen Frauen tief ins Gesicht zogen, viel zu großen, »hundertmal geflickten Filzstiefeln ›dritter Frist‹«, Strümpfen aus roher Wolle, einer Flanellhose, einer kurzen Bauernbluse und einem schwarzen Baumwollrock bestand die Winterkleidung, die Wanda Bronska-Pampuch in ihren Lagererinnerungen beschreibt.[113] Praskowja S. erhielt wie die meisten Häftlinge eine halb- bzw. dreiviertellange gesteppte Jacke und eine Wattehose. Einfach genähte Stoffröhren dienten als Strümpfe.[114]

Mit Bändern und Fäden versuchten Frauen die Kleidung am Körper zu befestigen, um sich besser vor der Kälte zu schützen. Dem gleichen Ziel dienten aus Mullbinden oder Stoffresten gefertigte Gesichtsmasken, nur mit kleinen Löchern für Augen, Nase und Mund.[115] Passende Kleidungsstücke waren eine Seltenheit, ungetragene eine Sensation. In ihren Genuß kamen gewöhnlich nur Häftlinge in Lagerfunktionen. Auf diese Weise erhielt beispielsweise Susanne Leonhard eine »Pelzmütze mit Ohrenklappen, einen pelzgefütterten Buschlat und Filzstiefel ›erster Tragzeit‹«.[116] Die meist unzureichenden Bestände der Kleiderkammern enthielten überwiegend Männersachen, die notgedrungen auch Frauen tragen mußten. Gebrauchte Textilien zweiter, dritter oder vierter »Tragzeit«, besät mit vielen Flicken, waren vor der Neuausgabe oft nur unzureichend gereinigt worden.[117] Irmgard Schünemann kann sich an russische und deutsche Uniformteile erinnern, die nach 1941 von der Front kamen, teils mit Blutflecken, und in der Schneiderwerkstatt des Lagerpunktes für die Häftlinge aufgearbeitet wurden.[118]

Die Ausstattung mit eigener Kleidung hing davon ab, in welcher Jahreszeit die Gefangennahme stattfand und ob die NKWD-Angestellten Hinweise gaben, was die Verhafteten mit auf den Weg nehmen sollten. Häftlinge, deren Angehörige in Freiheit waren, hatten die Möglichkeit, sich Kleidung schicken zu lassen. Die Lageradministration versuchte nicht zuletzt dadurch die ungenügende materielle Versorgungssituation zu entspannen. Typisch war eine Mischung aus privaten und Lagerkleidungsstücken. Manch ein Leder- oder Pelzmantel mußte mehrere Jahre halten, am Tag als Schutz vor der Kälte, nachts als Zudecke oder Matratze. Solch ein wertvolles Kleidungsstück bedurfte allerdings eines besonderen Schutzes, denn Kriminelle agierten als geschickte Diebinnen oder gingen mit nackter Gewalt vor, um sich fremder Kleidungsstücke zu bemächtigen. Frauen wandten in ihrer kargen Freizeit viel Mühe für ihre Bekleidung im Lager auf. Sie suchten nicht nur die Funktionstüchtigkeit, sondern auch das Aussehen zu verbessern.

Nach einer von Elinor Lipper zusammengestellten Übersicht sollten die weiblichen Häftlinge auf Kolyma über folgende Kleidungsstücke verfügen: ein Hemd, ein kurzes Höschen (beides aus dünner Leinwand), eine Bluse aus bedrucktem Baumwollstoff, für den Sommer ein Baumwollrock, eine gesteppte Khakijacke und ein Moskitonetz, eine wattierte lange Hose, Fäustlinge und eine gesteppte Wattejacke für den Winter, ein Kopftuch sowie Schuhe bzw. Stiefel.[120] Ausgegebene Kleidungsstücke waren exakt in Kontrollbüchern der Kleiderkammer und sogenannten persönlichen »Armaturbüchern« des Häftlings nachzuweisen.[121] Monatlich sollte eine Bestandsüberprüfung der ausgegebenen Textilien stattfinden. Bei Diebstahl, Verlust, vorsätzlicher Zerstörung, Verschwendung und Unterschlagung leitete die Lageradministration eine Untersuchung ein.

Die »Instruktion zum Regime über die Unterbringung der Häftlinge in den Besserungsarbeitslagern und -kolonien« von 1947 stand den Häftlingen formal das Recht zu, »nach den bestehenden Normen mit Ausrüstungsgegenständen, Schuhwerk und Bettzubehör versorgt zu werden«.[122] Die folgende Übersicht nennt Menge und Tragedauer der Kleidung und Gegenstände, mit denen die weiblichen Lagerhäftlinge laut einem Beschluß des Wirtschaftsrates der sowjetischen Regierung von 1939 auszustatten waren[123]:

Gegenstand	**Maßeinheit**	**Menge**	**Tragedauer in Jahren**
Bekleidung:			
Hemden	Stück	2,5	1
Sommerhosen	Stück	2,5	1
Stoffkleider	Stück	1	1
Sommerblusen	Stück	1	1
Sommerröcke	Stück	1	1
Kopftücher	Stück	1	1
Lederschuhe	Paar	1	1
Bettzubehör:			
Bezug	Stück	1	4
Laken	Stück	1	2
Woll- und Wollersatzdecke	Stück	1	4
Kopfkissen	Stück	1	4
Kopfkissenbezug	Stück	1	1

Pflege- und Reparaturmittel:			
Stoffreste	qm	1,5	1
Leder- und Gummisohlen	Paar	1	1
Absätze	Paar	2	1
Garn	Rollen	2	1
Seife	kg	2,4	1

Die Realität der materiellen Ausstattung sah in den Lagern allerdings meist anders aus. Dies verdeutlicht exemplarisch eine Übersicht der Kleiderversorgung aller weiblichen und männlichen Häftlinge im Karlag in den Jahren 1939 und 1951:

Bekleidungsstück	**Versorgungsgrad 1939 in %**[124]	**Versorgungsgrad 1951 in %**[125]
halblange Wattemäntel bzw. andere Mäntel	39	121
dreiviertellange Wattejacke	73	86
Lederschuhwerk bzw. Arbeitsschuhe	77	111
Filzstiefel	23	80
Röcke / Kleider	78	78
Unterhemden	43	134
Lange- / Sommerhosen	15	83
Strümpfe / Fußlappen	43	78

Selbst die offiziellen Angaben belegen den völlig unzureichenden Versorgungsgrad der Lagerhäftlinge mit witterungs- und arbeitsgerechter Kleidung. Nur jeder fünfte Häftling verfügte im Karlag 1939 über Filzstiefel, die allein Schutz vor der winterlichen Kälte boten. Mit Strümpfen, Fußlappen und Unterhemden konnte am Ende der Terrorjahre 1937/38 nicht einmal jeder zweite Gefangene versorgt werden. Ebenfalls mangelhaft war die Ausstattung mit Wattejacken und Mänteln. Das 1947 postulierte »Recht« der normgerechten Bekleidung konnte auch 1951 nicht vollständig gewährleistet werden. Solch wichtige Kleidungsstücke wie Filzstiefel, Röcke, Kleider, Hosen, Strümpfe bzw. Fußlappen konnten nur an drei Viertel der Häftlinge ausgegeben werden. Selbst wenn die Zahlen im Bericht der Verwaltung des Karlag nicht geschönt waren, sagen sie noch nichts über den Zustand oder die Tragedauer der ausgehändigten Kleidungsstücke aus.

Besonders prägnant kam dies beim Schuhwerk zum Ausdruck. Ordentliches und passendes Schuhwerk sowie Leder- bzw. Filzstiefel sah man gewöhnlich nur bei freien Lagerangestellten, privilegierten Funktionshäftlingen oder Kriminellen. Frauen trugen einfache Holzsohlen, die mit Zelttuch oder Sackleinen bespannt waren. Im Winter umwickelten sie ihre Waden zusätzlich mit Lappen und versuchten das Ganze mit Bindfäden zu fixieren. Verbreiteter noch waren aus alten Auto- oder Traktorreifen gefertigte Gummischuhe. Unter Gefangenen war die Abkürzung »Tsch-Te-Se« geläufig, benannt nach »Tscheljabinsker Traktorenfabrik«.[126] Eine plastische Beschreibung dieses Schuhzeugs gibt Elinor Lipper: »Sie sind aus leicht wattiertem, durchgestepptem Sackleinen angefertigt mit hohen weiten Schäften, die bis unter die Knie reichen, der Fuß ist durch eine Wachstuch- oder Kunstlederkappe an Spitze und Ferse verstärkt, als Sohle dienen drei Gummiquerstreifen von ausgedienten Autoreifen, das Ganze wird mit Stricken am Fuß befestigt und mit einem Strick unter dem Knie festgebunden, damit von oben der Schnee nicht hineinfällt. Sie sind so geräumig, daß man drei Fußlappen übereinander um jeden Fuß wikkeln kann. Nach eintägigem Gebrauch sind sie schief getreten und laufen von nun an, wohin sie wollen – und wohin man selbst gar nicht will. Feuchtigkeit nehmen sie mit unglaublicher Geschwindigkeit in sich auf – besonders wenn die Säcke früher als Salzsäcke gedient haben –, um sie nur höchst widerwillig von sich zu geben.

Während der acht Wintermonate ist das Trocknen der Burki das Problem der Gefangenen. Ihr Gewicht ist so beträchtlich, daß man nach einem Marsch von mehreren Kilometern vom Lager zur Arbeitsstelle kaum noch die Beine heben kann, obwohl dann erst die Arbeit anfängt.«[127]

Angezogen waren die Frauen mit Lumpen, resümiert Frieda Siebenaicher, »wir hatten doch nichts zum Anziehen, nur das, was wir mitbrachten und das Wenige, was wir im Lager bekamen. Das war fast nichts und auch schnell verschlissen.«[128] Wie Frieda Siebenaicher und Wanda Bronska-Pampuch litten alle Frauen an ihrer Kleidung, sowohl wegen ihres Zustandes wie ihrer Erscheinung.[129] »Ich schäme mich, wenn ich mich heute daran erinnere«, resümiert die Finnin Enni Kiutto.[130]

Klima

Die Gebiete im Norden, Osten und Südosten der UdSSR, in denen das NKWD/MWD vorrangig Besserungsarbeitslager einrichtete, verfügten meist über ein rauhes Kontinentalklima. »Im Sommer heiß, die Winter kalt mit viel Schnee«, so Alice S. über ihre Erfahrungen in Kasachstan.[131] Drei Viertel des Jahres, von September bis Mai, währte durchschnittlich die kalte Jahreszeit. Die wenigen Frühlings- und Herbsttage waren zwar vom Klima her sehr angenehm, allerdings verwandelten Schneeschmelze und anhaltende Regenfälle Straßen und Pfade in feuchte, morastige Wege.[132] Dennoch war der kurze Frühling bei den Häftlingen eine jährlich herbeigesehnte Jahreszeit. »Wenn der Wald begann aufzuwachen, die Blätter von Tag zu Tag größer wurden und alles so angenehm roch. Das war etwas Außergewöhnliches, und es war einem auch leichter zumute«, erinnert sich Ljuba Ukrainska.[133] Veränderungen in der Natur registrierten Häftlinge ebenso aufmerksam und mit Freude wie ungewöhnliche Erscheinungen am Himmelszelt.

Der Winter war jedoch die dominierende Jahreszeit im Häftlingsalltag. Im Januar und Februar, den kältesten Monaten, sanken die Temperaturen auf über minus 40° C, teils über 50° C. Frieda Mayer-Melikowa sah während ihrer Lagerjahre nur ein einziges Mal ein Thermometer. Darauf las sie minus 58° C.[134] Obgleich Susanne Leonhard meint, die trockene Winterkälte sei »nicht so schrecklich, wie man annehmen könnte«, litt die Mehrzahl der völlig unzureichend gekleideten Häftlinge darunter schwer. »Ich habe nie im Leben so gefroren wie im Lager«, schildert Antonie Satzger, »die ganzen Monate hatte ich kein einziges Mal warme Füße.«[135] Erfrierungen, vor allem im Gesicht und an den Gliedmaßen, erlitten viele Frauen. Manche erfroren regelrecht, wie Maria Slonowa. Ihr Totenschein vom 5. Januar 1941 vermerkt lapidar: »Der Tod trat durch Erfrieren ein.«[136] Außer der anhaltenden Kälte waren die Häftlinge immer wieder Schneestürmen ausgesetzt, die durch ihr plötzliches Auftreten bzw. ihre Stärke Furcht erzeugten und Opfer unter den Frauen forderten. Zwei Mitgefangene, so Alice S., verloren während eines Wintersturms die Orientierung und verliefen sich. Ihre Leichen fand man erst nach der Schneeschmelze.[137] In verschiedenen Lagern waren Seile gespannt, an denen sich die Häftlinge entlangziehen und orientieren konnten.[138]

Die kurzen heißen Sommer brachten keineswegs die erhoffte Entlastung von klimatischen Bürden. Vor allem massenhaft auftretende Insekten traktierten die Häftlinge und machten den Sommer mitunter noch gefürchteter als den Winter.[139] Faina Nauschütz wäre nach Insektenstichen fast gestorben, ihre Körpertemperatur hatte schon 41° C erreicht.[140] Malariamücken, Hornissen und andere Insekten waren bedrohlicher Teil der sommerlichen Fauna und quälten im Freien arbeitende Frauen. Vor allem kleine Mücken in Schwärmen, die dunklen Wolken glichen, peinigten die Häftlinge.[141] »Man konnte den ganzen Tag über nicht einmal sein Stückchen Brot verzehren«, so Elinor Lipper, »denn im Nu war das Gesicht von Dutzenden Stechmücken bedeckt, die sich darauf festsaugten.« Neben den Händen war das Gesicht, vor allem Ohren, Lippen und Augenlider, am schmerzhaftesten betroffen. »Wir sahen aus wie Möpse«, resümiert Julie Bevern. Nicht nur das, die juckenden Mückenstiche versetzten einen nach »kurzer Zeit in einen Zustand hilfloser Raserei«.[142] Julie Bevern erinnert sich an einen solchen Zusammenbruch. Sie rannte während der Waldarbeit zu einem Wachsoldaten und rief ihm zu: »Knall mich bitte nieder, ich halte das nicht mehr aus, ich kann nicht mehr.«[143] Die präventiven Maßnahmen der Lageradministration waren völlig unzureichend und hilflos. Emilie und ihre Leidensgefährtinnen erhielten Wagenschmiere zum Auftragen auf der Haut, die die Mücken vom Stechen abhalten sollte. Dem dienten auch kleine

Netze zum Schutz des Gesichtes.[144] Froh war Susanne Leonhard, als sie sich 40 cm schwarzen Tüll besorgen konnte, um sich selbst einen »Mückenhut« zu fertigen.[145]

Tagesablauf und Alltag

Den Tagesablauf bestimmten zentrale Befehle des Volkskommissariats bzw. Ministeriums für Innere Angelegenheiten der UdSSR. Die mehrfach erwähnten »Instruktionen zum Regime der Unterbringung der Häftlinge in Besserungsarbeitslagern und -kolonien« von 1939 und 1947 enthielten umfassende und exakte Vorgaben. Die konkreten Zeiten der Tagesorganisation waren nach den örtlichen Produktionserfordernissen und anderen Bedingungen von der Administration des jeweiligen Lagerkomplexes festzulegen.[146] Die Chefs der Lager erließen einen Befehl über den Tagesablauf, der allen Häftlingen verkündet werden sollte. »Die Festlegungen zur inneren Ordnung«, so die Instruktion von 1947, »werden mit Schreibmaschine oder per Hand in Russisch und in den Sprachen der Häftlinge, die in den Unterkünften leben, geschrieben und an einem sichtbaren Platz in den Unterkünften und Diensträumen der Zone ausgehängt.«[147]

Die Instruktion von 1939 regelte in 18 Punkten das Aufstehen, den Frühappell und den Abmarsch zur Arbeit, die Sauberhaltung der Unterkünfte, die Essenausgabe sowie den Abendappell und die Nachtruhe. Das Wecken zu der vom Chef des Lagers festgelegten Zeit war durch ein »Signal mit ausreichender Lautstärke« vorzunehmen. Anschließend mußten die Häftlinge ihre Schlafgelegenheiten und ihre persönliche Habe in Ordnung bringen sowie das Frühstück einnehmen. Nachtschichtler und Kranke waren, der Instruktion nach, vom Aufstehen befreit.[148]

Nach einem zweiten Signal durch den diensthabenden Offizier des Lagerpunktes traten die Häftlinge brigadeweise zum Morgen- bzw. Arbeitsappell, russ. »Raswod«, an. Die Kontrolle der Häftlinge durch den Lagerchef, den Lagerdiensthabenden bzw. durch andere Beauftragte der Administration sollte nicht länger als 15 Minuten dauern. Vertreter der Lageradministration, der Sanitätsstelle, der Arbeitsorganisation und der Produktionsleitung waren verpflichtet, daran teilzunehmen. Nach dem Appell, auf dem auch die Arbeitsaufgaben zugewiesen wurden, marschierten die Häftlinge mit dem Brigadier an der Spitze zum Arbeitsplatz.[149] Für die Reinigung der Unterkünfte sowie der Wasserbehälter und ihre Auffüllung war ein Barackendienst und dessen Gehilfen verantwortlich. Der Diensthabende des Lagerpunktes sollte täglich die Unterkünfte der Häftlinge, die Küche, die Bäckerei und andere Wirtschaftseinrichtungen des Lagers kontrollieren.[150]

Die Zeiten der Essenausgabe befahl der Chef des Lagerpunktes gleichfalls in Abhängigkeit der »Produktions- und anderen Bedingungen«. In der Mitte des Arbeitstages sah die Instruktion eine einstündige Essen- bzw. Ruhepause vor. Die Ausgabe der warmen Verpflegung erfolgte im Lager oder, wenn der Weg zum Lager zu weit war, unmittelbar am Arbeitsort. »Während der Essenausgabe«, so die Instruktion, »ist die Administration verpflichtet, dafür zu sorgen, daß keine Warteschlangen entstehen und die Verpflegung ordnungsgemäß ausgegeben wird.«[151]

Zwischen Arbeitsende und Abendappell konnten sich die Häftlinge in der Lagerzone frei bewegen. Der Besuch anderer Baracken, vor allem des anderen Geschlechts, war nicht gestattet.[152] Vor dem Signal zur Nachtruhe fand vor der Baracke ein Abendappell, russ. »Prowerka«, statt, der im Winter in die Unterkunft verlegt werden konnte. Auf das Signal »Nachtruhe« hin hatten alle Häftlinge des Lagerpunktes, mit Ausnahme der Nachtschichtler, »in die Baracke zu gehen, sich schlafen zu legen, Lärm zu unterlassen, Gespräche einzustellen und die Unterkunft nicht mehr zu verlassen«.[153] Während der Nacht brannte in den nichtverschlossenen Baracken ständig eine »Dienstbeleuchtung«.

Die Instruktion von 1947 übernahm im Abschnitt VII. »Tagesablauf der Häftlinge« im wesentlichen die Anweisungen von 1939.[154] Angeordnet war nunmehr, den Häftlingen nicht weniger als acht Stunden Schlaf zu ermöglichen.[155] Konkretisiert hatte man die Festlegungen zum morgendlichen Arbeitsappell und zur Arbeitszuweisung. Bereits 15 Minuten vor Beginn hatten sich die Häftlinge brigadeweise in Fünferreihen am Lagertor innerhalb der Zone aufzustellen. Neben der Anwesenheit sollte nunmehr auch kontrolliert werden, ob die Häftlinge »entsprechend der Jahreszeit gekleidet und mit Schuhwerk versorgt« waren.[156] Dreißig Minuten vor der Nachtruhe sollte ein 15 bis 20 Minuten langer Abendappell zur Anwesenheitskontrolle stattfinden. Nach dem Signal »Zapfenstreich« durfte sich kein Häftling mehr auf dem Territorium des Lagers bewegen.[157]

Die genannten Instruktionen regelten zwischen 1939 und Mitte der 1950er Jahre den Tagesablauf von Millionen Gulag-Häftlingen. Allerdings sind, wie die nachfolgenden Häftlingserfahrungen zeigen, eine ganze Reihe von Bestimmungen der Instruktionen, vor allem jener, die zugunsten der Häftlinge ausgelegt werden konnten, nicht oder nur vereinzelt umgesetzt worden.

Die Abfolge des Tages glich sich mehr oder weniger in allen Lagern. Wecken, Morgenappell und Arbeitsausgabe, Zwangsarbeit, Einnahme der kargen Verpflegung, Abendappell und Nachtruhe – das waren die immer wiederkehrenden Stationen des Alltags. »Immer dasselbe«, faßt Emilie B. den Tageslauf zusammen, »arbeiten, nach Hause, wieder arbeiten.«[158] »Arbeit, Schlaf, Essen, Waschen, Verrichtung der Notdurft« waren die »kollektiven Handlungen«, die über Jahre das Leben der Häftlinge ausmachten.[159] Irmgard Schünemann beschreibt in ihren mündlichen Erinnerungen einen Lagertag ihrer zehnjährigen Haft: »Früh um 5.00 Uhr wurden wir geweckt. Dann konnten wir uns waschen. Es gab solche langen Tröge, worin wir uns ein bißchen waschen konnten. Anziehen. Manchmal war es aber so kalt, daß wir in Sachen geschlafen haben. Dann haben wir unser Stück Brot gekriegt. Früh. Und dann ging's zum Arbeitsappell. Da haben wir dann ewig gestanden, bevor wir aus dem Lager rausgelassen wurden. Mit Musik wurden wir rausgelassen. So ein Hohn! Mit einem Blasorchester. Und da standen wir und standen. Brigadeweise wurden wir gezählt und rausgelassen, mit dem Brigadier. Der Weg zur Arbeit war ziemlich weit. Und unterwegs, muß ich sagen, die Männer sind da umgefallen wie die Fliegen. Die haben ja dasselbe Essen bekommen wie wir: Wassersuppen mit dreckigen Kartoffelschalen drin. Kartoffeln hatten die selber nicht, die brauchten sie für die Rote Armee. Es war ja Krieg. Wir waren die letzten. Was wir bekommen haben. Und das Stück Brot. Das hat uns vielleicht am Leben gehalten. Auf dem riesengroßen Fabrikgelände wurden wir wieder gezählt. Zu essen gab es dann erst wieder zur Mittagspause. Das Brot gab's nur in der Baracke. Das haben wir früh gekriegt, und da mußten wir uns nun was aufheben, das wir zur Suppe gegessen haben. Man war ewig hungrig, muß ich sagen.

Daß wir da überhaupt noch Arbeit leisten konnten, das ist für mich heute noch ein Wunder. Aber wir haben es geschafft, und Schwerstarbeit. Nicht nur Erdarbeiten, sondern auch mit Beton. Bei Wind und Wetter mußten wir Karren mit Mörtel auf einem dünnen Brett über eine weite Strecke schieben. Und die Sachen, die wir anhatten, die waren ja oft noch feucht. So ging das bis abends. Dann wurden wir wieder alle gezählt und ins Lager reingelassen. Dann hatten wir manchmal Schuhwerk an, aus Stoff und Gummi unten. Da hatten wir schon nasse Füße. Wenn das geregnet hatte, sind wir schon mit nassen Füßen auf die Arbeit gekommen. Und im Winter Filzstiefel. Schwer, aber warm waren die. Wir waren doch so dünn, wir haben die kaum schleppen können. Wir kamen dann nach Hause. Da wurde nicht mehr viel gemacht. Es war ja schon dunkel. Wir waren zufrieden, als wir wieder auf unseren Pritschen lagen. Und das war unser Arbeitstag.«[160]

In den überlieferten Erinnerungen finden sich nicht sehr häufig solch detaillierte Schilderungen des Lageralltags. »Die graue Monotonie, dieses bleierne Einerlei des Daseins im Zwangsarbeitslager«, erklärt Susanne Leonhard, »läßt sich nicht beschreiben.« Das persönliche Leben schrumpfte zu einem »Nichts«, zu einem »Vakuum«, das sich nur schwer schildern läßt.[161]

Elinor Lipper ist neben Irmgard Schünemann eine von jenen Frauen, die einen einzelnen Tag im Lager schildert; ergänzt durch weitere Häftlingserfahrungen.[162] Das Schlagen auf einem frei hängenden Stück Eisenbahnschiene gab die Signale, nach denen der Tag ablief. Im Sommer läutete der Diensthabende des Lagers zwischen 4.00 und 5.00 Uhr, im Winter manchmal später zum Wecken. Brigadierinnen oder Aufseher sorgten für zügiges Aufstehen, zerrten den Gefangenen ihre Zudecke vom Leibe oder zogen die, die ihnen zu langsam waren, einfach an den Beinen von der Pritsche.[163] Art und Umfang der persönlichen Hygiene hing von den Möglichkeiten und der Jahreszeit ab. Wenn das Wasser nicht gefroren war, konnten sich Frauen mehr schlecht als recht waschen. Elinor Lipper berichtet von einem Waschraum, wo zudem Fußlappen und Schuhwerk trocknen sollten. Die Verteilung und Einnahme der Brotration und des »Kipjatok«, einfachen heißen Wassers, konnte in der Baracke oder der Speisehalle des Lagers erfolgen.[164] »Vorschriftsgemäß verzehrt man sein Frühstück im kalten Eßraum«, so Elinor Lipper, »auf einer Bank eng aneinandergequetscht von einem mehr oder weniger sauberen Holztisch.«[165] Nur in den besseren Baracken, erinnert sich Luise Hörmann, gab es für alle Sitzplätze, um das Essen einzunehmen. Meist waren die übereinanderliegenden Pritschen der Ort, wo die Frauen, teils halb im Liegen die karge Nahrung verzehrten.[166] Anschließend hatten die Häftlinge ihre Schlafstelle in Ordnung zu bringen, was Elinor Lipper als »heilige Handlung« beschreibt.[167] Im Marschblock von Fünferreihen ging es zum Lagertor. »Die Aufseher und Brigadiere haben die verschiedenen Kolonnen überprüft«, erinnert sich Ruth Z., wir mußten in Reih und Glied stehen, ganz genau, weil wir stückweise abgezählt wurden.«[168] »Mehr als eine Stunde«, so Elinor Lipper, dauerte gewöhnlich diese Prozedur, die im Winter den Frauen arg zusetzte. Ein »großer Teil von Erfrierungen bei den Gefangenen« fiel nach Elinor Lipper »nicht auf die Arbeit im Freien, sondern auf das Warten beim Aus- und Einmarsch.«[169]

Nach der Arbeitsausgabe und der Übernahme durch die bewaffneten Begleitsoldaten gingen die Häftlingskolonnen zu den vorgesehenen Produktionsorten. Vor allem zum Waldeinschlag oder zum Feldbau hatten die Gefangenen oft kilometerlange Anmarschwege zurückzulegen. Je weiter der Arbeits- vom Lagerort entfernt war, desto geringer die Chance, eine warme Suppe in der Mittagspause zu erhalten. Die Arbeitszeit betrug zwölf Stunden oder mehr und währte nicht selten von Sonnenauf- bis Sonnenuntergang.[170] In mechanisierten Werkstätten, vor allem Schneidereien und Stickereien, leisteten Frauen im Schichtbetrieb rund um die Uhr Zwangsarbeit.[171] Am Ende des Arbeitstages schleppten sich erschöpfte und ausgehungerte Häftlingskolonnen dem Lager zu. Wie schnell die Gefangenen ihre sehnsüchtig erwartete Abendration zu sich nehmen und auf der schmalen Pritsche etwas Ruhe finden konnten, hing von der Wachmannschaft am Lagertor ab. Erneut kontrollierte und zählte, summierte und prüfte man.

Der Abendappell, die Zählung der Gefangenen, beendete den Lagertag. Unterschiedlichen Berichten nach fand dieser barackenweise in oder vor der Unterkunft statt oder aber zentral auf dem Antreteplatz des Lagers. Täglich um 23.00 Uhr, so Marta Rudzka, ließ der Lagerchef alle Häftlinge zum Appell antreten.[172] Auch beim größten Frost prüften Lageroffiziere die Anwesenheit der Gefangenen und übermittelten Befehle und Weisungen.[173] Mit erneuten Schlägen auf die Eisenbahnschiene endete schließlich der Arbeitstag. Hungrig, frierend und erschöpft, gepeinigt von Ungeziefer, suchten die Frauen Schlaf in der kurzen Nacht. Über den 1947 vorgeschriebenen achtstündigen Schlaf verfügten Häftlinge in der Realität kaum. Die von der Lageradministration willkürlich und bewußt verlängerten Appelle, das Warten beim Aus- und Einmarsch am Lagertor, die Schlangen an Essensschaltern oder nächtliche Durchsuchungen reduzierten ständig die Ruhezeit der Häftlinge. Die willkürliche Änderung vorgegebener Richtzeiten des Tagesablaufes durch die Lageradministrationen bzw. ihre Wachkommandos war immanenter Bestandteil des Unterdrückungsmechanismus im Gulag. Auf einen öffentlichen, zumal mehrsprachigen Aushang, in dem der verbindliche »Befehl über den Tagesablauf« und die »Festlegungen zur inneren Ordnung« nachlesbar und überprüfbar waren, verzichteten wohl nicht nur aus Papiermangel die meisten Lageradministrationen. Zumindest fand sich in keiner der 91 biographischen Überlieferungen ein Hinweis auf einen derartigen Anschlag in einer Häftlingsbaracke.

Freie Tage gewährte die Lageradministration den Häftlingen nur in beschränktem Maße. Soweit die Produktions- und Witterungsbedingungen es gestatteten, mußten die Frauen die gesamte Woche durcharbeiten. Die staatlichen Feiertage zum Jahrestag der Oktoberrevolution und zum 1. Mai sollten nicht durch den Anblick von »Volksfeinden« und »Vaterlandsverrätern« getrübt werden. Daher schloß man an diesen Tagen die Häftlinge in den Baracken ein.[174] Bei gefährlichen Schnee- und Sandstürmen sowie bei Temperaturen unter minus 30° C setzte die Lagerführung die Zwangsarbeit aus. An den wenigen produktionsfreien Tagen hatten die Häftlinge Tätigkeiten für den Lagerservice zu leisten, z. B. Entlausung bzw. Entwanzung der Baracken, Holz- und Wasserbeschaffung, Beeren-, Pilze- und Kräutersammeln. Blieb noch Zeit, widmeten sich Frauen der persönlichen Hygiene und ihrer Kleidung, an der es immer etwas zu flicken gab.

Mit beidem, der Verlorenheit in Zeit und Raum wie den gefürchteten Überraschungen des Alltags, mußten die Frauen leben lernen. »Was ist heute für ein Datum? Welcher Monat? Was für ein Wochentag?« erinnert sich fragend Hella Frischer: »Als ob alles stehengeblieben wäre, oder wie die Tschechen sagen, das fünfte kommt nach dem neunten. Unordnung. Aber in dieser Unordnung ist Methode. Eine verdeckte, darauf gerichtete Methode, daß die Menschen durch ihre Angst, durch das Bewußtwerden ihrer völligen Hilflosigkeit und der anhaltenden Ungewißheit, ihre Persönlichkeit verlieren.«[175] Der äußerlich monotone Tagesverlauf verschonte die Frauen keineswegs vor jähen Wendungen oder einschneidenden Ereignissen. Krankheiten und Unfälle, der Transport in ein anderes Lager, Beleidigungen und Demütigungen durch Lagerangestellte oder Häftlinge, Bestrafungen oder gar die erneute Verhaftung und Fristverlängerung bedrohten ständig die Frauen. »In der Gefangenschaft weißt du nicht, was dir der nächste Tag bringt«, resümiert Frieda Mayer-Melikowa: »Heute ist es dir gutgegangen, heute hast du satt zu essen gehabt, heute hast du vielleicht mit lieben Menschen sprechen können. Aber du weißt nicht, ob du das morgen auch haben wirst.«[176] Und Walentina Iewlewa resümiert: »Das Lagerleben bedeutet Unsicherheit, ständige Veränderung und unerwartetes Risiko.«[177]

Anpassung und Gewöhnung

Die ersten Wochen und Monate sind immer die schwerste Zeit im Lager. »Hoffnungen und Illusionen, die noch irgendwo in den Winkeln des Bewußtseins vorhanden gewesen sein mochten«, erinnert sich Hilda Vitzthum, »wurden endgültig von der Brutalität des Lageralltags aufgesaugt.«[178] »Es war für uns alles neu, und wir mußten uns drein schicken«, erzählt Frieda Mayer-Melikowa: »Es war doch eine ganz neue Welt, in die man eingetreten ist. Da gab es zum Nachdenken und zum Zurückdenken nicht viel Zeit. Man mußte sich in dieses Leben einleben.«[179]

Der Lageralltag forderte von den inhaftierten Frauen besondere Anpassungsleistungen, deren Effektivität und Schnelligkeit ihre künftigen Überlebenschancen bestimmten. Die Gefangenen hatten der Haftordnung des Lagers zu gehorchen, den Anforderungen der Zwangsarbeit zu genügen, die katastrophale Unterbringung und Hygiene zu erdulden sowie Hunger, Kälte und Verlassenheit zu trotzen. »Von nun an begann für uns ein unaufhörliches Laborieren«, erinnert sich Trude Richter ihrer ersten Zeit im Lager: »Wie anpassungsfähig war jeder einzelne? Wo lag sein Widerstand? Und wodurch wurde er hervorgerufen?«[180] Immer wieder berichten Frauen darüber, wie ihnen Mithäftlinge Hinweise und Ratschläge für das Leben und Überleben im Lager gaben.

Die Trotzkistin Nadeschda Joffe erfuhr von Alteingesessenen unmittelbar nach ihrer Ankunft auf Kolyma Ende 1936 die wichtigsten Regeln des Lagerlebens.[181] Der unerfahrenen 18jährigen Ida Konrad stand nicht nur ihre Mutter ratgebend zur Seite, sondern auch ältere Mitgefangene, die ihr rieten, wie sie sich vor allem gegenüber Männern und ihren Zudringlichkeiten verhalten sollte.[182] Wichtig war auch das Wissen über die »Grauzone« des Lagers, in der Protektion, gute Posten und damit bessere Überlebenschancen gehandelt wurden. Durch eine Freundin war Ruth Z. schneller zu der zwiespältigen Gewißheit gelangt: »Du mußt dich an einen Oberen ranmachen, dann bist du besser mit Grütze versorgt.«[183] Trude Richter erhielt von ihrem Brigadier, wie sie schreibt, »eine Lektion in der damaligen Lagermoral«. Alles im Lager hing davon ab, ob sie »Blat«, d. h. Beziehungen, hatte oder nicht. »Machen Sie jedem ein Äugelchen«, so der Rat, »dem Brigadier, dem Normierer, allen, von denen Sie abhängig sind, dann werden Sie eine rentable Arbeit, gute Verpflegung und sonstige Vergünstigungen genießen!«[184] Die Verlockung war nicht gering, auf diese »Lagerart« zu leben und auf Kosten anderer Häftlinge zu überdauern. »Das Nützlichste, was man im Lager lernen kann«, sagte man Jefrosinija Kersnowskaja, »ist die Ausdauer. Und die Kunst des Überlebens.« Ein alteingesessener Gefangener gab ihr den Rat, während der Arbeit Kraft zu sparen und keine Möglichkeit auszulassen, ein zusätzliches Stück Brot zu ergattern.[185] Die Existenzbedingungen und die Haftordnung förderten unter den Häftlingen auf Dauer Lageregoismus und Vereinzelung. Im Lager galten im allgemeinen zwei Maximen, so Elinor Lipper: »Wer zuerst kommt, mahlt zuerst« und »Frechheit ist das zweite Glück«.[186] Diese »Lagermoral« drückte sich auch in einer anderen Verhaltensmaxime aus, die Wanda Bronska-Pampuch Ende der 1930er Jahre in Magadan von Mitgefangenen vernahm: »Wenn gegeben wird, nimm! Wenn geschlagen wird, lauf!«[187] »Gewohnheit ist alles«, lautete ein anderer Ratschlag Alteingesessener und meinte, sich so schnell wie möglich in die Lagerumstände einzuleben.[188] Auch zur selbstbestimmten, aber kontrollierten Lethargie griffen politische Gefangene, um die Pein der Lagerwirklichkeit zumindest mental zu mindern. »Stumpf ab, stumpf ab«, riet Sarra Jakir ihrer Leidensgefährtin Anna Bucharina, »du mußt versuchen, nichts zu empfinden. Nimm dir ein Beispiel an mir, ich bin schon abgestumpft.«[189]

Anna Kandalina während des Interviews, 1998.

Jede Gefangene mußte allerdings ihren eigenen Weg finden und sich der Lagerrealität, so gut es ging, anpassen. Schließlich ließen Fremd- und Eigenerfahrungen im Laufe der Zeit ganz unterschiedliche und individuelle Anpassungsformen entstehen, die Frauen halfen, das Lager zu überstehen. »Man war still und hat nicht mit Fremden geschwatzt«, so die Rußlanddeutsche Eleonora Leibbrandt über ihre damaligen Verhaltensregeln: »Man war gehorsam«, »Was man tun mußte, hat man getan«.[190] Die Jüdin Henrietta Herzfeld achtete stets auf ein gutes Verhältnis und einen möglichst freundlichen Umgang mit ihren Pritschennachbarinnen.[191] Die ohnehin schwer zu ertragende Akzeptanz der Lagerbedingungen suchten politische Häftlinge nicht durch zusätzliche Spannungen zu verschärfen. Auch Frieda Mayer-Melikowa stellte in den Mittelpunkt der Anpassung ihre sozialen Kontakte zu Mithäftlingen und Lagerangestellten. »Ich bin mit allen menschlich umgegangen«, erzählt sie, »ich habe mich vor den Vorgesetzten nicht gefürchtet, habe manchmal auch meine

Meinung gehabt. Ich wollte Mensch sein und bleiben, so gut es eben ging.«[192]

Wie versuchten sich Frauen der Haft anzupassen, vor denen eine Lagerstrafe von 25 Jahren lag? Die Religiöse Anna Kandalina lebte im Lager ganz im Vertrauen auf Gott. »Ich folgte Christus und habe nicht darüber nachgedacht, wie es mir ergehen wird«, schildert die Gläubige: »Man soll sich keine Gedanken über den nächsten Tag machen. Über den wacht Gott. Sonst müßte man nur weinen. Gott erlegt dir immer wieder Prüfungen auf, gibt aber auch Erleichterungen.«[193] Vor allem in und mittels Gebeten suchte die Christin der bedrückenden Wirklichkeit des Lagers und den demütigenden Übergriffen der Lageradministration zu begegnen. Allerdings glaubte Anna Kandalina, die das MWD 1947 wegen organisierter und religiöser »antisowjetischer Propaganda« zu 25 Jahren Haft verurteilt hatte, nicht an ein Überleben. Sie meinte, irgendwann von einem Soldaten erschossen zu werden.

Die junge Komsomolzin Valja, über die Susanne Leonhard berichtet, versuchte sich auf andere Weise dem Lagerleben anzupassen. Auch ihr standen 25 Jahre Haft bevor, da sie während des Krieges als sowjetische Fallschirmspringerin in die Hände der Deutschen geraten war. Die 20jährige Valja machte sich keinerlei Illusionen. Für sie gab es in dieser Situation nur eine Variante: alle »Möglichkeiten der Selbstbejahung und Selbstbehauptung, die das Lager dem Menschen noch läßt, intensiv bis zum letzten auszunutzen und auf nichts anderes mehr zu hoffen«.[194] Dazu gehörte, daß sie sich ein Kind im Lager wünschte und gegenüber Mithäftlingen ungewohnt kameradschaftlich war, was sie außerordentlich beliebt machte.

Die Rußlanddeutsche Emilie B., 1947 zu 25 Jahren verurteilt, reagierte anfänglich auf das Lager und die Haftfrist sehr emotional. Sie versuchte sich zunächst gefühlsreduziert und fatalistisch zu geben. »Ich habe überhaupt nichts gedacht«, erzählt Emilie, »arbeiten und weiter nichts. Man wußte: 25 Jahre. Stirbt man heute, ist es gut, stirbt man morgen, ist es auch gut.« Doch immer wieder drangen Gefühlskrisen und Tränenausbrüche in die selbstverordnete, scheinbare Gelassenheit, bis die junge Frau nicht mehr weinen konnte. »Es hat gedrückt, man wollte weinen. Es kamen aber keine Tränen mehr. Man konnte nicht mehr weinen. Das war aber noch schlechter wie weinen. Nach dem Weinen war es ein bißchen leichter. Aber wenn es drückt, die Tränen kommen nicht und man kann nicht weinen. Das war schrecklich.«[195]

Im Laufe der Zeit hatten die meisten Frauen gelernt, nicht mehr oder kaum an die Dauer der verbliebenen Haftstrafe zu denken. Zunehmend verlor sich das Zeitgefühl. »Der Häftling lebt in einem stark eingeschränkten Raum«, so Nina Hagen-Torn, »sein Zeithorizont kennt nur Tage. Danach folgt schon Ungewißheit. Der Mensch, der selbst sein Leben bestimmen kann, muß immer auch an die Zukunft denken. Der Häftling bestimmt nicht über sich und hat daher auch keine Zukunft. Um so schärfer empfindet er die Gegenwart.«[196]

»Mit der Zeit gewöhnst du dich«, resümiert die deutsche Kommunistin Erna Kolbe: »Ich meine, die Traurigkeit bleibt, und die Einsamkeit bleibt, und die Sehnsucht bleibt. Aber du erlebst das nach einigen Jahren nicht mehr so, daß du nicht schlafen kannst.«[197] Westeuropäerinnen, meint die Rußlanddeutsche Luise Hörmann, hatten größere Schwierigkeiten, sich den Lagerbedingungen anzupassen. Neben der Sprache waren ihnen vor allem das rauhe Klima und die extreme Mangelsituation unbekannt. Im Gegensatz dazu kamen Einheimische viel besser mit der Not, mit dem Hunger und der Kleidung zurecht, weil sie daran eher gewöhnt waren.[198]

In einem Lagersprichwort hieß es: »Die ersten fünf Jahre sind ein bissel schwer, dann gewöhnt man sich.«[199] Tatsächlich nehmen einige Frauen in ihren Erinnerungen auf diese Zeitspanne Bezug. »Wenn man vier oder fünf Jahre im Lager ist«, so Mimi Brichmann, »vergißt man, daß es überhaupt ein anderes Leben geben kann. Man ist dann völlig eingegliedert.«[200] Als Hilda Schlegel ins Lager kam, traf sie auf Frauen, die schon fünf Jahre hinter sich hatten. Vor ihr selbst lagen zehn Haftjahre. Ihre erste Reaktion war: »Ich habe gedacht, das halte ich nicht aus. Da sterbe ich.« Später hat sie sich im Lager immer wieder gesagt: »Der Mensch kann sich besser anpassen als ein Stück Vieh, der kann mehr aushalten als ein Stück Vieh.«[201] Die Lagerjahre waren zum »eigentlichen Leben« geworden.[202] Für die Anpassung an die Lagerrealität aktivierten Frauen erhebliche Kräfte. »Durch Anstrengung der Psyche und des Willens kann man etwas überwinden, was sonst als unmöglich erscheint«, so die ehemalige Gefangene Nina Hagen-Torn.[203] Allerdings war es unter den gegebenen Bedingungen schier unmöglich, an jedem Ort und zu jeder Zeit diese psychischen Kräfte mobilisieren zu können. Antonie Satzger spricht in ihren Erinnerungen von ganz unterschiedlichen Verhaltensvarianten der »abgequälten« Häftlinge: »Manchmal war man richtig apathisch. Man hätte neben mir jemand umbringen können. Das hätte mir nichts ausgemacht. Dann hast du dich auch wieder eingesetzt, wenn eine Ungerechtigkeit vorgekommen ist.«[204]

Nicht allen Frauen gelang es, sich in den ersten Monaten und Jahren dem Lager anzupassen. Wie viele schon in den ersten Wochen starben, ist unbekannt. Die Lagerbedingungen trieben manche Gefangene in den Wahnsinn. Über Nacht, so Wanda Bronska-Pampuch, war ihre Nachbarin irre geworden. Tage noch blieb sie in der Häftlingsbaracke, bis sie zum Skelett abgemagert in die Krankenbaracke gebracht wurde. Kurze Zeit später war sie tot.[205] Anna Etterer schildert in ihren Erinnerungen eine Mitgefangene, die aufgrund der Lagerbedingungen in tödliche Apathie verfiel. »Die Frau saß am Ende der Baracke in einer Ecke. Sie hat den ganzen Tag dort gesessen. Ihre Suppenschüssel haben wir ihr immer hingegeben. Sie hat nicht mehr gesprochen, nichts. So war sie monatelang.« Schließlich hing sich die Frau auf.[206] Das Wissen um den Tod von Mitgefangenen oder Bekannten konnte auf die Zurückgebliebenen für den weiteren Überlebenskampf nicht nur erschreckend und lähmend, sondern auch motivierend wirken. Irmgard Schünemann reagierte auf den Tod einer Leidensgefährtin mit verzweifelter Entschlossenheit und sagte sich immer wieder: »Ich muß hier durch!«[207]

5. Lageradministration und Haftregime

Für den einzelnen Häftling bestand die Lageradministration, neben dem Wach- und Aufsichtspersonal, aus wenigen überschaubaren und mächtigen Autoritäten. Deren wichtigste war der »Natschalnik«, der Chef des Lagers, fast immer ein Mann. Es folgten der »Bevollmächtigte der Operativabteilung« des NKWD, zuständig für Rekrutierung von Spitzeln und neuen Verfolgungen im Lager; der Chef des »Regimes«, zuständig für innere Ordnung; der Kommandant der Wachmannschaft, verantwortlich für die Bewachung des Lagers und der Häftlinge während der Außenarbeit; der Chef der Registratur- und Verteilungsabteilung (URTsch)[1], der den Arbeitseinsatz sowie Verlegungen der Gefangenen plante, der Leiter der »Kulturerziehungsabteilung« (KWTsch)[2], zuständig für die »Umerziehung« und die Mobilisierung der Häftlinge; die Verantwortlichen der Ökonomischen Abteilung (EKTsch)[3], Produktionsleiter und Arbeitsverteiler, die für eine effektive Organisation der Zwangsarbeit verantwortlich waren, sowie der Chef der Sanitätsabteilung (SanTschast)[4], federführend bei Hygiene und Krankenversorgung.[5] Den inhaftierten Frauen standen wenn nicht ausnahmslos, so doch überwiegend Männer gegenüber: sie bewachten, kontrollierten, befahlen, untersuchten, bestraften. Von weiblichen Lageroffizieren bzw. Aufseherinnen ist in den Erinnerungen der Überlebenden nur selten die Rede.

Lageradministration und bürokratische Verwaltung des Häftlings

Nach der Größe des Lagerpunktes und der Anzahl der Häftlinge richtete sich der Umfang der örtlichen Lageradministration. Die Mitarbeiter und Angestellten der Lagerverwaltung bildeten eine differenzierte und gestaffelte Gesellschaft. An der Spitze stand das militärische

Führungspersonal des NKWD/MWD. Dazu zählten Kommandanten bzw. Chefs der Verwaltung des Lagerkomplexes und seiner Verwaltungsabteilungen, die Chefs der verschiedenen Lagerstruktureinheiten, d. h. der Haupt- und der Nebenlager, Offiziere aller Ebenen der lokalen Lagerverwaltungen sowie Offiziere und Berufsunteroffiziere des Wach- und Aufsichtspersonals. Diese Gruppe kam vergleichsweise wenig mit Gefangenen in direkten Kontakt, verfügte aber über den größten Einfluß auf die Haftsituation. Es folgten wehrdienstleistende Soldaten, die vorrangig zum Wach- und Aufsichtsdienst eingesetzt waren. Die Wehrpflichtigen befanden sich meist nur eine begrenzte Zeit am Haftort. Diese Gruppe kam häufig mit Gefangenen in direkten Kontakt, verfügte aber nur über geringen Einfluß auf die Haftsituation. Schließlich waren in den Lagern freiwillige Zivilangestellte tätig. Zur Erfüllung der Produktionspläne der Lager wurden Ingenieure, Produktionsleiter, Ärzte, Veterinäre, Buchhalter und andere Fachleute für die Lagergebiete angeworben. Darunter befanden sich auch einstige Häftlinge, die nach ihrer Entlassung ihre angestammte Funktion beibehielten.

Für das Karagandinsker Besserungsarbeitslager in Kasachstan liegen für 1951 einige wenige Informationen über das Personal vor. Mehr als 45 000 Häftlingen standen ca. 5750 Lagerangestellte gegenüber. Davon waren 1170 Mitglied der Kommunistischen Partei (ca. 20 %) und 1190 im Kommunistischen Jugendverband (ca. 20 %) organisiert. Nach den vorliegenden Angaben verfügten nur 256 Personen über höhere, dagegen 3350 über unterste und ca. 2000 über mittlere Bildung.[6] Vielleicht legte deshalb die Karlag-Verwaltung besonderes Augenmerk auf die »politisch-moralische« Konditionierung der Wachtruppen, die allein eine Personalstärke von 3074 hatten.[7] Die Offiziere der Wachtruppe der einzelnen Lager und Außenstellen wurden vom Stab der Wachabteilung des Karlag monatlich in je dreitägigen Kursen geschult. »Die in den Struktureinheiten durchgeführte politisch-erzieherische Arbeit«, heißt es im Bericht vom Januar 1951, »war auf die Erhöhung der Wachsamkeit und des Verantwortungsgefühls eines jeden Mitarbeiters der Wache für die Erfüllung der Befehle des MWD der UdSSR sowie der Anordnungen und Weisungen der Hauptverwaltung Lager des MWD der UdSSR gerichtet.«[8] Dennoch kam es unter den Angehörigen der Wachen immer wieder zu den verschiedensten Disziplinarverstößen. Allein 1950 mußten im Karlag 708 Verstöße gegen die Wachordnung registriert werden. Aber nicht nur unter den meist jungen Wachsoldaten gab es zahlreiche Disziplinarvergehen. Annähernd 1000 Angehörige der Lageradministration, fast jeder fünfte, verstieß laut einer offiziellen Statistik im Jahr 1950 gegen Grundsätze der Lagerordnung. Rowdytum, unerlaubte Entfernung und Undiszipliniertheit (296mal), Verletzung der Dienstpflichten (264mal), Wachvergehen (207mal), Trunksucht (175mal) sowie Beziehungen zu Häftlingen (23mal) waren die gängigsten Verstöße.[9] Zehn Jahre zuvor, im Januar 1940, sind dagegen offiziell nur 127 Vergehen von Lagerangestellten registriert worden. Darunter befanden sich Delikte wie: Häftlinge verprügelt bzw. grob behandelt, Nötigung von gefangenen Frauen zum Geschlechtsverkehr, Trinkgelage mit Häftlingen, Ausnutzung von Häftlingen für persönliche Interessen, Unterstützung illegalen Briefwechsels oder Erpressung von Geld.[10] Dem Bericht nach sind 122 Lagerangestellte für ihre Disziplinarvergehen zur Rechenschaft gezogen worden, von denen fünf Arreststrafen erhielten, 13 entlassen und sieben dem Gericht übergeben wurden. Diese wenigen Angaben deuten zumindest auf erhebliche Disziplinmängel unter den Angestellten der Lageradministration sowie des Wach- und Aufsichtspersonals hin. Offensichtlich ging dabei die Lageradministration Verstößen gegen Dienst- und Wachpflichten viel intensiver nach als Disziplinverletzungen im Umgang mit Häftlingen.

In der Registratur- und Verteilungsstelle des Lagerpunktes war alles streng geheim, erinnert sich Nora Pfeffer. Eigentlich hätte die Politische dort nicht arbeiten und noch weniger ihre eigene Häftlingsakte sehen und lesen dürfen.[11] Über das alltägliche Leben und Leiden der inhaftierten Frauen erhält man allerdings in den persönlichen Lagerakten, die über jeden Häftling geführt wurden, nur vermittelt Einblick. Die Akte ist vor allem Ausdruck der bürokratischen Verwaltung des Häftlings, seiner detaillierten Registrierung und des Versuchs, die Gefangene so effektiv wie möglich im System der Zwangsarbeit auszunutzen.

Der strukturelle Inhalt der Häftlingsakten war im wesentlichen immer der gleiche. Das Deckblatt der Akte enthielt neben dem Namen Angaben zum Urteil, Paragraph, Beginn und Ende der Straffrist. Kopien der Anklageschrift und des Urteils informierten die Lagerbürokratie über den Verfolgungshintergrund und erleichterten die Kategorisierung der Gefangenen. Ein Fragebogen, der sogenannte statistische Registraturbogen, war das Formblatt Nr. 1 und das erste Dokument, das während der Aufnahme im Lager angelegt wurde. Obgleich die zwei- bis vierseitigen Vordrucke über die Jahre verschiedene Formen annahmen, blieben die meisten Angaben mehr oder weniger identisch. Über die Herkunft des Häftlings war u. a. einzutragen: Name, Geburtsjahr, Nationalität, Staatsbürgerschaft, soziale Herkunft, Familienstand, Auskünfte über Familienmitglieder und letzter ständiger Wohnsitz, zudem wann und woher der Zugang zum Karlag erfolgte. Für den späteren Einsatz innerhalb der Lagerproduktion registrierte man Angaben zur allgemeinen und fachlichen Bildung, zum Beruf, zu früheren Arbeitsorten, ausgeübten Dienststellungen und Sprachkenntnissen. Politisch intendierte Fragen richteten sich nach früherer Parteimitgliedschaft, Beziehungen zu antisowjetischen Parteien und Organisationen, Dienst in der Roten bzw. Weißen Armee oder der Polizei, Auslandsaufenthalten sowie Vorstrafen. Gelegentlich beinhaltete das erste Lagerdokument, aufgrund einer ersten ärztlichen Untersuchung, auch Angaben zur Kategorie der Arbeitsfähigkeit. An körperlichen Merkmalen des Häftlings waren zu vermerken: Größe, Körperbau, Augen- und Haarfarbe, Nasenform und besondere Kennzeichen. Diesbezüglich gaben einzelne Formblätter detaillierte Vorgaben. Bei Tatjana Popyrina heißt es beispielsweise unter Punkt 15: »Beschreibung mit Worten (Zutreffendes unterstreichen): 1. Wuchs: groß (171-180 cm), sehr groß (über 180 cm), klein (155-164 cm), sehr klein (unter 154 cm), mittel (165-170 cm); 2. Figur: dick, füllig, mittel, schlank, mager; 3. Schultern: gehoben, hängend, gerade; 4. Hals: kurz, lang, sichtbarer Kropf, Adamsapfel tritt hervor; 5. Haarfarbe: hellblond, hellbraun, braun, dunkelbraun, schwarz, rötlich, grau, Glatze; 6. Augenfarbe: blau, grau, grünlich, hellbraun, braun, schwarz; 7. Gesicht: rund, oval, rechteckig, dreieckig, pyramidenförmig, rhombusförmig; 8. Stirn: hoch, niedrig, gerade, geschnitten, hervorstehend; 9. Augenbrauen: gerade, bogenförmig, geschwungen, breit, schmal, zusammengewachsen; 10. Nase: klein, groß, dick, breit, schmal; Nasenbein: eingebeult, gerade, gewölbt, mit Höcker; Nasenbasis: hervorgehoben, gerade, gesenkt; 11. Mund: klein, groß; Mundwinkel: gesenkt, gehoben; 12. Lippen: dünn, dick, herabhängende Unterlippe, hervorstehende Ober-

Haftfoto des NKWD von Tatjana Popyrina, 1941.

lippe; 13. Kinn: geschnitten, gerade, hervorstehend, Doppelkinn, mit Einbuchtungen, mit durchgehenden Furchen; 14. Ohren: klein, groß, oval, dreieckig, viereckig, rund; abstehende Ohren: oben, unten, insgesamt; Ohrläppchen: angewachsen, abgetrennt, schief, eckig, oval; 15. besondere Kennzeichen [darunter klein, in Klammern vorgedruckt, M. S.] (physische Beeinträchtigungen, dauerhafte Körperschäden, andere Schädigungen, Körperwucherungen, Warzen, überzählige Finger, Hautflecken, Vernarbungen, Amputationen, krankhafte Bewegungen des Körpers, Glatze, Asymmetrie des Gesichtes, Verschiedenfarbigkeit der Augen usw.); Tätowierungen (beschreiben); 16. Weitere Besonderheiten und Gewohnheiten [darunter klein, in Klammern vorgedruckt, M. S.] (rollt kein ›r‹, stottert, kaut Fingernägel, typische Fingerbewegungen, Gesten (welche), Automatismen, Schleimauswurf, Spucken usw.).«[12]

Zur Identifizierung des Häftlings war Raum für ein Paßfoto vorgesehen, das in der Mangelsituation des Lagers fast immer fehlte. Das Bild ersetzte ein Fingerabdruck des Häftlings. Wenn sich, wie im Falle von Tatjana Popyrina, ein Foto in der Lagerakte befand, war es das Häftlingsfoto des NKWD/MWD, das unmittelbar nach der Inhaftierung aufgenommen wurde. Schließlich hatte die Gefangene den Registraturbogen bei gleichzeitiger Belehrung über die »strafrechtliche Verantwortlichkeit im Falle von Falschaussagen« zu unterschreiben.[13]

Der statistische Registraturbogen beinhaltete damit alle für die Lageradministration bedeutsamen Angaben, die den Häftling sozial, politisch, strafrechtlich und körperlich definierten sowie seinen Platz im Lager und innerhalb der Zwangsarbeit bestimmten. Nicht nur bei der Überstellung in ein anderes Lager begleiteten die Akten die Gefangenen, sondern Stempel wie »Überprüft während der Generalkontrolle 1940« oder »Überprüfung 1941« weisen auf die permanente Kontrolle des Häftlingsbestandes hin.[14]

Weitere vorgedruckte Formulare dienten dem Arbeitsnachweis der Gefangenen. Im Formblatt »Charakteristika«, dt. »Beurteilung«, waren in einer Tabelle Angaben über die Produktionstätigkeit zu protokollieren: so Zeitraum, ausgeführte Arbeiten, Anzahl der Arbeits- und Krankentage, Arbeitsverweigerungen sowie die durchschnittliche Arbeitsproduktivität bzw. Normerfüllung des Monats in Prozent.[15] Der zweite Teil der Beurteilung widmete sich dem Verhalten des Häftlings und verlangte Angaben über Belobigungen, Bestrafungen, Einhaltung der Lagerordnung, schuldhaftem Verlust von Ausrüstungsgegenständen und die Teilnahme an »kulturerzieherischer« Arbeit. Schließlich hatte der zuständige Chef persönliche Bemerkungen über den Häftling niederzuschreiben. Die Beurteilung trug die Unterschriften des Chefs des Lagers und der Chefs der Produktions-, der Registratur- und Verteilungs- sowie der »Kulturerziehungsabteilung«. Vor allem diese und andere Arbeitsnachweise sind zwar nicht immer, aber doch die längste Zeit für jeden einzelnen akribisch geführt worden. Diese aufwendige Buchführung über jeden einzelnen Häftling wirft nicht nur ein Licht auf die Bedeutung der Zwangsarbeit im Gulag, sondern auch auf die Entfaltung einer ausgeprägten Lagerbürokratie. Allein die Registrierung der Produktionsergebnisse erforderte ein umfangreiches Personal, das am Ende jeden Monats, Quartals und Jahres die Arbeitsleistungen von Tausenden Häftlingen und Hunderten Produktionsbranchen und -stützpunkten zu berechnen hatte. Andere tabellarische Formulare der Häftlinge registrierten Bestrafungen, den Nachweis ein- und ausgehender Briefe und Pakete, Vermerke über Versetzungen im Lager, Erklärungen und Anträge des Gefangenen sowie Vermerke über medizinische Untersuchungen. In diesen Vordrucken fehlen allerdings meist Eintragungen, ausgenommen ärztliche Vermerke, die Voraussetzung für die Festlegung der Arbeitskategorie waren.

Hilda Schreiner mit Leidensgefährtinnen, illegale Lagerfotos, 1936.

Die »Kartotschka«, eine Karteikarte im Format DIN A6, wies den Mitarbeitern der Registratur- und Verteilungsabteilung mit einer »Griffnummer« den Weg zur Häftlingsakte. Die Karteikarte enthielt mehr als 25 biographische Angaben, so: Name, Geburtsort und -jahr, soziale Herkunft, Nationalität, Staatsbürgerschaft, Bildung, frühere Parteizugehörigkeit, Wohnort, Beruf, Fachqualifikation, besondere Anweisungen, durch wen verurteilt, wann, Artikel des Strafgesetzbuches, Frist, Beginn der Frist, Ende der Frist, Veränderungen der Frist, wann und woher angekommen, Aufenthalt in welchen Lagern und welchen Lagerstruktureinheiten sowie Abgang aus dem Lager (entlassen, gestorben, geflohen).[16] Bei einem Wechsel des Lagers wurde diese Karteikarte vermutlich dupliziert und gemeinsam mit der persönlichen Häftlingsakte dem neuen Haftort überstellt. Die Karteikarte war quasi der »Paß« des Häftlings, sie bot jedem erfahrenen Lagerangestellten ein erstes Bild über Herkunft, Lagerbiographie und Arbeitsvermögen des Neuzugangs und konnte sein weiteres Schicksal bestimmen.

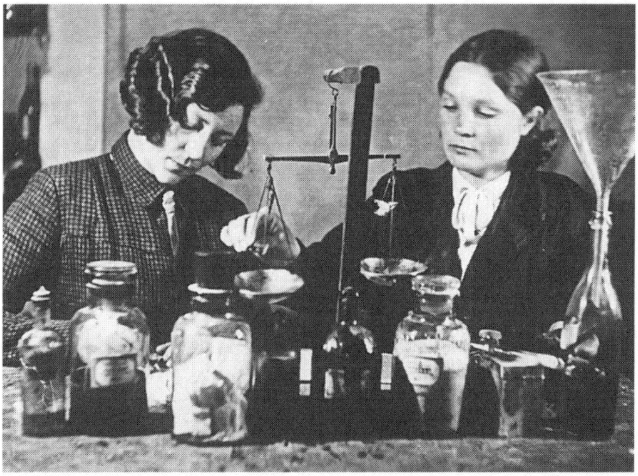

Haftregime

Hilda Schreiner, 1913 als Rußlanddeutsche in einem Dorf auf der Krim geboren, verhaftete das NKWD am 16. April 1935. Sie war Studentin am Moskauer Institut für Fremdsprachen und gehörte zu jenen, die der Verhaftungswelle nach dem Mord an Kirow, am 1. Dezember 1934, zum Opfer fielen. Wegen angeblicher konterrevolutionärer Tätigkeit verurteilte ein Sondertribunal des NKWD die 21jährige zu fünf Jahren

Lager. Diese verbrachte sie in verschiedenen Lagerpunkten des Bamlag nahe der Stadt Swobodnyj, im fernen Südosten der UdSSR, unweit der chinesischen Grenze. »Dort waren normale menschliche Verhältnisse«, schildert Hilda Schreiner das Zusammenleben der Frauen in den ersten Monaten ihrer Lagerhaft. »Wir waren acht Frauen in einem Zimmer. Wir haben uns gegenseitig bewirtet, wenn wir Pakete bekommen haben.«[17] Kriminelle Häftlinge konnten die jungen Frauen nicht tyrannisieren, denn sie standen in separaten Unterkünften unter besonderer Bewachung. Bis heute hat Hilda Schreiner fünf Fotos aus ihren ersten Lagerjahren aufbewahrt. Auf einem Porträtfoto lächelt die junge Frau in die Kamera. »Das habe ich der Mutter geschickt, damit sie sich beruhigt«, kommentiert sie dieses Foto. »Ich habe nur Gutes geschrieben«, so Hilda Schreiner im Interview, »damit sie sich nicht aufregt. ›Mir geht es gut, macht Euch keine Sorgen. Es kommt die Zeit, und ich komme nach Hause.‹« Eine andere Aufnahme vom März 1937 zeigt Hilda Schreiner und eine 16jährige Leidensgefährtin in einem veterinärmedizinischen Labor bei der Arbeit. Ihre Haare sind frisiert, die Gesichter ernst. Sie tragen ihre eigene Kleidung, Hilda eine karierte Bluse mit einer Damenkrawatte. Entspannt wirkt ein Gruppenfoto inhaftierter Frauen in ihrer Unterkunft. Alle vier in guterhaltener Zivilkleidung, im Hintergrund ist ein Blumenstrauß zu erkennen. Die Fotos, erinnert sich Hilda Schreiner, sind nicht heimlich gemacht und noch im Lager entwickelt worden.

Auch die aus Moskau stammende Trotzkistin Nadeschda Joffe empfand die Haftbedingungen bei ihrem Eintreffen auf Kolyma 1936 noch als »in gewissem Maße liberal«. Politische Häftlinge hatten per Hungerstreik Arbeit in ihrem Beruf und das Zusammenleben von Männern und Frauen in gemeinsamen Unterkünften erzwungen. »Man konnte in eine andere Baracke gehen«, erinnert sie sich dieser Zeit, »mit den Genossen plaudern, ins Bad gehen und etwas waschen. Es schien wahnsinnig viel möglich.« Das änderte sich im Verlaufe des Jahres 1937. Nadeschda Joffe lebte nun nicht mehr mit ihrem Ehemann in einer kleinen Kammer zusammen, sondern mit 20 Frauen in einem von Stacheldraht umzäunten Zelt.[18]

Im März 1937 hatte der amtierende Volkskommissar des Innern, Jeschow, die Haftorte und Lager mit »Erholungsheimen« für Konterrevolutionäre verglichen und damit die Verschärfung der Haftbedingungen für politische Gefangene eingeleitet.[19] Am 26. August 1937 erreichte eine Anweisung der Moskauer Hauptverwaltung Lager, Abteilung II: Bewachung, die Verwaltung des Karlag. Das Schreiben, das mit Sicherheit alle Lagerverwaltungen im Lande erhielten, dekretierte bezüglich »Isolation und Festigung des Haftregimes« neue, verschärfte Haftbedingungen, die ausschließlich für politische Häftlinge galten. Ausnahmslos alle Häftlinge, heißt es unter Punkt 1, die wegen »Terror, Spionage, Diversion, Verrat an der Heimat, wegen Teilnahme an trotzkistisch-sinowjewistischen und rechten konterrevolutionären Organisationen und Gruppierungen verurteilt wurden, Teilnehmer anderer konterrevolutionärer und parteifeindlicher Organisationen« sowie »Teilnehmer faschistischer und konterrevolutionärer nationalistischer Organisationen und Überläufer, aber auch alle Ausländer, unabhängig von ihrem Straftatbestand« sind umgehend aus allen »Tätigkeiten in den Lagerverwaltungen zu entfernen und künftig nicht mehr dafür zuzulassen«.[20] Diese Verurteilten, heißt es weiter, »sind unter ständiger Bewachung zu halten« und aus den jeweiligen Registratur-, »Kulturerziehungs«-, Presse- und administrativen Abteilungen sowie den Wachmannschaften »unverzüglich« zu entfernen.[21] Tätigkeiten ohne Bewachung waren lediglich mit Zustimmung des Chefs des jeweiligen Lagers gestattet, und nur dann, wenn die Lagerproduktion dies erforderlich machte.

Damit hatte die Moskauer Hauptverwaltung Lager neue Grundlagen für den Umgang mit politischen Häftlingen geschaffen, die 1939 und 1947 in den zentralen »Instruktionen zur Inhafthaltung« weiterentwickelt wurden. Die Folgen für die Politischen waren verhängnisvoll. Einerseits minderte der vorgeschriebene Einsatz bei schweren körperlichen Arbeiten auf lange Sicht ihre Überlebenschancen. Andererseits entstanden bei der Vergabe der wenigen Posten und Funktionen innerhalb der Lagerverwaltungen Konflikte und Konkurrenzen, die sich in den folgenden Jahren fatal auf die Atmosphäre unter den politischen Häftlingen auswirkten. Weitere Verschärfungen des Haftregimes folgten im Verlaufe des Jahres 1937. Exemplarisch für diese Entwicklung stehen Befehle des Chefs des Karlag. Bereits im Juli 1937 verschlechterten sich die Haftbedingungen für jene Gefangenen, die im Lager eine zweite Strafe erhielten. Auch diese waren »unabhängig von ihrer fachlichen Ausbildung ausschließlich zu allgemeinen Arbeiten unter Bewachung« einzusetzen.[22] Häftlinge, die im Lager erneut wegen »konterrevolutionärer Verbrechen« verurteilt wurden und neue Fristen erhielten, waren in den »Straflagerpunkt« einzuweisen. Ausnahmen, die die Erfüllung der Produktionsvorgaben erforderten, waren in unteren Tätigkeiten der Produktionsleitung gestattet, aber nur wenn ihre ständige Bewachung, sowohl beim Weg zur Arbeit als auch am Arbeitsort, gewährleistet war.[23]

Den Befehl zur Einrichtung eines »Straflagerpunktes« erteilte der Chef des Karlag, Linin, am 31. August 1937. Er folgte damit einer Anordnung des stellvertretenden Volkskommissars des Innern, die das Ziel verfolgte, »die Disziplin im Lager zu festigen und den Kampf mit besonders negativen Elementen, die die Lagerordnung systematisch verletzen, zu verstärken«.[24] Der zentrale Straflagerpunkt, eingerichtet am Kohleschacht Dubowka, unterstand dem Chef des Karlag bzw. dem zuständigen Lagerkommandanten. In das Straflager sollten Häftlinge überführt werden, die

1. systematisch die Lagerordnung verletzen und mehrfach zu Disziplinarstrafen verurteilt wurden;
2. Verurteilte zu Zusatzfristen wegen »konterrevolutionärer« Tätigkeit im Lager;
3. wegen Lagerbanditentums und Raubüberfall Bestrafte und
4. Verurteilte zu Zusatzfristen wegen anderer Verbrechen.[25]

Diese Kategorien schlossen zwar kriminelle Gewaltverbrecher, deren die Lagerverwaltungen innerhalb des allgemeinen Haftregimes nicht mehr Herr wurden, ein. Die vornehmliche Verfolgungsintention richtete sich jedoch vor allem gegen oppositionelle Häftlinge unter den Politischen. Gerade die Gefangenen, die im Lager subversive, unvorsichtige oder auch naive Äußerungen machten, die als »antisowjetische« oder »konterrevolutionäre« Tätigkeit interpretiert werden konnten, sind mit neuen Strafen verfolgt worden. Diese Häftlinge hatten jedoch nicht nur unter dem bestehenden Strafregime im Lager Dubowka, sondern zusätzlich unter der Gewalt Berufskrimineller zu leiden. Bis zu einem Jahr konnte der Aufenthalt im Straflager währen, dessen Regime körperliche Arbeit unter Bewachung und Verpflegung nach der Normerfüllung vorsah. Verboten war der Briefwechsel mit Angehörigen, monatlich jedoch ein Paket gestattet.

Im Befehl vom 31. August 1937 wies der Chef des Karlag gleichfalls die Einführung von »Strafisolatoren« in allen Hauptlagern an, die in »speziell isolierten und durch Stacheldraht umgebenen Baracken« einzurichten waren. Bis zu 30 Tagen inhaftierte man in den Lagergefängnissen Häftlinge, die die Lagerordnung verletzten. Das Haftregime glich dem im Straflagerpunkt. Haftverkürzung erforderte »beispielhafte Führung und gewissenhafte Einstellung zur Arbeit«.[26] Die Einrichtung der Strafzellen hatten die Chefs der Hauptlager binnen zwei Wochen zu realisieren. Für die Bewachung der Isolatoren und des Straflagerpunktes waren, so der Befehl, »besonders überprüfte, disziplinierte und diensterfahrene Wachsoldaten des freiwillig angeworbenen Bestandes auszuwählen«.[27]

Allein diese dokumentierbaren Maßnahmen verdeutlichen die bewußte Verschärfung des Haftregimes für politische Häftlinge ab 1937. Verschlechterte Existenzbedingungen und verminderte Überlebensmöglichkeiten waren die Folge. Strafandrohungen und Strafen für Vergehen im Lager förderten gegenseitiges Mißtrauen und unterminierten langfristig die Gemeinschaft der Häftlinge, wie sie Hilda Schreiner und Nadeschda Joffe noch vor 1937 erlebten.

Es blieb aber gerade in den Jahren 1937/38 nicht bei Drohungen. Die Terrorwelle, die »Jeschowschtschina«[28], die durch das Land ging, kam zwar mit Verspätung, verschonte aber auch den Gulag und seine Insassen nicht. »Aus meiner Baracke wurden jede Nacht Frauen abgeführt«, erinnert sich Nadeschda Joffe, »mitten in der Nacht wurde die Tür geöffnet, ein Offizier trat ein, in Begleitung von zwei weiteren. Die Köpfe hoben sich von den Pritschen – mit wem werden sie gehen?«[29] Von Frühjahr bis zum Sommer 1938 wurden während des abendlichen Zählappells, der zwei Stunden und länger währen konnte, Urteile verlesen: Wegen »Sabotage«, »Arbeitsverweigerung«, als »Simulant« zur Höchststrafe: Erschießen, verurteilt. »Jeden Tag Dutzende von Namen«, erinnert sich Nadeschda Joffe, »und am Ende hieß es immer: ›Das Urteil wurde vollstreckt‹.«[30] »Erschossen wurde jede Nacht«, erinnert sich auch Dodo Garai, die zur gleichen Zeit Häftling auf Kolyma war. »An den Vorabenden höchster Feiertage starben zehnmal mehr als sonst«, so die deutsche Kommunistin: »Dem 1. Mai, Stalins Geburtstag und dem Jahrestag der Oktoberrevolution« sahen die Häftlinge »immer mit Schrecken entgegen«.[31]

Wera Ermolaewa richteten Soldaten des NKWD am 20. September

1937 im Karlag hin. Für die Untersuchung ihres Falles brauchte das Lager-NKWD nur elf Tage. Als »sozial gefährliches Element« war die 1893 Geborene mit drei Jahren Lager bestraft worden. Im November 1937 war die Frist um. Aufgrund sehr guter Arbeitsleistungen hatte man ihr sogar fünf Wochen der Strafe erlassen. Mit Datum vom 5. September notierte jedoch ein Lagerangestellter auf ihren Arbeitsnachweis: »Anrechnung der Arbeitstage entzogen aufgrund Anweisung der GULag, Nr. 34077«[32], d. h. man hob die sonst übliche Verrechnung von Arbeitstagen mit erhöhter Normerfüllung zur Fristverkürzung von der Moskauer Hauptverwaltung Lager im Frühherbst 1937 auf. Man kann durchaus vermuten, daß Vera Ermolaewa und andere Inhaftierte versuchten, gegenüber der Lageradministration die ihnen zustehende Haftverkürzung einzufordern. Vielleicht gingen sie gemeinsam zum »Natschalnik«, und es kam zu einem lautstarken Wortwechsel. Die näheren Umstände sind nicht überliefert, nur das Urteil. Dort heißt es, Wera Ermolaewa war »Mitglied einer konterrevolutionären Gruppe«, die »versucht hat, eine illegale Verbindung mit dem Ausland herzustellen und antisowjetische Propaganda in ihrer Umgebung« betrieb.[33] Nicht nur die Feststellung: »Beweise für die Schuld sind in der Akte nicht enthalten«, erinnert an die perfide Vorgehensweise des NKWD außerhalb des Lagers. Auch die Methoden glichen sich: absurde Beschuldigungen, belastende Denunzianten, drakonische Strafen. Hier wie dort waren die Beweggründe der Inhaftnahme unerklärbar. Und dort wie hier grübelten die Menschen, die es noch nicht getroffen hatte. In schlafloser Unruhe horchten sie auf ihren Pritschen der herannahenden Schritte des Wachkommandos. »Weit und fern fing es an«, schildert Dodo Garai, »ganz leise zuerst, aber die Frauen hörten es schon. Sie lagen still da und lauschten auf die Schritte des Kommandos, die lauter und lauter wurden. Bei welcher Baracke blieben die Schützen stehen? Blieben sie bei der vorderen Baracke stehen, dann war für eine Weile Ruhe, dann wurde die erste Gruppe Frauen weggebracht, und das Kommando kam erst nach ein oder zwei Stunden wieder. Ging aber das Kommando bei seinem ersten Fischzug an der ersten Baracke vorbei, an der zweiten vorbei, an der dritten, vierten, ging es auch an der eigenen vorbei, dann war alles gut, dann versanken die Frauen gleich in Tiefschlaf. Aber blieb das Kommando vor der eigenen Baracke stehen, dann war das Zittern groß. Dann passierte es schon, daß eine mal den Verstand verlor.«[34]

Die zentralen Instruktionen zum Haftregime von 1939 und 1947

Im Abschnitt »Allgemeine Grundsätze« der bereits mehrfach erwähnten Haftinstruktionen formulierte die Moskauer Hauptverwaltung sowohl 1939 wie 1947 die eigentlichen Ziele der Lagerhaft. In beiden Befehlen rangierte die »zuverlässige Isolation« der Häftlinge an vorderster Stelle.[35] Die Entsendung der wegen »konterrevolutionärer« Verbrechen Verurteilten in entfernte Gebiete und die Anwendung eines »verschärften Regimes« schrieb die Instruktion von 1937 vor.[36] Der Befehl von 1947 forderte die strikte Unterbindung von Fluchtversuchen und die Gewährleistung einer strengen Disziplin unter den Häftlingen. Fortan waren neben den Haftorten mit »allgemeinem« spezielle Lager mit »verschärftem Regime« einzuführen. Dort sollten die Häftlinge unter permanenter Bewachung stehen, vorrangig zu körperlich schweren Arbeiten eingesetzt werden und bei Disziplinarvergehen eine erhöhte Strafe erhalten.[37] Die Moskauer Hauptverwaltung definierte als »besonders gefährliche« Verbrecher Häftlinge, die wegen folgender Vergehen verurteilt waren: Heimatverrat, Terror, Spionage, Diversion, konterrevolutionäre Sabotage, Teilnahme bzw. Mitwirkung an trotzkistischen, rechten-faschistischen, nationalistischen und anderen antisowjetischen Organisationen, Mitglieder antisowjetischer politischer Parteien, Überläufer[38], ausländische Staatsbürger sowie Verurteilte wegen Banditentum, bewaffnetem Raubüberfall, Fluchtversuchen sowie Rückfalltäter. Diese Häftlingsgruppen waren soweit möglich in entfernte, nördliche Lager zu überführen.[39] Die »günstigste und effektivste Ausnutzung der Häftlinge zur Arbeit« rangierte 1939 an zweiter Stelle der formulierten Haftziele.[40] In der Instruktion von 1947 setzte die Moskauer Gulag noch vor der »ordnungsgemäßen Organisation der Häftlingsarbeit« die »Umerziehung der Häftlinge durch gesellschaftlich nützliche Arbeit«.[41] Danach waren 1939 wie 1947 die Hauptziele der Gulag-Haft: Isolation und Ausbeutung der Häftlinge.

Die Instruktionen galten für Häftlinge beiderlei Geschlechts und differenzierten weder im allgemeinen Haft- und Arbeitsregime noch bei der »Strafordnung«. Die für Männer gemachte Haftordnung hatte für den Lageralltag der Frauen weitreichende negative Konsequenzen, insbesondere bei der Zwangsarbeit, der Versorgung und der Hygiene. Mehr noch, der Schutz weiblicher Häftlinge vor sexuellen Übergriffen von freien wie gefangenen Männern war völlig unzureichend. Nur in wenigen Punkten existierten 1947, dem Papier nach, Sonderbestimmungen für weibliche Häftlinge. Nach der jahrelangen Existenz gemischter Lager befahl die Moskauer Hauptverwaltung Lager nunmehr, Frauen in »speziellen, abgesonderten Lagerstruktureinheiten« unterzubringen.[42] Andere offiziell verankerte Festlegungen für inhaftierte Frauen besagten: Sonderbedingungen für Schwangere und Mütter, persönliche Durchsuchungen sollten nur durch weibliche Angehörige der Wach- und Aufsichtsdienste vorgenommen werden, und das Scheren der Kopfbehaarung von Frauen war nur »mit ihrem Einverständnis bzw. bei intensiver Verlausung« statthaft.

Beide Instruktionen formulierten »Pflichten und Rechte« der Häftlinge. Die Pflichten liefen im wesentlichen 1939 wie 1947 darauf hinaus, »entsprechend der Weisung der Lageradministration zu arbeiten«, die Unterkünfte sauberzuhalten sowie Beschädigungen bzw. Verluste von Lagereigentum zu verhindern. 1947 ist der vorgeschriebene Verhaltenskodex bis ins kleinste konkretisiert worden. Außer zur Zwangsarbeit war jeder Häftling verpflichtet[43]:

- widerspruchlos die Forderungen der Administration sowie des Aufsichts- und Wachpersonals zu erfüllen,
- die Regeln der inneren Ordnung einzuhalten und gegenüber den Freibeschäftigten sowie dem Aufsichts- und Wachpersonal höflich zu sein. Diese waren als »Bürger Natschalnik«, »Bürger Ingenieur«, »Bürger Wachsoldat«, »Bürger Aufseher« usw. anzusprechen,
- beim Erscheinen von Angehörigen der Lageradministration oder des Kommandeurbestandes des Wach- bzw. Aufsichtspersonals hatten die Häftlinge auf Kommando oder selbständig aufzustehen und die Haltung »Stillgestanden« einzunehmen,
- untereinander »höflichen Umgang« einzuhalten,
- Wohn- und Arbeitsplätze sauberzuhalten,
- sorgsam mit Staatseigentum, Materialien, Werkbänken, Ausrüstungen sowie persönlichen Lagergegenständen umzugehen sowie
- kleinere Reparaturen an der Lagerkleidung selbständig auszuführen.

Umfassender und rigider noch als der Katalog der »Pflichten« waren 1947 die formulierten Verbote. Danach war den Häftlingen untersagt[44]:

- von einer Unterkunft in eine andere zu gehen,
- das Aufsuchen von Unterkünften des anderen Geschlechts,
- sich unerlaubt vom Lager oder der Arbeit im Freien zu entfernen,
- abzuweichen von vorgeschriebenen Wegen und Zeiten bei unbewachten Fortbewegungen; Zuwiderhandlungen wurden als Fluchtversuch angesehen und strafrechtlich geahndet,
- sich dem Warnzaun in der Zone sowie anderen Warnzeichen im Produktionsbereich anzunähern,
- sich Wach- und Begleitposten näher als 7 m zu nähern,
- unter Bewachung stehende Kolonnen zu verlassen bzw. die angegebene Richtung und Ordnung der Bewegung zu verletzen; Zuwiderhandlung hatte die Anwendung von Schußwaffen durch die Wachmannschaft zur Folge,
- Karten- und Glücksspiele,
- der Konsum von Alkohol und Narkotika,
- nicht erlaubte Gegenstände aufzubewahren,
- geheime Treffen und Begegnungen abzuhalten,
- sich nach dem Signal »Nachtruhe« auf dem Lagerterritorium zu bewegen,
- sich mit Oberbekleidung und Schuhen ins Bett zu legen,
- in Wohn- und Produktionsräumen – mit Ausnahme der vorgesehenen Stellen – zu rauchen,
- illegal Post abzusenden und
- Mitteilungen zum Lager, der Produktionsarbeit weiterzugeben.

Die den Häftlingen zugestandenen wenigen Rechte bezogen sich 1939 meist auf die Aufbewahrung und Nutzung persönlichen Eigentums, wie Kleidung, Geschirr, Bettwäsche, Zigaretten, Bücher, Schreibmaterial, Toilettenartikel sowie einer geringen Summe Geldes.[45] Die Instruktion aus dem Jahr 1947 räumte den Häftlingen formal folgende Rechte ein[46]:

- nach den bestehenden Normen mit Ausrüstungsgegenständen, Schuhwerk und Bettzubehör versorgt zu werden,
- sich in ihrer Freizeit bis zum Abendappell innerhalb der Lagerzone zu bewegen, in den festgelegten Zeiten die medizinischen, Kultur- und Bildungseinrichtungen (Krankenhäuser, Ambulanzen, Klubs u. a.) zu besuchen und sich in den Unterkünften zu erholen,

- Lebensmittel, Geschirr (Löffel, Becher, Schüssel), Schach und Damespiel, Bücher, Zeitungen, Zeitschriften, Streichhölzer, Tabak, Nähnadeln, Schreib- und Waschzeug, die vom Lager erhalten oder von außen zugesandt wurden, zu benutzen und aufzubewahren,
- eigene Schuhe und Kleidung zu tragen, mit Ausnahme von Uniformen,
- gegen Bargeld Bücher, Zeitschriften und Zeitungen zu kaufen,
- Briefwechsel zu führen,
- Besuch von Verwandten zu empfangen,
- bei sich bis zu 100 Rubel aufzubewahren,
- im Lagerladen einzukaufen und
- Pakete mit Sachen, Lebensmitteln sowie Geldüberweisungen zu empfangen.

Beide Lagerinstruktionen räumten formal das Recht des Häftlings ein, Anträge und Beschwerden über »ihn betreffende ungesetzliche Handlungen und Anordnungen« zu verfassen.[47] Gegenstand der wohl meisten Eingaben und Gesuche war die Forderung bzw. Bitte, das eigene Verfahren zu prüfen und die Haftentlassung vorzunehmen. Aus naheliegenden Gründen beschwerten sich Gefangene weniger häufig über die unrechtmäßige Behandlung durch Angehörige des Lagerpersonals. In diesem Fall war die schriftliche Klage dem unmittelbaren Vorgesetzten der Person zu übergeben, gegen die sich die Beschwerde richtete, so die Vorschrift von 1947. Die Instruktionen sahen besondere, versiegelte Briefkästen für die Anträge an vorgesetzte Dienststellen des Lagers oder aber an Moskau vor, die von einer »Vertrauensperson« des Chefs der Lagerverwaltung mindestens alle fünf Tage zu leeren waren. Beiden Instruktionen nach waren Briefe, die an Mitglieder der Regierung, an zentrale Parteiorgane, das NKWD/MWD der UdSSR, an die Moskauer Lagerhauptverwaltung oder Justizinstanzen gerichtet waren, ungeöffnet an diese weiterzuleiten. Die Häftlinge mußten allerdings auf dem geschlossenen Briefumschlag ihren Namen angeben. Gruppenbeschwerden waren ebenso untersagt wie Anträge namens eines anderen Gefangenen.

Widerspruchslose Unterordnung und Disziplin, höchster Arbeitseinsatz sowie strikte Einhaltung der Bewachungsvorschriften gehörten zu den Grundpflichten der Gefangenen und bildeten die Säulen des Haftregimes im Gulag. Die den Häftlingen offiziell zugebilligten Rechte waren zwar für den einzelnen Gefangenen bedeutsam, dienten in ihrer Konsequenz aber auch der Lageradministration. Das Recht, persönliche oder übersandte Kleidung bzw. Gegenstände zu nutzen, war für den einzelnen Häftling oft überlebenswichtig. Vor allem dann, wenn die Gefangenen nicht nach den bestehenden Normen mit Lagerkleidung und -ausrüstung versorgt wurden. Insofern war der Nachschub von außen ein Beitrag zur Stabilisierung des meist desolaten Lagerhaushalts. Da die postulierten Rechte jedoch bei Verstößen gegen das Lagerregime bzw. bei mangelnder Normerfüllung jederzeit aberkannt werden konnten, wirkten diese faktisch als zusätzliche Disziplinierungsinstrumente.

»Erzieherisch wirksam« und belehrend waren auch Strafandrohungen und die öffentliche Verkündung von Strafen. Beide Instruktionen sahen einen breiten Katalog von Strafmaßnahmen vor. Bestimmungen zur Haftordnung in zentralen Straflagerpunkten erließ die Moskauer Hauptverwaltung Lager bereits in der Instruktion von 1939. Der Arrest in den Strafisolatoren der einzelnen Lagerpunkte konnte bis zu 20 Tagen anhalten. Während dieser Zeit war es offiziell gestattet, wie es hieß, »tobenden Häftlingen« in Anwesenheit des Chefs des Lagerpunktes und mit Zustimmung des Arztes eine Zwangsjacke anzulegen.[48] Diese Bestimmung galt auch nach 1947 weiter. Bei »Verletzung der festgelegten Bestimmungen und der Arbeitsdisziplin« konnten die Gefangenen folgende Strafen erhalten:[49]

- Rüge, strenge Rüge, strenge Rüge mit Verwarnung,
- Entzug des Rechtes auf Besuch von Angehörigen, Korrespondenz sowie den Erhalt von Päckchen und Übergaben bis zu drei Monaten,
- Entzug des Rechtes, persönliches Geld zu nutzen, bis zu drei Monaten,
- Entzug des Rechtes des Einkaufs im Lagerladen bis zu drei Monaten,
- Entlassung aus administrativ-wirtschaftlichen oder produktionstechnischen Dienststellungen und Überführung zu allgemeinen Arbeiten unter Bewachung oder in verschärftes Regime[50],
- Strafisolator mit oder ohne Einsatz zu Arbeiten bis zu 20 Tagen oder
- Überführung in einen Straflagerpunkt.

Das Recht, Strafen auszusprechen bzw. ihre Höhe festzulegen, richtete sich nach der Hierarchie innerhalb der Lagerverwaltung und reichte von den Chefs einzelner Lagerpunkte und Abschnitte bis zum Chef des

Lagerkomplexes. Ein die eigene Kompetenz überschreitendes Urteil konnte bei der jeweils vorgesetzten Dienststelle vorgeschlagen und erwirkt werden. Die Instruktion sah eine »gründliche Untersuchung der Tat«, die »persönliche Anhörung des Schuldigen« sowie ein schriftliches Protokoll über die Ermittlungen vor. Wieweit dieses Regularium tatsächlich immer eingehalten wurde, bleibt offen. Obgleich Kompetenzüberschreitungen bei den Verantwortlichen nicht beliebt waren, kam es immer wieder zu Willkür und Übergriffen gegenüber Häftlingen. Selbst in offiziellen Dokumenten finden sich dafür Belege. Eine Inspektion der Karlag-Verwaltung in der Abteilung Bidaik mußte im Sommer 1940 feststellen: Angehörige der Wachtruppe inhaftierten ohne vorherigen Befehl des Lagerchefs Gefangene im Isolator. Per mündlicher Anordnung ließ der Wachkommandant weitere Frauen arretieren. Die Befehle dazu wurden im nachhinein oder überhaupt nicht erstellt, die Häftlinge keineswegs zur Sache angehört. Auch in Außenstellen des Lagers sperrten Wachsoldaten Häftlinge willkürlich in den Isolator. Sie argumentierten, so der Bericht: »Der Lagerchef ist weit.«[51]

Aber nicht nur mittels Strafen machte die Lageradministration die Häftlinge gefügig. Dem dienten auch Belobigungen. Die Gewährung von Vergünstigungen sollte den einzelnen Häftling zu Diszipliniertheit, Arbeitshöchstleistung und Aufgeschlossenheit gegenüber der Lageradministration führen. Die Auszeichnung einzelner förderte Differenzen innerhalb der Häftlingsgesellschaft und trug zur Entsolidarisierung untereinander bei. Die »fördernden Maßnahmen«, wie es 1937 hieß, änderten sich auch nach 1947 kaum.[52] Als Belobigungen waren im wesentlichen vorgesehen[53]:

- Danksagung: persönlich, vor dem Appell oder Erwähnung in einem Befehl mit Eintragung in die persönliche Akte,
- Prämierung mit Geld oder Naturalien,
- Gewährung einer Besuchserlaubnis außer der Reihe,
- Gewährung des Rechtes, Pakete ohne Einschränkungen bzw. Geldüberweisungen von Angehörigen bis zu 100 Rubel monatlich zu erhalten,
- die Möglichkeit des Einsatzes in unteren und mittleren Funktionen des produktionstechnischen Personals und des Wachdienstes.

Nach beiden Instruktionen hatte die Leitung eines Lagers zudem die Möglichkeit – überdurchschnittliche Arbeitsergebnisse, diszipliniertes Verhalten und Verbüßung bereits eines Drittels der Strafe vorausgesetzt –, die Haftstrafe zu verkürzen und den Gefangenen vorfristig zu entlassen.[54] Das Recht, Belobigungen auszusprechen und deren Umfang zu bestimmen, entsprach der jeweiligen administrativen Stellung des Lagerangestellten innerhalb der Verwaltungshierarchie.

Die Instruktionen »Zum Regime der Inhafthaltung der Gefangenen in Besserungsarbeitslagern« von 1939 und 1947 regulierten bis Mitte der 1950er Jahre die Existenz von Millionen Gulag-Häftlingen. In diese Zeit fallen, nach der allgemeinen Verschärfung des Haftregimes infolge der Terrorjahre 1937/38, die erste Kriegs- sowie die Nachkriegszeit, die durch weitere Repressionen gegenüber den Häftlingen geprägt war. Ausdruck fand dies in dem Befehl der Moskauer Lagerhauptverwaltung vom 27. März 1947, bis zum Anfang des Jahres 1948 Lager mit »verschärftem Regime« einzuführen, in denen neben kriminellen Gewaltverbrechern vorrangig politische Häftlinge zu internieren waren. Von einer Liberalisierung des Haftregimes gegenüber 1939 kann in den Nachkriegsjahren keine Rede sein. Zusätzliche Festlegungen fanden Eingang in die Instruktion zum Haftregime, so zur Aufnahme der Häftlinge, Unterbringung, Organisation der Arbeit, Unterbindung von Fluchtversuchen, der sanitär-medizinischen Versorgung und der »kulturerzieherischen« Arbeit sowie Inspektion und Überprüfung der Lager. Die Anzahl der konkreten Festlegungen zum Haftregime erweiterte sich daraufhin von 152 auf 338. Nicht nur quantitativ, sondern auch qualitativ entsprach die Verschärfung von 1947 dem Selbstverständnis der Moskauer Hauptverwaltung Lager und ihrem Bedürfnis, in jede einzelne Lagerstruktureinheit des Gulag hineinwirken zu können. Für die politischen Häftlinge war auch 1947, das Jahr des 30. Jubiläums der Oktoberrevolution, kein Jahr der Amnestie geworden, sondern das Jahr der weiteren Verschärfung ihres Lagerdaseins. Auch wenn die Hände und Augen der Wachen nicht überall hinreichten, wie sich Hella Frischer erinnert, und manche Verbote und Vorgaben des Haftregimes durch die Häftlinge unterlaufen werden konnten, war doch die Lagerordnung dazu bestimmt, so resümiert Jefrosinija Kersnowskaja, »einen Menschen physisch und moralisch zu brechen, seinen Willen, seine Hoffnung und seine Lebensfähigkeit zu vernichten«.[55]

Verstöße gegen das Haftregime durch Gefangene und neue Verfolgungen

Angaben über Art und Anzahl der Zuwiderhandlungen von Häftlingen gegen das Haftregime liegen für das Karlag aus den Jahren 1940 und 1951 vor. Zeitpunkte also, in denen die genannten Instruktionen in Kraft waren. Die folgenden Angaben aus Berichten der Karlag-Verwaltung für die Moskauer Lagerhauptverwaltung differenzieren allerdings weder nach Geschlecht noch danach, ob es sich um politische oder kriminelle Häftlinge handelt.

Art des Verstoßes	Anzahl der Verstöße 1939[56]	Anzahl der Verstöße 1950[57]
Arbeitsverweigerungen	1674	11 347
Verlust von Ausrüstungsgegenständen	1099	keine Angaben
Trinkgelage und Aufbewahrung alkoholischer Getränke	866	464
Unerlaubte geschlechtliche Kontakte	621	2268
Kleiner Diebstahl	606	1414
Kartenspiele	228	3653
Beziehungen zu freien Angestellten	23	64
Illegaler Briefwechsel	45	Keine Angaben
Andere Vergehen: Rowdytum, unerlaubte Entfernung, Selbstverstümmelung u. a.	2145	Keine Angaben
Fälle insgesamt	**8061**	**19 210**
Anzahl der Häftlinge im Karlag	**31 473** zum 01.01.1940	**45 675** zum 01.01.1951

Arbeitsverweigerung war der häufigste Verstoß gegen das Haftregime. Häftlinge verweigerten aus verschiedensten Beweggründen die Arbeit: Gläubige aus religiösen Motiven, Politische aus Mangel an arbeitsgerechter Kleidung und ein Teil der Kriminellen aufgrund ihres eigenen Moralkodexes, der Arbeit verbot. Im Jahr 1939 folgten in der Rangliste der Häufigkeit die Verstöße: Trinkgelage, unerlaubte geschlechtliche Kontakte, kleiner Diebstahl und Kartenspiel.

Insgesamt stieg die Menge der Verstöße im Verhältnis zur Anzahl der Häftlinge zwischen 1939 und 1950 beträchtlich. Würde jeder Verstoß einem Häftling zugeordnet, hätten im Jahr 1939 von 31473 Häftlingen 8061 das Haftregime übertreten. Das waren 25 %, immerhin jeder vierte Gefangene. Bis 1950 erhöhte sich diese Zahl auf 42 %. Die vorliegenden Angaben deuten einerseits auf eine Häftlingsgesellschaft hin, die nicht gerade als diszipliniert im Sinne der Lageradministration angesehen werden kann. Andererseits versuchte man jeglichen Verstoß gegen das Haftregime zu ahnden, um eine strenge Disziplin durchzusetzen und der Masse der Gefangenen Herr zu werden. Gegen Häftlinge, die 1939 im Karlag mehr als 8000 Verstöße begingen, nahm die Lageradministration folgende Bestrafungen vor[58]:

• Arrest im Strafisolator bis 5 Tage	1609
• Arrest im Strafisolator bis 10 Tage	1872
• Arrest im Strafisolator bis 15 Tage	1112
• Arrest im Strafisolator bis 20 Tage	599
• Überführung in den Straflagerpunkt	386
• Entzug Paket- und Besuchsempfang	146
• Entzug der Anrechnung von Arbeitstagen für Fristverkürzung	858
• Überführung zu allgemeiner Arbeit	86
• Versetzung zur Arbeit unter Bewachung	186
• Rügen und Verwarnungen	289
• Entzug von Prämien	21
• Akteneintrag	6
Gesamt	**7170**

Als wirkungsvollste und am einfachsten realisierbare Bestrafung betrachtete die Karlag-Administration die Haft im Lagergefängnis bzw. die Überführung in den Straflagerpunkt. Mehr als 5500 Vergehen, das sind 78 %, ahndete man mit einer Haftstrafe. Gefangene, die zur weiteren Strafverfolgung an Gerichte des NKWD/MWD übergeben wurden, hatten nicht nur mit einigen Tagen Strafhaft zu rechnen, sondern mit einer erheblichen Erhöhung der Lagerfrist bis hin zur Todesstrafe.

Fundierte Angaben über das Ausmaß gerichtlicher Verfolgungen von politischen Häftlingen im Gulag liegen bislang nicht vor. Aktenkundig sind einige Hundert Fälle von weiblichen Häftlingen, die Mitarbeiter der NKWD-Operativabteilung zwischen 1937 und 1944 im Karlag verhafteten. Ein Beschluß über die Eröffnung eines Ermittlungsverfahrens steht am Beginn der erneuten Verfolgung.[59] Die Beweggründe bzw. das »Material« dazu lieferten Spitzel und Denunzianten oder auch tatsächliche Widerstandshandlungen der Häftlinge. Die Gefangenen verhaftete man und sperrte sie in einen speziellen Ermittlungsisolator oder in eine Einzelzelle des Lagergefängnisses. Im Fragebogen des Inhaftierten registrierte der Verhörer alle relevanten biographischen Angaben, so Herkunft, Beruf, Parteizugehörigkeit, Grund und Dauer der Haft: annähernd 30 Punkte. Gelegentlich ließ sich der untersuchende »Operativbevollmächtigte«, der NKWD-Untersuchungsführer, eine Beurteilung über die Inhaftierte durch den zuständigen Chef des Lagerpunktes geben. In der offiziellen Anklageerhebung kamen meist Belastungszeugen zu Wort. Der Untersuchungsführer konfrontierte daraufhin die Gefangene mit den »kompromittierenden Aussagen«. Gegenüberstellungen der Angeklagten mit den NKWD-Zeugen gehörten ebenso zum Reservoire der »Beweisführung« wie erpreßte Aussagen oder manipulierte Verhörprotokolle. Zeugen, die für die Beschuldigte hätten aussagen können, wurden selten zugelassen. Ein Protokoll über den Abschluß der Ermittlungen beendete die Untersuchung. In der Anklageschrift verband der untersuchende Operativbevollmächtigte die Aussagen der Denunzianten zu einer für das Gericht einleuchtenden verbalen Beweiskette, denn materielle Beweisstücke zum Verfahren konnten die NKWD-Ermittler selten vorweisen. Die überlieferten Protokolle der Gerichtsverhandlungen wiederholten die Zeugenaussagen der Anklage und schlossen mit kurzen Erklärungen der Angeklagten. Dem Urteil, insbesondere bei der Verhängung der Todesstrafe, folgten

Kassationsanträge der Inhaftierten und meist Schriftstücke über deren Ablehnung. Auf den persönlichen Karteikarten der Häftlinge registrierten Lagermitarbeiter bürokratisch das Todesdatum des Häftlings. So schien alles nach Gesetz und Vorschrift zu gehen, und die Verfolger mußten sich keine beunruhigenden Gedanken machen.

Angaben über 211 weibliche Häftlinge, die zwischen 1937 und 1944 im Karlag zum Tode verurteilt und erschossen wurden, sind bislang bekannt.[60] Im Terrorjahr 1937 sind 23 Frauen zum Tode verurteilt worden; zwischen 1938 und 1941 waren es drei, wie in den Jahren 1943/44. Zwischen Mitte 1941 und Ende 1942 erschossen NKWD-Soldaten allein 166 weibliche Gefangene. Die Jüngste war gerade 18 Jahre; neun Frauen hatten bereits das 60. Lebensjahr überschritten. Unter den Ermordeten befanden sich mehr als 120 Russinnen, 40 Ukrainerinnen, sieben Polinnen, sieben Deutsche sowie Frauen anderer Nationalität. Mehr als die Hälfte der Ermordeten waren Bäuerinnen, 29 stammten aus der Arbeiterschaft, 16 waren Angestellte. Der strafrechtlichen Verfolgungsmaschinerie der Karlag-Administration fielen vor allem politische Gefangene zum Opfer. Von den 211 erschossenen Frauen stammten annähernd 190 aus ihren Reihen.

Aber auch die Erschossenen, die aufgrund angeblich krimineller Vergehen ins Lager kamen, sind bei näherer Betrachtung keineswegs Kriminelle im eigentlichen Sinne. Im Urteil vom 18. Januar 1941 gegen die ukrainischen Geschwister Warwara, Julia, Fekla und Maria Ignatenko hieß es beispielsweise: »Sie waren mit den Maßnahmen der Sowjetmacht unzufrieden, betrieben intensive religiöse Zeremonien, haben ihre Pässe nicht mehr und weigerten sich sowohl gegenüber den Ermittlungsorganen als auch vor Gericht auszusagen und gaben auf alle Fragen eine Antwort: ›Christus Gott weiß, wir wollen unsere Freiheit, wie sie war, ihr gebt uns die Freiheit nicht.‹ Vom Gericht wurde auch festgestellt, daß die Angeklagten, während sie in Lisnjaki lebten, in Handarbeit Strickjacken, Handschuhe und Strümpfe anfertigten, Beziehungen zur Bevölkerung unterhielten und ihre Handarbeiten auf dem Markt verkauften.«[61] Das Urteil, drei Jahre Freiheitsentzug, begründete das Gericht u. a. mit dem Verstoß gegen § 80, Teil 1, »Unerlaubte Aus- und Einreise in die UdSSR«.[62] Mit dieser juristischen Konstruktion haben sowjetische Verfolgungsinstitutionen die Zurückweisung eines Inlandspasses und die Weigerung, nach den Paßgesetzen der UdSSR zu leben, mehrheitlich

Haftfoto des NKWD von Fekla und Julia Ignatenko, 1941.

von religiösen Personen, geahndet.[63] Gewöhnliche Ortswechsel, insbesondere in »Sperrgebieten«, in denen der Paß notwendig war, wurden mit dem Artikel »Unerlaubte Ausreise und Einreise in die UdSSR« bestraft. Damit galten die Geschwister Ignatenko dem Paragraphen nach als Kriminelle, obwohl ursächlich ihr religiöser Glaube und ihre Ablehnung des sowjetischen Staatssystems der Verfolgungsgrund war.

Bisherigen Kenntnissen nach gehörten gerade Gläubige zu jenen Frauen, die nach Kriegsausbruch im Juni 1941 umfassenden Verfolgungen im Lager ausgesetzt waren. Ihre konsequente Verweigerung der Zwangsarbeit, die zuvor immer wieder mit moralischen Demütigungen und Haft in Strafisolatoren geahndet wurde, führten nunmehr zu neuen Ermittlungen und strafrechtlicher Verfolgung. Die Begründungen in Todesurteilen, die das Gebietsgericht Karaganda beim Karlag des NKWD[64] zwischen Juli 1941 und April 1942 fällte, ähneln sich: »haben unter dem Deckmantel religiöser Zeremonien unter den Häftlingen konterrevolutionäre faschistische Agitation defätistischen Charakters betrieben und neue Personen für ihre Gruppe angeworben«[65]; »systematische Arbeitsverweigerung und konterrevolutionäre Sabotage«[66]; »systematische Arbeitsverweigerung und konterrevolutionäre Propaganda gegen die Führung von Partei und Regierung«[67] oder »kategorische Arbeitsverweigerung unter Berufung auf ihre religiösen Überzeugungen«.[68] Die konsequente Ablehnung der Zwangsarbeit wurde nach Kriegsausbruch nicht mehr nur als Verstoß gegen das Haftregime, sondern als konterrevolutionäre Sabotage und die Ausübung religiöser Handlungen als konterrevolutionäre Propaganda verfolgt. Das Handeln der Gläubigen in Gruppen, in organisierter Form, wirkte zusätzlich strafverschärfend. Mit Unnachgiebigkeit ahndeten Gerichtsorgane in den ersten Kriegsmonaten zudem Äußerungen, die den geringsten Zweifel am Sieg der Roten Armee gegenüber den deutschen Okkupanten aufkommen ließen. Bewußt oder unbewußt gemachte Bemerkungen konnten als Wankelmut ausgelegt und als »antisowjetische Agitation defätistischen Charakters« gerichtlich verfolgt werden und, wie im Falle von Feona Akimowa und Maria Dawtjan, mit der Todesstrafe enden.[69]

Die drakonischen Strafmaßnahmen der Lageradministration in der Anfangsphase des Krieges ist vor allem als Warnung gegenüber allen politischen und religiösen Häftlingen zu verstehen, die sich nicht dem System des Haftregimes und der Zwangsarbeit unterordnen wollten oder sich politisch renitent verhielten. Mit der Verfolgung und Tötung dieser Frauen entledigte sich die Lagerführung nicht nur »störender Elemente«, sondern versuchte zugleich die nötige Disziplin, Arbeitsbereitschaft und Wachsamkeit der übrigen Lagerhäftlinge zu steigern. Nicht zuletzt machten sich die Angehörigen der

NKWD-Operativabteilungen bei der Aufspürung von »Feinden« unentbehrlich und konnten so eine gewisse Zeit der Abkommandierung zur Front entgehen.

Terror und Verfolgungen existierten allerdings nicht nur während besonders exzessiver Perioden wie 1937/38 und den ersten Kriegsjahren. Auch Anfang der 1950er Jahre, so Schilderungen der Gläubigen Serafima Alikina, kam es zu Erschießungen unter Frauen[70]: »Nachts kamen manchmal zwei, drei Wachleute und sagten zu Frauen: ›Macht euch fertig!‹ ›Wofür sollen wir uns fertigmachen? Sollen wir die Sachen mitnehmen?‹ ›Nein!‹ Diese Frauen wurden geradewegs zur Erschießung geführt.« Einmal kommandierte die Lageradministration Serafima Alikina zu Erdarbeiten: »Man gab mir eine Schaufel, und ich sollte eine Grube ausheben. Es waren noch viele andere neben mir. Ich fragte, was das soll. Man sagte, ich soll ein Grab ausheben. Für wen, habe ich gefragt. ›Na für dich!‹ Ich antwortete: ›Um Gottes willen, warum soll ich das für mich graben, Gräber werden nur für Tote gebraucht. Ich lebe, ich werde nicht graben, ich nehme die Schaufel nicht, ihr könnt machen, was ihr wollt.‹ Dafür kam ich in die Strafzelle, fünf Tage ohne Brot und Wasser.«[71]

Häftlingserfahrungen

Um den schwierigen Alltag nicht unnötig zu belasten, versuchte wohl die Mehrheit der Politischen, sich so schnell wie möglich den Bestimmungen des Haftregimes anzupassen. Die Pflichten und Verbote gingen in Fleisch und Blut über und regulierten das tägliche Verhalten der Häftlinge.

Appelle und Durchsuchungen

»Jeden Abend hatten wir uns in Reih und Glied vor dem Wachoffizier aufzustellen«, erinnert sich Hilda Vitzthum, »und nacheinander unseren Namen und unser Urteil herunterzusagen.« Pro Baracke waren das 300 weibliche Gefangene. Während dieser Prozedur fielen fast jedesmal ein oder mehrere Frauen in Ohnmacht. Ein Grund zum Abbruch sah der zuständige Lageroffizier jedoch nicht. Als »Akt reiner Verhöhnung« bezeichnete Hilda Vitzthum diese Appelle.[72] Susanne Leonhard schildert in ihren Erinnerungen, wie die Lageradministration einen Zählappell mit einer Durchsuchung der Häftlingsunterkünfte verband. Statt vor die Baracke führten Wachsoldaten die Häftlinge vor die Lagerzone. Drei Stunden hatten die Frauen dort zu stehen, währenddessen Lagerangestellte ihre gesamte persönliche Habe durchsuchten und verbotene Gegenstände konfiszierten. »So katastrophal war noch nie ein Obysk[73] verlaufen«, erinnert sich Susanne Leonhard. »Alle Koffer waren erbrochen, die Betten durchwühlt, die Kleidertaschen durchstöbert, die Nähbeutel inspiziert.«[74] Nach der Haftinstruktion von 1939 waren »nicht seltener als zweimal im Monat Durchsuchungen in den Unterkünften der Häftlinge« vorzunehmen.[75] Seid 1947 hatte Moskau mindestens drei Durchsuchungen pro Monat vorgeschrieben.[76]

Die Ausbeute der schikanierenden Durchsuchungen dürfte bei politischen Frauen, die meist Gegenstände für Handarbeiten oder die persönliche Hygiene versteckten, eher gering gewesen sein. Das zeigt eine Übersicht der Gegenstände, die zwischen Oktober und Dezember 1939 im Karlag konfisziert wurden.[77] Darunter waren:

Messer, Rasiermesser und Scheren	1431
Äxte, Sägen und Hämmer	158
Brecheisen, Spaten und Schaufeln	58
andere Werkzeuge	508
Schlüssel und Dietriche	175
Wertgegenstände: Uhren u. Ringe	51
Spirituosen	35,5 Liter
Medikamente	36 Flakons
Spielkarten	334 Spiele
Geld über die zulässige Norm	22711 Rubel

Insgesamt waren annähernd 3000 Gegenstände von insgesamt 31473 Häftlingen eingezogen worden. Die hohe Zahl von Messern, Rasiermessern, verschiedenen Werkzeugen, Alkohol, Spielkarten und Geld lassen auf männliche, vornehmlich kriminelle Besitzer schließen. Insofern waren die Durchsuchungen gegenüber politischen Häftlingen und vor allem Frauen eine zusätzliche und bewußt angewandte Schikane der Lageradministration.

Die Bestimmung, nach der nur weibliche Lagerangestellte Häftlingsfrauen durchsuchen durften, wurde in der Lagerpraxis oft genug verletzt. »Plötzlich steht die ganze Baracke voller Wachsoldaten, jagen die aus dem Schlaf geschreckten Frauen von den Brettern und beginnen an allen Ecken gleichzeitig, die Bündel und Strohsäcke zu durchwühlen, damit man sich gegenseitig nichts zustecken kann«, schildert Elinor Lipper ihre Erlebnisse.[78] »Sie haben uns rausgejagt und gezählt«, erinnert sich Hilda Schlegel, »morgens und abends gezählt, das ging immer nur zählen und zählen.«[79] »Besonders scharf sind die Durchsuchungen«, so Elinor Lipper, »vor und während der staatlichen Feiertage am 1. Mai und 7. November, da man offenbar irgendeine Demonstration von seiten der Gefangenen fürchtet.«[80] Nicht nur persönliche Gegenstände und Schlaf raubten die nächtlichen Durchsuchungen den Häftlingen. »Immer wieder wurde uns deutlich gemacht«, resümiert Nonna Tschekanowa-Janzen, »daß wir rechtlose Menschen waren.«[81]

Ständige Transporte

Ständige Transporte und Neuverteilung der Häftlinge gehörten zu einem wichtigen Herrschaftsinstrument der Lageradministration. »Es war für die Häftlinge so, daß sie nicht mehr als ein Jahr in demselben Lager bleiben sollten«, konstatiert Helena Kutscherowa-Koch. »Wer länger blieb, hatte schon Glück. Es war so gedacht, daß sie immer wieder in ein anderes Lager verschickt wurden. Wenn man neu ist, dann ist es doch in den ersten Monaten immer schwerer, bis man sich an die Menschen gewöhnt und Glück hat, eine bessere Arbeit zu bekommen.«[82] Helena Kutscherowa-Koch ist in ihrer achtjährigen Lagerzeit mehr als dreizehnmal verlegt worden. Der längste Aufenthalt währte zwei Jahre, die kürzeren einige Monate. Sechsmal in acht Jahren schickte die Lageradministration Käte L. auf Transport. Die Häftlinge wurden immer dann auseinandergerissen, erinnert sich die deutsche Exilantin, »wenn man wieder eine neue Bekanntschaft hatte«.[83] Sie sollten sich nicht »anpassen und eingewöhnen«, so Maria Kono.[84] Welchen Umfang die Umstrukturierung der Häftlinge zeitweise annahm, ist aus einem Bericht der Verwaltung des Karlag zum Januar 1951 ansatzweise ersichtlich. Von 45 675 Häftlingen sind 15 085 in andere Lager transportiert worden, d.h., jeder dritte Häftling. Aus anderen Lagern kamen hingegen 6510 Gefangene in das Karlag.[85] Für die Überlebenschancen der einzelnen Gefangenen und die Herausbildung einer Häftlingsgemeinschaft hatte diese Praxis fatale Folgen. Viele Gefangene waren der Ansicht, so Jewgenia Ginsburg, »daß der Schock, den man beim Aufruf zum Abtransport in ein anderes Lager erleidet, ebenso groß sei wie der bei der ersten Verhaftung. Vielleicht sogar größer. Denn damals habe es noch die Hoffnung auf einen Fehler, auf ein Mißverständnis gegeben. Hier aber war kein Mißverständnis möglich, da es eine Entscheidung der URTsch[86] war. Mit unfehlbarer Sicherheit holte man dich aus dem Winkel, in den du dich verkrochen hast in der Hoffnung, daß man dich vergißt. O nein, man hat sich an dich erinnert! Und du wirst wieder in das eisige Dunkel gestoßen.«[87]

Der Transport zum neuen Haftort konnte per Eisenbahn, per Schiff oder oft auch zu Fuß erfolgen und erforderte von den gefangenen Frauen die letzten Kräfte. Vor Hilda Vitzthum lagen ca. 100 km, die die Gefangenen in fünf Tagen durch die winterliche Taiga per pedes zurückzulegen hatten. Auf Pferdeschlitten wurde das Gepäck transportiert. Als Nachtquartiere dienten verlassene Bauernhäuser. Brot und Salzhering gab es zum Essen. Die Kolonne marschierte, so Hilda Vitzthum, »unter strengster Bewachung« und entwürdigendsten Bedingungen. Die Frauen waren gezwungen, innerhalb der Marschkolonne die Notdurft zu verrichten oder möglichst weit vorzulaufen, »im Gehen die Hosen herunterzulassen und fertig zu sein, bevor das Ende des Zuges herannahte«.[88] Längere Zeit hatte Hilda Vitzthum an den Folgen des Gewaltmarsches zu leiden, vor allem an körperlicher Schwäche, Krätze und Läusen. Schlimmer noch erging es Susanne Leonhard, die gemeinsam mit anderen Häftlingen an einem einzigen Tag das Pensum von 45 km zu bewältigen hatten. Hoher Schnee und eisiger Wind forderte den Frauen das letzte ab. Über ihren Zustand 18 km vor dem Zielort schreibt Susanne Leonhard: »Ich hatte längst aufgehört, auf die Gespräche meiner Nachbarinnen zu achten und mich überhaupt als Glied einer Gemeinschaft zu fühlen. Ganz allein war ich, weit und breit allein im Raum, und nur darauf bedacht, mich irgendwie vorwärts zu bringen. Alle meine Kräfte konzentrierte ich darauf, meine Beine fortzubewegen. Sie wurden immer schwerer. Es schien mir nicht nur so, sondern tatsächlich trug ich schon dicke Eisklumpen an den

Füßen.« Ihr Zustand einige Kilometer später: »Ich fing an, zu stolpern und zu fallen. Kopfüber stürze ich in den Schnee und habe keine Kraft, mich wieder herauszurappeln. Einfach liegenbleiben? Erfrieren? Der Gedanke hat nichts schreckliches mehr an sich.« Ein Begleitsoldat trieb sie mit dem Gewehr wieder hoch und stieß sie der Kolonne hinterher. Nach 40 km bricht Susanne Leonhard zusammen. »Ich bin so schwach«, heißt es in ihren Erinnerungen, »daß ich den Urin nicht mehr halten kann. Meine wattierten Hosen sind durchnäßt. Sie gefrieren zu Röhren aus Eis. Das Gehen schmerzt immer mehr. Die Tränen, die ich weine, gefrieren sofort zu Eisperlen. Meine Augen sind verdunkelt. Ich sehe nichts mehr. Ich kann nicht mehr weiter.«[89] Ohnmächtig verbrachte Susanne Leonhard die letzten Kilometer auf einem Transportschlitten. Unter dem Gelächter der Wachsoldaten am Lagertor mußte sie vor Schwäche und wegen starker Erfrierungen auf allen vieren in den neuen Haftort kriechen.

Lagergefängnis und Strafkolonne

Die Einweisung in den Strafisolator gehörte bei politischen Frauen zu den gefürchtetsten Repressionen im Lager. Die Inhaftnahme drohte ständig, wie eine Liste von vermeintlichen Vergehen zeigt, die Elinor Lipper 1950 zusammengestellt hat: »Verspätung zum Arbeitsausmarsch; Sprechen während dem Arbeitsausmarsch; ungehörige Antworten an Wachsoldaten, Lageradministratoren und andere freie Bürger; Rauchen in der Baracke; Rauchen beim Arbeitsausmarsch; unvorschriftsmäßige Kleidung – private Mäntel oder Schuhe; eigenmächtiges Verlassen des Arbeitsplatzes; erwischt mit einem Mann – und sei es auch in harmlosem Gespräch, was es meistens nicht ist; Betreten einer Wohnung oder eines Ladens in der freien Siedlung; Betrunkenheit; Mitbringen von Nahrungsmitteln ins Lager; Unordnung in der Baracke; unordentliche Pritsche; Arbeitsverweigerung; Diebstahl im Lager; Diebstahl auf dem Arbeitsplatz; Nichterfüllung des Arbeitssolls; Benutzung unvorschriftsmäßiger Stellen als Latrine; Prügelei unter den Gefangenen – der Wachsoldat, der den Gefangenen prügelt, bekommt keine Strafe dafür; Verweigerung der Teilnahme an den Stoßarbeiten (...) für den Lagerbedarf, d. h. Arbeiten, die nach Beendigung der offiziellen zwölfstündigen Arbeitszeit gemacht werden müssen; Verlassen der Baracke – außer in Richtung Latrine – nach dem abendlichen Appell; Wäschewaschen in der Baracke; Haarwaschen in der Baracke, Brandlöcher in der Kleidung usw. usw.«[90]

In Erinnerungen kommen Frauen immer wieder auf ihre eigenen Erfahrungen mit dem »Karzer« zurück, wie umgangssprachlich der Strafisolator unter den Gefangenen genannt wurde. »Es war das Allerschlimmste, was einem Häftling passieren konnte«, resümiert Hilda Vitzthum.[91] »Karzer«, so Dodo Garai, »das ist oft der Tod.«[92] Auch Jewgenia Ginsburg, obwohl schon mehr als zwei Jahre Gefängnis hinter sich, meinte nach einigen Tagen Strafzelle im Lager: »Dieses Mal, so schien es, gab es kein Entrinnen mehr, kein Entrinnen von dem uns auf den Fersen folgenden Tod. Noch einen Augenblick – und er wird uns einholen.«[93] »Wenn man dort 10, 15 Tage gesessen hat, wenn man es durchgehalten hat«, konstatiert Luise Hörmann, »dann ist man später krepiert«, an einer Lungenentzündung oder anderen Folgeerkrankungen.[94] Der durch Bretter- oder Stacheldrahtzaun vom Lager isolierte »Karzer« ähnelt sich in verschiedenen Beschreibungen. »Eine ungeheizte Hütte«, beschreibt Jewgenia Ginsburg, »die am meisten Ähnlichkeit mit einer Latrine hatte, da niemand zur Verrichtung natürlicher Bedürfnisse herausgelassen wurde und ein Kübel nicht vorhanden war.«[95] »Der Karzer war ein kleines, furchtbar schmutziges Holzhäuschen«, erinnert sich Margaretha Witschel, »in dem man kaum aufrecht stehen konnte. Das Innere erweckte den Eindruck mehrerer Käfige.«[96] Ein ausgedientes Krautfaß diente in ihrer Zelle als Kübel, der erst geleert werden durfte, wenn dieser randvoll war. Der Befall mit Ungeziefer, einschließlich Ratten, war noch stärker als in den regulären Unterkünften und von der Lageradministration gewollt. Neben den vor allem für Frauen katastrophalen hygienischen Bedingungen deprimierte die Enge in den Strafzellen. Margaretha Witschel war Ende der 1940er Jahre mit 16 Frauen in einer Zelle von 5 qm zusammengepfercht, zuwenig Platz, um zu sitzen, geschweige denn im Liegen zu schlafen. Ähnliches berichtet Jewgenia Ginsburg für Ende der 1930er Jahre: »Fast die ganze Nacht mußten wir stehen, denn auf den drei zusammengenagelten Rundhölzern, die die Pritschen ersetzten, konnten wir nur abwechselnd sitzen.«[97] Gewöhnlich erhielten Häftlinge im »Karzer« die Strafration, bestehend aus täglich 300 Gramm Brot und kaltes Wasser. Am dritten Tag gab es eine dünne Suppe.[98] Antonie Satzger, bestraft mit drei Tagen verschärftem Arrest, verwehrte man jegliche Nahrung. »Am ersten Tag durfte ich auch nicht auf die Toilette gehen«, erinnert sie sich, »so daß ich in der Zelle meine Notdurft verrichten mußte. Am zweiten Tag habe ich nur noch ein wenig gepullert. An diesem Tag war der Hunger wahnsinnig, wirklich wahnsinnig. Am dritten Tag war ich apathisch, ich hatte kein Hungergefühl mehr und war wie benebelt.«[99] Die Lageradministration verhängte die Arreststrafen mit oder ohne Einsatz bei der Zwangsarbeit. Politische Gefangene betrachteten die letztere als strafverschärfend, da ihnen bei Arbeitsverrichtung die normale Lagerration zustand und sie für eine gewisse Zeit der unmenschlichen Enge entfliehen konnten. Allerdings setzte die Lageradministration die Strafgefangenen meist zur schwersten körperlichen Arbeit im Freien ein, und nur unentbehrliche Fachkräfte hatten die Chance, in ihrer angestammten Funktion beschäftigt zu werden. Körperliche wie seelische Drangsalierungen drohten politischen Häftlingen auch von kriminellen Zelleninsassen, deren Einfluß und Macht keineswegs vor dem »Karzer« endete. Helena Kutscherowa-Koch erlebte, wie es einem Kriminellen gelang, die Männerzelle zu verlassen, um seinen sexuellen Gelüsten in der benachbarten Frauenzelle nachzugehen.[100] Demoralisierend wirkten auch die Temperaturen im Strafisolator, der nicht selten einfach als »Eiszelle« oder »Eisbunker« bezeichnet wurde. Der »Karzer«, bemerkt Nina Hagen-Torn, wurde nur »durch seine Insassen ›geheizt‹«.[101] Strafverschärfend, meist gegenüber religiösen Frauen, zogen die Wachmannschaften Kleidung ein und setzten die Häftlinge anhaltender Folter durch Kälte aus. »Die Kleider haben sie mir genommen«, schildert die Gläubige Aleksandra Okunjewa, »um mich zu bedecken, haben sie mir nur mein Tuch gelassen.« Die Zelle mit Zementfußboden verfügte weder über ein Fenster noch über eine Wärmequelle. »Wir hatten nur unseren Gott, er hat uns erwärmt, wenn wir nackt auf dem Zementfußboden lagen.«[102] Aber nicht nur mit Kälte, sondern auch mit Hitze folterte man Frauen im Strafisolator. Die Religiöse Anna Kandalina war in einem »Hitze-Karzer« inhaftiert. »Dessen Zellen waren mit einem Ofen von außen beheizbar. Der Ofen war schon sehr heiß, und es wurde trotzdem weiter nachgelegt. Wir waren 19 Frauen in der Zelle, und alle schrien: ›Wir sterben! Wir sterben!‹ Wir wußten, sie kommen gleich wieder und legen nach. Aber Gott hat uns einen Weg gewiesen und gerettet. Wir haben uns nach unten gebeugt. Dort war ein kühler Luftzug, und den haben wir eingeatmet. Auf diese Weise haben wir uns gerettet.«[103]

Eine andere Form der Bestrafung war die Versetzung in eine Strafbaracke oder Strafkolonne. Margarete Buber-Neumann schrieb 1939 eine Eingabe an das Oberste Gericht der UdSSR und gab sie beim Operativbevollmächtigten des NKWD ab. Zwei Wochen später hatte sie sich im Strafblock, einem Straflager innerhalb ihres Lagerpunktes, zu melden.[104] Außer dem Strafisolator befanden sich in dem von Stacheldraht umzäunten Territorium jeweils eine Strafbaracke für Männer und eine für Frauen. Politische Häftlinge standen nicht nur unter dem Kuratel des strengen Wachdienstes, sondern auch unter dem der Kriminellen, die in der Baracke das Sagen hatten. Margarete Buber-Neumann empfand dies als die »ärgste Strafe« überhaupt. Zwischen 50 und einigen Hundert Insassen schwankte die Belegung im Straflager. Die Baracken waren in noch schlechterem Zustand als sonst üblich, die Schlafstellen aus verschieden dicken Brettern oder teils einfach nur aus Reisiggeflecht bestehend. Der Notdurft diente einzig eine offene Grube, die einen bestialischen Gestank verbreitete. Manche Häftlinge ersparten sich auch diesen Weg und hockten sich gleich neben die Baracke. Das Wecken fand noch früher als gewöhnlich statt. Die Essenausgabe und -einnahme erfolgte im Stehen. Wenig später ertönte das Signal zum Zähl- und Arbeitsappell. Margarete Buber-Neumann teilte man zur Feldarbeit ein. Vor ihr eine Furche heranwachsender Sonnenblumen, die vom Unkraut befreit werden sollten. 3000 Meter war die Norm, dann gab es 600 Gramm Brot. Nach dem ersten Tag in der Strafbaracke dachte die deutsche Kommunistin: »Hier wirst du nie wieder lebend herauskommen, wirst verrecken wie ein Vieh.«[105]

Hella Frischer wurde mit anderen Frauen aufgrund angeblicher Diebstähle in der Lagerschneiderei in eine Strafkolonne eingeliefert. Vier Baracken, eine Küche, eine Werkstatt und eine Desinfektionskammer bildeten das Außenkommando, mehr nicht. Es gab kein Badehaus, keinen Speisesaal und keine Sanitätsstation. Alle Funktionen, wie Arbeitsverteilung und -normierung, die Leitung der Bäckerei und Brotstelle, hatten kriminelle Männer inne. Sie bereicherten sich unverfroren auf Kosten der übrigen Häftlinge und hielten mit Duldung der Wachen ausschweifende Feste mit willigen Frauen. Für jede Baracke gab es pro Tag dagegen nur eine Tonne Wasser: zum Trinken, zur Körperhygiene, zur Reinigung der Leibwäsche. Den politischen Frauen hat man gleich das Kopfhaar geschoren, schildert Hella Frischer in ihren Erinnerungen, »das mußte sein wegen der größeren Erniedrigung und der Hygiene. Einen Spiegel hatte niemand von uns, doch jede von uns fühlte ihr häßliches Äußere. Deshalb nahmen wir die Mützen mit den Ohrenklappen nur beim Schlafen ab.« Ohne Ausnahme jagte man alle zur Schwerstarbeit, unabhängig von ihren physischen Kräften. »Der Wintertag ist kurz«, resümiert Hella Frischer, »ein Arbeitstag endlos.« Ihr Befinden nach wenigen Tagen: »Ich verzweifelte fast.«[106]

Verschärfung des Haftregimes nach Kriegsausbruch 1941

»Als am 22. Juni die Nachricht vom Überfall Nazideutschlands auf die Sowjetunion kam«, schreibt die deutsche Kommunistin Christina Kjossewa in ihren Lagererinnerungen, »waren wir ziemlich fassungslos. Wir fühlten, daß für uns Deutsche im Lager jetzt eine schwere Zeit beginnt und daß die Freiheit in weite Ferne gerückt war.«[107] Die Moskauer Hauptverwaltung verwehrte politischen Häftlingen jedoch nicht nur die fristgemäße Entlassung, sondern ordnete zudem eine Verschärfung des Regimes für bestimmte Häftlinge an. Betroffen waren vor allem Gefangene deutscher und finnischer Nationalität sowie wegen »konterrevolutionär-trotzkistischer« Tätigkeit Verurteilte.[108] Zunächst sollten die »feindlichen Ausländer«[109] von Büroarbeiten und Funktionen entbunden werden, wogegen sich im Einzelfall, aus Mangel an adäquatem Ersatz, Verantwortliche der Lageradministration lange Zeit sträubten.[110] Dem Moskauer Befehl zur Isolierung der genannten Häftlingsgruppen konnte man allerdings nicht umgehen. Mancherorts separierte die Lageradministration einfach dem Namen nach. Alle die auf -berg, -burg und -stein endeten, zählte man zu den Deutschen – wie die Jüdin Jewgenia Ginsburg.[111] Sie deportierte man, soweit es die Logistik und die Beförderungskapazitäten der Gulag-Verwaltung ermöglichten, in Straflager im hohen Norden der UdSSR. Julie Bevern wurde gemeinsam mit anderen ausländischen Häftlingen in das Workutagebiet jenseits des Polarkreises transportiert und dort streng isoliert.[112] Andere Häftlinge konzentrierte man in besonderen Straflagern, entfernt von Eisenbahnlinien und Siedlungen oder in Strafbaracken ihres eigenen Lagerpunktes.[113] Die besonderen Zonen waren mit Stacheldraht oder Palisadenzäunen umgeben, von Soldaten und Hunden bewacht. Die Fenster waren vergittert, der Platz beengt, die

Verpflegung schlechter noch als üblich. Zum Alltag gehörte besonders schwere Zwangsarbeit, vor der auch die Schwächsten und die an Skorbut Leidenden nicht mehr verschont blieben.[114] Strenge Isolationshaft ohne Arbeit erlebte dagegen zeitweise die Rußlanddeutsche Eleonora Leibbrandt. Die Auswirkungen auf die gefangenen Frauen waren in beiden Fällen ähnlich: »Die Leute kamen sehr herunter. Sie konnten kaum noch gehen. Manche Frauen waren älter und daher körperlich sehr geschwächt. Wir wußten nicht, werden wir morgen am Leben bleiben oder nicht. Man hat uns so behandelt, als wären wir die größten Verbrecher.«[115] Schimpfworte wie »Faschistka«, »faschistische Fratze« oder »Hitler-Hure« gebrauchten nunmehr neben den Kriminellen auch Wachsoldaten und andere politische Häftlinge.[116] »Die Wachsamkeit der Begleitmannschaften hatte sich verdoppelt und verdreifacht«, so Jewgenia Ginsburg, die Vorkriegszeit erschien dagegen »liberal«.[117] Die deutsche Kommunistin Martha Globig erinnert den Sommer 1942 als »das Entsetzlichste«, was sie je erlebte; »Repressalien schärfster Art« fanden Anwendung. Ein Begleitsoldat erschoß eine Frau: Sie hatte aufgrund ihrer Schwerhörigkeit sein Kommando nicht gehört.[118] In Mylga hing über dem Eingang zur Lagerverwaltung ein großes Transparent, berichtet die deutsche Kommunistin Christina Kjossewa, mit dem Spruch: »Nemzem mensche – pobeda blische! Der Deutschen weniger – dem Siege näher!«[119]

Im Laufe der Kriegsjahre, besonders im Laufe des Jahres 1943, lockerte sich das besondere Haftregime gegenüber den verfemten Häftlingen. Beweggründe waren zunächst militärische Erfolge der Roten Armee. Gewichtiger jedoch waren die überdurchschnittliche Todesrate und Invalidität unter den isolierten Häftlingen. »Das Jahr des verschärften Strafvollzugs im Krieg trug nun Früchte«, resümiert Jewgenia Ginsburg, »die Zahl der Kranken und Todesfälle war emporgeschnellt.«[120] Die von oben geforderte Planerfüllung machte daher ihre Rückkehr in die normale Lagerproduktion unumgänglich und war kein Akt besonderer Humanität. Ein neuer Umgang wurde in den Lagern praktiziert, entsinnt sich Luise Hörmann, die unter der Losung stand: »Bewahrt die menschlichen Ressourcen.«[121] »Jetzt schlug das Pendel wieder nach der anderen Seite aus«, so Jewgenia Ginsburg, »von oben ertönte ein gellender Aufschrei: ›Und wer wird den Plan erfüllen?‹«[122]

Frauen in Lagern mit verschärfter Haftordnung ab 1947

»1948 kam ich in das 6. ›Sonderregime-Lager‹«, schildert Larisa Kultschitska: »Hier bekamen wir auf unsere Kleidung, auf den Rücken und den Rock, Nummern mit weißer Ölfarbe geschrieben. Meine Nummer war M-393. Morgens und abends beim Appell wurden wir nur mit diesen Nummern aufgerufen. Nach der Arbeit wurden wir in die Baracken gejagt, die verschlossen wurden. Ein Kübel war drin, und es war verboten, die Baracke zu verlassen. Briefe und Pakete wurden uns nicht ausgehändigt, die nahmen sich die Aufseher. Die Verpflegung war abscheulich.«[123] Die aus der Westukraine stammende Larisa Kultschitska gehörte zu jenen Frauen, die nach der MWD-Instruktion von 1947 in Lagern mit »verschärftem Regime« gefangengehalten wurden. Sie teilte ihr Schicksal mit Frauen, die in den Nachkriegsjahren verhaftet wurden: Bewohnerinnen in ehemals von deutschen Truppen besetzten Gebieten der UdSSR; aus Deutschland zurückgekehrte Zwangsarbeiterinnen oder KZ-Häftlinge; Zwangsrepatriierte, vor allem Rußlanddeutsche, die als »Kollaborateurinnen« und »Verräterinnen« der Heimat teils mit 25 Jahren Lagerhaft bestraft wurden. Hinzu kamen tatsächliche und vermeintliche Anhängerinnen nationaler Bestrebungen, vor allem in der Ukraine und den baltischen Staaten.

Die ukrainische Jüdin Chawa Wolowitsch, 1937 durch das NKWD mit 15 Jahren Haft bestraft, kam Anfang der 1950er Jahre in ein Lager mit verschärftem Regime. »Das erste, was ins Auge fiel, als wir das Lager betraten, waren die vergitterten Barackenfenster und Riegel an den Türen. Neben dem Abort, wohin es jeden üblicherweise zog, stand eine Reihe Fässer. Über deren Verwendungszweck brauchte man sich nicht den Kopf zerbrechen. Alles klar – Klofässer. Es stimmte also, Gefängnisregime, die Lagerzone war menschenleer. Nach einer Predigt des Regimechefs, in der er uns mit den Verordnungen und Verpflichtungen bekannt machte und in der die Worte ›verboten‹ und ›bestrafen‹ überwogen, ließ man uns in der prallen Sonne mit dem Hinweis sitzen, zu warten und uns nicht von der Stelle zu rühren.« Die Baracken mit den durchgehenden Pritschen waren überfüllt. Wasser gab es pro Tag und Baracke eine Tonne, der sich sofort die stärksten Häftlinge bemächtigten. Nur einmal im Monat ging es in die »Banja«, wo jeder nur einen halben Kübel Wasser erhielt. Zehn Stunden täglich mußten die Gefangenen schwere körperliche Arbeit leisten. In den ersten Tagen nach der Ankunft hatte Chawa Wolowitsch wie die anderen Neuankömmlinge ihre Nummer an der Kleidung zu befestigen. »Diese Lumpen beraubten uns unserer Namen, Familiennamen, unseres Alters«, so die Ukrainerin über ihre damaligen Gedanken, sie »verwandelten uns in gebrandmarktes Vieh, in Inventar, oder in noch Schlimmeres, denn ein numerierter Stuhl heißt weiterhin Stuhl, gebrandmarkte Tiere bekommen Rufnamen, wir aber waren von jetzt an nur noch Nummern.«[124]

Periodisch wechselte man die Einsatzorte der Wachsoldaten. Emilie B.: »Alle drei Wochen haben sie die Bewachung geändert. Ich habe einmal heimlich zuhören können, wie sie die gegen uns aufgepeitscht haben, was wir für Verbrecher sind, die Politischen. Es war schrecklich. Da haben sie diese jungen Soldaten so aufgehetzt, daß die wie die Tiere zu uns waren. Es war schrecklich. Und nach drei, vier Wochen waren sie dann anders. Dann haben sie gesehen, daß wir ruhig waren und gearbeitet haben. Da waren sie schon ein bißchen anders. Dann haben sie die wieder versetzt, und es kamen neue. So ging das die ganzen Jahre.«[125] Vor allem Frauen mit Fristen von 25 Jahren mußten die allerschwersten und erniedrigendsten Arbeiten verrichten, erinnert sich die Russin Nonna Tschekanowa-Janzen. Die Akten, die sie betrafen, »trugen extra einen roten Streifen, das hieß, sie waren ›besonders gefährliche Verbrecher‹«.[126]

Ein besonderes Martyrium war der tägliche Marsch zur Zwangsarbeit, so Emilie B.: »Kopf runter, nicht zur Seite, nicht nach vorn schauen«, lautete der Befehl, »Schritt, Schritt, Schritt – immer zu fünft in einer Reihe. Ich bin nach vier Jahren ganz krumm gegangen. Wir mußten immer nach unten schauen. Nicht zur Seite, nicht den Kopf hoch, immer nach unten. Nicht sprechen, nichts.« Den Häftlingen war es auch in den Sommermonaten verboten, so die Jüdin Faina Nauschütz, sich während des Marsches der Mückenplage zu erwehren. Nicht nur das Sprechen war strengstens verboten, sondern auch die Hände mußten strikt am Körper gehalten werden. Viele Häftlinge kamen wie Faina Nauschütz mit geschwollenen Ohren und einer geschwollenen Nase von der Zwangsarbeit.[127]

Weiteren Schikanen waren Häftlinge bei den Zählappellen nach Arbeitsende und nächtlichen Durchsuchungen der Baracken ausgesetzt. Emilie B. empfand schlimmer noch als die täglich 14 Stunden Zwangsarbeit das Durchzählen am Lagertor. »Besonders wenn Frost war«, erinnert sie sich, »dann zählen sie und zählen. Wir stehen schon in Fünferreihen, und sie zählen und zählen. Dann fehlt eine, und weiter stehen und stehen, und wir erfrieren bald. Manchmal haben wir zwei, drei Stunden gestanden. Wieviel Zeit bleibt dann noch zum Essen, zum Waschen und zum Schlafen?«[128] Serafima Alikina, zusammen mit anderen Gläubigen in einer abgetrennten Strafbaracke untergebracht, schildert in ihren Erinnerungen die besonders drastische Vorgehensweise der Wachtruppe während einer Kontrolle: »In unserer Baracke waren 200 Frauen. Man wirft sie auf einen Haufen, stapelt sie. Dort schreien sie, sie schreien, schreien ›O Herr, O Herr‹. Während sie schreien, schlägt man sie. Die Schreie erinnerten mich daran, wenn man ein Schwein schlachtet. So haben sie geschrien. Das hat man bei jedem Wetter gemacht, egal wie das Wetter war.«[129]

Lagerpersonal

Die Moskauer Hauptverwaltung Lager bekräftigte in der Haftinstruktion von 1947 die längst gängige Praxis des Verbots »jeglicher Beziehungen« von Angehörigen der Lageradministration zu Häftlingen, »die nicht durch dienstliche Verpflichtungen bedingt« waren. Vom gesamten Personalbestand forderte man zugleich die strenge Durchsetzung des festgelegten Haftregimes wie auch die formalen Rechte der Häftlinge zu respektieren. Offiziell hieß es sogar, gegenüber Gefangenen seien »keinerlei Äußerungen oder Handlungen zuzulassen, die deren menschliche Würde mißachten«.[130] Über die Einhaltung dieser Instruktion und ihre realen Erfahrungen mit Angehörigen der Lageradministration können ausschließlich Häftlinge selbst berichten. Ausführlich und differenziert geschieht das in vielen Berichten und Interviews.

»Diese Wachsoldaten, diese Begleiter – die waren überall abscheulich«, resümiert Nora Pfeffer, »aber die Lagerangestellten, die kleinen und die größeren Chefs, die waren nicht schlecht zu uns.«[131] Eine Häftlingserinnerung, die nicht selten in Überlieferungen zu finden ist. Erfahrungsgemäß hatte die Masse der Häftlinge allerdings nur mittelbar mit der Lagerführung Kontakt. Den eigentlichen Unterdrükkungsapparat verkörperte bei den gefangenen Frauen vor allem das Wach- und Aufsichtspersonal mit seinen alltäglichen Disziplinforderungen und unberechenbaren Handlungen. Befehlsgebende Offiziere der Lageradministration, vor allem Lagerkommandanten, die eigentlich Verantwortlichen für das Geschehen im Lagerpunkt, kamen in den Augen der meisten Häftlinge besser weg. Die inhaftierten Frauen nahmen zudem die Zwänge wahr, denen die örtliche Lageradministration durch die vorgesetzten Stellen ausgesetzt war: permanenten Inspektionen und Kontrollen über die Einhaltung der Haftinstruktionen sowie der Planerfüllung. Fast mit Verständnis schildert Jewgenia Ginsburg das Dilemma, in dem sich eine örtliche Lagerführung auf Kolyma während der Kriegszeit befand: Wenn die Inspektoren »gutgeheizte Baracken vorfinden, durchzogen von Essensgeruch, könnten sie den Mund verziehen und unheildrohend bemerken: ›Gemütlich habt ihr es euch gemacht! An der Front sterben die besten Leute und hier. Wie in einem Kurort!‹ Andererseits ist es aber auch nicht ausgeschlossen, daß sie, wenn in den Barackenwinkeln die Wände vereist sind und ein paar Todkranke unter einem Berg von Lumpen stöhnend auf ihren Pritschen liegen, plötzlich einen ganz anderen Ton anschlagen: ›Wie Fliegen laßt ihr sie krepieren! Ihr wollt wohl das Archiv ‚A' auffüllen! Vielleicht sagt ihr uns, wer hier den Plan erfüllen soll, wenn alle abkratzen? Etwa Puschkin?‹«[132]

»Natschalniki« – Die Chefs

Innerhalb der Verwaltung des Lagerpunktes differenzierten die inhaftierten Frauen aufmerksam und genau zwischen den verschiedenen Chefs der Verwaltungsabteilungen. »Abscheulich waren der Natschalnik Regima und der Natschalnik NKWD«, konstatiert Nora Pfeffer. »Die anderen Chefs waren nicht hochnäsig, besonders nicht den Politischen gegenüber. Und einer sagte mir einmal: ›Denkst du, ich weiß nicht, daß die Politischen unschuldige Menschen sind?‹ Also, es gab auch Menschliche unter ihnen.«[133]

Derlei positive Erinnerungen, vor allem an Verantwortliche von Lagerpunkten, sind durchaus keine Ausnahme in den biographischen Überlieferungen. Frauen, die in »Speziallagern« für Angehörige von

Verrätern der Heimat einsaßen, schildern, wie Mimi Brichmann, ihren Lagerkommandanten als »menschlich und verständnisvoll«. Er selbst war nach Akmolinsk Anfang der 1940er Jahre strafversetzt worden und »wußte«, so Mimi Brichmann, »daß wir nichts begangen hatten«.[134] Alja Tartak und Galina Lewinson waren in einem ähnlichen »Speziallager« für Familienangehörige im Temnikowsker Gebiet. Galina Lewinson erinnert den Lagerchef als »menschlich«, Alja Tartak als »gutmütig«, aber »etwas impulsiv«. Uneinig waren sich die inhaftierten Frauen darüber, »ob er gutmütig ist, weil er trinkt, oder ob er trinkt, weil er gutmütig ist«.[135]

Gulag-Frauen erinnern sich ehemaliger Lagerchefs dann in positiver Weise, wenn diese sich ganz praktisch der Verbesserung der Existenzbedingungen annahmen. Emilie B. erlebte einen Kommandanten, der in ihrem Lagerpunkt eine Badestube für die Häftlinge bauen ließ. Das Material dazu wurde befehlsgemäß »überall zusammengeholt«, d. h. gestohlen. Ein anderer Lagernatschalnik befahl nach einer Inspektion im Krankenrevier, den Kranken täglich einen halben Liter Milch aus den Beständen der Wachgarnison zu verabreichen.[136] Helena Golnipa schildert einen Lagerchef, der selbst einst als Gefangener im Lager einsaß. Er war, so die Österreicherin, »im Rahmen seiner Möglichkeiten zu den Gefangenen nicht schlecht, er versuchte für sie zu sorgen, hatte sogar ein gefallenes Pferd gekauft, sie zu ernähren, sie am Sterben zu hindern«.[137] Er konnte aber auch »unangenehm« und ohne Übergang wütend werden. Beim Auftreten von Läusen ließ er beispielsweise allen Frauen die Kopfbehaarung scheren. Wenig später setzte er bei der übergeordneten Verwaltung den Anbau von Kartoffeln für die zusätzliche Versorgung der Häftlinge durch.

Luise Hörmann beschreibt in ihren mündlichen Erinnerungen einen Lagerchef, der »tat, was er für die Gefangenen tun konnte, soviel er durfte und konnte«. Zur Beschwichtigung anderer Lagerfunktionäre entwickelte er ein besonderes Ritual. »Wenn er in die Baracke reingekommen ist«, schildert Luise Hörmann, »hat er als erstes immer gebrüllt: ›Ihr Huren, ihr Faulenzer, ihr schlaft und schlaft, daß ihr durch den Schlaf recht angeschwollen seid.‹ Also, erst mal runtergemacht die Weiber, und dann fing er an: ›Na, was ist‹, zur Brigadierin, ›was ist. Na, dann sagen Sie, was ist oder was fehlt, keine Filzstiefel oder was?‹ Er war ein Mensch. Er mußte nur so tun als ob.

Er hat's verstanden.« Luise Hörmanns Resümee: »Er war ein guter Mann.«[138]

Für die Häftlinge war allerdings nicht immer ergründbar, ob es tatsächlich Anteilnahme und Menschlichkeit war oder ob die Lagerchefs ausschließlich im Interesse eines physisch agilen Arbeitskräftereservoirs und der Erfüllung der Produktionsvorgaben so handelten. Für die Häftlinge drängte sich in der Existenznot des Lagers wohl die Beantwortung dieser Frage nicht unbedingt auf.

Die Behandlung politischer Häftlinge durch leitende Lagerangestellte als Menschen, nicht als Gefangene oder Konterrevolutionäre, ist ein weiterer Anlaß positiver Erinnerungen. Schon ein scheinbar gleichberechtigter Wortwechsel ohne den vorgeschriebenen Abstand zwischen Natschalnik und Häftling stärkte die persönliche Identität der Gefangenen. Aufmunternde und tröstende Worte sind bis heute in Erinnerung. Vor der Finnin Enni Kiutto lagen zehn Jahre Lagerhaft. Hoffnungen auf Rückkehr in die Freiheit gaben ihr die Worte des Kommandanten bei der Ankunft im Lager: »Du wirst auch wieder nach Hause kommen.«[139] Faina Nauschütz vernahm unbemerkt gar die Worte von Angestellten der Lageradministration: »Das Volk wird uns nicht verzeihen, was wir mit den eigenen Menschen machen.«[140]

Wie Erinnerungen an Lagerverantwortliche ausfallen, ist nicht zuletzt von der Stellung der erinnernden Gefangenen innerhalb der Lagerhierarchie abhängig. Die Mehrheit der Häftlinge, eingesetzt zur allgemeinen Arbeit, hatte kaum persönliche Kontakte zu Angehörigen der Lageradministration. Erinnerungen an sie stammen meist von Funktionshäftlingen oder Frauen, die in den Kontoren der Verwaltung tätig waren. Die verschiedenen Perspektiven und Erfahrungen produzierten zwangsläufig unterschiedliche Erinnerungsbilder von Lagerangestellten. Susanne Leonhard, in einem Büro der Lagerverwaltung eingesetzt, porträtiert in ihren Erinnerungen einen Lagerkommandanten aus Estland, der »einer der wenigen durchaus korrekten und humanen Beamten« war, die sie im Lager getroffen hatte. Er war, wie sie schreibt, »zweifellos der menschlichste und anständigste von allen«.[141] Die anderen Gefangenen nannten ihn dagegen, so Susanne Leonhard, »trocken« und »hart«. »Streng war er zwar«, räumt Susanne Leonhard ein, »aber untadelig korrekt«. Für die Deutsche war der unbestechliche Lagerchef eine »leuchtende Ausnahme« angesichts der allgemeinen

Realität in den Lagern, »wo die meisten Vorgesetzten ihre Stellung dazu ausnutzten, in ihre eigenen Taschen zu wirtschaften«.[142]

Jewgenia Ginsburg beschreibt in ihren Erinnerungen zwei Lagerkommandanten, einen weiblichen und einen männlichen. Der studierte Philosoph Kaldymow, Leiter eines landwirtschaftlichen Staatsgutes, auf dem Frauen Zwangsarbeit verrichteten, meldete sich freiwillig nach Kolyma. Für ihn stand im Mittelpunkt ausschließlich die Erfüllung des Produktionssolls, das die Häftlinge mit Schweiß, Blut und hungrigen Mägen erschinderten. »Wenn man ihm von Zeit zu Zeit von ›Massenabgängen‹ unter den Häftlingen berichtete«, so Jewgenia Ginsburg, »kam als Antwort: ›Wir kriegen schon wieder neue.‹« Für die Arbeit in der Landwirtschaft hielt Kaldymow die verhafteten Intelligenzler der Jahre 1937/38 für völlig ungeeignet. Er forderte »frische Kontingente« und »ergatterte« bei der vorgesetzten Lagerverwaltung in Magadan junge, gesunde Häftlinge, die mit der Landarbeit vertraut waren. Kaldymow, so Jewgenia Ginsburg, »war kein Sadist. Unsere Leiden bereiteten ihm kein Vergnügen. Wir waren für ihn einfach nicht vorhanden, weil er uns aus innerster Überzeugung nicht als Menschen betrachtete.« Den »Abgang« von Häftlingen, d. h. ihren Tod, nahm er hin als »ganz alltägliche Produktionsstörung«.

Walentina Zimmermann, Parteimitglied seit 1918/19, leitete das Frauenlager in Elgen auf Kolyma. Ihr brachte auch Jahre nach dem Lager manch ehemalige Gefangene, erinnert sich Jewgenia Ginsburg, eine »gewisse Achtung« entgegen, vor allem »weil sie ehrlich war«. Sie bediente sich nicht in der Häftlingsküche, nahm keine Bestechungsgelder an oder manipulierte die Abrechnung der Lagerkasse. Das mißfiel anderen Lagerchefs. »Bestechliche, ausschweifende Säufer, die sie waren«, sahen in ihr »das Fremde und wichen vor ihr zurück«, so Jewgenia Ginsburg. Konsequent und unerbittlich setzte die Kommandantin Zimmermann die vorgegebenen Haftinstruktionen durch. Diese Aufgabe betrachtete sie als »Kampf um Ehrlichkeit, Keuschheit und Aufrechterhaltung der Ordnung«. Sie war allen Häftlingen gegenüber »kurz angebunden und schroff«, sprach sie aber mit »Sie« an. Bei Durchsuchungen entdeckte Nahrungsmittel ließ sie konfiszieren und in die Latrine schütten. Zugleich sorgte sie für die Ausgabe der vorgeschriebenen Verpflegungsrationen, einschließlich der Fett- und Zuckeranteile. Jeden Verstoß von Häftlingen gegen das Haftregime verfolgte die Lagerkommandantin weisungsgemäß mit unerbittlicher Strenge. Vor allem Mundraub von Gemüse bei der Feldarbeit, offiziell Diebstahl »sozialistischen Eigentums«, bestrafte Zimmermann immer wieder mit Strafisolator. Frauen starben in der Krankenstation, weil die Lagerchefin dem Arzt verbot, die knappe, rettende Medizin den Inhaftierten zu verabreichen. Weibliche Häftlinge, deren Beziehungen zu männlichen Gefangenen oder freien Mitarbeitern entdeckt wurden, erwartete die Strafversetzung.[143] Natschalniki wie Walentina Zimmermann, die sich streng an alle Befehle und Instruktionen hielten, waren unter den Häftlingen verhaßt und als »Buchstabenmenschen ohne Saft im Gehirn« verschrien.[144] Chefs dagegen, die die Regeln für sich selbst, aber auch gegenüber den Häftlingen nicht gar zu streng handhabten, »manchmal ein Auge zudrückten«, die statt »Dienst nach Vorschrift« das Regime den örtlichen Bedingungen »anpaßten«, standen in der Gunst der Häftlinge höher. Sie waren in ihren Augen »weder gut noch böse«, aber mit ihnen konnte man über manche Angelegenheit reden.

Unrechtmäßige Aneignung und Veruntreuung von Lager- und Häftlingseigentum durch Mitglieder der administrativen Verwaltung aller Ebenen war gang und gäbe. Sie deckten einander, und das Wissen darum, so das Resümee von Susanne Leonhard, ließ sie »wie Pech und Schwefel« zusammenhalten.[145] Allerdings kam es immer wieder zu Rivalitäten zwischen einzelnen Verwaltungsstellen eines Lagerpunktes, die für die Häftlinge unterschiedliche Folgen haben konnten. Vor allem Divergenzen zwischen der buchstabengetreuen Einhaltung der vorgeschriebenen Haftinstruktionen und den Produktionskennziffern führte zu Reibungen und Konflikten innerhalb der Lageradministration. Die Kommandanten der Lager, interessiert an arbeitsfähigen und -willigen Häftlingen, gerieten nicht selten mit den Lageroffizieren zusammen, die das Haftregime durchzusetzen hatten. Zwischen den Reibeflächen der widerstreitenden Interessen fanden sich oft Häftlinge wieder. Elinor Lipper wurde vom Chef für Innere Ordnung beim Stehlen von Kartoffeln ertappt und dafür mit drei Tagen »Karzer« bestraft. Der Lagerkommandant, ein junger Russe, kannte die Gefangene als »disziplinierte Arbeiterin«, die er für die Produktion nicht verlieren wollte, und widerrief den Befehl. Nach dem letzten Tag der Aussaat jedoch ließ der »Chef Regima« in einer nächtlichen Aktion Elinor Lipper gemeinsam mit kriminellen Arbeitsverweigerern erneut in die Strafbaracke überführen.[146] In eine ähnliche Konfliktlage geriet Jefrosinija Kersnowskaja. Sie sagte zu einem sie prügelnden Wachsoldaten »Du Idiot!« und wehrte sich mit ihren Fäusten. Im Lager meldete der Begleitsoldat die Gefangene. Eine schriftliche Stellungnahme verweigerte sie. Daraufhin gab ihr der Diensthabende eine Ohrfeige, die die junge Frau ebenfalls erwiderte. Es folgten weitere Prügel und die Inhaftierung in einer Arrestzelle. Der Natschalnik sorgte jedoch für die Freilassung der Bestarbeiterin Kersnowskaja und die Degradierung des Diensthabenden.[147] Mia Spitz erlebte einen Lagerkommandanten, der die Häftlinge vor Spitzeln, und damit vor den Aktivitäten des NKWD-Operativbevollmächtigten warnte. Der einstige politische Häftling kam in die Baracke, erinnert sich Mia Spitz, und sagte: »Frauen, erzählt euch über die erste Liebesnacht oder Kochrezepte, aber nicht über Politik. Denn was ihr am Abend flüstert, das weiß ich schon in der Früh.«[148] Der gleiche Lagernatschalnik hatte den Befehl zur Überführung der Österreicherin in einen Straflagerpunkt, solange er konnte, boykottiert.

Die Abwendung schlimmster Repressionen durch Lagerverantwortliche rief bei Häftlingen, so Elinor Lipper, »überwältigende Gefühle der Dankbarkeit« hervor und galt als »Beweis der Menschlichkeit« einzelner Lagerkommandanten. »Deren es leider nur wenige gab. Nicht, weil sie alle Unmenschen sind, sondern weil sich einer vor dem anderen fürchtet.«[149]

Zu Verunsicherung und Angst unter den Häftlingen trug maßgeblich die »Operativ-tschekistische«, die sogenannte 3. Abteilung der Lagerverwaltung bei, die Spitzel rekrutierte und neue Verfolgungen vornahm. Diese Aufgabe nahm in jedem Lagerpunkt ein »Operativbevollmächtigter« des NKWD/MWD wahr. Häftlinge nannten ihn »Djadja Jascha«, Onkel Jakob; sein Domizil hingegen die »3. Baracke« oder das »3. Häuschen«. »Wenn man zu dem geholt wurde, war das kein Spaß mehr«, so Luise Hörmann.[150] »Um das Haus ging man herum wie um ein Feuer«, erinnert sich Eleonora Leibbrandt, »vor dem hatten wir schreckliche Angst.«[151] Wenn man zum Operativbevollmächtigten gerufen wurde, war sofort ein »Hohlraum um einen herum«, schildert Mia Spitz, »niemand sprach mehr mit einem«.[152] Die Angst vor Spitzeln, die »Seksot«[153], den »geheimen Mitarbeitern«, war allgegenwärtig. Die Rekrutierung zahlloser »Stukatschi«, wie Spitzel unter Häftlingen genannt wurden, dt. »Klopfer« – die sinnbildlich zur heimlichen Berichterstattung an die Tür des Operativbevollmächtigten anklopfen –, trug maßgeblich zur Verunsicherung und Vereinzelung der Häftlinge bei.

Wach- und Aufsichtspersonal

»Wachbereich 19. Posten Nummer drei. Zur Verteidigung der Sowjetunion. Bewacht Terroristen, Spione, Mörder und Volksfeinde. Wache 41 übergibt den Posten.« – »Wachbereich 19. Posten Nummer drei. Zur Verteidigung der Sowjetunion. Bewacht Terroristen, Spione, Mörder und Volksfeinde. Wachbereich 19 übernimmt den Posten.«[154] So die Beschreibung einer Wachablösung Ende der 1940er Jahre. Die Soldaten am Lagertor und auf den Beobachtungstürmen waren ebenso wie die bewaffneten Begleiter während des täglichen Marsches zur Arbeit Ausdruck der ausweglosen Gefangenschaft. Ihnen waren die Frauen täglich ausgeliefert. Ein wenig beruhigt, vielleicht froh, konnten die Frauen in den Schlaf sinken, wenn tagsüber nichts Außergewöhnliches geschehen war, wenn alles normal, ohne Vorkommnisse verlief. Dann hatten sie allen Befehlen genügt, das Haftregime eingehalten, waren nicht aufgefallen und in keine unberechenbare Situation geraten. Das konnte viel sein, angesichts existentieller Bedrohungen durch Kriminelle, Zwangsarbeit, Hunger, Klima oder Krankheit.

Die Erinnerung an das Wach- und Aufsichtspersonal ist ebenso differenziert wie die an die Natschalniki. »Manche waren sympathisch, andere wieder nicht«, konstatiert die Rußlanddeutsche Eleonora Leibbrandt.[155] Die einen haben einen »getriezt«, andere waren »direkt rücksichtsvoll«, entsinnt sich Alice S.[156] Nicht nur Julie Bevern sah im persönlichen Charakter des einzelnen Wachsoldaten eine Ursache für ihr Auftreten gegenüber den Häftlingen. »Der eine, der Macht ausübt, dem machte das Freude«, kommentiert sie, »dem anderen nicht, und der war gut zu den Menschen.«[157] »Djadja Wanja«, Onkel Wanja, war »wie unser bester Freund«, schildert Eleonora Leibbrandt. Dieser schon etwas ältere Aufseher unterschied sich von den brutalen Typen, die beschimpften, grob behandelten und ihre Macht spüren ließen.[158]

Ein Begleittrupp war dann gut, so Frieda Mayer-Melikowa, wenn er bei der Arbeit im Freien »erlaubte, ein Feuer anzumachen, Kartoffeln zu backen und wir uns satt essen konnten«.[159] Mit tiefer Dankbarkeit erinnern sich ehemalige Gefangene an Hilfeleistungen, die sie von Wachsoldaten erhielten. »Ich stand am Feuer«, schildert Hella Frischer. »Der Wachsoldat, der mich beobachtete, befahl plötzlich: ›Drei Schritte zur Seite!‹ Das tat ich ungern. Er ging ans Feuer heran und legte ein recht großes, abgebrochenes Stück grauen Zucker hin: ›Nimm!‹ Ich war verwundert. Als der Soldat wieder auf seine Distanz ging, nahm ich es. Ich traute mich nicht, ihm zu danken. ›Es wird einem übel, zuzuschauen‹, sagte er unbestimmt. Das wiederholte sich mehrere Tage. Dieses Geheimnis zwischen mir und dem Wachsoldaten war mir teuer. Doch wie üblich, wurde der Soldat bald durch einen anderen ausgewechselt.«[160] Immer wieder kam es zu verbotenen Gesprächen zwischen einzelnen Wachsoldaten und inhaftierten Frauen, in denen Zutrauen und Mitleid mit den politisch Verhafteten wuchs.[161] Ein Wachsoldat beschaffte Ida Konrad das Geld wieder, das wenige Stunden zuvor Angehörige der Wachtruppe bei einer Barackendurchsuchung konfisziert hatten.[162] Und Susanne Leonhard berichtet von »menschlich anständigen« Wachleuten, die am Lagertor darüber hinwegsahen, wenn Mütter gestohlene Lebensmittel in die Zone schmuggelten.[163] Es gab Bewacher, die ihre Waffe niederlegten, um Frauen bei schwerer Zwangsarbeit zu helfen, oder während des Heimmarsches Waldfrüchte sammeln ließen. Ein kasachischer Begleitsoldat verließ gar seinen Postenbereich und ritt für die eigentlich zu bewachenden Häftlinge, so Margarete Buber-Neumann, in die nächste Siedlung, um für sie heimlich Brot und Zucker zu kaufen. Gemeinsam bangten sie umeinander: der Soldat, daß niemand floh – die Frauen, daß keine Kontrolle kam.[164] Aber nicht nur materieller Hilfe erinnern sich die Lagerfrauen. Ein junger Wachsoldat vertraute sich der Gläubigen Serafima Alikina an. Mitleid brachte er ihr entgegen und die Worte: »Ich habe gläubige Eltern, ich bin selbst gläubig. Und wenn ich nach Hause komme und über euch erzähle, dann weinen meine Eltern und ich mit ihnen.« Andere Wachsoldaten, so Serafima Alikina, sind an betenden Frauen vorbeigegangen und haben gesagt: »Laß sie beten, sie haben doch schon genug zu leiden.« Wenn schlechte Wachleute kamen, trieben sie die Betenden auseinander.[165]

Meist allein, unbemerkt von anderen, halfen Soldaten inhaftierten

Frauen. Zu erwarten war die heimliche Anteilnahme jedoch nicht, sondern meist etwas Überraschendes. Und nicht jedes Helfen oder Zugeständnis erfolgte ohne Berechnung. »Bei uns war so eine Sitte«, erinnert sich Irmgard Schünemann, »jede Woche mußten wir den Wachen von unserem bißchen Brot ein wenig abgeben. Dadurch bekamen wir etwas Erleichterung und durften uns im Winter mal ans Feuer setzen. Das durfte alles nicht sein, das durfte keiner sehen, aber es war verbreitet.«[166] Irmgard Schünemann erinnert sich dieser Begebenheit allerdings nicht einfach als Nötigung, sondern als gemeinsam erfahrenes und geteiltes Leid. Denn die Wachsoldaten, so der Eindruck der Gefangenen, waren »selber arm« und »hatten nicht genug zu essen«.[167] Auch die Gläubige Serafima Alikina machte sich Gedanken über die einfachen Wachsoldaten. Ihr Resümee: »Zu uns war man streng, aber zu den Wachleuten war man auch streng.«[168] Wach- und Dienstordnung sowie politische Indoktrination ließen den jungen und unerfahrenen, meist wehrpflichtigen Wachsoldaten kaum Handlungsspielraum. Jeder, der half, riskierte Versetzung in ein anderes Lager oder Bestrafung, bis hin zur gerichtlichen Verfolgung. Vereinzelt wird von Selbstmord berichtet.[169]

Die übergroße Mehrheit der Wachsoldaten agierte freilich innerhalb der vorgegebenen Dienstordnung und Befehle: diszipliniert, konsequent, unerbittlich. Die vorgeschriebenen 7 m Abstand, die der Häftling zum Wachposten einzuhalten hatte, war keineswegs nur Ausdruck einer räumlichen, sondern auch einer ideologisch-mentalen Separierung von Häftlingen und Bewachern. Politischer Fanatismus, persönliche Veranlagung sowie militärische und politische Konditionierung durch die Offiziere der Lageradministration führten zu Übergriffen, Gewalt und Mord gegenüber den rechtlosen Lagerfrauen. Meist unverhofft, so die Schilderungen, brach es über die Frauen herein. Erna Kolbe, die nachts auf dem Weg zur Toilette war, begegnete einer Wache. Sie bekam den Befehl, sich auf den feuchten Lehmboden zu legen und sich zu wälzen. »Nachdem ich so eingesaut war«, schildert sie, »konnte ich aufs Klo gehen.«[170] Ähnlich erging es Antonie Satzger, die an Auszehrung und Durchfall litt. Mühselig schleppte sie sich zur Latrine, schaffte es aber nicht mehr: »Eine Streife hat mich gesehen, wie ich da stand und mir die Brühe davonlief. Die haben mich dafür in den Karzer gesteckt.«[171] Anna Bucharina nahm der Aufseher bei der Einlieferung in den Strafisolator das einzige ihr verbliebene Bild ihres elf

Monate alten Babys ab. Er brüllte sie an: »du Hündin«, »schleppst noch Bucharins Brut mit dir herum«. Vor ihren Augen zerriß er das Foto, spuckte darauf und zertrat es mit seinen Stiefeln.[172]

Lebensbedrohliche Ausmaße nahmen Übergriffe von Soldaten während des Marsches zur und während der Zwangsarbeit im Freien an. Die Konvoisoldaten übernahmen die Arbeitsbrigaden am Lagertor und hatten sowohl die volle Verantwortung wie die Verfügungsgewalt über die Gefangenen. Vor dem Abmarsch folgte das immer wieder gleiche Ritual, die Verwarnung der Häftlinge: »Ein Schritt nach links, ein Schritt nach rechts gilt als Fluchtversuch, es wird sofort geschossen.«[173] Hilda Schlegel verließ zwar nicht die vorgeschriebene Marschordnung, sprach aber mit ihrer Nachbarin und verstieß damit gegen den Befehl zu schweigen. »Auf einmal ist der Soldat angekommen«, so Hilda Schlegel, »und hat uns mit der Flinte so durchgehauen, daß wir beide nicht mehr laufen konnten. Wir haben geschrien, wir haben geweint. Das hat aber alles nicht geholfen. Der hat uns geschlagen wie ein Stück Vieh.«[174] Erinnerungen an Schläge von Wachmannschaften gegenüber Frauen finden sich nicht häufig in den ausgewerteten Überlieferungen. Verbreiteter waren kollektive oder individuelle Exerzierübungen: »Hinlegen! Aufstehen!«, vor allem auf feuchtem Boden. »›Hinsetzen!‹ Das Kommando kommt wie ein Peitschenschlag, die Gewehrmündung zielt auf mich«, berichtet Dodo Garai. »Wozu diese sinnlose Erniedrigung? Sinnlos? Sehr sinnvoll. Ich soll lernen, sofort, jetzt, auf der Stelle soll ich lernen, daß ich kein Mensch mehr bin. Ich soll lernen, daß der Posten die Macht hat, die aus seinem Gewehrlauf kommt. Er hat die Macht, mich zu erniedrigen. ›Hinsetzen!‹ brüllt er. Scharf der Ostwind. Schlamm, Sumpf ringsum. Wer sich nicht setzt, wer sich nicht unverzüglich setzt, wer nicht schon sitzt, bevor der Befehl verklungen ist, braucht nie mehr Befehle auszuführen.«[175]

Alte und Schwache, die den Anforderungen der langen und schweren Fußwege zum Arbeitsort nicht mehr gewachsen waren, waren besonders durch das Wachpersonal bedroht. Wanda Bronska-Pampuch war schwanger, der Weg durch Morast und Schlamm fiel ihr schwer. Die nassen, schweren Filzstiefel zogen sie zu Boden. Immer wieder blieb sie hinter der Kolonne zurück. Der Soldat mahnte sie, schneller zu gehen. »Schließlich«, so Wanda Bronska-Pampuch, »sagte ich ihm, ich könne es nicht, und auch, warum ich es nicht könne.« Daraufhin richtete er sein Gewehr auf die Gefangene und schrie: »Wenn du nicht schneller gehst, schieße ich!«[176]

Wenn Häftlingen die Flucht gelang, wurden die verantwortlichen Wachsoldaten bestraft. Verhinderten sie hingegen tatsächliche oder vermeintliche Fluchtversuche, belohnte man sie. Immer wieder erschossen Soldaten Häftlinge während des Marsches, wie es offiziell hieß, »auf der Flucht«. Hilda Schlegel erinnert sich, wie ein Begleitsoldat der Marschkolonne befahl, stehenzubleiben, und einen Häftling aufforderte, das Glied zu verlassen. »Der hat den erschossen. Das war alles. Der Mensch blieb dort tot liegen, und wir sind weitergegangen. Wir kamen ins Lager, da hat der Soldat gesagt, der wollte flüchten.«[177] Die Österreicherin Mia Spitz erlebte während des Arbeitsweges eine Begebenheit zum wiederholten Mal. Häftlinge, durch Schwäche und Krankheiten zusammengebrochen, wurden von Begleitsoldaten »mit den Füßen in den Graben« gestoßen und erschossen. Für jeden »auf der Flucht Erschossenen« haben die Wachen, erinnert sie sich, 50 Rubel Prämie erhalten. Nachdem auf diese Art ein jüngerer Häftling erschossen wurde, setzten sich Mitgefangene gegen die jeden bedrohenden Tötungen zur Wehr. Sie organisierten einen Sitzstreik und erzwangen schließlich eine Untersuchungskommission, auf deren Beschluß, so Mia Spitz, der schlimmste Bewacher versetzt wurde.[178]

Auch am Arbeitsort im Freien, vor allem beim Waldeinschlag und Feldbau, waren Häftlinge den Wachsoldaten und ihrer Willkür ausgeliefert. Ein Posten prügelte eine Mitgefangene, erinnert sich Jefrosinija Kersnowskaja. Sie hatte vergeblich versucht, ihm zu erklären, sie ruhe sich aus, weil sie ihre Norm bereits erfüllt hatte. »›Maul halten!‹«, entgegnete der Wachsoldat. »›Ich habe gesagt, ihr sollt schuften!‹ Dann erklang ein dumpfer Schlag und eine weinende Stimme sagte: ›Wir haben unser Pensum erfüllt!‹ und wieder hörte man Schläge. Wanja[179] heulte, ihren Kopf mit den Händen schützend. Der Wachsoldat wurde zur Bestie: die Schläge prasselten herunter, von Mal zu Mal heftiger.« Erregt eilte Jefrosinija Kersnowskaja ihrer Mitgefangenen zu Hilfe und entriß dem Wachsoldaten die Waffe. »Ich gab ihm das Gewehr sofort zurück und trat drei oder vier Schritte zurück«, schildert sie den Fortgang: »Er legte an und zielte. Das schwarze Loch des Laufs berührte mich fast. Durch das Visier sah ich das Auge eines Menschen – und darin stand Tod geschrieben. Es war sehr still. In einer solchen Lage denkt man nicht mehr nach, aber der Schatten eines Gedankens blitzte doch auf: ›Zittere nicht! Behalte deine Würde!‹ Dann schnellte der Lauf in die Höhe und der Kolben krachte auf die Erde. ›Dein Glück‹, sagte der Wachsoldat ruhig und langsam, ›daß ich neulich gesehen habe, wie du mit blutigen Händen den Fußboden in unserer Kaserne gescheuert hast.‹«[180]

Auch gegen Frauen, die das vorgeschriebene Arbeitsterritorium im Wald oder auf dem Feld verließen, wurde die Schußwaffe angewendet. Eine junge Ukrainerin, fünf Monate vor der Entlassung, fragte den Begleitsoldaten, ob sie sich hinter der Absperrung ein paar Beeren pflücken dürfte. »Er sagte: ›Du kannst gehen‹«, erinnert sich Emilie B., »als sie hinter der Absperrung war, hat er sie erschossen.«[181] Vor allem zum Verrichten der Notdurft suchten weibliche Gefangene Schutz hinter Büschen oder Bäumen. Das konnte mit dem Tod enden, wie Helene Golnipa das Schicksal einer Mitgefangenen schildert. Obwohl der Wachsoldat der jungen Frau gestattet hatte, sich vom Arbeitsort zu entfernen, streckte er sie mit einem Schuß nieder. Wieder hieß es offiziell: »Auf der Flucht erschossen«.[182]

Eleonora Leibbrandt erlebte Ähnliches. »Eine ältere Frau«, erinnert sie sich, »wollte zum Strohschober laufen und sich ihren Schlafsack mit frischem Stroh füllen. Gleich wurde sie erschossen, ›auf der Flucht‹.«[183] Die tote Frau ließ die Lagerführung zur Abschreckung drei Tage am Wachtor liegen. Die willkürliche Erschießung von Häftlingen durch Konvoisoldaten war, so Tamara Ruschenzewa, »nicht selten«. Wenn die Lageradministration vereinzelt auch Untersuchungen anstellte, trauten sich die gefangenen Frauen kaum, die Wahrheit zu sagen. Eingeschüchtert bestätigte man, sie versuchte zu flüchten. »Andernfalls«, so Tamara Ruschenzewa, konnte »das gleiche mit dir am nächsten Tag geschehen«.[184]

Das Eingangstor zum Lager war neben dem Fußmarsch und der Zwangsarbeit ein weiterer Ort von Willkür und Schikanen. Beim Einlaß der Häftlingskolonnen nach der Tagesarbeit ließen sich die Wachkommandos viel Zeit. »Die saßen in ihrem warmen Wachhäuschen am Ofen und betranken sich«, schildert Nora Pfeffer. »Es kam vor, daß wir ein oder zwei Stunden im eisigen Wind stehen mußten. Wir fühlten nicht mal mehr unsere warmen Jacken, sondern als ob wir in

Nachthemden dastanden. Wir hatten alle warme Tücher und bedeckten unser Gesicht so, daß nur die Augen zu sehen waren. Alles andere wäre sofort erfroren. Wenn man die Nase ein bißchen offenläßt, dann ist sie weiß, die Wangen werden weiß. Das bedeutet Erfrierungen. Wir tänzelten und machten irgendwelche Bewegungen, auf und nieder, auf und nieder, damit das Blut zirkuliert. Wir sagten uns untereinander, deine Nase ist weiß, deine Wange ist weiß. Und dann kamen die betrunkenen Wachsoldaten heraus. Die hatten Maschinengewehre und schossen über uns hinweg. Einfach zum Zeitvertreib.«[185]

Besonderer Willkür und Gewalt waren Frauen ausgesetzt, die unbewußt oder bewußt gegen das Haftregime verstießen, vor allem religiöse Häftlinge. Verweigerung und Widerstand religiöser Frauen wurde immer wieder verfolgt und hart bestraft: mit tagelangem Strafarrest in Hitze- oder Kältezellen, stundenlangem Strafestehen bei Minusgraden oder in der Hitze, den Mücken ausgesetzt. »Man hat mich gezwungen, nachts Strafe zu stehen, die ganze Nacht über«, schildert die Gläubige Aleksandra Okunjewa. »Es war eine klare Nacht, es herrschte Frost, es war windig. Mir wurde befohlen, auf dieser Stelle stehenzubleiben, mich nicht wegzurühren. Ich stand die ganze Nacht. Der Wachhabende kam am Morgen zu mir und sagte, du kannst jetzt gehen. Ich versuchte zu gehen, aber von der Kälte war mir furchtbar schwindlig.«[186] Die Religiöse Serafima Alikina erinnert sich der Schikanen einiger Wachsoldaten, denen eine Nonne ihrer Baracke ausgesetzt war. »Man begann sie umherzuschubsen«, erzählt sie im Interview, »auf den Boden zu werfen oder gegen die Pfosten der Pritschen zu stoßen. Manchmal kamen zwei, drei Wachleute herein und begannen sie durch die Baracke oder auf den Boden zu stoßen. Sie war schon kein Mensch mehr. Sie ist darüber verrückt geworden. Zuletzt, als ich entlassen wurde, war sie in der Baracke mit einer Eisenkette festgebunden. Wieviel dort an Ketten gelegt waren. Es war schrecklich. Ich habe Angst, mich daran zu erinnern und darüber zu sprechen, weil es so schrecklich war.«[187]

Aleksandra Okunjewa, die aus Glaubens- und politischen Gründen wie viele Religiöse die Zwangsarbeit verweigerte, wurde von Wachsoldaten in gefesseltem Zustand mit zur Arbeit im Freien geschleppt. »Die anderen haben gearbeitet«, schildert sie, »und ich mußte stehen. Mich haben die Mücken aufgefressen. Mit den Händen konnte ich sie nicht verjagen. Das Blut floß, mein Gesicht war geschwollen. Ich konnte die Augen nicht mehr öffnen, und meine Hände schwollen auch an. Als man uns zurückbrachte, hat man mich sofort in den Karzer geworfen, damit mich niemand in diesem Zustand sieht.«[188] Zum Strafsystem gegenüber religiösen Arbeitsverweigerinnen gehörten eine verringerte Brotration von täglich 300 Gramm Brot und anhaltende Demütigungen und Verhöhnungen. »Es gab Fälle«, erinnert sich Anna Kandalina, »wo Frauen völlig nackt in eine spezielle Zelle eingesperrt und mit kaltem Wasser übergossen wurden. Die Wände waren voller Ungeziefer. Eine Glaubensschwester hatten Wachsoldaten an den Schwanz eines Pferdes gebunden und zum Hohn durch das Lager geführt, schildert Anna Kandalina: »Oder man hat einen Harmonikaspieler geholt und der Gläubigen einen Filzstiefel auf den Kopf gesetzt. Und so, völlig nackt, hat man sie durch das Lager geführt. Der Harmonikaspieler hat gespielt, und die anderen lachten.«[189]

»Kulturerziehungsarbeit«

»Natürlich wird im Gulag jedermann umerzogen«, so Alexander Solschenizyn: »durch die Kameraden und durch die Umstände und auf sehr verschiedene Art, einzig die Kulturniks haben es noch nie zuwege gebracht, einen Jungen, geschweige denn, einen Erwachsenen umzuerziehen.«[190] Die »Kulturerziehungsabteilungen« mit ihren Mitarbeitern, eben die »Kulturniks«, waren fester Bestandteil der Lageradministration und existierten je nach Größe der Lagerstruktureinheit. Der Chef der »Kulturerziehungsabteilung« eines Lagerpunktes war zugleich einer der stellvertretenden Lagerkommandanten. Er rekrutierte aus dem Kreis der Gefangenen, nicht selten der Kriminellen, sogenannte »Erzieher«, die für jeweils 250 Häftlinge zuständig waren. Ein Erzieher, auf den Susanne Leonhard im Lager traf, konnte gerade eben lesen und schreiben. Dieser Kriminelle hatte »offenbar nach Meinung der Lagerobrigkeit das notwendige Bildungsniveau als Vertreter der sowjetischen Kultur für die Gefangenen erreicht«.[191] Unfähig und uneffektiv arbeiteten die meisten Erzieher, deren Aufgaben Alexander Solschenizyn so beschreibt: »Allmorgendlich die Häftlinge zur Arbeit zu geleiten und anschließend einen Kontrollgang durch die Küche zu machen (mit anderen Worten, sich satt füttern zu lassen), wonach denn auch noch Zeit blieb, den versäumten Schlaf nachzuholen.« Außerdem legte der Erzieher in festgelegten Abständen »Berichte über die Stimmung unter den Häftlingen« vor, die unter anderem von der Operativabteilung des NKWD innerhalb des Lagers ausgewertet wurden.[192]

Die zentrale Haftinstruktion von 1947 formulierte als Hauptaufgabe der »kulturerzieherischen« Arbeit die »Umerziehung« der Häftlinge. Das pädagogisches Mittel: »hohe Produktions- und gesellschaftlich nützliche Arbeit« der Häftlinge, sprich »Besserung durch Arbeit«.[193] Eine zweite Aufgabe der »kulturerzieherischen« Tätigkeit sah die Moskauer GULag in der Organisation der sogenannten »Massenkultur«. Das Ziel: »Erhöhung des allgemein-kulturellen Niveaus der Häftlinge« und Gestaltung einer »sinnvollen Freizeit«.[194] Dies sollte in »Zirkeln der künstlerischen Laienbetätigung« sowie durch die Organisation von Aufführungen, Konzerten, Auftritten von Laienkünstlern, Kinovorführungen und andere Arten der »Massenkultur« realisiert werden. Die Speisehalle, wenn vorhanden, diente am Abend als Klub- und Veranstaltungsraum. In kleineren Lagerpunkten sollten »Kultur-« oder »Rote Ecken« eingerichtet und, soweit es Sommer war, im Freien kulturelle Aktivitäten betrieben werden, freilich ausschließlich nach der Arbeit oder an den wenigen freien Tagen.

Elinor Lipper ordnete die KWTsch der »Abteilung Zuckerbrot« des Lagers zu.[195] In den Erinnerungen der Frauen finden sich vielfältige Schilderungen der offiziellen Lagerkultur. Laienkunstgruppen, Chöre und Musikensembles existierten je nach Größe und Häftlingsbestand der einzelnen Lagerpunkte. Die Ukrainerin Ola Popadyn erinnert sich an die Aufführung einer nationalen Operette.[196] Gar an Schillers »Kabale und Liebe« und Shakespeares »Othello« versuchte sich eine Theatergruppe, so Trude Richter: »Unter den männlichen Gefangenen wurde einer ausfindig gemacht, dem man Obliegenheiten des Regisseurs übertragen konnte. Eine Grusinierin, die in Tiflis als Theaterschneiderin gewirkt hatte, zauberte allerhand effektvolle Kostüme aus unscheinbaren Flicken.«[197] Beliebt waren Dichter des 19. Jahrhunderts, vor allem Alexander Puschkin, Anton Tschechow und Alexander Ostrowski.[198] Improvisation und Einfallsreichtum waren gefragt, nicht nur um die literarischen Vorlagen umzusetzen, sondern auch die dazu notwendigen, völlig unzureichenden materiellen Bedingungen zu meistern.

Bücher waren meist nur in beschränktem Umfang und in größeren Lagerpunkten vorhanden. Klara D. nutzte Literatur, um ihre Russischkenntnisse zu verbessern. Dodo Garai, die in der Krankenstation ein Werk von Spinoza las, empfand dies als einen der schönen Momente im Lager.[199] Nicht wenige Häftlinge waren scharf auf Bücher, um die Seiten als Zigarettenpapier zu nutzen. Tatsächlich machte nur eine geringe Anzahl der Häftlinge wirklich Gebrauch von den beschränkten Lagerbibliotheken. Zu erschöpft kehrten die Frauen von der Arbeit in die dunklen, kalten und unruhigen Baracken zurück, als daß sie die Kraft und Muße zum Lesen hätten haben können.[200]

Zeitweise ließ man die Gefangenen auch die staatlichen Festtage der UdSSR begehen, so den Revolutionsfeiertag, das Neujahrsfest, den Internationalen Frauentag oder den 1. Mai. Allerdings versammelte man die »Konterrevolutionäre« nicht an den eigentlichen Feiertagen, sondern erst später.[201] In größeren Lagerpunkten gestalteten Häftlinge Estraden- oder bunte Programme, bestehend aus Theaterszenen, Chor- und Sololiedern, Orchestermusik, Tänzen, Rezitationen und Sprechchören. Künstlergruppen, sogenannte »Agitatationsbrigaden«, wurden auf Tournee geschickt und traten in kleineren Lagern auf. »Jedes Festprogramm wurde natürlich mit einer hochpolitischen Rede eingeleitet«, erinnert sich Susanne Leonhard: »Die sowjetische Nationalhymne wurde stehend von allen gesungen, Stalin wurde in der üblichen speichelleckerischen Weise vergöttert, die inneren Feinde – Trotzkisten, Profaschisten, Knechte des ausländischen Kapitals, Saboteure, Wirtschaftsschädlinge, Spione und sonstige konterrevolutionäre Widersacher – wurden einer vernichtenden Kritik unterzogen. Der ganze nationalistisch-byzantinische Rummel ging ziemlich eindruckslos an allen vorüber, und erst bei den künstlerischen Darbietungen erwachte die Begeisterung.«[202] Vereinzelt wird in Erinnerungen auch von Tanzveranstaltungen gesprochen, die im Anschluß an Festprogramme oder an freien Tagen vor allem in den Nachkriegsjahren stattfanden und besonders von jüngeren Frauen besucht wurden.[203] Über heimliche, von den Häftlingen selbst organisierte Treffen in Schuppen oder Werkstätten, auf denen auch ein bißchen getanzt wurde, berichtet Eleonora Leibbrandt.[204] Die Meinung unter den Häftlingen dazu war gespalten. Helena Kutscherowa-Koch ging öfter zum Tanz in die Männerzone, wo eine kleine Häftlingskapelle aufspielte. Ihre gleichaltrige Freundin meinte: »Im Lager tanze ich nicht!«[205] Mehr oder weniger regelmäßig veranstaltete die KWTsch in größeren Lagerpunkten Kinoveranstaltungen. Das Angebot reichte von Propagandafilmen, vor allem während der Kriegsjahre, über ausländische Produktionen bis hin zu reinen Unterhaltungsfilmen, etwa »Tarzan«.[206]

Der Umfang der kulturellen Aktivitäten hing maßgeblich von den immer wieder wechselnden Auffassungen der Moskauer Lagerhauptverwaltung ab. Vor allem in den Terrorjahren 1937/38 und in der ersten Kriegszeit stellte man die Lagerkultur beinahe völlig ein. Hilda Vitzthum erlebte zwischen 1939 und dem Frühling 1944 in verschiedenen Lagern keinerlei kulturelle Veranstaltungen.[207] Ob und wie oft ein Häftling Gast kultureller Veranstaltungen sein konnte, war von der Lage des Haftortes, der Aktivität der KWTsch sowie den Arbeitsbedingungen der Laienkünstler abhängig. »Wenn der Gefangene die Möglichkeit hatte, vier Abende im Jahr den Klub zu besuchen«, schreibt Leonhard in ihren Erinnerungen, »so bedeutete das im Gefangenenleben 1,1 % vergnügte gegen 98,9 % trostlose graue Abende.«[208] Zudem hatte nur eine Minderheit der Häftlinge die Chance, an den offiziellen Kulturangeboten teilzuhaben. Für mehrere Tausend Häftlinge, erinnert sich Helene Golnipa, stand in ihrem Lagerpunkt ein Saal für 300 Personen zur Verfügung.[209] In Lagern mit vorwiegend landwirtschaftlicher Produktion ruhte die Kulturarbeit ohnehin während der Frühjahrsbestellung und der Erntezeit. Von Anbeginn machte die Lageradministration den Umfang der Kulturaktivitäten und die Teilnahme der Gefangenen von den Produktionserfordernissen und der Planerfüllung des Lagers abhängig. Voraussetzung für die Teilnahme des einzelnen Häftlings war in jedem Fall die Erfüllung der persönlichen Arbeitsnorm. Die Sehnsucht nach Ablenkung und einigen freudigen Augenblicken machte sich die Administration ganz bewußt zunutze. »Nur so kann der Plan übererfüllt werden«, resümiert Nina Hagen-Torn: »Wenn man den Häftlingen diese Vergnügungen raubt, werden sie träge und unmotiviert, und der Produktionsplan kann nicht erfüllt werden. Die Mädels arbeiten bis zur Bewußtlosigkeit und treiben sich gegenseitig an, um den Plan überzuerfüllen.«[210] Resümierend drängt sich die Frage auf, ob die offizielle Lagerkulturarbeit mehr das »allgemein-kulturelle Niveau« oder doch eher die Ausbeutung der Häftlinge förderte.

»Leibeigenentheater«

Vor allem inhaftierte Künstler, Intellektuelle und musisch begabte Häftlinge suchten Aufnahme in den Kulturbrigaden zu finden.[211] »Was für mich das wichtigste war«, so Nadeschda Joffe, »war die nette Gemeinschaft: viele Moskauer, viele gemeinsame Erinnerungen an Moskau, an die Theater Moskaus, an Konzerte. Wir trugen uns gegenseitig Gedichte vor, die wir auswendig kannten, Ausschnitte aus Theaterstücken, all das brachte uns zusammen.«[212] Auch Ida Konrad, die im Lagertheater und -chor bei Akmolinsk auftrat, empfand moralische Genugtuung über ihre kulturelle Nebenbeschäftigung. Beinahe alle Tage traf sich die junge Frau mit anderen Häftlingen im Klub des Lagers. Sie erinnert sich der Hilfe der älteren Ensemblemitglieder ebenso wie der gemeinsamen künstlerischen Betätigung.[213]

Helena Kutscherowa-Koch hatte schon als Kind Bühnenerfahrung in einer Laienspielgruppe gesammelt. In den ersten Monaten ihrer Lagerhaft in Kyltowo, Petschorlag, beeindruckte sie die Aufführung eines Theaterstückes von Ostrowski. »Ich saß in der Mitte des Saales«, erinnert sie sich, »aber ich sah meine schwarz gekleideten Nachbarn nicht. Alle hörten zu und waren in sich vertieft. Für mich handelten auf der Bühne Zauberer.«[214] Später ging sie einfach zu den Lagerkünstlern und bewarb sich. Zuerst trat die 1926 Geborene in Estradenprogrammen auf. Ihr normales Arbeitssoll hatte die Gefangene dennoch zu erfüllen, meist allerdings bei leichterer Tätigkeit. Nach Arbeitsschluß ging sie gleich zur Probe. Dort fand sie vor allem eine befriedigende Beschäftigung und anregende Gespräche im Kreis musisch veranlagter Menschen.

Das Theaterspielen ließ die Akteure in eine andere Welt tauchen: sie konnten sich verkleiden, schminken, sie konnten schön oder häßlich, gut oder böse sein. Und sie konnten andere Häftlinge begeistern, die ihrerseits die geleistete Arbeit mit Applaus, später sogar mit kleinen Geschenken belohnten. Allerdings gab es hinter den Kulissen auch Friktionen und Konkurrenzen um die Besetzung der Rollen oder persönlicher Beziehungen. Bei Walentina Iewlewa heißt es gar: »Das Theater ist voller Intrigen und Neid. Die ungesunde Atmosphäre vergiftet die Freude des Kontakts mit der Kunst.«[215] Zudem war die junge Frau sexuellen Zudringlichkeiten des Ensembleleiters ausgesetzt. Sie wehrte sich und wurde zur allgemeinen Arbeit zurückver-

Helena Kutscherowa-Koch während eines Gespräches, 2002.

setzt. Jähe Wendungen drohten Künstlern auch durch die Lageradministration. »Manchmal wurde die Theaterbrigade ›gesäubert‹«, erinnert sich Helena Kutscherowa-Koch, »und die Politischen wurden irgendwohin in eine andere Arbeitskolonne gesteckt«. Mit mehr oder weniger Erfolg versuchten die Häftlinge im neuen Lagerpunkt wieder Aufnahme in einer Kulturgruppe zu finden. Helena Kutscherowa-Koch gelang das. Nach Stalins Tod 1953 war sie Mitglied eines Theaterensembles, das rund um die im hohen Norden gelegene Stadt Knjaschpogost Lager für Lager besuchte und Bühnenstücke für Häftlinge und Freie aufführte. Zu dieser Zeit verfügten die Gefangenen bereits über einen Passierschein, der ihnen gestattete, allein von Auftrittsort zu Auftrittsort zu reisen. Ende 1954 wurden verschiedene Künstler aus dem Lager entlassen und man löste das Ensemble auf. Helena Kutscherowa-Koch kam zurück nach Kyltowo. Der Lagerchef beauftragte sie, das Neujahrskonzert zu organisieren. Ihr Brot verdiente sie sich jedoch mit der Ausschachtung eines Grabens für die Wasserleitung.[216]

Die Jüdin Chawa Wolowitsch wurde bereits 1944 durch einen ihr bekannten Häftling Mitglied eines »Theater-Varieté-Kollektivs«. »Das Leben der ›leibeigenen‹ Schauspieler unterschied sich kraß vom Dasein der übrigen Masse der Häftlinge«, so Chawa Wolowitsch: »Die Verpflegung war wesentlich besser. Während der Gastspiele, die sich über zehn Monate erstreckten, war es insgesamt gut. Wir erhielten unsere Verpflegung in Naturalien, und das bedeutete, daß die uns zustehende Ration fast völlig in unsere Mägen wandern konnte. Während unserer Gastspiele wurden wir an verschiedenen Orten zusätzlich bewirtet. Schlimm war für mich die Vorstellung, zurückzukehren zu Dreck und Schmutz und zu verlausten Baracken, zu Brennesselsuppe und wäßrigem Tee, zu der alle Kräfte übersteigenden Arbeit und ständiger Erniedrigung.«[217] Jährlich fanden besondere Olympiaden der Theatergruppen statt. Chawa Wolowitschs Truppe spielte im Wettbewerb das Propagandastück »Der lebendige Plan«, in dem es um die Normerfüllung und das Arbeitsverhalten ging. Die Lagerchefs konkurrierten untereinander mit guten Schauspielern und den ihrer Meinung nach besten Inszenierungen. Auf den Knochen der »Leibeigenen«- bzw. «Sklaventheater«, wie sich Ensemblemitglieder nicht selten selbst sahen, suchten die Natschalniks gegenüber höheren Stellen Eindruck zu schinden.[218] Im eigenen Wirkungsbereich gab man sich als kunstinteressiert und gönnerhaft. Manch ein Lagerchef ließ sich eine eigene Loge zimmern oder befahl – betrunken oder nicht – das Ensemble zu nachtschlafender Zeit zu Privataufführungen.[219]

Trotz der Erniedrigungen waren Plätze in Kultur- und Theatergruppen des Lagers begehrt. Die Gründe: ein avisierter Wechsel von allgemeinen zu leichteren Tätigkeiten, Genugtuung an der künstlerischen Betätigung, ein kulturvollerer zwischenmenschlicher Umgang, Arbeitsbefreiung vor Premieren und die Hoffnung auf eine zusätzliche Ration.[220] »Die Schauspieler spielten nicht nur, um schwerer Arbeit zu entgehen«, konstatiert Nina Hagen-Torn, »sondern fanden einen Weg zur Entfaltung ihrer geistigen Kräfte und einen Ausweg aus der sinnlosen Existenz. Eine leibeigene Aufführung diente nicht nur der Lagerverwaltung zum Vergnügen, sondern auch zur Freude der Gefangenen.«[221] Die inhaftierten Frauen, also die Zuschauerinnen, nutzten

Theater- und Estradenprogramme insbesondere, um sich von der Schwere und Tristesse des Lageralltags, von schmerzenden Gedanken und Sehnsüchten abzulenken. »Das Herz hat sich ein bißchen gefreut«, heißt es bei Hilda Schlegel, »man hat etwas vom Leben gespürt.«[222] »Man hat mal was vergessen«, resümiert auch Eleonora Leibbrandt. Und Mimi Brichmann meint: »Es gab ein bißchen Freude. Wir kamen auf andere Gedanken.«[223] Selten genug hatte der allgemeine Häftling die Möglichkeit, Aufführungen oder andere Kulturveranstaltungen zu besuchen. Deren Rezeption war individuell und auch widersprüchlich. Manch einer Frau grub sich das Erleben tief in das Gedächtnis ein. Wanda Bronska-Pampuch saß in einem überfüllten, girlandengeschmückten Klub. Eigentlich war sie nur widerstrebend dorthin gegangen. Konnte man denn in einem Lager Feste feiern, hatte sie sich gefragt. Auf der Bühne stand eine Gefangene, verkleidet als Räubermädchen. Sie sang ein Lied voller Leidenschaft, ein Lied von Liebe und Haß, von Verlangen und Resignation. Nach dem letzten Ton waren Wanda Bronska-Pampuchs Augen voller Tränen.[224] Eine Feier zum neuen Jahr hinterließ bei Hella Frischer hingegen einen eher deprimierenden Eindruck. Unwillkürlich schweiften ihre Gedanken in die Vergangenheit. Die Gefangene dachte darüber nach, was ihr angetan worden war, wie das Leben ohne ihre Verhaftung hätte verlaufen können, und darüber, diese verlorenen Lebensjahre niemals nachholen zu können.[225] »Lichter Weg« hieß der Dokumentarstreifen, den Jewgenia Ginsburg und ihre Mitgefangenen als Belohnung für gute Arbeit sehen durften. Nach sieben Jahren Haft der erste Film. Ihre Augen blickten wie gebannt auf die Leinwand, erinnert sich die Gefangene: »Gleich wird die Heldin hinaus auf die Straße gehen, und wir sehen Moskau. Mir wird heiß und kalt bei dem Gedanken, daß jetzt gleich, im nächsten Augenblick, die Prachtstraße Ochotnyj rjad oder der Platz der Revolution vor mir auftauchen würde.«[226]

6. Zwangsarbeit

Die Lageradministration wies der überwiegenden Mehrzahl der politischen Häftlinge sogenannte allgemeine Arbeiten zu. Darunter verstand man vor allem körperlich schwere und anstrengende Produktionsaufgaben, die meist im Freien zu verrichten waren, etwa Eisenbahn- und Straßenbau, Tief- und Bergbau, Feldarbeiten und Holzeinschlag sowie alle Arten von Baustellen. Hier leistete die überwiegende Mehrheit der Gefangenen ihre Zwangsarbeit. Im Gegensatz dazu gab es Arbeiten unter einem Dach, etwa in Nähereien oder Stickereien, sowie gute Posten in Büros und Krankenstationen.

Formale Richtlinien und Kategorisierung der Arbeitsfähigkeit

Die Arbeit galt nach den zentralen Haftinstruktionen des NKWD/MWD von 1939 und 1947 als oberste Pflicht des Häftlings.[1] Der Einsatz der Häftlinge sollte nach Beruf und persönlicher Qualifikation erfolgen. In Punkt 68 der Instruktion von 1947 heißt es außerdem: »Jeder Häftling wird zu einer Arbeit entsprechend des körperlichen Zustandes, der von einer medizinischen Kommission nach Ablauf der Quarantänezeit beurteilt wird, eingesetzt.«[2] Die Instruktion von 1947 übernahm das seit 1937 bestehende Verbot des Einsatzes von politischen Häftlingen in den Produktionsverwaltungen, wenn diese wegen »Heimatverrat, Spionage, Diversion, konterrevolutionärer rechtstrotzkistischer Tätigkeit« verurteilt oder ausländische Staatsangehörige waren.[3]

Für die Verrichtung der Zwangsarbeit bildete die Lageradministration Brigaden. Diese Produktionsgruppen, die unterschiedlich groß sein konnten, allerdings selten mehr als 100 Häftlinge umfaßten, bekamen spezielle Produktionsaufgaben übertragen, die nach einer festgelegten Norm abzurechnen waren. Von der Erfüllung einer persönlichen Arbeitsnorm machte die Moskauer Lagerhauptverwaltung die Höhe der Verpflegungsration abhängig. Nur hundertprozentige Sollerfüllung brachte die volle Essensration. Verletzungen der Arbeitsdisziplin konnten mit bis zu zehn Tagen »Karzer« bestraft werden. Notorische Arbeitsverweigerer waren in Straflagerpunkte zu überführen oder strafrechtlich zu verfolgen. Der Instruktion nach sollte der Arbeitstag neun Stunden betragen. Eine Stunde Mittagspause war nach vier bis fünf Arbeitsstunden festgelegt. Wenn der Arbeitsplatz weiter als drei Kilometer vom Lager entfernt war, sollte die Wegezeit als Arbeitszeit angerechnet und die Normen anteilmäßig gesenkt werden. Bei großer Kälte und Schneesturm hatte der Lagerkommandant, nach Abstimmung mit dem Leiter der Sanitätsabteilung und den örtlichen Sowjetorganen, zu entscheiden, ob zu arbeiten war oder nicht. So wurde beispielsweise im Karlag bis minus 30° C und in den Lagern auf Kolyma bis minus 50° C im Freien gearbeitet.[4]

Vier Tage pro Monat und weitere acht im Jahr waren offiziell für die Erholung der Häftlinge vorgesehen.[5] Den Arbeitsbrigaden standen Brigadierinnen bzw. Brigadiere vor, die »aus dem Kreis der besonders disziplinierten und pflichtbewußten Häftlinge« stammen sollten. Die Brigadiere waren für die Erfüllung der Produktionsaufgaben und die Qualität der Arbeit sowohl für die Brigade insgesamt als auch für jeden einzelnen Häftling verantwortlich. Zudem hatten sie für die Unversehrtheit der Arbeitswerkzeuge und die Einhaltung der Regeln der inneren Ordnung durch die Brigade zu sorgen. Als äußerliches Zeichen sollte der Vorarbeiter eine gelbe, 15 cm breite Armbinde mit der Aufschrift »Brigadier« tragen.[6]

Jeder Häftling erhielt eine Arbeitskategorie, mittels der die Lageradminstration die persönliche Arbeitsfähigkeit definierte. Die 46jährige Ukrainerin Anna Bodolanowa erhielt beispielsweise nach ihrer Ankunft im Karagandinsker Besserungsarbeitslager im Februar 1936 die 3. Arbeitskategorie, das hieß Arbeit für Invaliden.[7] Christina Iwaschtschenko wurde 1940 nach ihrem Eintreffen im Karlag ebenfalls invalidisiert. Der Grund: die Altersschwäche der 61jährigen Russin.[8] Bei der 1894 geborenen Maria Rand kam im August 1939 die Lageradministration zu dem Ergebnis, die Estin sei gesund. Fortan leistete die Frau in der Lagerabteilung Batyk schwere Zwangsarbeit auf einer Baustelle.[9]

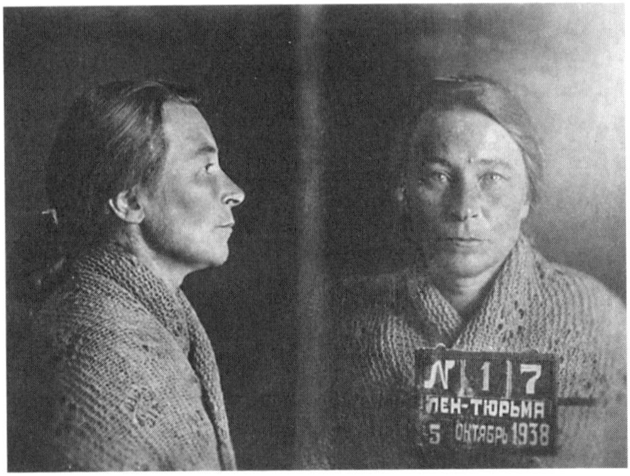

Haftfoto des NKWD von Maria Rand, 1938.

Die Lageradministration rubrizierte die Arbeitsfähigkeit der Häftlinge im wesentlichen in drei Kategorien. Als Maßstab galten vornehmlich die physischen, weniger die intellektuellen Arbeitspotenzen. Eine Kommission der Lageradministration legte die Arbeitskategorie aufgrund einer zumeist oberflächlichen medizinischen Untersuchung fest. In die 1. Kategorie ordnete man alle Häftlinge ein, die für schwere physische Arbeit geeignet schienen. Die 2. Kategorie bekamen Gefangene, die leichte physische Arbeit zu verrichten hatten. In die 3. Kategorie wurden Häftlinge eingestuft, die teilweise invalidisiert waren und deren Arbeitssoll entsprechend reduziert war. Zeitweilig vergab die Lageradministration auch eine Kategorie für mittelschwere Arbeit.[10] Im wesentlichen galten jedoch die ersten drei genannten Rubriken der Arbeitstauglichkeit über die längste Zeit des Bestehens der Besserungsarbeitslager. Eine Unterscheidung zwischen Männern und Frauen nahm die Lageradministration dabei nicht vor. Den Erinnerungen nach hatten Häftlinge mit der 1. Kategorie, also auch Frauen, tatsächlich meist schwere körperliche Zwangsarbeit zu leisten, etwa beim Holzeinschlag, unter Tage oder im Tiefbau. Die Zuweisung leichter physischer Arbeit bedeutete dagegen keineswegs körperlich entspannte Tätigkeit. Eine »leichte« Arbeit bestand nach den Kriterien der Lagerführung auch in zwölfstündigem Nähen oder Stricken nach Norm.

In zeitlichen Abständen, meist viertel- bzw. halbjährlich, oder aufgrund einer akuten gesundheitlichen Verschlechterung prüfte und korrigierte nötigenfalls eine Kommission der Lageradministration die zugewiesene Arbeitskategorie. Jeweils im April und November stand die Gläubige Ekatarina Korostelewa vor der medizinischen Kommission in der Lagerabteilung Karadscharsk des Karlag, in der sie bis 1943 ihre fünfjährige Haftstrafe wegen, so das Urteil, »organisierter religiöser, antisowjetischer Agitation« zu verbüßen hatte. Starke Blutarmut und Herzneurose attestierten am 8. Mai 1940 die Lagerärzte. Zur physischen Arbeit hielt man die 37jährige dennoch für geeignet. Stichpunkte hastig niedergeschriebener Diagnosen aus ihrer Häftlingsakte: »28. April 1942: Myokarditis[11], kann für Transportbrigade verwendet werden, 25. November 1942: Myokarditis, leichte physische Arbeit, 17. April 1943: unleserlich, 14. November 1943: Blutarmut, leichte physische Arbeit.« Eine Malariaerkrankung hatte die Gefangene schon hinter sich. Ihr weiteres Schicksal ist unbekannt.[12]

Die Arbeitskategorien wurden Nadeschda Joffe zufolge weniger nach dem Gesundheitszustand festgelegt, sondern nach welchem Paragraphen die Gefangene verurteilt war.[13] Die Benachteiligungen, denen politische Häftlinge nach 1937 fortwährend ausgesetzt waren, schlugen sich zwangsläufig auf deren Arbeitsverwendung und damit auf ihre Überlebenschancen nieder. Mediziner, freie wie inhaftierte, spielten bei der Vergabe der Arbeitskategorie eine wichtige Rolle. Die letztendliche Entscheidung, zu welcher Arbeit die Gefangene eingeteilt wurde, behielt sich jedoch der Chef des Lagerpunktes vor. Unterschiedlich schildern Frauen in ihren Erinnerungen das Verhalten von Ärzten. »Es kamen immer drei Frauen auf einmal vor die Kommission«, erinnert sich Susanne Leonhard. Von den fünf anwesenden Ärzten untersuchte jeweils einer die Gefangene, ein zweiter kontrollierte. Die Deutsche hatte Glück, einer der Häftlingsärzte kannte sie und wies sie der 2. Kategorie zu. »Wie vielen mag er geholfen haben«, mutmaßt Susanne Leonhard.[14] Nadeschda Joffe dagegen meint, daß ein Lagerarzt zwar »einige Häftlinge retten konnte, aber unfreiwillig am Tod von Tausenden beteiligt« war.[15] Die Forderungen der Lageradministration, die große Anzahl an Häftlingen, der Mangel medizinischer Geräte sowie das zwischen Engagement und Resignation schwankende Verhalten des ärztlichen Personals beeinflußten zweifelsohne die Untersuchungsmethoden. Nicht selten machte man es sich so einfach und bestimmte die Arbeitskategorie, indem der Gefangenen in den Hintern gekniffen wurde.[16] »Wenn noch ein bißchen Fleisch oder Fett da war«, erinnert sich Mia Spitz, »gab es Kategorie 1 – Schwerarbeit.« Bestätigung findet die Untersuchungspraxis bei Margaretha Witschel, die zwischen 1947 und 1955, zehn Jahre nach Mia Spitz, im Lager war.[17] Anderen Ärzten reichte für die Diagnose ein Blick auf die welke, herunterhängende Haut des Hinterteils oder die ungewöhnliche Lücke zwischen den mageren Oberschenkeln.[18]

Der Alltag der Zwangsarbeit und die Mangelernährung führten über kurz oder lang zum körperlichen Verfall. Sofia Main beschrieb in ihrem heimlich geführten Lagertagebuch am 13. Februar 1941 ihre Pritschennachbarin, die an Brucellose[19] litt: »Sie stöhnte die ganze Nacht, schrie und weinte. Dies schon den dritten Tag. Ihre Beine kann sie nicht mehr bewegen. Sie sind wie gelähmt. Im Krankenhaus ist kein Platz. Als sie noch wie ein Ochse arbeiten konnte, wurde sie von allen geschätzt, und jetzt wird sie von niemandem beachtet.«[20] Im Laufe der Zeit zerrieben die Existenzbedingungen im Lager die Produktionsfähigkeit der Mehrzahl der Häftlinge. Die nachfolgende Übersicht basiert auf offiziellen Angaben des Karlag über die Verteilung der zugewiesenen Arbeitskategorien – allerdings ohne nach Geschlechtern zu differenzieren –, wie sie 1940 bzw. 1951 nach Moskau gemeldet wurden[21]:

	Kategorie				
Datum	**tauglich für schwere körperliche Arbeit**	**tauglich für leichte körperliche Arbeit**	**Invaliden**	**arbeitsunfähig**	**Anzahl Häftlinge/ davon Frauen**
Januar 1940	11 304 36,00 %	13 866 44,20 %	4940 15,80 %	1255 4,00 %	31 365[22] 16 508
Januar 1951	8404 18,40 %	28 273 61,90 %	8998 19,70 %	keine Angaben	45 675 12 079

Die Arbeitsfähigkeit der Häftlinge nahm nach den vorliegenden Zahlen kontinuierlich ab. 1940 gab es noch 36 % Gefangene, die als im Sinne der Lageradministration absolut vollwertige Arbeitskräfte galten. Zehn Jahre später gab es im Karlag mehr Invaliden als vollwertige Arbeitskräfte. Jeder fünfte Häftling mußte aufgrund seiner gesundheitlichen Schwäche invalidisiert werden.

Körperlich geschwächte und weniger produktive Häftlinge waren Demütigungen von Lagerangestellten ausgesetzt. Der Chef des Lagerpunktes Kotschmess beschimpfte Susanne Leonhard vor ihren Mitgefangenen: »Bist wohl zum Spazierengehen hergekommen? Und wer soll arbeiten? Seht euch das Weißhändchen an!« Nachdem Susanne Leonhard auf ihr Kranksein verwies, lachte der Lagerchef und rief den anderen Häftlingen zu: »Habt ihr gehört, krank ist das Püppchen! Krank!«[23] Der Druck der Normerfüllung und der davon abhängigen Verpflegungsration führte aber auch unter Gefangenen während der Arbeit zu Friktionen. Körperlich starke und gesunde Frauen waren für die Zwangsarbeit unter den Häftlingen gefragter als schwache und siechende. »Früher hat man mich als kräftig angesehen, und viele wollten mit mir zusammenarbeiten«, erinnert sich Olga Adamowa-Sliosberg. Die Arbeit beim Holzeinschlag schmälerte ihre Gesundheit. Hinzu kam die Versetzung der eingespielten Partnerin an der Schrotsäge. Die jüngeren und kräftigeren Frauen bildeten unter sich Arbeitspaare. »Erstmals wurde mir klar«, so Olga Adamowa-Sliosberg, »daß ich auch auf dem Weg zum ›Abkratzer‹ bin und niemand mit mir arbeiten wollte. Ich war nicht gekränkt. Selber fürchtete ich immer, mit sehr Schwachen zusammenzuarbeiten, denn jedes Paar mußte zwei Normen erfüllen, acht Kubikmeter.« In einem anderen Lager sagte die Russin einer Leidensgefährtin vorsorglich: »Du wirst es schwer haben mit mir, ich bin sehr schwach geworden.«[24] Auch Margaretha Witschel hatte Probleme mit Gefangenen beim Bäumefällen. Mithäftlinge schimpften mit ihr, »denn sie glaubten, ich stelle mich nur so dumm an und wollte nicht arbeiten«.[25] Vor allem Angehörige der Intelligenz waren Beschimpfungen wegen ihrer Unerfahrenheit und körperlichen Schwäche ausgesetzt. Die einstige Studentin Klara D. benötigte zum Steineschleppen beim Bau einer Brücke die Hilfe einer Mitgefangenen. Ihre Reaktion: »Die haben auf mich geschimpft, ich wäre keine richtige Arbeiterin, immer müßte ich Hilfe haben.«[26]

Die gänzliche Befreiung von der Arbeit war nur durch den zuständigen Arzt des Lagerpunktes gestattet. Dies sollte möglichst, so die Lagerinstruktion von 1947, ein freier Mediziner sein.[27] Entscheidungen von Häftlingsärzten waren formal durch den Chef der Sanitätsabteilung des Lagerpunktes zu bestätigen. Die Freistellung erfolgte am Vorabend des nächsten Arbeitstages, in akuten Fällen am Morgen vor dem Arbeitsappell. Der Registratur- und Verteilungsstelle waren die kranken Häftlinge zu melden. Die weitere Verpflegung erfolgte nach der persönlichen Normerfüllung in den letzten drei Tagen vor der Arbeitsbefreiung.[28]

Bei Übererfüllung der Arbeitsnorm oder sonstigen überdurchschnittlichen Produktionsleistungen konnten Häftlinge zeitweilig, vor allem in den Vor- und späten Nachkriegsjahren, ihre Haftstrafe verkürzen. Eine besondere »Attestierungskommission« entschied über die Anzahl der zu erlassenden Tage nach der erzielten Normübererfüllung. Von den hier berichtenden 91 Frauen sind allerdings nur Faina Nauschütz und Nora Pfeffer unter Anrechnung von Arbeitstagen vorzeitig aus der Haft entlassen worden.[29] Fristverkürzung sollte nicht gewährt werden bei Arbeitsverweigerung, »Verlust oder absichtlicher Zerstörung von staatseigener Ausrüstung und Arbeitsgegenständen«, »Vergehen wegen Normbetrug, Trunkenheit, Kartenspiel, Schwarzhandel, Rowdytum, Belästigung von Frauen«, »bewußter Desorganisierung der Arbeit«, »illegalem Briefwechsel und Besuch« oder »zwei Disziplinarvergehen im Anrechnungszeitraum«.[30] In speziellen Beurteilungen registrierte die Lageradministration die persönlichen Arbeitsergebnisse der Gefangenen. Auf vorgedruckten Formularen notierte man: Monat, ausgeführte Arbeiten, die Zahl der geleisteten Arbeits- und Krankentage, die Anzahl von Arbeitsverweigerungen sowie die mittlere Normerfüllung. So arbeitete Ekatarina Korostelewa ihrer Akte nach zwischen dem 1. Januar und dem 1. Juli 1942 in einem Viehstall der Karadscharsker Abteilung des Karlag. Im Januar war die 40jährige von 31 Tagen 14 krank, im Februar von 28 Arbeitstagen 13. Auch in den folgenden Monaten konnte sie nicht an allen Tagen arbeiten. Die Norm übererfüllte sie außer im Monat Februar (84 %) stets zwischen 112 und 139 %. Der Chef der Lagerabteilung bemerkte handschriftlich über die Gefangene: »verhält sich gut zur Arbeit, Übererfüllung der Norm mit Ausnahme eines Monats aufgrund ihres Gesundheitszustandes, verhält sich im Alltag und auf der Arbeit gut«.[31] Die Kommunistin Maria Rand, seit August 1939 in der Batysker Haftabteilung des Karlag, leistete zwischen September 1939 und Februar 1940 auf einer Baustelle Zwangsarbeit. Die Normerfüllung, so ihre Arbeitsbeurteilung, betrug durchschnittlich 101 %. Für den jeweiligen Berichtszeitraum waren des weiteren zu melden und zu notieren: Belobigungen, Disziplinarvergehen, Verstöße gegen die Arbeitsordnung, Verlust oder Beschädigung von Ausrüstungsgegenständen, Beteiligung an der kulturellen bzw. Erziehungsarbeit. Bei Maria Rand stand jeweils das Wörtchen »keine«. Unter der Rubrik »Persönliche Bemerkungen des Chefs des Lagers« stand: »Benimmt sich im Alltag gut, arbeitet gewissenhaft.«[32] Für die Beurteilung der Arbeit eines Häftlings spielte nicht nur die reine Normerfüllung eine Rolle. Die Lagerangestellten hatten sich auch für die Arbeitseinstellung des Häftlings zu interessieren und ihn nach folgenden Gesichtspunkten – so das vorgedrucktes Formular – einzuschätzen: »Qualität der Arbeit, Umgang mit Werkzeugen, Niveau der Aufgabenerfüllung, gezeigte Initiative und Energie, Pflege der Produktionsgeräte, Verhalten während der Arbeit, Fälle von Ausfallzeiten und Havarien und ihre Gründe. In der Tierproduktion ist auch wiederzugeben: Verhalten zum Vieh sowie gewissenhafte Fütterung, Tränkung, Weidung, Melkung, Stallpflege usw. Angabe von Vorschlägen für die Produktion.«[33] Vielfach fehlen aber die geforderten verbalen Einschätzungen in den Häftlingsakten.

Befehle des NKWD/MWD sahen vor, Gefangene, die ihre Arbeitsnorm dauerhaft übererfüllten, mit Prämien zu belohnen. Die zentrale Haftinstruktion von 1939 sah, wie bereits erwähnt, einen differenzierten Katalog von sogenannten »stimulierenden Maßnahmen« vor. Diese übernahm auch die Haftinstruktion von 1947. Hinzu kamen Anreize für Häftlinge, die ein Drittel ihrer Strafe verbüßt hatten. Vorausgesetzt, sie standen nicht unter »strengem Regime«, was viele Politische betraf, konnten bei positiver Arbeitsbeurteilung und guter Disziplin Vergünstigungen gewährt werden. So die vorfristige Entlassung, eine jährliche zehntägige Arbeitsbefreiung sowie der Einsatz in unteren und mittleren Funktionen des produktionstechnischen Personals und des Wachdienstes.[34] Sowohl die Instruktion von 1939 wie die von 1947 sahen zusätzliche Vergünstigungen für Häftlinge vor, die nach sogenannten »Stachanow-Methoden« arbeiteten. Damit war eine effektive Arbeitsorganisation gemeint, die auf Dauer zur Übererfüllung der Arbeitsnorm führen sollte. Zu den in Aussicht stehenden Privilegien gehörten die besten Unterkünfte mit guter Einrichtung, Liegen bzw. Betten mit Bezügen, Lautsprecher, ein gesonderter Speiseraum oder besondere Tische im allgemeinen Speiseraum mit vorrangiger Abfertigung, bessere Verpflegung, die Versorgung mit neuen Ausrüstungsgegenständen, bevorzugte Bedienung im Lagerladen, Erhalt von Büchern, Zeitungen und Zeitschriften aus der Bibliothek sowie die besten Plätze bei Filmaufführungen und anderen Kulturveranstaltungen.[35] Allerdings existierten bei weitem nicht in allen Lagerpunkten, geschweige denn Außenstellen, die materiellen Voraussetzungen, die Bevorzugungen zu gewährleisten. Antonie Satzger lebte zeitweilig in einer der eingerichteten »Stachanow-Baracken«, die den Gipfel der Leistungstreiberei im Gulag darstellten. Angesichts permanenten Hungers und grassierender Auszehrung spielte die Lageradministration die noch jungen, starken und anfangs gesunden Frauen gegen die Masse der Häftlinge aus. Die den »Bestarbeiterinnen« gewährten, unter den Bedingungen des Lagers außergewöhnlichen Privilegien, förderten die Konkurrenz unter den Gefangenen und versuchten gleichzeitig, deren Arbeitsleistung zu steigern. Die »Stachanow-Bewegung« förderte gleichermaßen die Zersplitterung der Häftlingsgesellschaft wie die ökonomische Ausbeutung und die Vereinzelung der Gefangenen.

Ein weiterer Versuch der Lageradministration, die Arbeitsleistung der Häftlinge zu steigern, war die Durchführung eines »sozialistischen Wettbewerbs«, wie er außerhalb des Lagers gang und gäbe war. Die öffentliche Präsentation der Normerfüllung der Brigaden, mit der Hervorhebung der besten und schlechtesten Produktionsergebnisse, sollte das Arbeitsethos der Gefangenen anspornen. Innerhalb der Lageradministration hatte die »Kulturerziehungsabteilung« für die »anschauliche Agitation zur Erhöhung der Arbeit der Häftlinge und der Festigung der Arbeitsdisziplin« zu sorgen. Die Haftinstruktion von 1947 definierte konkret die Aufgaben der »Erzieher« zur Steigerung der Produktion[36]:

- Umerziehung der Häftlinge durch hohe Produktions- und gesellschaftlich nützliche Arbeit sowie den sorgsamen Umgang mit sozialistischem Eigentum,

- Unterstützung einer möglichst effektiven und rationellen Organisation der Produktionsarbeit der Häftlinge,
- Durchführung von Vorträgen, Lektionen und Gesprächen unter den Häftlingen,
- Einberufung von Produktionsberatungen und Treffen der Bestarbeiter,
- Organisation von Schulen, Kursen und Zirkeln mit technischen und berufsqualifizierenden Inhalten sowie die
- Einführung der Erfahrung der »Stachanow-Bewegung« auf Baustellen, in Industriebetrieben sowie den anderen Wirtschaftszweigen.

Zumindest formal nahm man die »Erziehung zur Arbeit« sehr ernst. So berichtete die »Kulturerziehungsabteilung«, daß 1950 in den verschiedenen Lagerpunkten des Karlag mehr als 14 000 politische Vorträge, Lektionen sowie Gespräche und politische Informationen durchgeführt wurden.[37] Mehr als 8000 Artikel wurden in Wandzeitungen veröffentlicht, die die Häftlinge »zur Erhöhung der Arbeitsproduktivität und zur Festigung der Lagerdisziplin mobilisieren« sollten.[38] Zur Führung des »sozialistischen Wettbewerbs« hatte die Lageradministration im Karlag fünf zentrale und 140 Organisationsstäbe in den Lagerabteilungen gebildet. Mit geschönten Zahlenangaben waren die Lagerverwaltungen der verschiedensten Ebenen zu allen Zeiten großzügig. Nach der Bilanz der Karlag-Administration beteiligten sich mehr als 30 000 Häftlinge am »sozialistischen Wettbewerb«. Die verbliebenen 16 000 Gefangenen waren zeitweise mit nichtnormierter, d. h. nicht abrechenbarer, Arbeit beschäftigt, etwa im Lagerservice. Im Bericht folgten Angaben zur Normerfüllung. In den ersten elf Monaten des Jahres 1950 erreichten danach[39]:

unter 100 %:	2890 Häftlinge (16,6 %)
zwischen 100 u. 125 %:	9369 Häftlinge (53,8 %)
zwischen 125 u. 200 %:	5160 Häftlinge (29,6 %)
über 200 %:	435 Häftlinge (2,5 %)

Allerdings sagen diese Zahlen nichts über die tatsächliche Effektivität der Zwangsarbeit oder den realen Bruttoertrag der Produktion aus. Die »Gesamtproduktivität der Arbeit«, konstatierte zwar der Bericht abschließend, betrug 113,3 %. Doch diese Angabe bezog sich lediglich auf die durchschnittliche Normerfüllung der Häftlinge. Bei näherem Hinschauen fällt ins Auge, daß bei der obigen Aufstellung zur Normerfüllung nur 17 854 Gefangene erfaßt sind. Also nur diese Gefangenen haben durchschnittlich 113,3 % der Arbeitsnorm erfüllt. Die verbliebenen 27 781 Gefangenen im Karlag berücksichtigte die Statistik überhaupt nicht. Auf diese Weise rechnete man die Effizienz der Lagerzwangsarbeit einfach hoch. Es sei an dieser Stelle daran erinnert, daß zum Berichtszeitpunkt selbst offiziell jeder fünfte Häftling des Karlag als Invalide galt, mehr als 60 % nur für leichte und weniger als 19 % für schwere körperliche Arbeit taugten. Aber nicht nur die angestrebte Produktivität der Zwangsarbeit blieb aus. Im selben Bericht beklagte die Verwaltung des Karlag den Mangel an Arbeit! Nach eigenen Angaben konnten im November und Dezember 1950 annähernd 10 000 Häftlinge nicht mit Arbeit versorgt werden, so daß insgesamt ca. 300 000 Arbeitstage ausfielen. Aufgrund der saisonbedingten Produktion in der Landwirtschaft konnten die Gefangenen vor allem im Winter nur ungenügend zur Arbeit herangezogen werden. Daher, so monieren die Verantwortlichen, »sitzt ein wesentlicher Teil der Häftlinge ohne Arbeit herum, erhält die garantierte Verpflegung und rechtfertigt nicht die ausgegebenen Unterhaltungskosten«.[40]

Häftlingserfahrungen

»Der Arbeitstag in den Fabriken betrug 11 und manchmal sogar 12 Stunden«, so die Polin Jadwiga Kowalska über Häftlingsarbeit auf Kolyma: »Wenn man außerhalb zu arbeiten hatte, dauerte der Arbeitstag 15-16 Stunden während des Sommers. Die Frauen arbeiteten vor allem in der Stadt, in den Krankenhäusern und verrichteten auch Hausarbeit. Sobald jedoch die Bausaison begann, wurden die Frauen auch mit Bauarbeiten beschäftigt. Sie arbeiteten als Hilfsmaurer und verrichteten auch jede andere Bauarbeit. Sie arbeiteten in gleicher Weise im Wegebau und bei der Torfgewinnung.«[41] Diese und weitere Schilderungen verdeutlichen, daß die tatsächlichen Erfahrungen der Häftlinge meist noch schlechter ausfielen als die ohnehin rigiden Rahmenbedingungen der Haftinstruktionen. Im Zweifelsfalle ging der lokalen Lageradministration die Erfüllung der Moskauer Planzahlen vor die ohnehin beschränkten Rechte der Gefangenen bzw. die wenigen, den Häftlingen zugute kommenden Festlegungen zur Arbeitsorganisation.

Arbeitsort und Tätigkeit richteten sich nach der Wirtschaftsstruktur des Lagerpunktes und seinen Außenstellen. Nur wenige der weiblichen Häftlinge hatten Zugang zu guten Posten oder Funktionen innerhalb der Lager- bzw. Produktionsverwaltung. Die meisten Frauen waren bei den allgemeinen Arbeiten eingesetzt. »Frauen arbeiten in Kolyma auf allen schweren Arbeiten«, so Elinor Lipper, »unter den gleichen Bedingungen wie Männer, mit Ausnahme der Goldgruben, wo nur Männer beschäftigt werden.«[42] Auch für die Normerfüllung war es unerheblich, ob der Gefangene ein Mann oder eine Frau war, konstatiert Elinor Lipper: »Gefangene haben kein Geschlecht.«[43] Verbotene Arbeitsplätze scheint es für Frauen kaum gegeben zu haben. Im Gegenteil, sie waren aus Sicht der Lagerführung noch universeller einsetzbar als Männer. Männliche Häftlinge arbeiteten nicht hinter Nähmaschinen oder Stickrahmen; Frauen hingegen standen auch hinter schweren Schlagbohrern unter Tage.

Tätigkeitsbiographien

Wie eine Maschine oder ein Zugtier wurde der Gefangene als Produktionsinstrument betrachtet. Dessen Wert handelte man nach seiner physischen Konstitution. Häftlinge besaßen aus der Sicht der Lagerführung jedoch einen Vorteil: Gefangene waren schneller zu ersetzen und an die notwendigen Arbeitsorte zu transferieren als etwa technisches Gerät oder Zugvieh. Arbeitsplatz und Tätigkeit wechselten daher bei den meisten Häftlingen ebenso häufig wie der Haftort. Das belegen Biographien der Zwangsarbeit einzelner Gefangener.

Die Jüdin Hella Frischer war annähernd zehn Jahre in verschiedenen Lagerpunkten in der Komi-Republik inhaftiert. Nach ihrer Ankunft im Frühjahr 1938 teilte man sie aufgrund ihrer körperlichen Schwäche einer Brigade zu, in der Mütter und Schwangere zusammengefaßt waren. Ihre erste Arbeit bestand im Sortieren von Kartoffeln. »Die erste und zweite Sorte für die Lagerkommandantur und den ›Export‹«, schreibt Hella Frischer in ihren Erinnerungen, »die dritte für die Kinder-, Kranken- und Mütterküche. Die letzte Sorte für die

Häftlinge und das Vieh. Die Norm ist sehr hoch. Sie ist nicht leicht zu schaffen. Man muß augenblicklich die Qualität und Sorte erkennen, in verschiedene Körbe werfen und danach auf entsprechende Haufen schütten.«[44] Die abgelieferten Körbe wurden auf einem Brettchen angestrichen. Im Sommer mußte sie, wie alle anderen verfügbaren Häftlinge, mit aufs Feld, um die Ernte einzubringen. Das Sauerkraut wurde im Herbst zubereitet. Die Krautsilos befanden sich in einiger Entfernung vom Lager. »Nachdem wir die Treppe hinuntergestiegen sind«, erinnert sich Hella Frischer, »laufen wir in weißen Socken im Gänsemarsch im Kreis herum. Für eine solch kleine Gruppe ist kein Brigadier vorgesehen. Der Wachposten von oben befiehlt: ›Etwas schneller und kräftiger!‹ Bei diesem Gehen und Stampfen lassen die Kräfte schnell nach. In den Augen beginnt es zu flimmern. Stehend essen wir unser Brot. Danach ruft eine nach oben: ›Bürger Soldat, gestatten Sie auszutreten?‹ Der Wachsoldat überlegt, eine oder zwei in den Wald führen bedeutet, die anderen sind ohne Bewachung. Das geht nicht. Alle in den Wald führen, dann wird der Arbeitsplatz unbesetzt sein, geht auch nicht. ›Du wirst es schon bis abends aushalten‹, beschließt er voller Weisheit. Aber wir haben es nicht ausgehalten. Eine nach der anderen setzten wir uns in den Kohl. Der Wachsoldat schaute gleichgültig zu uns runter. Auch uns ist es gleichgültig. Das sind ja wirklich nur Kleinigkeiten.«[45] Während der Kriegszeit fertigte sie zeitweise Wintersocken. Der Auftrag war wie immer dringend, erinnert sie sich, das Soll riesig. Ungewohnt war die Arbeit, Hella Frischers Normerfüllung und Qualität ungenügend. An solchen Häftlingen war die Lagerführung nicht interessiert. »Was bedeutet das?« fragte sie sich damals: »Das bedeutet, daß du Untaugliche wieder auf die Etappe«, auf Transport, in ein anderes Lager gehst.[46]

Die Namen der einzelnen Lagerpunkte hatten keine große Bedeutung und blieben nicht immer im Gedächtnis. Die meisten Arbeitsstützpunkte waren ohnedies namenlos oder trugen nur eine Nummer. Irgendwo baute Hella Frischer zusammen mit anderen Baracken, woanders war sie Handlangerin auf einer Baustelle, dann wieder Näherin. Dazwischen schuftete sie mitten in der Tundra beim Gleisbau. »Wir tragen Schienen und Schwellen von unvorstellbarem Gewicht, oder wir befestigen den künftigen Untergrund. Wir schleppen uns selber, übernachten im Freien am Lagerfeuer, durcheinander Männer und Frauen. Als Unterlage auf dem Schnee dienen uns ein Stapel Tannen- und Fichtenzweige. Die beiden Wachsoldaten haben auch ein Feuer, wechseln sich stündlich beim Bewachen ab. Unsere Verpflegung besteht aus Fladen von grauem Mehl, die auf unseren Spaten gebacken werden, und Schneewasser.« Nach 12 bis 14 Tagen schickte man eine neue Brigade als Ablösung. Hella Frischer und ihre Mitgefangenen gingen zurück in ihren Lagerpunkt. Die Häftlinge bekamen einen Tag frei, dann jagte man sie wieder hinaus.[47]

Ungebrochene Arbeitsbiographien von Häftlingen gab es im Gulag selten. Immer wieder wechselten die Gefangenen von Arbeitsort zu Arbeitsort, im Kreislauf ihrer steigenden und fallenden physischen Leistungsfähigkeit. Schwerer körperlicher Arbeit und dem physischen Zusammenbruch folgte eine kurze Genesung und der Einsatz zu »leichten«, meist aber ebenso schweren Tätigkeiten. Über längere Ruhephasen auf »guten Posten« oder als Funktionshäftling innerhalb der Lagerverwaltung konnten nur wenige Häftlinge verfügen.

Die deutsche Kommunistin Antonie Satzger war zwischen 1944 und 1952 in einem Lagerkomplex im äußersten Südosten der UdSSR. Tausende Häftlinge wirkten bei der Erschließung und Betreibung eines riesigen Hüttenkomplexes mit. Stationen ihrer Zwangsarbeit: nach Ankunft im Lager Flickschusterei, in der die Arbeitskleidung der Häftlinge aufgearbeitet wurde; nach Konflikt mit einem Kriminellen strafversetzt zur Arbeit unter Tage; anschließend Entleerung der Grubenwaggons über Tage; Arbeit als Putz- und Flickfrau, um sich zu »erholen«; Mitaufbau eines Wärmekraftwerkes; Einsatz beim Straßenbau; erneut Putz- und Flickarbeit; Schinderei im Molybdän-Tagebau, wo sie mit Vorschlaghammer und Keil große Gesteinsbrocken spalten und dann auf Loren verladen mußte; dem körperlichen Zusammenbruch folgte »leichte« Arbeit als Verantwortliche für die Kleidung in einem Männerlager; Transport und Ladearbeiten; zwischendurch wurde Antonie Satzger einige Male »Stachanowka«, Bestarbeiterin, und wohnte mehrere Monate in der privilegierten Baracke; während der Erntezeit immer wieder auf Gemüsefelder kommandiert, wo sie ein kleines Zubrot fand; die letzten zehn Monate schickte man die 40jährige in eine unbewachte »Kommandirowka« mitten im Wald, zum Holzeinschlag.[48]

Nicht anders erging es Maria Kono, 1948 bis 1955 im hohen Norden der Sowjetunion, Lagergebiet bei Uchta. Nach der Ankunft konnte die junge Frau einige Zeit ihre durch den Transport ruinierte Gesundheit wiederherstellen, weil sich Ärzte und ehemalige Gefangene um sie kümmerten. Dann folgte der erste Arbeitseinsatz: Löffel aus Holz schnitzen. Ein junger Krimineller vermittelte sie jedoch bald in die Lagerapotheke, um von ihr kurz darauf Narkotika zu erpressen. Auf ihr Weigern drohte er, sie zu verstümmeln. Sie offenbarte sich dem Chef der Apotheke, der aus rein eigennützigen Motiven half. Er sorgte zwar für die Verlegung des Kriminellen, verlangte aber dafür nach der jungen Frau. Aufgrund mehrerer sexueller Nötigungen unternahm Maria Kono einen Selbstmordversuch. Nach einer kurzen Genesung ging es zur Feldarbeit. Eine Oberschwester holte sie schließlich in die Krankenstation des Lagerpunktes. Aber auch hier war die Arbeit nicht leicht: Wasserholen, Abwaschen, Krankenbetreuung. Eine Zeit sorgte sie in ihrem Lagerpunkt für neugeborene Kinder, bis zu 20 Säuglingen. Das Angebot, eine Ausbildung zur Krankenschwester zu absolvieren, nahm sie sofort an. Wer erhielt schon so eine Chance? In jeder freien Minute, nach der langen Tagesarbeit, lernte Maria Kono. Das Examen als Krankenschwester war jedoch keine Garantie, in der Funktion eingesetzt zu werden. Völlig unerwartet verschickte man sie in einen anderen Lagerpunkt zum Holzfällen. Man gab ihr die »leichteste« Arbeit dabei: gefällte Bäume mit dem Beil auszuästen und das Lagerfeuer zu hüten. Wenn sie etwas nicht richtig machte, fluchten Brigade und Aufseher mit ihr. »Ich wurde von Tag zu Tag schwächer«, erinnert sich Maria Kono, »und mir war jetzt absolut alles egal. Ich hatte mich in einen sich nur mit Mühe fortbewegenden Automaten verwandelt. Wenn es nur bald zu Ende wäre.«[49]

Die 1941 in Moskau verhaftete Ärztin Helene Golnipa gibt in ihren Erinnerungen Einblick in den Arbeitsalltag von invalidisierten Häftlingsfrauen. Zeitweilig stand sie einer Invalidenbrigade vor. Zu ihr gehörten zehn weibliche Gefangene, mehrere älter als 60 Jahre, darunter zwei Blinde, eine teils gelähmte Frau und zwei mit mißgebildeten Händen.[50] Helene Golnipa zeichnete für die Erfüllung der Arbeitsnorm verantwortlich. Die erste Aufgabe, die der Invalidenbrigade zugeteilt war, bestand darin, aus Ästen flache Stäbe, d. h. Leisten, zu schnitzen. Das Ausgangsmaterial war so unbrauchbar wie die angeschliffenen Metallstücke, die als Messer dienten. »Wir brachten an einem Tag nur wenige Stäbe zustande«, erinnert sich Helene Golnipa: »Man lobte uns dafür natürlich nicht, aber Strafe gab es auch keine, was auch hätte geschehen können. Wir arbeiteten langsam und schweigend. Den Blinden konnte ich das Messer überhaupt nicht in die Hände geben, die anderen konnten es nicht halten. Die noch übrig blieben, hatten keine Kraft, es in das Scheit zu stoßen.«[51] Der neue Auftrag lautete, junge Bäume, möglichst armdicke, zu fällen und ins Lager zu bringen. Unter Bewachung schleppte sich die Invalidenbrigade in den Wald und kehrte am Abend mit 28 Bäumchen zurück. Mit dem besten Gewissen meldete sie sich beim Lagerchef. »Er sah mich danach etwas ironisch an, holte ein Buch mit Instruktionen hervor und las mir die Norm, die gefordert wurde, vor. Für einen einzelnen Menschen war sie auf 120 Bäumchen festgesetzt.«[52] Nach einem weiteren gescheiterten Versuch, aus den Invaliden noch Arbeitsresultate zu pressen, gestattete die lokale Lagerführung Helene Golnipa, eine akute Ohrenerkrankung zu kurieren. Ohne allerdings völlig gesundet zu sein, schickte man die Gefangene erneut zur Arbeit; »leichte« sollte es sein. Man führte sie in einen Raum, »in welchem viele Frauen, in einer schweren Luft, in einem dunklen Nebel, Kleidungsstücke zerrissen. Sie rissen stehend von Soldatenmänteln Streifen ab. Zuerst dachte ich, daß es Staub sei, was man hier einatmete, es war aber etwas ganz anderes, es war getrocknetes Blut. Die Mäntel kamen von der Front, viele von ihnen waren blutverbacken. Die Streifen dieser Mäntel wurden hier zu Matratzen für die Gefangenen verarbeitet, sie wurden verwebt, um dann mit allen Resten, die nicht zerreißbar waren, gestopft zu werden.«[53] Bald darauf versetzte die Administration Helene Golnipa in eine Wattespinnerei. Aus großen Baumwollballen hatten die Häftlinge fingerdicke Schnüre auf ein Ästchen zu drehen. Physisch gesehen war die Arbeit zwar nicht schwer, »aber was das Brot anbetraf, recht unergiebig. Die Schnüre wurden nämlich dann gewogen, und ihr Gewicht reichte, wenigstens bei mir, niemals zu einer Norm aus, welche die volle Brotration ergeben sollte. Außerdem mußte diese Arbeit stehend ausgeführt werden, was recht quälend war.«[54] Nach einer gewissen Zeit gelang es Helene Golnipa, eine sitzende Tätigkeit zu erhalten. »Ich war nun von Ballen verwirrten Garns umgeben«, schreibt sie in ihren Erinnerungen, »von dem ich natürlich nicht wissen konnte, wozu es ursprünglich bestimmt war. Es sah so aus, als ob es zu Fischnetzen hätte taugen können. Der Brigadier, eine Frau, schnitt aus dem dicken Leibe des Ballens ganz willkürlich Strähnen ab und gab sie uns zum Entwirren. Die Fäden, die wir aus ihnen herausziehen konnten, waren nicht sehr lang, mußten zusammengeknüpft und auf ein Knäuel gewickelt werden.«[55] Auch diese Sisyphusarbeit war genormt. Gewissenhaft wog die Brigadierin den Ertrag.

Jeder Arbeitstag war für die gefangenen Frauen lang und aufreibend, sei es unter einem Dach, bei »leichter«, oder bei schwerer Zwangsarbeit unter freiem Himmel. Erschöpft und ausgehungert erreichten die Häftlinge ihre Unterkünfte, auf der Suche nach körperlicher und seelischer Ruhe. »Wir verfluchten den Brigadier, den Frost, das Lager, die Untersuchungsführer, die Sonderberatung, die uns die Haftstrafe gegeben hat«, erinnert sich Galina Nurmina: »Wir wünschten ihnen, so zu frieren, wie wir es heute mußten. Unsere vereiste Kleidung ablegend, drängelten wir uns am Ofen. Doch dieser war klein, und der Platz reichte nicht für alle.«[56]

Textilproduktion

Ljuba Ukrainska und Ola Popadyn arbeiteten in einer Nähfabrik innerhalb der Produktionszone des Lagers. In sechs Baracken stellten Gefangene an zwölf Laufbändern wattierte Wintermäntel für die Rote Armee her. Der Arbeitstag betrug zwölf Stunden, wechselweise in zwei Schichten. Während der einstündigen Mittagspause führte man die Gefangenen zum Essen in die Speisehalle der Lagerzone. Zwischendurch gab es kurze Pausen, die die Häftlinge vor allem während der Nachtschicht am Arbeitsplatz zum Schlafen nutzten. Doch wenig später liefen die Nähmaschinen und das Fließband wieder. Jede Näherin hatte immer die gleichen Teile zu nähen und an ihre Nachbarin weiterzureichen. »Man mußte mitkommen, um die nächste nicht aufzuhalten«, so Ljuba Ukrainska, »weil es sehr unangenehm war, wenn sie deinetwegen ihr Soll nicht erfüllen konnte.« Die Ukrainerin wurde als Aufzeichnerin eingesetzt und kennzeichnete mit Schablone und Kreide den Platz der Knöpfe und Knopflöcher. »Jeder Arbeitsvorgang wurde geprüft, die Arbeit war schrecklich monoton«, erinnert sie sich: »Es war keine Zeit, nach den anderen Frauen zu schauen, weil man sonst nicht mitkam und die anderen aufhielt.« Eine Nachbarin machte der Arbeitsstreß irre. Ihre Zuarbeit war völlig falsch. Die Frauen versuchten, mit ihr zu reden, sie reagierte aber nicht mehr. »Erst lachte sie, dann weinte sie, und man sah, daß sie krank ist.« Vom Lagerkrankenhaus brachte man die Gefangene ins Zentralkrankenhaus. Zurück kam sie nicht mehr.[57] Auch Wanda Bronska-Pampuch saß zeitweise hinter einer Nähmaschine und jagte Kilometer von Nähten in Kleidungsstücke. »Das unaufhörliche Surren des Motors erfüllte den Raum«, heißt es in ihrem Bericht, »und erstickte die Erinnerungen der Frauen an ihr Heim, an das Lächeln ihrer Kinder und die Umarmung ihrer Männer. Es höhlte sie aus, stumpfte ihre Sinne ab und zermürbte ihre Widerstandskraft.«[58] Christina Kjossewa war in einem Lager auf Kolyma zum Nähen kommandiert. Jede einzelne Maschine mußte über ein Fußpedal mit der Muskelkraft der Häftlinge betrieben werden. In zwölf Stunden hatten die Frauen 105 Bettücher zu säumen, um die volle Brotration zu erhalten. »Nach drei Monaten war ich völlig auf dem Hund. Ich arbeitete ständig in der Nachtschicht, so daß ich am Tage keine rechte Ruhe zum Schlafen hatte.« Auch einer ihrer Arbeitstage endete mit einem Zusammenbruch. Sie glitt auf den Boden und »fing schrecklich an zu schluchzen. Die Frauen stürzten herbei, um mich aufzuheben, aber ich wies sie zurück. Ich schluchzte schrecklich, und trotz allem Bemühen konnte ich nicht aufhören und mich beruhigen.«[59] Durch Fürsprache einer Bekannten kam Christina Kjossewa in die Stickerei des Lagers. Dort nähte sie Blusen und Wäsche zusammen, die zuvor von anderen Häftlingen bestickt wurden. Gütekontrolleurinnen prüften die Qualität der fertigen Produkte. Zu den Abnehmern zählten auch die Frauen der »leitenden Kader« in Magadan, der Hauptstadt von Kolyma.[60]

Gertrud Platais hatte zeitweilig wie andere Gefangene Armeehandschuhe und -socken zu stricken. Die Norm betrug fünfeinhalb Paar am Tag, die Gertrud Platais noch überbot.[61] Weniger geübte Frauen mußten mit zitternden Händen auch in die Nacht hinein stricken, um das Soll zu schaffen. Die herrschenden Arbeitsbedingungen erschwerten die gegenseitige Hilfe zwischen den inhaftierten Zwangsarbeiterinnen. Dennoch gab es auch Solidarität, wie sie nicht nur Helena Kutscherowa-Koch erlebte. Mitgefangene halfen bei der Normerfüllung, und manche Gütekontrolleurin drückte bei der Qualitätsprüfung ein Auge zu.[62]

Landwirtschaft

»Im August 1938 begann mein Dasein als Landarbeiterin«, erinnert sich Trude Richter: »Wir wurden auf ein schier unübersehbares Feld geführt. Gestern war hier der grüne Hafer gemäht worden, der ebenso wie die grüne Gerste als Viehfutter diente. Zur Reife gedieh das Getreide wegen des allzu kurzen Sommers nicht. Ich wurde einer Brigade zugeteilt, die aus lauter Großstädterinnen bestand, die Brigadierin eingeschlossen. Die Oberleitung hatte ein freier Spezialist. Mir wurde ein tüchtiges Quadrat abgemessen und ein hölzerner Rechen in die Hand gedrückt.«[63] Überwiegend per Hand oder mit einfachsten technischen Geräten mußten Frauen die landwirtschaftliche Arbeit bewältigen. Mit der Hand wurden ebenso Kartoffeln und Rüben gesteckt wie Getreide oder Sonnenblumen ausgesät. Zuvor hatten Frauen den zumeist unbearbeiteten Boden mit Spaten gelockert und für die Aussaat vorbereitet. Mit hölzernen Rechen harkten Frauen nicht nur das Stroh des gemähten Getreides, sondern wendeten auf großen Flächen auch Heu. Erst ab Ende der 1930er Jahre kam nach und nach motorisiertes landwirtschaftliches Gerät in die Lager. Pferde- und Ochsengespanne blieben jedoch weiterhin die verbreitetsten Transportmittel.

Die mitunter kilometerlangen täglichen Wege zu den Arbeitsorten schwächten die Häftlinge. Schutz vor der brennenden Sonne ließ sich auf dem Feld nicht finden, Trinkwasser war, wenn überhaupt vorhanden, meist knapp. Obgleich Mia Spitz offiziell zur Invalidin erklärt war, kommandierte sie die Lageradministration zum Getreidedreschen in die Steppe. »Wir sind schon früh um drei Uhr losmarschiert«, erinnert sie sich, und »um sieben, halb acht war es schon so heiß, daß die Frauen umgefallen sind.« Auf den versprochenen Wasserwagen warteten die Häftlinge vergeblich.[64]

Christina Kjossewa leistete zeitweise auf einem in der Taiga Kolymas liegenden landwirtschaftlichen Gut täglich zwölf Stunden Zwangsarbeit. Die Arbeit begann im März. In verglasten Frühbeeten zogen Frauen Kohlpflanzen, später Gurken. Zunächst mußten die gefrorenen Misthaufen mit Feuer aufgetaut werden, um die Erde düngen zu können. Die Arbeit war ständig mit Heben, Tragen und Bücken verbunden. Mit Holzeimern, Gießkannen und Büchsen bewässerten Frauen später die ausgepflanzten Setzlinge auf den Feldern.[65] Vom 1. Juli bis zum ersten Schneefall ging es mit der Sense zur Heumahd.

»Unsere Hände und Arme waren manchmal so steif«, erinnert sich Christina Kjossewa, »daß wir uns gegenseitig die Büstenhalter zuknöpfen mußten.«[66] Andere Frauen brachten im September den Kohl ein. Mit Spaten trennten sie die Kohlköpfe von den Stielen, während sich auf das Feld bereits eine Schneedecke legte. Mit frosterstarrten Händen und Füßen ernteten die Gefangenen den Kohl. In ihrem Kessel landeten allerdings nur die dunkelgrünen und bitteren Blätter, während die prallen weißen Köpfe in die Küchen der freien Bürger wanderten.[67]

In Kasachstan kultivierten gefangene Frauen Tausende Hektar ungenutzter Steppe. Als Frieda Siebenaicher 1938 Akmolinsk erreichte, befand sich das Lager gerade im Aufbau. »Wir haben ein Vermögen hinterlassen«, so ihr Resümee nach acht Jahren Zwangsarbeit. Um den Schnee auf den Feldern zu halten und im Frühjahr die Bodenfeuchtigkeit zu erhöhen, errichteten Frauen Wälle aus Schnee und Eis. Damit sollte das unnütze Abfließen von Schmelzwasser verhindert werden. Zu Tausenden zogen die meist nur mit einem Spaten ausgerüsteten Frauen in die Steppe und errichteten die Schutzmauern.[68] Zu den Arbeitsleistungen Tausender Akmolinsker Häftlinge gehörten neben der Bewirtschaftung der großen Felder und Weiden der Betrieb einer Molkerei, einer Ölpresse, einer Kartoffelrösterei und anderer landwirtschaftlicher Einrichtungen.[69]

Nicht einfacher gestaltete sich der Arbeitseinsatz bei der Viehhaltung. Christina Kjossewa war zeitweilig für die Betreuung von 50 Kälbern verantwortlich. Alles geschah per Hand, die Versorgung mit Futter, Heu und Wasser, das Ausmisten.[70] Elena Sidorkina übte sechs Jahre verschiedene Tätigkeiten in der Schafzucht aus. Zeitweilig betreute sie als Hirtin und Brigadierin mit anderen Gefangenen mehr als 1000 Schafe.[71] Die Aufsicht über die durch die Steppe ziehende Herde barg intensive Arbeit, aber auch Gefahren für Frauen in sich, die bislang niemals Tiere gehütet hatten. »Man rannte den Schafen anfangs nur hinterher«, erinnert sich Klara D.

Ohne ausgebildete Hunde ging es in die brütende Hitze der Steppe.[72] Im Winterhalbjahr befanden sich die Tiere in einer Koppel mit Unterstand oder einer einfachen Stallung nahe der Schaffarm. Nachts mußten die Hirten bei den Herden sein. »Die Schafe liegen auf dem Boden«, erinnert sich Elena Sidorkina, »und du sitzt irgendwo in einer

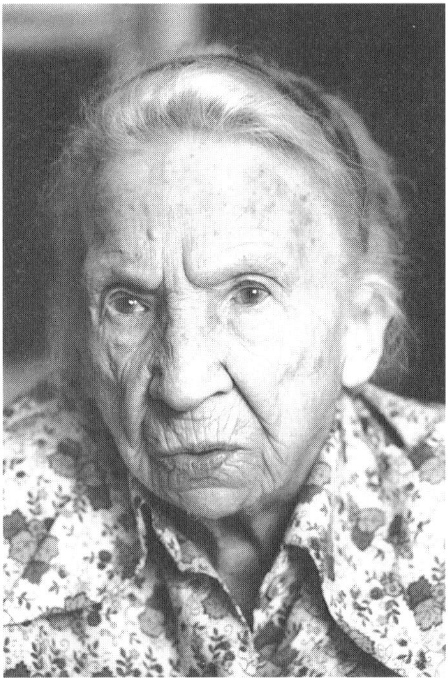

Klara D. während des Interviews, 1991.

Ecke. Einige Male in der Nacht gehst du um die Herde herum.« Tage und Monate verbrachte sie so allein, ohne Ofen, nur mit einer Petroleumlampe. Aus Langeweile dachte sie über alles nach, heißt es in ihren Erinnerungen. Immer wieder kamen ihr dabei die Tränen. Im Frühjahr, wenn die Schafe lammten, war die Gefangene ebenfalls nächtelang bei ihrer Herde. Jeder Art Verlust, egal ob durch Wölfe, Krankheiten oder Fehlgeburt, konnte durch die zuständige Lageradministration als vorsätzliche Zerstörung, Verschwendung oder Unterschlagung staatlichen Eigentums strafrechtlich verfolgt werden.[73]

Körperliche Schwerstarbeit

Mehr als 25 Frauen schildern persönliche Erfahrungen, die sie bei körperlicher Schwerstarbeit sammeln mußten. Die Lageradministration schreckte nicht davor zurück, weibliche Häftlinge beim Waldeinschlag, bei Arbeiten unter Tage oder im Straßen- bzw. Eisenbahnbau einzusetzen. Vor allem im Winter, wenn die landwirtschaftliche Produktion ruhte, schickte man Frauen zum Holzfällen in den Wald. Vor dem Krieg hatte die Lageradministration bei der Einteilung zum Holzfällen dem gesundheitlichen Zustand noch eine gewisse Beachtung geschenkt. Ab Juni 1941, so Jewgenia Ginsburg, »wurden alle genommen, ›aufgrund ihrer Paragraphen‹«.[74] Von jeweils zwei Frauen wurden täglich sechs, nach anderen Überlieferungen acht Kubikmeter Holz verlangt.[75] Ihre Arbeitstechnik: »Die Frauen knieten im Schnee, stützten sich mit der linken Hand am Baumstamm ab und schoben die schwere Säge hin und her. Das schrittweise lauter werdende Quietschen der Säge kündigte den bevorstehenden Fall des Baumes an. Im Augenblick des Falles werfen die Frauen die Säge weg und springen schnell zur Seite. Anschließend entfernen sie die Äste und Zweige, zersägen den Stamm in einzelne Abschnitte und stapeln diese in Blöcke. Nach dem sechsten Baum kommen sie zum Feuer und wärmen eine Scheibe gefrorenen Brotes, ihr Mittagessen.«[76] Die Begleitsoldaten legten eine Waldzone fest, die die Häftlinge weder zur Verrichtung der Notdurft noch zum Schutz vor niederstürzenden Bäumen verlassen durften.[77] Mit zunehmendem Waldeinschlag wurde der Weg zu den Arbeitsplätzen immer weiter. Zwei, vier, sechs, acht Kilometer durch die verschneite Taiga waren keine Seltenheit. Und obwohl die Frauen den Schnee um die Stämme soweit wie möglich heruntertrampelten, ragten im Frühjahr bis ein Meter hohe Baumstümpfe aus dem Boden.[78] Helene Golnipa hielt die Arbeit im Wald lediglich einige Tage aus, obwohl sie »nur« die Äste, die teils aber beträchtliche Ausmaße hatten, zusammensuchen und verbrennen mußte. Aber auch dieser scheinbar »leichten« Tätigkeit war sie nicht mehr gewachsen. Schließlich schob die Lageradministration Helene Golnipa auf einen anderen Lagerpunkt ab.[79] Extrem niedrige Temperaturen machten die anstrengende Arbeit noch unerträglicher. »Die Kälte ist ein erbarmungsloser Antreiber«, resümiert Wanda Bronska-Pampuch. »Bei dem Frost konnte man nicht stehen oder ausruhen«, erinnert sich Emilie B., die gemeinsam mit anderen Frauen auch noch Mitte der 1950er Jahre zum Holzeinschlag geschickt wurde. »Man mußte immer arbeiten. Dann war man naßgeschwitzt. Und zurück ging es neun Kilometer auf einem ganz langsamen Traktor. Alle waren steifgefroren. Man mußte ihnen helfen, vom Traktor runterzukommen.«[80] Dramatischer noch schildert die Polin Marta Rudzka Erfahrungen weiblicher Holzfäller Anfang der 1940er Jahre: »Ihre

Finger waren so steif vor Frost, daß sie buchstäblich nicht imstande waren, ihre Gürtel aufzumachen, um am Tage ihre Hosen herunterzulassen, so daß die wattierten Anzüge von innen und außen durchnäßt wurden« und später »zu einer Eisschicht gefroren. Aufgrund dieser Eiskompressen, die sie zwölf Stunden täglich auszuhalten hatten, litten sie alle an Blasenkrankheiten; und ihr Blasenleiden wiederum bewirkte, daß sie bis zur Taille im Eis standen.«[81]

Die hohe Norm in der klirrenden Kälte zu erfüllen, war nur unter günstigen Voraussetzungen erfüllbar. Mehr oder weniger mußten alle Frauen den Umgang mit Schrotsäge, Axt und Schaber erlernen. Vor allem unerfahrenen Frauen fiel das schwer, wie Jewgenia Ginsburg in ihren Erinnerungen schreibt: »Wir sägten krampfhaft, ungleichmäßig und beschuldigten uns im stillen gegenseitig der Ungeschicklichkeit, sprachen es aber niemals aus, weil wir wußten, daß Streit ein Luxus war, den wir uns nicht leisten konnten. Die Säge fraß sich immer wieder fest. Am schlimmsten war der Augenblick, wenn der verunstaltete Baum sich schließlich neigte, wir aber noch nicht wußten, nach welcher Seite er fallen würde.«[82] Vor allem kam es auf die richtige Partnerin an. Mit der Ukrainerin Raya Sokolowskaja, die bereits Walderfahrung hatte, schaffte Christina Kjossewa immer die Norm.[83] Emilie B. stand am anderen Ende der Schrotsäge eine kleine, gebückte Frau gegenüber. Den beiden gelang es nur gelegentlich, die Norm zu erfüllen.[84]

Bevor eine Aufschüttung für eine Eisenbahn- oder Straßentrasse vorgenommen werden konnte, mußte die darunterliegende Torfschicht trockengelegt bzw. beseitigt werden. Dort war Chawa Wolowitsch mit anderen Frauen im Einsatz. »Die Schicht, einen halben Meter dick, durchdrängt mit fauligem Sumpfwasser, wurde durch Spaten abgestochen und auf Tragen geladen, die wir mal bis zum Knöchel, mal bis zum Knie im Wasser watend 40, 50 Meter weit weg schleppen mußten. Meine Partnerin war eine grauhaarige, sehr dünne Frau. Schwer atmend belud sie die Trage mit einem ganzen Berg Torf, erfaßte sie hastig und stolperte davon, während ich ihr am anderen Ende kaum folgen konnte. Ich glaubte, von der großen Last würden mir die Hände ausreißen, denn meine verletzten Hände waren über Nacht nicht geheilt, im Gegenteil, sie eiterten.« Es war ihr letzter Tag im Moor. Sie weigerte sich, wieder hinauszugehen. Die Leitung des Lagerpunktes drohte Chawa Wolowitsch zwar mit »Karzer«, schickte sie aber schließlich in die Schneiderei.[85]

Eine Frauenbrigade, der Irmgard Schünemann angehörte, brachte Schotter für eine Eisenbahnverbindung auf. Später schickte man sie auf die Baustelle eines Hüttenwerkes. »Von allen Arbeiten für Gefangene sind die Erdarbeiten die gefürchtetsten«, betont Elinor Lipper. Egal ob Mann oder Frau, die Norm betrug neun Kubikmeter am Tag.[86] Das Fundament gruben die Gefangenen per Hand und brachten den Aushub mit Holzkarren auf schmalen Stegen nach oben. Später fuhr Irmgard Schünemann Mörtel und Steine in die verschiedenen Etagen des entstehenden Werkes, auf Holzplanken, die über das Baugerüst schräg nach oben führten.[87] »Wie schwer war es, einen Metallkarren voller Betongemisch in den vierten Stock zu schieben«, so Jefrosinija Kersnowskaja, »die Eingeweide wurden vom Hunger zerfressen, die Finger zogen sich vor Kälte zusammen, die Holzsohlen glitten aus.«[88] Sie wähnte sich noch stark, weil sie den ganzen Herbst rohes Gemüse hatte essen können. Ihre Arbeitsnachbarin verfügte nicht über diese Reserven. »Ich konnte es kaum mit ansehen, wie dieses zerbrechliche, geschwächte Mädchen mit dem Mut der Verzweiflung die schwere Schubkarre mit der Betonmischung über den Laufsteg schob. Die Temperatur sank bis 30, 35 Grad minus. Man mußte laufen, damit die Mischung nicht festfror.«[89]

Der tägliche Arbeitsweg von Nonna Tschekanowa-Janzen führte seit 1945 vom Lager über einen beidseitig mit Stacheldraht eingezäunten Weg zu einem Erdölschacht. Im Lagergebiet von Uchta suchten die Häftlinge unter Tage nach erdölhaltigen Blasen im Gestein. In einzelnen Gruppen ging man je nach Schichtbeginn zur Arbeit und meldete sich an der Wache mit Name und Nummer. Unter Tage arbeiteten Frauen bei der Abraumbeseitigung und hatten am Tag zehn Grubenwagen zu füllen. Nonna Tschekanowa-Janzen nahm Messungen vor und suchte nach Lagerstätten. Einige Frauen bedienten aber auch die etwa 18 kg schweren Bohrhämmer, andere arbeiteten bei der Beschaffung des Grubenholzes oder der Erdölablieferung. Erst wenn die Frauen in der Grube angekommen waren, begann die Arbeitszeit zu zählen. Erdölverschmiert kamen die Gefangenen aus dem Schacht. Für die Körperreinigung erhielt Nonna Tschekanowa-Janzen einen Teelöffel Seife auf die Hand.[90]

Emilie B. schuftete zwischen 1949 und 1956 unter Tage im Erzbergbau. »Um in den Schacht reinzukommen«, schildert die Rußlanddeutsche, »wurde man auf einem Eimer 60 Meter runtergelassen. Oben war ein Rad zum Drehen mit einer Schnur dran. Dann mußten wir runter mit dem Bohrer und bohren. Wenn man eine gute Wand gefunden hat, mit entsprechend viel Erzen, hatte man Glück – man mußte nach Norm eine bestimmte Anzahl von Erzen finden. Dann haben sie das geschätzt. Die Bohrer fingen an zu bohren, und wir mußten das Erz oder die Steine gleich wegräumen.« Kleine Grubenwagen dienten zum Transport. Mit Eimern wurde das Erz nach oben gezogen. »Dort haben nur Frauen gearbeitet«, so Emilie, »Frauen haben gebohrt, am Förderrad waren Frauen, weggefahren haben Frauen, alles haben Frauen gemacht.« In drei Schichten arbeiteten sie bei völlig unzureichenden Sicherheitsvorkehrungen. Die Stollen, zu flach, um aufrecht zu gehen, hatte man nur ungenügend mit Stempeln gesichert. Eine Lüftung gab es nicht. Unfälle waren an der Tagesordnung. Frauen erstickten, wurden von Geröll erschlagen oder starben beim Transport in die Tiefe. »Drei- oder viermal haben sie mich aus dem Schacht getragen, weil ich eine Gasvergiftung hatte.« Jeden Tag gab es ein, zwei Tote, manchmal drei. »Wenn ich in den Schacht runtergegangen bin«, so Emilie, »habe ich immer gebetet, jetzt ist es zu Ende. Diesmal kommst du nicht raus! Jedesmal habe ich mich von allem verabschiedet. Wenn ich rausgekommen bin, habe ich gesagt: ›Gott sei Dank, ich bin wieder draußen.‹«[91]

Lagerservice

Der Arbeitseinsatz innerhalb des Lagers galt aus Sicht der Administration als leichte physische Arbeit, obgleich die Häftlingsfrauen körperlich in höchstem Maße gefordert wurden. Heizmaterial, Wasser, Lebensmittel und andere Produkte wurden täglich für Hunderte, teils Tausende Häftlinge auf den einzelnen Lagerpunkten in die Baracken, Küchen und Versorgungslager transportiert. Mit einfachsten Mitteln, im günstigsten Fall mit Zugtieren, häufiger jedoch mit Handkarren, Tragebrettern oder Eimern, bewegten die Häftlinge die benötigten Güter. Wasser und Holz oder Schilf zum Heizen holten sie nicht selten von entfernten Orten. »Tag für Tag zogen wir hinaus, um Holz zu holen«, erinnert sich Margaretha Witschel: »Um 7.00 Uhr früh öffnete sich das Lagertor, die Sterne standen noch hoch am Himmel, der alte Mond blickte verschlafen auf uns herunter, und eine Karawane dunkler Gestalten bewegte sich langsam mit schweren Schlitten vorwärts. Sechs, sieben und acht Kilometer lang war der Weg bis zum Wald, dort mußten wir unter dem Schnee Holz suchen, auf unsere Schlitten laden und ins Lager bringen. Einmal vormittags und einmal nachmittags.«[92] Jewgenia Ginsburg sägte tagelang Holz und betrachtete die schwere Arbeit dennoch als Privileg. Denn sie mußte nicht mit zum Holzfällen in die Taiga, sondern war in der Nähe ihrer Behausung, an deren Ofen sie sich bei Bedarf wärmen konnte. Und sie verfügte über einen Sägebock, der ihr half, das Arbeitssoll zu erfüllen. Man brauchte viel Brennholz, »besonders für die Wachen«, so Jewgenia Ginsburg, »sie mögen es warm«.[93]

Der Auf- und Ausbau der Gebäude und Baracken erfolgte fast ausschließlich durch Häftlinge. Mimi Brichmann fertigte nach ihrer Ankunft in Akmolinsk 1938 als erstes »Saman«, das sind grobe Ziegel aus Lehm und Stroh. Das war eigentlich Männerarbeit und wurde zuvor auch durch Männer geleistet. Nun aber fertigten Frauen die schweren Lehmziegel, die im getrockneten Zustand ca. 16 kg, feucht fast das Doppelte wogen. In eine Form mit vier Fächern wurde das Lehm-Stroh-Gemisch, das zuvor andere Häftlinge mit den Füßen mischten, eingefüllt. Zwei Frauen arbeiteten gemeinsam an einer Form. »Man stand sich gegenüber«, so Mimi Brichmann, »und arbeitete im Akkord. Gebückt, zweieinhalb Stunden, ohne sich groß aufzurichten zu können.« Wenn die Ziegel angetrocknet waren, hoben die Frauen die Form hoch, setzten sie daneben und füllten sie erneut mit Lehm. Die ausgetrockneten »Saman« strichen die Gefangenen glatt und stapelten sie in großen Quadern. Einige Wochen schaffte Mimi Brichmann diese Arbeit, von der sie sagt, »ich ging davon fast zugrunde«.[94] Mia Spitz war auf einer Baustelle eingesetzt und transportierte die Lehmziegel auf einer einfachen Karre. Vom Lager zum Bauplatz waren es ca. 900 m Steppenweg. Für die volle Verpflegungsration betrug die Norm 180 Ziegel täglich. »Ich habe einen einzigen Ziegel aufgelegt und die Schubkarre nicht weitergebracht«, schildert Mia Spitz: »Ich habe dort ungefähr 14 Tage gearbeitet. Dann hat man mich zu einer Kommission gerufen und gesagt, daß ich dem Lager soundsoviel schuldig bin, weil ich die Norm nicht erfüllt hatte. Und wenn ich einmal die Norm erfüllen und etwas Geld im Lager verdienen werde, muß ich das zurückzahlen.«[95]

Margaretha Witschel war zeitweilig einer Baubrigade zugeteilt. In der Garnison der Wachsoldaten war sie beim Bau einer Speisehalle aus Holz eingesetzt. Die Wände wurden mit einem Gemisch aus Lehm, ein wenig Zement und Pferdemist grob verputzt. »Ich machte aus dem Brei größere Klumpen, und mit Schwung flog jede dieser Kugeln an die Wand. Sie blieben an den dünnen Holzlatten hängen und wurden dann mit einer Kelle, die selbstverständlich auch selbstgebastelt war, glattgestrichen. 16 m^2 pro Tag waren die Norm.«[96] Müde schlich sich Margaretha Witschel am nächsten Tag zur Arbeit. Sie lernte das Dach mit Holzschindeln decken und einen Lehmofen bauen.

»Ach, diese ›leichten‹ Arbeiten im Lager«, kommentiert Nadeschda Joffe in ihren Erinnerungen. Sie hatte Baracken zu reinigen, zig Eimer Wasser heranzuschleppen oder die Fußböden in den Büros mit dem Messer abzukratzen. An einem guten Tag ergatterte die Gefangene in der Kantine oder einem der Versorgungsmagazine ein kleines Zubrot.[97]

Arbeitsnorm

Einen »grausamen Gott« sah Wanda Bronska-Pampuch in der Arbeitsnorm, dem alle geopfert wurden.[98] Denn am Ende jeder Arbeitsschicht schrieb der Brigadier seinen Produktionsbericht, die »Raportitschka«. Für jeden Häftling registriert er: Art und Umfang der geleisteten Arbeit, vorgegebenes Soll, Normerfüllung in Prozent und die erreichte Verpflegungsration.[99] Bei der Normfixierung stützte man sich auf Instruktionen und Standards aus der Sowjetwirtschaft oder dekretierte eigene Vorgaben. Normierer und Normiererinnen, die wie Ida Konrad teils aus den Reihen der Häftlinge stammten, stoppten die Zeiten von Tätigkeiten und Prozessen, taxierten den Einsatz der Gefangenen, notierten, rechneten hoch und machten der Lageradministration Vorschläge für das Arbeitssoll.[100] Nach Möglichkeit normierte die Lageradministration jede Art von Zwangsarbeit. Einige Beispiele: Camilla Leliwa arbeitete in einer Fischfabrik auf Kolyma. Gemeinsam mit einer russischen Gefangenen hatte sie in zwölf Arbeitsstunden täglich 6600 Lachse einzupökeln, d. h. ohne Pause pro Häftling und Minute fünf Fische. Zehn Tage lang schafften die beiden Frauen dieses Arbeitssoll.[101] Gertrud Platais hatte man zur Schilfernte abkommandiert. Das Rohr war zu schneiden und in Garben zu binden, die mindestens einen Umfang von 75 cm haben mußten. Das Soll betrug 52 Garben am Tag.[102] Marta Rudzka schnitt Weidenzweige. Die vorgeschriebene tägliche Quote: 80 Bündel oder 20 kg.[103] Die Norm für »künstlerisches Bemalen von Blumentöpfen« mußte Susanne Leonhard erfüllen: Täglich hatte sie sechs Töpfe zu gestalten.[104] Der Einsatz in der Ziegelei war reine Knochenarbeit. Zum Trocknen hatte Susanne Leonhard die Rohlinge von einer Stellage auf eine andere zu legen, täglich 2500 Stück. Beim Wenden betrug das Soll 4000.[105] Die Norm für die manuelle Herstellung von Pflanztöpfchen aus Torf und Kuhmist betrug 1500 bzw. 22 Kästen zu je 70 Stück.[106] Auch Transportaufgaben hatten ihre Normvorgabe. Um einen kleinen Lagerstützpunkt im Winter zu versorgen, mußten jede Woche einige weibliche Häftlinge zu Fuß über die Berge. Sie holten Proviant, Post und Kleidung für die Lagerangestellten und die Gefangenen. Jede Frau mußte 40 kg tragen, so lautete die Norm.[107] Margaretha Witschel hatte mit einer Leidensgefährtin Baumstämme auf einem einfachen Schlitten, den sie mit ihrer eigenen Muskelkraft ziehen mußten, zu einem Holzlagerplatz zu bringen. Zwei Touren am Tag, jeweils 14 bis 16 km hin und zurück, war die Norm. »Wir waren vollkommen erschöpft«, erinnert sich Margaretha Witschel, »und Tränen rannen über unsere Gesichter. Wir nahmen uns in jener Nacht vor, diesem Leben selbst ein Ende zu bereiten, denn das konnten wir nicht mehr durchhalten.«[108]

Ungenügende und primitive Arbeitsinstrumente, mangelhaft ausgestattete Produktionsstätten und die klimatischen Unbilden schmälerten von vornherein das Arbeitsresultat der körperlich geschwächten Frauen. Die zeitlich taxierte Norm verursachte bei allen Häftlingen anhaltende Arbeitshetze, vor allem bei jenen, die nicht mehr jung und kräftig waren oder die ungewohnte Arbeiten zu leisten hatten. Manche Frauen machten bei Handarbeiten von sich aus Überstunden, um auf 100 % zu kommen.[109] Andernorts ließ man Gefangene einfach bis zur Normerfüllung schuften. Die Häftlinge, die das Soll nicht schafften, erinnert sich Margaretha Witschel, »mußten die ganze Nacht draußen bleiben, kamen erst am nächsten Morgen zurück; bekamen Mittagessen, Abendessen und Frühstück zusammen und mußten gleich wieder umkehren, ohne auch nur eine Stunde geruht zu haben.«[110]

Galina Nurmina und ihre Leidensgefährtin Faina waren zum Korbflechten befohlen. Sie arbeiteten gemeinsam, hart und unerbittlich, und schafften regelmäßig 141 %. Dafür bekamen sie täglich ein Kilo Brot. Galinas Freundin litt stark unter dem Hunger und versuchte immer über 140 % des Solls zu schaffen. Bald darauf starb Faina. »Vielleicht deshalb«, so Galina Nurmina, »weil sie dieses Rennen nicht aushielt.«[111]

»Sozialistischer Wettbewerb« und »Stachanow-Bewegung«

»Meine Feldgruppe, deren Leiterin ich war, arbeitete mit solchem Enthusiasmus, so daß wir jeden Morgen im Lager Elgen als die beste Gruppe des Staatsgutes auf der Ehrentafel an der Spitze standen. Wir hatten die höchsten Prozente im ganzen Staatsgut.«[112] Neben Christina Kjossewa schildern nur zwei weitere Kommunistinnen den Lagerwettbewerb auf diese eher pathetische Art. Stolz erinnert sich Elena Sidorkina, die ganze Zeit im Lager als »Bestarbeiterin« gegolten zu haben, deren Fotografie öffentlich aushing.[113] Und Trude Richter berichtet mit erhabener Genugtuung: »Genau wie in jedem sozialistischen Betrieb, wurden auch bei uns Produktionsberatungen durchgeführt, wobei materielle Interessiertheit durch Extravergütungen nicht vergessen wurde.«[114] Tafeln mit den Produktionsergebnissen der Brigaden und der Häftlinge scheint es an vielen Lagerorten gegeben zu haben. Susanne Leonhard führte zeitweise eine Wandzeitung über den »sozialistischen Wettbewerb«. Auf die rote Tafel kamen die Häftlinge, die die Norm mit mehr als 150 % erfüllten, auf die schwarze die Nichterfüller des Solls.[115] Zweimal im Jahr, so Elinor Lipper, wurden die »Lagerinsassen nach Beendigung des Arbeitstages im Klub versammelt, wo die Administration den Brigadieren und ihren Brigaden mit den höchsten Arbeitsprozenten ihren Dank aussprach«.[116] Weitere Erinnerungen zum »sozialistischen Wettbewerb« sucht man in den ausgewerteten Lagerberichten vergebens. Hier spiegelt sich die stille Mißachtung des ökonomischen Wettkampfes der Lageradministration durch die Mehrheit der Häftlinge wieder. Viele empfanden es widersinnig, als »Volksfeinde« und »Heimatverräter« im »sozialistischen Wettbewerb« ihre Arbeitskräfte zu messen. Für andere schloß sich die Kombination von »sozialistischem Arbeitsenthusiasmus« und Zwangsarbeit von vornherein aus.[117] Zudem war den Häftlingen durchaus bewußt, wie sich die dauerhafte individuelle bzw. kollektive Überbietung des Arbeitssolls auswirkten: in sukzessiver Steigerung der Norm und damit verstärkter Ausbeutung.

Die gleiche Wirkung verhießen die sogenannten »Stachanow-Methoden«, die meist auf inszenierten Produktionsabläufen basierten und künstlich überhöhte Arbeitsresultate ermöglichten. Mia Spitz erinnert sich des Befehls der Lageradministration, während der Gurkenernte eine »Stachanowka herauszuarbeiten«. Der Gefangenen wurde ein Streifen zugeteilt, der einige Tage nicht abgelesen wurde. Dadurch gab es mehr Gurken, die größer und dicker als gewöhnlich waren. Außerdem mußte die Rekordanwärterin nicht, wie sonst üblich, die Gurken zum Wagen bringen. Das übernahmen die übrigen Häftlinge. »Also, sie brauchte nur sammeln«, erinnert sich Mia Spitz, »und so konnte sie die Norm mit 200 % erfüllen.«[118] Nicht selten folgte die Erhöhung des Arbeitssolls.

Mit Prämien und Auszeichnungen, vor allem in Form materieller Dinge, traf die Lageradministration allerdings die Urbedürfnisse der Häftlinge. So mager die Zuwendungen auch gewesen sein mögen, blieben sie doch bis heute als Zeugen der Existenznot in Erinnerung. Enni Kiutto erhielt einmal ein weißes Kleid. Das zerteilte sie und schneiderte daraus Sachen für ihre im Lager geborene Tochter.[119] Ein Dankschreiben und 100 Rubel hatte man Jefrosinija Kersnowskaja für ihre Arbeit unter Tage zugesprochen, aber ihr neuer Lagerchef unterschlug die Urkunde und das Geld.[120] Praskowja S. erinnert sich an das »Prembljuda«, ein Prämiengericht, das sie als zusätzliche Nahrung erhielt. Andere freuten sich über ein weißes Brötchen oder ein paar Kartoffeln. Mit einer guten Steppweste und festen Stiefeln wurde Jewgenia Ginsburg belohnt. Im Lagerpunkt Nowaja Iwanowka stellte man 1943 den gefangenen Frauen bei Übererfüllung der Norm am Monatsende einen »Tanz mit den Jungs« in Aussicht. Die Häftlinge waren motiviert, erinnert sich Nina Hagen-Torn: »Wie verlockend ist solch eine Gelegenheit, Häftlinge eines anderen Lagers zu treffen. Neuigkeiten zu erfahren, vielleicht den Bruder oder Bräutigam zu treffen, dessen Spuren man verloren hatte. Vielleicht aber auch nur beim Tanz alles zu vergessen. Kein Mensch kann ohne freudige Augenblicke überleben, so wie es kein Leben ohne Essen und Trinken gibt.«[121]

Bestrafung von Arbeitsfehlern und mangelnden Arbeitsergebnissen

»Das Soll! Verpflegung entsprechend der Arbeit! Saboteure werden bestraft!« Mit diesen Worten begrüßte im Frühjahr 1940 der Lagerchef Frauen, die zum Holzeinschlag kommandiert waren.[122] Der Kommandant machte seine Drohung wahr: Nichterfüllung der Norm ahndete er mit Strafzelle. Begleitsoldaten führten Jewgenia Ginsburg und Mitgefangene wegen mehrmaliger Unterschreitung der Produktionsnorm von der Arbeit nicht in die Baracke, sondern direkt in den »Karzer«.[123] Ein anderer Lagerkommandant sperrte solche Frauen im Winter in unbeheizte Zelte und im Sommer, während der ärgsten Mückenplage, in offene Strauchhütten.[124] Allerdings verfuhren nicht alle Lagerchefs auf derart drastische Weise. Die Mehrheit meinte wohl, der Hunger würde schon die Arbeitsleistung anspornen.

Auch Arbeitsfehler und -mängel verfolgte die Lageradministration. Normdruck und mangelnde Arbeitserfahrungen führten zwangsläufig immer wieder zu Unachtsamkeiten und Mängeln. Wegen Überschreitung der Pflanzzwischenräume bestrafte die Lagerführung Trude Richter mit vier Wochen Straflager, die sie allerdings durch vorbildliche Arbeit auf zwei Wochen zu reduzieren vermochte.[125] Flora Leipman, die über keinerlei landwirtschaftliche Erfahrungen verfügte, entfernte aus Unwissenheit nicht nur das Unkraut, sondern auch die heranwachsenden Sonnenblumenpflänzchen. Die Brigadierin schrie die Engländerin an, schlug ihr ins Gesicht und ließ sie vom Feld weg verhaften und in eine Strafzelle sperren.[126] Aktenkundig ist der Fall von Maria Slonowa, die 1936 wegen »Spekulation« zu fünf Jahren Haft verurteilt worden war und im Karlag einsaß. Sie war auf allgemeiner Arbeit beim Feldbau und erfüllte monatlich die Norm mit 116 %. Während der Heumahd verletzte sich ein Zugochse, was man ihr anlastete. Auf Befehl der Verwaltung des Karlag wurde die Gefangene am 11. November 1937 wegen »Verstümmelung eines Zugochsen« zu drei Monaten Strafisolator und zur Einziehung von 293 Rubeln verurteilt.[127]

Besonders riskant gestaltete sich die Arbeit auf Tierfarmen. Der Verlust von Rindern, Schweinen, Schafen oder Federvieh, entweder durch Krankheiten oder durch Entlaufen, behandelte man als »besonderes Vorkommnis«, das durch den Lagerbevollmächtigten des NKWD/MWD untersucht wurde. Jefrosinija Kersnowskaja war zeitweilig für einen Schweinestall mit annähernd 200 Tieren, allesamt erkrankt, zuständig. Übereiltes Handeln konnte wie Unterlassung gefährlich für den Häftling ausgehen. Es war gewagt, die Tiere ohne Weisung von oben zu impfen. Eine Mitgefangene riet Jefrosinija Kersnowskaja davon ab: »Sie haben doch Artikel 58. Was Sie auch tun, Sie stehen immer unter Verdacht. Der kleinste Fehler, ein Mißgeschick, und Sie werden wegen Subversion verurteilt! Wegen Sabotage! Es gibt für Sie keine Rettung! Sie werden erschossen werden!«[128] Eleonora Leibbrandt und einer Mitgefangenen waren tagsüber mehr als 200 Schafe ihrer Herde in der Steppe entlaufen. »Die sind weg und wir sind verantwortlich«, beschreibt sie die damalige Situation: »Wenn wir die Schafe nicht finden, gibt es einen neuen Paragraphen für mich, dann bleibe ich noch länger hier. Das war so schrecklich. Wir haben sie drei Tage gesucht, auf Pferden, zu Fuß. Und wir haben sie gefunden. Wir hatten drei Tage eine schreckliche Angst, noch länger im Lager bleiben zu müssen.«[129]

Die Angst vor Arbeitsfehlern war groß und die Konsequenzen unter den Häftlingen allgemein bekannt. Erna Kolbe nähte mit anderen Frauen am Fließband Soldatenmäntel. Durch den Zeitdruck kam es bei ihr zu einem falschen Zuschnitt, der das Vorderteil eines Mantels verdarb. »Ich bin fast ohnmächtig geworden vor Angst«, erinnert sie sich: »Ich dachte, jetzt können sie dir anhängen, daß du Sabotage machen wolltest.«[130] Zu ihrem Glück half die Gütekontrolleurin, eine politische Gefangene, und behob den Schaden. Anders erging es Frieda Mayer-Melikowa, die ebenfalls in einer Lagernäherei für die Front arbeitete. In einer Nachtschicht setzte ihre Nähmaschine aus. Sie meldete es sofort dem Mechaniker und der Brigadierin. Ohne Reaktion. Wenig später wandte sich die Rußlanddeutsche erneut an die Vorgesetzten. »Da kam die Brigadierin an mich heran, holte aus und versetzte mir eine Ohrfeige.« Frieda Mayer-Melikowa wollte sich das nicht gefallen lassen, andere Häftlinge sprangen auf und hielten sie zurück. Die Demütigung ließ sie jedoch nicht zur Ruhe kommen. Mithäftlinge flehten sie an, weiterzuarbeiten, sonst könnten die Aufseher dies wie die defekte Nähmaschine als Sabotage deklarieren.[131]

»Entlohnung«

Zeitweilig erhielten Häftlinge, wenn sie dauerhaft die Arbeitsnorm erfüllten, ein bescheidenes Arbeitsentgelt. Von diesem zog allerdings die Lageradministration die Kosten für Verpflegung, Unterkunft, Heizung usw. ab.[132] Die Praxis des Lohnsystems variierte im Laufe der Jahre. Ende der 1930er Jahre erhielt Olga Adamowa-Sliosberg im Lager Elgen auf Kolyma 50 Rubel im Monat, wofür sie gerade ein Brot bekam.[133] »Ein paar Kopeken und ein paar Rubel hatten wir«, schildert Gertrud Platais, »aber es gab ja nichts zu kaufen.«[134] Sofern die Häftlinge im Laden des Lagers überhaupt Produkte erwerben konnten, waren diese zumeist von minderwertiger Qualität. Oder das Warensortiment bestand ausschließlich aus teuren und nicht gefragten Produkten, wie ein Bericht der Verwaltung des Karlag Anfang 1951 eingestand.[135] So oder so bereicherte sich die Lageradministration an den hart verdienten Einkünften der Häftlinge. »Zeitweise konnte man gefrorene Mohrrüben kaufen«, erinnert sich Gertrud Platais: »Wieviel Kilo ich von den gefrorenen Mohrrüben gefressen habe, kann ich heute nicht mehr sagen.« Der Hunger ließ die Frauen glauben, diese schmeckten tatsächlich irgendwie nach Ananas.[136]

Mit diesem perfiden Lohnsystem versuchte die Lageradministration die Arbeitsleistungen der Gefangenen anzustacheln. Die unterschiedliche Vergütung nach Tätigkeit und Arbeitsort differenzierte die Häftlinge zunehmend nach ihrer Leistungsfähigkeit und förderte Neid und Mißgunst. Gefangene auf allgemeiner Arbeit erhielten, so Susanne Leonhard, nur annähernd 20 % der Vergütung von Fachkräften.[137] Ein Arzt bzw. eine Ärztin erhielt 90 Rubel im Monat, eine einfache Krankenschwester hingegen 24 und eine Krankenwärterin 14 Rubel. Beim Holzeinschlag gab es 60 bis 70 und bei Feldarbeiten 40 bis 50 Rubel. Bei den allgemeinen Arbeiten, insbesondere Erdarbeiten, Schneeschippen oder der Heuernte, war es schwer, überhaupt die Norm zu erfüllen und die Voraussetzung für die Vergütung zu erlangen.[138]

Nach einer Unterbrechung während der Kriegs- und Nachkriegsjahre befahl das Moskauer Ministerium des Innern am 29. April 1950 erneut die »Überführung der Häftlinge auf finanzielle Entlohnung ihrer Arbeit«.[139] Diese Maßnahme diente lediglich der intensiveren Ausbeutung der Gefangenen. Das »System der finanziellen Entlohnung«, heißt es beispielsweise in einem Bericht der Verwaltung des Karlag vom 1. Januar 1951, »ergab eine Erhöhung der Arbeitsproduktivität und erhöhte die Anzahl der Häftlinge, die die Norm erfüllten«.[140] In jedem Fall versuchte die Lageradministration, unter Ausnutzung der Notlage der Häftlinge deren Arbeitseifer anzustacheln. Allerdings war auch 1950 der ausbezahlte »Lohn« Jefrosinija Kersnowskaja zufolge »miserabel«.[141]

Brigadiere

»Herr und Gebieter« während der Zwangsarbeit war der Brigadier.[142] Er konnte männlichen oder weiblichen Geschlechts, Freier oder Gefangener sein. Mit Vorliebe setzte die Lageradministration kriminelle Männer ein, die die politischen Frauen nicht nur antrieben und schikanierten, sondern zugleich einen Teil ihrer Arbeitsleistungen auf das Konto ihrer kriminellen Kumpane überschrieben. »Wenn du einen Brigadier hast, der dich nicht leiden kann, der kann dich zu Tode hetzen. Von dessen Wohlwollen bist du abhängig«, so das Resümee von Antonie Satzger.[143]

Die Organisation und Abrechnung der Zwangsarbeit bot jenen Brigadierinnen und Brigadieren, die sich gegenüber den Häftlingen wohlwollend zu verhalten suchten, wenig Spielraum. »Ihre Stellung zwischen Lagerführung und Brigade war nicht leicht«, konstatiert Hella Frischer.[144] Produktion von Ausschuß, Nichterfüllung der Pläne, überhöhte Normabrechnungen und Streitereien brachten sie immer wieder in heikle Situationen. Der Brigadier mußte mit den ihm zur Verfügung gestellten Arbeitskräften eine bestimmte Menge Arbeit erledigen, wofür er sich gegenüber der Lageradministration zu verantworten hatte. Um den Produktionsplan der Brigade zu erfüllen und seine eigene Stellung nicht zu gefährden, war er bestrebt, »das Höchstmaß an Produktivität aus den Gefangenen herauszupressen. Ganz egal, ob er ein guter oder ein schlechter Mensch ist.«[145] Immer bestand die Gefahr, zwischen den Fronten zerrieben zu werden und eher als Interessenvertreter der Lageradministration als der Gefangenen zu agieren. In den Erinnerungen taucht sowohl die »gute Brigadierin« auf, die einer Schwachen eine leichtere Arbeit zuweist, als auch die »schlechte«, die deren Versetzung in eine andere Brigade durchsetzt.[146] Andere Frauen weigerten sich, diese Funktion zu übernehmen, weil sie glaubten, den wechselseitigen Erwartungen ihrer Mitgefangenen und den Forderungen der Lageradministration nicht gerecht werden zu können.

»Tufta« – Arbeits- und Abrechnungsbetrug

»Anfangs versuchten wir uns aus eigener Kraft zu retten«, erinnert sich Jewgenia Ginsburg. Doch die Normerfüllung wollte ihnen beim Holzeinschlag einfach nicht gelingen. Der kriminelle Brigadier kam den Häftlingen mit dem Spruch: »Kolyma steht auf drei Walen: Schiebung, Fluch und Pfusch. Da muß man sich entscheiden, mit welchem Wal man es am besten kann.«[147] In der Folge bemerkten die Frauen, wie ihre Mitgefangene Polina Melnikowa als eine der wenigen ihre Norm täglich erfüllte, obwohl sie allein und nur mit einem Fuchsschwanz arbeitete. »Tufta« nannte man im Lager das Verfahren, eine verminderte Norm als erfüllt oder übererfüllt auszugeben. Vor allem unter kriminellen Häftlingen war der Normbetrug verbreitet. Aber auch Politische nutzten aufgrund unerträglicher Arbeitsanforderungen zunehmend Täuschung und Schwindel, um die volle Ration zu erhalten und ihre Überlebenschancen zu wahren. Wie Polina Melnikowa entschieden sich alsdann auch Jewgenia Ginsburg und ihre Mitgefangenen für den ersten »Wal von Kolyma«, die Schiebung. Gewissensbisse quälten die Frauen schon bald nicht mehr.[148]

Andere hingegen hatten Skrupel, wie sich Olga Adamowa-Sliosberg erinnert. Sie packte, um den Holzstapel größer erscheinen zu lassen, zwischen die Stämme Schnee und Wurzeln. Die Reaktion ihrer Arbeitspartnerin Galja: Sie »flehte mich an, mach das nicht, wir können erwischt werden, was für eine Schande! Ehemalige Parteimitglieder und füllen den Stapel mit Schnee.« Olga Adamowa blieb gelassen: »So oder so, acht Kubikmeter sind gestapelt. Es ist schon dunkel und bis nach Hause sind es noch fünf Kilometer.«[149] Nicht nur Holzstapel wurden so gefüllt. Andere Häftlinge wie Helene Golnipa hatten Garn aufzuwickeln. In die nach Gewicht abgerechneten Knäuel wickelten die Frauen einfach kleine Steine ein.[150] In der Waschküche eingesetzt, lernte Margarete Buber-Neumann von einem Kriminellen, wie »auf Lagermanier« die Kleidung zu waschen war. »Man nimmt die Seife, steckt sie in die Tasche, und die Wäsche schmeißt man in den Kessel und läßt sie eine Weile gut durchkochen.« Das leuchtete ihr ein.[151] »Wenn die ›Tufta‹ nicht gewesen wäre«, konstatiert Eleonora Leibbrandt, »dann wären wir verreckt.«[152] Reiner Selbsterhaltungstrieb veranlaßte die Frauen zu immer geschickteren Täuschungen. »Alle machten alles mit«, so Trude Richter, »gewöhnten sich an alles, bis zur Pfuscharbeit, bei der man sich nur nicht erwischen lassen durfte.«[153]

Brigadiere standen Manipulationen keineswegs verschlossen gegenüber. »In vielen Fällen«, so Susanne Leonhard, mag dieser aus einem »Gefühl der Menschlichkeit und Kameradschaft heraus dazu geneigt sein, seinen Brigademitgliedern möglichst hohe Prozente aufzuschreiben, damit er ihnen mehr Brot zusichert, aber es darf auch nicht vergessen werden, daß der Brigadier selbst die durchschnittliche Arbeitsleistung seiner Brigade angerechnet bekommt«.[154] Es kam vor, daß beispielsweise ein zugeteiltes Kartoffelfeld auf dem Papier bereits abgeernet war, während in Wirklichkeit noch mehrere Hektar unberührt waren.[155] Redlichkeit zahlte sich keineswegs aus. Ein Brigadier, ein älterer, intelligenter Häftling, rechnete alles korrekt ab. »Den hat man weggejagt und fast totgeschlagen«, erinnert sich Eleonora Leibbrandt, »die Gefangenen, aber auch die Oberen.«[156] Arbeits- und Abrechungsbetrug waren keineswegs nur eine Domäne der Häftlinge, sondern standen am Ende einer Kette von Täuschung und Manipulation, die in der Lageradministration begann. Im Gegensatz zu den politischen Häftlingen, denen es ausschließlich um Lebenssicherung ging, war persönliche Bereicherung und Machtzuwachs das Ziel von Lagerangestellten. Der spitze Bleistift schönte Statistiken und Bilanzen, um das vorgegebene Plansoll zu erfüllen und zugleich für den Eigenbedarf abgezweigte Produkte und Leistungen der Häftlingsarbeit zu kaschieren.[157]

Arbeitsunfälle

Während der Zwangsarbeit kam es immer wieder zu Verletzungen und Unfällen, die meist mit dauerhaften gesundheitlichen Schädigungen verbunden waren. Neben den durch Hunger verursachten Magen- und Darmerkrankungen suchten Häftlinge vor allem wegen Arbeitsunfällen die Krankenstationen auf. Zu ihnen gehörte die 18jährige Ida Konrad, die sich noch vergleichsweise harmlos beim Schilfschneiden mit einer Sichel verletzte.[158] Erna Kolbe arbeitete in Tag- und Nachtschichten am Fließband einer Näherei. »Manche Frauen sind beim Nähen eingeschlafen«, erinnert sie sich, »und mit dem Kopf auf die Nähmaschine gefallen, auf den Stahlstift, der immer hochkam.« Ihre Nachbarin traf es noch schlimmer. Sie hatte vergessen, ihr Kopftuch zu tragen, und geriet mit ihrem Haar in den Treibriemen. Schwerverletzt überlebte sie.[159] Besonders groß war die Verletzungsgefahr beim Holzeinschlag. Wenn die Bäume dicht standen oder die Begleitsoldaten das Arbeitsterritorium klein hielten, trafen niederstürzende Bäume immer wieder Häftlinge. »Viele kamen ums

Leben«, erinnert sich Tamara Ruschenzewa, »weil sie nicht wußten, wie man Bäume fällt.«[160] Arbeitsanleitungen waren, wenn überhaupt erteilt, völlig ungenügend und mußten von den Häftlingen im Interesse ihrer Normerfüllung immer wieder vernachlässigt werden. Planziele und Normhetze sowie mangelnde Sicherheitsvorkehrungen waren vielfach Ursachen von Verletzungen und tödlichen Unfällen, die die Lageradministration wissentlich in Kauf nahm. Hella Frischer war zeitweilig zum Bau einer Brücke kommandiert. »Hier kamen viele Menschen um«, erinnert sie sich: » Sie ertranken, erklärte man uns. Das ist sehr plausibel.«[161] Auch Irmgard Schünemann wurde auf einer Baustelle verletzt. Kurz vor Arbeitsschluß brach das unsachgemäß gesicherte Gerüst zusammen, auf dem die Gefangene Mörtel karrte. Sie stürzte von der vierten Etage nach unten und brach sich ein Bein.[162] Antonie Satzger schlug ein unter Spannung stehender Hebel in den Brustkorb, brach eine Rippe und schädigte ihre Lunge. Man hatte eine neue »Technologie« eingeführt und »mit mir ausprobiert, ich hätte tot sein können«.[163]

Arbeitsverweigerung und Selbstverstümmelung

Verweigerung der Arbeit bzw. Verstöße gegen die Arbeitsdisziplin sollten – den Haftinstruktionen von 1939 und 1947 zufolge – mit Strafisolator geahndet werden.[164] Zeitweilig, vor allem während der Kriegsjahre, führte permanente Arbeitsverweigerung zu strafrechtlicher Verfolgung im Lager, die mit der Todesstrafe enden konnte. Gerade gläubige Frauen verweigerten die Zwangsarbeit und zeigten damit ihren religiös-politischen Protest gegen ihre Inhaftierung und die Lageradministration. Dagegen war die prinzipielle Arbeitsverweigerung bei politischen Häftlingen, so Elinor Lipper, selten.[165] Sie suchten vor allem aufgrund mangelnder Bekleidung und Ausrüstung, insbesondere im Winter, die Arbeit zu verweigern. Manche Lageroffiziere zeigten Verständnis, andere jagten die Frauen, wie auch immer gekleidet, zur Arbeit. Jedoch mußten auch Lagerverwaltungen, etwa wie die des Karlag für das Jahr 1939, feststellen: »Das Fehlen von Bekleidung wirkt sich auf die Arbeitsdisziplin aus und ruft Arbeitsverweigerungen und Unzufriedenheit hervor.«[166]

Gewaltverbrecher und Gewohnheitskriminelle lehnten es mehrheitlich ab zu arbeiten. Einem Teil gelang die Übernahme von guten Posten und Lagerfunktionen, die sie vor körperlicher Arbeit schützten und ihren Geschäften in der »Grauzone« des Lagers zugute kamen. Andere, organisiert in kriminellen Klans, lebten von Diebstählen, Erpressung oder Prostitution. Wieder andere Kriminelle folgten zwar den Befehlen zur Produktion, arbeiteten aber langsam oder gar nicht und ließen sich von Brigadieren Arbeitsprozente politischer Häftlinge gutschreiben.

Daneben gehörten Selbstverstümmelungen und die Simulation von Krankheiten zu den verbreitetsten Methoden, sich der Arbeit auf Dauer oder zeitweise zu entziehen. Manche Frauen kratzten Insektenstiche auf oder behandelten sie mit ätzenden Lösungen, um eine Blutvergiftung auszulösen.[167] Andere nahmen ungenießbare Stoffe zu sich, um Krankheiten oder Fieber auszulösen. Im Lager behandelte Helene Golnipa, zeitweilig als Ärztin tätig, eine Frau mit Gelenkschmerzen und 40° C Temperatur, die zuvor Tabak gegessen hatte. Eine andere Gefangene verschaffte sich mit Farbe eine kunstvolle Rötung des Beines, die Helene Golnipa als Täuschung entlarvte. »Nach einer solchen oder ähnlichen Entdeckung waren diese Menschen nicht etwa beschämt oder verlegen, sie sahen mich nur frech und zornig an.«[168] Als Krankenschwester lernte auch Nora Pfeffer die verschiedensten Verstümmelungsmethoden krimineller Frauen kennen: »Sie schabten die Minen von Kopierstiften ab und streuten sich den Staub in die Augen. Dadurch erblindeten sie. Nur, um nicht arbeiten zu müssen. Sie stahlen Spritzen aus der Ambulanz und spritzten sich Kerosin unter die Haut. Dadurch gab es sofort eitrige Entzündungen, die zu schlimmen Erkrankungen, etwa Blutvergiftungen, führten. Oder sie nahmen einen Zwirn mit ihrem Speichel, zogen den Faden unter die Haut und verbanden die Enden. Auch das erzeugte nach ein paar Tagen akute Entzündungen.«[169] Das Einreiben der Achselhöhlen mit Salz oder Senf konnte die Körpertemperatur auf 39° C erhöhen. Eine geschälte Zwiebel oder Knoblauchzehe erzeugte, wenn sie in den Anus eingeführt und mehrere Stunden gehalten wurde, ebenfalls eine beträchtliche Erhöhung der Körpertemperatur.[170] Gefangene strebten jedoch nicht nur nach vorübergehender Arbeitsbefreiung. Geschickte Häftlinge verstanden es, sich auf längere Zeit Arbeitserleichterung zu verschaffen, in einigen Fällen jahrelang, indem sie Geisteskrankheit, Stummheit oder Lähmungserscheinungen simulierten.[171] Susanne Leonhard zufolge waren Selbstverstümmelungen, von wenigen

Ausnahmen abgesehen, eine Domäne krimineller Häftlinge, vor allem männlicher.[172] Allerdings praktizierten auch mehr oder weniger berufskriminelle Frauen Selbstverstümmelungen, wie die Berichte zeigen. Unter Politischen blieben sie in der Tat eine Ausnahme. Allerdings trieben die Existenzbedingungen des Lagers auch politische Frauen zu Manipulationen. Auch sie suchten Krankheiten vorzutäuschen. Dem gingen oft körperliche Leidensphasen voraus, die nach einer wenn auch kurzen Erholungsphase verlangten. Ljuba Ukrainska und ihre Leidensgefährtinnen tranken kaltes Wasser, um sich zu erkälten und fiebrig zu werden.[173] Susanne Leonhard simulierte eine Nierenbeckenentzündung, indem sie Körperschmerzen und Eiweiß in ihrem Urin vortäuschte.[174] Ihr Ziel: einige Tage in die Krankenstation, keine Arbeit und ein wenig mehr Schlaf im Warmen. Wer bei Simulierung bzw. Selbstverstümmelung ertappt wurde, konnte mit zwei zusätzlichen Haftjahren bestraft werden. Häftlingsärzte befolgten die Meldepflicht jedoch nicht immer.[175]

Arbeitsmotivation

»Hunger made them work« – »Der Hunger brachte sie zum Arbeiten«, konstatiert lapidar die englische Gefangene Flora Leipman.[176] Zum Hunger kam bei Faina Nauschütz noch die Angst. »Ich hatte verstanden«, erinnert sie sich, »wenn ich nicht gut arbeite, werde ich vernichtet.«[177] Auch Emilie B. nahm Drohungen der Lageradministration bezüglich der Normerfüllung ernst. »Ich wußte schon, was ich machen soll«, heißt es bei ihr, »sonst bin ich gleich dran.«[178] Überlegt und berechnend setzte die Lagerführung Versprechungen ein, um die Häftlinge zu vermehrten Arbeitsleistungen zu bewegen. Für den in Aussicht gestellten Besuch ihres Mannes und Kindes im Lager steigerte Nora Pfeffer ihre Arbeitsleistungen.[179] Andere Frauen versuchten die Norm überzuerfüllen, weil man ihnen avisiert hatte, einen zusätzlichen Brief an ihre Angehörigen schreiben zu dürfen.[180]

Stimulierend wirkten immer wieder falsche Versprechen auf vorzeitige Entlassung. Christina Kjossewa arbeitete in der Heumahd. Regelmäßig köderte der Chef des Lagerpunktes die gefangenen Frauen mit der Zusicherung: »Wer die Norm erfüllt, der kommt im Herbst frei.«[181] Auf infame Weise suchte sich die Lagerführung immer wieder die Hoffnungen und Sehnsüchte der Frauen zunutze zu machen. Wie sich Ljuba Ukrainska für die Nachkriegsjahre erinnert, förderte die Möglichkeit vorzeitiger Entlassung Mißgunst und Konkurrenz unter den Häftlingen. Es kam vor, »daß man sich um die Arbeit stritt und schlug. Jeder wollte mehr machen, um schneller entlassen zu werden.«[182]

Frauen nutzten den Produktionseinsatz aber auch, um quälende Gedanken, vor allem die Sehnsucht nach ihren Kindern oder anderen Familienangehörigen zu zerstreuen. »Bezogen auf meine psychische Verfassung, wirkte die Erinnerung an meine Kinder schrecklich«, erinnert sich Antonie Satzger: »Es war immer der Gedanke vorhanden, wo sind sie, was machen sie, leben sie überhaupt, haben sie zu essen. Es war ja Krieg. Seh ich sie wieder. Kann ich die acht Jahre durchhalten. Das war mein großer Kummer. Werden sie mich wieder anerkennen. Glauben sie mir, daß ich wirklich unschuldig war, oder ist ihnen eingebleut worden, daß ihre Mutter eine Verbrecherin sei. Das hat mich moralisch oft zermürbt.« So makaber es klingt, der Zwangseinsatz brachte die Gefangenen auf andere Gedanken. »Mit der Arbeit habe ich mich abgelenkt«, resümiert Antonie Satzger.[183] »Ich suchte mir immer noch zusätzlich Beschäftigung, um wegzukommen von meinem furchtbaren Weh«, so Nora Pfeffer, die ihren kleinen Sohn zurücklassen mußte. Häftlinge wie Jefrosinija Kersnowskaja suchten durch vermehrten Arbeitseinsatz trostlose und traurige Stimmungen zu mindern: »In solchen Momenten stürzte ich mich mit doppelter Energie auf die Arbeit und suchte Vergessen darin zu finden.«[184]

Bei Frauen, die ihren beruflichen Fähigkeiten entsprechend eingesetzt waren bzw. einen wirklichen Sinn in ihrer Tätigkeit sahen, brachte der Arbeitseinsatz nicht nur Ablenkung, sondern auch Genugtuung über erbrachte Leistungen. Ida Konrad hatte als im Lager ausgebildete Nähmaschinenmechanikerin das Bedürfnis, für alle Frauen gleichermaßen dazusein. Keine Mitgefangene sollte auf eine Reparatur warten und wertvolle Zeit wegen ihr verlieren. Sie mühte sich und erwarb sich den Respekt ihrer Mitgefangenen. »Man hatte Freude, wenn alles ging«, erinnert sie sich.[185] Mimi Brichmann arbeitete im gleichen Lager in der Stickerei. Sie versuchte, aus jeder Arbeit »das Beste« zu machen und ihr eine »schöne Seite« abzugewinnen. Nicht nur das Schlimme wollte sie wahrnehmen, »sondern auch die effektivste Methode entwickeln, sich selber zu vervollkommnen. Das hat mir geholfen und natürlich meine Geschicklichkeit.«[186]

Sinnerfüllung fand auch Hilda Vitzthum bei ihrer Arbeit in einem

Mimi Brichmann während des Interviews, 1993.

Kinderhaus, in dem Kinder, die im Lager zur Welt kamen, ihre ersten Lebensjahre verbrachten. Sie empfand »immer eine gewisse Befriedigung, daß ich zumindest diese Kinder gut versorgte«, heißt es in ihren Erinnerungen.[187] Manche Gefangene identifizierte sich mit ihrer Arbeit und deren Resultaten auf besondere Weise. Sich selbst und Mithäftlingen sagten sie: »Dies ist m e i n Feld«, oder: »Siehst du, wie schön m e i n Kohl dasteht.«[188]

Arbeitsmotivationen waren ebenso durch gesellschaftspolitische Einstellungen geprägt. Auf die religiös begründete Verweigerung gläubiger Häftlinge ist schon verwiesen worden. Bei Kommunistinnen und Sympathisanten des Sowjetsystems ist dagegen des öfteren von Enthusiasmus und Arbeitseifer die Rede. Ein »wirklicher Kommunist muß überall seine Pflicht erfüllen«, schreibt pathetisch die deutsche Exilantin Martha Globig in ihren Erinnerungen.[189] Auch Erna Kolbe wollte als Kommunistin Vorbild sein. Selbst im Lager dachte sie, die Pflicht zu haben, »für den Aufbau des Sozialismus in der Sowjetunion so gut zu arbeiten, wie ich kann«.[190] Während der Kriegsjahre gewann die Identifikation vieler politischer Häftlinge mit dem Regime zusätzlich eine patriotische Dimension. Argumente wie die der Kommunistin Elena Sidorkina waren keine Seltenheit: »Ich wollte meine Pflicht erfüllen als Bürgerin, wollte helfen, was in meinen Kräften stand, um die Faschisten zu besiegen. Die Arbeit hat mich aufrechterhalten in allen schwierigen Perioden meines Lebens.«[191]

Ähnliche Überlegungen stellten vor allem inhaftierte Partei- und Kulturkader oder mit dem Sowjetsystem sympathisierende Häftlinge wie Olga Adamowa-Sliosberg an. »Alle träumten davon«, schreibt sie in ihren Erinnerungen, »mit ihrer Arbeit zu beweisen, wie ehrlich wir sind, was wir für Sowjetmenschen sind.«[192] Darüber gerieten die Neuankömmlinge bald in Streit mit alten Lagerinsassen. Diese, erinnert sich Olga Adamowna, »machten sich über unsere Bemühungen, gut zu arbeiten, lustig. Sie lachten: ›Durch ehrliche Arbeit zur Befreiung?‹ Natürlich konnte keine Rede davon sein, daß man mit der Arbeit irgend etwas erreichen konnte, da wir betrogen wurden.« Betrug sah die Gefangene in erster Linie im Normenschwindel der kriminellen Brigadiere zugunsten der eigenen Klientel. Erst in zweiter Linie rangierte die Lageradministration, die die Anrechnung von Arbeitsleistungen bei der Reduzierung der Haftstrafe bei politischen Gefangenen zeitweise abgeschafft hatte. Manch alteingesessener, abgeklärter Häftling entgegnete Olga Adamowa-Sliosberg: »Ihr arbeitet und macht das Lagersystem rentabel. Auf euren Knochen machen die Lagerchefs Karriere, erhalten Orden und Prämien.« Diese an der Realität orientierten Argumente fanden bei Olga Adamowa-Sliosberg und anderen sowjettreuen Häftlingen kein Gehör. Im Gegenteil, für sie war die Arbeit das »einzig Menschliche«, was geblieben war. »Wir freuten uns der Erfolge unserer eigene Hände Arbeit. Wir wollten nicht schlechter sein als die Frauen vom Lande, die als ›Kulakinnen‹ verhaftet wurden und uns anfangs mit Schadenfreude betrachteten. Na ihr Gebildeten, wir haben euch auf dem Hals gehabt, und ihr habt Bücher gelesen. Versucht euch jetzt mal mit der Sense und der Heugabel. Die ›Entkulakisierten‹ arbeiteten natürlich am allerbesten.« Das Fazit von Olga Adamowa-Sliosberg lautet schließlich: »Trotz allem hat uns die Arbeit am Leben gehalten.«[193] »Oder vernichtet«, resümiert hingegegen Helena Kutscherowa-Koch.[194]

7. Hungeralltag

Selbst von der vollen Lagerration konnte man nicht leben, konstatiert Elinor Lipper, »jedenfalls nicht länger als zwei Jahre. Im dritten Jahr ist man ein Wrack, im vierten Jahr arbeitsunfähig, und im fünften Jahr beißt man ins Gras, beziehungsweise in den Schnee.«[1]

Norm und Ration

Die Bindung der Verpflegungsration an die Höhe der Normerfüllung war für die Lageradministration der wichtigste Hebel, um die Häftlinge bis zum letzten auszubeuten. »Unsere Maschinen wurden elektrisch angetrieben«, erinnert sich Dodo Garai: »um Brot zu bekommen, mußten wir uns antreiben lassen. Ich habe meine Norm geschafft. Ich habe mehr geleistet, als die Norm von mir verlangte. Dafür bekam ich eine Prämie. Meine Hände, mein Gehirn haben nachts weitergenäht, Stück für Stück. Dabei habe ich soviel Brot verdient, daß ich nicht zu sterben brauchte vor Entkräftung.«[2]

Verpflegungsnormen

Die Versorgungsnormen für Häftlinge im Gulag unterlagen ständigen Änderungen und Modifzierungen durch die Moskauer Führung. Dies betraf sowohl die Höhe der Lebensmittelrationen als auch deren Vergabe. Eine Differenzierung nach Geschlechtern, ausgenommen für hochschwangere Frauen und stillende Mütter, sucht man in den Festlegungen vergebens. Die wichtigsten Bestandteile der »Fütterung« waren die Brotration und eine warme Kesselspeise, meist eine dünne Suppe, von den Häftlingen »Balanda« genannt, oder Grütze. Die Höhe der Verpflegungsnormen für Häftlinge, die zwischen 1939 und 1949 auf schwerer körperlicher Arbeit 100 % und mehr des Solls erfüllten, betrug pro Tag[3]:

Produkte in Gramm und deren Kaloriengehalt	**1939**	**1942**	**1945**	**1949**
Roggenbrot	1200 g 2556 kcal	700 g 1491 kcal	550-850 g 1491 kcal	800 g 1704 kcal
Weizenmehl, ab 1942 grobes Mehl	60 g 193 kcal	10 g 32 kcal	5 g 16 kcal	40 g 128 kcal
Grütze bzw. Makkaroni	140 g 493 kcal	85 g 299 kcal	125 g 440 kcal	120 g 422 kcal
Fleisch- bzw. Fleischprodukte	30 g 56 kcal	20 g 37 kcal	40 g 75kcal	20 g 37 kcal
Fisch- bzw. Fischprodukte	158 g 325 kcal	67 g 138 kcal	80 g 165 kcal	160 g 330 kcal
Kartoffeln und Gemüse	580 g 278 kcal	450 g 216 kcal	500 g 240 kcal	650 g 312 kcal
Energiegehalt	**3901 kcal**	**2213 kcal**	**2427 kcal**	**2933 kcal**

Gewöhnlich benötigten gesunde Frauen für die körperliche Reproduktion bei schwerer Arbeit je nach Alter zwischen 3000 und 3400 und bei Schwerstarbeit zwischen 3400 und 3800 Kalorien.[4] Die übergroße Mehrheit der Frauen war bei schwerer, teils schwerster Zwangsarbeit eingesetzt. Lange Arbeitswege, ungenügende Kleidung, mangelnder Schlaf und andere Drangsale des Haftalltags erforderten zusätzliche Kräfte. Die laut Norm zur Verfügung zu stellenden Lebensmittel garantierten jedoch nur in der Vorkriegszeit die Wiederherstellung der physischen Leistungskraft. In den anschließenden Jahren betrieb man, wie den angegebenen Verpflegungsnormen zu entnehmen ist, aus ökonomischem Mangel oder aber bewußt Raubbau an den körperlichen Kräften der Häftlinge. Die Versorgungslage der Gefangenen wurde zu allen Zeiten zusätzlich durch mangelnde Qualität und Einseitigkeit reduziert. Durch Diebstahl und Verschiebung der zur Verfügung gestellten Lebensmittel in der »Grauzone« des Lagers schmälerte sich die festgelegte Versorgungsration um ein weiteres.

Die Festlegung der Verpflegungsnormen erfolgte stets in Abstimmung mit der Sowjetregierung. So basierten die Rationen von 1939 auf einem Beschluß des Wirtschaftsrates beim Rat der Volkskommissare der UdSSR vom 4. Juli 1939. Allerdings erteilte man dem NKWD das Recht, die Verpflegungsnormen in »Abhängigkeit vom Charakter der Arbeit und der Normerfüllung zu differenzieren«.[5] Das Prinzip der »differenzierten Verpflegungsnormen« regulierte die Versorgungspraxis der Häftlinge im Gulag während der gesamten Zeit seines Bestehens. Befriedigende Versorgung und Mangelernährung sowie Hunger waren zwei Seiten einer Medaille, die die Moskauer Hauptverwaltung der Lager zielgerichtet als Druckmittel für höhere Arbeitsleistungen ausspielte. Das, was den Normübererfüllern mehr an Lebensmitteln ausgegeben wurde, sparte die Lageradministration bei den geschwächten Häftlingen ein. So betrug 1939 die Brotration für Häftlinge, die nach »Stachanow-Methoden« arbeiteten, 1400 Gramm. »Körperlich nicht vollwertige« Häftlinge, Invaliden und Innendienstler erhielten dagegen nur 600 Gramm Brot und entsprechend weniger Zutaten für die Suppe bzw. Grütze, so statt 110 nur 10 Gramm Mehl, statt 192 nur 128 Gramm Fisch, statt 700 nur 500 Gramm Kartoffeln.[6] Die Verpflegungsnormen vom Juli 1939 sollten für Jahre noch die besten sein, nach der Gefangene im Gulag überhaupt verpflegt wurden.

Drastische Reduzierungen der Versorgungsnormen setzten im zweiten Kriegsjahr, 1942, ein.[7] Die Moskauer Lagerhauptverwaltung kürzte die Brotration von 1200 auf 700 Gramm. Beträchtliche Einbußen mußten die Häftlinge auch bei den Zutaten zur Kesselspeise hinnehmen. Das Prinzip der »differenzierten Verpflegungsnormen« behielt man nicht nur bei, sondern verstärkte es.[8] Die Brotnorm betrug entsprechend der Normerfüllung pro Häftling am Tag in Gramm[9]:

	Menge des auszugebenden Brotes	
prozentuale Normerfüllung	allgemeine schwere Arbeiten	alle anderen allgemeinen Arbeiten
bis 50 %	400 g	300 g
50-80 %	500 g	400 g

80-100 %	600 g	500 g
100-125 %	700 g	600 g
über 125 %	800 g	700 g

»Rekordarbeiter«, die ihre Norm mit 200 und mehr Prozent erfüllten, sollten bei allgemeinen schweren Arbeiten 900 Gramm und bei anderen allgemeinen Arbeiten 800 Gramm Brot erhalten. Brigadiere standen bei einer Normerfüllung von über 100 % der von ihnen geführten Brigade 700 Gramm Brot zu. Häftlinge mit verringerter Arbeitsfähigkeit und Invaliden hatten in Übereinstimmung mit der für sie durch eine »Ärzte-Arbeitskommission« festgelegten verringerten Arbeitsnorm mit maximal 600, nichtarbeitende Invaliden mit nur 400 Gramm Brot versorgt zu werden. Gekürzt wurde auch die Brotration der Häftlinge, die in der Lager- bzw. Produktionsverwaltung eingesetzt waren, so das ingenieurtechnische Personal, Ärzte, agronomisches Personal sowie Häftlinge, die die Pflichten des Wachschutzes oder der Feuerwehr erfüllten. Ihnen standen offiziell 550 Gramm Brot am Tag zu. Nur 500 Gramm sollten Rechnungsführer und Buchhalter, das mittlere medizinische Personal, Mitarbeiter der »Kulturerziehungsabteilung«, Magazinverwalter und Hilfsarbeiter bekommen, deren Tätigkeiten nicht normiert waren.[10]

Für die Zubereitung der warmen Speise gab die Moskauer Hauptverwaltung Lager vier verschiedene Rationen vor, die in vier verschiedenen Kesseln zu kochen waren. Die vorgegebenen Normen 1 bis 3 sowie eine Zusatznorm differenzierten sowohl nach der jeweiligen Normerfüllung bei der Zwangsarbeit als auch nach der Tätigkeit. Häftlingen, die auf schwerer Arbeit die Norm erfüllten, sowie Gefangenen, die auf anderen Arbeiten 125 % und mehr des Solls schafften, stand die Norm Nr. 3 zu. Diese enthielt offiziell folgende Zutaten für die Kesselspeise[11]:

Lfd. Nr.	Produkt	Menge
1.	grobes Mehl	10 g
2.	Grütze / Makkaroni	85 g
3.	Fleisch u. -produkte	20 g
4.	Fisch u. -produkte	67 g
5.	Fette	15 g
6.	Kartoffeln / Gemüse	450 g
7.	Zucker	15 g
8.	Tee-Ersatz	2 g
9.	Tomatenpüree	10 g
10.	Pfeffer	0,1 g
11.	Lorbeerblatt	0,1 g
12.	Salz	10 g

Die Norm Nr. 3 stand auch einzelnen Mitarbeitern des ingenieurtechnischen und Verwaltungspersonals für gute Arbeitsleistungen, nach Bestätigung durch den Chef des jeweiligen Lagers, zu. Auch Brigadiere sollten nach dieser Norm versorgt werden, wenn die mittlere Normerfüllung der von ihnen geführten Brigade bei über 100 % bei schweren Arbeiten und bei über 125 % bei allen anderen Arbeiten lag. Die Hauptverwaltung der Lager versah die Norm Nr. 3 mit der Anmerkung: »Es ist kategorisch verboten, Häftlinge mit beschränkter Arbeitsfähigkeit oder Invaliden nach der Norm Nr. 3 zu verpflegen.«[12] Ein Prämiengericht war an Häftlinge auszugeben, die das Arbeitssoll bei allgemeinen schweren Arbeiten ab 130 % und bei den übrigen Arbeiten ab 180 % erfüllten. Auch einzelne Häftlinge des ingenieurtechnischen Personals konnten für vorbildliche Arbeitsleistungen nach individueller Auswahl täglich ein Zusatzgericht erhalten.[13]

Während der Kriegsjahre wechselten noch des öfteren die Verpflegungsnormen. Das Prinzip der »differenzierten Verpflegung« nach Höhe der Erfüllung des Arbeitssolls behielt man jedoch stets bei. Mit Wirkung vom 1. Januar 1945 erließ das NKWD erneut eine »Ordnung der Verpflegung in Besserungsarbeitslagern und -kolonien«. Im Punkt 1 hieß es, alle Häftlinge erhalten »in strenger Übereinstimmung mit den festgelegten Normen Brot, Verpflegung aus dem Kessel, Tee und Seife«.[14] Dies oblag der Kontrolle und Verantwortung der Chefs aller Lager und deren Verwaltungen. »Kategorisch verboten« war es, die zur Verfügung gestellten Lebensmittelfonds zu überschreiten bzw. diese »zweckentfremdet« einzusetzen. Neu war, daß die Moskauer Lagerhauptverwaltung den einzelnen Lagerchefs gewisse Handlungsspielräume bei der konkreten Festlegung der Rationen einräumte. Das Ziel blieb jedoch das gleiche: Einsparungen bei Häftlingen, die unter der Norm blieben, und Zusatzrationen für die Übererfüller. Die Norm Nr. 1, eine garantierte Norm für alle arbeitenden Häftlinge, sah eine Brotration von 550 Gramm vor. Den Chefs der Lager gewährte man das Recht, das Brot der garantierten Norm um 100 Gramm zu senken, wenn die Planerfüllung 50 bis 75 % und um 50 Gramm zu reduzieren, wenn die Planerfüllung 75 bis 100 % betrug.[15] Gefangene, die die Produktionsnormen übererfüllten sowie »hohe Kennziffern in nichtnormierten Tätigkeiten« erzielten, darunter ingenieurtechnisches und Verwaltungspersonal, konnten dagegen folgende Zusatzverpflegung erhalten[16]:

Lfd. Nr.	Lebensmittel	Menge
1.	Grütze	50 g
2.	Fleisch	25 g
3.	Fisch	25 g
4.	Fette	10 g
5.	Zucker	3 g
6.	Salz	8 g

Die Brotration konnte um 300 Gramm pro Tag erhöht werden. Der Chef des jeweiligen Lagers legte den konkreten Umfang und die Verteilung der zusätzlichen Verpflegung fest.

Am 10. August 1949 befahl der Minister des Innern der UdSSR, Generaloberst Kruglow, in Übereinstimmung mit dem Beschluß des Ministerrates der UdSSR »Über die Veränderung der Verpflegungsnormen für Häftlinge«, vom 24. Juli 1949, neue »Normen der Nahrungsgüterversorgung in den Besserungsarbeitslagern und -kolonien des MWD«.[17] Das Grundprinzip auch dieses Befehls lautete: »differenzierte Normen«, wobei nunmehr zwölf verschiedene Rationen festgelegt waren. In 34 Lagerkomplexen, insbesondere im hohen Norden der UdSSR, galten ebenso leicht angehobene Normen wie auf einigen »Sonderbaustellen« des MWD. Dort erhielten Häftlinge zwischen 800 und 900 Gramm Brot.[18] Die Norm Nr. 1, die »Grundnorm«, nach der alle Häftlinge versorgt werden sollten, die das Arbeitssoll erfüllten, sah offiziell 700 Gramm Brot vor. Diese sollten auch Häftlinge des Verwaltungspersonals erhalten. Bei Ausübung schwerer körperlicher Arbeit standen 100 Gramm zusätzlich in Aussicht. Um Zusatzrationen in Höhe von jeweils 100 Gramm Brot sowie 120 Gramm Grütze, Fleisch und Fisch und ein paar zusätzliche Gramm Zucker, Salz und Fett zu bekommen, mußten die Häftlinge bei schweren körperlichen Arbeiten die Norm erfüllen und bei allen anderen weit übererfüllen. Der Chef des Lagers konnte dann »eine halbe, eine ganze, zwei oder drei Zusatzrationen für einen Häftling im Rahmen des im Quartal zugeteilten Limits an Zusatzrationen« ausgeben lassen. Die Ausgabe von Zusatzrationen an das ingenieurtechnische Personal und die Brigadiere war wiederum an die »Erfüllung und Übererfüllung der Produktionsaufgaben der ihnen unterstehenden Produktionsabschnitte« gekoppelt.[19] Wer die Norm nicht erfüllte, büßte täglich 100 Gramm Brot und 35 Gramm Kesselzutaten ein. Das Ziel bestand in der Schaffung eines »Fonds von Nahrungsmitteln für die zusätzliche differenzierte Verpflegung der Häftlinge«.[20] Den Leitern der Lagerkomplexe gestattete man vor Ort, »nach eigenem Ermessen« die »Grundnorm« als auch die »Strafnorm« weiter zu kürzen und die Einsparungen in Form von Zusatzrationen »als Anreiz für gute Arbeit« auszugeben.[21] Diese Maßnahmen förderten Leistungsdruck und Normhetze bei der Zwangsarbeit wie die Konkurrenz unter den Gefangenen. Angehörigen der Lageradministration waren dagegen neue Möglichkeiten gegeben, sich unbeobachtet Teile der Häftlingsration anzueignen oder diese gewinnbringend zu verschieben.

Zubereitung der Speise und Essenausgabe

Befehle und Instruktionen des NKWD/MWD forderten nicht ohne Grund von den Chefs der jeweiligen Lagerstruktureinheiten immer wieder die strenge Kontrolle der Lebensmittel und deren Verarbeitung in den Häftlingsküchen. Die »Ordnung für die Verpflegung der Häftlinge in Besserungsarbeitslagern und -kolonien des NKWD der UdSSR«, vom 1. Januar 1945, beinhaltete u. a. eine Ordnung über die Ausgabe von Lebensmitteln an die Küche, eine Ordnung über die Zubereitung bzw. Ausgabe der Kesselspeise sowie eine Ordnung über die Ausgabe der Brotration.[22] Von den Lebensmittellagern waren danach nur einwandfreie, also unverdorbene Produkte an die Lagerküchen zu liefern. Um größere Vorräte in den Küchen zu vermeiden, hatte die Übergabe der notwendigen Lebensmittel für die warme Speise täglich zu erfolgen. Die Zubereitung sollte unter strenger Kontrolle von freien Angestellten der Lageradministration erfolgen, so der Wirtschafts- und Sanitätsverwaltung sowie des Diensthabenden der Küche. Schon das Abwiegen der Produkte, die in den Kessel gelangen sollten, hatte bei deren Anwesenheit zu geschehen. Zu kontrollieren war auch das Füllen der Kessel nach den verschiedenen Normen, sowohl unter Beachtung der Anzahl der zu verpflegenden Häftlinge als auch nach deren Erfüllung des Arbeitssolls. Ausgehend vom vorhandenen Sortiment der Lebensmittel, sollten Speisepläne für eine Dekade bzw. Woche aufgestellt werden. Der sanitäre Zustand der Küchen und der Speisehallen sowie die Qualität des Essens war täglich, so die Ordnung, zu überprüfen und im Dienstbuch der Küche zu dokumentieren.[23] Die Instruktion über das Haftregime vom 27. März 1947 fügte diesen Festlegungen weitere hinzu.[24] Danach war der »kalkulierte Speiseplan« für jeden einzelnen Tag durch die Abteilung Versorgung und Beschaffung sowie die Sanitätsabteilung aufzustellen und durch den Chef des jeweiligen Lagers zu bestätigen. Als Diensthabender der Küche sollte ein freier Angestellter fungieren. Er hatte den Befehl, alle Vorgänge in der Küche zu beaufsichtigen, so die »Zubereitung des Essens nach den festgelegten Versorgungsnormen«, das »Einlegen der Produkte in die

Kessel streng nach den festgelegten Gewichtseinheiten«, die »Entnahme der Lebensmittel aus den Speisekammern der Küche und ihre ordnungsgemäße Lagerung«, die »ordnungsgemäße Essenausgabe an die Häftlinge«, den »hygienischen Zustand der Küche und des Speisesaals« sowie das »ordnungsgemäße Abwiegen des Brotes«.[25] Mängel und Verstöße hatten unverzüglich der Lagerverwaltung gemeldet zu werden. Zudem hatte der Diensthabende des Lagers »mindestens zweimal am Tag den Zustand der Küche und ihre Arbeit zu überprüfen und die Ergebnisse im Dienstbuch der Küche einzutragen«. Der Chef der Lagerstruktureinheit war verpflichtet, einmal pro Tag die Küche zu kontrollieren. Die Waagen der Küchen sind, wie im Karlag, in »speziellen Reparaturbrigaden repariert, regelmäßig geeicht und versiegelt« worden.[26]

Ein scheinbar lückenloses Netz der Kontrolle, das jedwede Veruntreuung und Schiebung von Lebensmitteln, die den Häftlingen zustanden, hätte verhindern müssen. Dennoch gehörten Veruntreuung und Diebstahl von Produkten zum gängigen Alltag in allen Lagern, und nicht nur durch kriminelle Häftlinge. In beträchtlichem Ausmaß haben sich Angestellte der Lageradministration an den Verpflegungsrationen und am Eigentum von Häftlingen bereichert. Gang und gäbe war die Praxis der kostenlosen Zusatzversorgung von Lagerangestellten über Magazine, Werkstätten und Küchen.

Sofia Main verwaltete zeitweilig ein Getreidelager. »Zu mir kamen oft die Lagernatschalniki«, erinnert sich die Rußlanddeutsche, »und wollten Korn und Grütze von mir. Das mußte ich ihnen geben und das in den Rechnungsbüchern, in der Bilanz, verschleiern.«[27] Lagerangestellte gaben direkt Hinweise zur Manipulation. Nora Pfeffer, zeitweilig zuständig für eine Brot- und Zuckerausgabestelle, erklärten Offiziere der Verwaltung, wie sie beim Wiegen nicht nur keinen Verlust, sondern einen Gewinn erzielen konnte. Man gab ihr für die Brotwaage ein 5-Kopeken-Stück. »Das wiegt genau fünf Gramm«, erklärte der Natschalnik, »und das kleben Sie unter die Tafelwaage, wo das Brot liegt. So haben Sie pro Ration genau immer fünf Gramm mehr Brot. Und neben den Zucker stellen Sie über Nacht einen Eimer Wasser. Der Zucker saugt das Wasser auf und wird dadurch schwerer.«[28]

Die »Ordnung für die Verpflegung der Häftlinge in Besserungsarbeitslagern und -kolonien des NKWD der UdSSR« vom 29. Februar

1940 legte auch die »Ordnung der Verpflegung« fest. Danach hatten die Häftlinge am Morgen und am Mittag ein warmes Essen zu erhalten. Gefangene mit Zusatzverpflegung sollten dreimal warm verpflegt werden. Die Brotration war nach Rückkehr von der Arbeit zu verteilen.[29] Diese Festlegungen bestätigte das NKWD in der neuen »Verpflegungsordung«, die ab 1. Januar 1945 galt. Allerdings dekretierte sie weitere Kontrollmechanismen. Die Ausgabe der Kesselspeise hatte danach nur mit ausgemessenen, geeichten Kellen zu erfolgen. Die Ausgabe des Essens sollte »brigadeweise, auf Talons bzw. nach einer Liste in Anwesenheit des Brigadiers« erfolgen. Fehlverhalten des Brigadeleiters bei falscher Essenverteilung war strafbar. Über nicht ausgegebenes Essen hatte der Verpflegungsordnung nach ein Protokoll angefertigt zu werden, in dem auch dessen Verwendung zu dokumentieren war. Das Brot sollte nunmehr »unabhängig von der zu erhaltenen Brotmenge zweimal am Tag« ausgegeben werden.[30] Änderungen bei der Ausgabe der Verpflegung an die Gefangenen nahm das NKWD in der Instruktion zum Haftregime im Jahr 1947 nicht vor. Allerdings sollten seit dieser Zeit in den Speisehallen »in speziellen gläsernen Vitrinen der tägliche Speiseplan und Musterportionen der zubereiteten Gerichte ausgestellt« werden. Außerdem war durch den Diensthabenden des Speisesaals ein »Beschwerdebuch« für Hinweise und Vorschläge der Häftlinge zu führen.[31] Häftlinge erinnerten sich an derlei nicht, ganz im Gegenteil. Das Karlag verfügte selbst nach offiziellen Angaben im Januar 1951 für ca. 45 000 Häftlinge nur über 265 Küchen, die teilweise in »baufälligen, ungeeigneten Gebäuden« untergebracht waren. In den existierenden 97 Speisehallen konnten nur 30 bis 35 % der Häftlinge Aufnahme finden. Für eine »normale Versorgung« der Inhaftierten, so die Verwaltung des Karlag, wären zusätzlich 40 Küchen und 66 Speisehallen vonnöten gewesen.[32]

Nahrungsmittel und Mahlzeiten

Was tatsächlich die inhaftierten Frauen in ihren knochigen Händen hielten und aus verbeulten Blechbüchsen oder Schüsseln löffelten, entsprach nie oder äußerst selten den offiziellen Verpflegungsrationen.

Hungerrationen

»Unsere Nahrung besteht morgens aus einem Hering und einem winzigen Brötchen«, so die Polin Marta Rudzka über ihre Lagererfahrungen 1940/41: »Mittags aus einer Suppe und einem dünnen Brei von gefrorenen, süßlichen Kartoffeln, manchmal etwas Gerstengrütze, abends wieder aus einem Hering oder einem Mehlwasser mit ein paar harten Klößen darin. Mittags bekommen wir auch unsere Tagesration von feuchtem, dunklem, teigigem Brot, was eigentlich den Hauptteil unserer Ernährung ausmacht.«[33] Ähnlich beschreibt Galina Lewinson in ihren Erinnerungen die Tagesverpflegung für Ende der 1930er Jahre: »Morgens Grütze aus Hafer oder Linsen. Zum Mittag Suppe, meist mit faulen Kohlblättern und Kartoffeln, manchmal mit minderwertigem Fleisch oder einem Heringskopf. Als zweites Gericht Grütze. Zum Abendbrot wieder Grütze, manchmal aus Soja oder Mais. Wer die Norm erfüllte, bekam 500, wer sie überbot, bekam 800 Gramm Brot.«[34] Elinor Lipper, 1937 bis 1947 Häftling auf Kolyma, stellt in ihrem Bericht folgendes »Menü« für Gefangene zusammen. Frühstück: ein halber Hering oder 50 Gramm gesalzenen Fisch, gesüßter Fruchttee sowie ein Drittel der Brotration. Mittagessen: ein halber Liter Kohlblättersuppe, Grütze und ein weiteres Drittel der Brotration. Abendessen: Kohlblättersuppe mit einzelnen herumschwimmenden Körnern und zerkochten Fischköpfen und das letzte Drittel der Brotration.[35] Gravierend unterscheiden sich davon auch die Erfahrungen der Österreicherin Margaretha Witschel nicht, die 1947 bis 1955 auf Kolyma inhaftiert war: Morgens das »Frühstück, und mittags und abends eine Krautsuppe, in der sich ab und zu Kartoffeln befanden. Mittags gab es noch zwei gehäufte Eßlöffel Brei. Nach dem Essen bekam jeder Gefangene eine Schüssel heißes Wasser. Der Wächter fragte allerdings, bevor er das Wasser gab, ob man ›Tee‹ wünsche.«[36]

Die Häftlinge, deren Arbeitsort vom Lager weit entfernt war, zu dem die örtliche Verwaltung keine Anlieferung sicherstellte, erhielten kein Mittagessen und mußten sich mit der kargen Brotration über den Tag retten. Antonie Satzger und ihre Mitgefangenen bekamen am Morgen Brot und einen Becher heißes Wasser. Nach zwölf Stunden Arbeit bestand die Abendmahlzeit aus Wassersuppe und 100 Gramm Brei.[37] Auch Mimi Brichmann erinnert sich an den immer stärkeren Zusatz von Wasser bei der Zubereitung der »Kascha«, einer traditionell russischen Grütze. Lediglich ein Viertel der Speise bestand tatsächlich noch aus Hülsenfrüchten, der Rest war Wasser. Nur auf dem Boden des Kessels setzten sich die Hirse oder der Buchweizen ab.[38] Vor dem Krieg, erinnert sich Alice S., gab es im gleichen Lager noch »Kascha mit Loch«. Die Grütze war noch so fest, daß man in sie ein kleines Loch drücken konnte, wo sich ein paar Tropfen Sonnenblumenöl sammelten. Allerdings gab es dieses »Festessen« doch eher selten.[39] Irmgard Schünemann hat während ihrer Lagerjahre zwischen 1941 und 1951 keinerlei Margarine oder Speck gesehen. Vitamine sollten durch Birkensaft und Brennesselsuppen ersetzt werden. Von Fischen fanden die Häftlinge die Köpfe, von Kartoffeln oft nur sandige Schalen in ihrer Balanda.[40] Ljuba Ukrainska und ihre Mitgefangenen erhielten Fisch, der für den öffentlichen Verkauf außerhalb des Lagers nicht mehr zugelassen war.[41] »Die Mehlsuppe war ohne Salz«, erinnert sich Hella Frischer, »in ihr schwammen nur Kartoffelreste. Der Brei war schleimig, ohne irgendeinen Geschmack. Der gesalzene Trockenfisch stank und war oft schon verdorben. Einen Fingerhut Öl aus Sonnenblumen oder Hanf gab es in die Schüssel. Der Fingerhut ist an einem langen Draht befestigt und der kriminelle Koch schaffte es, ihn voll zu schöpfen, aber nicht vollständig zu leeren.«[42] Ida Konrad erinnert sich an kleine Salznäpfchen, die in der Speisehalle auf den Tischen standen. Käte L. und ihre Mitgefangenen erhielten hingegegen längere Zeit überhaupt kein Salz. Der »Tee« bestand aus heißem Wasser, in dem sich, wenn überhaupt, nur einige Blätter oder Obstkerne fanden.[43] Tamara Ruschenzewa zieht das Fazit: »Das, was man uns gab, konnte nicht als Essen bezeichnet werden.«[44]

Aufmerksam nahmen die Gefangenen die differenzierte »Fütterung« der Zwangsarbeiter, die sich nach der Stellung im Produktionsprozeß richtete, wahr. Margarete Buber-Neumann erinnert sich an vier verschiedene Lebensmittelzuteilungen. »Die unterste, die schlechteste«, so die deutsche Exilantin, »erhielten Feldarbeiter und der Strafblock, die zweite die Reparaturwerkstatt und Teile der Büroarbeiter, die dritte die Arbeiter des Transport- und Bauwesens und die vierte und beste das agrotechnische Personal.«[45] Susanne Leonhard schildert in ihren Erinnerungen fünf verschieden gefüllte »Kessel«, aus denen die Häftlinge verpflegt wurden. Im »Strafkessel« für Arbeitsverweigerer und Disziplinverletzter kochte nur eine »fettlose Kohlsuppe« und ein

Stück Fisch. Religiöse Häftlinge, die wie Aleksandra Okunjewa die Zwangsarbeit sowie den Gang zur Speisehalle verweigerten, mußten von täglich 300 Gramm Brot und einen Becher Wasser leben.[46] Wer die Norm zwischen 70 bis 100 % erfüllte, hatte sich mit dem ersten Kessel, meist mit Kohl- oder Fischsuppe und etwas Grütze, zu begnügen. Das traf für die große Masse der Häftlinge zu. Wer bis zu 50 % mehr als die vorgeschriebene Norm erarbeitete, erhielt den zweiten oder dritteln Kessel. Die wenigen, die über 150 % schafften oder wichtige Funktionen innerhalb der Lagerverwaltung innehatten, konnten außer Suppe und dicker Grütze noch Gemüse oder Salat sowie ein zusätzliches Brötchen im Empfang nehmen.[47]

In den Erinnerungen spiegeln sich auch die temporären Änderungen in der Verpflegungssituation wider. Hilda Schreiner brauchte nach eigenen Angaben 1935/36 im Bamlag noch nicht Hunger leiden. »Brot stand in der Kantine frei auf dem Tisch«, erinnert sich die Rußlanddeutsche.[48] Verheerend wirkten sich hingegen die nachfolgenden Terrorjahre 1937/38 auf die Existenzbedingungen im Gulag aus. In den einzelnen Lagern war die Administration völlig unzureichend auf die neu einsetzenden Häftlingsströme eingerichtet. »Lange Zeit hatten wir ganz schlechtes Essen«, erinnert sich Julie Bevern. Roher Fisch und undefinierbare Suppen blieben ihr im Gedächtnis. Erst Ende 1939 entspannte sich die Situation.[49] Auch Mimi Brichmann empfand die Versorgung in den unmittelbaren Vorkriegsjahren durchaus befriedigend. »Wir sahen gut genährt aus«, erinnert sie sich: »Wir aßen sehr gutes Brot, wir bauten wunderbaren Weizen an und bekamen daraus unser Brot gebacken. Wir kriegten so viel, daß wir das gar nicht aufessen konnten. In den Baracken wurden Kästen aufgestellt, wo das übrige Brot abgelegt werden konnte.«[50] Nach Kriegsausbruch, so Berichte vieler Häftlinge, verschlechterte sich die Ernährungssituation erneut dramatisch. »Das Essen wurde so schlecht«, entsinnt sich Hella Frischer, daß sie die Wachhunde wegen der Linsen beneideten, die diese als Futter bekamen.[51]

Einen neuen Tiefpunkt erreichte die Versorgungskrise im Kriegswinter 1941/42. Mit leerem Magen und unzureichend gekleidet schleppte sich Christina Kjossewa mit ihren Mitgefangenen zum Holzeinschlag. »Bevor wir früh um 7.00 Uhr aus dem Lager gingen«, schildert sie in ihren Erinnerungen, »bekamen wir einen halben Becher süßen Tee und ein Stück rohen salzigen Fisch. Unsere Brotration für diesen Tag hatten wir abends bereits verzehrt. Wir bekamen unsere Brotration stets abends für den nächsten Tag. Wenn wir aber abends aus dem Walde zurückkamen, waren wir so hungrig und verfroren, daß niemand von uns die Kraft hatte, das Brot bis zum nächsten Morgen aufzubewahren. Es war auch gefährlich, denn es konnte einem nachts leicht gestohlen werden.«[52] Nach Kriegsende besserte sich die Verpflegung der Häftlinge nur langsam. Trude Richter suchte noch längere Zeit in ihrer Suppe die »drei oder vier Gräupchen«, die sich, einem russischen Sprichwort nach, »einander mit dem Knüppel jagten«.[53] Auch Nonna Tschekanowa, Ende 1945 in das Lagergebiet von Uchta deportiert, empfand die »Rationen als sehr knapp«. Erst Ende der 1940er Jahre erhöhten sich langsam die Versorgungsnormen, blieben aber dennoch unzureichend. »In den letzten beiden Jahren«, erinnert sich die Russin, »gab es mehr Brot. Und als mehr Brot da war, gab es nicht mehr dieses anhaltende Hungergefühl.«[54]

Brot und Balanda

Bevor die Häftlinge jedoch genug Brot erhielten, wie sich die Ukrainerin Ola Popadyn für die Zeit nach Stalins Tod 1953 erinnert, mußten die gefangenen Frauen über Jahre mit einer Hungerration leben.[55] »Brot war das wertvollste Gut im Lager«, konstatiert Hilda Vitzthum, »es war mehr wert als Geld.«[56] Die Brotration bildete die Grundlage der Nahrung, ihren kräftigen Teil, so Ruth Z. Anfangs dachte die Jüdin, im Lager damit gut auskommen zu können, da sie in Freiheit auch nicht mehr Brot zu sich nahm. Da der Nährwert der anderen Nahrungsmittel, aber auch des Brotes völlig unzureichend war, merkte die junge Frau jedoch bald, wie ihre Körperreserven schwanden.[57] Trude Richter bezeichnet rückblickend das Lagerbrot als Hauptkraftquell, dem sie überhaupt ihr Überleben verdankte.[58] Die Zusammensetzung und Qualität des Brotes schwankte. Julie Bevern resümiert: Im Brot »war alles mögliche drin, nur kein Mehl«. Es war so naß, daß es an der Wand klebenblieb.[59]

Das Gewicht stimmte, doch den Anteil der Nährstoffe ersetzte zunehmend Wasser. »Wenn man das Brot zusammengedrückt hat«, entsinnt sich Emilie B., »ist Wasser rausgelaufen.«[60] Helena Kutscherowa-Koch schmeckte das Brot in den Nachkriegsjahren hingegen wie

Kuchen.[61] In erträglichen Zeiten war es »von herzhaftem, kräftigem Geschmack, und man hätte es in unbegrenzter Mengen essen können, wenn man es nur bekommen hätte«.[62] Allerdings verbesserte sich die Qualität des Brotes in den Nachkriegsjahren nicht in allen Lagern. So mußte beispielsweise die Verwaltung des Karlag 1949 nach einer Überprüfung der Lagerabteilung Akmolinsk feststellen, daß das Brot eine »erhöhte Feuchtigkeit« besaß und »gegenüber der vorgeschriebenen Norm beim Backen zu sehr an Gewicht zunahm«.[63]

Die Ausgabe der täglichen Brotration war ein besonderes Ritual. Mit Argusaugen musterten die Mitgefangenen die Brotverteilerin. Elinor Lipper beschreibt in ihren Erinnerungen den allmorgendlichen Empfang: »Das Brot wird von einer alten grauhaarigen Invalidin mit scharfen Augen, scharfer Zunge, spitzer Nase und spitzen Fingern ausgeteilt. Vor ihr liegt ein Buch, in dem ebenso wie beim Kommandanten an der Wache sämtliche Namen brigadeweise aufgezeichnet sind. Man nennt seine Brigade und seinen Namen, sie fängt an, in dem Buch hin- und herzublättern, siebzig Frauen warten. Sie schiebt die Brille auf die Stirn, fixiert einen, ob man es auch wirklich selber ist, schiebt die Brille zurück auf die Nase, macht einen Strich hinter dem betreffenden Namen und reicht die bereitliegenden zweihundert Gramm Brot heraus. Natürlich ein Mittelstück. Nicht alle können einen Anschnitt bekommen. Anschnitte bekommen ihre speziellen Freunde. Man kann nicht jedermanns Freund sein. Was ein Anschnitt bedeutet, kann man einem Menschen, der nie im Gefängnis oder Lager war, nicht erklären. Der Anschnitt ist nicht nur knuspriger, er sieht nicht nur schöner aus, er sieht auch nicht nur aus, als ob er schwerer wäre – ein Anschnitt macht auch auf geheimnisvolle Weise satter, obwohl er auch nur zweihundert Gramm wiegt. Ein Mittelstück ist ein Stoß ins Herz, ist eine Bestätigung vom lieben Gott, daß er einen endgültig verlassen hat, ist der Auftakt zu einem verhunzten Tag. Es ist fast immer ein Mittelstück. Nicht nur wegen der Anschnitte ist die Brotverteilerin eine der bestgehaßten Frauen im Lager. Sie hat das Recht, auf zweihundert Gramm Brot je drei Gramm auf Krümel und Feuchtigkeitsverlust anzurechnen, also in Wirklichkeit nur hundertsiebenundneunzig Gramm auszugeben. Wohin kommen all die Krümel und die Feuchtigkeit, die gar nicht verloren geht – weil sie sich bekanntlich nachts durch feuchte, über das Brot gebreitete

Julie Bevern während des Interviews, 1991.

Tücher ersetzen läßt? In ihren eigenen Magen und den ihrer Busenfreundinnen! Sieht man vielleicht nicht, wie sie sich herausgefressen hat, seit sie auf diesem Posten sitzt!«[64]

Die Balanda, die tägliche Suppe, war aufgrund ihrer Zusammensetzung keineswegs geeignet, die Ernährungsdefizite der Häftlinge auszugleichen. Aus Fischgräten, Wasser und einigen wenigen dunklen Kohlblättern bestand die Balanda, die Jefrosinija Kersnowskaja und ihre Mitgefangenen löffeln mußten.[65] Fischgräten und zwei, drei Erbsen waren die Bestandteile der Wassersuppe, die man Helena Kutscherowa-Koch vorsetzte, und bei Erna Kolbe waren es Mohrrübenkraut und einzelne Stücken erfrorener Kartoffeln.[66] »Eigentlich war es keine Suppe«, konstatiert Luise Hörmann, sondern »graues Wasser«.[67]

Bei der Ausgabe der Suppe oder der Kascha waren die Häftlinge aufs höchste gespannt und beobachteten genau. »Wieviel Kämpfe, wieviel Geschrei gab es beim Essenausteilen!« erinnert sich Margarete Buber-Neumann.[68] Kriminelle drängelten sich vor, um ihre Suppe von oben, wo sich die wenigen Fettaugen sammelten, geschöpft zu bekommen. Andere warteten unruhig, gingen aus der Reihe und stellten sich noch einmal in der Hoffnung hinten an, nun werde das »Dicke« vom Grund des Kessels ausgeteilt.

Das Geschirr der Häftlinge war einfach: alte Konservenbüchsen, grobe, im Lager gefertigte Lehm- oder Blechschüsseln. Ein Becher oder Henkeltöpfchen aus Aluminium oder Emaille diente für das Wasser. An Besteck besaßen die Frauen nur einen Löffel. Im Schrank von Frieda Mayer-Melikowa liegt noch heute der Löffel aus dem Lager. Zu besseren Zeiten, als sie Brot dafür bezahlen konnte, hat sie sich einen reichverzierten Holzlöffel von einem Gefangenen schnitzen lassen.

Selbst- und Zusatzversorgung

Um den Hunger so gering wie irgend möglich zu halten und ihre Arbeitsfähigkeit zu bewahren, entwickelten die gefangenen Frauen vielfältige legale und illegale Formen der Selbstversorgung mit Nahrungsmitteln. Vor allem Frauen, die in der Landwirtschaft arbeiteten, versuchten die dort gegebenen Möglichkeiten zu nutzen. Tamara Ruschenzewa war gemeinsam mit anderen Gefangenen in einem Schweinestall eingesetzt. »Wenn es uns gelang, einige gestohlene Futterkartoffeln und etwas Kleie in die Baracke zu bringen, war das ein Fest und wir waren glücklich.«[69] »Man hat die Schafe bestohlen, die Kühe bestohlen, die Pferde, wo man konnte«, so Eleonora Leibbrandt. Das Getreide versuchten die Frauen zu mahlen und davon auf dem Barackenofen eine Grütze zu kochen.[70] Daß auf den Feldern landwirtschaftliche Produkte verzehrt wurden, verstand sich Susanne Leonhard zufolge »von selbst«.[71] Kartoffeln wurden während der Ernte oder beim Stecken gleich roh verzehrt. Obwohl der Sand zwischen den Zähnen knirschte, erinnert sich Helene Golnipa, »schmeckte die Kartoffel wie ein Nüßchen. Es war natürlich eine große Behendigkeit notwendig, um unter dieser doppelten Aufsicht, unter ihren Augen zu essen, aber es gelang. Ich spreche da nicht nur von mir, alle stahlen, alle aßen. Ich glaube, an diesem Tag nicht weniger als ein Kilogramm Kartoffel zusammen mit dem Sand gegessen zu haben, es hat mir nicht geschadet, es hat mir sicherlich nur genützt.«[72] Wenn gute Wachsoldaten dabei waren, konnten die gefangenen Frauen unter Umständen ein Feuer anmachen, die Körner kochen oder einige Kartoffeln backen.

Gefangene schmuggelten aber auch landwirtschaftliche Produkte entgegen dem Verbot in das Lager, um Leidensgefährtinnen zu unterstützen. »Einer hat dem anderen geholfen«, berichtet Eleonora Leibbrandt für eine Notgemeinschaft, der sie angehörte. »Die eine hat eine Zwiebel gebracht, die andere eine Möhre, die nächste eine rote Rübe. Das haben wir uns geteilt«, schildert die Rußlanddeutsche, »und so sind wir durchgekommen.«[73] Frauen improvisierten nicht nur erfolgreich bei der Aneignung und Zubereitung der Produkte, sondern auch beim illegalen Transport. Immer wieder wurden neue Verstecke oder Varianten entwickelt. In verdeckten Taschen, im Kleidersaum oder in zwischen den Beinen hängenden Beutelchen schmuggelten die Frauen Getreide und Hülsenfrüchte an den Wachen vorbei. Jefrosinija Kersnowskaja versorgte eine schwangere Mitgefangene mit Kartoffeln. Es war jedoch unmöglich, schreibt sie in ihren Erinnerungen, »bei dem obligaten ›Filzen‹ Kartoffeln ins Lager zu schmuggeln. Man fand jedoch einen Ausweg: der Deckel einer Konservendose, mit einem Nagel durchlöchert, wurde zu einer Reibe, einige Fetzen aus Müll zu einem Säckchen, das man bequem am Leib verstecken konnte. Das Problem der zusätzlichen Ernährung für eine schwangere Frau war somit gelöst!«[74]

Zusätzliche Nahrungsmittel suchten Gefangene auch in der freien Natur zu finden. Verschiedene Blätter und Kräuter, vor allem wilder Knoblauch, bereicherten die Balanda. Gertrud Platais hat mit dem weißen Mark von Sonnenblumenstengeln ihre Suppe angedickt.[75] Begehrt waren alle Arten von Waldbeeren. Wenn es die Wachen gestatteten, konnten die Frauen während der Arbeitszeit oder des Marsches einige Waldfrüchte zu sich nehmen.[76]

Möglichkeiten der Zusatzversorgung bot insbesondere die Tätigkeit in Küchen und Lebensmittellagern. Mia Spitz brachte für ihre Leidensgefährtinnen von der Nachtschicht in der Küche Kartoffeln mit, die sie in Krautblätter eingewickelt hatte.[77] Von den Produkten, die Margarete Buber-Neumann aus dem Gemüsekeller schmuggelte, kochten die Gefangenen ihres Barackenraumes in mehreren Konservenbüchsen Kartoffelsuppe.[78]

Immer wieder kursierten im Lager auch gefälschte Brottalons. Zu den regulären Gutscheinen konnte selbst die gelernte Lithographin Gertrud Platais keinen Unterschied feststellen und ging mit der Fälschung zur Brotausgabestelle.[79] Dort flog sie auf und wurde in die Strafbaracke gesperrt. Mehr Glück hatte Adele Schiffmann, die mit einer getürkten Essenmarke eine doppelte Ration erhielt.[80] Der Hunger ließ die schwächsten Häftlinge auch nicht vor den ärmlichen Abfallhaufen der Lagerküche haltmachen. »Manche kletterten in Abfallgruben«, erinnert sich Mimi Brichmann, »und suchten nach Genießbarem.«[81] Wanda Bronska-Pampuch bekam zeitweise die Ration für Invaliden. Ihre »einzige Rettung vor dem Hunger waren die erfrorenen und verfaulten roten Rüben der Lagerküche auf dem Müll«.[82]

Eine weitere Möglichkeit, an zusätzliche Nahrung zu gelangen, waren Lebensmittelpakete von Familienangehörigen oder Bekannten. Praskowja S. erhielt Ende der 1930er Jahre alle zwei Monate eine Sendung von ihrem in Freiheit verbliebenen Ehemann. Ohne diese Unterstützung hätte die Belorussin hungern müssen. Margaretha Witschel empfing Ende der 1940er Jahre selbst auf Kolyma Pakete von ihren Verwandten aus Österreich. »Nun waren wir ›reich‹«, schildert sie die damalige Situation: »Wir tranken echten Tee, echten Kaffee, hatten Butter, Wurst, Käse, alles, wovon wir so lange geträumt hatten. Als die ersten Pakete kamen, waren wir wie kleine Kinder.«[83] Derart reichhaltige Pakete konnten Sowjetbürger ihren Angehörigen allerdings kaum senden, schon gar nicht während des Krieges. Schmalz, Speck, getrocknetes Brot, Obst oder einige Kartoffeln, Knoblauch, Zwiebeln und Hülsenfrüchte gehörten zu den Produkten, die sich die meisten Familien vom Munde absparten und die den langen Posttransport überstehen konnten.

Paketsendungen waren auch für Mitgefangene von Vorteil, die etwas von den geschickten Lebensmitteln oder Teile der nun übrigen Lagerration erhielten. Anna Bucharina erinnert sich mit Dankbarkeit einer Leidensgefährtin, die sie mitversorgt hat.[84] Obwohl Nora Pfeffer nur ein einziges Paket im Lager erhielt, teilte sie unter Mitgefangenen bis auf einen kleinen Rest.[85] Kondensmilch erhielt Ida Konrad von grusinischen Frauen, und Erna Kolbe erinnert sich einer Knoblauchzehe, die ihr eine Mitgefangene schenkte. »Es kam nie vor, daß man etwas allein aufaß«, erinnert sich Ljuba Ukrainska der Gemeinschaft unter ihren ukrainischen Leidensgefährtinnen für die Nachkriegsjahre.[86] Die Ankunft eines Päckchens war verständlicherweise für alle ein besonderes Ereignis, nicht nur für die eigentliche Empfängerin. »Das ganze Lager weiß sofort, wer ein Paket bekommen hat«, schreibt Elinor Lipper in ihren Erinnerungen: »Der Empfänger wird ununterbrochen von allen Seiten beglückwünscht, wobei jeder im geheimen hofft, wenigstens eine Zigarette angeboten zu bekommen, wenn schon nichts Eßbares für ihn abfallen sollte. Selbst in solchen Fällen, wo es ein reines Nahrungsmittelpaket war, behauptet der Empfänger mit betrübter Miene, er habe leider nur ein paar warme Kleidungsstücke geschickt bekommen, um etwaigen Illusionen seiner Kameraden gleich die Spitze abzubrechen. Sie glauben ihm kein Wort, aber sie wissen, daß das einer in höfliche Form gekleideten Abfuhr gleichkommt. Spät abends im Dunkeln hört man Papiergeraschel auf der Pritsche des Glückspilzes, und der längst vergessene Duft von Wurst durchzieht die Baracke. Alle schnuppern, schlucken die Spucke herunter, die ihnen im Munde zusammenläuft, und ziehen sich seufzend die Decke über den Kopf.«[87]

»Sonntagsessen«

Den grauen Alltag der Mangelernährung versuchten Frauen durch die individuelle oder gemeinsame Gestaltung von besonderen Mahlzeiten aufzuhellen, die an das verbreitete Sonntagsessen in der Freiheit erinnerten. Diese Aufwendungen waren nur mit unerhörter Selbstdisziplin und Phantasie möglich. Adele Schiffmann brachte die Kraft auf, von ihrer täglichen Ration einen Teil zurückzulegen. »Sonntags habe ich dann doppelte Portion gegessen«, erinnert sich die Jüdin: »Da hat man sich dann ausgeruht, wenn nicht gerade Großreinemachen war. Das war unser Sonntagsvergnügen. Wenn man freihatte, das kam selten vor, hat man sich auf die Pritsche gelegt und sein Brot genossen.«[88]

Die Gläubige Aleksandra Okunjewa sparte sich Brot von ihrer Strafration ab, um sich wenigstens Ostern einmal satt essen zu können. Der Natschalnik entdeckte jedoch das Brot, zertrat es auf dem Fußboden und sperrte die Gefangene in den »Karzer«.[89] Margarete Buber-Neumann tat sich mit zwei Leidensgefährtinnen zusammen, die untereinander zusätzliche Nahrungsmittel teilten und gemeinsam zu sich nahmen. Auf dem Speisezettel standen Brot, zähe Salzfischchen, Tee und ein Säckchen mit Hirse.[90] Mit Besserung der allgemeinen Versorgungssituation im Lager seit Ende der 1940er Jahre und zusätzlicher Nahrungsmittel wurden die Sonntagskreationen der Frauen vielfältiger und anspruchsvoller. Gemeinsame Absprachen unter befreundeten Leidensgefährtinnen über Gerichte gingen der Zubereitung voraus. Die notwendigen Produkte sparten sich die Gefangenen buchstäblich vom Munde ab. Wie eine gemeinsame »Sonntagstorte« entstand, beschreibt Margaretha Witschel in ihren Erinnerungen: »Von Montag an mußte jede eine dünne Scheibe Brot – wir schnitten das Brot mit einem gedrehten Zwirn – abgeben, und am Samstag Abend wurde ›gebacken‹. Die Schmolle des Brotes wurde mit heißem Wasser abgebrüht, damit es den sauren Geschmack verlor, dann kam der Zucker dazu, den wir auch die ganze Woche gespart hatten, mit Wasser vermengt und dann noch Bröseln, die wir aus hartem Brot machten, das einige Magenkranke bekamen, um einen festeren ›Teig‹ zu bekommen. In einer anderen Schüssel rührten wir die ›Creme‹ – das waren die Kartoffeln der Suppe von Mittag, die auch jede abliefern mußte. Die Kartoffeln wurden zerdrückt, mit Zucker vermischt, bekamen also einen süßen Geschmack und wurden als Tortenfüllung und als Verzierung verwendet.«[91]

Hungeralltag und Lebensmittelschacher

»Hungrig war man immer«, »An allen nagte der Hunger« oder »Wir waren nie richtig satt« sind Feststellungen, die immer wieder in den Erinnerungen der Frauen zu lesen sind.[92] Hunger gehörte für die große Masse der inhaftierten Frauen zum Alltag. Er war »allgegenwärtig«, so Galina Nurmina.[93]

Hungererfahrungen

»Hunger ist schrecklich«, so Antonie Satzger über ihre Erfahrungen, »der kann dich zum Wahnsinn, wirklich zum Wahnsinn treiben. Das ist ein furchtbarer Kampf, Krampf, Schmerz.«[94] Der Hunger »nagte und saugte, er rumorte und fraß in den Eingeweiden ohne Aufhören. Im Innern spürte man buchstäblich die gähnende Leere«, erinnert sich Susanne Leonhard, »und dann erfaßte den ganzen Körper eine Schlaffheit und Kraftlosigkeit, die einen völlig apathisch machte.«[95] Oft

Adele Schiffmann während des Interviews, 1991.

klammerte sich Margaretha Witschel an ihre Mitgefangenen Katja und weinte bitterlich, weil sie »einfach dieses nagende Hungergefühl nicht überwinden konnte«.[96] Frieda Siebenaicher verfolgt der Hunger bis in ihre heutigen Nächte. »Ich träume immer denselben Traum«, erzählt sie: »Ich wache auf, ich brülle los. Dann überlege ich, ich war doch wieder im Lager gewesen. Ich weiß nur, daß wir auf den Brettern gesessen haben, und immer geht's ums Essen, um irgendein Stück Brot. Ich wache auf und habe Hunger. Ich muß dann aufstehen und etwas essen, und wenn's ein paar Bonbons sind. Die nehme ich in den Mund und gehe wieder ins Bett. Und dann ist schon gut.«[97]

Die anhaltende Unterernährung hatte verheerende Auswirkungen auf die körperliche Konstitution der Frauen. »Wenn wir in die Banja gingen«, erinnert sich Gertrud Platais, »und ich die Frauen sah, hat es mir gegraut.«[98] Im Winter 1942/43 wog Mimi Brichmann selbst mit Stiefeln, Wattehose und -jacke um die 90 Pfund. »Man konnte an mir

Anatomiestudien machen«, erinnert sie sich: »Ich war bis auf die Knochen abgemagert. Der Mund ging bis an die Ohren, von Busen keine Spur mehr.«[99] Antonie Satzger hatte zeitweise ein Gewicht von 38 Kilogramm. »Ich habe an mir runtergeguckt«, erinnert sie sich, »und sah ein Skelett, nur ein Skelett. Ich habe da gestanden und geheult.«[100] Auch mit Trude Richter ging es »schnell bergab«, wie sie in ihren Erinnerungen schreibt: »Ich bemerkte, daß manche sich wegwandten, wenn ich lächelte (und das tat ich trotz allem noch). ›Sie grinst wie ein Totenschädel‹, hörte ich sie flüstern, ›man bekommt direkt Angst.‹ Meine Sinne versagten. Auf einmal deuchte mich das gelbe Licht der Laterne blau, die gesüßte Grütze salzig. Da ließ mich die Feldscherin ins Krankenhaus bringen. Zwei Ärztinnen beäugten mein Skelett und tauschten ihre Meinung an meinem Bett aus. ›Dystrophie zweiten Grades. Ob die noch mal auf die Beine kommt?‹«[101]

Körperhaltung und Gesichtsausdruck der Häftlinge nahmen eine Gestalt an, die wenig mit der herkömmlichen gemein hatte. Adele Schiffmann traf nach Jahren der Trennung irgendwo im Archipel der Lager eine Freundin wieder: »Einmal saß ich beim Essen«, erinnert sie sich, »und da sitzt mir eine gegenüber. Da denke ich, ob das nicht die Erna ist? Die sah nun schon ganz schrecklich aus, mit so einer Mütze, wo Klappen runterhingen, und so blaß und dürre. Sieht doch aber so ähnlich aus wie die Erna. Und richtig, es war meine alte Freundin Erna.«[102] Der eigene Verfall konnte angesichts der einstigen Freundin erahnbar werden und als ein »Spiegel« des grassierenden Siechtums wirken. Das Hungerdasein, von Susanne Leonhard als »Hungerfolter« bezeichnet, beeinflußte auch das seelische Befinden und die Wertmaßstäbe der Frauen. Lethargie und Apathie griffen um sich und konnten zur völligen Selbstaufgabe und schließlich zum Tod führen. Andere Häftlinge berichten von Halluzinationen, die der beständige Hunger hervorrief. »Ich war auf dem Punkt angelangt«, schildert Susanne Leonhard, »wo man nur noch Hunger hat und sonst gar nichts. Nachts träumte ich vom Essen, und auch in meinen Wachträumen umgaukelten mich große duftende Brote und Berge von Früchten.«[103] Häftlinge gerieten in die Versuchung, ihre Mitgefangenen zu bestehlen. Manche widerstanden dem fremden Brot, das sie schon in ihren Händen hielten, und legten das kostbare Gut in das Versteck zurück. Andere meinten noch ein Stück gehabt zu haben und beschuldigten andere Häftlinge des Diebstahls. Gleichgültig oder aber neiderfüllt beobachteten Häftlinge Mitgefangene, die aus welchen Gründen auch immer eine größere Ration erhielten. Olga Adamowa-Sliosberg bekam beim Holzeinschlag nur die normale Ration, andere wegen Übererfüllung der Norm ein Kilogramm Prämienbrot im Monat. An der Brotausgabestelle standen die Häftlinge Schlange. Nach dem Empfang der kargen Ration flüsterte ihr eine Leidensgefährtin, die die Zusatzportion erhalten hatte, zu, sie hätte unter Olgas Kissen etwas Besonderes gelegt. Erwartungsvoll eilte sie zu ihrer Pritsche. »Unter dem Kissen lagen Briefe von Zuhause, drei Briefe. Schon ein halbes Jahr lang hatte ich keine Post bekommen. Das erste Gefühl, was ich empfand war eine schmerzhafte Enttäuschung. Es war kein Brot, es waren Briefe! Und als nächstes Gefühl Erschrockenheit. Was ist nur aus mir geworden, wenn mir ein Stück Brot teurer ist als Briefe von meinen Eltern und Kindern! Ich öffnete die Briefe, Photos der Kinder fielen heraus.« Die Gefangene vergaß das Brot und weinte.[104]

Gegen Hunger waren die gefangenen Frauen machtlos. »Was soll man machen, wenn nichts da ist«, erinnert sich resigniert Frieda Mayer-Melikowa, »wenn man keine Möglichkeit hat, sich noch etwas zusätzlich zum Essen zu beschaffen. Was soll man machen?«[105] Vor allem das Einschlafen fiel schwer. Mit innerer Disziplin und Ruhe suchten viele Häftlinge den Hungergefühlen und -schmerzen zu begegnen. »Leg dich hin, schlaf, der Hunger wird vergehen«, waren tröstende Worte, die Ida Konrad von ihrer Mutter des öfteren im Lager hörte.[106] Ablenkung suchten Häftlinge mit den verschiedensten Methoden und Mitteln. Die einen betrogen das Verlangen mit einer Art Kaugummi. Eine Mitgefangene erzählte Helene Golnipa, was sie dazu benutzte: einen kleinen Brocken Steinkohleteer. »Man hatte sozusagen einen ewigen Bissen im Munde.« Später handelten Häftlinge mit Baumharz, das durch Kochen geschmeidig wurde und ebenfalls zum Stillen des Hungers gekaut wurde.[107] Intellektuelle wie Susanne Leonhard suchten durch gedankliche Anregungen den Hungergefühlen zu begegnen. »Ich wollte mich ablenken«, heißt es in ihrem Bericht, »durch geistige Gespräche, durch Lektüre, durch Gedanken an Vergangenes und Zukünftiges.« Wie es für Susanne Leonhard eine »strategische Methode der Hungerbekämpfung war, nicht ans Essen zu denken, so war es offenbar für viele ganz im Gegenteil die beste Form, ihre Hungergefühle

Luise Hörmann während eines Gespräches, 2002.

abzureagieren, wenn sie davon redeten«.[108] Es ging meistens ums Essen, erinnert sich Emilie B. Die einen lagen ruhig und suchten sich in Gedanken satt zu essen.[109] Andere berichteten voller Stolz, wie üppig sie gelebt hätten. Manche grämten sich, in früheren Zeiten bestimmte Speisen verachtet oder günstige Gelegenheiten ausgelassen zu haben. »Des Morgens erzählten die Frauen von den Speisen«, so Susanne Leonhard, »von denen sie geträumt hatten. Brotläden kamen am häufigsten vor, auch durch die Lebensmittelabteilung eines Warenhauses oder durch Obstgärten wanderten manche im Traum, andere träumten, sie bekämen Freßpakete oder wären zum Geburtstag eingeladen bei Kaffee und Kuchen. Viele litten Tantalusqualen im Traum. Gerade hatten sie in eine herrliche Frucht beißen wollen, da war sie wie eine Seifenblase geplatzt und hatte sich in nichts aufgelöst.«[110]

Der Hunger nahm auch Einfluß auf den Verzehr der Nahrungsmittel. Manche Häftlinge wandten sich beim Löffeln der Suppe von den anderen ab, damit niemand in ihre Schüssel schauen konnte.[111] Margaretha Witschel hingegen schlürfte die Suppe nicht einfach herunter, sondern gab sich »restlos dem Genuß der täglichen Krautsuppe hin«. Die einstündige Mittagspause gab ihr die Zeit, ein kleines Menü zu kreieren und das Gefühl einer gewissen Befriedigung zu erleben. Zuerst zählte sie die Kartoffelstücke und freute sich, wenn sie anstatt der üblichen zwei drei oder vier darin fand. Mit den wenigen Krautblättern garnierte sie den Klecks Brei. Sie löffelte zuerst die Suppe und aß darauf die Stückchen Kartoffel und Fisch.[112]

Der alltägliche Umgang mit der Brotration war für die inhaftierten Frauen mit immer denselben Gewissensbissen verbunden. Täglich stellte sich die Frage neu, ob sie die Ration auf einmal essen oder einteilen sollten. Und jede Gefangene machte ihre eigenen Erfahrungen und favorisierte die eigene Strategie. »Wenn man das Brot nicht auf einmal aufgegessen hat«, meint Luise Hörmann, »dann hat man sich den ganzen Tag gequält. Manche haben sich das aufgeteilt in drei Portionen, früh, mittags und abends ein Stück. Die sind ja beinahe wahnsinnig geworden, die Menschen.«[113]

Antonie Satzger und Mimi Brichmann haben ihre Brotration eingeteilt. Früh haben sie ein kleineres, das große Stück dann am Abend gegessen. Am Tage konnte man sich ablenken, aber am Abend kam doch der Hunger, so ihre Erfahrungen.[114] Hilda Schlegel erhielt mit ihren Mitgefangenen am Abend die Brotration. Auch sie versuchte nicht alles auf einmal aufzuessen. Den verbliebenen Rest legte sie unter das dünne Kopfkissen. »Aber ich konnte nicht einschlafen«, erinnert sie sich, »ach, noch ein Stückchen und wieder hingelegt. Ach, noch ein Stückchen, noch ein Stückchen, bis es alle war.«[115] Frauen, die Brot mit zur Arbeit nahmen, trugen es meist in einem Beutelchen an der Brust. Das schützte vor Diebstählen und vor dem Gefrieren des Brotes im Winter. Der Umgang vermittelte aber auch das Wissen um die noch verbliebene Ration und der Körperkontakt ein bescheidenes Gefühl von Sicherheit und Besitz.

Handel, Schiebung, Diebstahl

Nahrungs- und Genußmittel waren Tauschobjekt und Währung zugleich. Der Hunger bestimmte den Preis des Handels. Vor allem Neulinge unter den Häftlingen waren darauf angewiesen, die schwierige

Anpassungsphase an die Lagerexistenz durch den Kauf zusätzlicher Nahrungsmittel zu erleichtern. Häftlinge, denen es gelang, einige gute Kleidungsstücke ins Lager zu bringen, waren genötigt, diese für einige Hundert Gramm Brot an kriminelle oder Funktionshäftlinge abzutreten. Auch Irmgard Schünemann hat hochwertige Sachen für Brot eintauschen müssen. »Ich brauchte nichts mehr«, so ihr damaliges Befinden, »Hauptsache überleben.«[116] Der Naturalienhandel hat zu allen Zeiten geblüht, resümiert Ruth Z. Er durfte allerdings nicht zu auffällig sein, dennoch wußten alle um ihn. »Eine Strickjacke gegen ein Viertel Pfund Butter, so waren damals die Sätze«, erinnert sich die 1941 Verhaftete: »Die konnten ja verlangen, was sie wollten, denn sie wußten, wir hatten Hunger.« Frauen auf guten Posten, vor allem in Küchen, Magazinen und Werkstätten konnten Produkte oder Abfälle »organisieren« und im Tauschhandel einsetzen. Aus besonders begehrten Wollresten strickten Frauen in der knappen Freizeit Handschuhe oder Socken und verkauften sie gegen Nahrungsmittel.[117] Manche Gefangene sah sich aber auch genötigt, selbst lebensnotwendige Kleidung bzw. Ausrüstungsgegenstände zum Kauf anzubieten. Eine Lagerfreundin von Frieda Mayer-Melikowa wollte ihre Schuhe gegen Brot tauschen. Die Leidensgefährtin riet ihr ab: »Hunger ist nicht viel schwerer als Kälte zu ertragen.«[118] Helene Golnipa hingegen quälte die Kälte so sehr, daß sie ihr Brot gegen eine grobe, handgewebte Decke eintauschte. Die Zahlung der zwei Kilogramm, mehr als drei Tagesrationen, durfte die Gefangene in Raten vornehmen.[119] Unter weiblichen Häftlingen war vor allem die Zuckerration, weniger Tabak, ein begehrter Gegenstand des Tauschhandels. »Wir hatten monatelang keinen Zucker bekommen«, erinnert sich Susanne Leonhard, »plötzlich hieß es, Zucker sei eingetroffen und werde für die Monate März bis Mai zur Verteilung gelangen.« In ihrer früheren Lagerzeit hatte sie noch über Häftlinge den Kopf geschüttelt, die ihren Zucker, der über Kalorienreichtum und Nährwert verfügte, gegen Brot tauschten. Jetzt war sie körperlich selbst soweit. Zwei Kontorarbeiterinnen waren »sehr nett«, wie Susanne Leonhard in ihren Erinnerungen schreibt: »Sie kauften meinen ganzen Zucker. Zwei Wochen lang würde mich der Hunger nicht mehr so quälen.«[120]

Zu hastiger Verzehr der zusätzlichen Nahrungsmittel konnte allerdings den Magen und die Därme reizen und große Schmerzen verursachen. Bei einer längeren Aufbewahrung hingegen bestand das Risiko des Diebstahls. Politische Frauen stahlen, den Berichten nach, nicht oder nur vereinzelt die persönliche Ration ihrer Mitgefangenen.[121] Diebstähle von Nahrungsmitteln gingen vor allem auf das Konto krimineller Häftlinge. Noch unverfrorener ging diese Klientel beim Diebstahl und der Verschiebung von Lebensmitteln vor, wenn sie als Funktionshäftlinge in Küchen oder Magazinen eingesetzt waren. »Vieles haben wir gar nicht gesehen«, erinnert sich Erna Kolbe, »das blieb in der Verwaltung, der Küche, bei den Häftlingen, die in der Küche gearbeitet haben.«[122] Die deutsche Exilantin machte ihre Erfahrungen zwischen 1937 und 1947 in verschiedenen Lagerpunkten des Mariinsker Gebietes. Dieser Zustand war jedoch keineswegs temporär oder ortsgebunden, sondern typisch für die gesamte Lagerwelt. »Durch wieviel Hände gingen die Produkte«, so die 1941 verhaftete Luise Hörmann, »bis sie an den seligen Gefangenen kamen. Da blieb von der Butter nichts, da blieb von dem Zucker nichts, und die Milch war mit Wasser vermischt.« Ihr Resümee: »Geschrieben war eins, und im Leben war was anderes.«[123] Auch nach dem Krieg änderte sich an dieser Praxis kaum etwas, so die Erfahrungen von Margaretha Witschel, die seit 1948 in verschiedenen Lagern auf Kolyma inhaftiert war. Die Kriminellen, so ihre Erinnerungen, »beanspruchten den ganzen Vorrat an Fleisch, Fett und Zucker, der eigentlich für alle Gefangenen gedacht war, für sich. Aber niemand widersprach, und wir gewöhnlichen Sterblichen bekamen ohne Ende Brei und Fischsuppe.«[124] Daß sich die Köche satt aßen, war für die meisten Häftlinge selbstverständlich. Meist versorgten Küchenmitarbeiter jedoch noch mehrere »Freunde«, von denen sie sich wiederum Kleidung, Genußmittel oder sexuelle Leistungen versprachen. »Die wirkliche Unehrlichkeit begann eigentlich erst damit«, so Susanne Leonhard, »daß das Küchenpersonal sich nicht an dem gewöhnlichen ›Fraß‹ satt aß, sondern sich von den besseren Produkten besondere Gerichte zubereitete oder sogar Lebensmittel, die der Küche zugeteilt waren, verschob. So oft auch ein Küchenchef mit großem Skandal abgesetzt wurde, es half nichts, der Nachfolger machte es sehr bald genau wieder so oder noch schlimmer.«[125]

Dieser Zustand war den höchsten Stellen des NKWD durchaus bekannt. In einem Brief, der am 23. Januar 1942 vom Volkskommissar des Innern, Kruglow, bestätigt wurde, wandte sich der Chef der Moskauer Hauptverwaltung Lager, Nasedkin, an alle Chefs der Besserungsarbeitslager. Darin heißt es: »In den Lagern und Kolonien mangelt es an der notwendigen Kontrolle und Aufsicht über den Verbrauch der Lebensmittel, über ihre Verwendung und die Qualität der zubereiteten Nahrung. Die Organisation der Verpflegung in den Lagern und Kolonien befindet sich in den Händen von Häftlingen. Magazinverwalter, Köche, Küchendienste und Brotschneider aus den Reihen der Häftlinge stehlen ungestraft Lebensmittel, senken die vorgeschriebenen Normen bei der Zubereitung der warmen Speisen, kochen für sich mit besseren Produkten und verwenden dafür unbegrenzte Mengen von Öl, Fett und Fleisch.«[126] Kampagnen im Kampf gegen die Schiebung mit Lebensmitteln blieben zeitlich ebenso begrenzt wie ihre tatsächliche Wirkung. Einzelne Natschalniki versuchten den kriminellen Filz zu beseitigen. Häftlingserfahrungen besagen jedoch, daß mehrheitlich die lokalen Lageradministrationen die »Grauzone« des Naturalienhandels nicht nur stillschweigend duldeten, sondern selbst daran partizipierten. Mia Spitz, zeitweise Verantwortliche einer Küche, die für 700 Häftlinge kochte, hatte im Auftrag des Lagerchefs regelmäßig und ganz offen größere Mengen Fleischprodukte und Öl von der Gefangenenration abzuzweigen. Ob der Offizier diese, wie er vorgab, tatsächlich den Wachhunden verfütterte, dürfte mehr als fraglich sein.[127]

Wer sich nicht an die Spielregeln hielt, begab sich in Gefahr. Die Kommunistin Trude Richter stellte sich in den Dienst einer Kampagne gegen Diebstähle im Küchenbereich. »Na, und ich Schaf«, schreibt sie in ihren Erinnerungen, »habe einmal gemeldet, daß der Koch«, ein Berufskrimineller, »fünf Büchsen Fleischkonserven nicht in den allgemeinen Kessel getan, sondern beiseite gebracht hat.« Prompt wurde ihr daraufhin die neue Wattejacke gestohlen. Ein Dieb wurde nicht ermittelt. Für den Schaden mußte daher die Bestohlene aufkommen. Die Anschaffungskosten zog ihr die Lagerverwaltung in Raten vom Hungerlohn ab.[128] Trude Richter hatte noch Glück. Mit dem Tod bezahlte eine politische Gefangene ihre Ehrlichkeit bei der Essenausgabe. Sie schöpfte jedem Anstehenden ohne Ansehen der Person die gleiche Menge in die Blechbüchse. Auf Drohungen von Kriminellen, ihnen mehr zu geben, reagierte sie nicht. Eines Morgens fand man sie mit durchschnittener Kehle.[129]

8. Häftlinge

»Es war ein bunter Zug von jungen und alten, schönen und häßlichen Frauen, der nun, von Wachsoldaten umgeben, den Hafen verließ und durch die Schneewüste landeinwärts zog. Lehrerinnen gingen neben Dirnen, Schauspielerinnen neben Mörderinnen, Bäuerinnen neben Funktionärsgattinnen. Sie trugen zerschlissene Persianer oder abgeschabte Schafspelze, ausländische Tuchmäntel oder dünne Baumwollfähnchen. Während die einen große Bündel und Koffer schleppten, gingen andere völlig unbeschwert dahin, die leeren Hände in den Taschen vergraben. Gemeinsam war allen Frauen nur die graue Farbe der Gesichter.«[1] Mit dieser Schilderung ihrer Ankunft im Kolymagebiet 1938 gestattet Wanda Bronska-Pampuch einen Blick auf die Verschiedenartigkeit der weiblichen Häftlinge und die beiden großen Gruppen unter den Gefangenen: Politische und Kriminelle. Über deren zahlenmäßiges Verhältnis ist bislang nur wenig bekannt. Susanne Leonhard, zwischen 1937 und 1946 inhaftiert, meint, es gab »zweifelsohne mehr politische als gewöhnliche Verbrecher«. Sie schätzt den Anteil der politischen Gefangenen auf mindestens 60 %.[2] Glaubt man den von der Moskauer Lagerhauptverwaltung fabrizierten Angaben – auf die sich vor allem der russische Historiker Wiktor Semskow stützt, der daher in der wissenschaftlichen Fachwelt zu Recht umstritten ist –, waren weitaus mehr kriminelle als politische Häftlinge im Gulag inhaftiert. Zwischen 1934 und 1953 soll der Anteil der politischen Häftlinge durchschnittlich bei lediglich 31 % gelegen haben.[3] Nur in den beiden Nachkriegsjahren lag nach den offiziellen Daten der Anteil der Politischen mit 59,2 bzw. 53,3 % über dem der Kriminellen. Die Angaben der NKWD/MWD-Behörden, die nicht zuletzt der Legitimierung des Gulag dienten, dürften mehr als fragwürdig sein. Zumal wenn die Gruppe der Kriminellen differenzierter betrachtet und zu den Politischen nicht nur jene gezählt werden, die wegen konterrevolutionärer Verbrechen nach § 58 des Strafgesetzbuches der RSFSR verurteilt wurden.[4] Ein Blick auf die offiziellen Zahlen der Gulag-Insassen zum 1. Oktober 1939 verdeutlicht das beispielhaft. Von den 1 303 906 Häftlingen waren ca. 420 000 (32 %) wegen konterrevolutionärer Delikte in Haft.[5] Mehr als 254 000 Häftlinge (20 %) inhaftierte das NKWD als »sozial gefährliche« bzw. »sozial schädliche Elemente«, ca. 170 000 (13 %) wegen Rowdytums, Spekulation, Verletzung der Paß- und Meldeordnung oder anderer Verbrechen gegen die Verwaltungsordnung der UdSSR. Ca. 180 000 Personen (14 %) verbüßten wegen Eigentumsdelikten und mehr als 50 000 (4 %) wegen Dienst-, Wirtschafts- und Militärvergehen eine Lagerstrafe. Wegen anderer Delikte bzw. ohne Angabe von Gründen saßen annähernd 87 000 (7 %) Gefangene ein. Aufgrund besonders gefährlicher krimineller Verbrechen, wie Banditentum und bewaffneter Raub sowie Verbrechen gegen die Persönlichkeit, hatte man ca. 102 000 Gefangene (8 %) inhaftiert. Die von Moskau definierten Häftlingskategorien machten aus politisch Verfolgten immer wieder Kriminelle. So galten als »sozial gefährlich« in den Augen der Staatsführung auch die Ehefrauen verhafteter Volksfeinde, die aufgrund des Beschlusses des Politbüros der KPdSU vom 5. Juli 1937 zielgerichtet durch das NKWD inhaftiert wurden.[6] Die in Sippenhaft genommenen Frauen sind ohne Zweifel als politische Opfer zu betrachten. Als »sozial schädliche Elemente« betrachtete die Sowjetjustiz Personen, die zwar nicht straffällig wurden, deren Lebensweise, Umgang und Vorstellungen den Normen der Sowjetgesellschaft aber widersprachen. Auch bei dieser Gruppe fragt sich, ob es sich nicht eher um politisch denn kriminell Verfolgte handelte. Allein wenn die als »sozial gefährlich« bzw. »sozial schädlich« Stigmatisierten zu den politisch Verfolgten gerechnet werden, käme man nach den angegebenen Zahlen für Oktober 1939 in allen Lagern des Gulag auf einen Anteil politischer Häftlinge von 52 %. Aber auch unter den Gefangenen, die das NKWD/MWD bzw. die sowjetische Justiz nach anderen Paragraphen des Strafgesetzbuches verurteilte, fanden sich vielfach Personen, die keineswegs als Kriminelle, sondern eher als politische Opfer zu betrachten sind. Die Abschnitte des Strafgesetzbuches, etwa »Verbrechen gegen die Verwaltungsordnung«, »Dienst- bzw. Wirtschaftsverbrechen« oder »Verstöße der Regeln über die Trennung von Kirche und Staat« beinhalten eine Reihe von Paragraphen, die eher Vergehen politischer denn krimineller Natur verfolgten.[7] Eine Stichprobe von Häftlingsakten im Archiv des Karlag brachte folgende Beispiele zutage: Wegen Verstoß gegen die Arbeitsdisziplin im Transportwesen, § 59.3c, verurteilte ein Militärgericht der Karagandinsker Eisenbahn Soja Ababkowa 1942 zu drei Jahren. Bereits ein Jahr später starb die Gefangene im Lager.[8] Tatjana Popyrina bestrafte 1942 ein »Volksgericht« der Region Altai nach § 59.6 wegen »Verweigerung von Steuer- und Dienstverpflichtungen«. Die Einzelbäuerin, die sich weigerte, der Kollektivwirtschaft beizutreten, war seit 1938 nicht mehr in der Lage, ihre Steuern an den Staat abzuführen. Die Angeklagte gab dies zu und erklärte vor Gericht, so heißt es im Urteil, »daß sie nichts hätte, um diese Schuld zu begleichen«. Die Strafe lautete fünf Jahre Freiheitsentzug. Im Alter von 42 Jahren starb die Gefangene in der Lagerabteilung Tschurbai-Nurinsk des Karlag.[9] Vor allem religiöse Frauen, wie die ukrainischen Schwestern Warwara, Uljana, Fekla und Maria Ignatenko sind aufgrund ihrer Verweigerung gegenüber der restriktiven Melde- und Paßordnung sowie der Einschränkung ihrer persönlichen Bewegungsfreiheit vom NKWD/MWD nach § 192.2 inhaftiert worden.[10] Schon diese wenigen Fälle verdeutlichen, daß die Zuordnung des einzelnen zu den politischen oder kriminellen Häftlingen nur aufgrund einer kritischen Betrachtung der persönlichen Häftlingsakte und nicht durch bloße Übernahme der NKWD-Statistiken erfolgen kann. Ebensowenig standen hinter jedem Eigentumsdelikt pure Bereicherungsgelüste, sondern oft reine Existenznot. Zu erinnern ist in diesem Zusammenhang auch an die aufgrund von besonderen Kriegserlassen Verhafteten, den sogenannten »Ukasnitzi«, auf die bereits an anderer Stelle verwiesen wurde. Daher ist die Vermutung, nach der mehr politische als kriminelle Häftlinge im Gulag inhaftiert waren, durchaus berechtigt. Allerdings bleiben nach den bisher zur Verfügung stehenden Überlieferungen geschlechtsspezifische Zuordnungen bezüglich Strafartikel und Frist offen, da die Angaben in den Lagerstatistiken nicht nach Geschlecht differenziert dargestellt sind.

Politische

Gewöhnlich werden alle Häftlinge, die nach dem § 58 des Strafgesetzbuches der RSFSR für vermeintliche konterrevolutionäre Verbrechen verfolgt wurden, als Politische bezeichnet. Hinzu kämen ebenjene Frauen, deren Verfolgung politisch motiviert, aber als kriminelle Tat definiert und bestraft wurde. Der Terminus »Politische« oder »politischer Häftling« wird in Lagererinnerungen selten verwandt, verbreiteter ist die Bezeichnung »58erin« bzw. »58er«. Die Lageradministration benutzte offiziell die Bezeichnung »Konterrevolutionäre«.[11] Die Moskauer Hauptverwaltung Lager gab vor, in welche Kategorien die Verurteilten einzuteilen und deren Bestand nach oben zu melden war. Das hatte weitreichende Konsequenzen für die Behandlung durch die Lageradministration, den zugewiesenen Arbeitsplatz und damit für die Lebens- und Überlebenschancen des einzelnen. Im Karlag teilte man 1935 die politischen Häftlinge in drei Guppen: Konterrevolutionäre, Vaterlandsverräter und Spione.[12] Eine statistische Übersicht der Moskauer Lagerhauptverwaltung vom 1. April 1939 unterschied noch weitergehende Kategorien, nämlich[13]: Trotzkisten, Sinowjewisten und Rechte; Verräter der Heimat; Terroristen; Diversanten; Spione und Familienmitglieder von Verrätern der Heimat.

Diese Kategorien entsprechen lediglich den nach § 58 des StGB vorgenommenen Zuordnungen des Staates und widerspiegeln in keiner Weise eine tatsächliche Schuld der Inhaftierten. Ein Bericht der Verwaltung des Karlag vom 1. Januar 1940 unterschied zusätzlich die Häftlingsgruppen Ausländer, Überläufer und illegale Grenzgänger, ehemalige Mitglieder antisowjetischer Parteien, Gutsbesitzer und Kapitalisten, Offiziere und Agenten der zaristischen Polizei sowie sogenannter Diener religiöser Kulte.[14]

Nach der Urteilsbegründung bzw. Häftlingskategorie richtete sich die Behandlung durch die örtliche Lagerführung. »Sozial gefährliches Element« galt unter den Häftlingen als leichte Kategorie. Antisowjetische Agitation oder konterrevolutionäre Tätigkeit waren die verbreitetsten, nach Jewgenia Ginsburg ebenfalls »harmlose« Artikel. Diese Häftlinge konnten auch zu leichteren Arbeiten oder einfachen Verwaltungsaufgaben herangezogen werden. Häftlinge, die wegen Spionage, konterrevolutionärer trotzkistischer Tätigkeit, Terror oder Verrat der Heimat verurteilt waren, sollten nur zu schwerer körperlicher Außenarbeit eingesetzt werden. Das galt mehr noch für weibliche »Tjursak«, d. h. Gefängnishäftlinge, die wie Jewgenia Ginsburg wegen konterrevolutionärer trotzkistischer Tätigkeit zu zehn Jahren Gefängnis verurteilt und nach einigen Jahren in die Lager überführt wurden.[15]

Während der mehr als 20jährigen Geschichte des Gulag kamen die verschiedensten Häftlingsströme in die Lager. Nur ein Teil der Inhaftierten war tatsächlich bewußt antisowjetisch eingestellt oder hatte gar umstürzlerische Intentionen, wie etwa konsequente Menschewistinnen, Sozialrevolutionärinnen, Trotzkistinnen oder religiöse Frauen. Ein Großteil der Häftlinge fiel nicht der eigenen politischen Haltung, die oft indifferent oder staatsloyal war, zum Opfer, sondern der wechselnden Terrorpolitik der sowjetischen Staatsführung. Die zu Millionen in die Lager kommenden politischen Gefangenen spiegelten die Sowjetgesellschaft in all ihren Spannungen und Widersprüchen. »Was den professionellen und sozialen Status betraf, so waren wir verschieden«, beschreibt Galina Lewinson ihre Lagerwahrnehmung für das Ende der 1930er Jahre: »Es gab Frauen der höheren Militärpersonen ... und die Frauen, deren Männer beim NKWD gearbeitet hatten. Diese Gruppen hielten sich gesondert. Dann kamen Vertreter der Kunst, Literatur, Geschichte. ... Diese waren enger miteinander verbunden. Es gab aber auch ganz ungebildete Frauen, fast Analphabetinnen, aus Kiew und anderen großen ukrainischen Städten.«[16]

Quantitative Angaben über die soziale Herkunft der weiblichen Lagerhäftlinge liegen bislang nicht vor. Die wenigen zugänglichen Statistiken sind nicht nach Geschlechtern getrennt. Nach Angaben eines Moskauer Berichtes vom 1. Januar 1939 waren vor allem Personen mit durchschnittlicher und wenig Bildung inhaftiert (ca. 89%). Daher liegt die Vermutung nahe, daß vornehmlich »einfache Menschen« aus der Bauern- und Arbeiterschaft den Großteil der Gulag-Häftlinge bildeten. Angehörige der Staats- und Parteibürokratie bzw. der Kultur- und Wirtschaftsintelligenz waren hingegen eine Minderheit.[17] Diese soziale Zusammensetzung der Häftlinge fand sich als Trend bereits Mitte der 1930er Jahre im Karlag.[18]

Die Häftlingsgesellschaft ist vor allem durch die von »oben« vorgegebenen Häftlingskategorien zersplittert worden, aber nicht nur. Immer wieder kam es zu Auseinandersetzungen zwischen verschiedenen Gruppen politischer Häftlinge, die sich nicht zuletzt an gesellschaftspolitischen Fragen rieben und mit gegenseitigen Denunziationen bei der Lageradministration enden konnten. Der Hintergrund dafür scheint auch im Lager die Frage nach der politischen Loyalität gegenüber dem Parteiregime unter Stalin gewesen zu sein, mit der sich vor allem ehemalige Parteimitglieder und Systemsympathisantinnen auseinandersetzten.

Bis Ende der 1930er Jahre kam es immer wieder zu Begegnungen mit den wenigen noch am Leben gebliebenen Menschewistinnen, Sozialrevolutionärinnen bzw. Trotzkistinnen. Aus ihrer Sicht war das Terrorjahr 1937 »nur ein Detail«, erinnert sich Olga Adamowa-Sliosberg: »Teilweise waren sie sogar froh darüber, weil sich ihre dunkelsten Prognosen erfüllt hatten. Moralisch war es für sie leichter. Alles war klar, alles war auf seinen Plätzen. ... Sie verstanden es, ihre Rechte zu verteidigen, kannten alle Gesetze und wurden von den Gefängnisdirektionen respektiert. Ihnen wurde, wenn es nötig war, Diätverpflegung verschrieben, oder sie wurden ins Krankenhaus überwiesen. Über Politik sprachen sie wie über eine völlig klare Sache: die Revolution ist vor zehn Jahren gestorben. (Die Menschewistinnen und die Sozialrevolutionärinnen sagten, daß es 15 Jahre seien.) Das Land geht dem Zusammenbruch entgegen, und je schneller dieser eintritt, desto besser. Sie lachten, wenn man ihnen die Dummheiten erzählte, die Wirtschaftsfunktionäre begingen. ... Mit versteckter Freude wurde jede neue Gruppe von Verhafteten begrüßt, besonders die Kommunisten, von denen sie früher verfolgt wurden.«[19] So schildert Olga Adamowa-Sliosberg eine kleine Gruppe der »politischen Abweichler«, mit der auch sie, als parteilose Systemsympathisantin, auf keinen Fall etwas zu tun haben wollte. Andersherum verstanden sich die Menschewistinnen, Sozialrevolutionärinnen bzw. Trotzkistinnen allein als »echte Politische« und »verachteten insgeheim ›das Fußvolk von 1937‹ wegen seiner Unfähigkeit, selbständig zu denken. Wegen der Vertraulichkeiten im Umgang mit den Wachen. Wegen der Bereitschaft zu bitten statt zu fordern.«[20] Jewgenia Ginsburg unterscheidet zwischen orthodoxen und unorthodoxen Kommunistinnen und Kommunisten im Lager. Erstere waren meist der Auffassung, nur sie seien unschuldig Verhaftete, und blieben auch im Lager partei- und staatsloyal. Gegenüber politisch Andersdenkenden oder Parteilosen grenzten sie sich meist ab.[21] Nicht nur gegenüber Trotzkisten oder »Kulaken« blieben die Orthodoxen reserviert. Ähnliche Reaktionen gab es nach 1945 gegenüber den sogenannten »Kollaborateuren« und »Vaterlandsverrätern«, die im Verdacht standen, auf irgendeine Art den deutschen Okkupationstruppen geholfen zu haben, während sie selbst im Gulag für die Front das letzte gegeben hätten. Nach den politischen Systemursachen und den Zielen der Massenrepressionen konnten oder wollten die meisten staatsloyal eingestellten Frauen nicht fragen. »Wir waren dumm und gehorsam wie Schäfchen«, konstatiert die russische Jüdin Galina Lewinson, »wir waren nicht fähig, anders zu denken, als man uns vorschrieb.«[22] Vor allem ehemalige Parteimitglieder versuchten sich, so gut es ging, in das Machtgefüge des Lagers einzupassen. Die einen, um ihre Staatstreue und Disziplin unter Beweis zu stellen, andere, um sich persönliche Erleichterungen zu verschaffen. Das konnte sowohl durch Anbiederung gegenüber wichtigen Funktionshäftlingen oder Kriminellen wie gegenüber der Lageradministration geschehen. Sich daraus ergebende Denunziationen zogen neue Untersuchungen und Strafen nach sich, von verlängerter Lagerhaft bis zur Höchststrafe Erschießen.[23] Hilda Vitzthum beobachtete, daß es gerade »die renommiertesten Kommunisten waren, die glaubten, ihre kommunistische Gesinnung unter Beweis stellen zu müssen, indem sie andere ›entlarvten‹«. Allerdings war ihrer Auffassung nach schwer zu sagen, ob diese Kommunistinnen »aus Überzeugung oder aus Angst um die eigene Haut« handelten.[24] Es gab aber auch ehemalige Parteimitglieder, die unter den nicht aufzulösenden Erklärungsnöten litten, verzweifelten und einsam zugrunde gingen. Andere kamen zu der Erkenntnis, »daß es ein Makel war, eine Schande war, zu der Partei zu gehören, die aus einem Mittel zur Befreiung des eigenen Volkes zu einem Marterinstrument geworden war«.[25] Nina Hagen-Torn schildert in ihren Erinnerungen eine kleine Gruppe sogenannter »wahrer Leninisten«, die in der Parteipolitik Stalins die »Idee des Kommunismus« diskreditiert und einen Ausweg nur im »Kampf mit der stalinschen Linie« sahen.[26]

Unter Genossen: Der Fall Dawtjan[27]

Exemplarisch für das differenzierte Verhalten von ehemaligen Parteimitgliedern steht das Schicksal von Maria Dawtjan: geboren 1903, Kommunistin seit 1927, zuletzt wohnhaft im Moskauer »Haus der Regierung«. Ein Sondergericht des NKWD verurteilte die Armenierin 1938 als Mitglied der Familie eines Verräters der Heimat zu acht Jahren Lager. Wenig später transportierte man sie zur Strafverbüßung in die Akmolinsker Abteilung des Karlag.

Im November 1941 meldete eine Mitgefangene sowjetkritische Äußerungen Maria Dawtjans, die sie während ihrer Tätigkeit in einem Kontor der Lagerverwaltung im Kreis einiger Häftlinge gemacht haben sollte. Das von Ermakow, dem leitenden Bevollmächtigten der

Haftfoto des NKWD von Maria Dawtjan, 1938.

Operativabteilung des Lager-NKWD, durchgeführte Verhör mit der Gefangenen Ewdokija Solowewa am 10. November 1941 bildete den Ausgangspunkt für die Verhaftung Maria Dawtjans im Lager. Wie die denunzierende Aussage des Häftlings Solowewa, verurteilt wegen antisowjetischer Agitation zu fünf Jahren und wie Maria Dawtjan bis zur Verhaftung Parteimitglied, tatsächlich zustande kam, ist aus der Akte nicht eindeutig zu ermitteln. Ob Solowewa als gedungener Spitzel des Lager-NKWD tätig war, ob sie ihre Mitinsassin von sich aus denunzierte, angeregt durch ein wegen der Kriegssituation gesteigertes Pflichtgefühl, oder ob sie selbst unter Druck gesetzt wurde, bleibt ungewiß. Möglich ist ebenso, daß die Denunziation von einer Person, die in der überlieferten Akte nicht auftaucht und daher unbekannt bleibt, stammte. Zur verbreiteten Praxis der Untersuchungsführung des NKWD gehörte die Erpressung von Mitwissern, denen man vorwarf, antisowjetische Äußerungen nicht pflichtgemäß gemeldet zu haben und mit Strafverlängerung drohte. Nach § 58.12 StGB stand die Verheimlichung von antisowjetischen Handlungen unter Strafe.

Länge und Inhalt des Verhörprotokolls Ewdokija Solowewas gestatten jedoch durchaus die Vermutung, daß Solowewa ihre mitgefangene Genossin aus politischem Pflichtgefühl gegenüber der Lageradministration denunzierte. Der NKWD-Bevollmächtigte verwarnte zu Beginn des Verhörs Solowewa über die strafrechtliche »Verantwortung bei unwahren Aussagen« und forderte die »Zeugin« auf, »über die antisowjetische Agitation der Gefangenen Dawtjan« zu sprechen. Auf mehr als vier handschriftlichen Protokollseiten sind Äußerungen der Beschuldigten wiedergegeben, die – in der Hoffnung auf vertrauliche Behandlung – durchaus von ihr gemacht sein dürften. Die Kernsätze der zu Protokoll gegebenen Aussagen Maria Dawtjans lauteten: »Es sei Schmach und Schande, daß man unschuldige Frauen und Kinder in Lagern hält, nur wilde Tiere seien dazu fähig. Bezogen auf die 1937/38 durchgeführten Verhaftungen sagte sie, daß man das Beste im Land und das Leninsche Zentralkomitee vernichtet habe.« – »Kaum hat der Krieg begonnen, schon verkündet man eine Sammlung warmer Wintersachen für die Rote Armee. Es sei lachhaft, daß die Sowjetmacht jegliche ausgebesserte alte Kleidung sammelt. Man müßte besser unsere guten warmen Sachen, die von den Mitarbeitern des NKWD bei unserer Verhaftung konfisziert wurden, bereitstellen.« – »Anstelle unser Land zu bewaffnen, hat sich die Regierung mit der Festnahme unschuldiger Menschen beschäftigt.« – »Ein Lump kann kein Genie sein. Mir tut nur das Volk leid, aber was die Sowjetregierung betrifft, so ist es mir egal, was mit ihr wird. Ist nicht schade, wenn sie alle untergehen. Mit den Worten, daß ein Lump kein Genie sein kann, hat Dawtjan den Führer der Völker, Stalin, gemeint, den sie auch früher in scharfer Form für die Verhaftungen der Jahre 1937 und 1938 anklagte.«

Auf den 10. November 1941, den Tag der Aussage Solowewas, ist auch der »Beschluß über die Eröffnung eines Ermittlungsverfahrens« gegen die Gefangene Dawtjan datiert. Zur Begründung hieß es: Die Genannte habe während ihrer Haftverbüßung im Akmolinsker Lager »systematisch unter den Häftlingen antisowjetische Agitation gegen die Maßnahmen der Partei der Bolschewiki und der Sowjetmacht« betrieben, »verleumderische Anschuldigungen gegen die Führer der KPdSU (B) und der Sowjetregierung« geäußert und die »Strafrechtspolitik der Sowjetmacht« verurteilt. Solowewas Aussage beinhaltete nicht nur die wesentlichen Anklagepunkte, sondern auch weitere Namen von »Zeugen«.

Sofja Rubinowa, geboren 1909, ebenfalls früheres Parteimitglied, verurteilt als Familienmitglied, bestätigte tags darauf die antisowjetische Agitation der Gefangenen Dawtjan. Verängstigt verwies sie in ihrer Aussage immer auch auf die eigenen Aufforderungen gegenüber ihrer Mitgefangenen, »derartige Äußerungen zu beenden, weil sie antisowjetisch sind«. Auch die Kommunistin Sofja Striewskaja, zu achtjähriger Sippenhaft verurteilt, bestätigte die bisherigen Aussagen. Allerdings versuchte sie auch eine neutrale Erklärung zu konstruieren, die einerseits Maria Dawtjan helfen und andererseits sie selbst nicht verdächtig machen sollte. Nach einer »Charakterisierung« ihrer Mitgefangenen befragt, antwortete sie: »Dawtjan als Person ist verbittert und voller Haß gegen die Sowjetmacht, weil ihr Mann, ein verwandter Neffe, zwei Schwestern und zwei Schwager *angeblich* völlig ohne Schuld inhaftiert und in verschiedenen Lagern festgehalten werden. Außerdem sagte sie, die Organe des NKWD hätten ihre Schwester soweit gebracht, daß sie im Butyrka-Gefängnis (in Moskau) gestorben ist. Auf dieser Grundlage hat Dawtjan öfter in scharfer Form ihren Haß gegenüber der existierenden Macht zum Ausdruck gebracht und antisowjetische Verleumdungen gegenüber den Führern der KPdSU (B) und der sowjetischen Regierung geäußert.« Das Wort *angeblich* fehlte in der Mitschrift des Protokolls und wurde von Sofja Striewskaja erst nachträglich eingefügt. Das Wörtchen war ihr so wichtig, um schriftlich am Ende der Seite hinzuzufügen: »Einfügung ›angeblich‹ wird nochmals bestätigt«. Ansonsten wäre die Gefangene selbst in den Verdacht geraten, die »antisowjetische« Feststellung gemacht zu haben, in den Lagern säßen Unschuldige.

Das Protokoll endet mit einer handschriftlichen Erklärung der Vernommenen, in der sie, ohne sich selbst zu kompromittieren, Maria Dawtjan auf unverdächtige Art zu entlasten sucht. Sofja Striewskaja schrieb: »Ich muß noch hinzufügen, daß sich Dawtjan während der angegebenen Äußerungen immer in einem sehr erregten Zustand befand. Sie äußerte sich mehrfach auch in ganz gegensätzlichem Sinne, zum Beispiel über ihren Wunsch, direkt an die Front zu fahren, der Sowjetmacht nützlich zu sein oder ihre Freude über Erfolge der Roten Armee. Deshalb, und unter Berücksichtigung der Vergangenheit, über die Dawtjan erzählte, hielt ich ihre antisowjetischen Äußerungen für ein Resultat ihrer psychischen Unausgeglichenheit (um so mehr, weil sich diese auch gegenüber anderen Häftlingen zeigte) und nicht für einen Ausdruck ihrer wirklichen Meinung. Deshalb warnte ich Dawtjan mehrfach, habe ihr jedesmal widersprochen und keine anderen

Maßnahmen ergriffen – besonders deshalb, weil sie in ruhigem Zustand ihr Unrecht einsah und anscheinend ehrlich beteuerte, nichts dergleichen gesagt zu haben.«

Einen Tag später verhörte der Operativbevollmächtigte Ermakow erstmals Maria Dawtjan, die bereits im Untersuchungsisolator des Lagers gefangengehalten wurde. Den Vorwurf der »antisowjetischen Agitation« wies die Beschuldigte von sich. Sie räumte lediglich ein, gesagt zu haben, sie sei »unbegründet im Lager« und fühle »keinerlei eigene Schuld«. Bezüglich der Sammlung von Wintersachen für die Rote Armee, wenige Monate nach Kriegsausbruch, meinte Dawtjan, es könne doch nicht sein, »daß unsere Regierung über keine Reserven an warmer Bekleidung und Unterwäsche verfügt«. Im Sinne der ihr vorgelegten Anklage bekannte sich Maria Dawtjan »nicht schuldig«. Zudem benannte sie als Zeuginnen, Rubinowa, Matselik und Gorskaja, die zu ihren Gunsten aussagen würden.

Auch Sofja Gorskaja, seit 1917 Parteimitglied, versuchte, sich dem Dilemma der Situation irgendwie zu entziehen. Einerseits sagte sie aus, Maria Dawtjan hätte »mehrfach ihre Verbitterung und ihren Haß gegenüber der bestehenden Ordnung zum Ausdruck gebracht, weil angeblich ihre ganze Familie durch das NKWD verhaftet sei«. Andererseits verwies sie im Verhör darauf, die Gefangene »sehr selten getroffen« zu haben und sich nicht »antisowjetischer Äußerungen von seiten Dawtjans« erinnern zu können.

Die vier in das Verfahren verwickelten Kommunistinnen verdeutlichen sowohl die unterschiedlichen Verhaltensformen als auch den engen Handlungsspielraum unter den Bedingungen der Haft. Die subversiven Äußerungen der Angeklagten Dawtjan über die unrechtmäßigen Verhaftungen, deren Definition als Untat Stalins bzw. der Sowjetregierung, wie auch die Herstellung eines Zusammenhangs zwischen den Massenverhaftungen von 1937/38 und den Niederlagen der Roten Armee in den ersten Kriegsmonaten zeugen durchaus von einem kompromißlosen inneren Auseinandersetzungsprozeß der Kommunistin. Fragmente derartiger Gedanken, insbesondere von der Unrechtmäßigkeit der Verhaftungen, sind von Maria Dawtjan (und anderen) möglicherweise schon zu früherer Zeit geäußert worden. Die Niederlagen der Roten Armee in den ersten Kriegsmonaten dürften die Lageradministration allerdings erheblich verunsichert wie deren Verfolgungsmanie angestachelt haben. Dies führte in der Folge zur unnachgiebigen Bestrafung aller Kritiker und »Defätisten«. Vorangetrieben wurden die mit Kriegsausbruch einsetzenden Repressionen zusätzlich durch den Umstand, daß sich vor allem ehemalige Parteimitglieder als Teil der vaterländischen Front angesprochen fühlten und ihre Pflicht nicht nur in gesteigerten Arbeitsleistungen, sondern auch in erhöhter »Wachsamkeit« gegenüber ihren Mitgefangenen sahen.

Die Mitgefangenen Rubinowa und Gorskaja befanden sich unter den Bedingungen der Haft und vermutlich konfrontiert mit den vorhergehenden Aussagen von Solowewa in einer ausweglosen Situation. Dennoch versuchten sie, im Gegensatz zu Solowewa, ihrer Mitgefangenen auf unverdächtige Art beizustehen, ohne sich selbst zu gefährden. Das Dilemma zwischen der Gefahr für die eigene Person auf der einen und der Solidarität mit der Mitgefangenen auf der anderen Seite ließ sich für die gefangenen Frauen schwerlich auflösen. In der Gerichtsverhandlung am 18. April 1942 trafen Angeklagte und »Zeugen« noch einmal aufeinander. Solowewa und die anderen Häftlinge wiederholten im wesentlichen ihre Aussagen aus der Voruntersuchung. Die abschließende Erklärung von Maria Dawtjan lautete: »Ich bin schuldig darin, daß ich zuviel auf mich genommen habe und viel Leichtsinniges und Unüberlegtes gesagt habe. Niemals bin ich gegen die Sowjetmacht aufgetreten. Meine Meinung über die Menschen, die in den Lagern sitzen, war, daß auch sie helfen würden.« Auch diese Reueerklärung half der 39jährigen Maria Dawtjan nicht mehr. Sie wurde wegen »konterrevolutionärer Agitation« nach § 58.10 verurteilt. Das Strafmaß, Tod durch Erschießen, wurde, nach Ablehnung von zwei Kassationsanträgen, am 30. Juli 1942 vollstreckt.

Religiöse

Eine besondere Gruppe unter den Politischen sind Frauen, die wegen ihres religiösen Glaubens in den Gulag kamen. Die sowjetische Regierung forcierte besonders ab 1929 unter dem Vorwand des »verschärften Klassenkampfes« die Verfolgung jeglicher religiöser Tätigkeit. Oft handelte es sich um Mädchen und Frauen, die auf dem Lande aufwuchsen, von der Kirche und ihren Eltern gläubig erzogen wurden und ihren Glauben auch nach der Revolution von 1917 nicht ablegen wollten. Die Tschuwaschin Fedora Anisimowa verhaftete beispiels-

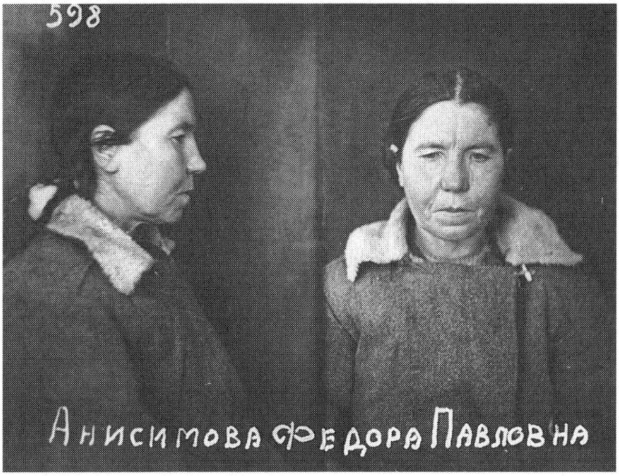

Haftfoto des NKWD von Fedora Anisimowa, 1941

weise das NKWD im Dorf Akkirijewo in der Tatarischen ASSR am 17. Februar 1941. Der evangelischen Christin warf man antisowjetische Agitation und die Mitgliedschaft in einer Organisation vor. Das Urteil lautete zehn Jahre Lagerhaft.[28]

Zu den Religiösen gehörte auch die Russin Christina Iwaschtschenko, geboren 1879, Analphabetin. Das Sondergericht der NKWD-Verwaltung für die Region Krasnodar verurteilte die Bäuerin am 2. Dezember 1937, weil sie als »Organisatorin einer konterrevolutionären kirchlichen Gruppe aktiv konterrevolutionäre umstürzlerische Agitation betrieb«, zu acht Jahren Lager. Am 12. Oktober 1943 starb sie 64jährig in der Akmolinsker Abteilung des Karlag.[29] Serafima Alikina warf man in der Anklageschrift vor, die »Organisation und Führung einer Gruppe der ›wahren orthodoxen Kirche‹« betrieben zu haben. Das Oberste Gericht der Tatarischen ASSR bestrafte sie dafür 1950 mit 25 Jahren Lager und anschließender Entziehung der Staatsbürgerrechte für fünf Jahre.[30] Gegen eine Reihe »wahrhaft rechtgläubiger Christen« prozessierte vom 3. bis 9. Oktober 1939 ein Kollegium des Swerdlowsker Gerichts. Angeklagt waren 25 Personen, darunter ganze Familien. Das Tribunal warf ihnen vor, eine Gruppe gebildet zu haben, deren Mitglieder sich weigerten, Steuern zu zahlen, Pässe und andere Dokumente von sowjetischen Einrichtungen und örtlichen Staatsorganen anzunehmen, öffentliche Versammlungen zu besuchen und an staatlichen Maßnahmen teilzunehmen, ihre Namen zu nennen sowie die gegenwärtige Gesellschaftsordnung und ihre Staatsorgane anzuerkennen. Zudem hätten sich verschiedene Angeklagte seit 1929 gegen den Aufbau landwirtschaftlicher Kollektivwirtschaften, die Kolchosen, und gegen die Wahlen zum Obersten Sowjet gestellt. Weiter heißt es in der Urteilsbegründung: »Alle diese Verbrechen versteckten die oben genannten Angeklagten hinter ihren religiösen Überzeugungen. Diese Handlungen sind unter den gegenwärtigen Bedingungen jedoch nicht anders als konterrevolutionär einzuschätzen.« Das Gericht sprach zehn Angeklagte frei, verurteilte jedoch die Anführerin der Gruppe zum Tode und die übrigen zu Haftstrafen zwischen sieben und zehn Jahren.[31]

Die genaue Anzahl der wegen ihres Glaubens inhaftierten Frauen ist unbekannt. Den wohl überwiegenden Teil machten einfache Gläubige aus, die meist vom Lande kamen. Praktizierende Nonnen waren eher eine Minderheit. Vor allem für Russisch-Orthodoxe war das Lager die »Ausgeburt des ›Antichrist‹«. »Um nicht vom ›Antichrist‹ gezeichnet zu sein«, erinnert sich Nina Hagen-Torn, »gehen sie weder in die Speisehalle noch auf die Arbeit, und die Fanatischsten lehnen es auch ab, die Badestube zu besuchen. Nur Wasser und Brot nehmen sie an, da dies von Gott sei und von niemand beschmutzt werden kann.«[32] Aus Glaubensgründen verweigerten viele religiöse Gefangene unter Inkaufnahme drastischer Schikanen und Strafen die Zwangsarbeit. Andere lehnten die Arbeit nur an Sonntagen und kirchlichen Feiertagen ab. »Keine Überredung, keine Drohung, kein Hohn und keine Züchtigung konnten sie dazu bringen«, erinnert sich Elinor Lipper, »am Tage des Herrn zu arbeiten. Sie aßen die kärgliche Strafration und sangen ihre Lieder. Man schlug sie. Man band ihnen die Röcke überm Kopf zusammen. Man band sie mit den Haaren aneinander – es half nichts, am nächsten Sonntag ließen sie sich ebenso geduldig, ebenso ergeben und unerschütterlich in den Karzer stoßen.«[33] Auch Anfang der 1950er Jahre ließ der Lagerterror gegen religiöse Frauen nicht nach. Wenn möglich, ließ die Lageradministration die Religiösen in besonderen Unterkünften oder Lagerzonen isolieren. Serafima Alikina und Aleksandra Okunjewa berichten von der separierten Unterbringung in Strafbaracken, verschiedenen sexuellen Demütigungen sowie anderer Gewaltmaßnahmen bis hin zu Erschießungen.[34]

Eigene Überlieferungen von »Monaschki«, wie die Religiösen teils verächtlich bei anderen Gefangenen hießen, sind selten. Die religiösen Häftlinge unterschieden sich nach Glaubensrichtung und kulturellem Selbstverständnis. Unter ihnen befanden sich Anhänger der verschiedensten Konfessionen und Sekten, allen voran russisch-orthodoxe, katholische und evangelische Christen, Zeugen Jehovas sowie Moslems. Martha Chyz berichtet von der Deportation einer größeren Gruppe ukrainischer katholischer Nonnen, die 1939 in ein Lager von Workuta gebracht wurde. Die russischen Orthodoxen und die ukrainischen Katholiken hielten diesem Zeugnis zufolge zusammen, religiöse Zwistigkeiten gab es nicht.[35]

Das Verhältnis der übrigen Häftlinge zu den Gläubigen war differenziert. Kriminelle zeigten sich gegenüber Religiösen aus Aberglauben meist wohlwollend. »Bevor sie gaunern gingen«, so Luise Hörmann, »haben sich die Kriminellen x-mal bekreuzigt und gebetet. Und ganz besonders haben sie die Nonnen betreut und bemuttert.« Auch bei den anderen Politischen waren die gläubigen Frauen meist geachtet.[36] Das zeigt sich nicht zuletzt in den zahlreichen Lagerschilderungen über deren Selbstlosigkeit, Hilfsbereitschaft und religiöser Standhaftigkeit.[37] Daneben gab es aber auch wechselseitige Antipathien. Gegenüber ehemaligen Kommunistinnen empfand die Gläubige Alikina Distanz, sogar Angst. »Sie gehörten nicht zu uns«, erinnert sie sich, »die hätten mich auch denunzieren können.«[38] In Gesprächen mit einzelnen Politischen über Glauben und Religion machte Serafima Alikina allerdings auch andere Erfahrungen, spürte Aufmerksamkeit und Interesse an ihren Worten. Umgekehrt fand das Verhalten der Religiösen, insbesondere die Arbeitsverweigerung, nicht immer das Verständnis politischer Häftlinge. »Ich will sie nicht Parasiten nennen«, äußert sich die Ukrainerin Ljuba Ukrainska, »aber wir mußten für sie arbeiten.«[39] »Viele beschimpften sie«, so Nina Hagen-Torn. »Wie kommen sie darauf, daß Arbeit Sünde sei?« Oder: »Wir arbeiten und sie faulenzen, sie essen und trinken auf unsere Kosten.«[40]

Kriminelle

Ebensowenig wie die politischen bildeten die kriminellen Häftlingsfrauen eine homogene Gruppe. In der »Blatnoi mir«, der Verbrecherwelt des Lagers, lebten und agierten verschiedene Kategorien straffällig Gewordener, denen die politischen Häftlingsfrauen meist schutzlos ausgeliefert waren.

Die Moskauer Lagerhauptverwaltung unterteilte die zum 1. Januar 1939 ca. 800 000 im Gulag offiziell inhaftierten Kriminellen in folgende Kategorien[41]:

• besonders gefährliche Verbrecher	91 507
davon: Banditen	25 547
Überläufer[42]	6 341
• andere Verbrecher	107 332
davon: Verletzer der Paß- und Meldeordnung	18 689
• Diebe »sozialistischen Eigentums« nach dem Gesetz vom 07. August 1932[43]	26 401
• Dienst- und Wirtschaftsstraftäter	76 422
• Verbrechen gegen die Persönlichkeit	56 257
• Diebe persönlichen Eigentums	146 642
• »sozial schädliche« bzw. »sozial gefährliche Elemente«	260 760
• Straftäter im Militär	5 993
• andere Verbrecher	28 216
• ohne Angabe	6 371

Auch diese Zusammenstellung verdeutlicht die Vermengung von politischen und kriminellen Häftlingen durch die sowjetische Lagerbürokratie. Die größte der Kategorien umfaßte Häftlinge, denen der Staat vorwarf, einem kriminellen bzw. konterrevolutionären Milieu nahezustehen, d. h. »sozial schädliche« bzw. »sozial gefährliche Elemente« der Sowjetgesellschaft zu sein.

Ungeachtet dessen befand sich in den sowjetischen Lagern zweifellos eine Vielzahl von Häftlingen, die über eine mehr oder weniger ausgeprägte kriminelle Biographie verfügten und verschiedene Gruppen bildeten. Obwohl die besonders gefährlichen Verbrecher wie *Schwerkriminelle, Banditen und Wiederholungstäter* mit Blick auf die obige Statistik eine Minderheit (11 %) bildeten, beeinflußten sie auf ihre Weise am deutlichsten die Haftsituation der politischen Gefangenen. Nicht von ungefähr dominiert diese Gruppe in den biographischen Überlieferungen und prägt das Bild der Kriminellen. Allerdings wäre es falsch, die nachfolgenden Beschreibungen bzw. Erfahrungen auf alle als kriminell Verurteilte zu übertragen. Als »verrückte, scheußliche Menschen, Totschläger, Prostituierte, Räuber und Mörder«[44] bezeichnet Nora Pfeffer die »Urki«, wie Schwerkriminelle im Lager genannt wurden. Für Frieda Mayer-Melikowa war es noch mal »eine andere Welt in der Lagerwelt«. Es war etwas, »was man sich nicht vorstellen kann, wenn man dort nicht hineinkommt«.[45] Auch Nadeschda Joffe beschreibt die Kriminellen nach Gesprächen mit einem Bandenchef, der sich ihr gegenüber respektvoll verhielt, als eine Art »Gegenwelt« mit eigenen Traditionen und Gesetzen.[46] In den gemischten Lagern waren die politischen Frauen nicht nur weiblichen, sondern auch den männlichen Kriminellen ausgesetzt. Vor allem die Gewohnheits- bzw. Berufskriminellen entwickelten besondere, mafiose Strukturen, die speziellen Ritualen folgten und bei Bedarf mit roher Gewalt agierten.[47] Diesen gutorganisierten »Klans« gelang es nicht selten, wichtige Funktionen innerhalb des Lagers zu besetzen oder, mittels korrupter Gewährsleute unter den Funktionshäftlingen bzw. der Lageradministration, privilegierte Lebensformen zu entfalten, ohne jedoch selbst zu arbeiten. Die den einzelnen »Klans« vorstehenden Kriminellen waren, so Elena Sidorkina, »oftmals gut erzogen, kultiviert und schwer von intelligenten Menschen zu unterscheiden«.[48] Als eigenartiges Gemisch von Brutalität und Rechtschaffenheit, Roheit und Gerechtigkeitssinn beschreibt hingegen Susanne Leonhard die Mentalität einer Bandenchefin, die unter ihresgleichen uneingeschränkte Autorität besaß.[49] Dodo Garai schildert in ihren Erinnerungen einen einflußreichen Bandenchef namens Zenka und dessen »Hofhaltung«: Hinter einem geblümten Vorhang empfing er »Fürstlichkeiten des Lagers, die Creme der Kriminellen. Gefangene Bauern saßen mit selbstgefertigten Balalaikas ihm zu Füßen und vertrieben den feinen Leuten mit schönen Liedern die Zeit. Die schönen Stimmen der litauischen, weißrussischen, georgischen und ukrainischen Verbrecher hallten dann durchs Lager, bis Zenka vor Rührung in Tränen ausbrach und die Musikanten mit einem Wink hinauswarf.«[50] Teilweise bildeten kriminelle Frauen in weiblichen Lagerzonen eigene Klanstrukturen aus, wenn auch nicht so einflußreiche wie die der Männer. »Mir gegenüber auf den Brettern lag eine Kriminelle«, erinnert sich Margarete Buber-Neumann, »die anscheinend die Primadonna ihrer Zunft war. Sie bettete ihr Haupt auf zwei Sofakissen, die mit Stickereien von ungewöhnlicher

Abscheulichkeit verziert waren.... Sie hieß Raisa und wurde von einer Reihe anderer Krimineller unterwürfig bedient.«[51]

Unter »Berufs- und Gewohnheitstäterinnen« waren viele, die sich »von Jugend an in Gefängnissen herumtrieben« und deren Sinnen und Trachten darin bestand, ein »müßiges Leben, ohne Arbeit, mit leichter Beute« zu führen.[52] Eine Anzahl krimineller Frauen akzeptierte das Lager als immer wiederkehrenden, zweiten Lebensort, in dem sie sich nicht nur immer besser auskannten, sondern in dem sie mehr noch als in der Freiheit verbrecherische Regeln und Praktiken handhaben konnten. »Es betrübt sie nicht, wenn sie in Haft kommen, im Gegenteil, es wird als Heldentum betrachtet. Wer die meisten Jahre in Gefängnissen und Lagern verbrachte und am meisten Verbrechen auf dem Gewissen hatte, genießt das größte Ansehen«, berichtet Elena Sidorkina, die als Krankenschwester viele Gespräche mit Kriminellen führte.[53] Diese Häftlinge waren nach der Abbüßung ihrer Lagerjahre weniger geläutert, als mit neuen kriminellen Kontakten und Projekten ausgestattet.

Die Sicherung eines für Lagerverhältnisse luxuriösen Versorgungsstandards, ohne sich der aufreibenden Zwangsarbeit zu stellen, war Sinnen und Trachten aller organisierten Kriminellen. Dazu gehörten ausreichende und abwechslungsreiche Nahrung, Alkohol, warme, standesgemäße Kleidung, ein guter Schlafplatz und die Verfügbarkeit von Sexualpartnerinnen bzw. -partnern. Der Prominenz unter den Kriminellen gelang die Sicherung ihres Lagerstandards vor allem durch dubiose Geschäfte mit wichtigen Funktionshäftlingen, wie Lagerverwaltern, Küchen- und Werkstattleitern oder korrupten Angestellten der Lageradministration.[54] Dabei spielten Geld und Produkte ebenso eine Rolle wie die offene oder versteckte Androhung von Gewalt. Anderen Kriminellen gelang die Verbesserung der Lebenssituation im Lager aufgrund ihrer Jugend, wie es Galina Nurmina schildert: »Das Lager lehrte, nur den heutigen Tag zu leben. Die Zukunft war unbekannt, und es lohnte nicht, über sie nachzudenken. Das Lager lehrte, leicht Freunde zu finden und sie genauso leicht zu vergessen. Eine Reihe von Liebesaffären gab es, eine folgte der anderen. Tosja sah viel zu gut aus und war jung, als daß Angehörige der Lagerleitung oder Funktionshäftlinge gleichgültig an ihr vorbeigehen konnten. Die Rendezvous verschönten den tristen Alltag, halfen ihr einfache Arbeiten, Vergünstigungen und andere Vorzüge zu bekommen. Das Ende ihrer

Frist schien Tosja weit und im Nebel. Sie hat nie darüber nachgedacht, wann ihre zehn Jahre Lagerhaft vorüber seien.«[55]

Andere kriminelle Frauen gingen mit roher Gewalt vor, um sich Respekt innerhalb der Häftlingsgesellschaft zu verschaffen. Über brutale und verängstigende Übergriffe schon während des Transportes ins Lager berichtet Christina Kjossewa. Nachdem eine 18jährige den begehrtesten Platz am einzigen Fensterchen im Güterwaggon mittels Drohungen eingenommen hatte, rief sie einer jungen Frau zu, die gerade in den Waggon kletterte: »›Komm nur rein. Dir werde ich die Gebärmutter aus dem Leibe treten.‹ Als die Frau im Waggon war und die Türe zugeschoben wurde, sprang Asja von der oberen Pritsche auf die Frau runter. Sie fiel auf den Boden und Asja sprang auf ihrem Leib herum. Alle waren stumm. Niemand hinderte sie daran.«[56] Von der Vergewaltigung und Ermordung einer ehemaligen Komsomolsekretärin durch eine kriminelle Clique berichtet Nadeschda Joffe. Kriminelle machten auch vor dem Lagerpersonal nicht halt. Den Oberaufseher einer Goldfördergrube auf Kolyma und seine Frau verbrannten Kriminelle 1937 bei lebendigem Leibe, weil das Paar keine Geschäfte mit den Verbrechern machen wollte.[57]

Eine Haupteinnahmequelle bestand für kriminelle Häftlinge im Diebstahl. Insbesondere Küchen-, Bekleidungs- und Lebensmittellager oder andere lukrative Einrichtungen, wo Produkte zum baldigen Verzehr oder zum Handel zu finden waren, hatten es solchen Kriminellen angetan, die sich nicht selbst als Funktionshäftlinge ungestört bedienen konnten. Neu angekommene Politische, im Lagerleben noch unerfahren und der besonderen lokalen Bedingungen unkundig, wurden immer wieder Opfer von Diebstählen und ihrer bescheidenen Habe an Kleidung beraubt. Sprichwörtlich bestahl man diese Frauen während des Schlafes und zog ihnen Bündel oder Schuhe unter dem Körper weg. Meldungen an die Lageradministration verliefen meist im Sande.[58] Nur selten kam es vor, daß ein Lagerkommandant die Kriminellen aufgrund zu vieler Vorkommnisse von den Politischen separierte, wie es Susanne Leonhard 1944 zeitweise erlebte.[59]

Neben Diebstahl gehörte gewalttätiger Raub zu jenen Gefahren, die von Kriminellen ausgingen. Einige von ihnen warfen Hilda Vitzthum einfach um und rissen ihr die lebensnotwendigen Filzstiefel von den Füßen. Niemand war da, um ihr zu helfen, aber wahrscheinlich hätte es ohnehin niemand gewagt, sich einzumischen.[60] Nach ihrer Anzeige bei der Lageradministration forderte man sie auf, die Stiefel selbst zu ersetzen. Den Rest des Winters mußte sich Hilda Vitzthum mit Wattestrümpfen und Galoschen begnügen. Antonie Satzger berichtet davon, wie sie als Brotholerin auf dem Weg in die Baracke von Kriminellen überwältigt und die Tagesration der gesamten Brigade gestohlen wurde. Ersatz dafür gab es nicht, im Gegenteil, Antonie Satzger wurde daraufhin strafversetzt.[61] Allgemein verbreitet war die Regel, bei Empfang eines Paketes den Kriminellen bis zur Hälfte des Inhalts als »Geschenk« abzugeben. Weigerung endete meist mit dem Verlust aller Kostbarkeiten, wie Schmalz, Zucker, getrocknetes Brot oder Knoblauch.[62]

Wer Diebinnen bzw. Diebe meldete, lief ebenso Gefahr, mißhandelt oder gar ermordet zu werden, wie Häftlinge, die gegenüber der Lageradministration versuchten, ihr Recht einzuklagen. »Einen Verräter zu töten, gehörte zum ungeschriebenen Gesetz der Urki, an das sie sich streng hielten«, so Hilda Vitzthum: »Daraus ergaben sich zahlreiche Lagermorde. Mord war auch die beste Waffe der Urki, denn aus Angst wagte niemand, der zufällig einen Diebstahl beobachten konnte, ja, selbst der Bestohlene nicht, darüber zu sprechen.«[63] Das Gesetz nahmen Kriminelle gemäß ihres ungeschriebenen Moralkodexes stets selbst in die Hand, eingeschlossen Folter und Mord. Eine Kriminelle namens Schurup hatte den Zorn von ihresgleichen auf sich gelenkt. Sie prostituierte sich gegenüber männlichen Häftlingen als auch Wachsoldaten. Von ihren Konkurrentinnen wurde sie buchstäblich über einem Feuer geröstet. Nur knapp entging sie dem Tod, erinnert sich Wanda Bronska-Pampuch. Die Lageradministration mischte sich fast niemals in solche Konflikte ein.[64] Die Brutalität unter den Kriminellen und deren ängstigende Wirkung auf die übrigen Häftlinge nahm zeitweise beträchtliche Ausmaße an. Im Januar 1951 mußte die Leitung des Karlag in einem Bericht 64 Fälle von Banditentum, verbunden mit der Ermordung von 58 Häftlingen durch Häftlinge konstatieren, gegenüber 51 Mordfällen im Jahr 1949.[65] Da sich die Lageradministration bei der Aufklärung und Meldung derartiger Fälle eher zurückhielt, dürfte die Dunkelziffer ermordeter Häftlinge bei weitem höher sein.

Spezifischer Art war auch das Äußere der »Urki«, insbesondere die Kleidung. Frauen trugen nicht selten Männersachen, wie sie Eleonora

Leibbrandt beschreibt: »Sie hatten hohe Stiefel und Hosen an, die in den Stiefeln steckten aber darüber plusterten. Außerdem trugen sie einen kurzen Kittel und ein besonderes Käppchen.«[66] Susanne Leonhard weist auf besonders arrangierte Kopftücher hin, an denen jeder sofort kriminelle Frauen erkannte.[67] Ein weiteres Erkennungszeichen waren ihre Tätowierungen, deren Motive die meisten politischen Frauen als abstoßend empfanden, etwa Schlangen mit den Namen Verflossener, ein mit einem Pfeil durchbohrtes Herz oder Sprüche wie »Ich liebe Dich ewig«, »Ich bleibe Dir treu«.[68] Nicht nur Arme und Beine ließen sich die Frauen tätowieren, sondern auch Brüste, Bauch und Rücken. Bei einer Frau war eine springende Katze über den ganzen Rücken gezeichnet, berichtet Susanne Leonhard: »Sie holte aus, um mit der Pfote eine Maus zu erhaschen. Von der Maus sah man aber nur noch das Schwänzchen. Sie selbst, so sah es aus, war in ›ihr Loch‹ geschlüpft.«[69] In den Tätowierungen spiegelte sich der Status der Frauen, denn je mehr eine zur Schau tragen konnte, um so geachteter war sie.[70]

Ein anderes Markenzeichen krimineller Häftlinge war ihre Sprache, die sich an die Gaunersprache anlehnte und zugleich mit einer großen Zahl von Schimpfwörtern durchsetzt war.[71] »Ein Wort, zwei Flüche«, so beschreibt Eleonora Leibbrandt treffend diese Sprache.[72] In deren Mittelpunkt stand das sogenannte »Mat«, d. h. die berüchtigten Mutterflüche. »Job Twoju Mat« – »Fick deine Mutter« gehörte zur Alltagssprache. »Das wurde in allen Fällen dekliniert und mit allen Verben sozusagen verbunden, was man sich nur denken kann«, erinnert sich Luise Hörmann.[73]

Auch Karten- und Glücksspiele sowie Wetten mit materiellem Einsatz waren unter kriminellen Frauen verbreitet. Wenn Brot, Wodka oder im wahrsten Sinne des Wortes das letzte Hemd verspielt war, setzten Frauen gelegentlich Finger und andere Körperteile aufs Spiel.[74] Ja, es wurde um unbeteiligte Frauen gespielt, die die Verliererin zu töten oder anderweitig zu drangsalieren hatte. Sofia Main ist als solches Opfer ausgespielt worden. Sie selbst überlebte nur, weil sie in der Gunst eines prominenten Kriminellen stand.[75] Spielschuldnerinnen wurden hart bestraft. Erna Kolbe traf im Lager eine junge Frau, der Mitgefangene deshalb den großen Buchstaben »N« auf die Stirn eingebrannt hatten. Das »N« bedeutete russisch »Nikto«, zu deutsch »Niemand«, als das sie fortan galt.[76]

Gegenüber politischen Häftlingen machten die Kriminellen den Eindruck einer geschlossen und einmütig handelnden Gruppe. In Konfliktfällen mit Politischen wirkten sie in der Tat wie eine homogene Gemeinschaft. Der tatsächliche innere Zusammenhalt der kriminellen Häftlinge ist allerdings vielfach idealisiert worden.[77] Denn auch untereinander gingen Kriminelle nicht rücksichtsvoll miteinander um. Nicht nur das alltägliche Lagerleben mit seinen unterschiedlichen Versorgungsmöglichkeiten barg Konflikte, sondern auch langfristige Strategien einzelner Häftlinge bzw. Häftlingsgruppen, die einen Aufstieg innerhalb der kriminellen Lagerhierarchie anstrebten, führten zu verbalen und oft sehr gewalttätigen Auseinandersetzungen.

Zusätzlicher Konfliktstoff lag in unterschiedlichen Auffassungen über die eigene Rolle im Lager. Auf der einen Seite standen die sogenannten »tschestnye«, die »ehrlichen« oder »redlichen« Kriminellen, die konsequent zu ihrem Moralkodex standen, d. h. die Zwangsarbeit strikt ablehnten und ausschließlich von Diebstahl, Betrug und Korruption lebten. Ihnen standen kriminelle Häftlinge entgegen, die nicht mehr alle Regeln akzeptierten. Verächtlich wurden diese »Suki«, »Hündinnen«, genannt, die sich gleich weiblichen, läufigen Hunden der Autorität beugten und im Lager »mit der Sowjetmacht liebäugelten«.[78] Insbesondere der Umstand, daß sich die letztgenannte Gruppe zur Arbeit meldete, machte diese Häftlinge in den Augen der »Ehrlichen« zu Abtrünnigen und führte zu erbitterten Auseinandersetzungen, die nicht selten mit Toten auf beiden Seiten endeten und das Zusammenleben der Häftlinge erschwerten.[79]

Neben dieser ausgeprägt kriminellen Häftlingswelt existierte im Gulag eine breite Schicht von »Gelegenheits-, Klein- und Zufallsstraftäterinnen«, welche die Lageradministration, aber auch der Großteil der politischen Häftlinge als Kriminelle klassifizierte und über die am wenigsten bekannt ist.

Wenig erfährt man in den überlieferten Lagererinnerungen über Frauen, die der Staat wegen einmaliger bzw. kleiner Straftaten wie Betrügereien oder Eigentumsdelikten oder sogenannter »Verbrechen aus Leidenschaft«, etwa Eifersuchtsmorde, verfolgte. Ebensowenig bekannt ist über Frauen, die man wegen ihrer offiziell in der Sowjetunion verpönten Lebensweise als »sozial schädliche Elemente« inhaftierte. So Frauen, die beispielsweise genötigt waren, ihren Unterhalt als profes-

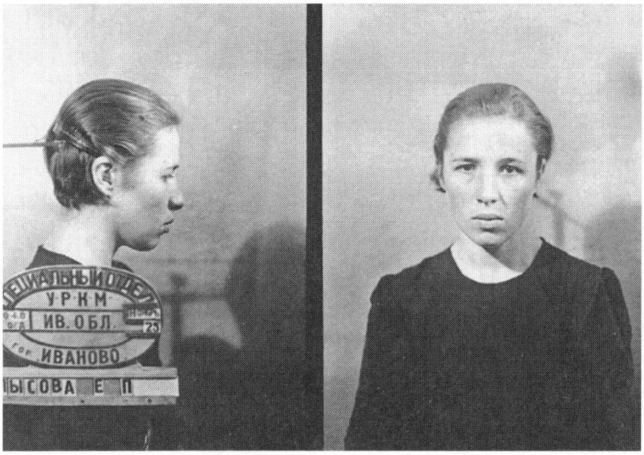

Haftfoto des NKWD von Ekatarina Lysowa, 1940.

sionelle oder Gelegenheitsprostituierte zu verdienen oder diese Form der Existenzsicherung für sich gewählt hatten. Vermutlich empfand ein Großteil dieser Frauen erhebliche Scham über ihre Inhaftierung, die sie zur Zurückhaltung in ihrem Benehmen und beim lebensgeschichtlichen Erzählen gegenüber Mitgefangenen veranlaßte und daher auch in Lagererinnerungen anderer unauffällig blieben. Dennoch dürften diese Frauen die größte Gruppe unter den von der Lageradministration als Kriminelle deklarierten Häftlinge bilden.

Eine immer wieder in Berichten auftauchende Häftlingsgruppe dagegen sind die Minderjährigen, russ. »Maloletki«. Nach einer Zusammenstellung der Lagerhauptverwaltung des NKWD vom 1. Oktober 1938 befanden sich zu diesem Zeitpunkt 18585 Minderjährige in verschiedenen Lagern des NKWD.[80] Zum 1. Januar 1939 registrierte man offiziell insgesamt 759 Häftlinge unter 16 und 14251 unter 18 Jahren. Angaben über Haftgründe fehlen. Eine Aufstellung nach Haftkategorien und Geschlecht im Karlag von 1935 ergibt, daß insgesamt 86 % der Minderjährigen als »sozial schädliche« bzw. »sozial gefährliche Elemente« oder wegen Eigentumsdelikten verfolgt und inhaftiert worden waren. Deutlich wird in dieser Zusammenstellung mit 95 % auch die Überrepräsentanz männlicher Minderjähriger.[81] Sie waren meist in speziellen Baracken untergebracht.[82] Über unvorstellbare Verwahrlosung, sexuelle Freizügigkeit sowie kriminelle Aggressivität der Heranwachsenden ist in Lagerberichten die Rede.[83] Unter dem Einfluß erwachsener Verbrecher war für sie das Lager mehr als für alle anderen eine Schule kriminellen Lebens. Die Heranwachsenden nahmen Alexander Solschenizyn zufolge das Lager aus Mangel an eigenen Lebenserfahrungen und -werten »mit der göttlichen Empfänglichkeit der Kindheit auf. Und sind in wenigen Tagen – in Tiere verwandelt! In böse Tiere obendrein, weil jeder Art ethischen Empfindens bar.«[84] Henry Lewenstein, Arzt und Häftling, schrieb in seinen Erinnerungen: Maloletki waren »deshalb so gefährlich, weil sie gut organisiert waren, gemeinsam handelten, zusammenhielten wie ein Rudel Schakale oder Hyänenhunde und stets bereit waren, ihr böses Unwesen zu treiben – zu stehlen, zu rauben, zu vergewaltigen. Sie kannten keine Furcht und hatten kein Gewissen. Ein Erwachsener denkt nach, bevor er einen verbrecherischen Schritt macht. Die Maloletki nie. Sie handelten, ohne über die Folgen nachzudenken.«[85] Marta Rudzka porträtiert in ihren Erinnerungen minderjährige Lagermädchen: Es gibt nichts »Entsetzlicheres, als diese kleinen Mädchen; auch kann keiner, der sie nicht mit eigenen Augen gesehen hat, sich vorstellen, auf welche Stufe von Verkommenheit und Entmenschtheit solche jungen Geschöpfe fallen können. Sie sind im Alter von zwölf bis sechzehn Jahren. Sie sind meist klein, vor der Zeit verfallen, zahnlos, bleichsüchtig, rachitisch. Sie lieben nichts und niemand. Sie sind fast alle nackt, bis auf einen Fetzen um Brust und Hüften, und ihre bloßen Arme, Beine und Gesäße sind von oben bis unten tätowiert.«[86]

Soziale Entwurzelung und Kriminalität von Kindern und Jugendlichen waren nicht nur eine Folge des Bürgerkrieges, sondern vor allem der Kollektivierung und Industrialisierung sowie der damit einhergehenden Massenrepressionen der 1930er und späterer Jahre. Einzelschicksale belegen dies immer wieder. Einen 13jährigen Jungen und ein 14jähriges Mädchen, deren Eltern ebenfalls in den 1930er Jahren als Politische verhaftet wurden, schildert Hilda Vitzthum in ihrem Lagerbericht. Allein, zurückgelassen und von der verängstigten Umwelt verfemt, versuchten die Halbwüchsigen ihr Auskommen mit Betteln und kleinen Diebstählen zu sichern. Nach einer Gefängnishaft von sechs Monaten bzw. einem Jahr waren die beiden Kinder erneut genötigt, ihren Lebensunterhalt mit Betteln und Stehlen zu verdienen. Diesmal erhöhte sich die Strafe auf ein bzw. zwei Jahre Haft. Dort trafen frühere Bekannte auf das nunmehr 16jährige Mädchen: aller Liebe und Geborgenheit beraubt, in Gefängnissen und Lagern umhergeworfen, dadurch enthemmt, gefühllos und nicht mehr fähig, sich ihrer jüngsten Vergangenheit zu erinnern.[87]

Eine andere Sondergruppe unter den Kriminellen bildeten die »Bytowiki«, quasi »zivile« Gesetzesbrecher.[88] Das waren Susanne Leonhard zufolge Gesetzesübertreter, die sich Amtsvergehen, Wirtschaftsstraftaten und Delikte des »alltäglichen Lebens« zuschulden hatten kommen lassen, wie etwa Nachlässigkeit im Dienst, Unterschlagung, Amtsanmaßung, Hausfriedensbruch und Beleidigung.[89] Der Begriff »Bytowiki« wurde offiziell auch in der Lageradministration benutzt und definierte eine Häftlingsgruppe, die bevorzugt mit Funktionen und guten Posten betraut wurde, zumal wenn sie über besondere Erfahrungen in der Wirtschaftsplanung und -organisation verfügte.[90] Überlieferungen aus dem Karlag belegen zudem, wie die Leitung des Karagandinsker Lagers direkt ihren Bedarf an qualifizierten Bytowiki an die Lagerhauptverwaltung nach Moskau meldete.[91] Bytowiki waren »zwar wegen wirtschaftlicher oder anderer Vergehen verurteilt worden«, hatten aber »doch mit wirklicher Kriminalität nichts zu tun gehabt«, urteilt Hilda Vitzthum.[92] Die Lagerverwaltung machte sich nicht selten deren Erfahrung in geschickter Buchführung mit dem »spitzen Bleistift« und bei Unterschlagungen für den eigenen Bedarf zunutze.

Häftlingserinnerungen schildern immer wieder die Verquickung von Lageradministration und Kriminellen, vor allem die stillschweigende Duldung diskriminierender Handlungen gegenüber politischen Gefangenen. »Es bestand ein stilles Einvernehmen zwischen Bewachungsmannschaften und den Kriminellen«, resümiert nicht nur Margarete Buber-Neumann.[93] Nicht immer geschah die Kooperation von Kriminellen und Lagerpersonal allerdings so offen, wie Dodo Garai das Ausrauben politischer Häftlinge unmittelbar nach ihrer Ankunft im Lager erlebte: »Die Politischen mußten sich nackt ausziehen, und alles, was sie besaßen, teilten die Natschalstwo, die Wachmannschaft und die Kriminellen unter sich auf, Geld nahmen sich die Aufseher, Kleidungsstücke die Kriminellen.«[94] Mit dem Einsatz krimineller Häftlinge bzw. entlassener Krimineller als Aufseher, Wachmann oder Angestellter in der Verwaltung – vor allem während der Kriegszeit und danach – erhielt diese Klientel offizielle Macht und erweiterte Möglichkeiten, Politische auszubeuten und zu drangsalieren. Im Karlag arbeiteten 1951 beispielsweise 269 ehemalige Kriminelle in Verwaltungsfunktionen, darunter 20 als Offiziere, 21 als leitende Mitarbeiter, 170 in der Lager- und Wirtschaftsverwaltung sowie 43 bei der Wache bzw. Feuerwehr.[95] Das Beziehungsgeflecht zwischen Kriminellen und Angehörigen der Lageradministration war aber auch nicht immer frei von Reibungen und Konflikten. Obgleich keine der beiden Seiten an unberechenbar verlaufenden Auseinandersetzungen interessiert war, auch wenn gegenseitige Betrügereien oder die Verletzung wechselseitig respektierter Machtkompetenzen tendenziell einen Nährstoff für Konflikte boten. Den führenden Kriminellen ging der Ruf der Gewalttätigkeit voraus, was auch auf Lagerangestellte und Wachsoldaten seine Wirkung nicht verfehlte und beim einzelnen Angst vor unerwarteten Überfällen erzeugte.[96] Das höhere Lagerpersonal drohte hingegen mit Transport in ein anderes Lager, der Einweisung in einen Straflagerpunkt oder zusätzlicher Strafverfolgung. Ein korrumpierter Wachsoldat hatte weniger Chancen, sich zu wehren. Er war nicht nur in der Hand der Kriminellen, sondern konnte sich auch kaum an seine Vorgesetzten wenden.

Politische und Kriminelle

Anfangs fühlte Wera Ljudyno gegenüber Kriminellen weder Angst noch Verachtung. Teils empfand sie ihnen gegenüber sogar Mitleid. Manche kriminelle Frau fand sie interessanter als einen Roman. In ihren Erinnerungen beschreibt Wera ein Erlebnis, das ihre Auffassung jedoch abrupt änderte. »In unserer Nähe, auf der anderen Seite des Stacheldrahts, befand sich die Männerbaracke. Dort wurde ein Mensch zusammengetreten, von dessen Körper nur noch ein Echo wie das eines leeren Fasses ausging. Ich schrie, bat darum, ihn nicht mehr zu schlagen, aber sie fuhren systematisch mit dieser grausamen Angelegenheit fort, bis schließlich ein Blutstrom aus seinem Mund kam. Ich weinte und zitterte vor Angst. Abends wurden alle aufgestellt, und man befahl uns, die schuldigen Banditen anzuzeigen. Kleinlich wurde in jedes Gesicht geschaut. Ich spürte ihren schweren Blick auf mir. In meinem Kopf aber kreiste nur der Gedanke, daß man mich vielleicht befreien würde, wenn ich aussagte. Andererseits könnte man mich aber auch umbringen, solche wilden Tiere waren das. Dem Jungen konnte man damit auch nicht mehr helfen. Ich beschloß, meinen

Mund zu halten, und sagte aus, daß sie für mich alle gleich aussähen und ich niemanden von ihnen erkennen könnte!«[97]

»Höllenbrut« nannte Jewgenia Ginsburg die kriminellen Frauen, die sie und ihre politischen Leidensgefährtinnen auf dem Schiff »Dschurma« während der Überfahrt von Wladiwostok zum Kolymagebiet ausraubten und malträtierten. »Damals, als der Laderaum von einer Menge halbnackter, tätowierter Körper und affenartiger Fratzen überflutet wurde, dachte ich, man hätte uns einer Schar tobender Irrer ausgesetzt.«[98] Aus ihrem Abscheu gegenüber schwerkriminellen Frauen machte sie kein Hehl. Nach ihrer Auffassung gehörten solche Menschen nicht ins Gefängnis oder Lager, sondern in eine psychiatrische Heilanstalt. Die Mörderin Simka beschreibt sie als »fleischgewordener Fall aus einem Lehrbuch der Psychiatrie. Von der herabhängenden Unterlippe läuft ein Speichelfaden. Die Stirn über den trüben Äuglein ist stark nach vorn gewölbt. Die langen, unbeholfenen Arme baumeln neben dem plumpen, kurzbeinigen Körper. ... Sie mordet ohne Anlaß, einfach weil sie ›stark‹ ist.«[99]

Die Reaktionen politischer Häftlinge auf den kriminellen Teil der Häftlingsgesellschaft waren unterschiedlich. Manchmal ermahnte sich die Intellektuelle Ginsburg, »schließlich dürfe man nicht vergessen, warum sie so geworden seien«. Ihr Fazit: »Schmerz, aber nicht ihretwegen, sondern um meiner selbst willen, weil ich durch den teuflischen Willen von irgend jemand zu einer Folter verdammt war, entsetzlicher als Hunger und Krankheit, zu der Folter, unter Unmenschen zu leben.«[100] Zu einem ähnlichen Resultat gelangte Elinor Lipper, wie Ginsburg seit Ende der 1930er Jahre Häftling auf Kolyma. Zwar sah sie in Schwerkriminellen auch »Produkte sozialer Mißstände, gepaart mit angeborenen Erscheinungen von Degeneration und Schwachsinn, also Menschen, deren Schuld nicht so sehr in ihnen als außerhalb von ihnen liegt«. Der brutale Alltag, die unberechenbaren Übergriffe Krimineller wischten aber auch für Elinor Lipper alle theoretisch entschuldigenden Erwägungen weg. Es gab »nur noch eines: Haß! Denn nichts vergällte uns das Lagerleben so, wie das Zusammenleben mit den Kriminellen.«[101] Auch Faina Nauschütz und Hilda Schlegel sahen in kriminellen Häftlingen eine größere Bedrohung als in der Lageradministration.[102] Solche Wertungen finden sich in vielen Lagerberichten politischer Häftlingsfrauen.

Ohne besondere Anlässe konnten politische Frauen in Gefahr gelangen, besonders wenn sie der Intelligenz angehörten. Vor allem unter kriminellen Häftlingen, aber nicht nur dort, herrschte eine ausgeprägte Intelligenzfeindlichkeit vor.[103] Mit Haß und Verachtung sahen viele auf gebildete Häftlinge herab.[104] Worte wie »Intelligentka«, Intelligente, oder »Röschen« gehörten zu den verächtlichsten Schimpfwörtern im Lager.[105] Irmgard Schünemann, 1941 bis 1951 in Lagerhaft, erinnert sich einer ungarischen Jüdin, die kriminelle Frauen buchstäblich in den Selbstmord trieben.[106] Auf andere politische Frauen stürzten sich Kriminelle ganz offen, traten und schlugen sie blutig und rissen ihnen die Kleider vom Leib, wie es Wanda Bronska-Pampuch bei einer Lettin gesehen hatte.[107] Wenn auch solche gewaltsamen Exzesse nicht zum Alltag innerhalb der weiblichen Häftlingsgesellschaft gehörten, wirkten sie doch in ihrer Unberechenbarkeit und Brutalität verängstigend und einschüchternd auf die politischen Lagerfrauen.

Die Lageradministration war gegenüber dem Treiben der Kriminellen keineswegs nur passiver Beobachter. Vielfach sah man in den Kriminellen eines der wichtigsten Instrumente zur Drangsalierung, Verunsicherung und Zersplitterung der politischen Häftlinge. Ganz bewußt ordnete die Moskauer Hauptverwaltung der Lager Mitte der 1930er Jahre die Zusammenlegung von kriminellen und politischen Häftlingen an, die zögerlich erst Anfang der 1950er Jahre wieder aufgehoben wurde.[108] Die Mischung zielte auf folgende Effekte: Zunächst galt es, eine große Anzahl politischer Häftlinge, von denen man nicht sicher wußte, wie sie reagieren würden, gefügig zu machen und ohne allzu großen Aufwand unter Kontrolle zu halten. Die Zusammenlegung entlastete zudem die Lagerführung von Spannungen und Konflikten mit Verbrechern, die ihre kriminelle Energie nicht mehr in erster Linie gegen die zuständige Administration, sondern gegen politische Häftlinge einsetzten. Dem diente auch die Einbeziehung krimineller Elemente in Lagerfunktionen oder ihr Einsatz als Hilfsaufseher. Von der alltäglichen Drangsalierung durch Kriminelle, vor allem im Bereich der Baracke und öffentlicher Räume wie Lagerstraße, Latrine oder Speisehalle, nahm die Lageradministration ohnehin kaum Kenntnis. Den Kriminellen bot die Zusammenlegung mit politischen Häftlingen vielfache Vorteile, denn unter ihresgleichen fanden sie kaum so leichte Beute. Es entging ihnen nicht, daß ihr Handeln gegenüber den Politischen durchaus im stillen Einvernehmen mit der Lageradministration stand.[109] Nur bei brutalsten Übergriffen schritt sie ein und spielte sich nicht selten als »Schlichter« oder gar »Helfer in der Not« auf. Allerdings mangelte es nicht selten an tatsächlichem Aufklärungswillen oder an »Beweisen« gegenüber den Kriminellen. Wenn Wort gegen Wort stand, hatten politische Häftlinge kaum eine Chance. Antipathie, Opposition und Haß der politischen Häftlinge galt daher vorrangig den Kriminellen und ihren Machenschaften, weniger hingegen den offiziellen Lagerorganen.

Vereinzelt setzten Lagerchefs dem Treiben krimineller Häftlinge aber auch Grenzen. Vor allem, wenn ihre eigene Macht oder die zu erbringenden Produktionsziffern, nach deren Erfüllung die örtliche Lagerführung eingeschätzt wurde, in Gefahr waren. »In einigen Lagerabteilungen«, heißt es beispielsweise in einem Befehl des Chefs der Karlag-Verwaltung vom 20. Dezember 1937, häuften sich in letzter Zeit »Fälle von Mord, Überfall, Flucht sowie der physischen Drangsalierung ehrlich arbeitender Lagerinsassen durch unverbesserliche Elemente verbrecherischer Banden. In einigen Lagerabteilungen haben diese Erscheinungen, die einhergingen mit ständigem Terror widerspenstiger Arbeitsverweigerer gegenüber ehrlich Arbeitenden, ein ernsthaftes Ausmaß angenommen, wodurch sowohl die Lagerdisziplin als auch die Tätigkeit einiger Produktionseinheiten desorganisiert wurde.«[110] Der Chef des Karlag befahl, 20 kriminelle Häftlinge, darunter drei Frauen, zu erschießen sowie den Befehl und den Vollzug der Urteilsvollstreckung in allen Lagerpunkten zu verkünden.

Politische Häftlingsfrauen versuchten sich in unterschiedlicher Weise auf Kriminelle einzustellen. Klara blieb wie andere so unauffällig wie nur möglich. In der Unterkunft war es am besten, wenn man ruhig war und kriminelle Frauen einfach ignorierte.[111] In der engen, gedrängten Barackenwelt war es allerdings schwer, nicht mit einer Kriminellen zusammenzustoßen, selbst wenn diese keinen Streit suchte. Schon präventiv vermieden Frauen unnötigen Blickkontakt oder ließen kriminellen Frauen den Vortritt im Gang oder auf der Latrine. Der Ofen war sowieso meist deren Domäne. Frieda Mayer-Melikowa erinnert sich ihrer Gefühle, als sie mit 22 anderen politischen in eine Unterkunft mit 300 kriminellen Frauen einrücken sollte. »Wir hatten Angst, in die Baracke zu gehen. Die Frauen mit ihren unintelligenten Gesichtern und geschorenen Köpfen sahen so schrecklich aus. Und so lange es ging, mieden wir die Baracke. Wir haben im Freien geschlafen. Eines Tages waren wir mit einer dünnen Schneedecke bedeckt, dann ging es nicht mehr, und wir mußten hinein.«[112]

Den meisten Politischen wurde recht schnell klar, daß ein wie auch immer geartetes Arrangement mit den kriminellen Häftlingen unvermeidlich war. Nach dem Bericht von Susanne Leonhard hielten es manche schon nach den Erfahrungen im Gefängnis und während des Transportes für taktisch klüger, sich mit einer der Kriminellen zu befreunden.[113] Alice S. lernte während ihrer Arbeit auf einer Schaffarm eine Kriminelle namens »Korolok«, dt. Königlein, kennen. Sie verbot ihren Kumpanen strickt, die politischen Häftlinge zu bestehlen. »Und was Korolok gesagt hat«, so Alice S., »das galt! Die hat mir richtig imponiert, die Frau, vor allem, wenn sie von ihren ›Heldentaten‹ erzählte.«[114] Trude Richter stritt mit einer jungen Diebin über den Hang zum Stehlen und ließ sich von einer gewitzten Spekulantin in alle Schliche ihres »Berufes« einweihen.[115] In der Tat berichtet eine Reihe von Frauen über derartige Gespräche und Kontakte, die allerdings kaum mit Gewalttäterinnen stattfanden. Dabei schienen gerade bei Intellektuellen Gedanken um die gesellschaftlichen Ursachen der Kriminalität zu kreisen. »Es interessierte mich, was für Menschen sie waren«, erinnert sich Christina Kjossewa, »und wie sie in ihre jetzige Situation gekommen sind.«[116] Mit Verehrung und ihrem Schutz dankten einige kriminelle Frauen Erna Kolbe, weil die deutsche Kommunistin sie als »Menschen behandelte«, freundlich mit ihnen sprach und sich für ihr Schicksal interessierte.[117]

Das ständige Zusammenleben mit kriminellen Häftlingen veränderte unter den existenzbedrohenden Lebensbedingungen und dem Wunsch nach Erleichterung auch das Verhalten der Politischen. Vor allem gegenüber kriminellen Neuzugängen probten und änderten politische Frauen ihr Verhalten, indem sie sich nicht mehr alles gefallen ließen. Über die unausweichliche Anpassung an eine entmenschte Lebenssituation schreibt Käte L.: »Man mußte entweder mit den Wölfen heulen, oder man kam um.«[118] Allerdings versanken im Sog der kriminellen Welt nur vereinzelt politische Frauen, die sich schließlich einem »Klan« anschlossen. Die Masse der politischen Frauen gestaltete ihr Verhalten gegenüber Kriminellen hingegen als Wechselspiel von Abgrenzung, Anpassung und Kommunikation. Politische Frauen stellten sich in Einzelfällen krimineller Willkür aber auch entgegen. Meist benutzten sie die gleichen Mittel wie Kriminelle, ihre Körperkraft. Antonie Satzger prügelte und trat eine Frau, von der sie als »Faschistin« beschimpft wurde, so lange, bis diese sich entschuldigte.[119] Mit einem kräftigen Knüppel schlug Galina Lewinson eine Frau, die aus dem kleinen Häftlingsgarten Mohrrüben stahl.[120] Körperliche Zweikämpfe dieser Art und deren Resultate wurden von den Kriminellen meist respektiert, mehr noch, die Siegerin, auch wenn sie eine Politische war, stieg in ihrer Achtung.[121] Andere versuchten mit taktierendem Verhalten ihre Interessen gegenüber Kriminellen zu wahren. Ähnlich erfolgreich wie pure Gewalt waren laute verbale Attacken, gespickt mit den unflätigsten Schimpfworten. Nur so konnte die Sprecherin der Politischen eine Gruppe krimineller Frauen während der Überfahrt nach Kolyma beeindrucken und sie zur Rückgabe der gestohlenen Gegenstände bewegen.[122]

Nationalitäten

Keine Nationalität in der UdSSR oder in der von ihr besetzten Gebiete blieb von Verfolgungen und Verhaftungen verschont. Angaben über die nationale Herkunft können bislang nur den Statistiken des NKWD entnommen werden. Vergleicht man die nationale Zugehörigkeit der Häftlinge mit dem Anteil ihrer Nation an der Gesamtbevölkerung, ergibt die nachfolgende Übersicht das Fazit: Im Jahr 1939 entsprach der Grad der Verfolgung der einzelnen Nationen im wesentlichen ihrem Anteil an der Gesamtbevölkerung.

Nationalität	**Anzahl der Häftlinge zum 01.10.1939[123] insg. 1 303 906 davon**	**Anteil der Nationalitäten an der Häftlingsgesellschaft in %**	**Anteil der Nationalitäten an der Gesamtbevölkerung 1939 in %[124]**
Russen	777 800	ca. 60,00	58,39
Ukrainer	182 331	ca. 14,00	16,48
Belorussen	45 932	ca. 4,00	3,09
Tataren	24 732	ca. 2,00	2,53

Usbeken	22 811	ca. 2,00	2,84
Kasachen	21 006	ca. 2,00	1,82
Juden	18 523	ca. 1,00	1,78
Deutsche	17 563	ca. 1,00	0,84
Polen	13 039	ca. 1,00	0,37
Georgier	11 014	ca. 1,00	1,32
Armenier	10 214	ca. 1,00	1,26

Das Gros der Opfer waren demnach Russinnen und Russen sowie Ukrainerinnen und Ukrainer. Überdurchschnittlich verfolgt wurden vor allem Ukrainer sowie Tataren, Usbeken, Juden, Georgier und Armenier. Im Besitz einer ausländischen Staatsbürgerschaft waren nach offiziellen Angaben 2332 Inhaftierte, darunter 669 Chinesen, 347 Iraner, 334 Griechen, 125 Polen und 110 Afghanen. Durch die freiwillige oder zwangsweise Übernahme der sowjetischen Staatsbürgerschaft in den 1930er Jahren tauchen Tausende Vertragsarbeiter und Exilanten sowie ihre meist ebenfalls verhafteten Ehefrauen, gerade aus Westeuropa und Übersee, in den Statistiken nicht mehr als Ausländer auf.[125]

Da zum Jahr 1939 die Verfolgungsrate der einzelnen Nationen weitgehend ihrem Anteil an der Gesamtbevölkerung der UdSSR entsprach, dürfte für den Zeitraum der Vorkriegsjahre kaum von einer nationalintendierten Verfolgungs- und Internierungspolitik der sowjetischen Führung die Rede sein. Mit Beginn der Kriegsjahre begann man allerdings ausgewählte Nationalitäten stärker als andere zu verfolgen. Gemessen an ihrem Bevölkerungsanteil im Jahr 1939 sind vor allem Polen, Juden und Deutsche, zeitweilig jedoch auch Russen, Ukrainer und Belorussen überdurchschnittlich inhaftiert worden. Ähnlich war das Schicksal der Bevölkerung der 1939/1940 okkupierten Gebiete Ostpolens, Moldawiens, der Bukowina sowie der baltischen Staaten Estland, Litauen und Lettland.[126] In den Nachkriegsjahren wurden vor allem die Nationalitäten stärker verfolgt, deren Gebiete zeitweilig von deutschen Truppen besetzt waren:

so Ukrainer, Belorussen, Polen, Angehörige der baltischen Staaten sowie Russlanddeutsche.

Die nationale Zugehörigkeit zog nach den vorliegenden Erinnerungsberichten im Lager keine systematische Benachteiligung oder ausgesprochen existentielle Bedrohung durch die Lageradministration nach sich. Vielmehr scheinen sich »nationale Aktionen« mehr oder weniger auf die Verhaftung beschränkt zu haben, der keine zusätzlichen und zielgerichteten Repressionen im Gulag folgten.

Die Rußlanddeutsche Hilda Schlegel, 1937 bis 1947 in Haft, meint, »von der Lagerverwaltung wurden alle Nationalitäten gleich behandelt, da war kein Unterschied«.[127] Unter den Häftlingen war die Nationalität mehr oder weniger bekannt. Sie hatte aber den Erinnerungen nach im Zusammenleben der Häftlinge nicht die Bedeutung wie etwa die soziale Herkunft, die Stellung im Lager oder die persönliche Kommunikations- und Improvisationsfähigkeit. Diese Aspekte waren für die Herausbildung näherer Beziehungen und Freundschaften von größerem Gewicht. Möglicherweise hat die kulturelle Vielfalt unter den politischen Frauen zudem eine Toleranz im Lager gefördert, die ethnisch begründete Konflikte zur Ausnahme machte. Nationale Mißgunst oder gar Haß hat man ebensowenig gespürt wie eine Rangfolge der verschiedenen Nationalitäten, so die Rußlanddeutsche Luise Hörmann.[128] National begründete Ressentiments hat auch die aus Riga stammende Jüdin Henrietta Herzfeld im Lager nicht angetroffen. »Antisemitismus habe ich nicht gespürt«, resümiert sie, »man hat mich nicht beschimpft.«[129]

Von Belang war allerdings die nationale Herkunft, wenn damit die Unkenntnis der russischen Sprache verbunden war. Sprachbarrieren minderten zumindest in den ersten Jahren des Lageraufenthalts den Handlungsspielraum innerhalb der Häftlingsgesellschaft oder schlugen sich bei der Arbeitsvergabe negativ nieder. Sprachprobleme und -mißverständnisse konnten aber auch bei der normierten Zwangsarbeit das Verhältnis unter den Häftlingen trüben.

Alle Frauen suchten im Lager nach Landsleuten oder Häftlingen aus der gemeinsamen Herkunftsgegend, mit denen sie über Vergangenes oder über Bekannte sprechen und wenn möglich einen engen Zusammenhalt entwickeln konnten. Die deutsche Exilantin Erna Petermann schaute Ende der 1930er Jahre in jedem ankommenden Zugang nach Frauen aus Deutschland, bis sie schließlich eine traf. »Wie sich heraus-

Henrietta Herzfeld während des Interviews, 1998.

stellte, daß wir beide Berliner sind«, erinnert sich Ruth Z., »haben wir uns umarmt. Dadurch hatte ich es sehr gut. Erna besuchte mich oft und sagte mir, wie ich mich im Lager verhalten sollte. Was gut wäre und was man nicht machen sollte.«[130]

Vor allem Frauen aus Polen und den baltischen Staaten wird ein ausgeprägtes Zusammengehörigkeitsgefühl nachgesagt. Gemeinsame religiöse und kulturelle Wurzeln sowie die Erfahrung kollektiver Deportation hat nicht nur die Herausbildung eines prägnanten Feindbildes über die sowjetischen Verfolger, sondern auch das nationale Zusammengehörigkeitsgefühl im Lager gefördert. Die Polin Marta Rudzka, 1940 in die Sowjetunion deportiert, erinnert sich: »Wie rasch verschmilzt die winzige Gruppe aus der Schicksalsgemeinschaft heraus zu einer Einheit, die nicht mehr ›Ich‹, sondern ›Wir‹ denkt. Wir sind ganz wahllos ausgesucht worden und sind denkbar verschieden; aber wir sind zusammen aus der Heimat deportiert worden, wir haben uns aneinander gewöhnt, einander kennengelernt – und wir fürchten nichts so sehr, als voneinander getrennt zu werden.«[131] Immer wieder finden sich in Berichten von Frauen aber auch Schilderungen gegenseitigen Mitgefühls von Häftlingen ganz unterschiedlicher nationaler Herkunft. Die Ukrainerin Ljuba Ukrainska meint, obgleich die Frauen versuchten, sich an die eigene »Nationalität zu halten gab es keine Feindschaft, man half einander und, wenn es sein musste, auch den anderen«.[132] Marta Rudzka beschreibt eine religiöse Russin, deren einziger Gedanke war: »wie uns helfen, was uns geben, wen mit ihrer Reisedecke zudecken, wem ihre Bettdecke unterlegen«. »Ich habe den Eindruck«, fährt Marta Rudzka fort, »sie möchte, und sei es nur zu einem winzigen Bruchteil, etwas von dem Unrecht gut machen, das Rußland an uns begeht.«[133]

Gänzlich frei von nationalen Ressentiments waren die politischen Häftlinge allerdings nicht. Eine nationale Solidargemeinschaft beispielsweise konnte in den Augen anderer Häftlinge durchaus als eine nach außen geschlossene Kaste wahrgenommen und zugleich beneidet werden, wie sich Mimi Brichmann erinnert: »Die Polinnen wollten von uns nichts wissen. Sie haben sich nicht mit uns gemein gemacht. Sie sonderten sich ab. Sie waren unserem Empfinden nach hochmütig, aufmüpfig, aber auch nicht solche dämlichen Schafe wie wir.«[134]

Alter

Auch das Alter der Gefangenen beeinflußte das Zusammenleben der Häftlinge und die individuellen Überlebenschancen. Ein Blick auf das Altersprofil der Häftlinge, allerdings ohne zwischen den Geschlechtern zu unterscheiden, gestattet eine Zusammenstellungen der Lagerhauptverwaltung des NKWD vom 1. Januar 1939.[135]

Alter	Anzahl Häftlinge insg. 1 289 491 davon	Anteil in %
unter 16 Jahren	759	ca. 0,05
von 16 bis 17 Jahren	14 251	ca. 1,10
von 18 bis 21 Jahren	125 385	ca. 9,70
von 22 bis 30 Jahren	475 553	ca. 36,9

von 31 bis 40 Jahren	368 056	ca. 28,20
von 41 bis 50 Jahren	203 738	ca. 15,80
von 51 bis 60 Jahren	80 784	ca. 6,20
älter als 60 Jahre	17 204	ca. 1,30
Keine Angaben	3761	ca. 0,20

Das Gros der Häftlinge bestand aus Frauen und Männern im leistungsfähigsten Alter, zwischen 20 und 40 Lebensjahren. Der Anteil aller Gefangenen bis zum 40. Lebensjahr betrug mehr als 75 % und machte damit den Großteil der Arbeitskräfte aus.

Die besten Aussichten für das Überleben im Lager hatten junge, gutaussehende und praktisch veranlagte Frauen. Walja K. etwa, Anfang 20, gelang es binnen Monaten, von der Küchenhilfskraft zur Wirtschaftsleiterin, in einem anderen Lager sogar von der einfachen Kontorarbeiterin zur ersten Buchhalterin der Wirtschaftsabteilung aufzusteigen.[136] Männer in führenden Lagerstellungen umgaben sich bei der Arbeit nicht ungern mit jungen und hübschen Frauen. Aber auch bei den schweren, allgemeinen Arbeiten waren die Kraftreserven der Jüngeren größer. Zudem belasteten die älteren, verheirateten Frauen nicht selten anhaltende Sehnsucht und quälende Gedanken an zurückgelassene Kinder und verschwundene Ehemänner. Für feste Beziehungen, sogenannte »Lagerehen«, wurden junge und attraktive Frauen von männlichen Funktionshäftlingen, einflußreichen Kriminellen, freien Lagerangestellten oder Offizieren der Administration bevorzugt.

Am schwierigsten dagegen war das Lagerleben für die alten Frauen. »Es gab viele Greisinnen«, teils über 70 Jahre, erinnert sich die damals 35jährige Hilda Vitzthum: »Groß und hager wirkten sie in ihren langen Röcken mit den um den Kopf gebundenen Tüchern wie archaische Gestalten.«[137] Eva B., die sich mit Anfang 40 schon zu den Alten im Lager rechnete, registrierte die Unterschiede zu jüngeren Häftlingsfrauen sehr aufmerksam. »Es war gefährlich für die, die schon älter waren und keine Reserven mehr hatten. Die Jungen konnten sich noch nebenbei, nach der Arbeitszeit, dazu verdienen.«[138] Alte und junge

Häftlingsfrauen begegneten sich im Kampf um Erleichterungen oder gute Posten häufig als Konkurrentinnen.[139] Manch Ältere übernahm im Lager aber auch Mutteraufgaben und sorgte sich um junge Häftlingsfrauen, wie sich Julie Bevern erinnert: »Wir hatten eine wunderbare Frau aus der Wolgarepublik, die wir Mutter nannten. Sie war zu uns wirklich wie eine Mutter. Sie hat von ihrem eigenen Essen gespart, damit sie uns Jüngeren immer mal etwas geben kann. Immer der Reihe nach sind wir drangekommen. Heute hat die eine bekommen, morgen die andere. Wir wollten das immer nicht, wir haben geschimpft. Aber das hat sie sich nicht nehmen lassen. ›Ich bin schon alt, ich brauch nicht mehr soviel essen‹, hat sie immer gesagt.«[140] Jüngere Gefangene empfingen aber nicht nur Nahrungsmittel oder emotionale Zuwendung, sondern auch Hinweise und Ratschläge für das Verhalten, die für das Überleben im Lager von großer Bedeutung waren.[141]

Rangordnung

Den markantesten Ausdruck fand der Rang des einzelnen Häftlings in seiner Stellung im System der Zwangsarbeit, d. h. darin, welche Arbeit verrichtet werden mußte bzw. welcher Posten oder welche Lagerfunktion mit welcher Entscheidungsbefugnis gegenüber Mitgefangenen eingenommen werden konnte. Einfluß auf die Hierarchie unter den Häftlingen übten sowohl Vertreter der Lageradministration als auch Kriminelle mit Machtansprüchen und Gewaltgebaren aus. Je schwerer die lokalen Existenzbedingungen waren, desto rigider der Umgang untereinander. »Die Frauen, die Menschen, werden unbarmherzig, werden herzlos mit der Zeit, in all dem Elend und in all dem, was man erlebt«, konstatiert Luise Hörmann. Unter Kriminellen galt das Sprichwort: »Umerite sewodnja a Ja sawtra« – »Stirb du heute und ich morgen«.[142]

Auf der untersten Stufe der Häftlingsgesellschaft standen die »Dahinsiechenden«, russ. »Dochodjagi«. Diese Gefangenen bildeten eine eigene Gruppe und besaßen nur geringe Überlebenschancen. »Ich war Dochodjaga«, erinnert sich Frieda Mayer-Melikowa, »und es hat lange gedauert, bis ich aus diesem Zustand herausgekommen bin. Ich war nur noch Haut und Knochen. Meine Ärmel habe ich so weit wie möglich ›runtergezogen‹, damit man diese Knochen nicht sieht. Wenn wir ins Bad gingen, habe ich über mich selbst geweint.«[143] Die »Dahinsiechenden«, die »ans Ende Gekommenen«, waren meist »bläulich angelaufen, zerlumpt und mager. Sie konnten kaum laufen, und im Gesicht trugen sie hoffnungslose, gleichgültige Augen.«[144] Ihre Arme und Beine bewegten sie Jewgenia Ginsburg zufolge »marionettenhaft, wie an Fäden gezogen. Auch die Psyche dieser Menschen ist gestört. Sie sind weinerlich und empfindlich wie kleine Kinder. Manche haben vollständig das Gedächtnis verloren.«[145] Nina Hagen-Torn beschreibt eine Baracke für solche Häftlingsfrauen, darunter 60- bis 80jährige Greisinnen, die sich mit »unsicheren Köpfen und tränenden Augen gebückt bewegen«, manche mit Stöcken oder Krücken aus Ästen. An eine 70jährige kann sich Nina Hagen-Torn erinnern, mit einer Frist von 25 Jahren, und an eine Gefangene, der ein Arm fehlte; zwei von 300 Frauen.[146] Das waren keine Einzelfälle. Polina Tschartschis bekam 1937 acht Jahre Lager wegen konterrevolutionärer Agitation. Auszüge aus ihrer Häftlingsakte: Oktober 1939: beide Beine fehlen, zu leichter Arbeit fähig; Januar 1940: Fehlen beider Beine im mittleren Drittel der Unterschenkel, Narbe nach Bauchoperation, zweite Narbe nach eitriger Brustfellentzündung, Schilddrüsenvergrößerung in unbedeutender Größe, zu leichter Arbeit fähig. Polina Tschartschis starb am 02. 02. 1943 im Karlag.[147] Meist saßen die nicht mehr Arbeitsfähigen auf ihren Pritschen. »Manchmal beachteten sie einander überhaupt nicht. In der Menge geht der einzelne unter. Gelegentlich gab es Streit wegen eines verlorenen Tuches, eines zerbrochenen Löffels oder eines Pantoffels. Das ebbte ab, und Frieden zog wieder ein. Irgend jemand weinte leise. Man tröstete sie und weinte miteinander. Eine Frau erkrankte, und andere schleppten sich zum Doktor, um Hilfe zu holen.«[148] Arbeiten konnten sie schon lange nicht mehr, und manche Frauen suchten in der Müllgrube nach Speiseresten.[149]

Die Haltung der übrigen Häftlinge gegenüber den Todeskandidatinnen war wechselhaft. Titulierungen wie »Heruntergekommene«, »Verwahrloste«, »Abkratzer« oder »Jammergestalt« weisen eher auf eine ablehnende, zumindest distanzierte Haltung hin.[150] »Ein Toter ist besser als ein Kranker, denn er braucht nicht gefüttert zu werden«, hieß es gelegentlich im Lager. Sie nahmen, so meinten andere Häftlinge, nur den »ehrlichen Arbeitern« in der Baracke, an der »Futterkrippe« und im Krankenhaus den Platz weg. Andere sahen in den »Dochodjagi« immer noch Menschen und halfen nach Möglichkeit mit Nahrung oder tröstenden Worten. Auch Ärzte und Krankenschwestern mühten sich meist um das Leben dieser Häftlinge. Susanne Leonhard und andere Frauen verdankten allein diesem Engagement ihr Überleben.[151] Der Zustand des Dahinsiechens war unter männlichen häufiger als unter weiblichen Häftlingen vertreten. Die Lageradministration bezeichnete die Schwachen und Kranken offiziell als »Invaliden« und unterteilte sie in Arbeitstaugliche und Arbeitsuntaugliche.[152] Diese Kategorien nahmen zeitweise beachtliche Ausmaße an. Einer offiziellen Statistik des Karlag zum 1. Januar 1940 zufolge waren von insgesamt 31473 Gefangenen 4940 als Invaliden und weitere 1255 Häftlinge als zeitweise nicht arbeitsfähig registriert.[153] Das war immerhin fast jeder fünfte Häftling. Auch zehn Jahre später umfaßten die von der Lageradministration des Karlag registrierten Invaliden annähernd 20 %.[154]

Die größte Schicht im Lager bildeten die zu den allgemeinen Arbeiten eingesetzten Frauen. Je nach Produktionsprofil des Lagers war dies, wie bereits geschildert, meist schwere körperliche Arbeit im Freien. Diese gewöhnlichen, nichtprivilegierten Häftlinge bildeten den »breiten Sockel der Pyramide«, der sich vor allem aus den verschiedenen Kategorien politischer Gefangener und Kleinkrimineller zusammensetzte.[155] Schon nach wenigen Monaten waren aus ihnen meist »zerlumpte Figuren hohlwangiger, blasser Gefangener« geworden, »ausgemergelt und physisch bis an die Grenze ihrer Menschenähnlichkeit heruntergekommen«.[156] Dodo Garai bezeichnet auch diesen größten Teil der Häftlingsgesellschaft ihrer Stellung nach als »Abschaum im Lager«.[157]

Der Aufstieg in die nächste »Klasse« bedeutete Arbeit unter einem Dach, bei der die Frauen nicht ständig Wind und Kälte, Ungeziefer und Hitze ausgesetzt waren. Hierfür erwiesen sich berufliche oder handwerkliche Fertigkeiten als vorteilhaft, denn in Werkstätten, Schneidereien, Gewächshäusern und anderen bevorzugten Arbeitsstellen wollte die Lageradministration ausgebildete oder schnell angelernte, vor allem produktive Arbeiterinnen einsetzen. Allerdings war auch die Arbeit in geschlossenen Räumen, zumal bei fabrikmäßiger Produktion, von den Merkmalen kollektiver Zwangsarbeit wie Schichtarbeit an

Fließbändern, Arbeitsunfällen, Qualitätskontrollen und Normdruck, körperlicher Auszehrung und Hunger gekennzeichnet.

Tatsächlich privilegiert waren Arbeitsplätze außerhalb kollektiver Produktionsformen, vor allem in Büros der verschiedenen Abteilungen der Lageradministration. Die Organisation und Abrechnung der Produktion sowie die bürokratische Verwaltung der Häftlinge erforderten einen immensen Arbeitsaufwand, den überwiegend weibliche Häftlinge erbrachten. Zwar wurde auch im Kontor die Arbeit streng abgerechnet, die zu leistende Arbeitszeit war kaum geringer und die Verpflegungsration selten größer. Von Vorteil waren jedoch der meist spätere Arbeitsbeginn, der kurze, individuelle Anmarsch, der Arbeitsplatz »im Warmen«, die Herausbildung eines persönlichen Arbeitsklimas sowie gewisse Freiräume in der eigenen Arbeitsgestaltung. Tatsächliche Entscheidungsbefugnisse hatten Kontorarbeiterinnen selten. Sie verfügten gelegentlich jedoch über Möglichkeiten, durch Gespräche mit ihren meist freien Vorgesetzten Entscheidungen über die Verschickung oder den Arbeitseinsatz von Häftlingen zu beeinflussen. Zu den bevorzugten Arbeitsplätzen gehörten des weiteren Krankenhäuser und -stationen, Kinderhäuser und -krippen, Kleider-, Werkzeug- und Lebensmittellager sowie Küchen und Speisehallen. Die Unterbringung der privilegierten Häftlinge erfolgte je nach Lager in einer allgemeinen Baracke oder, wie es Jewgenia Ginsburg erlebte, in einer kleineren, besser zu organisierenden Gemeinschaftsunterkunft: »In unserer Baracke war es immer warm. Wir hatten kleine Henkeltöpfe ..., um abends unbemerkt von der Aufsicht, eine zusätzliche Mahlzeit aus gefrorenen Rüben zu kochen. Die Abendrationen sind akkurat auf einem Holztablett aufgeschichtet, die zugewogenen Brotstücke mit Holzsplittern aufgespießt. Der Brotkanten wird nach einer streng eingehaltenen Reihenfolge verteilt.« Im Vergleich zu den anderen ist es »schön bei uns in der Baracke!«, erinnert sich die Jüdin: »Besonders abends, wenn es so friedlich nach gekochten Rüben und kleiner Wäsche riecht und manchmal sogar nach Tran, den die im Krankenhaus Beschäftigten herangeschleppt haben.«[158]

Den Zugang zu Tätigkeiten im Kontor oder in Krankenstationen erschwerten restriktive Befehle der Moskauer Hauptverwaltung vor allem jenen politischen Frauen, die wegen konterrevolutionärer trotzkistischer Tätigkeit, Heimatverrat oder Spionage verurteilt waren. Auf die Frage einer Inhaftierten, ob sie Arbeit in ihrem Fach als Krankenschwester bekommen könnte, antwortete ein Lagerchef: »Für Ihre Artikel gibt es zwei Fachrichtungen: Holzfällen und Melioration.«[159] Dessenungeachtet hatten vor allem Fachkräfte unter den Politischen entgegen den Moskauer Vorgaben Chancen auf Büroarbeit. Nicht selten waren Lagerverwaltungen auf diese Spezialisten geradezu angewiesen, wie etwa im Karlag Ende 1939. Von 1560 in Funktionen eingesetzten Häftlingen waren mehr als 1200 wegen konterrevolutionärer Verbrechen verurteilt.[160]

Andere Posten bot der Lagerservice. Die einfachste, aber für das Alltagsleben nicht unerhebliche Funktion war die »Dnewalnaja«, eine Art Barackendienst. Dieser sorgte sich in den Unterkünften um die Einhaltung der Nachtruhe oder das Wecken der verschiedenen Brigaden und Arbeitskommandos. Die eigentliche Aufgabe war es jedoch, sich um die Versorgung der Häftlinge in der Baracke zu kümmern, besonders die Verteilung des Brotes, das Zubereiten von »Kipjatok«, einfachem heißem Trinkwasser, wenn möglich das Heizen der Öfen, das Trocknen nasser Arbeitskleidung und die allgemeine Sauberkeit in der Baracke sicherzustellen. Obgleich diese Arbeiten körperliche Anstrengungen erforderten, wie Holzhacken, Wassertragen usw., durften dafür nur Frauen der Arbeitskategorie 3, d.h. mit verminderter Leistungsfähigkeit, oft Invalidinnen, eingesetzt werden. Dennoch war diese Stellung besonders unter kriminellen Frauen begehrt, da sie Unterschlagung und Handel mit Nahrungsmitteln ebenso ermöglichte wie die Schikanierung politischer Häftlinge.[161] Das Alltagsleben der Häftlinge in der Unterkunft hing nicht unwesentlich davon ab, wie der eingesetzte Barackendienst das Amt wahrnahm. Jewgenia Ginsburg schildert in ihren Erinnerungen Maria Dogadkina, eine einfache, flinke, dunkelhaarige Frau von etwa 50 Jahren. Die politische Gefangene »huschte durch die Baracke, gab jedem etwas von ihrer Erfahrung, von ihrer Zeit und Kraft, fand für jeden ein forderndes und zugleich wohlwollendes mütterliches Wort«. Als »Dnewalnaja« in Elgen auf Kolyma taute sie Schnee zum Waschen und Trinken auf oder sorgte im Vorraum der Baracke für einen Kübel, damit die Frauen nicht nachts auf die Latrine gehen mußten. All ihre Bemühungen, erinnert sich Jewgenia Ginsburg, waren darauf gerichtet, zu helfen und das Leben anderer leichter und erträglicher zu machen.[162] Margaretha Witschel dagegen geriet unter das Regime eines kriminellen Barackendienstes, der sich während der Abwesenheit der Häftlingsfrauen regelmäßig an deren Habseligkeiten vergriff.[163]

Unter den Häftlingen gab es zudem Frauen, die sich aufgrund ihrer Fähigkeiten abhoben und innerhalb der Häftlingsgesellschaft besonderes Ansehen genossen. Dazu zählten beispielsweise Malerinnen und Zeichnerinnen, die mit einfachsten Mitteln Erinnerungsporträts von Gefangenen oder Angehörigen fertigten.[164] Käte L. ließ sich kurz nach Kriegsende porträtieren. Auch von ihrer Tochter gab sie eine Zeichnung in Auftrag. Von ihrem Kind hatte sie noch das letzte gemeinsame Foto von 1938 bei sich. Nun wollte sie ein Bild gemalt haben, das ihre Tochter sieben Jahre später darstellte. So entstand das Porträt »Meine liebe Tanetschka« und eine Zeichnung von ihr selbst.

Besondere Erwähnung finden in den Lagerberichten immer wieder Erzählerinnen. Nicht nur Gedichte wurden in den Baracken rezitiert, sondern ganze Romane nacherzählt oder frei erfunden. Der Lohn konnten Brot oder vielleicht eine leichtere Arbeit sein.[165] Die Erzählerinnen sind die einzigen Häftlinge, die von allen Gefangenen in gleicher Weise geliebt und geachtet wurden. »Denn jeder Gefangene«, so Elinor Lipper, »möchte die Wirklichkeit vergessen, und dieses Vergessen bringt ihm der Erzähler. Wenn der Erzähler spricht, ist es, als ob es nicht mehr ganz so finster und kalt in der Baracke sei, als ob die Einsamkeit im Wald nicht mehr so feindlich, so erdrückend sei, als ob die harten, spröden Weidenruten sich williger zum Korbe fügten. Und vor allem schweigen die Flüche und Gehässigkeiten, schweigt das Jammern nach Brot und nach ein klein wenig Tabak. Aber das Merkwürdigste ist, daß diese Menschen, diese Gefangenen, die alles Leid, das Menschen für Menschen ausklügeln können, nicht nur hinter sich haben, sondern es tagtäglich aufs Neue erdulden, die alle Jahre voll täglicher Qual vor sich haben, daß sie über die erfundene Tragödie einer erfundenen Liebe – weinen können.«[166]

»Starosta«, Älteste, existierten meist für jede Baracke, gelegentlich für den gesamten Lagerpunkt. Sie waren der Verwaltung des Lagers für die Einhaltung der inneren Ordnung, der Appelle und für den zeitlichen Tagesablauf verantwortlich. Vor allem Lagerälteste hatten hinsichtlich der persönlichen Versorgung und Unterkunft einmalige Privilegien. Jewgenia Ginsburg schildert eine Lagerälteste auf Kolyma, die nicht nur einen koketten Pelzmantel trug, sondern auch im Lager das

Im Lager gezeichnetes Porträt von Käte L. und ihrer Tochter Tanja, 1945.

Wasserstoffblond ihrer Locken erhalten konnte.[167] Vor allem die krassen Unterschiede in der Versorgung und die Entscheidungsbefugnisse der Lagerältesten machten diese Frau in den Augen anderer Häftlinge zu einem quasi »höheren Wesen«. Zur »Creme« der Häftlingsgesellschaft gehörten auch feste Partnerinnen oder zeitweilige Geliebte männlicher Funktionshäftlinge, die an deren überdurchschnittlichen Einkünften teilhatten. Pelzmäntel oder Lederstiefel, Obst, Gemüse, selbst Wurstkonserven und Wodka waren für diese Frauen in der Haft nichts Unbekanntes.

Zur Oberschicht innerhalb der Häftlingsgesellschaft zählten neben Funktionshäftlingen auch die führenden Mitglieder krimineller Verbindungen, vorrangig Männer. Unerheblich war dabei, ob sie offiziell eine führende Lagerfunktion besetzten oder durch permanente Gewaltandrohung Einfluß und Versorgungsgüter erwerben konnten.

Posten und Funktionen

»Ich stehe gegen 4.00 Uhr auf, früher als alle anderen«, schreibt Wanda Bronska-Pampuch über ihre Arbeit als Küchenhilfe. »Und ich bin schon dabei, den Ofen anzuheizen, wenn die Köche kommen. Ich muß mich sehr anstrengen, denn ich will auf keinen Fall diese Aushilfsstellung in der Küche verlieren. Außer mir gibt es noch drei Hochschwangere, die auf sie reflektieren, und wir belauern uns gegenseitig.« Solche Arbeit galt im Lager als guter, als warmer Posten. Noch wichtiger für Wanda Bronska-Pampuch war jedoch der Topf, den sie nach dem Mittagessen auskratzen durfte. »Noch nie im Leben habe ich etwas gegessen, was besser geschmeckt hätte als diese hartgebackenen schwarzen Reste von Hafergrütze.«[168] Zusätzliche Verpflegung, etwas körperliche Entlastung, Arbeit ohne Normzwang und relative Unabhängigkeit von klimatischen Strapazen, teils Sinnerfüllung waren gegenüber der Massenzwangsarbeit Vorteile von Lagerposten.

Glück oder Zufall nennen Frauen oft als Gründe für den privilegierten Arbeitseinsatz. Andere sprechen von einem »Schutzengel«, der ihnen in persona gütiger Häftlinge oder freier Lagerangestellter Hilfe zukommen ließ.[169] In der Tat war nicht immer leicht zu erkennen, wer oder was hinter einer unerwarteten Wendung zum Besseren stand. Warum schlug der Lagerarzt Petuchow gerade Jewgenia Ginsburg vor, als betreuende Schwester zu den kranken Säuglingen zu schicken?[170] Ein anderes Mal wurde von »oben« bestimmt, sie hätte abwechselnd je einen halben Tag als Heizerin und als Krankenschwester zu arbeiten. Nora Pfeffer bekam von einem Häftling der Sanitätsabteilung kurz nach ihrer Ankunft im Lager eine Hilfsarbeit in der Ambulanz angeboten. Wenige Tage später sprachen sie zwei männliche Kontorarbeiter an, ob sie etwas von Buchhaltung verstünde. Sie bejahte und begann ihre Laufbahn in verschiedenen Büros der Lagerverwaltung. »Da hat mir wieder der liebe Gott geholfen, ich hatte meinen Schutzengel« – so ihre Erklärung.[171] Andere sahen die Möglichkeiten, ihre Stellung innerhalb der Häftlingsgesellschaft zu verbessern, eher rational. Trude Richter erachtete die Chance, »zufällig« für einen Posten ausgewählt zu werden, als relativ gering. Für einen Aufstieg fehlten ihr wichtige Voraussetzungen. Da sie sich nur mit Lagerkleidung und -nahrung versorgen konnte, hob sich ihr allgemeines Äußeres nicht von der »grauen« Masse der Häftlinge ab. Des weiteren sprach sie nur schlecht

Russisch. Und schließlich ermangelte es ihr an verwendbaren Spezialkenntnissen. Trude Richter verwies zudem auf spezifische Charaktereigenschaften, die den sozialen Aufstieg im Lager begünstigten, insbesondere die Fähigkeiten, zu befehlen und gegenüber anderen Häftlingen Macht auszuüben.[172]

Nicht nur um den Erwerb des Postens, sondern auch für dessen Erhalt mußten sich die Gefangenen ständig mühen. Eleonora Leibbrandt hatte für ihre Kontorleiterin eine Jacke aus Hundewolle gestrickt. »Wir haben sie geliebt und wollten ihr etwas Schönes tun«, meint die damals Anfang 20jährige. »Sie war ziemlich streng, es war eine ernste Frau. Wir haben es gern getan für sie. Im Kontor hat man es gut gehabt.«[173] Wie verschoben die Wertmaßstäbe und Erwartungen aufgrund der Existenzbedingungen und Abhängigkeiten waren, zeigt auch ein Erlebnis von Nora Pfeffer. Sie hatte in Blumenkästen des Kontors Gurken ausgesät und das Jahr über gepflegt. Von der Ernte, 60 Stück, ließ ihr die Leiterin eine einzige. Die Reaktion der Inhaftierten: »Ich war völlig zufrieden.« Vielleicht war es die junge Frau auch, weil die Chefin ihr einmal in vier Jahren heimlich ein Stück Kuchen in die Schreibtischschublade steckte. Als normal empfand sie auch Handarbeitsaufträge, die sie für vorgesetzte Frauen ausführte, so das Besticken von Hemden oder weißer Bettwäsche. Monatelang hatte sie daran gearbeitet und dafür eine Tüte Bonbons erhalten.[174] Um die begehrten Posten außerhalb der kollektiven Zwangsarbeit kam es zwischen den Häftlingen immer wieder zu Streitigkeiten und Intrigen, auch unter politischen Frauen, die mit Denunziationen bei der Lageradministration enden konnten. Durch sie wurden letztlich die Posten vergeben und Strafversetzungen angeordnet. Die meisten versuchten, gleich Luise Hörmann, ihre Position dadurch zu stabilisieren, indem sie während der Arbeit im Kontor Konflikte vermieden und auf Harmonie setzten: »Ich werde mich doch nicht mit jemand verfeinden und dann darunter leiden. Ich hatte genug zu leiden.«[175]

Niemand in guter Position oder Funktion war jedoch davor gefeit, wieder ganz tief zu fallen, niemand konnte absolut sicher sein. »Es ist charakteristisch für das Leben im Lager«, so Susanne Leonhard, »daß man ohne Verdienste oder Verschulden immerzu auf der sozialen Stufenleiter hinauf- und wieder hinunterrutscht.«[176] Der Sturz in der Häftlingshierarchie kam oft unerwartet und war schwer zu verkraften.

»Ihre Augen waren erloschen«, schreibt Margarete Buber-Neumann über eine Strafversetzte, »das Gesicht so teilnahmslos, als ob ihre Gedanken ganz woanders wären. Sie sagte immer wieder: ›Warum hat man mich nur nicht auf meinem guten Posten gelassen!? Wer weiß, wo sie mich jetzt wieder hinschleppen! Es ist so schwer, sich irgendwo als Neue wieder durchzusetzen.‹«[177] Oft führte der Weg zu erneuter privilegierter Tätigkeit über den Einsatz bei den allgemeinen Arbeiten. Der erneute Aufstieg war ungewiß und konnte dauern. Selbstbehauptung und Intrigen waren ebenso hilfreich wie Freundschaften und gute Bekannte in der Oberschicht der Häftlinge. Aber auch überraschende Anforderungen aus der Lageradministration gab es immer wieder.

Gefangene mit Funktionen hatten im Auftrag der Lageradministration ein konkretes Ressort zu verantworten und besaßen gewisse Entscheidungsbefugnisse gegenüber anderen Häftlingen. Schilderungen über schwerkriminelle Funktionshäftlinge finden sich in den überlieferten Berichten verhältnismäßig wenige. Das bestätigt die Annahme, daß die Masse der Funktionshäftlinge aus dem Kreis der »Bytowiki« und der Politischen stammte. Bei der Vergabe von administrativer Macht an Gewohnheitsverbrecher und Gewalttäter schien man zurückhaltender gewesen zu sein. Dennoch gab es vor allem unter den männlichen Kriminellen Funktionshäftlinge. Deren Perfidie gegenüber Frauen steht im Mittelpunkt weiblicher Berichte. Dodo Garai erinnert sich an einen Kriminellen, der für eine Werkstatt und hungrige junge Frauen verantwortlich war. Morgens 5.00 Uhr mußten sich die Frauen zur Arbeit einfinden. Wenn er dann kam, »um aufzuschließen, und die Frauen standen schon da, ließ er sie weiter stehen im schärfsten Frost: Ihr habt hier nicht vor der Tür rumzulungern, zur Strafe bleibt ihr noch eine Weile draußen. Kamen sie zu spät, und sei es einige Sekunden, mußten sie auch draußen im Frost bleiben zur Strafe.«[178] Während Politische den Fußboden der Werkstatt auf allen vieren schrubbten, ließ er sich von Frauen, »die wegen Prostitution ins Lager gekommen waren, ein Tischchen decken«, auf dem sich »die leckersten Sachen befanden, und während die Frauen schrubbten, aß und trank er mit seinen Damen, schäkerte mit ihnen, und von Zeit zu Zeit bot er einer der Frauen, die vor ihm schuftend auf dem Boden krochen, etwas an von dem, was auf dem Tisch stand: Bitte, wenn du willst, bediene dich.« Dodo Garai lehnte immer ab, denn er hatte ihr vorausgesagt:

»Dich krieg ich, nimmst du erst mal meine Wurst, dann kommst du auch bald in mein Bett gekrochen.«[179] Kriminelle Funktionshäftlinge suchten ihre Macht gegenüber Frauen vor allem in sexueller Hinsicht zu verwerten. Arbeitsverteiler, Brigadiere und Arbeitsleiter hatten die Möglichkeit, Frauen zu »benutzen«, so Jefrosinija Kersnowskaja, indem sie ihnen mit der Etappe drohten, sie zu einer schwereren Arbeit versetzten oder ihnen die schlechteste Verpflegungsration zuwiesen.[180]

Weibliche Funktionshäftlinge gab es in den gemischten Lagern nur wenige. Mehrheitlich besetzten Männer wichtige Stellen in der Verwaltung oder Produktion. Ihnen traute die Administration nicht nur traditionell eine bessere Qualifikation zu, sondern auch den robusteren Umgang mit den Häftlingen. Susanne Leonhard übte Ende der 1930er Jahre zeitweilig eine Funktion als Kontrolleurin, Buchführerin und Statistikerin der Produktion aus. Sie bekam ein kleines Entgeld, bessere Verpflegung und einen Passierschein, mit dem sie sich im Radius von 5 km zu den einzelnen Produktionsstätten frei bewegen konnte. Damit war sie in die Schicht der »Pridurki«, wie die Lageraristokratie genannt wurde, aufgerückt.[181] Die Möglichkeit, sich außerhalb des Lagers ohne Bewachung bewegen zu können, schuf die Gelegenheit, mit freien Siedlern Kontakte oder auch Tauschbeziehungen herzustellen. Eine verantwortliche Botanikerin erteilte mittels ihres Passierscheins sogar Kindern von Freien Sprachunterricht und konnte sich so zusätzliche Lebensmittel verdienen.[182] Und die Leiterin der »Kulturerziehungsabteilung« bestellte gelegentlich Luise Hörmann in ihr Häuschen. Da die Gefangene die Arbeit der Lagerangestellten mehr oder weniger erledigte, wurde sie dort aus gewisser Dankbarkeit mit Butterbrot und Milch bewirtet.[183] Jewgenia Ginsburg und ihr »Lagerehemann«, ein Arzt, waren entgegen allen Vorschriften sogar des öfteren private Gäste in der Wohnung des Lagerkommandanten außerhalb des Lagers. Seine Loyalität gegenüber Häftlingen und sein Einsatz für die Verbesserung der Verpflegung machten ihn sympathisch. Den aus einfachen Verhältnissen stammenden NKWD-Offizier beeindruckte hingegen die Bildung der beiden Gefangenen. Offiziell waren die langen Gespräche beim Tee als ärztliche Hausbesuche getarnt.[184] Für Frauen waren derart privilegierte Stellungen bzw. Vergünstigungen ausgesprochen ungewöhnlich. Eher selten fungierte eine Politische als Verantwortliche des Lagers für Nahrungsmittel und Kleidung oder als Produktionsleiterin. Gewöhnlich gelang weiblichen Häftlingen nur die Einnahme weniger einflußreicher Funktionen. Dazu gehörten etwa die Leitung einer kleinen Reparaturwerkstatt, eines Gewächshauses oder anderer kleiner Produktionsstützpunkte, in denen vornehmlich Frauen Zwangsarbeit leisteten. Obgleich diese Frauen im Vergleich zu den allgemeinen Häftlingen privilegierte Funktionen besetzten, standen sie stets im Schatten der männlichen Oberschicht des Lagers.

Politische Funktionshäftlinge befanden sich in einem stetigen Dilemma: Sollten sie den Erwartungen der Lageradministration bzw. gewaltbereiten Kriminellen genügen oder den Hoffnungen ihrer Mitgefangenen? Antonie Satzger war zeitweilig Leiterin einer Reparaturwerkstatt für Häftlingskleidung und -ausrüstung. Sie weigerte sich, für einen Kriminellen einen privaten Eilauftrag zu erledigen, bevor sie nicht die Arbeitskleidung der Häftlinge repariert hatte. Der Kriminelle denunzierte sie bei der Lagerleitung mit der Behauptung, sie hätte für die Zivilbevölkerung genäht und vernachlässige die Häftlinge. Die Lagerführung sah es als unnötig an, die Gefangene zu diesem Vorwurf zu befragen, sondern sperrte sie statt dessen 24 Stunden in eine vereiste Zelle des Lagergefängnisses. Danach erfolgte die Strafversetzung zur Arbeit im Schacht.[185]

Funktionshäftlinge hoben sich offensichtlich und in vielfältiger Weise von der großen Masse der allgemeinen Häftlinge ab. Zunächst ermöglichte die Funktion die Aneignung zusätzlicher Leistungen, Nahrungsmittel und sonstiger Produkte für den eigenen Bedarf. Nichtverbrauchte Reste konnten mit Gewinn auf dem schwarzen Markt des Lagers oder im Tausch mit Freien umgesetzt werden. Resultat war keineswegs die Anhäufung von Reichtümern, immerhin aber Ausschluß von Hunger und Sicherung eines verbesserten Daseins. Ein weiteres, hochgeschätztes Privileg war die Unterbringung in kleinen Gruppen- oder gar Einzelunterkünften. Nicht zuletzt hatten Angehörige der Oberschicht die Möglichkeit, und wohl auch das Bedürfnis, sich in ihrem Erscheinungsbild vom Rest der Häftlinge abzuheben. Nora Pfeffer erinnert sich: »Als ich bei der Sanitätschefin arbeitete, schrieb sie mir einen Zettel, daß ich neue, schwarze Filzstiefel tragen durfte. Nur die ›Vornehmen‹ im Lager hatten schwarze Filzstiefel, keine grauen. Dann bekam ich auch einen Lammfellmantel und statt der Wattemütze eine Kaninchenfellmütze, wie alle anderen Krankenschwestern.«[186]

Den Berichten nach war uneigennützige Hilfe von Funktionshäftlingen gegenüber allgemeinen Gefangenen nichts Ungewöhnliches. Allerdings blieb die Unterstützung aufgrund der Massennot beschränkt und drückte sich in kleinen materiellen Zuwendungen oder aufmunternden Worten aus. Doch gerade dieser Gesten erinnern sich Frauen mit besonderer Dankbarkeit. Hilda Vitzthum erhielt von einem Bademeister ein Stückchen Seife außer der Reihe. Seine herzlichen Worte und Fragen nach Herkunft und Schicksal verliehen ihr neuen Mut und neue Kraft. Etwas, das in der Gefangenen ganz verschüttet gewesen war und nun wieder auflebte.[187] Die Menschlichkeit des Leiters der Finanzabteilung, der für eine Stelle im Kontor sorgte, blieb Margarete Buber-Neumann unauslöschlich im Gedächtnis.[188] Der Chefin eines Lebensmittel- und Bekleidungslagers gedenken viele mit guten Worten, schildert Nina Hagen-Torn: »An sie wandte man sich, wenn man Hilfe brauchte«, sie hat ihre Macht »nicht mißbraucht«.[189]

Vorwürfe der Bestechlichkeit, wie sie Alexander Solschenizyn gegenüber Funktionshäftlingen erhob, weist Nora Pfeffer von sich: »Ich bemühte mich immer doch, Mensch zu bleiben, ein anständiger Mensch zu bleiben, damit ich mich vor mir selbst nicht schämen mußte.«[190] Allerdings finden sich auch in weiblichen Erinnerungen abfällige Äußerungen über Funktionshäftlinge. Für Trude Richter, zeitweilig selbst in Funktionen, war »Pridurka« ein Schimpfwort, das sie in ihren Erinnerungen mit »Faulenzer« bzw. »Parasit« übersetzte.[191] Jewgenia Ginsburg beschreibt in ihren Erinnerungen eine dogmatische Parteigenossin, die anfangs politisch andersdenkende Häftlinge diffamierte, später in der Lageradministration ihre Mithäftlinge malträtierte. »Listiger Höfling« und »Teufelspuppe« nannten sie andere Frauen.[192] Schlechte Erfahrungen machte Jewgenia Ginsburg auch mit der ehemaligen Komsomolfunktionärin Tamara, die in der Freiheit noch freundlich und wohlwollend zu allen gewesen war. Sie stieg trotz ihrer Verurteilung wegen konterrevolutionärer trotzkistischer Tätigkeit zur »Kolonnenführerin« im Lagerpunkt Elgen auf. Jewgenia Ginsburg hatte sie, wie unter politischen Häftlingen üblich, mit »Genossin« angesprochen. Diesen Verstoß gegen die Rangordnung ahndete die Kolonnenführerin mit der Kommandierung zur Arbeit in einem Steinbruch, obgleich sich Jewgenia Ginsburg vor Entkräftung, Skorbut und Durchfall kaum auf den Beinen halten konnte.[193] Der tägliche Existenzkampf im Lager, aber auch die Konkurrenz unter der Häftlingselite sowie deren Streben nach Positionserhalt oder Machterweiterung zerstörten moralische Kategorien und schufen unter politischen Funktionshäftlingen »seelische Leichname«, so Jewgenia Ginsburg, »hölzerne Marionetten, ohne Bindung, ohne Seelenleben und vor allem ohne Gedächtnis. Diese Menschen dachten nie mehr an die Freiheit, an die menschliche Periode ihres Lebens zurück. Solche Erinnerungen wären für sie nur eine Belastung gewesen.«[194]

In welchem Maße politische Funktionshäftlinge tatsächlich ihre Position für oder gegen ihre Mithäftlinge einsetzten, unterlag zumeist der individuellen Bewältigung des Dilemmas von konkreten Lagerbedingungen und persönlicher Risikobereitschaft. In den vorliegenden Erinnerungen wird die Zusammenarbeit politischer Häftlinge mit der Lageradministration nicht als unmoralische Kollaboration beschrieben oder anderweitig in Mißkredit gebracht. Als kritikwürdig galt vielen Häftlingen nicht das System der Machtteilung an sich, das ja der Sowjetgesellschaft außerhalb des Lagers ähnelte. Sie störten sich innerlich mit Nachdruck an der Machtfülle und deren Mißbrauch durch die kriminelle Elite. Ebenso unbeliebt waren politische Funktionshäftlinge, die sich als Handlanger besonders repressiver Lageroffiziere betätigten, vor allem wenn sie zuvor Partei- oder Komsomolfunktionen innehatten. Die Vergabe von Funktionen an Inhaftierte und die damit verbundenen Privilegien unterlagen im allgemeinen keiner Kritik. Nahmen die Männer und Frauen ihre Funktion gegenüber anderen Gefangenen im Rahmen der realen Möglichkeiten angemessen wahr und es entstand kein zusätzlicher Druck durch sie, wurden die gewährten Vergünstigungen gegenüber Funktionshäftlingen weithin akzeptiert. Er hätte »kein gewöhnlicher Sterblicher« sein dürfen, resümiert Susanne Leonhard bezugnehmend auf einen Funktionshäftling, wenn er die Privilegien, die das Lager gab, »nicht ausgenutzt hätte, wie alle anderen es auch taten«.[195]

Korruption und Protektion

In der UdSSR aufgewachsene Frauen sprechen im Gegensatz zu ausländischen Häftlingen eher selten über Korruption und Protektion innerhalb des Lagers. Liegt das am verbreiteten Alltag von Protektion, Schiebung und Bestechung, an der eigenen Involvierung, dem Nicht-zur-Kenntnis-Nehmen des käuflichen Verhaltens oder weil immer »ge-

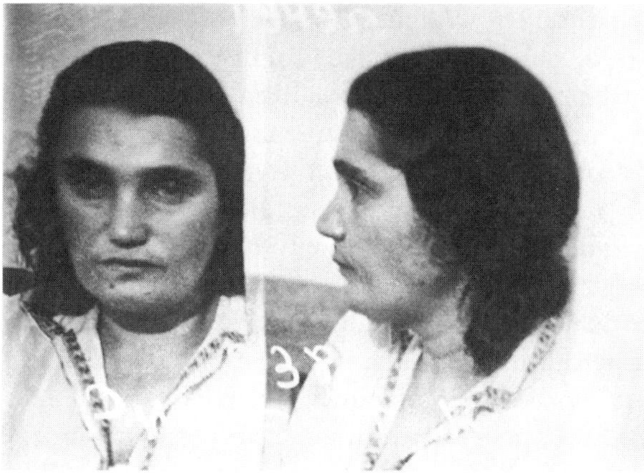

Haftfoto von Jewgenia Ginsburg, 1949.

recht« getauscht bzw. geschoben wurde? Für Susanne Leonhard war der Gulag eine »Brutstätte schmutzigster Korruption«.[196] »Nichts Korrupteres« als die »Gesellschaft von Kolyma« gab es auch für Elinor Lipper.[197] Beide aus Westeuropa stammenden Häftlinge sahen die Ursachen dieses Zustandes vor allem in der Organisation und Administration der sowjetischen Gesellschaft, deren zugespitzter Ausdruck lediglich die Lagerwelt darstellte. Bestechung, Korruption und Diebstahl herrschten vor allem in der kriminellen Lagerwelt, unter Funktionshäftlingen und innerhalb der Lageradministration. In diesen Bereichen verfügte man in der zugespitzten Mangelwirtschaft des Lagers über Arbeitskräfte und Produkte, die für eigene Zwecke nutzbar gemacht werden konnten. In den Schreinerwerkstätten ließen sich Angehörige der Lagerverwaltung gratis ihre Möbel herstellen, für ihre Frauen stickten und nähten Häftlinge kostenlos, die Wohnhäuser ließ man sich von Gefangenen bauen und ausmalen.[198] Offiziell verboten, wurde allzu dreister Mißbrauch gelegentlich verfolgt, um alsbald erneut Häftlinge für rein private Zwecke auszubeuten. Bei alldem waren die Häftlinge meist froh über solche Aufgaben, denn die verschonten sie vor allgemeiner Arbeit. Lageroffiziere hatten jederzeit Zutritt zu den Versorgungslagern und die Möglichkeit, sich an den Häftlingsrationen zu vergreifen und sie für den privaten Gebrauch zu nutzen oder weiterzuverschachern. Was für Häftlinge neue hohe Lagerstrafen zur Folge hatte, war für die Angestellten der Lagerverwaltung eine zusätzliche Einnahmequelle zu ihrem regulären Verdienst. Ähnliche Möglichkeiten der persönlichen Bereicherung standen vor allem männlichen Funktionshäftlingen offen, die sich gegenseitig mit verschiedensten Produkten und Leistungen versorgten. Henry Lewenstein, selbst Arzt im Lager, schildert diese Konstellation: »Der Bäcker gab dem Schuster zusätzliches Brot und bekam dafür begehrte Sommerstiefel aus Segeltuch. Der Schneider nähte modische Militärröcke und erhielt vom Koch stets reichliches Essen für sich und seine Geliebte. Der Arzt gab dem Leiter der Werkstatt, der an Tripper erkrankte, Sulfidin und erhielt dafür ein schönes Mundstück und ein Zigarettenetui.«[199]

Auch unter privilegierten Häftlingsfrauen gab es Möglichkeiten, sich auf Kosten anderer zu bereichern oder zumindest schadlos zu halten. Vor allem Geschenke, wie textile Handarbeiten oder zugeschickte Lebensmittel, nutzten Frauen, um Funktionshäftlinge für sich zu gewinnen. Manche Vorgesetzten gaben direkt Bestellungen auf, ließen sich etwa Pullover und Handschuhe stricken und stellten Vergünstigungen in Aussicht.[200] Nur wer Macht und Einfluß besaß oder etwas zu bieten hatte, vermochte am schwarzen Markt des Lagers teilzuhaben. Ebenso wichtig waren persönliche Beziehungen zu einflußreichen Häftlingen, freien Angestellten oder Angehörigen der Lageradministration. »Blat« bedeutet soviel wie Verbindung, Bekanntschaft, Protektion, Einfluß bzw. Vetternwirtschaft. Wer Beziehungen hatte, konstatiert Susanne Leonhard, konnte alles arrangieren, sogar mit dem Wachpersonal.[201] Einer russischen Redewendung nach zählte »Blat« mehr als ein Volkskommissar, mehr als ein Minister.[202]

Die ökonomischen und sozialen Existenzzwänge des Lagers sowie das Vorbild der Verbrecherwelt veranlaßten auch politische Häftlingsfrauen, in der »Grauzone« des Lagers Geschäfte zu machen. Vor allem zur Linderung von Hunger und materieller Not gingen inhaftierte Frauen auf allerlei Geschäfte ein. Langfristig gesehen war damit meist auch der Wunsch nach leichterer Arbeit und dem Aufstieg in der Häftlingshierarchie verbunden. Die angebotene Ware, das persönliche Geschick und die Redlichkeit der Geschäftspartner entschieden über den Erfolg des Handels. Im entsprechenden Umgang mit Lagerpersonal, freien Angestellten oder Kriminellen waren Politische meist unerfahren und aufgrund ihrer Existenzsituation beim Preispoker benachteiligt. Typisch war der Tausch- und Schwarzhandel mit Leistungen und Produkten, die aus den Beständen des Lagers stammten, die Gefangene mitbrachten oder nach der Arbeit schufen. Frauen fertigten in der wenigen Freizeit vor allem Strick- und Stickwaren, die sie gegen Lebensmittel oder Protektion handelten. Getauscht wurden auch Teile der persönlichen Lagerkleidung, wie Luise Hörmann berichtet: »Filzstiefel waren ein Kapital im Lager, und neue Filzstiefel haben was gekostet. Neue Filzstiefel kriegten auch nur die, die in den Wald fuhren und auf den schwersten Arbeiten waren. Und die neuen Stiefel wurden dann verschachert und man trug lieber die alten.«[203] Zahlungskräftige Häftlinge mit und ohne Funktion sowie Freie innerhalb des Lagers gehörten zur Kundschaft. Der Preis wurde ausgehandelt und meist in Naturalien beglichen. Marta Rudzka beschreibt, wie polnische Häftlingsfrauen mitgeführte Kleidung an Angestellte der Krankenstation verkauften. Die Zahlung erfolgte in Raten: Sie gaben ihnen »Tabak, Zucker, Blechkonserven, Butter, Süßigkeiten, Tee« und bezahlten »unter der Hand, heute eine Handvoll Zucker, morgen eine Handvoll Zigaretten, denn auch sie haben ihre Schwierigkeiten, sich diese Dinge, die das einzige sind, was hier Wert hat, zu beschaffen«.[204] Der Schwarzhandel mit Kunden außerhalb des Lagers war im wesentlichen eine Domäne der Kriminellen, teils im Verbund mit Angehörigen der Lageradministration.[205]

Je nach Arbeitsstelle und Zugriffsmöglichkeiten entwickelten sich auch Tauschgeschäfte zwischen eher nicht oder wenig privilegierten Frauen. Käte L. verrichtete in einer Schneiderei Zwangsarbeit. »Dort habe ich genäht, was verlangt wurde. Unter dem Tisch hatte ich aber immer etwas, das ich für andere nähte. Wenn die Aufsicht weg war, kam das offizielle runter, und ich habe das andere genäht.«[206] Gertrud Platais beschreibt ihr Geschäft mit Frieda Siebenaicher, die auf einem landwirtschaftlichen Stützpunkt in der kasachischen Steppe eingesetzt war und eine warme Wattehose wollte. Als Bezahlung stellte sie ein »Bankett« in Aussicht. Gertrud Platais entnahm die benötigten Rohstoffe aus der Schneiderwerkstatt, in der sie arbeitete; Frieda Siebenaicher die Lebensmittel vom Lagerfeld. Das »Bankett« bestand aus neuen Kartoffeln mit Gurke. »Das war das einzige Mal, daß ich so was gegessen hab«, erinnert sich Gertrud Platais. »Das war der Dank für die geklaute Wattehose. Aber das war ein Risiko. Wenn man nämlich erwischt wurde, gab es neue Lagerhaft.«[207] Agrafena Salowa, 1942 wegen »Diebstahl sozialistischen Eigentums« zu zehn Jahren Lager verurteilt, erging es so. Sie arbeitete im Lager Akmolinsk als Wollstrickerin. Bei einer der überraschend angesetzten Durchsuchungen der Häftlingsbaracken fand man bei ihr ein Paar Strümpfe, zwei Paar Socken und ein Paar Fausthandschuhe sowie 500 Gramm Garn. Ein »Volksgericht« des Akmolinsker Rayons verurteilte die 67jährige daraufhin wegen Diebstahls zu einem Jahr zusätzlicher Lagerhaft.[208]

»Irgendwie wurde immer gestohlen und damit wurde gehandelt«, meint Käte L., »wer noch nicht stehlen konnte, hat das dort gelernt.«[209] Im allgemeinen galt Jewgenia Ginsburg zufolge unter den Häftlingen als Diebstahl »nur die Aneignung des persönlichen Eigentums eines anderen, und das wurde von der öffentlichen Meinung scharf verurteilt. Was aber die Verwertung von Produkten betraf, die uns durch unsere Arbeit zugänglich waren, so betrachteten wir es als unser gutes Recht, Gebrauch davon zu machen, auch wenn dies heimlich geschah, weil es offen nicht erlaubt war.«[210] Sicher zogen Häftlinge die Versorgungsbestände des Lagers gegenüber der bescheidenen Habe von Mitgefangenen vor, um ihre nötigsten Lebensbedürfnisse zu befriedigen. Allerdings hatten nur privilegierte Häftlinge tatsächlich die Möglichkeit, sich regelmäßig aus dem »großen Kessel« des Lagers bedienen zu können. Unter den benachteiligten Häftlingen hielt manche Politische nicht den materiellen Verlockungen stand und griff nach dem bescheidenen Eigentum ihrer Nachbarn. Hella Frischers Resümee – »Es klauten alle bei allen, solange es noch was zu Klauen gab« – stellt in den überlieferten Berichten allerdings eine Ausnahme dar.[211]

Korruption und Protektion benachteiligten vor allem die Masse der allgemeinen Häftlinge, denn in der Regel bedienten sich Lageradministration und ein Teil der Funktionshäftlinge letztlich ihrer Versorgungsrationen und ihrer Kräfte. »Ich habe nie für möglich gehalten«, resümiert Susanne Leonhard, »daß die Moral einer ganzen großen Menschengruppe so tief sinken könne, wie ich es in den sowjetischen Zwangsarbeitslagern erleben mußte. Und trotz anfänglichen Sträubens, vom vielgerühmten Pfad der Ehrlichkeit und Anständigkeit abzuweichen, mußte ich bald einsehen, daß kein Mensch die Lagerzeit überleben kann, der unter allen Umständen nur gerade Wege gehen will.«[212]

9. Vereinzelung, Zusammenhalt, Widerstand

Erinnerungen an Leidensgenossinnen und Beschreibungen des Lebens unter den gefangenen Frauen spielen in biographischen Überlieferungen, gemessen an anderen Themen des Lagerlebens, eine durchaus dominierende Rolle. Gerade diese Schilderungen sind es, die einen Blick auf das Verhalten unter den Häftlingen gestatten: ihr Mit- und Gegeneinander, ihre Isolation und Einsamkeit. Immer wieder werden aber auch Lebensgeschichten von Lagerfrauen mit dem Bedürfnis erzählt, das Vergessen ihres Leidens zu verhindern und soviel wie möglich der Verfolgten zu gedenken. Es ist ein Aus-dem-Vergessen-Reißen von Opfergeschichten auch jener, die selbst nicht ihre Lagererfahrung mitteilen konnten: im Lager oder danach verstorbene Mithäftlinge, religiöse Frauen, Analphabetinnen, Minderjährige oder Kriminelle. Es ist jedoch nicht nur Würdigung, die die Berichtenden veranlaßt zu erzählen. Es ist wohl auch das Bedürfnis, daran zu denken, wie konfliktbeladen das jahrelange Zusammenleben war, welche Verhaltensformen sich mit der Zeit herausbildeten oder welche Demütigungen und Mißhandlungen sie von Mitgefangenen erdulden mußten.

Die bedrohlichen Existenzbedingungen im Lager nahmen prägenden Einfluß auf die Atmosphäre unter den Häftlingen und den Charakter ihrer gegenseitigen Beziehungen. Ihr Tun und Handeln waren ein Reflex auf die unmenschlichen Bedingungen langjähriger Lagerhaft. Daher ist das persönliche Verhalten und Verhältnis zwischen den politischen Gefangenen keinesfalls an den »ethischen Normen von draußen« zu messen.[1] Im Gegenteil, es bildete sich eine eigene »Lagerethik« heraus, an der sich die Inhaftierten orientierten und eigenes Handeln ausrichteten.[2]

»Das Lager ist eine ausgeklügelte und gut durchdachte Einrichtung, um Menschen Fallen zu stellen, dazu ihre Schwächen, manchmal aber auch ihre Würde und Tugenden nutzend. Dies alles mit dem Ziel, den Menschen zu verunsichern, ihn umzukrempeln, ihn in eine solch ausweglose Lage zu bringen, daß er es nicht einmal mehr merken wird, wenn er etwas Gemeines tut; tritt dieser Fall aber ein, dann wird er zu einem Opfer der Erpressung«, so Jefrosinija Kersnowskaja: »Es ist wie im Sumpf, wie im Treibsand: je mehr man sich wehrt, desto tiefer sinkt man ein, und wenn man einmal den Weg des Verrats beschritten hat – gewollt oder ungewollt – gibt es kein Zurück mehr... In den 12 Jahren meiner Lagerhaft sah ich viele Beispiele von Tragödien dieser Art. Ich sah aber auch, wie sich Menschen so gut in diese Rolle einlebten, daß sie ihre ›Tragödie‹ gar nicht wahrnahmen. Mehr noch – einige von ihnen schätzten ihren Verrat sogar als Verdienst ein.«[3]

Lageregoismus

»Natürlich wäre ich in der Krankenstation geblieben«, schildert Luise Hörmann: »Ich hätte doch nicht gesagt, ich bin gesund. Obwohl ich gewußt hätte, daß ein anderer, ein Kranker, die Arbeitsbefreiung nicht bekommt, weil ich den Platz in seiner Liste eingenommen habe.«[4] Derartig ungeschminkte Äußerungen über das selbstbezogene Denken und Handeln sind in den überlieferten Frauenberichten keineswegs selten. Olga Adamowa-Sliosberg zieht in ihren Erinnerungen das Fazit: »Man mußte sich auf das eigene Leben einrichten.«[5] Über die Strapazen einer Fußetappe 1943, während eines Schneesturms, berichtet Agnessa Mironowa. Eine hochgewachsene Polin, Mutter von vier Kindern, lief nicht weit von ihr. »Ich sah, wie sie hinfiel. Soll ich stehenbleiben und ihr helfen?« fragte sich Agnessa: »Ich muß es, muß es. Wenn du es nicht machst, werden dich später Gewissensbisse quälen. Sofort stellte sich ein anderer Gedanke ein: wenn ich stehenbleibe, um ihr zu helfen, werde ich selbst nicht mehr aufstehen. Weitergehen, weitergehen!«[6] Überleben um jeden Preis bzw. Überleben der Kinder wegen waren Nadeschda Joffe zufolge häufige Rechtfertigungen für Lageregoismus unter Frauen. Der Preis dafür war, so ihr Resümee,

»gut Freund sein mit den Verbrechern, sich einschleimen bei jenen, die einen guten Job ergattern konnten, und manchmal auch einfach etwas ›weitersagen‹«.[7]

Derartige Wahrnehmungen und Erfahrungen finden vielfach Bestätigung in anderen Berichten, in denen eher allgemein auf die gespannten Beziehungen innerhalb der Häftlingsgesellschaft eingegangen wird. Die Österreicherin Margaretha Witschel, 1947 bis 1955 im Gefängnis bzw. Gulag, schreibt in ihren Erinnerungen: In der Haft »kann man die Menschen gut kennenlernen. Sie lassen mit der Zeit die Masken fallen, die sie in Freiheit größtenteils tragen, aber hier, umgeben von Hunger und Schmutz, Kälte und Elend, lassen sie ihre wahren Gesichter sehen. Wieviel Falschheit war bei manchen zu entdecken, wieviel innerliche Leere, wieviel Egoismus und Charakterlosigkeit! Und man mußte mit diesen Menschen Tag und Nacht zusammenleben, man konnte vor ihnen nicht fliehen und mußte sie immer wieder sehen. Das war wohl das Schlimmste, das Zusammensein mit ihnen, denn sie machten dieses unerträgliche Leben noch unerträglicher.«[8] Jewgenia Ginsburg erinnert sich der »wutverzerrten Gesichter« derer, die »ihren Gefährten im Unglück die zusätzlichen zehn Gramm Brot oder die weniger schweren Arbeitsbedingungen nicht verziehen. Ich habe den allerschwärzesten Neid auf gut erhaltene Schuhe oder auf einen Platz auf der unteren Pritsche erlebt. All diese Gefühle spiegelten sich auf den Gesichtern wider. Denn die Gesichter waren hier nackt, ohne die schützende Maske der Konvention.«[9] »Das Leben in Magadan«, konstatiert Hilda Vitzthum, »war ein schonungsloser Kampf aller gegen alle.« Die gefangenen Frauen »mußten erbarmungslos hart, geschickt und gesund sein, und sie mußten sehr viel Glück haben, wenn sie in diesem Kampf aller gegen alle bestehen wollten«.[10] »Das Mitleid mit sich selbst hatte in den meisten Menschen schon die letzte Fähigkeit des Leidens aufgebraucht«, resümiert Susanne Leonhard, »zum Mit-Leiden war keine seelische Kraft mehr vorhanden. Wer hätte ›seinen Nächsten lieben‹ können, solange er selbst vor Hunger und Kälte zitterte, sich verachtet und verloren fühlte, solange er vor Angst verging, einsam zu sterben oder nochmals denunziert zu werden.«[11]

Mißgunst und Haß der Häftlinge richteten sich eher selten auf die eigentlichen Verantwortlichen des Terrors und der unerträglichen Lagerbedingungen, sondern vor allem auf die, die sie ständig vor Augen hatten: ihre Mitgefangenen. Besonders wenn diese, woher auch immer, etwas mehr oder gar genug zu essen hatten, denn »niemand ist im Lager so verhaßt wie ein satter Mensch«.[12] Selbst unter den »Dahinsiechenden« suchten sich die noch Kräftigeren auf Kosten der Schwächeren aufzurichten. Jefrosinija Kersnowskaja schildert: »Diese halbtoten Wesen, die ihr menschliches Aussehen verloren hatten und zerzausten Stoffpuppen glichen, zankten sich und murrten den lieben langen Tag, fluchten grob und zynisch und verspotteten mit Wonne die Schwächen ihrer Nachbarn, um diese noch stärker leiden zu lassen.«[13] Konkurrenz und Feindschaft im Existenzkampf spiegelten sich auch in Redewendungen der Häftlinge. Man sagte immer, erinnert sich Luise Hörmann, »Nicht das Gefängnis ist schrecklich, sondern die Menschen im Gefängnis« oder »Der Mensch ist des Menschen Wolf«.[14] Neben der Leidenskonkurrenz zerstörte vor allem Mißtrauen das Wachsen solidarischer Beziehungen. Alle Häftlinge befürchteten fortwährend Intriganten, Zuträger und Denunzianten, die insgeheim für das Lager-NKWD spionierten oder spontan Mithäftlinge bei der Lageradministration anschwärzten. Immer wieder kam es auch im Lager zu neuen Verhaftungen, Untersuchungen und Fristerhöhungen. Die Gründe waren meist banal, konstruiert oder an den Haaren herbeigezogen. Um sich vor unnötigen Unterstellungen und neuen Verfolgungen zu schützen, redeten Frauen, so Ljuba Ukrainska, »nur mit denen, die man wirklich kannte«.[15] Anna Bucharina wurde nach ihrer Ankunft im Lager durch Ljudmila Schaposchnikowa gewarnt: »Viele gemeine Weiber fordern einen zu provozierenden Gesprächen heraus, um sich selbst die versprochene Freiheit zu verdienen.«[16] Und Susanne Leonhard resümiert: »In der von Denunziantenfurcht durchschwängerten Luft spürte jeder die feindselige Vorsicht seines Nachbarn. Keiner traute dem andern, kaum einer hatte Mitgefühl für den anderen.«[17]

Die Lagerethik erlaubte es nicht, jemanden auszufragen.[18] »Die Höflichkeit« gestattete nur, so Nina Hagen-Torn, »nach Frist, Paragraph und Namen zu fragen. Das Weitere erzählte der andere Mensch, wenn er es wollte.«[19] Das vor allem durch und nach den Terrorjahren 1937/38 in den Gulag importierte Mißtrauen, immer wieder gefördert und angeheizt durch ein effizient wirkendes Spitzelsystem, behinderte die gegenseitige Verständigung unter den Häftlingen. Vor allem politische Themen oder Gespräche über Verantwortliche und Ursachen der Verfolgung waren tabu. »Niemand wollte ein überflüssiges Wort verlieren«, konstatiert Hilda Schreiner, »jeder hat sich auch im Lager gefürchtet.«[20] Antonie Satzger beschreibt die Situation mit einem russischen Sprichwort: »›Ein Wort ist kein Vogel, das kann nicht mehr ins Nest zurückfliegen.‹ Das heißt, das einmal Gesagte kann nicht mehr zurück, es bleibt im freien Raum. Und damit kann man anfangen, was man will. Du kannst es verdrehen oder auch so lassen wie es war.«[21] Während des Krieges verstärkte die Lageradministration das System der gegenseitigen Beobachtung und Denunziation unter den Häftlingen. Das geschah teils ganz offen, wie es Frieda Mayer-Melikowa erlebte. Es hieß: »›Paßt auf, paßt aufeinander auf, horcht, was der Nachbar spricht, horcht, was dort geflüstert wird!‹ Die Losung kam aus der ›freien Welt‹ und bedeutete soviel wie: zeigt euren Patriotismus. Es gab eine besondere Bezeichnung: die Flüsterer. Also paßt auf die Flüsterer auf.«[22] Frieda Mayer-Melikowa, 1936 zu acht Jahren verurteilt, wurde Opfer dieser Kampagne. Kurz vor Ablauf ihrer Lagerfrist denunzierten sie Häftlinge. Die Folge: weitere acht Jahre, also Lagerhaft bis 1952.

Die Lageradministration nutzte zielgerichtet und bewußt die verschiedenen politischen und sozialen Prägungen der Häftlinge, um sie für ihr Spitzeldienste zu gewinnen. Der Bevollmächtigte des NKWD im Lager, berichtet Eleonora Leibbrandt, befahl nacheinander zahlreiche Häftlingsfrauen zu sich und versuchte diese mit Verlockungen und Erpressungen als Spitzel zu verdingen. Niemand wußte, wer zugesagt und wer sich verweigert hatte. »Wir waren schon in solcher Angst«, erinnert sich die Rußlanddeutsche, »daß wir nicht mehr miteinander sprachen. Jeder ging jedem aus dem Weg. Wenn du stehenbleibst und etwas sprichst, dann hast du etwas gehört. Das war eine schreckliche Zeit. Meine Freundin Julia – auf sie hat man wahrscheinlich sehr stark eingewirkt – war gar nicht mehr ganz in Ordnung. Sie hat zu mir gesagt: Ich kenne dich nicht mehr und du kennst mich nicht mehr, wir sind fremd und sprechen niemals wieder zusammen.«[23] In solchen Situationen war der Handlungsspielraum der Gefangenen äußerst eng. Auch Alexander Solschenizyn verpflichtete sich, zeitweilig mit dem »Einsatzbevollmächtigten des Lagerabschnittes« konspirativ zusammenzuarbeiten.[24] Nadeschda Joffe verweist mit Recht darauf, daß man »nicht als Informant geboren, sondern zum Informanten gemacht«

wurde.[25] Manche erlagen verlockenden Versprechungen bezüglich Fristverkürzung, Besuchserlaubnis oder leichterer Arbeit oder nahmen diese ohne Skrupel in Anspruch. Gegen andere lag schon »korrumpierendes Material« vor, das die Operativbevollmächtigten als Druckmittel einsetzten und dem Häftling Bewährung anboten. »Viele zerbrachen daran«, konstatiert Nadeschda Joffe, »und wurden Informanten.« Gegenüber den auf diese Weise zum Spitzeldienst Gepreßten definiert Nadeschda Joffe den »Informant aus ›Überzeugung‹«, der »fühlte, daß er Kommunist geblieben war und daß er es seiner Partei schuldig war, alle potentiellen Feinde der Partei oder der Regierung zu entlarven. Unabhängig von Geschlecht, Alter oder freundschaftlicher Beziehungen.«[26]

Gegenseitige Hilfe

Die allgemeine Situation im Lager ließ wenig Raum für uneigennützige Hilfe unter den Häftlingen. Galina Nurmina schreibt in ihren Erinnerungen: »Es können einem nicht alle leid tun. Im Lager kann man nur sich selber leid tun.«[27] Dennoch gab es Zuwendung, Trost und Hilfe unter Häftlingen, die unerwartet und oft ohne berechnete Gegenleistung erfolgten. Obgleich es nicht leicht war, die alltägliche Gleichgültigkeit zu durchbrechen und in der Nachbarin nicht die anonyme, graue Häftlingsfrau zu sehen, sondern eine Leidensgefährtin, einen Menschen. Es gehörte Achtung und Aufmerksamkeit, aber auch eine spezifische Situation dazu, Neuangekommene beispielsweise nicht als Eindringlinge, sondern als Schwestern, als Kameradinnen anzusehen, mit denen die kärgliche Wasserration und der Platz zu teilen war.[28] Vor allem die noch größere Not der Neuzugänge rief zumindest zeitweilig Entsetzen und brennendes Mitleid der alteingesessenen Häftlinge hervor. So erlebte es Jewgenia Ginsburg, während sie nach zweijährigem Gefängnisaufenthalt 1939 auf Kolyma ankam. Sie erinnert sich dankbar der »Bereitschaft, brüderlich das Letzte mit uns zu teilen. Viele von ihnen weinen unverhohlen, als sie uns sehen«.[29]

Das empfangene Mitgefühl wie auch andere Formen menschlicher Achtung und Sympathie hatten unter den existenzbedrohenden Umständen des Lagers für den einzelnen außerordentliche emotionale Bedeutung. Elinor Lipper erinnert sich einer russischen Leidensgefährtin, die ihr bei der Waldarbeit auf Kolyma Verse von Turgenjew vortrug. »Solange wir Schönheit empfinden konnten, solange dieses Gefühl aufblühen konnte«, resümiert Elinor Lipper, »solange gab es nichts, was uns brechen konnte. Und deshalb umarmte ich sie, obwohl das sonst unter Gefangenen nicht üblich ist.«[30] Häftlinge gaben und empfingen neben emotionalem Beistand aber auch ganz praktische Hilfe von Leidensgefährtinnen. Jefrosinija Kersnowskaja brachte heimlich vom Feld Kartoffeln mit und rettete dadurch das Leben von Vera Leonidowa und das ihres im Lager geborenen Kindes.[31] Tamara Ruschenzewa litt wie viele Häftlinge an Nachtblindheit. Ihr halfen völlig unbekannte Häftlinge und hakten sie beim Marschieren ein, damit sie nicht aus dem Glied stolperte. »Ich wußte nie, wer neben mir stand und wer mich zur Arbeit führte, sie retteten mich vor der Erschießung.«[32] Eine unbekannte Nonne wickelte die Beine von Aleksandra K. in ihr langes Gewand und schützte sie während des Eisenbahntransportes vor gefährlichen Erfrierungen.[33] Die Mehrzahl der sowjetischen Häftlinge, die Pakete empfingen, teilten mit politischen Leidensgefährtinnen unabhängig von ihrer nationalen Herkunft.[34] Darüber schreibt die Rußlanddeutsche Maria Dyck in ihren Erinnerungen, aber auch, wie gut es ihr tat, als die Pritschennachbarin einfach nur ihre Hand festhielt.[35] Anna Petrowna gab Mithäftlingen eine andere Art Überlebenshilfe: Von ihr lernte Susanne Leonhard beispielsweise einen gewöhnlichen Sack in einen Rucksack mit Trageriemen umzuwandeln, die Nachtbekleidung durch Annähen von Bündchen und Bändern möglichst »wanzensicher« zu machen oder die Fußlappen so zu wickeln, daß sie beim Gehen weder drückten noch auseinanderrutschten.[36] Religiöse Mithäftlinge, die wegen Arbeitsverweigerung »stundenlang mit nacktem Hintern im Schnee sitzen mußten«, haben Mia Spitz und andere Frauen getröstet und gepflegt.[37] Für das Leben und Überleben des einzelnen im Lager war praktische Hilfe ebenso wichtig wie emotionale Zuwendung. Darüber, ob und in welchem Maße sich eine Gefangene einer Leidensgefährtin hilfreich zuwandte, entschied die persönliche Wahrnehmung der konkreten Situation, die realen Möglichkeiten zu helfen sowie die Qualität der persönlichen Beziehung. Nicht-helfen-Können und Nicht-helfen-Wollen lagen dabei in der Gemeinschaft ebenso wie beim einzelnen Häftling im Widerstreit. Die Entscheidung für oder gegen fiel immer wieder anders aus. Olga Adamowa-Sliosberg erinnert sich dieses ständigen Dilemmas und beschreibt ihr Verhalten angesichts der im Sterben liegenden Gefangenen Lisa: »Ich werde sie nicht berühren, soll sie doch sterben, sagte ich und verließ die Hütte. Lisa starb nicht. Mirra sprach mit Empörung über mein Verhalten, doch blieben wir trotzdem Freunde. Einige Kameradinnen verurteilten, andere lobten mich. Doch mir war es schwer ums Herz. Ich haßte die, die mich dazu gebracht haben, daß ich einer Sterbenden kein Wasser reichte, und noch stärker haßte ich Lisa, weil sie von allen, die ich in den Lagern kennenlernte, die aller Hinterhältigste und voller Gemeinheiten war.«[38]

Vereinzelung, Freundschaften, Gruppen

Der Umgangston in der Baracke war »robust und ziemlich grob«, erinnert sich Luise Hörmann, »es wurde geschrien, und manche der alten 58er hatten das Fluchen gelernt. Das machte Eindruck auf andere, und deshalb bedienten sie sich dieser Sprechweise.«[39] Nicht zuletzt die konkreten Machtverhältnisse zwischen kriminellen und politischen Häftlingen beeinflußten die Atmosphäre in der Baracke. Es war ein existentieller Unterschied, ob politische Häftlingsfrauen »alles über sich ergehen lassen mußten«[40], wie es Hilda Vitzthum zeitweilig erlebte, oder ob man wie Serafima Alikina in einer Baracke mit 200 religiösen Frauen lebte. Obgleich ihre Unterkunft als Strafbaracke zählte und die Gläubigen nur 300 Gramm Brot am Tage erhielten, beschreibt Serafima Alikina die Atmosphäre als friedlich. »Wir interessierten uns füreinander«, schildert sie, »wir haben gegenseitig von uns erzählt, über unsere Herkunft, unsere Nationalität. Ich war mit einer jungen Ukrainerin schon fast wie eine Verwandte.« Streitigkeiten, die es auch gab, versuchten die Religiösen umsichtig zu schlichten. Zeitweilig bildeten sich kleine Gruppen, die gemeinsam beteten. Sie wußten um Spitzel und Denunzianten, machten ihr Mißtrauen allerdings nicht zur Grundlage jeglichen Sozialverhaltens und standen der Bedrohung gelassener gegenüber. »Weiß Gott, ob es Verräter gab?« resümiert Serafima Alikina: »Wir hatten jedenfalls Angst, und wir haben uns zugeflüstert, sieh mal die oder die. Der vertraute man dann schon nicht mehr. Aber in Wirklichkeit haben wir nicht sicher gewußt, ob jemand von uns ein Verräter oder Spion gewesen ist.«[41]

Anderen politischen Frauen gelang es vor allem dann, entspanntere Häftlingsbeziehungen zu gestalten, wenn sie die Kriminellen in der Baracke dominierten und gegenseitige Verständigung wachsen konnte. Dazu gehörte sicher auch die Verabredung konkreter Verhaltensweisen, wie sie Hilda Schlegel erinnert: »Wir Politischen waren uns sehr einig. Wir haben uns miteinander verständigt, daß wir nicht übereinander schimpften. Wir waren wie eine Familie, denn wir wußten, wir haben ein und dasselbe durchgemacht. Und wir wußten genau, daß keiner von uns schuldig war, daß das alles erlogen war, was sie über uns gesagt haben.«[42] Diese Einmütigkeit dürfte allerdings kaum die Regel im Lager gewesen sein. »Gemeinschaft war im Lager nicht zugelassen«, so Frieda Mayer-Melikowa, »das ist doch gleich eine Organisation. Da hat man wieder diese schreckliche politische Geschichte. Das darf man ja gar nicht, eine Gemeinschaft bilden. Wir wären ja gleich als ›Organisation‹ bezeichnet worden. So ist das im Lager, da kann man von Gemeinschaft überhaupt nicht reden. Soviel Erfahrung hatten wir, daß wir damit gar nicht erst angefangen haben.«[43]

Vereinzelung

Bedrückende Enge und der Mangel an Privatsphäre in der Massenbaracke löste bei vielen Häftlingsfrauen zweierlei aus: das Gefühl der Vereinsamung, der Vereinzelung, aber auch das Bedürfnis, allein zu sein. »Ich wollte einfach mal abschalten, einfach mal alleine sein, weiter nichts«, berichtet Alice S.[44] Schwer war es vor allem in großen Lagern, einen einsamen Platz zu finden. Frieda Mayer-Melikowa suchte ihn hinter dem Badehaus. Für sie war es sehr wichtig, Zeit für sich zu finden, »um sich ein bißchen besinnen zu können«.[45]

Die Existenz- und Arbeitsbedingungen sowie das regide Haftregime blockierten bewußt Kollegialität und Gemeinschaftssinn und suchten an ihrer Stelle Vereinzelung und Mißmut unter den Häftlingen zu etablieren. Je stärker die Repressionen von seiten der Lagerführung und der kriminellen Häftlinge, je intensiver der Normdruck und der Hunger, desto einsamer und vereinzelter lebten die Frauen nebeneinanderher. »Im Prinzip war jeder für sich«, berichtet Anna Kandalina: »Anfangs dachte ich, man müßte sich mit jemand befreunden. Ich ging einmal auf eine ältere Frau zu, wollte mit ihr Kontakt aufnehmen. Sie wendete sich aber abrupt von mir ab und beschimpfte mich mit den abscheulichsten Flüchen. Und da habe ich verstanden, daß es schwer werden wird, Freunde zu finden.«[46] Niedergeschlagen resümiert auch Dodo Garai: »Ich habe niemand, der nach mir fragt. Ich bin allein.« An anderer Stelle heißt es: »Ich habe niemand, bin tot für die Welt.«[47] Antonie Satzger verbrachte ihre Haftstrafe 1944 bis 1952 ohne jegliche engere Häftlingsbeziehung. Sie war in den verschiedenen Lagerpunkten die einzige aus Deutschland stammende Kommunistin. Unter den politischen Frauen, auf die sie traf, bestand kein besonderer Zusammenhalt: »Jeder war auf sich allein gestellt, absolut, die ganzen Jahre.« Ablenkung suchte sie in der Arbeit. »Ich hatte keine Zeit, mich einsam zu fühlen. Ich bin morgens aufgestanden, und abends war ich todmüde.« Später sagt Antonie Satzger: »Ich war immer für mich. Vielleicht wollte ich's auch. Wenn man eine Freundschaft hat, habe ich vielleicht Angst gehabt, daß du abhängig wirst, daß man in eine Abhängigkeit gerät.«[48] Gegenseitige Hilfe, Vertrauen und Verantwortung prägten eine gute Lagerfreundschaft. Antonie Satzger war unsicher, ob sie unter den sie umgebenden Lagerbedingungen diesen Ansprüchen gegenüber einer Leidensgefährtin jederzeit nachkommen könnte. Sie entschied sich schließlich für ein Leben allein auf sich gestellt, nur sich selbst verpflichtet und auf sich selbst verlassend.

Freundschaften und Gruppen

Das menschliche Bedürfnis nach engen und vertrauensvollen Freundschaften blieb über alle Drangsale des Lagers bestehen und war Sinnen und Trachten der meisten Häftlinge. Oft wurde die Nachbarin auf der Pritsche oder die Arbeitskollegin zur vertrauten Freundin, der die eigene Vergangenheit oder Kümmernisse und Hoffnungen des Lageralltags anvertraut wurden. Sie halfen über schmerzliche Erinnerungen hinweg und konnten kleine Freuden stiften. »Es haben sich viele Freundschaften zwischen Frauen gebildet«, so Eva B., »das war einfach die Anhänglichkeit, daß man eben einen Menschen haben wollte, dem man vertrauen konnte.«[49]

Lagerbekanntschaften und -freundschaften werden häufig in Erinnerungen geschildert. Für das eigene Überleben wird diesen Gemeinschaften außerordentliche Bedeutung beigemessen. Dies kommt nicht nur in teils langen lebensgeschichtlichen Erzählungen über Lagergefährtinnen und Freundinnen zum Ausdruck, sondern auch in der

Eva B. während des Interviews, 1991.

Wertschätzung der Freundschaften. Die Weißrussin Praskowja S. empfand den Zusammenhalt unter Lagerfreundinnen größer als in der Freiheit.[50] Susanne Leonhard erlebte Lagerfreundschaften, auch wenn sie manchmal nur kurze Zeit währten, »so tief wie keine Bindung sonst im Leben«.[51] Und Jewgenia Ginsburg bezeichnet das Gefühl der Zusammengehörigkeit von Freundinnen in der Haft als »möglicherweise stärkste aller menschlichen Bindungen«.[52]

Größere Gruppen befreundeter oder sympathisierender Frauen werden allerdings selten geschildert. Jewgenia Ginsburg bezeichnet einmal den Empfang in der Baracke – nach der Rückkehr von einer Strafversetzung – als Begrüßung »wie in der eigenen Familie«.[53] Das spricht für ein gemeinschaftliches Interesse am einzelnen und deutet auf einen Zusammenhalt unter diesen Frauen hin. Ähnliche Erfahrungen schildert auch Praskowja S., 1938 bis 1941 im Karlag interniert. In ihrer Baracke bildeten sich innerhalb der sogenannten »Wagonetki«, einem Gestell von vier Pritschen, informelle Nachbarschaftsgruppen. Aus Schlafnachbarn wurden Arbeitskolleginnen und Freizeitbegleiterinnen. Zwischen den gegenüberstehenden Pritschen versuchten sich die Frauen notdürftig ein kleines Tischchen zu zimmern, auf dem die kargen Mahlzeiten ausgebreitet oder Päckchen ausgewickelt wurden. Mit Tanja, Nadja und einer andere Nachbarin wurde schwesterlich geteilt. Kinder, Ehemänner, Haushalt und Familie waren bevorzugte Gesprächsthemen, die vom Lagerdasein abzulenken versuchten. Die Unterhaltungen blieben jedoch bewußt unverfänglich. Niemals klagte eine der Frauen über das Leben im Lager oder sprach über Politik.[54]

Freundschaften zwischen zwei Frauen war die verbreitetste Form der Solidargemeinschaft im Gulag. Luise Hörmann versuchte mit ihrer Freundin Terese Reinhard immer zur gleichen Arbeit kommandiert zu werden. »Wir haben immer zusammen gearbeitet, im Paar zusammen gesägt, und was wir alles gemacht haben.« Das hatte nicht zuletzt den Vorteil, Streit und Mißgunst bei der ohnehin schweren Zwangsarbeit zu mindern. Ein gutes Arbeitspaar besaß auch bessere Chancen, die Norm zu erfüllen oder gar überzuerfüllen. Den Verdienst und andere Zusatzeinkünfte haben die beiden Frauen stets geteilt. Dadurch wurde das Leben leichter. Zweisamkeit war auch beim Schlafen ein Vorteil, so Luise Hörmann. »Wir haben uns immer zusammengekuschelt. Ich wollte zum Schlafen wenigstens die Oberkleider ausziehen. Auf die Bretter legten wir eine lange Hose oder eine Wattejacke. Jeder hatte eine davon. Die Schuhe kamen unter den Kopf. Das war unser Kopfkissen, damit sie uns die nicht über Nacht wegklauten. Und wir deckten uns zusammen mit einem Oberteil zu und kuschelten uns aneinander. Dadurch war es wärmer, und wir konnten einschlafen.« Ausgeruht den nächsten Arbeitstag beginnen zu können bedeutete wiederum bessere Voraussetzungen für eine gute Arbeitsleistung und höhere Verpflegungsration. Zum zweisamen Miteinander im Häftlingsalltag kamen nicht selten ungewöhnliche Vertrautheit und Emotionalität in den Gesprächen hinzu. »Mit der Terese konnte ich über alles reden«, erinnert sich Luise Hörmann, »wir haben uns gegenseitig voll und ganz vertraut.«[55] Familien- und Lebensgeschichte spielten jedoch auch unter Freundinnen die dominierende Rolle.

Freundschaften entstanden aufgrund persönlicher Sympathie, gemeinsamer nationaler oder geographischer Herkunft sowie kultureller oder beruflicher Interessen. Die aus der Tschechoslowakei stammende Jüdin Hella Frischer schreibt in ihrem Bericht über eine Russin aus Moskau: »Die Freundschaft mit Rimma begann fast augenblicklich. Sie sprach vorzüglich Deutsch, liebte das Theater, Musik und Bücher. All das gefiel mir. Mir gefielen ihre wunderbaren braunen Augen und ihr rotblondes Haar, ihr Lachen und ihre Emotionalität.«[56] Freundschaften zwischen Frauen unterschiedlicher Nationalität, wie sie Hella Frischer beschreibt, waren nichts Ungewöhnliches. »Paulina war mir ein wirklich guter Kamerad«, schreibt Hilda Vitzthum über ihre russische Freundin, »sie war eine etwas ältere, intelligente Frau und hatte ein ruhiges, abgeklärtes Wesen. Während ich mich von den Schrecken nur recht schwer erholen konnte, stand sie, die wie alle ihre Landsleute kein leichtes Leben hinter sich hatte, den Schlägen des Schicksals viel gewappneter gegenüber. Sie hatte große Geduld mit mir, und ich konnte mich bei ihr vollkommen offen aussprechen.«[57] In den Gesprächen fanden die Frauen wechselseitig Trost und Aufmunterung, aber auch Unterhaltung und Ablenkung von der Mühsal des Lageralltags. Freundschaft war »wertvoller als Brot«, konstatiert Hella Frischer: »Brot kann man gegen Machorka, Streichhölzer oder Tee-Ersatz eintauschen. Deshalb wurde die Freundschaft höher geschätzt als Brot.«[58] Das Miteinander der Frauen erleichterte das schwierige Dasein und machte das Lagerleben weniger tragisch und hoffnungslos. Enge Freundschaften verliehen den Inhaftierten aber auch Würde und Identität, indem sie sich gegenseitig als Menschen akzeptierten und nicht als konkurrierende Häftlinge agierten. »Sie essen aus einem Napf« war eine Redewendung des Lagers, die eine besondere Zweierfreundschaft kennzeichnete, so Luise Hörmann: »Das war das Zeichen der größten Freundschaft überhaupt, wenn man sein Essen zusammenschüttete in einen Napf und gemeinsam daraus aß.«[59]

Wie ein Damoklesschwert kreiste über den Lagerfreundschaften die Trennung durch unerwartete Verschickung in andere, unbekannte Lager mit fremden, anonymen Häftlingen. Die Lagerführung durfte »nicht merken, daß man irgendwie eine größere Familie war und einen besseren Kontakt hatte«, resümiert Julie Bevern, »wenn sie das gemerkt haben, ging es sofort auf Transport.«[60] Erwartungsängste und Furcht lasteten daher auf den Häftlingsgemeinschaften. Nicht selten kam die Trennung völlig unerwartet, oft ohne die Möglichkeit des Abschiednehmens. Selbst wenn ein größerer Transport längere Zeit angekündigt war, »blieb immer ein Gefühl der Erregung, das immer gleich war«, entsinnt sich Nina Hagen-Torn. »Wer geht mit mir, muß ich mich von meinen Freunden trennen oder kommen sie mit, werden wir lange unterwegs sein, wer wird letztendlich aufgerufen?«[61] In den Abschiedsszenen spiegelte sich die tiefe emotionale Verbundenheit. Ein Säckchen mit getrocknetem Brot und Fisch sowie 60 Rubel sammelten Leidensgefährtinnen für Margarete Buber-Neumann. »Meine Freundinnen aus meinem Barackenraum gaben mir das Geleit bis zur Wachstube, und viele, viele gute Wünsche schallten mir nach, als ich mit meinem Bündel durch den Schnee davonstapfte.«[62] Eine Leidensgefährtin schlich sich heimlich nach dem Zapfenstreich aus der Baracke, um sich unter Tränen persönlich von Margarete Buber-Neumann zu verabschieden. Je enger die freundschaftliche Beziehung war, desto traumatischer die Trennung. Für manch eine Frau hatte sie die Bedeutung wie der Verlust von Mutter oder Vater.[63] Andere gingen nach der mühevollen Bewältigung des Trennungsschmerzes keine Freundschaft mehr ein, da sie erneute Abschiedsdepressionen fürchteten.[64] Wenn sich Freundinnen nach Monaten oder Jahren auf einem der vielen Lagerpunkte zufällig wiedertrafen, konnten die Reaktionen verschieden sein. Gefühle der Freude wechselten mit bedrückenden Gedanken. Vera Schulz beschreibt in ihren Erinnerungen das Wiedersehen mit ihrer einstigen Lagergefährtin: »Seit wir uns ... getrennt hatten, waren große Veränderungen mit ihr vorgegangen. Sie war entsetzlich abgemagert, ihre Haut war unnatürlich blaß, ihr Blick trübe und gleichgültig. Sie freute sich nicht einmal über unsere Begegnung. ... Sie antwortete gleichgültig und einsilbig. Sie stand fast gar nicht mehr auf. Stundenlang lag sie schweigend da, den Blick zur Decke gerichtet, finster und kreidebleich. Wenn ihre Augen geschlossen waren, hatte ich den Eindruck, sie sei schon tot.«[65]

Widerstand

»Was konnten wir groß das Maul aufmachen«, erinnert sich Luise Hörmann: »Wenn das gewesen wäre, hätten die uns übern Haufen geschossen, wenn da was herausgekommen wäre. Die kleinste Organisation hätten sie über den Haufen geschossen. Der kleinste Widerstand, da haben sie die Waffen gezückt. Da konnte man überhaupt gar nichts machen.«[66] Unterhalb offener und organisierter Aktionen erwehrten sich Frauen jedoch auf vielfältige Weise des Lagerdaseins. Formen des Widerstandes weiblicher Häftlinge im Gulag reichten von Selbstbehauptung und Wahrung der menschlichen Würde bis zur verbalen Gegenwehr und offenen Verweigerung. Da jegliche Form der Gruppenbildung und Organisiertheit durch das Lagerregime behindert und unnachgiebig verfolgt wurde, entwickelten sich meist vereinzelte, individuelle Widerstandshandlungen. In den 1930er und 1940er Jahren richtete sich Widerständigkeit vor allem auf die konkrete Verbesserung der Existenzbedingungen im Lager.

Art und Intensität der Resistenz hing wesentlich von den konkreten Bedingungen im Lager sowie von der Herkunft und den Erfahrungen der jeweiligen politischen Häftlinge ab. »Gegen wen sollten wir Widerstand leisten?« faßt die deutsche Kommunistin Erna Kolbe ihr Dilemma zusammen. »Wir hätten doch keinen Widerstand gegen die Sowjetunion gemacht.«[67] Politische Befangenheit blockierte vor allem bei partei- und staatsloyalen Häftlingsfrauen Widerständigkeit und Gegenwehr. Für sie blieb ihre Verhaftung nach wie vor ein rätselhafter Irrtum, für den sie zumindest nicht das politische System verantwortlich machen wollten. Dennoch existierten auch in diesem Kreis Formen der Gegenwehr, die sich vor allem mit der Aufklärung ihrer eigenen Verfolgung beschäftigten. Dies kommt in zahllosen Eingaben und Beschwerden an die höchsten Repräsentanten und Verfolgungsinstitutionen der UdSSR zum Ausdruck, in denen um die Neuuntersuchung des persönlichen Falles gebeten oder diese auch unumwunden eingefordert wird. Nicht nur Erna Kolbe hat sich die »Finger wund geschrieben an Stalin«.[68] Der Nutzen von Eingaben und Beschwerden an verschiedene Sowjetführer war unter den politischen Häftlingen allerdings umstritten. Irmgard Schünemann schrieb ein einziges Mal, wie die meisten, ohne Antwort zu erhalten. Auch Mimi Brichmann sah keinen Sinn darin, das von »oben« zugelassene Hoffnungsventil zu nutzen. Antonie Satzger war es überhaupt verboten, Briefe zu schreiben, einschließlich Eingaben. Dennoch hat sie immer wieder versucht, mit der Hilfe von freien Arbeitern Briefe an Stalin und andere Sowjetführer illegal abzusenden. Die deutsche Kommunistin Adele Schiffmann hatte schon während der Untersuchungshaft die Möglichkeit genutzt, Eingaben und Beschwerden an Partei- oder Sicherheitsinstanzen zu richten. Die überlieferten Schriftstücke dokumentieren sowohl ihre zunehmende ideologische Ernüchterung wie ihre Widerständigkeit gegen das inhumane Strafsystem. Allein aus den ersten beiden Haftjahren sind neun Eingaben überliefert. Die erste Beschwerde richtete sie am 21. Oktober 1938, acht Monate nach ihrer Verhaftung, an den Chef des Smolensker NKWD. Sie bat um die Bereitstellung warmer Kleidung und forderte Aufschluß über das Schicksal ihres zwölfjährigen Sohnes. Im Frühjahr 1939 verfaßte sie, nunmehr schon im Lager, eine zweite Eingabe an das NKWD. Darin stellte sie von Anfang an klar, niemals Spionage betrieben zu haben, und bezeichnete die Art und Weise der Untersuchung – kein Dolmetscher, keine Beweise – als Verstoß gegen die »Stalinsche Verfassung«. Am 23. Juli 1939 wandte sie sich wieder an das NKWD: »Ich wurde am 10. Februar 1938 zusammen mit meinem Mann verhaftet unter der Beschuldigung: Spionage (§ 58.6). Ich weise diese Anschuldigung entschieden zurück. Niemals im Leben habe ich mich mit Spionage, konterrevolutionären Handlungen oder Provokation befaßt. Ich bitte deshalb dringendst, meine Sache zu überprüfen, um meine vollständige Unschuld festzustellen.« Adele Schiffmann, verurteilt zu zehn Jahren, wies wiederholt auf die groben Verstöße bei ihrer Untersuchung hin, ferner auf die Verletzung des offiziell gewährten Asylrechts: »Ich wurde aufgrund der Stalinschen Verfassung in der Sowjetunion aufgenommen. Werktätige, die in den kapitalistischen Ländern gegen den Faschismus und für die Befreiung der Arbeiterklasse kämpfen und von den Faschisten verfolgt werden, haben in der Sowjetunion Asylrecht. Darum glaube ich nicht, daß ich unschuldig eine so schwere Strafe … tragen soll, nur darum, weil ich Ausländerin bin.«[69] Nicht nur die Anzahl und die Adressaten der Eingaben beeindrucken, sondern auch deren sprachlicher Tenor. Die Gefangene ging stets von ihrer Unschuld aus und forderte die Freilassung aus dem Lager. Die Reaktionen der »zuständigen Organe«

waren unterschiedlich. Entweder erhielten die Schreiberinnen, wie Adele Schiffmann – obwohl sich der NKWD-Apparat formal mit der »Angelegenheit« beschäftigte –, nie eine Antwort. Die Georgierin Lorko-Panidse versuchte durch einen Hungerstreik eine Antwort zu erzwingen. Obgleich erfolglos, übte dieses »eindrucksvolle Erlebnis von Widerstand«, so die Leidensgefährtin Hilda Vitzthum, »eine ungeheure moralische Wirkung« auf die Mithäftlinge aus.[70] Oder man hatte, wie die Estin Maria Rand, das Ergebnis der »Überprüfung« per Unterschrift zur Kenntnis zu nehmen. Sie und die übergroße Mehrheit politischer Beschwerdeführer ließen die NKWD-Organe wissen, die Verurteilung sei rechtmäßig, und es bestünde keinerlei Anlaß zur Revision des Verfahrens.[71]

Nicht unbedingt typisch waren schriftliche Eingaben an die örtliche Lageradministration, in denen die Verbesserung der Existenzbedingungen gefordert wurde.[72] Verbreiteter war unmittelbare, spontane Renitenz, insbesondere wenn sich Frauen weiterer Haftverschlechterung zu erwehren suchten. Eleonora Leibbrandt schildert, wie weibliche Häftlinge gegen die Unterbringung mit weiblichen Schwerverbrechern kämpften. Ihre Reaktion auf die Zusammenlegung: »Wir werden nicht essen, nicht trinken, wir streiken so lange, bis wir von den Verbrechern wieder getrennt werden.«[73] Zumindest erreichten die Frauen die Abtrennung der Kriminellen innerhalb der Baracke mittels einer Zwischenwand. Emilie B. berichtet von einer ähnlichen, gleichfalls erfolgreichen Aktion kollektiver Verweigerung. Sie sollten in einen Lagerpunkt eingewiesen werden, in dem überwiegend syphiliskranke Frauen in fortgeschrittenem Stadium lebten. »Wir haben gesagt«, erinnert sich Emilie, »wir gehen nicht in das Lager. Wir haben alle geschrien, wir gehen nicht und fertig, bis die raus sind, das Lager geräumt ist und desinfiziert wurde.«[74]

Neben meist spontanen Gruppenprotesten existierte vor allem individuelle Verweigerung von Frauen. Derart stille Aktionen vermittelten das Gefühl menschlicher Würde und stärkten das persönliche Selbstwertgefühl. Frieda Mayer-Melikowa wurde noch die letzten vier Wochen in ein Lager mit verschärftem Regime strafversetzt, weil sie in einem Gespräch ihren Unmut über ihre Verhaftung nicht zurückhielt und daraufhin von einer freien Lagerangestellten denunziert wurde. Sie weigerte sich bis zum Schluß, auch auf die Gefahr weiterer Haftverschärfung hin, ihre Häftlingsnummer an der Kleidung zu befestigen. Während der obligatorischen Appelle versteckte sie sich in den hinteren Reihen. Wiederholten Aufforderungen kam sie einfach nicht nach. Täglich neu nahm sie sich vor: »Ich füge mich nicht, ich füge mich nicht!«[75] Susanne Leonhard schildert eine Russin, die sich einige Kartoffeln illegal von der Feldarbeit mitgebracht hatte und sich »höchst aggressiv« gegen die Durchsuchung des Kommandanten mit den Worten wandte: »Na, hören Sie mal, welcher Arbeiter wird Ihnen denn Ihre dreckigen Kartoffeln ausmachen, wenn er nicht mal ein paar zu essen kriegt?«[76] Berichte über Formen unmittelbaren politischen Widerstandes gegen das Lagerregime sind dagegen ausgesprochen selten zu finden. Wer bestenfalls für einen harmlosen Witz oder eine unbedachte Bemerkung wegen »antisowjetischer Agitation« mit mehreren Haftjahren bestraft wurde und das Spitzelsystem erlebte, hatte kaum Ambitionen, subversive Diskussionen zu führen oder gar kollektiven Widerstand zu organisieren.

Dennoch gab es vereinzelt immer wieder Frauen, die innerhalb der Häftlingsgemeinschaft ihre politischen Gedanken nicht nur für sich behielten. Wegen »Teilnahme an einer konterrevolutionären Organisation und Durchführung antisowjetischer Agitation« wurde Wera Ermolaewa drei Monate vor ihrer Haftverbüßung im Karlag verhaftet und am 20. September 1937 erschossen.[77] Julie Bevern erzählt von der deutschen Kommunistin Lisa Voigtländer, die einst mit ihrem Mann als Vertragsarbeiter in die Sowjetunion kam. In einem Lager in der Komi-Republik trafen sie sich. Lisa Voigtländer wurde in den Strafisolator gesteckt, »weil sie aufgemuckt und gesagt hat, die Allüren und die Methoden hier wären faschistische. Sie hat immer gesagt, ihr seid ja alle Faschisten. Das kann doch nicht möglich sein, daß man mit Menschen so umgeht.« Eine Denunziation ließ nicht lange auf sich warten. Das Urteil für Lisa Voigtländer lautete: »Todesstrafe durch Erschießen.«[78] »Antisowjetische Agitation unter den Häftlingen« warf man auch Warwara Dunaewa vor. Man verhaftete sie im Juni 1941. Am 24. Dezember des gleichen Jahres wurde das verhängte Todesurteil an ihr vollstreckt.[79] Feona Akimowa, Jahrgang 1896, Bäuerin, verurteilt zu zehn Jahren Lagerhaft, wurde im August 1941 von der NKWD-Operativabteilung des Karlag beschuldigt, »mehrfach unter den Häftlingen Aussagen defätistischen Charakters über den Krieg mit Deutschland gemacht und die Sowjetpresse verleumdet« zu haben. Das Urteil nach § 58.10 lautete Tod durch Erschießen. Während sie im Ermittlungsisolator der Operativabteilung auf die Vollstreckung wartete, versuchte die des Lesens und Schreibens unkundige Frau in zwei Kassationsanträgen – bei deren Abfassung ihr Unbekannte halfen – auf äußerst beeindruckende Weise, die Vorwürfe gegen sie zu entkräften und den Prozeßverlauf zu entlarven. Gleich zu Beginn stellte die Verurteilte in ihrem Antrag an das Oberste Gericht der Kasachischen Sowjetrepublik klar: »Ich behaupte, daß ich niemals und keinerlei konterrevolutionäre Agitation und noch weniger mit defätistischem Charakter geführt habe und daß bei gewissenhafter Ermittlung und vorurteilsfreiem Gericht diese Anklage ad absurdum geführt und ich rehabilitiert werden würde.« Wie so oft verfügte die Anklage über keine Beweismittel, lediglich über drei Zeuginnen. Die erste, so Feona Akimowa, nahm einen Teil ihrer Aussage vor Gericht zurück. Die Zeugin Kostenko, heißt es im Kassationsantrag, »entdeckte vor Gericht, daß zu ihren früheren Aussagen von unbekannter Hand völlig fremde Aussagen hinzugefügt waren, von denen sie sich kategorisch distanzierte und vom Gericht eine neue Untersuchung und einen neuen Untersuchungsführer forderte.« Nur eine ehemalige Parteigenossin beharrte auf ihren denunzierenden Vorwürfen. »Ich bekam keine Möglichkeit, mich zu verteidigen«, monierte Feona Akimowa am Verlauf des Gerichtsverfahrens, »meine Zeugen wurden nicht aufgerufen. Positive Aussagen für mich wurden nicht protokolliert, auch die Widerrufung der fiktiven Aussagen in den Materialien der Voruntersuchung durch die Zeugen vor Gericht wurde nicht fixiert. Einen Verteidiger hat man mir nicht gegeben.« Diese Form des schriftlichen Widerspruchs gegen die politische Verfolgungspraxis, wie sie Feona Akimowa anwandte, ist unbedingter Bestandteil der Widerstandskultur von Frauen im Lager. Nach Ablehnung eines zweiten Kassationsantrages wurde das Urteil gegen die Bäuerin und Mutter von drei Kindern am 24. Dezember 1941 vollstreckt.[80]

Auch von Häftlingen, die als Kriminelle verurteilt waren, kam vereinzelt politisch einzuordnender Widerstand. Exemplarisch dafür steht Tamara Wolskaja, geboren 1922, Bürgerin der UdSSR mit polnischer Nationalität. Der Vater war Parteifunktionär, die Mutter Verkäuferin, sie selbst gelernte Schreibkraft. Als Jugendliche kam sie mit dem sowjetischen Gesetz in Konflikt. Wegen Diebstahls bekam Tamara Wolskaja 1940 ein Jahr Haft. 1941 soll sie über keinen festen Wohnsitz mehr verfügt haben, worauf sie wegen »unerlaubtem Ortswechsel« und »Verstoß gegen Festlegungen der örtlichen Staatsorgane« zu zwei Jahren Haft verurteilt wurde. Man sperrte sie in eine Zwangsarbeitskolonie. Mehrfach bestrafte sie die Verwaltung wegen Arbeitsverweigerung und unerlaubten Aufenthalts in Männerbaracken zu jeweils mehrtägiger Karzerhaft. Zwischen dem 12. und 14. Februar 1941 schrieb Tamara Wolskaja zwei Erklärungen mit, so ein NKWD-Dokument, »konterrevolutionären Ausfällen terroristischen Charakters gegenüber den Führern der Kommunistischen Partei und der Sowjetregierung«. Daraufhin erhielt die 19jährige im Mai 1941 zusätzlich zehn Jahre Lagerhaft, die sie im Karlag zubringen sollte. Wenige Wochen später, noch im Verteilungslager, schrieb Tamara erneut eine Erklärung, diesmal an den Lagerkommandanten, worin es heißt: »Ich möchte nicht in der Sowjetunion leben. Ich verachte Ihre Sowjetmacht, weil Sie, wie alle sowjetischen Angestellten, sowieso durch die kapitalistischen Länder untergehen werden. Früher oder später wird es keine Sowjetmacht mehr geben. Dafür wird es eine kapitalistische Macht geben. Die Sowjetmacht wird zugrunde gehen, weil sich alles von Jahr zu Jahr zum Schlechteren verändert. Die Bedingungen für die Gefangenen werden immer schlechter. Ich möchte nicht mehr in der Sowjetunion leben. Das beste ist, sie geben mir die Höchststrafe. Es lebe ein kapitalistisches Land. Wolskaja. 19. 06. 1941.«[81]

Neun Tage später verhaftete sie ein »Operativer Mitarbeiter« des NKWD und verhörte die junge Frau. Auch in dieser Vernehmung stellte sich Tamara Wolskaja, dem überlieferten Protokoll nach, vehement hinter das Geschriebene. »Ich werde auch noch ein zweites Mal so ein Schriftstück verfassen«, heißt es in einer Antwort, »damit ich erschossen werde, denn ich möchte nicht mehr leben. [...] Ich verachte eure Sowjetmacht, weil ihre Träger und Sympathisanten sowieso untergehen werden, früher oder später. Eure Macht wird es nicht mehr geben, es wird eine kapitalistische Macht geben.«[82] Machte sich die junge Tamara Wolkskaja mit ihrer Handlung zur politischen Widerständlerin? Kann oder muß sie an die Seite der Politischen gestellt werden, die im Lager wegen Verweigerung oder Widerstand gegen das La-

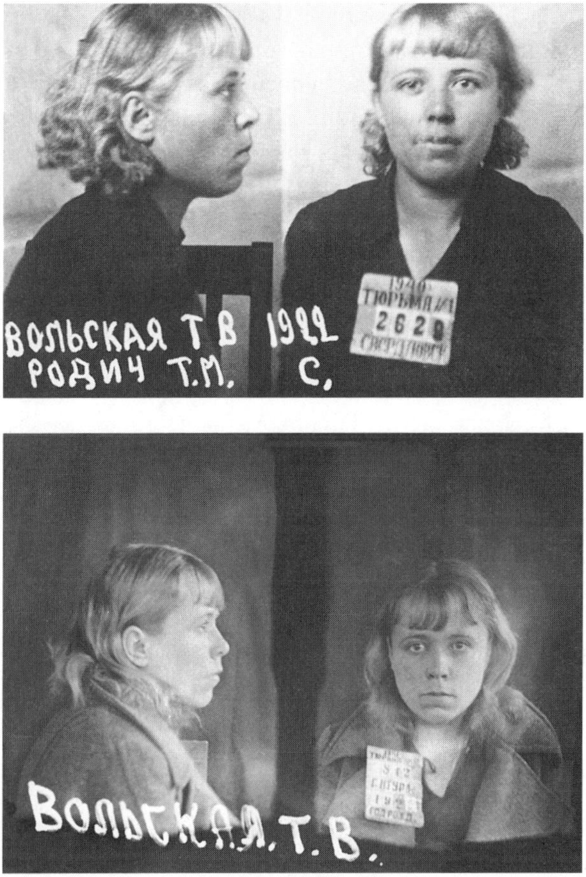

Haftfotos des NKWD von Tamara Wolskaja, 1940 und 1941.

gerregime verfolgt wurden, ohne am Bestand des Sowjetsystems zu rütteln? Tamara Wolskaja ist im Alltag der Provinz schnell an die engen juristischen Grenzen der Sowjetordnung gestoßen. Außer daß der Vater Parteifunktionär war, ist über ihre Kindheit und Jugend nichts überliefert. Innerhalb von zwei Jahren erfolgten drei Verurteilungen zu insgesamt 13 Jahren Haft! Daß die junge Frau in ihrer Erklärung die seinerzeit in der UdSSR immer alternativ gebrauchten Gesellschaftskonzepte Sozialismus bzw. Kapitalismus benutzte, deutet durchaus auf politisches Denken der kriminalisierten Frau hin. Die Erwartung vom Niedergang des Sowjetsystems und die Hoffnungen der Wiedererrichtung kapitalistischer und in mehrfacher Hinsicht liberalerer Verhältnisse waren damals nicht in allen sozialen Kreisen so absurd, wie es aus heutiger Sicht scheinen mag, vor allem nicht unter den vielen Enttäuschten des Sowjetsystems. Für Tamara Wolskaja war ein Leben in der Sowjetunion nicht mehr denkbar, zumal ihr noch 12 Jahre im Lager bevorstanden. Bewußt nahm sie mit ihrer antisowjetischen Fundamentalkritik den Tod in Kauf und unterschied sich in ihrem Handeln von den Berufskriminellen, die gelegentlich im Lager politische Straftaten begingen, um weiterhin unter politischen Häftlingen bleiben zu können. Vor Gericht versuchte die junge Frau ihre Tat angesichts des Todes noch abzumildern. Tamara Wolskaja sagte, sie hätte sich während des Schreibens in einem »verwirrten Geisteszustand« befunden und »war vom Leben enttäuscht«. Es nutzte nichts, die 20jährige wurde am 21. März 1942 erschossen. Die Frage, ob die Polin als politische Widerständlerin anzuerkennen sei, beantwortete der 1. Stellvertreter des Gebietsstaatsanwaltes Karaganda am 20. Mai 1993. Er stellte offiziell fest, daß auf Tamara Wolskaja das Gesetz der Republik Kasachstan »Über die Rehabilitierung von Opfern der politischen Massenrepressionen« vom 14. April 1993 anzuwenden sei.[83]

Drakonische Strafen und das Wissen um sie hinderten die Häftlinge, über radikale und organisierte Widerstandsformen nachzudenken oder gar solche zu verabreden. Selten bildeten sich kleine, organisierte Häftlingsgruppen, wie es Elinor Lipper erlebte. Einige ehemalige Parteiintellektuelle, darunter eine Frau, versuchten die Lagergeschehnisse für die Nachwelt schriftlich zu dokumentieren. Eine Inhaftierte, Lagerärztin und ehemaliges Parteimitglied, denunzierte die Gruppe. Es folgte eine brutale und intensive Suche nach Niederschriften und Notizen sowie die Verhaftung der Mitglieder. Den vermeintlichen Anführer, ein älteres Parteimitglied, erschoß man. Andere Mitglieder der Gruppe erhielten zu ihren zehn Jahren Lagerhaft weitere zehn hinzu.[84]

Über die Teilnahme von Frauen an kollektiven Streiks bzw. der nach 1948 beginnenden Phase von Unruhen und Aufständen im Gulag finden sich keine Überlieferungen in den ausgewerteten Lagererinnerungen. Am Aufstand in den Spezial-Lagerpunkten Nr. 2 und 3 des

Steplag in Kasachstan im Mai/Juni 1954 waren auch Frauen beteiligt. Unter den ca. 500 getöteten Häftlingen sollen 200 weiblichen Geschlechts gewesen sein.[85]

Widerstand religiöser Frauen

»Ich ging nicht zur Arbeit, ich ging auch nicht in die Speisehalle«, schildert Serafima Alikina, »ich betete in der Zeit immer zu Gott, dachte an meine Kinder, die sich irgendwo allein herumquälten. Ich flehte Gott an, sie zu beschützen, um sie eines Tages wieder in meine Arme nehmen zu können. Warum sollte ich hier im Lager arbeiten? Wenn, dann arbeite ich zu Hause für meine Kinder. Ich verweigerte alles. Ihr könnt mich erschießen! Kommunistische Arbeit war das, nach Stalins Art. Für mich war das alles gottlos.«[86] Serafima Alikina gehörte wie ihre Schwester Aleksandra Okunjewa und Anna Kandalina zu jenen Häftlingen russisch-orthodoxen Glaubens, die nicht nur jegliche Zwangsarbeit im Lager verweigerten, sondern auch Lagerkleidung. Andere gingen noch weiter. Sie nahmen nur Brot und Wasser zu sich und versagten jede verbale Auskunft gegenüber Angehörigen der Lageradministration. Statt dessen, so berichtet Margaretha Witschel, »schlugen sie nur ein Kreuz und fingen an zu beten. Keiner der Uniformierten konnte auch nur ein Wort aus ihnen herausbringen«.[87] Konfiszierte religiöse Symbole wie Kreuze oder kleine Ikonen ersetzten die Frauen durch heimliche Nachbildungen. Vor allem das individuelle, gelegentlich das gemeinsame Gebet gab den gläubigen Frauen moralischen Rückhalt. Von Bedeutung für das Durchhalten war eine ebenso ausgeprägte Ablehnung des antikirchlichen Sowjetsystems wie die ergebene Hinwendung zu Gott, für den die Gläubigen litten.

Verweigerung und Widerstand übten religiöse Frauen auch während erneuter Verfolgungen im Lager. Gegen mehrere ukrainische Gläubige, darunter die Geschwister Ignatenko, ermittelte die NKWD-Operativabteilung des Karlag im Juli 1941. In der Anklageschrift gegen Uljana Ignatenko heißt es, daß »sie während ihrer Haft seit dem 15. Juni 1941, mit dem Ziel konterrevolutionärer Sabotage, keinen einzigen Tag zur Arbeit ging, ohne dafür irgendwelche wichtigen Gründe gehabt zu haben. Systematisch betrieb sie mit den Gefangenen Ignatenko, Fekla Artemowna und Woitenko, Ewgenija Emeljanowna konterrevolutionäre Agitation, die gegen die Partei, Regierung und Sowjetmacht gerichtet war, und zog Sowjetgesetze und das Kolchoswesen in den Schmutz. Sie erklärte offen, daß sie niemals für die Sowjetmacht gearbeitet hat und niemals arbeiten wird. Allein sowie in organisierter Form führte sie in der Baracke religiöse Zeremonien durch, lobte über alles die ehemalige zaristische Macht und äußerte ihre Unzufriedenheit mit der gegenwärtigen Ordnung.«[88] Bei ihrer Verhaftung und den folgenden Verhören gaben sich die Geschwister Ignatenko verschlossen. Sie »weigerten sich, sowohl gegenüber den Ermittlungsorganen als auch vor Gericht auszusagen und gaben auf alle Fragen eine Antwort: ›Christus Gott weiß, wir wollen unsere Freiheit, wie sie war, ihr gebt uns die Freiheit nicht‹«. Fortsetzung fand der Widerstand der jungen Frauen während der »Untersuchung« ihres Falles. Uljana Ignatenko verweigerte die Unterschrift unter den Haftbefehl und die Anklageschrift. Und obwohl die Gläubige es ablehnte, auch das Verhörprotokoll zu unterschreiben, dürften die dort niedergeschriebenen Antworten durchaus glaubhaft sein, da sie ihren religiösen Standpunkt und ihre Opposition zum Sowjetsystem ausdrückten. Als Gründe ihrer Arbeitsverweigerung gab Uljana Ignatenko an: »Ich werde niemals im Lager arbeiten, weil das Lager genauso ein Kolchos ist, dem ich schon vor der Verhaftung aus dem Wege gegangen bin, weil der Kolchos vom Antichrist kommt. Außerdem hoffe ich nicht auf dieses, sondern auf das himmlische Leben. Deshalb bin ich der Meinung, daß ich so oder anders bald sterben werde, und das wird mir ein Gottesgeschenk sein. Ich werde mich Ihrer Erziehung nicht beugen, und erwarten Sie nicht von mir, daß ich arbeite. Ich bin bereit zu sterben, doch arbeiten werde ich niemals, weil wir genug Geduld haben, alle Leiden zu ertragen. Überall, wo die Gesetzlosigkeit und die Gewalt des Antichrist herrscht, werden wir nicht arbeiten.« Uljana Ignatenko verband in ihren Antworten religiöse Überzeugungen mit politischen Auffassungen über das Leben in der Sowjetunion, die realistisch und treffend waren. Auf die abschließende Aufforderung des Verhörers: »Was möchten Sie noch hinzufügen?«, antwortete die 34jährige: »Ich möchte sagen, daß es in der Sowjetunion keine Wahrheit gibt. Es existiert nur Betrug, die Menschen hungern, sie werden gezwungen, mit einem Paß zu leben und zu arbeiten. Ich möchte aber als freier Mensch leben und nicht so wie jetzt. Ich werde mich nicht selbst am Bau meines Gefängnisses

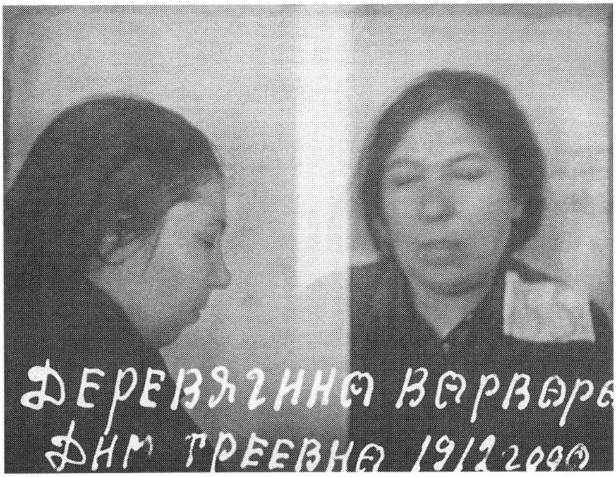

NKWD-Foto nach der Erschießung von Warwara Derewjagina, 1941.

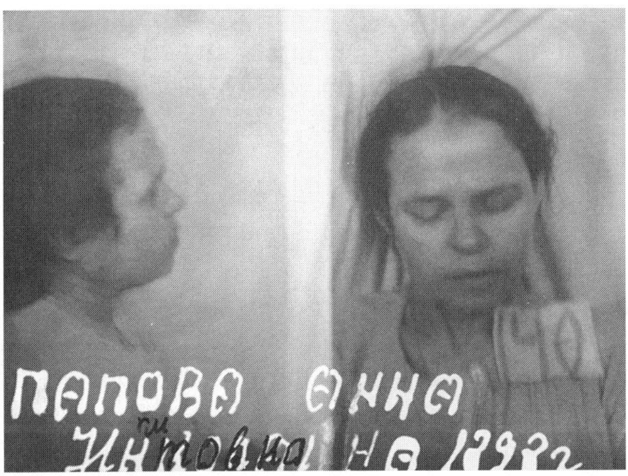

NKWD-Foto nach der Erschießung von Anna Popowa, 1941.

beteiligen. Ich gehorche nur dem Herrn. Mehr möchte ich nicht hinzufügen.« Die Schwester, Fekla Ignatenko, die ebenfalls alle Unterschriften unter NKWD-Dokumente verweigerte, ging im Verhör nur kurz auf zwei Fragen des Untersuchungsführers ein. Nach den Gründen ihrer Arbeitsverweigerung befragt, sagte die 30jährige: »Ich gehe nicht zur Arbeit aufgrund meiner religiösen Überzeugung, und deshalb werde ich auch in Zukunft nicht arbeiten.« Bevor Fekla alle weiteren Aussagen verweigerte, sagte sie: »Über eine Schuld weiß ich nichts. Nur der Herr kennt sie.« Uljana und Fekla Ignatenko sind am 24. Dezember 1941, ihre Schwester Maria am 4. Juni 1942 erschossen worden.[89]

Einer Gruppe von elf gläubigen Frauen warfen die NKWD-Untersuchungsorgane des Karlag im Juni 1941 »systematische Arbeitsverweigerung«, »konterrevolutionäre Sabotage« sowie »religiöse, konterrevolutionäre Agitation« vor. Das handschriftliche Protokoll des Prozesses am 29. September 1941 gibt auch Aussagen der Angeklagten wieder. Natalija Sundukowa erklärte: »Diese Macht ist gottlos, für diese Macht werde ich niemals arbeiten.« »Wenn uns Häftlinge baten, haben wir für sie gebetet.« »Anderen Häftlingen habe ich gesagt, sie sollen nicht arbeiten, sondern beten, aber sie haben nicht auf mich gehört.« Agrafena Kiselewa sagte vor Gericht: »Arbeit brauche ich nicht, ich brauche den Zaren Nikolai Alexandrowitsch Romanow, auf den wir warten, und er wird kommen. Die Sowjetmacht möchte ich nicht. Ich will nur den Zaren. Das habe ich auch in Anwesenheit anderer Häftlinge gesagt.« Warwara Derewjagina erklärte den Richtern: »Ich arbeite nur für den Herrn, und er nährt mich. Die Sowjetmacht erkenne ich nicht an.«[90] Auch andere Angeklagte bekräftigten die Motive ihrer Arbeitsverweigerung und ließen keinen Zweifel an ihrer Ablehnung des Sowjetsystems und ihres Glaubens an Gott. Zeugnis davon legen ihre letzten Worte vor dem Gericht, schon angesichts der zu erwartenden Höchststrafe, ab: »Ich bin nur vor Gott schuldig.« »Ich bin für den Herrn verhaftet worden und werde nur für ihn arbeiten.« »Ich werde mich nicht vor der irdischen Macht rechtfertigen.« »Ich bin vor dem Herrn schuldig und werde nur ihn um Vergebung bitten.« Auch im Fall dieser religiösen Gruppe fällte das NKWD-Gericht die Todesstrafe. In der Akte überlieferte Fotos zeigen vier der angeklagten Frauen des Prozesses nach ihrer Erschießung. Die Leichen der Ermordeten sind in die gewünschte Position gebracht und festgehalten worden.[91]

Die Standhaftigkeit, Gottverbundenheit und Opferbereitschaft der religiösen Frauen irritierte andere politische, vor allem partei- und staatsloyale Häftlinge, die auf unangenehme Weise an die Preisgabe ei-

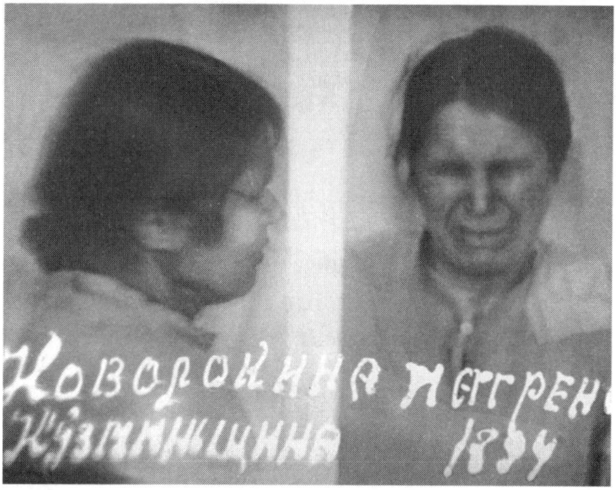

NKWD-Foto nach der Erschießung von Matrona Nawolokina, 1941.

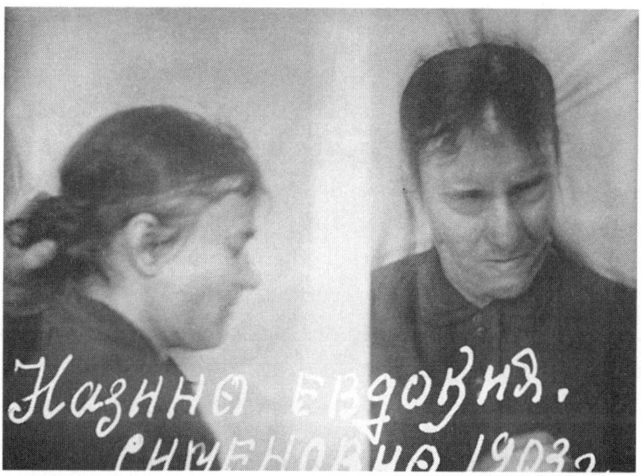

NKWD-Foto nach der Erschießung von Ewdokija Nasina, 1941.

gener Ideale und Werte erinnert wurden. Politische Frauen schwankten in ihrer Beurteilung der Religiösen zwischen »Fanatismus« und »echter Standhaftigkeit bei der Verteidigung der Gewissensfreiheit«. »Mußte man sie für wahnsinnig halten oder sie bewundern?« fragte sich die einstige Kommunistin Jewgenia Ginsburg. »Und die wichtigste, die entscheidende Frage: wären auch wir fähig gewesen, so standhaft zu bleiben . . .?«[92]

Flucht

Fluchtversuche von politischen Häftlingsfrauen sind in den Lagererinnerungen nur vereinzelt überliefert.[93] Regelmäßig hingegen berichteten die einzelnen Lagerverwaltungen der Moskauer Hauptverwaltung die Anzahl der flüchtigen Häftlinge, überwiegend Krimineller. Aus dem Karlag entflohen beispielsweise[94]:

1935:	5194 Häftlinge	
1936:	keine Angaben	
1937:	3264 Häftlinge	
1938:	550 Häftlinge	
1939:	272 Häftlinge	bei 31 915 Häftlingen im Karlag
1950:	49 Häftlinge	bei 45 675 Häftlingen im Karlag

Verschärfte Bewachung und Umzäunung, die ständig steigende Anzahl der wieder gestellten Geflohenen sowie drakonische Bestrafungen minderten im Laufe der Jahre drastisch die Fluchtambitionen der Gefangenen. Nicht nur die Möglichkeiten, aus den immer besser gesicherten Lagern zu entkommen, minimierten sich. Zudem mußten gewaltige Entfernungen in unwirtlichen Gegenden zurückgelegt und das dichte Netz der Kontrollen aller Verkehrswege und -mittel umgangen werden. Hinzu kamen, aufgrund der massiven polizeilichen und bürokratischen Kontrollen, beinahe unüberwindliche Schwierigkeiten bei der Legalisierung im Alltagsleben. Sich einen Inlandspaß zu verschaffen, war beinahe ebenso unmöglich, wie längere Zeit ohne polizeiliche Anmeldung in einer Wohnung zu leben; beides wiederum unbedingte Voraussetzungen für eine Arbeitsaufnahme.

Im Jahr 1939 waren von 272 Fluchtversuchen aus dem Karlag immerhin noch 106 erfolgreich. 1950 gelang dagegen von 49 nur neun Häftlingen die Flucht aus dem Lagergebiet, wobei 35 Häftlinge innerhalb von 48 Stunden wiederaufgegriffen wurden.[95] Die angegebenen Zahlen differenzieren allerdings nicht nach Geschlecht bzw. der Häftlingsgruppe der Flüchtenden. Der Bericht des Karlag zum 1. Januar

1940 weist jedoch darauf hin, daß die Flüchtigen immer aus ein und demselben Häftlingskontingent stammten: Rückfalltäter, Verurteilte als »sozial gefährliche« bzw. »sozial schädliche Elemente« und schon früher Flüchtige.[96] Häftlingsberichten nach entschieden sich vor allem kriminelle Männer zur Flucht.

Nach Entflohenen suchten NKWD/MWD-Trupps mit unerbittlicher Ausdauer, da Prämien oder Sonderurlaub in Aussicht standen. Zum Einsatz kamen neben dem Personal der Wachmannschaften und Operativgruppen des NKWD/MWD auch Angehörige der örtlichen Polizei und der ansässigen Bevölkerung.[97] Meist fand man die Entlaufenen, prügelte sie halbtot oder erschoß sie »auf der Flucht«. Den Tod der Flüchtigen nahm man zwar in Kauf, er war aber nicht unbedingtes Ziel der Suche.[98] Tote ließ die Lageradministration zur Abschreckung teils mehrere Tage am Haupttor des Lagers liegen.[99] Gegen Überlebende eröffneten NKWD-Organe neue Verfahren, die oft mit der Todesstrafe endeten. Die jüdische Lehrerin Maria Mur, 1940 als »sozial gefährliches Element« zu fünf Jahren verurteilt, wurde im April 1941 als Invalidin mit einer Arbeitsfähigkeit von 70 % eingestuft. Sie floh in der Nacht zum 26. Mai 1941, wohl aus Verzweiflung und verleitet durch die ausgefallene Lagerbeleuchtung, aus der Spassker Abteilung des Karlag. Einen Tag später schon nahm man sie 35 km vom Lager entfernt gefangen. Aufgrund des Fluchtversuches verurteilte ein Gericht die 33jährige wegen »konterrevolutionärer Sabotage« zum Tod durch Erschießen, was am 30. September 1941 vollstreckt wurde.[100]

10. Krankenversorgung und Häftlingssterben

Die ärztliche Versorgung der Häftlinge diente Hilde Vitzthum zufolge beinahe ausschließlich der Erhaltung der »einzigen Wertkategorie«, nach der der Mensch im Lager eingeschätzt wurde: seiner Arbeitskraft.[1] Im Karagandinsker Besserungsarbeitslager standen Anfang 1940 eigenen Angaben nach für 31473 Häftlinge, davon 16508 Frauen, 21 Krankeneinrichtungen mit 1010 Betten sowie 118 »medizinische Punkte« zur Verfügung.[2] Mehr als 40 Abschnitte bzw. Lagerpunkte sowie eine unbekannte Zahl der kleineren Außenstellen bzw. Stützpunkte verfügten über keinerlei medizinische Einrichtungen. Insgesamt sollten nach dem »Stellenplan« des Lagers für die ambulante bzw. stationäre Betreuung 64 Ärzte und 300 Angehörige des mittleren medizinischen Personals im Lager arbeiten.[3] Ein Arzt war demnach durchschnittlich für 500 Häftlinge zuständig. Die bestehenden Mißstände spitzten sich aufgrund des durch die Lagerhaft verursachten gesundheitlichen Zustandes der Häftlinge dramatisch zu. Gegenüber der Moskauer Lagerhauptverwaltung mußte der Chef des Karlag schon ein Jahr zuvor, am 1. November 1939, melden, daß »keine vollständige medizinische Versorgung« der Häftlinge gesichert werden kann.[4] Die gesundheitliche Fürsorge der Lageradministration für die körperlich entkräfteten und anfälligen Frauen war allerdings nicht nur im Karlag völlig unzureichend, sondern typisch für die meisten Lager.

Krankenversorgung

Die Möglichkeiten der medizinischen Behandlung waren aufgrund des Mangels an Medikamenten und technischem Gerät außerordentlich reduziert und entsprachen in keiner Weise dem Zustand der Gefangenen. Jewgenia Ginsburg, zeitweilig als Krankenschwester tätig, beschreibt in ihren Erinnerungen die Situation in einem kleinen Außenlager: »Ich pinsle Jod auf die Schrammen, gebe Aspirin ›gegen den Kopf‹ und Salol ›gegen den Magen‹, lege Ichtholpflaster auf Furunkel und mit Lebertran getränkte Verbände auf Erfrierungen. Außerdem bekommt jeder einen Löffel Lebertran. Ich verabreiche ihn selbst, gieße ihn eigenhändig in die andächtig geöffneten Münder. Und während dieser heiligen Handlung stockt mir das Herz vor Angst, ich könnte auch nur einen Tropfen der heißbegehrten Flüssigkeit verschütten, die für uns der Inbegriff all unserer Hoffnungen auf Leben ist.«[5] In vielen Lagerpunkten, vor allem während der Kriegs- und unmittelbaren Nachkriegsjahre, konnte nicht einmal dieser primitive Standard ärztlicher Versorgung garantiert werden. Es fehlte nicht nur an medizinischem Gerät zum Röntgen und Desinfizieren oder zur Durchführung von Laboruntersuchungen, sondern vor allem an der Grundversorgung mit Medikamenten aller Art.[6] Helene Golnipa übernahm während des Krieges die Krankenstation in einem Waldlager. Neben ihrer Pritsche stand ein kleines Medizinschränkchen. Sein Inhalt: eine unbrauchbare Spritze, ein Tiegel mit brauner Salbe ohne Aufschrift, eine Flasche mit Salmiak, einige Ampullen Strychnin und ein kleines Fläschchen Alkohol. Lediglich Kampferöl war ausreichend vorhanden. Ein geschnitztes Hörrohr ersetzte das Stethoskop.[7] Nonna Tschekanowa brach sich während der Arbeit im Schacht ein Bein. Ein Röntgengerät gab es ebensowenig wie Gips für einen festen Verband. Die Behandlung bestand lediglich in Bettruhe. Nach vier Wochen schickte man die Gefangene wieder zur Arbeit.[8]

Engagierte Ärztinnen und Krankenschwestern suchten nicht selten verzweifelt nach alternativen Behandlungsmethoden. Invalidisierte Häftlinge ließ man in der Steppe oder im Wald Kräuter und genießbare Früchte für die Krankenhausküche sammeln. Andere Häftlinge wurden in die Siedlungen der Freien geschickt, um in deren Abfallgruben nach Knochen zu suchen. Nachdem diese gereinigt, gekocht und gemahlen wurden, verabreichte der Arzt das Pulver als Medizin.[9] Gegen Skorbut ließ man die Häftlinge die Flüssigkeit ausgekochter Fichtennadeln trinken.[10] Helene Golnipa konnte ihren Kranken anstatt Medikamenten nur kleine Mengen eines Kamillesuds geben. Den Gefangenen erklärte sie, endlich habe sie Tropfen erhalten, die aber so stark seien, daß man sie nur mit aller Vorsicht anwenden könne. Die Leidenden flehten um jeden Löffelvoll. Medikamente hatte die Ärztin keine, ihr blieb nur ein Ausweg, die Suggestion.[11] Mit einer Kartoffelpüreediät suchte ein Arzt den massenhaft auftretenden Durchfall zu bekämpfen. Allerdings konnte jeder Häftling nur drei Tage in den Genuß dieser »Arznei« kommen.[12] Chawa Wolowitsch erkrankte an einer Lungenentzündung. Die Therapie: zwei Wochen Schonzeit.[13] Bettruhe war überhaupt eines der wichtigsten und einfachsten Heilmittel. Behandlungserfolg, zumindest Linderung, versprach auch eine innige und emotionale Zuwendung zu den Patienten. Eine Krankenschwester fütterte Alice S., die von Brucellose befallen und durch Schüttelfrost, Fieberanfälle und Gelenkschmerzen geschwächt war, wie ein kleines Kind. Für die Leidende waren ihre guten Worte und die über den Kopf streichende Hand, aus heutiger Sicht, »mehr wert als irgendein Medikament«.[14]

Neben der emotionalen Betreuung der Kranken und ihrer zeitweiligen, allerdings zu kurzen Schonung sollte eine verbesserte Ernährung den Mangel der bitter benötigten Arzneien ausgleichen. In den zu unterschiedlichen Zeiten geltenden Verpflegungsordnungen legte die Moskauer Hauptverwaltung Lager spezifische Versorgungsnormen für kranke Häftlinge fest. Vor allem an Pellagra und Skorbut Erkrankte, die an Vitaminmangel litten, sollten eine qualitativ und quantitativ verbesserte Ernährung erhalten. Von 1942 bis 1949 war für alle Kranken, die sich in medizinischen Einrichtungen befanden, die Norm Nr. 4 vorgesehen. Offiziell standen danach jedem Krankenhauspatienten pro Tag in Gramm zu[15]:

Lfd. Nr.	**Produkt**	**Krankenhausration**	**Pellagraverpflegung**		**zusätzlich gegen Skorbut**
			mit Durchfall	ohne Durchfall	
1.	Roggenbrot	300	100	400	–
2.	Weizenbrot	250	–	–	–
3.	grobes Mehl	10	10	10	–
4.	verschiedene Grützen	60	–	50	–

5.	Diätgrütze	10	100	60	–
6.	Fleisch	50	100	100	–
7.	Fisch	20	40	60	–
8.	Pflanzenfett	10	–	–	10
9.	Tierfett	10	15	25	–
10.	Quark	15	–	–	–
11.	Zucker	20	20	20	–
12.	natürlicher Tee	0,5	0,1	0,1	–
13.	Kartoffeln u. Gemüse	400	400	500	150
14.	Tomatenpüree	10	–	–	10
15.	getrocknetes Obst	8	10	10	–
16.	Kartoffelstärke	5	10	10	–
17.	Milch	200	300	300	–
18.	Erbsen und Bohnen	–	–	–	25
19.	Essig	10	–	–	1ß
20.	Salz	15	20	20	10
21.	Pfeffer	0,1	–	–	–
22.	Lorbeerblatt	0,3	–	–	–
23.	Zwiebeln	–	–	–	25
24.	Backhefe	–	100	100	–

Die Zubereitung der verbesserten Nahrung sollte auf Anordnung und unter Kontrolle des leitenden Arztes in der Krankenstation erfolgen. Die verbesserte Verpflegung konnten auch Gefangene erhalten, die ambulant behandelt wurden und denen eine Diätverpflegung verschrieben worden war. Die Anzahl der Häftlinge, die in den Genuß der verstärkten Ernährung kommen konnte, war von vornherein beschränkt. Zum einen durch das Limit von Krankschreibungen und die zur Verfügung stehenden Betten in den Krankenstationen. Zum anderen durch die Abhängigkeit von der Lageradministration und den Lagerärzten, die allein über die Zuwendung der Krankenrationen entschieden. Ruth Z. erhielt als Kranke eine bessere Verpflegung, Mia Spitz hingegen nicht.[16] Das Recht, die zusätzlichen Lebensmittel einzufordern, war den Häftlingen nicht gegeben. Ebensowenig konnten die Kranken kontrollieren, ob tatsächlich alle ihnen offiziell zustehenden Lebensmittel in den Kessel und schließlich in ihren Napf oder aber auf den schwarzen Markt des Lagers gelangten. Keineswegs ungewöhnlich war die Praxis, nach der sich das inhaftierte Krankenhauspersonal von der zusätzlichen Krankenration miternährte.[17]

Den Erfolg ihrer therapeutischen Bemühungen beschreibt die ehemalige Lagerärztin Helene Golnipa mit folgenden Worten: »Ob ich viel Nutzen mit meiner Arbeit gebracht habe, glaube ich kaum, die Analysen machten ja dann in den Krankengeschichten einen ganz guten Eindruck, aber da die Heilmittel fehlten und der Hunger dominierte, war eben dieser Nutzen höchst fragwürdig.«[18] Die wenigsten Häftlinge erhielten die medizinische Behandlung, die ihrer Erkrankung entsprach. Zudem unterschied sich die gesundheitliche Konstitution der Gefangenen beträchtlich. Jüngere Frauen hatten aufgrund ihrer körperlichen Konstitution bessere Chancen auf Genesung als ältere. Persönliche Sympathien entschieden nicht selten über besondere emotionale und materielle Zuwendungen und damit über den Grad der individuellen Gesundung. Nachdem sich die Krankenhaustür hinter den Gefangenen geschlossen hatte und sie als mehr oder minder geheilt entlassen wurden, trafen sie erneut auf die eigentlichen Ursachen von Krankheit und Siechtum: unmenschliche Zwangsarbeit und chronische Unterernährung. Der Kreislauf zwischen körperlichem Verfall und kurzer Genesung begann von neuem, allerdings von Mal zu Mal auf einem niedrigeren gesundheitlichen Niveau. Nur wenige Häftlinge erhielten die Möglichkeit, sich in einem der zeitweilig bestehenden »Erholungszimmer« oder »-punkte« zu regenerieren.[19] Die Plätze waren rar, der Schacher um sie groß.[20] Zwei bis vier Wochen befreite man die Gefangenen von der allgemeinen Arbeit und gab ihnen zusätzliche Verpflegung, um sie anschließend um so intensiver ausbeuten zu können.[21] Freie bzw. uniformierte Verantwortliche des medizinischen Dienstes bewerteten ihre Tätigkeit meist im besten Licht und machten die Häftlinge selbst für ihre Gebrechen verantwortlich. So berichtete der Chef der Sanitätsabteilung des Karlag am 7. Mai 1940 seinem Lagerkommandanten: »Trotz des minderwertigen Lagerbestandes und der großen Anzahl geschwächter Häftlinge – häufig zu Krankheiten neigende Invaliden, Schwangere, Mütter und alte Menschen –, trotz der systematischen Transportschwierigkeiten und der lang anhaltenden Unterbrechungen in der Brennstoffversorgung, aber Dank der Hartnäckigkeit und gewissenhaften Einstellung der medizinischen Kräfte zu ihren Pflichten hat der Sanitätsdienst im ganzen seine Arbeit erfüllt und gute Ergebnisse erreicht.«[22] Krankheiten wie Dystrophie, Pellagra oder Skorbut tauchten in den vorgelegten Statistiken nicht immer auf. In Berichten des Karlag vom Ende der 1930er Jahre ist lediglich von »Erschöpfung« bzw. »Magen- und Darmerkrankungen« die Rede, die, statistisch gesehen, von 1938 zu 1939 drastisch gesenkt wurden. Der Chef der Sanitätsabteilung nahm dies zum Anlaß, um die Einrichtung eines Prämienfonds für die freien Mitarbeiter zu erbitten.[23] Man ist geneigt, hierin die eigentliche Ursache der positiven statistischen Entwicklung zu suchen. Es sei daran erinnert: Noch im November 1939 hatte der Karlag-Chef feststellen müssen, daß die medizinische Versorgung der Häftlinge nicht vollständig gewährleistet war.

Die Mehrheit des in den Lagern tätigen medizinischen Personals stammte selbst aus den Reihen der Gefangenen. Diese Ärztinnen und Ärzte entschieden auch, wer von den sich krank meldenden Häftlingen eine Arbeitsbefreiung erhalten sollte. Zwei- bis dreimal am Tag gab es Sprechstunde und damit die Möglichkeit, einen der begehrten Krankenscheine zu bekommen. Die meisten Häftlinge gingen nach der Arbeit zur Krankenstation. »In der Dämmerung des kleinen Raumes drängten sich die Menschen zusammen«, erinnert sich Helene Golnipa: »Wenn es dann darum ging, eine Frau genauer zu besehen, mußte ich erst den Raum entleeren. Ein Wartezimmer für die Kranken war nicht vorhanden, der enge, kurze Gang, der zu mir führte, faßte nicht mehr als einige von ihnen, und die Kälte draußen war eben sibirisch.«[24] Die verantwortlichen Mediziner konnten Kranke und Geschwächte zu schwerer Arbeit in den Wald schicken oder in die Krankenstation einweisen. Sie bestimmten über die für den Häftling lebenswichtigste Frage: Arbeitsfähigkeit oder Arbeitsbefreiung. Ärztinnen und Ärzte konnten keineswegs nur medizinische Gesichtspunkte berücksichtigten. Sie sahen sich immer auch mit den Weisungen und Befehlen der Lageradministration, die eher nach politischen Richtlinien entschied, konfrontiert. Der uniformierte Chef der Sanitätsabteilung, nicht immer ein Mediziner, kontrollierte die Krankenliste des jeweiligen Tages, die der leitende Arzt vorzulegen hatte, und bestätigte oder strich willkürlich Gefangene von der Liste. Die Lageradministration setzte fest, wie viele Häftlinge täglich krank geschrieben werden durften. Allzu gewissenhaft konnten die Ärzte nicht sein, denn dann hätte mehr als die Hälfte der Häftlinge von der Arbeit befreit werden müssen.[25] Für die Arbeitsbefreiung galten strenge Regeln. Helene Golnipa durfte nicht mehr als 4 % der Lagerinsassen krankheitshalber von der Arbeit befreien.[26] Erschöpfung und körperliche Mattigkeit galten ebensowenig als Krankheitsgründe wie kleinere Verletzungen, Geschwüre oder Erfrierungen.[27] Wer die Norm der Krankmeldungen zu oft überschritt, hielt sich nicht sehr lange als Ärztin oder Arzt. Die Lageradministration setzte Helene Golnipa wegen ihrer Nachsicht schon nach zwei Wochen ab. An ihre Stelle trat ein mindergebildeter Hilfsarzt, der viel weniger Kranke von der Arbeit befreite.[28] Die beschränkte Zahl der Krankenplätze brachte Ärzte immer wieder mit ihrem Gewissen in Konflikt. Nicht selten verkamen die raren Pritschen in den Krankenstationen einfach zum Handelsobjekt, und viele Schwerkranke blieben ohne notwendige Behandlung.[29] Dies verschärfte die Konkurrenz der Häftlinge um die wenigen Krankenplätze. Mediziner sahen sich sowohl Drohgebärden krimineller als auch Bestechungsversuchen politischer Funktionshäftlinge ausgesetzt. Manche Ärztin und mancher Arzt ging darauf ein und besserte die ohnehin privilegierte Stellung durch Zuwendungen allgemeiner Häftlinge auf. Jewgenia Ginsburg berichtet von einem Häftlingsarzt, der von vornherein das vorgegebene Limit an Krankheitsfällen ausschließlich für kriminelle Frauen reservierte, »die ihn entweder mit Lebensmitteln honorierten, die sie sich bei den Waldsoldaten verdienten, oder ›in natura‹ – denn unser Arzt war zwar über 50, aber eine noch recht vitale Erscheinung«.[30] Erfahrene, alteingesessene Häftlinge warnten auch Jefrosinija Kersnowskaja davor, mit leeren Händen in die Sprechstunde der Ärztin Sorokina zu gehen.[31]

Erinnerungen an freie Mediziner sind ebenso widersprüchlich wie die an inhaftierte Ärztinnen und Ärzte. Margaretha Witschel erinnert sich einer Ärztin im Range eines Majors: »Wenn die Frauen zu ihr kamen, um untersucht zu werden, setzte sie das Hörrohr an, forderte die Patienten auf, tief zu atmen, und zwischendurch fragte sie: ›Kriegst du Pakete, Kindchen?‹ Wenn diese Frage bejaht wurde, fragte sie weiter: ›Viele?‹ Wenn dann auch ein ›ja‹ folgte, dann war diejenige auf Wochen hinaus arbeitsunfähig. Sie saß dann im Krankenhaus oder in einer warmen Baracke, bekam besseres Essen und stickte an der Aussteuer der Tochter unserer Majorin. Dann ging sie in die Küche, bestellte sich irgend etwas zu essen, was natürlich von unseren Portionen weggenommen wurde.«[32] Ausgesprochen selten sind Berichte, nach denen Ärzte direkt handgreiflich bzw. gewalttätig gegenüber Häftlingen wurden. Ruth Z. sah allerdings, wie eine Ärztin einen beim morgendlichen Arbeitsappell zusammengebrochenen Häftling immer wieder mit dem Fuß stieß und schrie »Steh auf du Aas, steh auf!«[33]

Hilda Vitzthum beschreibt in ihren Erinnerungen den entgegengesetzten Typ einer freien Ärztin: Lydia Iwanowna hatte sich kurz vor einem Vorladungstermin beim NKWD erhängt. »Hätte sie verhaftet werden sollen, weil sie so menschlich zu uns gewesen war?« fragten sich die Häftlinge: »Oder weil sie sich mit einer inhaftierten Ärztin angefreundet hatte? Hatte man von ihr etwas verlangt, was sie mit ihrem Gewissen nicht verantworten konnte? Oder war sie nur von all dem, was sie hier erleben mußte, so angeekelt, daß sie nicht mehr weiterzuleben vermochte?«[34]

Immer wieder setzten sich inhaftierte wie freie Ärztinnen und Ärzte für die gesundheitlichen Belange der Frauen ein. Luise Hörmann verdankt allein dem Engagement eines Arztes ihr Überleben. Er nahm die 19jährige aufgrund ihres katastrophalen Gesundheitszustandes aus einem Transport und versorgte sie persönlich mit Krankenkost.[35] Eine jüdische Ärztin rettete Jefrosinija Kersnowskaja vor der Strafzelle. Sie verweigerte ihre Unterschrift unter den Einweisungsbefehl, obwohl ihr ein Lageroffizier mit den Fäusten drohte und sie als »faschistische Unterlage« beschimpfte.[36] Jewgenia Ginsburg berichtet von einer Ärztin, die Dutzenden von Menschen das Leben rettete, indem sie ihren Krankenhausaufenthalt verlängerte, sie von schwerer Arbeit befreite oder ihnen zusätzliche Lebensmittel verordnete.[37] Die meisten Häft-

Ruth Z. während des Interviews, 1991.

lingsärztinnen und -ärzte litten darunter, Gefangene wegen der Vorgaben der Lageradministration, wegen des desolaten Zustandes der Krankeneinrichtung und des Mangels an Medikamenten nicht angemessen behandeln zu können. Viele zeigten sich uneigennützig und taten, was ihnen möglich war. »Das Lager ist dazu da, die Schraube um den Gefangenen immer fester anzuziehen«, so ein alter Sanitätsinspektor, an dessen Gedanken sich Elinor Lipper erinnert: »Und wir Mediziner sind dazu da, mit viel Geduld diese Schraube immer wieder ein klein wenig zu lockern. Mehr zu tun, ist uns hier nicht vergönnt.«[38] Handelten Ärzte hingegen zu sehr im Sinne der Lagerverwaltung und deren Instruktionen, so zogen sie sich den Haß und die Verachtung der anderen Häftlinge zu. Allerdings war bei der Beurteilung von Ärzten und ihrem Verhalten die konkrete Situation des Lagers und der dortigen Bedingungen von unmittelbarer Bedeutung. Denn davon hing der Spielraum ab, über den die Mediziner bei ihren Entscheidungen verfügen konnten.[39]

Die Tätigkeit in »medizinischen Punkten« oder Krankenstationen galt als privilegierte Arbeit. Der vergleichsweise hygienische und warme Ort sowie die scheinbar individuellen Arbeitsmöglichkeiten täuschten jedoch über die wahren physischen und psychischen Belastungen hinweg, denen sich Ärztinnen und Krankenschwestern ausgesetzt sahen. Die tägliche Konfrontation mit menschlichem Elend und Tod führte unvermeidlich zur Abstumpfung, ansonsten wäre die Arbeit mit den Kranken unerträglich gewesen. »Das hatte nichts mit Gleichgültigkeit zu tun«, so Hilda Vitzthum: »Man lernte nur, dem täglichen Schrecken besser zu begegnen und die Menschen mit der nötigen Nachsicht zu behandeln.«[40] Das Fehlen grundlegenden medizinischen Geräts und notwendigster Medikamente schränkte den Handlungsspielraum des Krankenpersonals zusätzlich ein. Immer wieder wird in Lagererinnerungen darüber berichtet, wie selbstlos Ärztinnen und Krankenschwestern sich für die Pflege und das Leben der Häftlinge einsetzten und sich gegenüber der Lagerführung zu behaupten versuchten.[41] Nora Pfeffer, zeitweilig als Krankenschwester tätig, hatte Fieber zu messen: »Und da sehe ich eine Frau, die so ausgezehrt war und furchtbar schlecht aussah. Aber sie hatte normale Temperatur, sogar unter 37 Grad. Vor lauter Schwäche bekam sie kein hohes Fieber. Dann nahm ich meine Zigarette und hielt sie kurz ans Thermometer, 37,8 Grad genügte. Dann durften wir einen Krankenschein ausschreiben, und die Frau konnte sich ein bißchen ausruhen. Das habe ich immer wieder und immer wieder getan.«[42]

Für alle Bedürftigen reichte jedoch die Hilfe niemals aus. Nicht zuletzt spiegelte sich in der verabreichten Krankenpflege und Versorgung auch die Stellung der einzelnen in der Hierarchie der Häftlingsgesellschaft. Die Chancen einer Gefangenen aus der »grauen Masse«, medizinisch angemessen versorgt zu werden, blieben äußerst gering. Funktionshäftlinge und privilegiert Arbeitende waren dagegen besser versorgt. Sie hatten Produkte und Leistungen anzubieten oder standen in anderweitiger »Verbindung« mit Ärzten und Ärztinnen oder Krankenschwestern.

Das Krankenhaus war der »Traum aller Gefangenen«.[43] Von unschätzbarer Bedeutung war, »daß man einmal in einem Bett mit Bettwäsche liegen konnte, daß kein Narjadschik einen zur Arbeit holte und daß das Essen besser zubereitet war als in der allgemeinen Gefangenenküche«.[44] Als paradiesisch empfanden Kranke zudem die besser geheizten und meist weniger eng belegten Räume. Allein diese, mit dem sonstigen Lageralltag verglichen, günstigen Umstände ließen die aufgenommenen Häftlinge auf Linderung hoffen. »Mir ist, als täte sich der Himmel auf«, schildert Marta Rudzka ihre Aufnahme in der Krankenstation. »Es gibt Leinentücher. Ich habe saubere Spitalwäsche an. Ich habe die Augen geschlossen. Ich brauche mich nicht zu bewegen oder überhaupt irgendwo hinzugehen. Es ist so wunderbar still, daß ich das langsame Ticken der Wanduhr und das Prasseln des Feuers im Ofen höre. Erschöpfung, Fieber, Krämpfe – in dieser göttlichen Ruhe und der Aussicht auf endlosen Schlaf macht das alles nichts mehr.«[45] Allerdings gab es immer wieder Phasen, in denen die Krankenstationen hoffnungslos überfüllt waren und die Leidenden zu zweit eine Liege teilen oder auf dem Fußboden ruhen mußten.

In kleineren Lagerstützpunkten bzw. Außenstellen, in denen keine stationären Einrichtungen existierten, therapierte man kranke Häftlinge ausschließlich ambulant. Ein Blockhaus, ein Bretterschuppen oder ein abgetrennter Holzverschlag in einer regulären Baracke mit der Aufschrift »Sanitätspunkt« stellte das Behandlungszimmer dar, in dem meist nur eine Krankenschwester oder ein Feldscher Sprechstunde hielten.[46] Akute Fälle wurden in die nächstliegende Krankenbaracke eines Lagerpunktes überführt. »Die Sanitätsstation war geweißt«, erinnert sich Elena Sidorkina, »es gab Pritschen, und jeder Kranke konnte für sich liegen. Wir bekamen Matratzen, Laken und mit Stroh gefüllte Kopfkissen. Sogar eine kleine Küche konnten wir uns einrichten.«[47] Neben den Genesungszimmern bestanden Krankenstationen in Lagerpunkten gewöhnlich aus einem Raum für die ärztliche Untersuchung und Behandlung, einem für das medizinische Personal, einer kleinen Apotheke und soweit möglich einer Isolierstation für infektiöse Häftlinge. Die hygienischen Verhältnisse differierten. Sie waren wegen der schweren Krankheiten und dem Mangel an entsprechenden Hilfsmitteln außerordentlich schwer auf dem erforderlichen Niveau zu halten und erforderten die besonderen Anstrengungen des medizinischen Personals. Susanne Leonhard berichtet vom »Stationar« Kotschmess, in dem es schrecklich viele Ratten gab. Tote, die nachts vor der Krankenbaracke abgelegt wurden, hatten die Tiere bereits am nächsten Morgen »bis zur Unkenntlichkeit abgeknabbert«.[48] Betreut wurden sowohl stationäre wie ambulante Patienten. Jeden Abend bildeten sich lange Schlangen von Häftlingen, die bei Wind und Wetter im Freien auf ihre Untersuchung warteten und um ihre Einweisung bangten. Die Anzahl der stationären Plätze reichte nie aus. Im Lagerpunkt Kotschmess gab es für 1000 Gefangene lediglich 24 Krankenbetten.[49]

Größere Krankeneinrichtungen, in die schwerkranke Häftlinge überwiesen werden konnten, befanden sich in den Hauptlagern des jeweiligen Lagerkomplexes. In diesen Krankenhäusern, in denen auch zahnärztliche Kabinette existierten, waren nicht nur die Ausstattung und die Verpflegung besser.[50] Das medizinische Personal verfügte meist über eine sehr gute Ausbildung und arbeitete in seiner Fachrichtung. Daran hatte auch die örtliche Lageradministration Interesse, denn man ließ sich selbst und die Familienangehörigen von den Gefangenen behandeln. Jeder Lagerkomplex verfügte über ein Zentralkrankenhaus mit mehreren Hundert Betten und speziellen Abteilungen, in denen von inhaftierten Fachärzten vorrangig Angehörige der Lageradministration und der Wachmannschaften therapiert wurden.[51] Häftlinge gelangten in diese Krankeneinrichtung meist als medizinisches oder Servicepersonal; als Patienten zumeist jedoch nur, wenn die Lageradministration ein Interesse an ihrer Gesundheit hatte.

Lagerkrankheiten

In regelmäßigen Abständen, meist halbjährlich, sollten »Ärzte-Arbeitskommissionen« den gesundheitlichen Zustand, d.h. die Arbeitsfähigkeit der Häftlinge begutachteten.[52] Zu den oft primitiven Untersuchungsmethoden (»Pokneifen«) kam für Frauen eine weitere Demütigung hinzu. Sie mußten sich nackt nicht nur vor Ärzten, sondern auch vor meist männlichen Lageroffizieren zeigen. Wera Ljudyno, stark gehbehindert, hatte sich vor 15 Personen zu präsentieren. »In meinem Herzen war es mir sehr bitter und traurig zumute, daß ich meinen Defekt, meine Verstümmelung so vielen Augen vorführen mußte«, erinnert sich die damals junge Frau. »Ein Ende dieser Untersuchung war nicht abzusehen. Es kam mir so vor, als ob eine Ewigkeit verging! Mein Herz weinte! Als mir befohlen wurde, mich anzuziehen, zitterte ich so am ganzen Körper, daß ich mir gar nicht die Kleider überziehen konnte.«[53]

Die Untersuchungsergebnisse waren in die persönliche Häftlingsakte einzutragen.[54] Vier Beispiele der medizinischen Bürokratie aus dem Karagandinsker Besserungsarbeitslager: Elena Owtscharenko, geboren 1880, verurteilte die Sonderberatung des NKWD 1939 wegen »antisowjetischer Agitation« zu sechs Jahren Lager. Der eigentliche Haftgrund war ihr religiöser Glaube. Die Häftlingsakte dokumentiert eine kurze Krankengeschichte[55]: Dezember: 1939 gesund, kann arbeiten. März 1940: Myokarditis[56], Polyarthritis[57], fähig zu leichter Arbeit. Mai 1940: Lungenemphysem[58], starke Blutarmut, fähig zu leichter Arbeit. Februar 1941: Invalide der Gruppe B mit Verlust der Arbeitsfähigkeit von 85 %. Am 7. Dezember 1943 verstarb Elena Owtscharenko im Alter von 63 Jahren. Im April 1940 kam die Gläubige Ekatarina Korostelewa ins Karlag. Die 37jährige litt bereits an Myokarditis sowie einem falsch zusammengewachsenen Bruch eines Mittelfingers. Vor ihr lagen noch reichlich drei Jahre Lagerhaft. Nach kurzen medizinischen Untersuchungen schrieben Ärzte in ihre Lagerakte[59]: Mai 1940: starke Blutarmut, Herzneurose, physische Arbeit. November 1940: Herzneurose, Lumbago[60]. Januar 1942: Myokarditis, Unterernährung, kann für Transportbrigade verwendet werden. April 1943: Geimpft gegen Unterleibstyphus. November 1943: Blutarmut. Bei den meldepflichtigen Krankheiten war für Ekatarina Korostelewa Malaria registriert. Ob die Gefangene das Lager überlebte, ist unbekannt. Der Tod von Ernestina Henkel ist auf den 25. März 1944 datiert. Zu diesem Zeitpunkt war sie 27 Jahre alt. Ihre reguläre fünfjährige Haftstrafe war bereits im November 1942 abgelaufen. Entlassen wurde sie jedoch nicht. Knapp ein Jahr später, im September 1943, diagnostizierte man bei der Rußlanddeutschen Lungentuberkulose und stellte einen 65 %igen Verlust der Arbeitsfähigkeit fest. Bis kurz vor ihrem Tod taxierte die Arztkommission das Leistungsvermögen der mittlerweile invalidisierten Gefangenen. Zuletzt soll es noch 15 % betragen haben.[61] Christina Iwaschtschenko war 61 Jahre, als sie am 24. April 1940 im Karlag eintraf. Vor ihr lagen fünf Haftjahre mit schweren Krankheiten. Diagnosen medizinischer Kommissionen, die sich in ihrer Lagerakte befanden[62]: April 1940: Altersschwäche, Arteriosklerose[63], Kardiosklerose[64], Vorfall der Gebärmutter, Invalide, Arbeitsunfähigkeit 85 %, Impfung gegen Unterleibstyphus. Oktober 1940: Impfung gegen Pocken, Invalide, Arbeitsunfähigkeit 75 %. Oktober 1941: Altersschwäche, Arteriosklerose, Kardiosklerose, Kachexie[65], Fehlen aller Zähne, Vorfall der Gebärmutter, Invalide, Arbeitsunfähigkeit 80 %. November 1942: Ohne Veränderung. Januar 1943: Gleicher Befund. August 1943: Pellagra, Invalide, zu 90 % arbeitsunfähig. 12. Oktober 1943, 16.00 Uhr, Eintritt des Todes aufgrund Herzversagen, Diagnose: Pellagra. Für Christina Iwaschtschenko und viele andere Frauen mündete die Krankengeschichte in eine »Tötungsgeschichte«, wie Jewgenia Ginsburg als Lagerkrankenschwester die medizinischen Aufzeichnungen genannt hätte.[66] Die hastig niedergeschriebenen und oft schwer lesbaren Worte registrierten den Gesundheitszustand vornehmlich mit dem Ziel, das Arbeitsvermögen der Gefangenen zu definieren. Allein diese Faktoren interessierten die Lageradministration. Hinweise auf eine medizinische Behandlung fehlen in den Niederschriften gänzlich. Helene Golnipa, zeitweilig als Lagerärztin tätig, halfen die von ihren Vorgängern hinterlassenen Angaben für ihre therapeutischen Maßnahmen daher recht wenig.[67]

Beinahe alle überlebenden Häftlinge erzählen in ihren Lagerberichten von dramatischen Krankengeschichten.[68] »Wie oft hatte ich die Ruhr?« erinnert sich Antonie Satzger: »Zehnmal ist zuwenig gesagt. Ich hatte zuletzt so stark die Ruhr, da ist bei mir das Blut hellrot davongelaufen. Ich hatte schon mit dem Leben abgeschlossen. Ich konnte nichts mehr essen. Und da kam eine Frau zu mir, eine Burjatin. Die sagte, sie könnte mir was geben, aber ich müßte ihr meine Brotration überlassen. Ich konnte ja sowieso nichts mehr essen.« Eine Wurzel der Einheimischen, gebrüht mit heißem Wasser, rettete Antonie Satzger schließlich das Leben.[69] Gegenüber den auch in Freiheit vorkommenden Leiden traten eine Vielzahl spezieller Lagergebrechen auf. Vor allem Hunger- und Mangelkrankheiten wie Dystrophie und Avitaminosen grassierten unter den Häftlingen und kosteten zahllosen Frauen das Leben.[70] Weitverbreitet war auch Dysenterie, und zwar als eigenständiges oder in Verbindung mit anderen Krankheiten auftretendes Leiden. Marta Rudzka beschreibt in ihren Erinnerungen das Fortschreiten der Ruhr und ihr persönliches Befinden. »Schließlich werde ich so erschöpft und schwach, daß ich von dem, was um mich vorgeht, wenig mehr weiß. Ich weiß, daß ich sehr krank bin, aber das berührt mich inzwischen nicht mehr. Die Möglichkeit des Todes, deren ich mir bewußt bin, scheint sich nicht auf mich zu beziehen. Sie wirkt nebelhaft, in Fieber aufgelöst und gar nicht erschreckend. Was bedeutet sie schon? Ich werde also auf immer in der Tundra, außerhalb der Lagerzone, bleiben – nicht nur ich. Etwas in mir hat sich gespalten. Dies schmerzende Ich, in seinem Loch zusammengerollt, ist mir sonderbar ferngerückt und bedeutungslos geworden. Viel wichtiger ist das andere Ich, das klein, weit fort und unwirklich in rasender Hast verzweifelt und atemlos um mein altes Heim läuft, auf einer keuchenden, tödlich ermüdenden Suche nach Gott weiß was.«[71] Marta Rudzka war ebenso wie Antonie Satzger auf 39 Kilogramm abgemagert.

Durchfälle traten auch in Verbindung mit der verbreiteten Lagerkrankheit Pellagra auf, die infolge der völlig einseitigen Ernährung und des Mangels an Vitamin B_2 ausgelöst wurde. Julie Bevern, zeitweilig tätig als Krankenschwester, spricht von »elementarer Auszehrung« des Körpers, grassierendem Muskelverlust und Austrocknen der Haut.[72] Die Erkrankung verläuft in drei Phasen. In der ersten traten verstärkt Veränderungen der Haut auf. Das Gewebe vertrocknete regelrecht. An anderen Stellen bildeten sich Geschwüre und Furunkel. Durchfall kennzeichnete die zweite Stufe. Im dritten Stadium griff die Krankheit auf das Gehirn über. »Da dreht man durch«, so Ruth Z., »man fängt an zu lachen oder zu spinnen, gerade so, wie der Charakter des einzelnen ist.«[73] Unter Häftlingen war Pellagra als Krankheit mit den drei »D« bekannt: Diarrhöe für Durchfall, Dermatitis für Hautentzündungen und Dementia für Schwachsinn.[74] Für die Erkrankte war die Diarrhöe am dramatischsten und verlief oftmals tödlich.[75] Zuvor bewegten sich die Leidenden nur noch langsam und schwerfällig, an den »Extremitäten traten die Gelenke knollenartig hervor, und schließlich lagen die gänzlich geschwächten Kranken wie Jahrtausende alte Mumien fast regungslos«.[76] Helene Golnipa betreute ein Krankenzimmer in einem kleinen Außenlager. Die Kranken lagen auf Pritschen, dicht an dicht. »Ihre Gesichter waren blaß, einfach erdfarben«, erinnert sich Helene Golnipa: »Ich sah gleichgültige und zornige, müde und verächtliche Blicke, aber auch ironische, eigentlich freche, die mich maßen, und vor denen ich Angst haben sollte, was ich verstand, ohne sie jedoch aufzubringen. Hilfesuchende Blicke waren recht selten, anscheinend hatte man den Glauben an das Wunder schon lange aufgegeben. Wenn er noch vorhanden war, gehörte er den Jungen, den Unmündigen. Manche lagen mit geschlossenen Augen da, so als ob der letzte Rest ihres Lebens sich in ihnen gesammelt hätte, um nur von dort her zu entweichen, sie bemühten sich dem Leben den Ausgang zu verwehren.«[77]

Der extreme Mangel an Vitamin C verursachte bei den Gefangenen Skorbut. Die Krankheit, an der Häftlinge Monate und oft mehrmals litten, hatte ähnliche Folgen wie Pellagra. »Wie groß der physische Verfall der an Skorbut erkrankten Menschen auch gewesen sein mochte«, so Jefrosinija Kersnowskaja, »die psychischen Veränderungen waren noch augenscheinlicher und schrecklicher.« Diese halbtoten Wesen hatten ihr menschliches Aussehen verloren und glichen »zerzausten Stoffpuppen«.[78] Mehrheitlich gehörten Häftlinge, die an schwerem Skorbut litten, zu den Dahinsiechenden, zu den »Dochodjagi«. Allerdings war deren Sterblichkeitsrate geringer als jene der an Pellagra Erkrankten.[79] Andere Häftlinge schwollen an und litten an Ödemen, an Gewebswassersucht. Die Betroffenen wurden von Zeit zu Zeit »angezapft«, um dem Körper mehrere Liter Wasser zu entziehen. »Befand sich ein Kranker in diesem Zustand«, so Hilda Vitzthum, »so war sein Tod gewiß.«[80]

Die immer wieder auf- und abklingenden Lagerkrankheiten wirkten auf die Funktion einzelner Körperorgane verheerend. Unterernährung und Auszehrung schwächten vor allem die Tätigkeit der Herzmuskeln, die bei körperlichen Anstrengungen schnell und plötzlich versagen konnten.[81] Häftlinge starben beinahe lautlos bei der Zwangsarbeit oder auch mit dem letzten Bissen im Mund in der Krankenstation.[82] Die schnell umkamen, hatten es besser, konstatiert Dodo Garai, ihnen blieben körperliche Qualen sowie zusätzliche seelische Herabwürdigungen und Demütigungen erspart.[83] Vitaminmangel war auch für Nyktalopie, die Nachtblindheit, verantwortlich. Unmittelbar nach Sonnenuntergang verloren die daran leidenden Häftlinge fast völlig ihre Sehkraft und torkelten über die Wege oder tasteten sich an den Wänden entlang zum Ausgabefenster der Speisehalle.[84] Aufgrund der unzureichenden hygienischen Verhältnisse kam es immer wieder zum Ausbruch von Typhus, an dem vor allem die schwächsten Häftlinge zugrunde gingen. In südlich gelegenen Lagern waren zahlreiche

Frauen an Malaria erkrankt. Im Lagerpunkt, in dem Mia Spitz inhaftiert war, litten von 350 Frauen allein 80 am Wechselfieber. In den ersten Kriegsjahren trieb man die Frauen trotz ihrer immer wiederkehrenden Fieberanfälle zur Arbeit hinaus. Erst nach 1943 durften Häftlinge nach einem starken Malariaanfall drei Tage in der Baracke bleiben.[85] Frauen, die wie Alice S. auf Schaffarmen eingesetzt waren, infizierten sich am sogenannten Maltafieber, an Brucellose.[86] Hohe Körpertemperaturen und Schüttelfrost sowie Gelenkschmerzen quälten die Betroffenen und konnten ebenfalls tödlich enden. Zahlreiche Häftlinge waren von eitrigen Furunkeln bzw. Karbunkeln befallen.[87] Bei Margaretha Witschel bildete sich ein Abszeß am Hinterkopf. Erst als das Geschwür so groß wie eine Faust war, nahm man sie in der Krankenstation auf und entnahm einen Becher Eiter aus dem aufgeschnittenen Herd. Die Wunde war noch nicht verheilt, als die Gefangene aus der Krankenbaracke verwiesen und wieder zur Arbeit geschickt wurde. Lange noch war der dünne Verband, den sie um den Kopf trug, am Abend nach der Arbeit blutig. Andere Häftlinge wurden von Ekzemen befallen oder infizierten sich bei Mitgefangenen an Krätze. »Das Jucken, das danach entsteht«, so Helene Golnipa, »ist unerträglich, aber das Kratzen, das zu seiner Abhilfe dienen soll, hat seine üblen Folgen, es entstehen gewöhnlich Geschwüre danach.«[88] Das einzige im Lager verfügbare Gegenmittel war Birkenteer. Die unangenehm riechende, dunkelbraune Masse, mit der man sich bestrich, ließ sich nur schwer wieder entfernen und machte die Kleidung hart und steif.

Geschlechtskrankheiten, vor allem Syphilis und Gonorrhöe, verbreiteten sich vor allem unter kriminellen Häftlingen, vorwiegend Männern. Tödlich konnten auch schwere Erfrierungen ausgehen.[89] Im Winter erkrankten viele Häftlinge zudem an Grippe, Angina oder Bronchitis, die aufgrund der geschwächten Konstitution durchaus tödlich verlaufen konnten. Die Anfälligkeit der ausgemergelten Häftlinge für Infektionen aller Art war höher als gewöhnlich. Blasen- und Nierenkrankheiten traten gehäuft auf.[90] Feld- und Waldarbeiterinnen litten an Gliederschmerzen, durch Rheuma, Ischias und Hexenschuß.[91] Anhaltend schwere Zwangsarbeit, etwa Holzeinschlag oder Straßenbau, rief die Senkung und nicht selten die Verlagerung der Gebärmutter vor den Scheideneingang hervor.[92]

Die strapaziösen Lagerbedingungen führten immer wieder zu körperlichen und seelischen Zusammenbrüchen. Das unaufhörliche Bükken, bei dem sich das Blut im Kopf staute, sowie die monotonen Handgriffe machten die Feldarbeit für Alice S. zum Horror. Eines Morgens reagierte die noch junge Frau mit einem Weinkrampf. »Ich konnte einfach nicht mehr«, erinnert sie sich. Die Gefangene hatte noch Glück. Man rief die Ärztin, die sie einen Tag von der Arbeit befreite.[93] Auch Susanne Leonhard brach während der Arbeit zusammen. Als sie wieder zu sich kam, lag sie auf der Veranda der Krankenstation. Jemand rieb sie mit Schnee ab. Aufgrund einer Kopfwunde, die der Sturz verursacht hatte, sowie einer schweren Bronchitis, Blasenkatarrh und Nierenreizung kam sie ins Krankenhaus. Bereits nach einer Woche entließ man Susanne Leonhard trotz fortgesetzt erhöhter Temperatur und befreite sie lediglich noch einige Tage von der Arbeit.[94] Ljuba Ukrainska erlebte, wie eine Gefangene am Textilfließband irre wurde. Plötzlich blieb die erwartete und sonst prompte Zuarbeit aus. Die Nachbarin stutzte und machte andere Frauen darauf aufmerksam. Sie schlugen Alarm, hielten das Band an und gingen zu der Leidensgefährtin, einer Baltin. »Sie reagierte absolut nicht«, erinnert sich Ljuba Ukrainska: »Erst lachte sie, dann weinte sie, und man sah, daß sie krank ist. Man hat sie ins Lagerkrankenhaus gebracht und dann ins Zentralkrankenhaus. Zu uns kam sie nicht mehr.« Offen blieb auch das Schicksal einer Gefangenen, die während eines Häftlingsappells die Nerven verlor. Sie verließ ihre Reihe, lief schreiend über den Platz, bis sie fiel und liegenblieb. Eine Häftlingsärztin meinte, »mit ihr könne man nichts mehr anfangen, sie müsse isoliert werden«.[95] Auch der Schmerz über die Trennung von ihren Kindern und die Sehnsucht nach ihnen ließ Frauen verzweifeln. Frieda Siebenaicher arbeitete zeitweilig in einer Baracke, in der man diese Frauen separierte. Jedes bißchen formten sie zu einer Kinderpuppe, erinnert sie sich. Aus Stöckchen, Stroh und Watte haben die Mütter »ihre« Kinder zurechtgemacht, gestreichelt und geschaukelt.[96] Auch in anderen Lagern gab es Epileptiker und Geistesgestörte, sowohl ruhige als auch aggressive Häftlinge.[97] Susanne Leonhard erinnert sich beispielsweise an eine Frau, die mitten in der Baracke urinierte oder in die Eßschüssel einer Gefangenen einen Kothaufen setzte.[98] Zwangsjacken und Injektionen gehörten zu gängigen Therapiemethoden.[99] Erst nach Kriegsende zog man der Isolation der Geistesgestörten ihre Einweisung in zivile Anstalten außerhalb des Lagers vor.

»Um 12 Uhr 17 Minuten trat der Tod ein, nachdem die Herztätigkeit sich ständig verschlechtert hatte«, schrieb Jewgenia Ginsburg auf den Totenschein einer gerade verstorbenen Gefangenen.[100] Der Tod eines Häftlings wurde in einem sogenannten »Akt« protokolliert. Diese Sterbeurkunde lag bereits als gedrucktes Formular vor und sollte auf Grundlage der persönlichen Krankengeschichte ausgefüllt werden. Eintragungen seien, hieß es auf dem Vordruck, deutlich und mit Tinte vorzunehmen, die Angaben mit den zuständigen Vertretern der Registratur- und Verteilungsabteilung abzustimmen.

Am 15. August 1942 starb Maria Rand. Das offizielle Protokoll ihres Todes[101]: »*Akt Nr. 171 vom 15. August 1942*. Abteilung des Karlag, Kommandirowka: *8. Tschurbai-Nurinsker Abteilung.* Wir die Unterzeichnenden, Leiter des *Stationar* der Kommandirowka *[unleserlich]*, der Arzt *[unleserlich], der Chef des SanTschast Wischnewski A. E., der Arzt Spiegelmann A. P.* haben diesen Akt darüber verfaßt, daß die sich in der Krankenstation befindliche Gefangene *Rand, Maria Iwanowna*, Nationalität *Estin*, eingeliefert am *8. August* 1942, am *15. August* 1942 um *7.20* Uhr gestorben ist. Die Gefangene *Rand*, *48* Jahre alt, *verheiratet*, eingeliefert im Karlag am *24. August 1939* als Verurteilte durch die *Sonderberatung der Verwaltung des NKWD am 16. Juli 1939* wegen *Spionage* zu *8* Jahren, persönliche Akte Nr. *177149*. Geburtsort: *Dorf Pogoweski, Wesenberger Kreis (Estland)*. Familie des Gefangenen befindet sich *[keine Angaben]*. Bei der Leichenbeschauung stellte man folgende Kennzeichen fest: Wuchs *159 cm*, Farbe der Augen *grau*, Farbe der Haare auf dem Kopf *dunkelbraun*, Haare des Bartes *[keine]*, des Schnurrbartes *[keine]*, Tätowierungen befinden sich auf *[keine]*, Narben befinden sich auf *[keine]*. Der Tod trat ein infolge von [in Lateinisch und Russisch zu formulieren] *Degenerierung des Herzmuskels und Herzerweiterung, Hämokolit*[102]. Die der Gestorbenen *Rand* gehörenden Sachen sind während ihrer Einweisung im *Stationar* in die Aufbewahrungskammer genommen worden mit der Nr. *[keine Eintragung]* Unterschriften: *Chef des SanTschast, Leiter des Stationar, Arzt [unleserlich]*.«

Jüngere Frauen, im Alter bis Mitte 30, hatten aufgrund ihrer physischen Kondition bessere Überlebenschancen als ältere Gefangene.

Das zeigt eine erste Analyse von 16 überlieferten Totenscheinen ehemaliger Karlag-Gefangener.[103] Dreizehn dieser im Lager gestorbenen Frauen waren älter als 36, elf davon über 40 Jahre. Nur drei der Gestorbenen waren zwischen 24 und 27 Jahren. Die Spanne zwischen dem Zeitpunkt der Verhaftung und dem Tod im Lager variierte bei den 16 verstorbenen Frauen zwischen einem und acht Jahren. Nach durchschnittlich vier Jahren Lageraufenthalt trat der Tod ein, meist nach langer, ungenügend therapierter Krankheit. Elf von ihnen starben im Jahr 1943, drei 1942 und je eine Frau 1941 bzw. 1944. Nach offiziellen Angaben von 14 Totenscheinen starben sieben Frauen an Herzversagen, zwei an Lungenentzündung und je eine Gefangene an Erfrierungen, Tuberkulose, Darmverschlingung, Krebs und Pellagra. Herzstillstand, Lungenentzündung sowie Magendarmleiden waren zwar Folge der typischen Lagerkrankheiten und wohl auch Auslöser, aber keineswegs eigentliche Ursache des Todes. Die Manipulation auf Totenscheinen gehörte zur allgegenwärtigen Praxis in den Krankenstationen und Invalidenlagern. Die Toten waren nicht einfach irgendwie unter die Erde zu bringen, sondern mit bürokratischer Gründlichkeit oder, wie es im Lager hieß, »nach allen Regeln der Kunst«.[104] Bei starker Auszehrung gab man Susanne Leonhard zufolge als Todesursache Ernährungs-, Herzmuskel- oder auch Verdauungsstörung an. Wies die Verstorbene Hungerödeme auf, so wurde Wassersucht geschrieben, bei schweren Avitaminosen hieß es Stoffwechselerkrankung.[105]

Luise Hörmann war Zeugin, wie die Verwaltung ihres Lagerpunktes das Massensterben kaschierte. Unter einem Häftlingstransport grassierte während der Kriegsjahre die Ruhr. Von ca. 2000 ausschließlich männlichen Gefangenen erreichten weniger als 100 lebend das Lager. Luise Hörmann befahl man mit anderen Bürokräften in eine als Leichenhalle umfunktionierte Baracke. Auf den Pritschen stapelten sich Leichen über Leichen. »Man sah nur Füße, Füße, Füße«, erinnert sich die Gefangene, »auch oben in der zweiten Etage. Der Fußboden war voller Leichen, nackte Männer. Ihre Körper waren noch nicht so abgemagert wie bei Lagertoten. Aber sie sahen gelb und krank aus und begannen schon zu verwesen. In der Mitte stand ein Tisch, an dem zwei, drei Ärzte saßen und wir. Für jeden Toten wurde ein Akt, ein Totenschein, in vier Exemplaren geschrieben. Es gab kein Kopierpapier, es gab keine Schreibmaschine, nur Hände und Bleistifte. Einige gefangene Männer brachten die Toten zum Tisch und nannten ihre jeweilige Nummer, die auf einem kleinen Holzbrettchen stand, das an einem großen Zeh befestigt war. Man blätterte in den Akten und fand seinen Namen. Dann sagte der Arzt ›Lungenentzündung‹. Das war die Diagnose. Und wir schrieben das auf: Datum, Name und Todesursache. So ging das immer weiter, eine Nummer nach der anderen. So arbeiteten wir dort tagelang. Die Toten, deren Protokoll fertig war, wurden weggeschafft, und neue kamen hinzu.« Die zuständige Lageradministration nahm die Verstorbenen auf, als ob sie lebend im Lager angekommen wären. Das Todesdatum fälschte man ebenso wie die Todesursache. Nierenversagen, Lungenentzündung und immer wieder Herzversagen wurde in die Totenscheine eingetragen.[106]

Versuche des medizinischen Personals, wahrheitsgetreue Diagnosen zu stellen, scheiterten nicht selten an den Mitunterzeichnenden der Todesurkunden, dem Leiter der Krankenstation, vor allem aber dem Chef der Sanitätsabteilung, meist uniformierte NKWD/MWD-Angestellte. Weniger die Ärzte als die Verantwortlichen der Lageradministration waren an der Vertuschung der wahren Ursachen für das Massensterben interessiert. Herzversagen, Krebs oder Magendarmerkrankungen suggerierten einen weitgehend natürlichen Tod und verschleierten die wahren Ursachen des Massensterbens: die gesundheitsschädigende Sklavenarbeit, völlig unzureichende Bekleidung und Ausrüstung, katastrophale hygienische Bedingungen und vor allem die chronische Unterernährung.

»Jeden Morgen mußten wir Ärzte auf einer Kurzversammlung über die Zahl der Toten und die Ursache ihres Todes Bericht erstatten, doch alles nur pro forma.«[107] So eine Schilderung des ehemaligen Häftlingsarztes Henry Lewenstein. Auch Helene Golnipa verweist auf den nachlässigen Umgang der Lageradministration mit dem Häftlingssterben. »Es wäre sehr leicht möglich, so dachte ich zumindest, daß man mich des Morgens, dieser Toten halber, beschuldigen könnte, obgleich ich diesem Sterben ganz hilflos gegenüberstand. Nichts dergleichen geschah, es war dies wahrscheinlich eine ganz übliche, eine nächtliche Erscheinung«, die nur für sie als Häftlingsärztin neu war.[108] Nur wenn zu bestimmten Zeiten die Menge der Toten die übliche Anzahl überschritt, schreckte die Lageradministration auf und schob die Verantwortung dem medizinischen Personal zu.[109]

Von im Lager hingerichteten Häftlingen existieren keine Sterbeurkunden. Ihren Tod bestätigt lediglich das Protokoll der Erschießung. Aleksandra Wasilewa, 24 Jahre, verhaftete das Lager-NKWD wegen konterrevolutionärer Propaganda im November 1937 und verurteilte sie zum Tode. Verantwortliche Offiziere sowie der Operativbevollmächtigte des NKWD protokollierten am 21. November 1937: die »Erschießung unten angeführter Häftlinge des Karagandinsker Besserungsarbeitslagers, die wegen im Lager begangener Verbrechen angeklagt waren, ist 24.00 Uhr vollstreckt worden«. Es folgen die Namen von 50 hingerichteten Gefangenen.[110]

Genaue Angaben über das quantitative Ausmaß des Häftlingssterbens lassen sich aus den perrsönlichen Lagerberichten verständlicherweise kaum entnehmen. Die Wendung »Es sind viele gestorben« benutzen wie Sofia Main auch andere überlebende Frauen. Die genaue Zahl der Toten blieb den Häftlingen verborgen. Spürbar hingegen waren die verschiedenen Wellen vermehrten Sterbens: die Terrorjahre 1937/38, vor allem aber die ersten Kriegsjahre 1941 bis 1943.[111] Schätzungen über die Mortalität unter den Gefangenen gehen weit auseinander. Zwischen 3 und 30 % lag die jährliche Todesquote, die allerdings zeitweise stark variierte.[112] Die letzten Forschungsergebnisse legten Wissenschaftler der Moskauer Gesellschaft MEMORIAL vor. Danach stieg die Mortalität unter den Häftlingen von 1932 mit 4,8 % auf ca. 25 % im Kriegsjahr 1942.[113] Erst mit der Verbesserung der Versorgung Ende der 1940er Jahre näherte sich die Sterblichkeit der Gefangenen jener der Zivilpersonen außerhalb der Lager.[114] Nach den Schätzungen von Stephan Merl starben von den 15 Millionen Gulag-Häftlingen, die zwischen 1928 und 1952 inhaftiert waren, 3 Millionen, d. h. jeder fünfte Gefangene.[115] Die Sterblichkeit hing wesentlich vom Lagerort, der zu leistenden Zwangsarbeit sowie der Versorgung ab. Die schlechtesten Haftbedingungen bestanden im hohen Norden und in Fernost. In den Lagern des Kolymagebietes muß über einen längeren Zeitraum der 1930er und 1940er Jahre eine jährliche Todesrate von 25 bis 30 % des Häftlingsbestandes angenommen werden.[116]

Wie hoch der Anteil der Frauen war, ist noch unbekannt. Häftlingsberichten zufolge gab es erhebliche Unterschiede zwischen den Geschlechtern, die in bisherigen statistischen Angaben keinen Niederschlag finden. Weibliche Überlebende machen in ihren Erinnerungen immer wieder auf die größere Sterblichkeit unter Männern aufmerksam. Formulierungen wie »Männer sind furchtbar viele gestorben«, »Männer sind umgefallen wie die Fliegen« oder »Männer sind zweimal mehr als Frauen gestorben« finden sich immer wieder in weiblichen Lagerberichten.[117] Die Sterblichkeit männlicher Häftlinge überstieg Susanne Leonhard zufolge die der Frauen um ein Vielfaches.[118] Frauen paßten sich dagegen schneller und konstruktiver den Lagerbedingungen an und waren widerstandsfähiger, so die Erklärung eines Lagerarztes.[119] Andere verweisen auf physiologische Vorteile der Frauen, etwa größere Fettreserven in Hüften, Becken und Brüsten sowie einen widerstandsfähigeren Organismus.[120] Frauen können mehr »aushalten und sich mit weniger begnügen«, so Luise Hörmann, »sie sind wie Katzen«.[121] Aber auch die unter Männern verbreitete Nachlässigkeit gegenüber der persönlichen Hygiene steigerte die Sterblichkeit. Die meisten Frauen wuschen sich und ihre Leibwäsche, sooft es ging.[122] Männer machten das häufig nicht, verlausten, ließen sich gehen und büßten mit der Zeit ihre Selbstachtung und ihren Erhaltungstrieb ein. »Frauen sind weitaus zäher als Männer«, resümiert auch Elinor Lipper: »Es gibt einen Grad von Erschöpfung, wo ein Mann nichts mehr anerkennt als Essen und Schlafen. Eine Frau versucht auch dann noch, sich einen Rest von Menschentum zu bewahren.«[123]

Die Lageradministration brachte soweit möglich die schwerkranken Häftlinge in gesonderten Baracken unter. Dort starben die Verhungernden und Siechenden isoliert von der übrigen Masse der Gefangenen. Sie verschwanden einfach, man sah sie nicht wieder.[124] Dahinter verbarg sich nicht nur der Wille, die Ausbreitung von Infektionen zu reduzieren, sondern auch die Absicht, das Ausmaß des Massensterbens zu kaschieren und die Leistungsfähigkeit der übrigen Häftlinge angesichts des allgegenwärtigen Todes nicht zusätzlich zu unterminieren. Die Hälfte der Gefangenen starb nach Ansicht von Elinor Lipper in größeren Krankenhäusern, andere in den speziell eingerichteten Invalidenlagern.[125] Jeder Lagerkomplex verfügte, wie das Karlag, mindestens über ein Invalidenlager. Im dafür vorgesehenen Lagerpunkt Spassk befanden sich beispielsweise am 1. Januar 1940 insgesamt 2434 Invaliden. Das entsprach 7,7 % des Gesamtbestandes der Häftlinge.[126] In regulären Lagerpunkten konzentrierte die Administration arbeitsunfähige Häftlinge in besonderen Invalidenbaracken. Invalidisierte Häftlinge waren teilweise oder vollständig von der Arbeit befreit und erhielten dementsprechend eine verringerte Brotration. Statt 1200 bekamen Mitte 1939 schwerbeschädigte Häftlinge lediglich 600, 1942 hingegen nur noch 400 Gramm Brot pro Tag. Erst 1949 stieg die Ration wieder auf 650 Gramm.[127] Der gesundheitliche Zustand der invalidisierten Häftlinge war meist katastrophal und verschlechterte sich rasant. Die vor allem an Hungerkrankheiten Leidenden mußten oft und schnell auf die Latrine. Viele schafften es nicht mehr. Andere hockten über den großen Löchern »wie graue Dohlen auf einer Stange, und es kam vor, daß man die eine oder andere sterbend von der Latrinenstange wegschleppen mußte«.[128] Hilda Vitzthum war zeitweilig als Krankenschwester in einem Invalidenlager eingesetzt, das ihrer Erfahrung nach noch armseliger und primitiver als ein normales Lager ausgestattet war. Ihre Erinnerungen: »Langsam dahinsiechende, altersschwache und verkrüppelte, teils im Lager zu Krüppeln gewordene oder durch Schlaganfälle halb gelähmte Menschen lagen hier.«[129] In »Sterberäumen« oder »Zimmern der Dahinsiechenden« dämmerten Häftlinge, oft schon ohne Bewußtsein, dem Tod entgegen.[130] Die Gesichter und Hände der Kranken waren fahl und gelb. Nahrung nahmen sie kaum noch an, die menschlichen Körper waren ausgestreckt, und ihre Blicke verloren sich im Nichts der halbdunklen Baracke.[131] Die ärztliche Versorgung war noch schlechter als andernorts und das medizinische Personal meist weniger gebildet. An Medikamenten fehlte es ohnehin, selbst an Verbandsmaterial.[132] Unter diesen Bedingungen konnte so gut wie niemand seine Gesundheit wiedererlangen. Ganz im Gegenteil, die Invalidenlager bildeten für die meisten Häftlinge die letzte Station ihres Leidens- und Lebensweges, quasi das »Vorzimmer des Todes«.[133] Dessenungeachtet kämmten regelmäßig »ärztliche« Kommissionen den Häftlingsbestand durch und suchten nach »arbeitsfähigen« Gefangenen, die sie in die allgemeinen Lager zurückschicken konnten. Diese wiederum sandten ihren »Ausschuß an Menschenmaterial« in die Invalidenlager, so daß ein ständiger Austausch zwischen Arbeits- und Invalidenlager bestand.[134] Obgleich die Administration das Sterben weitestgehend zu verbergen suchte, blieben die Gefangenen doch ständig mit dem Tod konfrontiert. Das schnelle Ableben von Leidensgefährtinnen während der Zwangsarbeit oder in der Baracke, Selbstmorde bzw. -versuche, er-

Ida Konrad während eines Gespräches, 2002.

neute Verhaftungen, Hinrichtungen und immer wieder das unheilverkündende Verschwinden von Häftlingen prägten einen besonders schwer zu ertragenden Teil des Lageralltags. Genugtuung über das eigene Durchkommen schloß Trauer über das Ableben von Mithäftlingen ein. Je näher die Bekanntschaft zwischen Leidensgefährtinnen, desto intensiver und bedrückender der Abschiedsschmerz und die Wehmut. Manch Sterbende hatte noch die Kraft, an die Zurückgebliebenen einige Zeilen zu richten. »Leben Sie wohl«, heißt es in einem Abschiedsbrief an Trude Richter, »ich sterbe nun. Wie schade, ich hätte noch Nutzen bringen können.«[135] Häftlinge versuchten entgegen der Realität des Lagersterbens, dem unwiderruflichen Abschied soweit wie möglich menschenwürdige Züge zu verleihen. Ida Konrad und eine Leidensgefährtin gingen in den Leichenschuppen, in dem die nackten Toten wie Holzscheite übereinandergestapelt waren, und verabschiedeten sich still von einer nahen Mitgefangenen.[136]

Andere Häftlinge hingegen suchten Gedanken an das Sterben und die Gefahr des Todes zu verdrängen. Ständige Häftlingstransporte und -kommandierungen zwischen den Lagerpunkten sorgten für eine permanente Umschichtung des Häftlingsbestandes. So war es nicht schwer, sich einzureden, die Abtransportierten, die Verschwundenen, seien nur in ein anderes Lager gekommen.[137] Angesichts des kräftezehrenden Überlebenskampfes verbot sich vielen Frauen ein weiteres Grübeln über den Tod. Gewöhnung tat ein übriges. Agnessa Mironowa ängstigte sich nach einer Zeit nicht mehr vor den nackten, erstarrten Leichen, mit denen sie als Krankenschwester ständig konfrontiert war. Sie versuchte die Toten einfach nicht mehr wahrzunehmen, währenddessen sie sich immer wieder einredete: »Ich werde alles überstehen und nicht sterben. Ich werde nicht sterben, nicht sterben, ich werde nicht so enden.«[138] Das Sterben schuf emotionale Konflikte, die Gefangene veranlassen konnten, ihre Umgangsformen mit dem Tod zu überdenken. Luise Hörmann schildert das Umschlagen der Gefühle. In ihrer Baracke waren sich die Häftlinge oft uneins und jede mit sich selbst beschäftigt. »Anna ist heute von uns gegangen«, sagte eine Frau im Dunkeln der Baracke mehr zu sich selbst. Stille trat langsam ein. Unerwartet und spontan entwickelte sich eine gemeinsame Totenfeier für die Verstorbene. Jemand von den älteren Gefangenen begann das Lied »Näher mein Gott zu Dir« zu singen. Andere Frauen stimmten ein, bis alle mitsangen. Und schließlich fing man an zu beten, laut zu beten. Jemand begann mit dem Vaterunser, und die Frauen sprachen es nach. »Das war ein Weinen und eine Erweckung, eine Erweckung des Geistes«, erinnert sich Luise Hörmann: »Gestern noch sagten wir: ›Stirb du heut, und ich sterbe morgen‹, und dann auf einmal sangen wir alle: ›Näher mein Gott zu Dir‹.« Es war notwendig, Todesgedanken immer wieder auch abstreifen zu können, ohne dabei emotional völlig zu erkalten. Die Verdrängung diente ebenso wie die schrittweise Gewöhnung dem Schutz der Gefangenen gegen den Tod. »Andere Frauen sterben, das passiert anderen, mir nicht«, so dachten Luise Hörmann zufolge viele Häftlinge.[139]

Unmittelbar mit dem Sterben sahen sich Frauen konfrontiert, die als Krankenschwestern und Ärztinnen tätig und seine unmittelbaren Zeugen waren. Die »im Todeskampf erstarrten schwarzen Schlünde der Münder«, die »Todesangst in den brechenden Augen« oder die letzten

Worte der Sterbenden[140] sperrten sich nicht selten gegen die ärztliche Routine und verunsicherten das Gewissen. »Je mehr ich ihr Sterben sah, desto mehr entfernte ich mich von mir selbst«, erinnert sich Helene Golnipa.[141] Als Häftlingsärztin sah sie ihre besondere Pflicht darin, die Sterbenden auf ihrem letzten Weg soweit wie möglich zu begleiten. Das ging »nicht ohne Gefühlsaufwand ab, da andere Möglichkeiten, ihnen zu helfen, nicht vorhanden waren. Es ist nicht angenehm, eine Stirne zu streicheln, die mit kaltem Schweiß bedeckt ist, den harten Griff der Hände zu ertragen, die sich in Todesangst anklammern«.[142] Auch die Krankenschwester Jewgenia Ginsburg quälten die Todeskämpfe, die sie täglich mehrfach mit ansehen mußte. Dennoch, oder gerade deshalb, lernte auch sie sich mit dem Tod abzufinden. »Eisige Hände sind ein untrügliches Zeichen für das nahe Ende aller, die an Dystrophie sterben. Ich werde mich so daran gewöhnen, daß ich, wenn ich die Kälte solcher ›Hahnenfüße‹ unter meinen Händen spüre, schon am gleichen Abend das Formular ›Todesmeldung‹ vorbereite.«[143]

Der freie Arzt Dr. Moskowski erschien stets pünktlich 9.00 Uhr zur Arbeit in der Krankenbaracke. Als erstes erkundigte er sich nach der Anzahl der in der Nacht verstorbenen Häftlinge. Nachdem er die Mitteilung vernommen hatte, schüttelte Moskowski bedauernd den Kopf und ging sofort in die Küche, um sich einen Teil der Brotrationen der Hingeschiedenen geben zu lassen.[144] Skrupel quälten den Mediziner nicht. Ungeschriebene Gesetze regelten die noch so karge Erbschaft der Verstorbenen. Gab es in der Baracke einen Todesfall, konnte die Freundin oder Pritschennachbarin sich der Hinterlassenschaft bemächtigen, vielleicht einiger abgetragener Kleidungsstücke, eines Trinkbechers oder eines Kammes. Unter guten Freundinnen galt die Verpflichtung, Fotos, Briefe oder andere persönlichen Gegenstände den Angehörigen zukommen zu lassen. Trat der Tod in der Krankenstation ein, teilte man das Erbe dort auf. Die Listen für die Suppe wurden jeweils einen Tag im voraus aufgestellt, und der Tote bekam noch eine Ration, quasi »in das Grab hinein«.[145] Die »Balanda« und die letzte Brotzuteilung standen augenblicklich unter Kontrolle des medizinischen Personals. Die Verwertung variierte. Manche, wie der freie Arzt Moskowski, bereicherten sich ohne engere Beziehung zu den Verstorbenen persönlich an deren Hinterlassenschaften. In anderen Fällen sprach man der pflegenden Krankenschwester und dem behandelnden Arzt die Lebensmittel zu. Der leitende Arzt konnte aber auch veranlassen, die zusätzlichen Produkte in den Kessel des medizinischen Personals oder aber den der kranken Gefangenen zu geben. Streit und Unannehmlichkeiten gab es in der Krankenstation, wenn die Toten andere Utensilien hinterließen. Selbst über ein kleines emailliertes, an mehreren Stellen abgeschlagenes Henkeltöpfchen, aus dem ein Häftling sein Wasser getrunken hatte, konnte sich das Pflegepersonal nicht einigen. Man gab es schließlich der Ärztin Helene Golnipa mit den Worten: »Doktor, das ist Ihres, Sie haben es verdient!«[146] Lagerkleidung und Ausrüstungsgegenstände gingen an das zuständige Depot zurück. Persönliche Gegenstände, die sich zur Aufbewahrung in den dafür vorgesehenen Räumen der Lageradministration befanden, eignete sich gewöhnlich das NKWD bzw. dessen Mitarbeiter an. Der nach den Haftinstruktionen von 1939 und 1947 bestehende Anspruch der Angehörigen auf die gegenständliche Hinterlassenschaft der Verstorbenen ist ebensowenig erfüllt worden wie die Anweisung über die Benachrichtigung der Verwandten oder die Kennzeichnung der Grablage.[147]

Von der Pritsche gelangte die Tote gewöhnlich auf einen Seziertisch.[148] Befehlsgemäß hatte zur Feststellung der Todesursache eine »pathologisch anatomische bzw. gerichtsmedizinische Öffnung der Leiche« zu erfolgen.[149] Berichten nach entnahmen Mediziner gelegentlich innere Organe, um sie zu präparieren. Inwiefern die in Spiritus eingelegten Därme, Herzen, Nieren oder andere Präparate verstorbener Häftlinge tatsächlich eine wissenschaftlich-medizinische Verwendung fanden, bleibt in den Erinnerungen offen.[150]

In Baracken, Remisen oder Erdhütten wurden die Toten vor allem im Winter zwischengelagert. Frieda Siebenaicher riskierte einen Blick in den Leichenschuppen des Akmolinsker Lagers: »Vom Boden bis an die Decke alles Tote, alles solche Gerippe. Ich dachte zuerst, es wären Tiere.«[151] Ähnlich die Erinnerungen von Agnessa Mironowa, die zeitweilig als Krankenschwester einer Invalidenbaracke arbeitete: Es war Winter. Von 300 Invaliden starben täglich sechs bis acht. »Die vereisten Toten wurden aufrecht, unweit der Latrine aufgestellt. Später wurde ein Schuppen für sie frei gemacht, doch auch dort reichte der Platz nicht aus. Dann wurden sie unter den Vorbau, gleich neben dem Eingang, gelegt, nackt und nur leicht abgedeckt.«[152]

Am 16. Juni 1943 begrub man die 38jährige Fedora Korotkowa, eine Kriminelle. Tags darauf setzten darüber der diensthabende Chef des Lagerpunktes Burma sowie der Arzthelfer einen offiziellen »Akt« auf.[153] Ein durchaus seltenes Dokument. Das Protokoll mit der Bezeichnung »Forma Nr. 6« war vorgedruckt und mußte handschriftlich nur an einigen Stellen ergänzt werden. Dem Schriftstück nach begrub man die Tote auf dem neuen Friedhof von Burma in einer Grube von zwei Metern Tiefe und Länge sowie einem Meter Breite, mit dem Kopf in Richtung Osten. Vor den Unterschriften der beiden Lagerangestellten blieb die letzte Zeile ohne handschriftliche Ergänzung. Hinter den vorgedruckten Worten »Am Grabe wurde ein Pfahl aufgestellt mit der Inschrift« war ein Strich gemacht worden. Der erwähnte neue Friedhof dürfte einfach der Begräbnisort des Lagers Burma gewesen sein. Und die Angaben über die Ausmaße einer Grube belegen keineswegs, daß die Gefangene Fedora Korotkowa in einem Einzelgrab ihre letzte Ruhe fand. Auf einigen weiteren Totenscheinen, wie im Falle von Christina Iwaschtschenko, wurde handschriftlich hinzugetragen: »Der Leichnam wurde auf dem Friedhof der Akmolinsker Abteilung am 13. Oktober 1943 in einer Grube, 1,5 m tief, 1 m breit und 2 m lang, begraben. Unterschrift: Kommandant, Diensthabender des Lagers.«[154] Selbst wenn man die Bestattung in einem Einzelgrab unterstellen möchte, fehlt doch die genaue Kennzeichnung der Grabstelle mit einer persönlichen Tafel. Die Entsorgung der Toten sollte endgültig sein; ihr Auffinden und ein Gedenken an sie unmöglich gemacht werden.

Der Weg der Gestorbenen endete fast immer in einem anonymen Massengrab, an einem unbekannten, später vergessenen Ort. Unweit des Lagers oder in größerer Entfernung konnte das Gräberfeld liegen, auf einem Berg, im Wald oder verstreut in der Steppe. Der Transport erfolgte nachts, verborgen vor den unruhigen Blicken der anderen Häftlinge. Auf einfache Platten- oder Leiterwagen stapelte das Begräbniskommando die Toten und bedeckte sie soweit möglich.[155] Frieda Siebenaicher hörte es klimpern und klirren, wenn im Winter die gefrorenen Toten auf die Planken geschmissen wurden.[156] Wie das Sterben ein Verrecken, war das Begräbnis ein Verscharren. Die Massengräber füllten sich fortlaufend und rasant während der periodisch auftretenden Todeswellen. Meist schaffte man die Toten nackt in die Massengräber. Papiersäcke oder einfache Holzkisten gab es nur vor dem Krieg bzw. seit Ende der 1940er Jahre.[157] Jefrosinija Kersnowskaja berichtet, die Toten seien aus ihrem Lager zwar in Särgen abtransportiert, aber aus den Holzkästen direkt in die Massengräber gekippt worden.[158] Die Masse der Häftlinge wußte im allgemeinen nichts über die genaue Lage des Gräberfeldes. Deshalb, aber auch einfach aus Gleichgültigkeit, erachtete man es nicht immer als notwendig, die Grabstätte ordnungsgemäß zu schließen. Im Gegenteil, meist bedeckte nur eine dünne, flüchtig hingeworfene Erdschicht die Verstorbenen. Bald stellten sich Krähen und andere Tiere ein.[159] In den Wintermonaten war die Erde zu hart gefroren, um die Leichen zu vergraben. Man bedeckte die Toten einfach mit Schnee, und im Frühsommer lagen sie auf der Erde oder wurden vom Schmelzwasser irgendwohin getrieben, nicht selten von Wölfen, Bären oder anderen Tieren angefressen. Andernorts war der Boden zu feucht und sumpfig, um die Toten tief genug begraben zu können.[160]

Im schlimmsten Fall übertrug die Lageradministration die Verantwortung für die Toten an kriminelle Häftlinge. »Sie waren zu faul«, so Jewgenia Ginsburg in ihren Erinnerungen, »die Leichen nach der Obduktion wieder zu schließen, zu faul, Gräber auszuheben, die lang genug für die toten Körper waren. Also zerstückelten sie die Leichen und warfen die Teile in eine flache, runde Grube hinter einer mit Lärchen bestandenen Anhöhe. Einmal begegnete ich so einem Begräbniszug im Morgengrauen, als ich zu ungewohnter Stunde in die Apotheke lief. Auf einem langen Jakutenschlitten zogen drei Kriminelle die zerhackten Überreste eines Menschen. Schamlos ragten die bläulichen, erfrorenen Hinterbacken hervor. Die abgetrennten Arme schleiften im Schnee. Gedärm fiel zu Boden. Die Säcke, in denen die Leichen offiziell begraben werden sollten, dienten den Kriminellen als Handels- und Tauschobjekte.«[161]

Immer wieder suchten Häftlinge auf die Umstände der Beisetzung von engbefreundeten Leidensgefährtinnen oder Freunden Einfluß zu nehmen. Emilie B. nagelte für eine verstorbene Freundin ein einfaches Holzkreuz aus zwei Brettern zusammen und gab es dem Bestattungskommando mit auf den Weg.[162] Wenn es möglich war, begleiteten Frauen ihre verstorbenen Leidensgefährtinnen zumindest bis zum Lagertor. Still weinten sie sich satt oder sangen leise ein Lied: »Wenn ich mal sterbe, und die Verwandten werden nie erfahren, wo mein Grab ist. Nur im Frühjahr kommt die Nachtigall und singt ihr Lied.«[163] Noch im Tod spielte die Stellung der einzelnen innerhalb der Häftlingshierarchie eine Rolle. Im Gegensatz zur Masse der allgemeinen Häftlinge ließ sich für einen geschätzten, zumeist männlichen Funktionshäftling durchaus ein einfacher Holzsarg beschaffen. Man legte den Toten nicht nackt, sondern mit frischer Kleidung und eventuell einigen Feldblumen hinein. Hilda Vitzthum gab dem Totengräber eine Brotration, um die Grablage beeinflussen zu können. Der Lagergefährte sollte unter der höchsten Fichte bestattet werden, damit sein letzter Ruheort auffindbar blieb.[164]

Selbstmorde

Nachdem Frieda Mayer-Melikowa kurz vor Ablauf ihrer achtjährigen Haftstrafe im Jahr 1944 mit weiteren acht Jahren Lager bestraft wurde, dachte sie daran, ihrem Leben ein Ende zu setzen. Die Christin tat es schließlich nicht: »Weil ich wußte, daß in der Bibel steht, das darf man nicht tun. Das hat mich schließlich zurückgehalten. Sonst hätte ich doch die Kraft gehabt, das zu machen.« Nach einer Zeit quälender Resignation gewannen wieder Hoffnungen Raum; Zuversicht auf ein Ende der Lagerzeit, auf ein Wiedersehen mit Angehörigen, ihrer Tochter vor allem, der Glaube an ein besseres Leben jenseits des Stacheldrahtes. »Das Leben wollte leben! Ich dachte nicht an Sterben und Vergehen und Tod«, sagt die 90jährige Frau an einer anderen Stelle des Interviews.[165]

Der Konflikt zwischen dem »Lebenwollen« und dem »Nicht-mehrleben-Können« quälte mehr oder weniger alle Gefangenen. Ein Teil der weiblichen Häftlinge suchte durch Selbstmord das seelische und körperliche Leiden zu beenden – so wie Adele Schiffmann. Die deutsche Jüdin unternahm im Lauf ihrer Lager- und Verbannungszeit von 1938 bis 1955 vier Selbstmordversuche. Über ihren ersten Suizidversuch schreibt Adele Schiffmann: »Versuchter ›Hungertod‹ im Lager Kirowsk. Das Brot habe ich verschenkt, die Suppe aus der Küche nicht abgeholt. Ich dachte, niemand merkt etwas. Aber nach, ich weiß nicht wie viel, Tagen bekam ich Hungerödeme, das heißt, das Gesicht schwoll an. Da brachte man mich in die Krankenbaracke.«[166] Eine wolgadeutsche Krankenschwester führte Adele Schiffmann ins Leben zurück. Sie setzte sich zu ihr auf die Pritsche, sang Lieder und redete ihr Mut zu.

Wie häufig Selbstmorde im Lager waren, ist weitgehend ungeklärt. Elinor Lipper zufolge wählten weibliche Politische sehr selten, männliche häufiger und Kriminelle nie den Freitod.[167] Erstaunlicherweise nimmt jedoch jede fünfte der hier berichtenden Frauen Bezug auf dieses Phänomen. Schilderungen über Selbstmorde von Mitgefangenen sowie Berichte über eigene Selbstmordgedanken und mißglückte Versuche lassen erahnen, in welche Nöte die Lagerexistenz weibliche Häftlinge trieb. Frauen schreckten, zumindest gedanklich, auch vor dem Letzten nicht zurück. Antonie Satzger meint sogar, »eine Zeitlang waren Selbstmorde sehr verbreitet«.[168]

Obwohl die Gefangenen selten allein waren, fanden sich Gelegenheiten, seinem Leben ein Ende zu setzen. Viele erhängten sich. Die nötige Abgeschiedenheit fanden sie in Werkstätten, Ställen, Gewächshäusern, Latrinen oder Vorräumen von Baracken.[169] Schwierigkeiten bereitete es, an einen geeigneten Strick zu kommen. Manchmal wurde ein Handtuch zur Schlinge, oder es wurden noch ungewöhnlichere Tötungsmethoden angewandt.[170] Irmgard Schünemann erinnert sich an eine rußlanddeutsche Bäuerin, die ihre langen Haare zu Zöpfen geflochten hatte, mittels deren sie sich erhängte.[171] Unvorstellbare Verzweiflung trieb auch eine namenlose Russin in den Selbstmord. Nachdem das Lager-NKWD gegen die Gefangene eine neue Anklage erfunden hatte, ertränkte sie sich in einer Regentonne.[172] Wer Kontakt zur Krankenstation oder Beziehungen zum medizinischen Personal hatte, konnte sich unter Umständen Tabletten oder Morphium besorgen. Wenn man vor Eintritt des Todes entdeckt wurde, folgte oftmals eine Bestrafung, wie bei Olga Infland: »wegen unerlaubten Gebrauchs von Krankenhauseigentum«.[173] Wer kein anderes Mittel besaß, beging »durch Hunger Selbstmord«.[174] Ruth Z. erinnert sich einer 36jährigen, die gemeinsam mit ihrer 18jährigen Tochter inhaftiert war. Die Mutter verlor zusehends ihren Lebensmut und gab ihr ganzes Essen anderen Häftlingen. Wie viele Frauen haben wohl auf diese stille, beinahe unmerkliche Art ihrem Leben ein Ende gesetzt oder es willentlich verkürzt?

Veranlassung zur Selbsttötung schuf das Lager unablässig. »In Kyltowo war es sehr schlimm«, erinnert sich Helena Kutscherowa-Koch: »Es war kalt, wir waren hungrig, wir hatten keine Post, das Essen war schlecht, die Arbeit schwer. Da haben wir, Lida und ich, daran gedacht, Selbstmord zu begehen.« Die Frauen rettete ein Brief von Helenas Mutter, der am Tag des geplanten Suizids eintraf.[175] Manch andere hat ebenfalls nur ein kleiner glücklicher Umstand vom Freitod abgehalten. »Wir waren vollkommen erschöpft«, erinnert sich Margaretha Witschel, »und Tränen rannen über unsere Gesichter. Wir nahmen uns in jener Nacht vor, diesem Leben selbst ein Ende zu bereiten, denn das konnten wir nicht mehr durchhalten. Lore wollte noch in dieser Nacht Rasierklingen besorgen, damit wir uns die Pulsadern aufschneiden könnten.«[176] Was wäre mit den jungen Frauen geschehen, wenn sie am nächsten Tag nicht zufällig leichtere Arbeit erhalten und deshalb den Gedanken, sich das Leben zu nehmen, wieder beiseite geschoben hätten? Für Margaretha Witschel waren Selbstmordgedanken nichts Einmaliges, sie brachen immer wieder durch. »Ich hatte Tage«, schreibt sie in ihren Erinnerungen, »an denen ich lebte, aber mein Inneres war wie ausgebrannt. Der Tod stand wieder lockend vor Augen, ja, er könnte auch eine Freiheit geben, aber dann flammte doch wieder das letzte Fünkchen Hoffnung auf, und ich verschob diese Idee auf einen anderen Zeitpunkt.«[177] Neben der körperlichen Mühsal quälte Frauen die Ungewißheit und die Angst um das Schicksal ihrer Angehörigen. Mütter, die die Trennung von ihren Kindern emotional nicht bewältigen konnten, waren besonders suizidgefährdet. »Man mußte an sich arbeiten«, um nicht der Verzweiflung zu erliegen. Doch es war schwer, so Julie Bevern, über Jahre durchhalten zu können. Auch sie vermochte nicht immer tapfer zu sein, wie sie es ausdrückt. Irgendwann versuchte sich die Krankenschwester mit einem Schlafmittel umzubringen. Mitgefangene entdeckten und retteten sie. Julie Beverns damalige Reaktion: »Jetzt mußte ich weiterleben. Ich wollte nicht. Ich war so unglücklich darüber, daß ich wieder ins Lager zurückgekommen bin.« Solche Krisen durchlebte Julie Bevern zufolge jeder, mancher früher, mancher später.[178] Deshalb sind Schilderungen von Frauen über Selbstmordgedanken bzw. eigene, mißlungene Versuche keine Seltenheit. »Ich hatte einfach das Leben satt, ich konnte nicht mehr«, schildert Hilda Schlegel ihr Befinden vor einem Suizidversuch.

Sie bedrückte besonders das unpersönliche Verhältnis unter den Häftlingen und ihr eigenes Unvermögen, quälende Gedanken verdrängen zu können. »Es gab öfter eine Stimmung«, erinnert sich Hilda Schlegel, »wo ich dachte, da komme ich nicht mehr heil heraus. Und wofür soll ich weiterleben.« Eines Nachts stand sie auf und wollte sich erhängen. Mitgefangene beobachteten das und hinderten sie, Hand an sich zu legen.[179] Faina Nauschütz wollte sich mit der Wurzel des Schierlings vergiften. Sie hatte die Pflanze schon in der Hand, alle möglichen Gedanken schossen ihr durch den Kopf. Nach 15 Minuten sollte der Tod eintreten. Schließlich zertrat sie die Wurzel und schmiß sie weg.[180] Jewgenia Ginsburg suchte gleich anderen Frauen den Tod in der Kälte. Nachts verlor sie ihre Selbstkontrolle und verließ die Baracke. Draußen stand ein großer, vereister Baumstumpf, auf den sie sich, nur im Hemd, setzte. »Über mir wölbte sich das gewaltige Firmament mit helleuchtenden großen Sternen«, erinnert sie sich: »Ich weinte nicht. Ich betete. Betete leidenschaftlich, verzweifelt nur um eines: eine Lungenentzündung! Herr, schick mir eine Pneumonie! Eine kruppöse ... Schick Fieber, Bewußtlosigkeit, Vergessen, den Tod ...«[181] Wie viele Frauen auf diese Weise erkrankt sind und ihr Ende gefunden haben, wird für immer unbekannt bleiben.

Die seelischen und körperlichen Nöte der Frauen, die den Freitod vollzogen, können wir nur erahnen. Ihre individuellen Beweggründe bleiben uns jedoch weitgehend verschlossen. Für Alexander Solschenizyn ist der Selbstmörder »immer ein Bankrotteur«. Er ist »immer ein Mensch in der Sackgasse, ein Mensch, der sein Leben verspielt hat und nicht den Willen besitzt, den Kampf fortzusetzen«.[182] Man kann es auch anders sehen: Aus ihrer Lebenswelt gerissen, wurden die Frauen einem ausgeklügelten System von Menschenverachtung, Brutalität und Vereinzelung unterworfen, in dem für nicht wenige das Leben unerträglich und das Leiden sinnlos werden mußte. Der Selbstmord war nicht nur Ausdruck tiefer Verzweiflung, sondern auch ein letztes Aufbäumen, ein stiller Protest gegen ein inhumanes Haftsystem und die dafür Verantwortlichen.

11. Sexualität und Lagerbeziehungen

Für eine Frau war das Leben im Lager viel schwieriger als für Männer, resümiert Nonna Tschekanowa-Janzen. »Es war leichter, sie zu erniedrigen und zu beleidigen. Unannehmlichkeiten konnte sie von überall erwarten, von der Lagerführung und von männlichen Häftlingen.«[1]

Geschlecht und Identität

Frauen waren nicht nur den extremen Lagerumständen ausgesetzt, sondern zusätzlichen, geschlechtsspezifischen Übergriffen, die das Ziel verfolgten, ihre menschliche Würde und Identität zu zerstören. Jewgenia Ginsburg beschreibt in ihren Erinnerungen weibliche Häftlinge bei ihrer Ankunft in der Kolymaregion 1939: »Ja, sie sind geschlechtslos, diese Arbeitssklaven in ihren gesteppten Hosen, mit den zerlumpten Fußlappen, den tief ins Gesicht gezogenen Ohrenmützen, mit den ziegelroten, von schwarzen Frostbeulen bedeckten Gesichtern, die bis zu den Augen in undefinierbare Lumpen gehüllt sind. Diese Entdeckung ist niederschmetternd. In manchen Augen, die, wie es schien, seit langem und endgültig ausgetrocknet waren, stehen jetzt die Tränen. Das also erwartet uns hier. In Elgen werden wir, die wir bereits unseren Beruf, die Zugehörigkeit zur Partei, das Bürgerrecht und unsere Familien verloren haben, auch noch unser Geschlecht verlieren.«[2]

In den zentralen Haftinstruktionen machte die Moskauer Hauptverwaltung nur unwesentliche Unterscheidungen zwischen Männern und Frauen. Man ließ Frauen nach den gleichen Normen wie Männer arbeiten, versorgte sie mit denselben Hungerrationen, malträtierte und sperrte sie in die gleichen heruntergekommenen und unhygienischen Unterkünfte. Vielleicht verstand die sowjetische Führung auch ihre Lagerpolitik als »Gleichberechtigung« der Frau, wie sie die stalinsche Verfassung von 1936 im Artikel 122 vorsah?[3] Die Gleichstellung der

Geschlechter wirkte sich auf die Lagerexistenz weiblicher Gefangener jedoch weitaus drastischer aus als bei Männern. Allerdings erwiesen sich Frauen nicht nur als ohnmächtige Objekte männlicher Machtgelüste. Immer wieder setzten sie sich auch zur Wehr und rangen um den Schutz ihres weiblichen Selbstverständnisses.

Hygiene und Sprache

Jeder Tag aufs neue konfrontierte die Frauen mit den prekären hygienischen Zuständen. Besonders litten die weiblichen Häftlinge an Wassermangel und den damit eingeschränkten Möglichkeiten der individuellen Körperhygiene und Kleiderpflege. Dennoch haben Frauen, soweit eben machbar, auf persönliche Hygiene und saubere Wäsche geachtet.[4] Dafür nutzten manche selbst ihre knappe Trinkwasserration. Im Winter haben sich Erna Kolbe und ihre Leidensgefährtinnen morgens mit Schnee abgerieben, »wie sich das für Frauen gehört, natürlich überall«.[5]

Mit Schnee behalfen sich weibliche Häftlinge auch nach dem Besuch der Latrine. Andere stellten bei Regen Töpfe und Becher ins Freie, um das kostbare Naß aufzufangen.[6] Dramatisch wurde der Wassermangel während der Menstruation. Die Lageradministration sorgte in keiner Weise für notwendige hygienische Artikel oder entsprechende Ersatzmittel. Zudem ging man wohl einfach davon aus, daß die Haftbedingungen über kurz oder lang die Regel ohnedies zum Stillstand bringen würden – was in der Tat auf viele, aber nicht auf alle Frauen und zu allen Zeiten zutraf. Dieses Vorgehen kann nur als planmäßige und zusätzliche Demütigung der Frauen interpretiert werden. Das einzige Hemd, der einzige Schlüpfer wurden notgedrungen auch während der Menstruation die ganze Woche getragen. »Das war das Schreckliche«, erinnert sich Antonie Satzger: »Diese Schweinerei. Du konntest nichts waschen. Du mußtest warten, bis es eben vorbei war.«[7] Es gab Frauen, die sich so weit getrieben sahen, vor Offizieren der Lageradministration ihr Kleid hochzuheben und ostentativ ihren Unterleib zu zeigen: ohne Schlüpfer, das Blut an den Beinen herunterlaufend.[8] Die Frauen mußten sich in dieser Situation irgendwie selbst behelfen, mit Lappen und Läppchen. Froh waren jene, die mehrere zum Wechseln und eine Waschmöglichkeit hatten.[9] Unter diesen Bedingungen schätzten sich die Frauen glücklich, bei denen die monatliche Regel aufgrund der körperlichen und seelischen Belastungen völlig oder temporär ausblieb.[10]

Erna Kolbe während des Interviews, 1990.

Als zutiefst entwürdigend empfanden Frauen die Rasur der Schambehaarung. In bestimmten Abständen bzw. bei Ankunft in einem neuen Lager setzte die Lageradministration die weiblichen Häftlinge dieser demütigenden Behandlung aus. »Die nackten Frauen wurden auf den Tisch gelegt«, schildert Wera Ljudyno, »und die Haare wurden ihnen überall am Körper abgeschnitten.« Für die junge Russin ein unerträglicher Zustand. »Ich hätte vor Scham im Boden versinken können. Ein Gefühl der Erniedrigung, der Schmach und des Unverständnisses (›Wozu all das?‹) breitete sich in mir aus.«[11] Andere suchten der Pein mit Apathie zu begegnen. Klara D. redete sich ein, ihr sei alles egal, sie sei kein Mensch mehr, sondern lediglich eine Nummer.[12] Und Irmgard Schünemann sah sich wie »ein Stück Vieh behandelt«.[13] Manche wähnten sich wie Wera Schulz glücklich, zu krank oder geschwächt zu sein, um die Erniedrigung mit klarem Bewußtsein zu erleben.[14] Schluchzen half den weiblichen Gefangenen ebensowenig wie Proteste.[15] Ob die Kopfbehaarung abgeschnitten wurde, lag im Ermessen der örtlichen Lageradministration. Wie bereits erwähnt, war bei Befall von Läusen das Scheren vorgeschrieben. Den Verlust des Haupthaares setzte die Lageradministration aber auch als Strafe ein, die unter weiblichen Häftlingen gefürchtet war.[16] Nicht nur Jewgenia Ginsburg empfand das Kahlscheren als »die schlimmste Verhöhnung der weiblichen Natur«.[17]

Die Lageradministration war sich der Wirkung ihrer Vorgehensweise gegenüber Frauen unbedingt bewußt. Mehr noch. Die Erniedrigung wurde perfektioniert, da nach dem Willen der Lageradministration das Scheren der Kopf- und Schambehaarung beinahe ausschließlich männliche Häftlinge, meist kriminelle, vornahmen.[18] Es wäre ein leichtes für den örtlichen Natschalnik gewesen, das ausführende Lagerpersonal entsprechend dem Geschlecht einzusetzen. Doch dazu fehlte der Wille. Auch die verschiedenen Funktionen im Badehaus waren in der Regel von Männern besetzt, unter deren Augen Frauen ihrer intimen Hygiene nachgehen mußten.[19] Nora Pfeffer schrieb später über ihre Erfahrungen in der Banja ein Gedicht: »Sie wurde hervorgezerrt hinter den nackten Körpern der anderen, das Kleid ihr vom Leibe gerissen. Umsonst suchte sie mit der goldenen Fülle ihres aufgelösten Haares die bebende Blöße zu bedecken. Stechende Augen sogen sich wie Polypen an ihrer Nacktheit fest, gierende Pranken grausamer Wollust tasteten sie ab auf obszönste Art.«[20] Männlich waren auch die meisten Ärzte und Feldschere, die weibliche Häftlinge nach einem Lagerwechsel auf Geschlechtskrankheiten untersuchten. Helena Kutscherowa-Koch und andere Frauen mußten diese erniedrigende Prozedur über sich ergehen lassen: »Wir mußten uns ausziehen und hinlegen. Ein Feldscher kam und hat in die Scheide gegriffen. Jedes Mädchen kam und ging.«[21] Für Helena Kutscherowa-Koch, die damals Anfang 20 war, ein immer wiederkehrendes Trauma. Das Vorgehen diente nicht allein der Demütigung, sondern auch der medizinischen und visuellen Begutachtung des neuangekommenen »Häftlingsmaterials«. Dabei handelte es sich keineswegs um eine normale gynäkologische Untersuchung – die viele Frauen nötig gehabt hätten –, sondern lediglich um die Bestimmung der geschlechtskranken Gefangenen eines Neuzugangs. Tatsächlich erkrankte Frauen unterzog man allerdings eher selten der nötigen Therapie. Medikamente zur Behandlung von Geschlechtskrankheiten waren rar und Angestellten der Lagerverwaltung sowie privilegierten Häftlingen vorbehalten. Vielmehr ging es um den »Schutz« der freien und inhaftierten Männer, denen die jungen Frauen in den nächsten Monaten mit oder ohne Gewalt anheimfielen. Schon beim Einmarsch in das neue Lager standen bevorrechtete Männer an der Lagerstraße und musterten lüstern die weiblichen Zugänge. Und mit Schrecken vernahm Helena Kutscherowa-Koch kurz nach der Ankunft die Worte eines als Aufseher eingesetzten Häftlings gegenüber einer alteingesessenen Gefangenen: »Ihr müßt jetzt zurücktreten. Ich habe neue ›Ehefrauen‹ gebracht.«[22]

Zusätzlichen Beleidigungen waren weibliche Häftlinge auch verbal ausgesetzt. Im Mittelpunkt der mündlichen Attacken, die von Angehörigen der Lageradministration, meist jedoch von kriminellen Häftlingen ausgingen, standen die bereits erwähnten Mutterflüche. Zum Repertoire gehörten nicht nur Ausdrücke und deren Steigerung wie »Fick deine Mutter«, sondern gerade eine Vielzahl frauenbeleidigender und obszöner Schimpfwörter. Susanne Leonhard erstarrte, als ihr das erste Mal einige der Flüche übersetzt wurden.[23] Den meisten Frauen, sowohl den aus dem Ausland stammenden, aber auch den in der Sowjetunion aufgewachsenen Frauen, war diese demütigende Sprachkultur völlig unbekannt. Nicht selten machten sie ihre ersten negativen Erfahrungen während der Verhöre in der Untersuchungshaft. Seine Fortsetzung fand die sprachliche Verhöhnung im Lager. Katharina Stoljarow war Zeugin, als eine ältere Mitgefangene den Lagerchef versehentlich statt mit »Bürger« mit »Genosse« ansprach. »Der fing an zu brüllen«, erinnert sie sich, »und fluchte: ›Ich bin nicht dein Genosse!‹ Und dann kamen die furchtbaren Worte: ›Ich ficke dich in den Mund‹ und so was. Das sagte er zu einer Frau, die seine Mutter hätte sein können.«[24] Erschrocken und verletzt nahmen Frauen die Schimpfwörter wahr. Der Lageralltag und die Zwangsarbeit boten viele Anlässe und Gelegenheiten, Frauen zu beschimpfen. Anfangs wehrten sie sich noch, vor allem gegenüber Lagerangestellten, mit mehr, meist aber wohl mit weniger Erfolg. Die geplante Erwiderung konnte einfach auch im Halse steckenbleiben. So groß war der Schock, wenn aus den Mündern gutgekleideter und kultiviert scheinender Lageroffiziere die demütigenden Flüche gebrüllt wurden.[25] Oft blieb nur die Gewöhnung oder die Verdrängung. Politische Frauen verschlossen sich in der Regel diesem Vokabular. Ihre Ohren hörten die Worte, sie fanden aber keinen Eingang ins Bewußtsein.[26]

Kleidung und Körper

»Wer konnte sie in ihren Lumpen noch als junge Frau erkennen?« beginnt Wanda Bronska-Pampuch die Beschreibung einer Mitgefangenen. »Die Strümpfe rutschten, die Galoschen, auf dem Müll gefunden und zum Aufwischen an Stelle der Filzstiefel übergestreift, waren zerfetzt, der formlose Rock wurde von einer Strippe festgehalten – sie glich einer alten Bettlerin.«[27] Wattehosen und Unterwäsche für Männer erhielten Emilie B. und ihre Leidensgefährtinnen in einem Lager mit verschärftem Regime. »Wir haben geweint«, erinnert sie sich, »wir sind zusammengelaufen und haben geweint.«[28]

Die Moskauer Lagerhauptverwaltung betrachtete die ausreichende Versorgung von Frauen mit spezifischer Kleidung als keine besonders wichtige Aufgabe. Das zeigt sich allein schon in der mangelhaften Erfüllung der eigenen Bekleidungsnormative für weibliche Häftlinge, was allerdings nicht nur mit den Mangelzeiten des Krieges und der Jahre danach erklärt werden kann. Nach der Verschärfung des Lagerregimes 1937/38 schränkte man ganz bewußt das Tragen privater, weiblicher Kleidung ein oder verbot es gänzlich, wenn nach Auffassung der Lagerverwaltung die Versorgung mit lagereigener Bekleidung ausreichend war. Im Gegensatz dazu hatte Hilda Schreiner 1935 noch einen ganzen Koffer ihrer persönlichen Bekleidung mit ins Lager nehmen können. Andere Kleidungsstücke kamen von Angehörigen mit der Post. »Wir haben uns für uns zurechtgemacht«, erinnert sich die damals 23jährige Frau, »man hat uns nicht eingeschränkt.«[29] Der diensthabende Lagerchef der 1938 verhafteten Eleonora Leibbrandt verbot hingegen das Tragen eines Kleides, das sie selbst im Lager mit viel Aufwand angefertigt hatte. »Bist du im Kurort oder im Lager«, brüllte der Lageroffizier die Gefangene an. »Was trägst du für ein Kleid? Wenn du das noch mal anziehst, gehst du in den Karzer!« »Wir durften nicht schön oder fröhlich aussehen«, resümiert Eleonora, »wir mußten immer unterdrückt und arm und schwarz aussehen, in Fetzen gekleidet. So sollten wir aussehen!«[30] Dennoch widersetzten sich Frauen immer wieder der vorgeschriebenen Kleiderordnung und arbeiteten die Sachen nach ihrem Geschmack und den gegebenen Möglichkeiten um. Teile verschlissener Kleidung, Stoffreste aus Schneidereien, Säcke oder aufgetrennte Wollpullover waren begehrte Materialien, die verarbeitet werden konnten. Vor allem an freien Tagen wurde in den Baracken oder im Freien geflickt, genäht, gehäkelt oder gestrickt. Frauen legten auf ihr Äußeres, soweit es die Möglichkeiten erlaubten, auch im Lager besonderen Wert. Selbst ein häßliches Lagerkleid haben Frauen aufgewertet, und sei es nur durch einen kleinen Kragen. Margaretha Witschel beschreibt in ihren Erinnerungen, wie eine Leidensgefährtin die Lagerkleidung umarbeitete: »Die Röcke wurden enger gemacht, mit einer Falte oder gezogen, je nach Wunsch, und die Jacken wurden auf Taille genäht. Kleine Auflagen in den Schultern und wir sahen gar nicht so schrecklich aus.«[31] Wenn Nadeln verboten waren, mußte den Zweck der angeschliffene Zahn eines Kammes erfüllen, eine Glasscherbe ersetzte die Schere. Aus Mehlsäcken, »organisiert« aus der Küche, fertigten sich weibliche Gefangene auf Kolyma Blusen und andere Kleidungsstücke.[32] Julie Bevern nähte den Pelzkragen ihres zerschlissenen Mantels zu einer Pelzmütze um.[33] Wattierte Überstrümpfe für die Waden und Schenkel machte sich Hilda Vitzthum zurecht. Und Irmgard Schünemann erzählte ausführlich, wie sie mit Leidensgefährtinnen ein Kleid umfärbte.[34]

Andere Frauen tauschten wechselseitig Kleidungsstücke. Das Bedürfnis, sich auch im Lager ordentlich anzuziehen, bezeichnet Frieda Mayer-Melikowa als Teil ihrer Weiblichkeit.[35] »Ich versuchte auch im Lager, mich anständig zu kleiden, daß es akkurat ist, daß es adrett ist, daß es nicht schlampig ist«, heißt es auch bei Nora Pfeffer: »Natürlich, man bleibt ja immer Frau.«[36]

Aufmerksamkeit schenkten Frauen auch ihrer Haartracht. Das schloß nicht nur die unmittelbare Hygiene und das Wirken gegen Ungeziefer, sondern auch die Frisur mit ein. Wenn das Haar lang genug war, versuchten manche Häftlinge, Locken einzudrehen. Über Nacht wickelten sie improvisierte Lockenwickler aus Papier ein.[37] Andere flochten sich gegenseitig lange Zöpfe. Auf den schwarzen Markt des Lagers gelangten auch Kosmetika, die von Freien vor allem an privilegierte Häftlinge mit guten Gewinnen vertrieben wurden, etwa Parfüm, Lippen- und Lidstifte. Manche Frauen gaben dafür ihre Brotration.[38] Am deutlichsten drückte sich das Bedürfnis nach Weiblichkeit in der Improvisationsfähigkeit der meisten Frauen aus. Diese Findigkeit beschreibt Margaretha Witschel, hier für die liberalere Haftzeit nach Stalins Tod: »Die Haare wurden jeden Abend eingedreht, der Rock unter dem Leintuch ›gebügelt‹, die Blusen ›bügelten‹ wir an der Tee-

Haftfoto des NKWD von Irmgard Schünemann, 1941.

kanne – im Lager mußte uns ein Alu-Häferl, in das wir glühende Holzstückchen legten, das Bügeleisen ersetzen –, die Schuhe wurden sorgfältig geputzt, aus verbrannten Wollresten, zusammen mit ein wenig Zucker und Seife entstand ›Wimperntusche‹, ein zermahlter roter Bleistift mit ein wenig Creme ergab den Lippenstift und so, mit all diesen Hilfsmitteln, gelang es uns, oft besser auszusehen als die freien Frauen.«[39]

Das Bemühen um persönliche Hygiene, um den Zustand der Kleidung und des Äußeren war unter weiblichen Häftlingen mit wenigen Ausnahmen allgemein verbreitet. Dieses Streben förderte nicht nur das körperliche und seelische Wohlbefinden, sondern wirkte für die einzelne Gefangene sinn- und identitätsstiftend. Insofern kann dieses Trachten durchaus als Akt der Resistenz gegenüber einem Haftregime gedeutet werden, das sich das Ziel setzte, den inhaftierten Frauen ihre menschliche Würde und weibliche Identität zu nehmen. Wie mühsam, wechselhaft und deprimierend dieses Ringen war, zeigen auch Reflexionen über den Verfall des eigenen und des Körpers anderer Häftlinge. »Ich habe über mich selbst geweint«, erinnert sich Frieda Mayer-Melikowa: »Es war sehr traurig, wenn man merkt, man war einmal jung und hübsch. Und dann habe ich nur noch Haut und Knochen gesehen.«[40] Um ihren eigenen Körper wahrzunehmen, konnten die

Häftlinge nur an sich herunterschauen.[41] Die Fensterscheiben waren zu matt, um sich darin sehen zu können. Spiegel gab es äußerst selten. Im Transitgefängnis Swerdlowsk führte man weibliche Häftlinge in einen Baderaum, in dem überraschenderweise ein Spiegel eine halbe Wand bedeckte. »In dem bläulichen Glas verschwimmen viele hundert leidvolle Augen«, erinnert sich Jewgenia Ginsburg, »die sich selbst zu erkennen suchen.«[42] Das Ausmaß des eigenen körperlichen Niedergangs nahmen die Frauen daher vor allem durch den Zustand ihrer Mithäftlinge wahr, meist im Badehaus. Emilie B. betrauerte das rasante Schrumpfen ihrer Brüste, meinte aber, im Gegensatz zu anderen »noch irgendwie menschlich ausgesehen zu haben«. Beim hastigen Waschen gingen die Blicke der 30jährigen immer wieder zu den anderen Frauen. »Da habe ich oft geweint, mein Gott, was ist von diesen Frauen übriggeblieben. Es waren ja auch ältere Frauen dabei. Was ist aus diesen Frauen geworden.«[43]

Sexuelles Ausgeliefertsein

Am 5. Juli 1936 sah sich der Chef des Karlag veranlaßt, ein Rundschreiben an alle Lagerabteilungen zu richten, in dem es hieß: »In der letzten Zeit wurde in ausnahmslos allen Lagerabteilungen ein allgemeines Nachlassen der Lagerdisziplin festgestellt. Darunter befinden sich öffentliche Verstöße gegen das Lagerregime, die sich im offenen Zusammenleben von inhaftierten Männern und Frauen zeigen. Das geschieht mit direkter und teils bewußter Duldung nicht nur der Chefs der Struktureinheiten und deren Lageradministration, sondern auch mit der persönlichen Duldung der Chefs der Lagerabteilungen, der Produktionsabschnitte sowie der Wachmannschaften. Die sexuellen Beziehungen männlicher Lagerinsassen mit Frauen nehmen in der letzten Zeit in einer Reihe von Abteilungen besonders widerwärtige Formen an. Es handelt sich um einzelne Verstöße durch Lagerinsassen, bis hin zu häufigen Verletzungen des Lagerregimes (sexuelle Beziehungen), teils unter Ausnutzung ihrer Dienststellung im Lager. Das betrifft das administrative Personal ebenso wie Funktionshäftlinge und Spezialisten. In solchen Abteilungen wie der 9. Dolinsker, der Kotursker,

Bidaiksker, Koktunkulsker und anderer haben sich die Fälle von Verstößen gegen die Lagerordnung (sexuelle Beziehungen) im wahrsten Sinne des Wortes zur sexuellen Zügellosigkeit und Prostitution entwickelt. Ungeachtet dessen, daß sexuelle Zügellosigkeit und Prostitution der Besserungs- und Arbeitspolitik fremd sind, bringen diese Verstöße gegen das Lagerregime die Lager- und Arbeitsdisziplin ins Wanken und bewirken Diebstähle, Veruntreuungen und andere negative Erscheinungen.«[44] Offensichtlich war die zentrale Verwaltung des Karlag über die Zustände in den einzelnen Lagerabteilungen, einschließlich der Verstrickung administrativer Angestellter und Funktionshäftlinge, gut informiert. Der Chef des Karlag betrachtete die sexuelle Belästigung, Nötigung oder Vergewaltigung weiblicher Häftlinge allerdings weniger als Angriffe auf deren menschliche Würde, sondern in erster Linie als Verletzung des Haftregimes. Nicht als Opfer sexueller Gewalt wurden die Frauen gesehen, sondern als Quelle der Disziplinarverstöße männlicher Häftlinge. Das Verbot geschlechtlicher Beziehungen gehörte, so das Rundschreiben, zum »obligatorischen und unabdingbaren Teil der Maßnahmen zur Durchführung der Erziehungs- und Arbeitspolitik«. Zu deren Durchsetzung befahl der Karlag-Chef u. a.[45]:

- Alle Lagerinsassen darüber zu belehren, »daß Geschlechtsverkehr in jeglicher Art und Weise einen grundsätzlichen Verstoß gegen das geltende Lagerregime darstellt und mit administrativen Strafen belegt wird«.
- »In der Regel ist allen Lagerinsassen das Zusammenleben mit Frauen zu verbieten, mit Ausnahme einzelner Personen, die von mir eine schriftliche Erlaubnis erhalten haben. Die Administration der Struktureinheiten des Lagers, insbesondere die Wachmannschaften, sind zu verpflichten, die Aufrechterhaltung des Lagerregimes zu verstärken und alle Fälle von Sexualverkehr der Lagerinsassen ohne Ausnahme aufzudecken und die Schuldigen strengen administrativen Strafen zu unterziehen.«
- »Von den Häftlingen, die als Mitarbeiter der Administration, als Fachkräfte und Leiter tätig sind, ist zu fordern, selbst ein Beispiel bei der Einhaltung des Lagerregimes zu sein. Beliebige Fälle von sexuellen Beziehungen unter Nutzung der Dienststellung oder Fälle

sexueller Nötigung von Frauen, von welcher Seite sie auch auftreten, sind publik zu machen, und die Schuldigen sind zur Verantwortung zu ziehen.«

- »Alle Lagerinsassen, Männer und Frauen, die sexuelle Beziehungen unterhalten und nach der ersten Verwarnung derartige Verstöße gegen das Lagerregime nicht unterlassen, sind unverzüglich durch Überführung in voneinander weit entfernte Lagerpunkte und Außenstellen zu trennen.«
- »Der Besuch von Männern in Frauenunterkünften ist kategorisch verboten. Es ist nicht zuzulassen, daß sich Frauen während der für die Nachtruhe vorgesehenen Zeit aus ihren Unterkünften entfernen, wenn dies nicht mit der ausgeübten Arbeit in der Produktion oder mit gesellschaftlicher Tätigkeit verbunden ist.«

Abschließend warnte der Karlag-Chef, keine »Überspitzungen und Verfälschungen« bei der Umsetzung seines Befehls zuzulassen. Dadurch erweiterte sich trotz einiger konkreter Festlegungen wieder der Ermessensspielraum vor Ort. Und wie Erfahrungen weiblicher Häftlinge zeigen, nutzten derartige Befehle im Karlag im Jahr 1936 ebensowenig wie in anderen Lagern und zu anderen Zeiten. Mehr als ein Drittel der zu Wort kommenden Frauen äußern sich in ihren Erinnerungen über sexuelle Zudringlichkeiten, Nötigungen und Vergewaltigungen. Sie waren selbst Opfer oder Zeuginnen des Geschehens. Allein dieser Umstand spricht für das Ausmaß des sexuellen Ausgeliefertseins von Frauen im Gulag. Männliche Gefangene, vor allem kriminelle, nutzten die existentielle Notlage der weiblichen Häftlinge schamlos zur Befriedigung ihres sexuellen Verlangens aus. Das Strafgesetzbuch der UdSSR, das Nötigung, Vergewaltigung, Zuhälterei, Nötigung zur Prostitution und Geschlechtsverkehr mit Minderjährigen verfolgte, galt offensichtlich nicht im Gulag.[46] Angehörige der Lageradministration verfolgten die strafbaren Handlungen männlicher Krimineller eher selten, sondern duldeten diese meist stillschweigend. Mehr noch, Offiziere und Angehörige der Wachmannschaften selbst nötigten gefangene Frauen zum Geschlechtsverkehr oder vergewaltigten sie einfach. Untereinander hatte man Verständnis und denunzierte sich wegen einer Frau nicht gegenseitig. Sofern Täter überhaupt bestraft wurden, kamen Gefangene meist mit einigen Tagen Strafisolator oder der Verlegung in ein anderes Lager davon, Angehörige der Lageradministration mit Versetzungen. Mit Haftstrafen mußten sie nur selten rechnen.[47]

Zudringlichkeiten und Nötigungen

Junge, gutgebaute Frauen, aber auch Ausländerinnen waren bevorzugte Objekte der Männer. Verbale Werbungen glitten schnell in sexuelle Zudringlichkeiten ab. In der Badestube kamen die meist kriminellen Funktionshäftlinge angesichts der nackten Frauen schnell zur Sache. Hella Frischer fragte der Bademeister, ob sie Tee möge. Nach ihrer Bejahung forderte er sie auf, mit ihm in seine Kammer zu kommen. Nur mit einer Flucht konnte sich die Jüdin retten.[48] Auch Susanne Leonhard hegte anfangs nicht den geringsten Argwohn, als sie in den ersten Lagermonaten der Einladung eines Bademeisters folgte, um am Abend ihre Wäsche und ihren Körper zu reinigen. Nur mit Mühe und körperlichem Einsatz gelang es ihr, sich der Zudringlichkeiten des Gefangenen zu erwehren. Der fühlte sich betrogen, »denn das sei ›doch wohl klar‹, was mit einer solchen Aufforderung gemeint gewesen sei«.[49] »Mir hat einer von der Lagerverwaltung nachgestellt«, erinnert sich die damals 20jährige Luise Hörmann: »Ich wußte nicht, wie ich mich wehren sollte. Das war ja gefährlich. Das war der stellvertretende Lagerchef. Wo ich war, da war der plötzlich auch. Ich hatte Angst vor dem.«[50] Susanne Leonhard, zum nächtlichen Einsatz in die Trockenkammer für die Lagerkleidung kommandiert, mußte in der ersten Nacht nacheinander fünf männliche Häftlinge zurückweisen, die zudringlich wurden. Die Männer kamen mit guten Worten oder Geschenken und mußten unverrichteter Dinge gehen. Verständnislos fragten sie die Deutsche, warum sie diese nächtliche Alleinarbeit denn überhaupt angenommen hätte.[51] An diesem Abend hatte Susanne Leonhard noch Glück, denn keiner der Männer war gewalttätig geworden. In einer anderen Nacht mußte sie sich gegen einen Brigadier körperlich zur Wehr setzen. Frauen mußten, vor allem wenn sie allein arbeiteten oder im Lagerservice eingesetzt waren, vor Zudringlichkeiten, teils mit Stichwaffen, ständig auf der Hut sein.[52]

Offiziere der Lageradministration lockten mit materiellen Vorteilen oder leichteren Arbeitsstellen und nötigten auf diese Art Frauen zum Geschlechtsverkehr. Dabei nutzten sie ihre administrative Macht gegenüber den Gefangenen schamlos aus. Beziehungen zwischen Offizieren und Gefangenen waren geheim, aber auch öffentlich. Häftlinge registrierten aufmerksam, begleitet von allerlei Mutmaßungen, wann sich die Arbeitsstelle einer Frau verbesserte, wie lange die Beziehung währte und wann ein erneuter Wechsel der Arbeitsstelle und damit der Frau stattfand.[53] Immer wieder gerieten weibliche Häftlinge in diese Zwickmühle. Wer sich verweigerte oder zu redselig war, konnte ohne weiteres in ein anderes Lager versetzt werden.[54] Dennoch widersetzten sich immer wieder Frauen den sexuellen Nötigungen der Lagerangestellten; so etwa Antonie Satzger, die aber zugleich auf die Begrenztheit des Handlungsspielraumes der Frauen hinweist, die den Verlockungen und Drohungen nachgaben. »Was wolltest du machen«, resümiert sie, »es war der Kommandant.«[55] Mia Spitz arbeitete als Krankenschwester. Der Lagerchef, der sich krank stellte, befahl sie mit Suppe und einer Wärmflasche zu sich. Als die Österreicherin das Dienstzimmer betrat, lag der Natschalnik schon entkleidet auf einer Couch, daneben ein reichgedeckter Tisch. Der Aufforderung: »Komm zuerst zu mir, und dann kannst du dort essen« folgte die Gefangene nicht, sondern verließ den Raum. Kurze Zeit später versetzte man Mia Spitz zur Außenarbeit in die Steppe.[56] Ebenso erging es Alice S., die sich den sexuellen Zudringlichkeiten eines Natschalniks während einer nächtlichen Kontrolle widersetzte.[57] Aber nicht immer reichte die Kraft und der Mut der Gefangenen. Vor allem junge, lebensunerfahrene Frauen wurden Opfer sexueller Nötigungen durch Lagerangestellte. Ein Kommandant ließ sich alle neu eingetroffenen hübschen und jungen Frauen vorführen, um seine Auswahl zu treffen. Ein anderer hielt sich neben seiner eigenen Frau drei weibliche Gefangene fürs Bett.[58] Der Chef einer »Kulturerziehungsabteilung« zwang Tamara Ruschenzewa, nachdem er sie vergewaltigt hatte, seine Zweitfrau zu werden. Außerhalb des Lagers wohnten seine Ehefrau und zwei Kinder. »Ich war gezwungen, mit diesem Schweinehund zu leben«, resümiert die damals junge Frau. Im Gegenzug erhielt die Gefangene eine leichte Arbeit in der Verwaltung und einen Passierschein, mit dem sie sich auch außerhalb des Lagers frei bewegen konnte.[59]

Wachsoldaten nötigten gefangene Frauen bei nächtlichen Kontrollen oder während der Zwangsarbeit zum Verkehr, teils mit dem Angebot von Zigaretten, Naturalien oder Erleichterungen.[60] Wer sich verweigerte, konnte, wie Helena Kutscherowa-Koch, mit zusätzlichen Benachteiligungen rechnen.[61] Freie Männer außerhalb des Lagers boten ganz ungeniert Geld. »Gehen wir... Versuchen wir's mal... Du kriegst einen Hunderter!« lautete die Offerte an Jewgenia Ginsburg, die als Gefangene in einem Wohnheim für freie Arbeiter die Zimmer reinigte. Nachdem sie auch 200 Rubel abgelehnt hatte, wurde der Mann handgreiflich.[62]

Kriminelle Häftlinge formulierten ihre Angebote an weibliche Häftlinge unmißverständlich. Für eine »Stunde ohne Reue« bot der Brigadier Sjenka seinen Unterstellten eine gesteppte Wattehose.[63] Funktionshäftlinge machten sich mit Verlockungen oder Drohungen untergebene Frauen gefügig. »Ein Brotschneider hatte immer einen ›Brotüberschuß‹«, erinnert sich Jefrosinija Kersnowskaja, »mit dem er sich zu jeder Zeit die ›Liebe‹ einer hungrigen Frau kaufen konnte. Auch Arbeitsverteiler, Brigadiere und Arbeitsleiter hatten die Möglichkeit, Frauen zu benutzen, indem sie ihnen mit der Etappe drohten, sie zu einer schwereren Arbeit versetzten oder ihnen die schlechteste Ration zuwiesen.«[64] So erhielt Christina Kjossewa, nachdem sie das Angebot des Verantwortlichen der Wäschekammer ausgeschlagen hatte, stets die allerschlechteste Kleidung.[65] Nadeschda Joffe wurde auf einem Holzlagerplatz dem Kraftfahrer zugeordnet. Die Erwartungen des Chauffeurs erfüllte die Gefangene jedoch nicht. Das Resultat: Der verärgerte Brigadier stellte sie als Hilfskraft an die Kreissäge, wo sie zehn bis zwölf Stunden Baumstämme zersägte und Lastwagen belud.[66] Auch Jewgenia Ginsburg erfüllte nicht die in sie gesetzten Hoffnungen. Ihr Chef, der Koch, ließ ihr sogar noch eine Woche Zeit, in der sie sich körperlich erholen sollte. Sie konnte sich an Pfannkuchen satt essen, die vom Mehl der Häftlinge gebacken waren. Der Küchenbulle gab sich sogar als Gentleman. Er half der Gefangenen in ihre Joppe, erhob sich, wenn sie stand, und ließ ihr den Vortritt. Als er nach sieben Tagen den ungeschriebenen Wechsel einlösen wollte und Jewgenia Ginsburg sich sträubte, wurde er gewalttätig.[67] Maria Kono, die in einer Lagerapotheke eingesetzt war, wurde von einem Buchhalter überwältigt. Sie konnte sich noch befreien und suchte Schutz bei ihrem Chef. Der nutzte den ersten gemeinsamen Nachtdienst, um die ihm unterstellte Gefangene zum Verkehr zu nötigen. »Ich lag die ganze Nacht erstarrt in dem Bewußtsein«, erinnert sich Maria Kono, »daß ich nur eine Sache außerhalb des Gesetzes bin, von niemandem beschützt, mit der man machen kann, was man will.« Nach mehreren solcher Nachtdienste beging die Gefangene einen Selbstmordversuch. Der kurzen Genesung folgte die Abkommandierung zur Feldarbeit und der Umzug in eine allgemeine Baracke.[68] Gefährlich konnte es auch werden, wenn sich ein einflußreicher Krimineller in den Kopf gesetzt hatte, eine bestimmte Frau zu haben. Eine solche Auserwählte war Eleonora Leibbrandt. Die Versprechungen hörten sich verführerisch an: Brot, Kartoffeln und warme Stiefel. Doch die Gefangene weigerte sich und lebte fortan ständig in Angst vor einem Überfall. Tagsüber stieg ihr der Kriminelle nach, eines Nachts stand er neben ihrer Pritsche. Die junge Frau wußte sich keinen Rat. »Man konnte doch nicht zur Lagerverwaltung gehen«, konstatiert Eleonora, »und sagen, der und der verfolgt mich. Da hätten mich die Kriminellen gleich totgeschlagen.«[69]

An wen konnten sich Frauen in dieser Situation wenden und von wem Hilfe erwarten? Für viele war die Situation ausweglos. Manches Angebot war »schön« verpackt, zudem nagte der Hunger, und das Brot lockte. Wie viele Frauen auf diese Weise von männlichen Häftlingen ausgenutzt und zu sexuellen Handlungen genötigt worden sind, wird wohl niemals bekannt werden, ebenso wenig die Anzahl derer, die brutal vergewaltigt wurden.

Vergewaltigungen

Anna Kandalina wurde in der Baracke von einem Kriminellen überrascht. »Ich war damals noch jung und kräftig«, erinnert sich die Gläubige: »Wir haben miteinander gerungen, aber er konnte mir nichts antun. Dann kamen fünf Männer hinzu. Was sollte ich machen? Sie haben mir Hände und Beine festgehalten. Mir trat Schaum vor den Mund, weil ich kaum Luft bekam und nicht richtig atmen konnte. So etwas kam häufig vor, auch wenn wir in die Banja gingen.«[70] Hella Frischer wurde bei der einsamen Feldarbeit von einem Kriminellen überwältigt. Er drohte, ihr die Zähne einzuschlagen. Die Rettung kam, als die 30jährige meinte, sie hätte Syphilis. Dann erst ließ der Vergewaltiger von ihr.[71] Die Angst jedoch blieb. Nicht selten kamen wie bei Anna Kandalina mehrere Kriminelle und vergewaltigten die Frau nacheinander. Andere kamen mit einem Messer bewaffnet und erzwangen

Eleonora Leibbrandt während eines Gespräches, 2002.

den Verkehr. Vergewaltigte Frauen quälten nicht nur Schamgefühle und die Angst vor Wiederholung, sondern auch die Furcht, schwanger zu werden. Frauen auf mehr oder weniger einsamen Arbeitsplätzen waren besonders bedroht. Antonie Satzger belud ein Förderband mit Erzklumpen. In einer kleinen, danebenstehenden Bude wollte sie kurz verschnaufen. Plötzlich tauchten zwei Kriminelle auf, einer schloß die Tür von außen, der andere versuchte, sie zu vergewaltigen. Mit einem Tritt in die Hoden des Angreifers konnte Antonie den Überfall zwar beenden, doch blieb große Furcht, wie der einflußreiche Kriminelle in den nächsten Tagen darauf reagieren würde. »Ich dachte, der schlägt mich tot«, erinnert sich Antonie Satzger: »Es kam ja vor, daß Frauen totgeschlagen wurden. Frauen wurden die Brüste abgeschnitten.« Nötigung und Vergewaltigung von Frauen wurde sowohl durch männliche Häftlinge wie Angehörige der Wachtruppe als quasi »natürlicher« Vorgang bezeichnet. Man meinte, so erlebte es Margaretha Witschel, die Frauen sollten doch »froh sein, einmal einen Mann zu haben«.[72]

Die sexuelle Gewalt gegen Frauen endete im Gulag nicht bei Einzelvergewaltigungen. Immer wieder finden sich in den Berichten Schilderungen über gewalttätige Massenexzesse gegen Frauen. Maria Kono erinnert sich eines Überfalls krimineller Häftlinge auf eine Frauenbaracke in einem Lager der Uchtaregion im Jahr 1948. Die Häftlinge wurden »viehisch vergewaltigt« und schwer verletzt.[73] Im Transitlager Krasnojarsk war Nora Pfeffer Zeugin einer Massenvergewaltigung, die mit Billigung der Wachmannschaft stattfand. Man führte die Frauen auf die Latrine und informierte die männlichen Häftlinge. Nora Pfeffer sah, wie die Männer aus ihren Baracken eilten, »ihre Penisse auspackten und in die Latrine stürzten«.[74] Noch drastischer sind Berichte aus Lagern der Kolymaregion. Eine junge, unerfahrene Gefangene, die als Reinigungskraft im benachbarten Männerlager von Magadan eingesetzt war, ließ sich von einer Brigade Krimineller überreden, auf eine Zigarette in ihre Baracke zu kommen. Ein paar Männer standen »Schmiere« an der Tür. Andere zerrten die junge Frau auf eine Pritsche und vergewaltigten sie, etwa 20 Männer, einer nach dem anderen. Was diese Gefangene erlitt, war Elinor Lipper zufolge »kein Einzelfall« in der Kolymaregion. Es gab dafür sogar eine Redewendung: »Sie ist unter die Trambahn gekommen.«[75] Besonders gefährdet waren weibliche Häftlinge, die außerhalb der Lagerzone arbeiteten. Lastwagenfahrer, die durch das ganze Kolymagebiet kamen, entführten weibliche Gefangene und verkauften sie an Männerkolonien.[76] Einzelfälle waren das keineswegs, denn selbst kriminelle Frauen warnten verängstigte Neuankömmlinge.[77] Aber nicht nur volljährige Frauen fielen männlicher Gewalt zum Opfer. Kriminelle begehrten und vergewaltigten ebenso brutal minderjährige Jungen und Mädchen.[78] Der Häftlingsarzt Henry Lewenstein behandelte während der Kriegsjahre im Lager Kasan ein 13jähriges, mit Syphilis infiziertes Mädchen. Ein Elektriker, der sich im Lager frei bewegen konnte, hatte dem hungrigen Kind Brot und Süßigkeiten gegeben, um es wenig später zu mißbrauchen. Insgesamt vergewaltigte der Gefangene sieben Mädchen und Frauen und übertrug seine Geschlechtskrankheit.[79] Während eines Schiffstransportes im Kolymagebiet im Jahr 1950 mißhandelten Kriminelle einen halbwüchsigen Jungen auf grauenvolle Weise. Er konnte sich schließlich zu den Politischen retten, die ihren Augen nicht trauen wollten: »faustgroß und blutend schaute der Mastdarm« des Jungen heraus.[80]

Zu allen Zeiten waren Frauen barbarischer sexueller Gewalt ausgesetzt. Ekatarina Olizkaja erwähnt das Schicksal ihrer Mitgefangenen Anja. Ein Krimineller setzte sie beim Kartenspiel und verlor. Zwölf Männer vergewaltigten sie hintereinander.[81] Einem Lastwagenfahrer diente ein ganzer Frauentransport beim Kartenspiel als Einsatz. Nachdem er verloren hatte, lieferte er die Fuhre ins Quartier der unbewachten Bauarbeiter. Am nächsten Morgen ging es weiter zum Frauenlager Elgen. Erklärungen für die Verspätung ließen sich leicht finden.[82] Anna Kandalina saß Ende der 1940er Jahre auf einem solchen Lastwagen. Plötzlich hielt der wegen einer Reifenpanne, jemand hatte Nägel auf die Straße gestreut. Es dauerte nicht lange, bis eine Horde Männer heranstürzte und alle Frauen vergewaltigte. Der mitfahrende Wachsoldat griff nicht ein, sondern sagte nur, er sei für das Auto verantwortlich, nicht für die Ladung.[83] Ein noch größerer Massenexzeß ereignete sich im Juni 1950 bei Chandyga, einem kleinen Ort im Kolymagebiet. Die Männer- und Frauenzone war nur durch einen Stacheldraht getrennt. Gegen 15.00 Uhr verließen die Wachsoldaten die Türme, und in wenigen Minuten hatte der Zaun ein großes Loch. Angestellte der Lagerbehörde »ermunterten zum Geschlechtsverkehr an Ort und Stelle. Sie riefen laut: ›Wer rauchen will, der macht es auf der grünen Wiese!‹« An dem Exzeß waren 400 Männer und 200 Frauen beteiligt. Wie viele weibliche Häftlinge bei diesem Exzeß vergewaltigt wurden oder wie viele sich notgedrungen hingaben, bleibt unbekannt. Angehörige der Lageradministration feuerten die Gefangenen immer wieder »mit großer Freude an«. Erst am Morgen trennte man wieder die Geschlechter und schloß den Zaun.[84] Eine Massenvergewaltigung durch Wachsoldaten bezeugt Jewgenia Ginsburg: »Die Rotte betrunkener Soldaten fiel so unerwartet in die Baracke ein, daß ich dachte: Durchsuchung! Aber nein. Sie kamen in eigener Sache. Zu einer stinkenden, scheußlichen, schmutzigen Orgie. So etwas hatte ich in meinen acht Gefängnis- und Lagerjahren noch nicht erlebt. Der Ofen spie wahnsinnige Hitze aus, und zum Gestank nach glühendem Eisen kam der Dunst des Alkoholatems der Betrunkenen. Das Gekreisch der nackten Mädchen mischte sich mit den Zoten und dem grölenden Gelächter der völlig vertierten Männer.«[85]

Prostitution

Eine 18jährige Gefangene im Lager Nr. 1 der Mari-Republik ging 1947 jede Woche einmal zum Friseur, nicht, um sich die Haare schneiden zu lassen, sondern um sich einem 62jährigen Mann für eine Brotration hinzugeben.[86] Die Zahl der politischen Frauen, die sich für Nahrungsmittel, eine Krankschreibung oder Arbeitserleichterungen prostituieren mußten, wird wohl stets unbekannt bleiben. »Für ein Schneehuhn, für ein Kesselchen Beeren, für eine Handvoll Machorka, für ein Stück Brot gaben sich«, Susanne Leonhard zufolge, viele Frauen jedem beliebigen Mann hin.[87] Ihrer Auffassung nach gingen um 80 % der weiblichen Lagerbevölkerung der Prostitution nach.[88] Gegen diese Mutmaßung sprechen sowohl der mangelnde gesundheitliche Zustand vieler Frauen, aber auch die lokalen Möglichkeiten für sexuelle Handlungen. Abhängig war die Zahl zudem von den konkreten Existenzbedingungen eines Lagerpunktes und der geschlechtlichen Zusammensetzung seiner Häftlingsgesellschaft. Die Gruppe der wirklich zahlungsfähigen Männer war außerdem beschränkt. Fraglich ist auch, ob der Begriff »Prostituierte« für Frauen zutreffend ist, die sich genötigt sahen, auf diese Weise ihr Leben zu retten. Wie vielen blieb allein dieser Weg, und mit wieviel Wehmut beschritten sie ihn? Tatsächlich freiwillig taten es die wenigsten. Zu »Prostituierten« oder »Dirnen« wurden diese Frauen deshalb keineswegs.[89] Sie tauschten die letzte ihnen verbliebene Leistung gegen Brot, gegen Leben, die einen gelegentlich, die anderen regelmäßig. Ein unmenschliches Haftsystem trieb die Gefangenen dazu. Susanne Leonhard zufolge entwickelte sich unter manchen weiblichen Häftlingen ein spezifischer »Moralkodex«, der lautete: »Sexuelle Bedürfnisse zu haben ist Ausschweifung, sie zu befriedigen ist ›Prostitution‹.« Ihr eigenes Resümee lautete hingegen: »Seinen Körper zu verkaufen aber ist, wenn es aus Not geschieht, keine sittliche Verfehlung.«[90]

Die gewerbsmäßige Ausübung sexueller Handlungen betrieben fast ohne Ausnahme kriminelle Frauen. Susanne Leonhard schildert allerdings auch Biographien von drei politischen Frauen, die dem Parteikader entstammten und sich im Lager regelmäßig als »Straßenmädchen« prostituierten. Ihr Preis: fünf Zigaretten oder 500 Gramm Brot. Außerhalb der Lagerzone stellten sich die Frauen an die Fernstraße und verkauften sich an Chauffeure, die den doppelten Preis zahlten.[91]

Manche Gefangene versuchte auf diese Art ihren Absturz aus der politischen Oberschicht der Sowjetgesellschaft vergessen zu machen und sich innerhalb der Häftlingshierarchie, zumindest materiell gesehen, einen oberen Rang zu sichern.

Häufiger hingegen finden sich Hinweise über Frauen aus dem kriminellen Milieu, die sich gewerbsmäßig prostituierten und allein von diesen Gewinnen im Lager lebten. Kriminelle Frauen ließen sich beispielsweise zum Reinigungsdienst in Dienst- und Unterkunftsgebäude einteilen, nur um bei den Wachsoldaten anschaffen zu können.[92] Diesen Häftlingen standen die meisten politischen Frauen ablehnend und verurteilend gegenüber. »30 % auf der Trasse und 70 auf der Matrasse«, hieß eine Redewendung von Kolymahäftlingen.[93] Weißbrot, Butter, Zucker, Zigaretten, Alkohol, Stiefel oder warme Kleidung galten als Währung. Treffpunkte für die Zusammenkünfte waren im besten Fall Räume in Kontoren, Werkstätten, Küchen, Krankenstationen und Magazinen oder mit Laken abgehängte Pritschen in der Massenbaracke. In der Banja vermietete nicht selten der Bademeister einzelne Kabinen. Wer nicht bezahlen konnte, verabredete sich im Freien, auf der Latrine oder dem Windfang vor der Baracke. In den meisten Lagern gab es bestimmte informelle Treffpunkte, von denen jeder wußte. Überhastet kam man gleich zur Sache, und der Koitus war so kurz wie eine »Katzenhochzeit«.[94]

Selten sind Berichte von Zuhälterei. Olga Adamowa-Sliosberg schildert ein kleines Außenlager, in dem 30 politische und einige kriminelle Frauen in zwei Zelten untergebracht waren. Der diensthabende Brigadier ließ am Abend in das sogenannte »fröhliche Zelt« kriminelle Frauen kommen, die bei ausschweifenden Feiern ihm und seinen männlichen Gästen zu Willen sein mußten, was die zuständige Wachtruppe tolerierte. Der Brigadier ging noch weiter, er verkaufte eine Frau für drei Tage an sechs Männer. In einem anderen kleinen Außenlager lernte Olga Adamowa-Sliosberg eine 40jährige Literaturwissenschaftlerin kennen, die mit dem Chef der Lagerwache eine Beziehung unterhielt. Die als Brigadierin eingesetzte Gefangene bezahlte jedoch nicht nur mit ihrem eigenen Körper, sondern zwang ihr unterstellte junge Mädchen, »sich ihrem Liebhaber und anderen Wachposten hinzugeben. Die Orgien wurden im Gebäude der Wachmannschaft veranstaltet. Es gab dort nur ein einziges Zimmer, in dem die sexuellen

Exzesse unter wildem Gelächter der Anwesenden vor aller Augen stattfanden. Man fraß und soff auf Kosten der Häftlinge, denen die Hälfte ihrer Ration gestohlen wurde. Diese hungerten schrecklich, und bei geringster Gegenwehr oder dem Versuch, sich zu beschweren, wurden sie halb tot geschlagen. Wer sich weigerte, zur Arbeit zu gehen, wurde an den Schlitten gebunden und zur Arbeit geschliffen.«[95] Erst aufgrund mehrerer Todesfälle und mangelnder Erfüllung der Arbeitsnorm gab es eine Inspektion von oben, woraufhin der Chef der Lagerwache »wegen zu hoher Sterblichkeit« zu drei Jahren Haft verurteilt wurde. Die Vergewaltigungen blieben hingegen ungesühnt.[96]

Lagerbeziehungen und Lagerehen

Zu allen Zeiten kamen sich männliche und weibliche Gefangene näher und gingen mehr oder weniger langfristige und enge Partnerschaften ein, die sowohl auf sachlichen Erwägungen als auch emotionaler Zuwendung basierten. Längerfristige Beziehungen zwischen männlichen und weiblichen Gefangenen waren wie sexuelle Handlungen offiziell verboten. Die diesbezüglichen Haftvorschriften handhabten die zuständigen Lagerverwaltungen einmal mehr, ein anderes Mal weniger streng.[97] Ständige Kontrollen sollte die Trennung der Geschlechter gewährleisten. »Nachts wurden die Trockenräume, die Wäscherei, das Bad, die Küche, die Brotbäckerei inspiziert; überall wurden vermeintliche Liebespaare aufgestöbert und gehetzt, – aber wer wollte jedem Fuhrmann, jeder Melkerin, jedem Holzfäller und jeder Erntearbeiterin Tag und Nacht nachlaufen? Es blieben genug Gelegenheiten für die, die sich treffen wollten, ganz abgesehen davon, daß die Kontrolleure vor ihrer eigenen Kontrolle so sicher waren wie die Fliege, die auf der Klappe sitzt.«[98] Ungeachtet aller Verbote und Strafen, so Chawa Wolowitsch, blühte »die geschlechtliche Anziehung viel offener und unmittelbarer als in der Freiheit«.[99]

Lagerbeziehungen

Mehr als ein Viertel der befragten Frauen gehen in ihren Erinnerungen auf das Thema Lagerbeziehungen ein, was für eine gewisse Verbreitung derartiger Partnerschaften spricht. Lagerbeziehungen glichen auch bei persönlicher Zuneigung eher einem Handel, der treffend auf die Formel gebracht werden kann: Brot gegen Sex. Ein ungeschriebenes Gesetz schrieb den Männern vor, solange die Beziehung währte, ihre Lagerfrauen besser zu ernähren und zu kleiden, wofür Frauen mit ihrem Körper zu zahlen hatten. Die Möglichkeiten der verschiedenen Häftlingsgruppen, Beziehungen zu knüpfen und zu pflegen, unterschieden sich jedoch beträchtlich. Die Mehrheit der männlichen, auf allgemeiner Arbeit eingesetzten und körperlich völlig ausgemergelten Häftlinge, verhielt sich Frauen gegenüber völlig uninteressiert. Geistig, körperlich und materiell waren nur Angehörige der Häftlingselite in der Lage, sich Frauen zu leisten.[100] Die privilegierten Gefangenen hatten zudem einen engeren Kontakt zur Lageradministration und Wachtruppe, die dafür sorgten, die eigentlich unerlaubte Beziehung mehr oder weniger unbehelligt leben zu können. Die Möglichkeiten der Frauen, eine Partnerschaft einzugehen, richteten sich in erster Linie nach ihrem Äußeren und ihrem körperlichen Zustand. Vor allem junge Frauen waren gefragt. Eine Lagerbeziehung bahnte sich gewöhnlich wie eine geschäftliche Vereinbarung an. Initiator war fast immer der Mann. Die Verhandlungen begannen mit höflichen Redewendungen wie: »Ich möchte mit Ihnen in einen Meinungsaustausch treten!«, oder man fragte unumwunden: »Haben Sie eigentlich schon einen Lagermann?«[101] Dann zählten die Werber ihre Vorteile auf. Ein Friseur bot Margarete Buber-Neumann neben seinem guten Verdienst, Beziehungen zur Küche, einer eigenen Unterkunft auch die Möglichkeit, sich täglich in der Banja waschen zu können.[102] Nach acht Tagen sollte sich die junge Frau entschieden haben. Ein Magazinverwalter auf Kolyma stellte Jewgenia Ginsburg Zucker, Öl, Weißbrot, Filzstiefel, eine Steppweste und seine eigene Kammer in Aussicht.[103] Leichtere Arbeit und Krankschreibungen konnten Arbeitsverteiler, Brigadiere und medizinisches Personal anpreisen. Andere Frauen erhielten unvermittelt Geschenke von privilegierten Häftlingen in der Erwartung, »sie wüßten Bescheid« und würden annehmen.[104] Ihre Entscheidung, eine Lagerpartnerschaft einzugehen, machten sich politische Frauen, vor allem verheiratete, keinesfalls leicht. »Es ergab sich allmählich«, so Jewgenia Ginsburg: »Zuerst Tränen, Entsetzen, Empörung. Dann Gleichgültigkeit. Und dann meldete sich der Magen immer rebellischer, und nicht nur der Magen, der ganze Körper meldete sich, alle Muskeln, denn dieser Hunger ging an die Substanz; vor allem der Eiweißmangel hatte verheerende Folgen. Und manchmal war es auch der Geschlechtstrieb, der sich trotz allem regte. Am häufigsten aber war es das Beispiel der Pritschennachbarin, die an Gewicht zunahm, sich besser anziehen konnte und ihre feuchten, zerschlissenen Fußlappen gegen Filzstiefel eingetauscht hatte.«[105] Die meisten Gefangenen ließen sich, so auch Elinor Lipper, »aus Hunger, nicht aber aus Liebe, in ein Verhältnis ein. ›Butter, Zucker, Weißbrot‹ heißt die Formel, die die Kriminellen an die Stelle von ›ich liebe dich‹ gesetzt haben.«[106] Gerade in Zeiten größten Hungers stieg bei politischen Frauen die Bereitschaft, nach Partnerschaften zu suchen, sei es auch schweren Herzens oder widerwillig.

Die Zurückweisung einer Werbung beantworteten einflußreiche Männer mit Intrigen, die auch die Verlegung in ein anderes Lager zur Folge haben konnte. Andere griffen zu Erpressung und Gewalt. Der Chef einer Lagerschusterei ließ Tamara Ruschenzewa, da sie auf sein schriftliches Angebot nicht reagierte, in seine Werkstatt schleppen und prügelte sie krankenhausreif.[107] Dann ließ der einflußreiche und angesehene Gefangene die 20jährige wieder gesund pflegen. »Ich verstand«, so Tamara Ruschenzewa, »daß ich sowieso in die Werkstatt gehen müßte, sonst würde er mich totschlagen. Es gab für mich keinen anderen Ausweg.« Die Gefangene arbeitete offiziell als Reinemachefrau in der Schuhwerkstatt, bekam Stiefel, eine neue Wattejacke und Hosen. Acht Monate währte die Lagerbeziehung, bis ein Offizier ein Auge auf die junge Frau warf und den Konkurrenten in ein anderes Lager bringen ließ.[108]

Erst die Umstände der Haftexistenz drängten Frauen zu den nicht oder kaum gewollten Partnerschaften. Offensichtlich hatten nur junge und hübsche Frauen, wenn überhaupt, eine Chance, unter den betuchten Männern zu wählen. Ansonsten waren Frauen mehr oder weniger Objekt der Begierde und des Handels. Niemand war davor gefeit, grundlos verlassen und ins Nichts zurückgestoßen zu werden. Dahinter konnten Konflikte unter den Partnern ebenso stehen wie die Denunziation von Neidern und dienstbeflissenen Lagerangestellten oder, wie so oft, eine neue Frau. Gerade die Unstetigkeit und Unsicherheit sind typisch für Lagerbeziehungen, in denen fast immer die Frau das Austauschobjekt war. Als besonders lukrativ, aber auch nicht ungefährlich, galten Lagerbeziehungen zu Angestellten der Administration. Vor allem in kleinen Außenlagern nahm man die offiziellen Verbote der Kontaktaufnahme weniger ernst. In einer nichteingezäunten Ziegelei war Susanne Leonhard Zeugin mehrerer Partnerschaften zwischen Mitarbeitern der Verwaltung und weiblichen Gefangenen.[109] Hilda Schlegel willigte zögernd ein, mit dem freien Produktionsleiter ihres Lagerpunktes zu leben. Ihr Motiv: »Einfach gesagt, um das Leben zu retten«, »die Not hat einen getrieben«. Gefühle oder Liebe verspürte die 27jährige nicht, dennoch gewöhnte sie sich an die Beziehung. 1939 kam ihre Tochter zur Welt. Drei Jahre wohnte sie außerhalb der Lagerzone, bis 1941 ihr Lagermann zur Front einberufen wurde, jeder Kontakt abriß und sie wieder das Häftlingsdasein aller anderen teilte.[110]

Im Gegensatz zu Männern suchten weibliche Häftlinge ihr Verhältnis möglichst geheimzuhalten, zumindest damit nicht gegenüber anderen Frauen zu prahlen. Solange der Name des Partners nicht bekannt war, konnte auch nicht von anderen intrigiert werden. Wenn die Lagerbeziehung von oben auseinandergerissen wurde, hatte meist nur die Frau zu büßen.[111] Denn die Lageradministration trennte sich seltener von den oft privilegierten Männern, sondern schickte meist die Frau als den für das Lager »weniger wertvollen« und ersetzbaren Teil zuerst in den Karzer und dann auf den nächsten Transport. Für manche Frau konnte das den Tod bedeuten.[112]

Die Einstellung politischer Frauen zu Lagerbeziehungen war kontrovers. Die einen verurteilten, die anderen tolerierten Frauen mit Partnern.[113] Quantitativ läßt sich ihr Verhältnis im nachhinein nicht ausmachen. Gegenüber jungen, unverheirateten Frauen brachten weibliche Mitgefangene größeres Verständnis auf. Verrufen waren dagegen Frauen, die im Lager ihre Männer ausschließlich nach deren wirtschaftlicher und sozialer Position aussuchten und sich nach außen als »treue Ehefrauen« aufspielten.[114] Die überwiegend moralisch begründeten Vorwürfe richteten sich immer gegen die Frau und nicht gegen den korrumpierenden Mann. Auch die Notlage des Lagers fand wenig Berücksichtigung, da die kritisierenden Frauen die Meinung vertraten, alle hätten die mehr oder weniger gleich schlechten Bedingungen zu ertragen. Margaretha Witschel spielte in einer Notsituation selbst monatelang mit dem Gedanken, in eine Lagerbeziehung zu treten. Mitgefühl für die Lage anderer konnte die Österreicherin dennoch nicht aufbringen. Wer auf eine Partnerschaft einging und sich hingab, hatte ihr zufolge die »Ehre als Frau« verloren.[115] Susanne Leonhard geht noch weiter. Da für sie die meisten Lagerbeziehungen Zweckverbände auf wirtschaftlicher Grundlage waren, benahmen sich, ihrer Meinung nach, die weiblichen Partnerinnen wie Prostituierte.[116] Ihre russische Mitgefangene Anna Petrowna empfand diese Haltung angesichts der Lagerumstände jedoch als Luxus.[117]

Lesbische Beziehungen

Sascha galt als »Kobel«, wie die »männliche Hälfte« eines lesbischen Paares im Lager genannt wurde.[118] Sie trug Männersachen, Stiefel und kurzgeschnittenes Haar. Die Partnerin Lidotschka hingegen schminkte ihren Mund grellrot und schwärzte ihre Augenbrauen mit Holzkohle. Die Frau richtete das gemeinsame Lager, putzte Saschas Stiefel und holte die Suppe aus der Speisehalle. Der »Kobel« organisierte Weißbrot, Butter und andere Kostbarkeiten. Wenn Lidotschka nicht spurte oder anderen schöne Augen machte, setzte es von ihrem Partner Prügel. Doch sie ließ alles über sich ergehen. Zufrieden dachte sie: Wenn mich Sascha schlägt, dann liebt sie mich und bleibt bei mir.[119] So beschreibt Wanda Bronska-Pampuch eine gleichgeschlechtliche, unter Kriminellen verbreitete Lagerbeziehung. Vereinzelt bildeten sich auch unter politischen Frauen lesbische Paare.[120] Über den Verbreitungsgrad gibt es keine Gewißheit, doch dürften den vorliegenden Berichten nach derartige Beziehungen auch nicht so selten gewesen sein, wie Susanne Leonhard behauptet. Sie meint, Homosexualität hätte es in den Lagern »gar nicht oder höchstens in kaum nennenswertem Ausmaß« gegeben.[121] Genaueres Wissen über diese Form der Sexualität fehlte den meisten weiblichen Häftlingen. Daher dominierten die öffentliche Meinung Unverständnis und Ablehnung, bestenfalls Spott.[122] Für Maria Kono waren lesbische Beziehungen Ausdruck von »entsetzlicher sexueller Verkommenheit«. Sie hatte zwar Mitgefühl mit dem Bedürfnis der Frauen nach Zärtlichkeit und Liebe, meint aber, sie »vergaßen sich im Surrogat fehlgeleiteter Gefühle«. Der »unzüchtige Einfluß« ging Maria Kono zufolge von den Kriminellen aus. »Sie verdarben moralisch und physisch vor allem junge Frauen und machten sie sich zu ihren Untertanen.«[123] Und auch die Parteiintellektuelle Jewgenia Ginsburg läßt in ihren Beschreibungen keinen Zweifel über ihre Haltung aufkommen. Da ist die Rede von der »ekelhaften, glotzäugigen kleinen Kröte, der Lesbierin Sojka. Um sie herum drei sogenannte ›Hengste‹, an Hermaphroditen erinnernde, kurzgeschorene Gestalten mit rauhen Stimmen und männlichen Namen«.[124] Frieda Mayer-Melikowa hingegen brachte für die Frauen Verständnis auf. »Sie waren dazu gezwungen«, sagt sie, blieben sie doch auch im Lager »Menschen mit natürlichen Trieben und Wünschen«.[125]

Lagerehen

Neben den Zweck- und Konsumbeziehungen gab es im Lager immer wieder auch Partnerschaften, die von Zuneigung, Sympathie und Liebe geprägt waren. »Wenn Menschen jahrelang allein sind im Lager, auf sich gestellt sind, keine Freunde, keine Familie, kein gar nichts, keine Zukunft haben«, so Luise Hörmann, »und plötzlich finden sie eine Liebe, dann ist das etwas sehr, sehr Teures. Das wird so gepflegt und so aufgepaßt, daß das nicht angetastet wird.«[126] Immerhin jede neunte der berichtenden Frauen erinnert sich einer innigen, von Liebe geprägten Lagerehe. Nationale Ressentiments scheinen bei der Wahl der Partner keine Rolle gespielt zu haben. Die russische Jüdin Jewgenia Ginsburg verliebte sich in einen Rußlanddeutschen. Die Partner der aus Deutschland stammenden Susanne Leonhard sowie der Polin Wanda Bronska-Pampuch waren russischer Nationalität.[127] Anders als in Lagerbeziehungen bildete der gegenseitige materielle Austausch nicht die ausschlaggebende Bedeutung, sondern Sympathie, Zuneigung und Liebe. Das »Bedürfnis nach einem wirklich nahen Freund war um so stärker, je mehr man unter der Verzweiflung und Verlassenheit litt. Immer nur von den Träumen und Erinnerungen zu leben«, so Hilda Vitzthum, »war nicht möglich.«[128] Auch die sexuelle Anziehung zwischen Frauen und Männern trug zu festen Bindungen bei.[129] Obgleich die Dauer der Lagerehen variierte und maßgeblich von der Verfolgungspolitik der Lageradministration abhing, ähneln sich die weiblichen Erfahrungen. So gehörten jene Stunden, die Hilda Vitzthum mit ihrem Lagerfreund Kita verbrachte, zu den reichsten und tiefempfundendsten ihres Lebens. »In Kitas Gegenwart war ich so, wie ich nie früher und niemals mehr nachher gewesen bin. Ich konnte mit ihm frei und klar über Dinge sprechen, die ich sonst nie zu berühren wagte.«[130] Nur knapp ein Jahr währte die Liebe, bis ihr Freund den Lagertod fand. Erfüllte Gemeinschaften halfen den schweren und tristen Lageralltag besser zu überstehen. Eine Begegnung mit ihrem Partner oder ein hastiger Kuß ließen Wanda Bronska-Pampuch die Gefangenschaft, die Wachsoldaten, die Fron und den Schmutz für Augenblicke vergessen. In einer solchen Situation meinte sie zu ihrem Freund, wie herrlich das Leben war, das man ihnen gerade stahl. Er entgegnete: »Wir stehlen es uns wieder, einer Welt zum Trotz.«[131] Die Liebenden wußten um ihre Anpassung an den Haftalltag. Aber mit dieser Gewöhnung hatten sie auch die Fähigkeit erlangt, so Wanda Bronska-Pampuch, innerlich die »Unfreiheit zu überwinden und sich zu einer Freiheit zu erheben, die unantastbar war«.[132]

Margarete Buber-Neumann unterhielt zwei Monate eine Gemeinschaft mit dem Letten Boris Resnik. Die kurzen, freien Abende in dieser Zeit waren andere geworden. Ihre Gedanken hatten einen neuen Inhalt bekommen. Wenn sie auf ihrer verwanzten Pritsche lag, schloß sie nicht wie sonst sofort die Augen. Ein vorsichtiges Lächeln in ihren Mundwinkeln wollte nicht weichen. »Wenn ich an die ersten zwei Monate meines Aufenthaltes im Strafblock von Burma denke«, so Margarete Buber-Neumann in ihren Erinnerungen, »an die Zeit meiner Freundschaft mit Boris Resnik, erinnere ich mich kaum noch an die Qualen des langen Arbeitstages, an den Hunger und die schrecklichen Nächte mit Wanzen und Läusen; ebensowenig wie an die Bösartigkeit und Gemeinheit der Mithäftlinge.«[133]

Nonna Tschekanowa lernte in den Nachkriegsjahren den Rußlanddeutschen Gerhard Janzen in einem Lager der Uchtaregion kennen. Er arbeitete in einer Werkstatt, sie unter und über Tage bei der Erkundung von Erdöllagerstätten. Eine Freundin hatte den Kontakt vermittelt. Für die damals 25jährige war die Partnerschaft mit dem zehn Jahre älteren Mann von existentieller Bedeutung. »Er hat mir geholfen, im Lager zu überleben«, erinnert sich die Russin: »Und ich habe mich nicht so sehr vor anderen Männern fürchten brauchen. Wenn die Frau einen festen Partner hatte, war sie geschützt. Und das haben die anderen Männer meistens respektiert. Man konnte sonst auch überfallen werden.« Die

Nonna Tschekanowa-Janzen während eines Gespräches, 2002.

junge Frau hatte Glück und fand, wie sie sagt, einen »anständigen und guten Mann, der keine schlechten, hinterhältigen Gedanken hatte«. Das Paar half sich gegenseitig mit kargen Lebensmitteln und unterstützte sich moralisch. Aus der Schutzgemeinschaft entstand mit der Zeit Zuneigung und Liebe. Das Risiko der Trennung wollten die beiden nicht eingehen, deshalb suchten sie ihre Lagerehe eher im verborgenen zu leben. Als Nonna Tschekanowa nach ihrer fünfjährigen Lagerhaft am 18. September 1950 entlassen wurde, blieb sie in Uchta und wartete auf die Freilassung ihres Mannes, mit dem sie bis heute zusammenlebt.[134]

Um der Trennung der Gemeinschaft durch die Lageradministration zu entgehen, suchten Häftlinge ihre Lagerehen und -gemeinschaften unauffällig und überlegt zu gestalten. Vor allem einfache Häftlinge mußten auf der Hut sein. »Prominente, die ihr eigenes ›Liebesnest‹ hatten und nicht auf zufällige Begegnungen in Heuschobern oder auf Dachböden angewiesen waren«, wurden Susanne Leonhard zufolge selten bestraft.[135] Besonders bei sexuellen Aktivitäten waren die Paare vorsichtig, denn in flagranti ertappt zu werden konnte Trennung und Bestrafung bedeuten.[136] Außerdem waren die sicheren Örtlichkeiten begrenzt und nicht selten bereits Domizile krimineller Elemente. »Um so tiefer aber«, heißt es bei Alexander Solschenizyn, »war die seelische Verbundenheit zweier Liebender im Lager. Gerade weil sie des Fleischlichen beraubt war, wurde solch eine Liebe brennender empfunden als draußen in der freien Welt.«[137] Es gab Männer und Frauen, die sich im Lager ineinander verliebten und wieder getrennt wurden, nach der Entlassung einander suchten und wieder zusammenfanden.[138] Manche ließen sich nach der Haft von ihren angestammten Ehepartnern scheiden und legalisierten ihre Lagergemeinschaft.[139]

Lagermütter und Lagerkinder

Josephine Stephan war schwanger verhaftet worden und entband ihr Kind Ende 1941 auf dem Weg ins Lager. Die Monate der Schwangerschaft verbrachte sie in einer mit 50 Frauen vollgestopften Zelle des Transitgefängnisses Nowosibirsk. Unterwäsche und Kleider rissen an ihrem anschwellenden Körper. Eine Zellengenossin schenkte ihr noch eine Bluse. Nach sechs Monaten wollte keine der Gefangenen mehr neben Josephine Stephan liegen. Das Kind meldete sich schon, die Enge wurde noch unerträglicher. Nach Protesten verlegte man sie in eine kleinere Zelle, in der sich schon vier schwangere Frauen befanden.

Schwangerschaft und Geburt

»Ich bekam meine Wehen«, erinnert sich Josephine Stephan, »eine Mitgefangene klopfte an die Zellentür und schrie. Die Wärterin, eine Ukrainerin, kam, machte das Türfensterchen auf und fragte böse: ›Was ist los?‹ Meine Zellengefährtin sagte, ich muß ins Krankenhaus, das Kind kommt bald. ›Macht nichts‹, sagte die Wärterin, ›die kann warten.‹«[140] Die Wehen verstärkten sich. Nachdem eine Leidensgefährtin erneut an die Tür geklopft hatte, erschien statt der Wärterin ein Mann, der Josephine Stephan in einen Baderaum

Josephine Stephan während eines Gespräches, 2002.

brachte und wieder verschwand. »Ich dachte, was soll ich machen? Da war eine Badewanne, daneben eine Bank, und oben hing ein großer Bottich aus Blech. Ich hatte Angst, das Kind rutscht mir raus und fällt auf den Steinboden. Und da fing ich an zu klopfen. Auf einmal kommt eine Frau rein und schreit: ›Die gebärt doch schon.‹ Sie hat mich in ein Krankenzimmer geführt, wo ich ein einfaches Bett bekam, aber alle möglichen Kranken behandelt wurden. Dort habe ich mein Kind geboren.« Es war ihr zweiter Junge. Den 1940 geborenen Sohn Edgar hat Josephine Stephan in der Freiheit zurücklassen müssen. Die ersten Wochen nach der Entbindung war die 24jährige zu schwach, ihr Baby ausreichend zu stillen. Eine andere Mutter half aus und säugte auch ihr Kind. Einige Tage nach der Entbindung kam sie in die mit zwei Pritschen und einem Kübel ausgestattete »Mütterzelle«, deren Belegungsnorm zwei Frauen und zwei Kinder umfaßte. Das Neugeborene schlief bei der Mutter, eingehüllt in eine einfache Decke, auf einem dünnen Kissen. Zusätzliche Nahrung erhielt Josephine Stephan nicht, obwohl sie stillte. Waschen mußte sie das Baby über dem Kübel. Schon bald erkrankte ihr Sohn an einer Lungenentzündung. »Mein Kind hat viereinhalb Monate gelebt, dann ist es gestorben. Es lag neben mir auf dem Bett. Zu dem Zeitpunkt hatte ich eine Zelle allein. Und so lag er mit großen schönen Augen und hat mich angeschaut. Ärztliche Hilfe bekam er nicht. Und so ist er gestorben. Nach zwei Stunden kamen zwei riesige Kerle mit Handschuhen, schoben mich weg und nahmen mein Kind mit.«

Josephine Stephan stellte keinen Einzelfall dar. Auch im Moskauer Butyrka-Gefängnis entbanden Ende der 1930er Jahre inhaftierte Frauen ihre Kinder.[141] Für das NKWD/MWD war Schwangerschaft kein Grund, die Verhaftung oder den Transport zum vorgesehenen Haftort aufzuschieben. Auch vor der gemeinsamen Verhaftung von Müttern und ihren kleinen Kindern scheute das Terrorregime nicht zurück. In einem Tomsker Lager waren 60 Frauen mit ihren Kleinkindern inhaftiert.[142] Helena Kutscherowa-Koch und ihren zweieinhalbjährigen Sohn verhaftete man 1947. Nach einer wochenlangen Transportodyssee trafen sie im Oktober desselben Jahres im Lagerpunkt Chaltsch, in Belorußland, ein. Ihr erster Blick fiel auf einen Friedhof für Kinder, ihr zweiter auf eine Leidensgefährtin aus dem Gefängnis. »Ich sehe Albina und denke, mein Gott, sie ist doch erst vor zwei Monaten hier angekommen und geht schon ohne ihren Sohn. Das war ein großer, schöner, zehn Monate alter Junge. Innerhalb von zwei Monaten ist er dort gestorben.« Unmittelbar nach der Ankunft nahm man Helena Kutscherowa-Koch ihr Kind und brachte es im »Detskii Dom«, im Kinderhaus, unter. Die dortigen Bedingungen waren mehr als unzureichend. Die Bettwäsche war lange nicht gewechselt worden und total verschmutzt. Lüftungsfenster gab es keine, Krankheiten grassierten. Das Personal, freie Mitarbeiterinnen, kümmerte sich nur halbherzig und widerwillig um den Nachwuchs der politischen Gefangenen. »Die Kinder durften nicht herumlaufen«, erinnert sich Helena Kutscherowa-Koch, »sie sollten immer stillsitzen. Die Erzieherinnen benahmen sich grob und haben geschrien. Die Kinder hatten Angst.« An ihrem Sohn entdeckte sie Spuren von Schlägen. Wie andere Kinder wurde er schwer krank. Ihre besten Kleidungsstücke tauschte die Mutter für Zucker und Konserven ein und fütterte damit ihren Sohn. Helfen

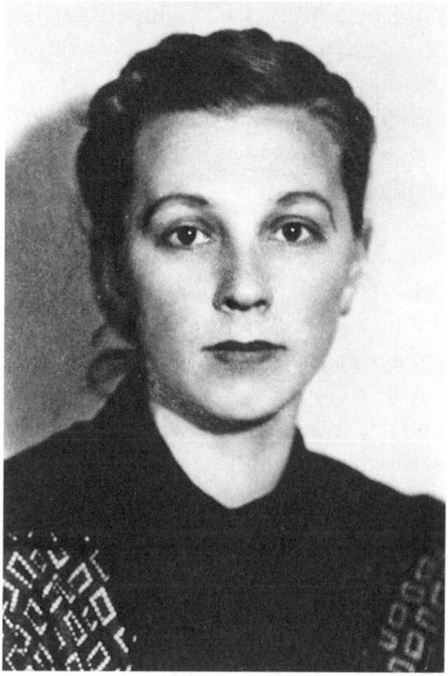

Helena Kutscherowa-Koch, illegales Lagerfoto, 1952.

sollte auch ein »geheiligtes Wasser«, so zumindest die Versprechungen des Verkäufers. Zur gleichen Zeit bemühte sich Helena Kutscherowa-Koch um Kontakt zu ihren Angehörigen, die schließlich ihren Sohn, der bereits sechs Monate Haft hinter sich hatte, aus dem Lager abholten und bei sich aufzogen. Für die Mutter bedeutete dies eine emotionale Entlastung. »Das Kind ist gerettet, alles andere war nicht so wichtig.«[143]

Wie viele Frauen über die Jahre im Gulag schwanger wurden und Kinder entbanden, kann bislang nicht genau gesagt werden. Von den hier 91 berichtenden Frauen entbanden sieben Kinder im Lager. Jadwiga Kowalska berichtet von einem Lager auf Kolyma, in dem ungeachtet der angedrohten Strafen gleich im ersten Jahr von 1000 Frauen 250 schwanger wurden.[144] 1951 lebten im Karlag 576 Kinder, bei einer Anzahl von 12079 weiblichen Häftlingen. Danach betrug der Anteil der im Lager gebärenden Mütter – gerechnet pro Frau ein Kind – knapp fünf Prozent.[145] Im Jahr zuvor kamen im Karlag doppelt so viele

Kinder zur Welt, d.h., knapp jede zehnte Frau entband. Und das trotz der seit 1947 vorgeschriebenen strikten Trennung von Männern und Frauen.[146] Ende 1952 befanden sich nach offiziellen Angaben in allen Besserungsarbeitslagern und -kolonien des MWD 35571 Lagerkinder, weitere 6523 Frauen waren schwanger. Im selben Jahr verließen 8508 Kinder die Haftorte. Davon wurden 4764 an Verwandte übergeben und 3744 in Erziehungsheime der Ministerien für Gesundheit bzw. Volksbildung eingewiesen.[147] Selbst diese wenigen Angaben verdeutlichen das Ausmaß und die Kontinuität von Geburten hinter Stacheldraht. Unter den Entbindenden befanden sich Häftlingsberichten zufolge mehr kriminelle als politische Frauen.[148]

Über Motive der Schwangerschaft, die Bedingungen der Geburt und das Aufwachsen der Kinder klären die Erfahrungen der im Lager entbindenden Frauen auf. Enni Kiutto brachte 1941 ihre Tochter Lela in Bidaik, einem Lagerpunkt des Karlag, zur Welt. Erst zwei Wochen vor der Geburt wies man ihr eine »leichtere« Arbeit in der Küche zu. Die Bedingungen im Geburtshaus, wie sie es nennt, empfand sie in hygienischer und persönlicher Hinsicht angesichts der sie sonst umgebenden Lagerumstände als zufriedenstellend. Um die Trennung von ihrem Partner zu verhindern, weigerte sie sich, seinen Namen der Lageradministration zu nennen.[149]

Hilda Schlegel entband nach zweijähriger Haft 1939 im Lagerkomplex von Kargopol eine Tochter. Ihrer Erinnerung nach mußte sie zwei Monate zuvor nicht mehr arbeiten. Allerdings war der Vater der freie Arbeitsleiter des Lagerpunktes. Eine inhaftierte Hebamme begleitete die Entbindung.[150] Auch Nadeschda Joffe berichtet über die Anwesenheit einer speziellen Geburtshelferin.[151] Die Umstände der Entbindung variierten in den verschiedenen Lagerpunkten erheblich. Sie hingen nicht nur von der konkreten medizinischen Ausstattung des einzelnen Lagers ab, sondern auch von der Stellung der Mutter und des Vaters innerhalb des Lagers.

Frauen sollten vor und nach der Geburt eine verbesserte Versorgung erhalten. Während des Krieges stand schwangeren Gefangenen offiziell ein Monat vor der Geburt und stillenden Müttern maximal neun Monate die Verpflegungsnorm Nr. 2 zu, d.h. 500 Gramm Brot, 360 Gramm Kartoffeln und Gemüse, 75 Gramm Grütze und 58 Gramm Fischprodukte. Diese Ration erhielten sonst nur Häftlinge mit einer

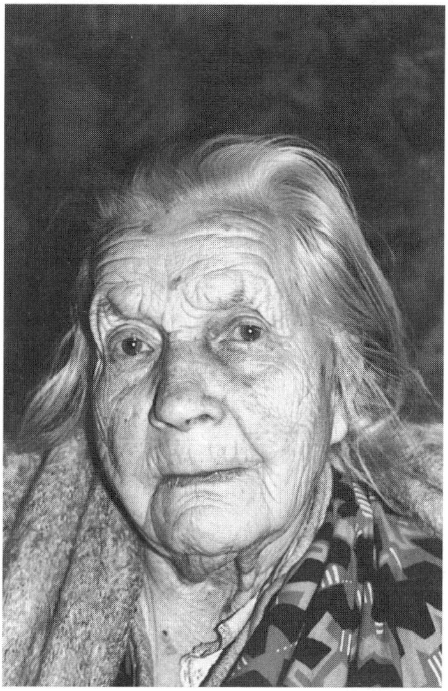

Enni Kiutto während des Interviews, 1998.

erfüllten Arbeitsnorm von 100 bis 125 %.[152] Die ab 1. Januar 1945 gültige Verpflegungsordnung sprach Schwangeren drei Monate vor und stillenden Müttern vier Monate nach der Geburt 400 Gramm Milch pro Tag zu. Außerdem sollten diese Frauen pro Tag 20 Gramm Zucker, 40 Gramm Grütze und 25 Gramm tierische Fette erhalten. Beim Tod des Kindes war die Zusatzversorgung sofort einzustellen.[153] Die Versorgungsordnung von 1949 übernahm diese Normen im wesentlichen, allerdings erhielten schwangere Frauen die zusätzlichen Produkte bereits einen Monat früher, also vier Monate vor der Geburt.[154] Ob diese Produkte in vollem Umfang tatsächlich in den Kessel bzw. in die Hände der werdenden Mütter gelangten, ist aufgrund bereits geschilderter Erfahrungen zu bezweifeln. Der Hunger begleitete Frauen auch während ihrer Schwangerschaft. »Wie wilde Tiere stürzen wir mittags in die Speisehalle«, erinnert sich Wanda Bronska-Pampuch: »Natürlich sind wir Hochschwangeren immer die letzten. Rücksicht wird in Elgen nicht genommen, hier ist jeder des anderen Feind. Ich versuche meinen Bauch mit den Händen zu schützen und vermeide das größte Gedränge.«[155]

Frauen, die ungewollt schwanger wurden, litten an schweren Gewissensnöten. Eine 24jährige Frau aus einem sibirischen Dorf, die eigentlich Nonne werden wollte, empfand ihre Schwangerschaft als große Sünde. Auch verheiratete Frauen, vor allem Politische, hielten die Erwartung eines Kindes für ein »großes Unglück«.[156] Wie viele weibliche Häftlinge einen verbotenen Schwangerschaftsabbruch vorgenommen haben, ist nicht bekannt.[157] Allerdings dürfte der Abort, vor allem in den Nachkriegsjahren, keine Ausnahme gewesen sein. Wenn es Frauen persönlich für nötig hielten, fanden sich in der Grauzone des Lagers auch Wege, die Schwangerschaft mit mehr oder weniger fachgerechter Hilfe abzubrechen. Die einen vollzogen den Eingriff selbst mit Stricknadeln oder einfachen Stöckchen. Andere kannten Frauen, die gegen Bezahlung fachgerecht Hand anlegten.[158] Das Risiko war groß und mußte teils mit dem eigenen Leben bezahlt werden.[159] Schwangere, die in Beziehungen zu Männern der Lageradministration oder der Häftlingselite standen, fanden meist die Möglichkeit, den Abort in der Krankenstation von Medizinern vornehmen zu lassen.[160] Gegenüber Frauen, die in eigener Initiative handelten und deren Abbruch mißlang, zeigte sich die Lageradministration äußerst drakonisch. »Wenn eine Sterbende in die Krankenstation kam«, erinnert sich Nonna Tschekanowa-Janzen, »wollte man wissen, wer ihr beim Abort geholfen hat. Wenn die Frau nichts gesagt hat, starb sie. Wenn sie die Person nannte, wurde sie in das Lagerhospital gebracht.«[161] Kriminelle Frauen entledigten sich noch auf andere Weise ungewollter Kinder. Sie verschwiegen die Schwangerschaft, entbanden heimlich und ließen das Neugeborene einfach zurück, nicht zuletzt auf der Latrine.[162] Aktenkundig ist der Fall von Ewdokija Serowa. Sie brachte im März 1943 in einem Pferdestall insgeheim ein Kind zur Welt und überließ es seinem Schicksal. Das Kind verstarb an Unterkühlung und Herzversagen. Die Mutter wurde ausfindig gemacht und zu weiteren zehn Jahren Lager verurteilt. Der Staatsanwalt des Karlag wies daraufhin an, alle Häftlinge und Zivilangestellten im Rahmen der »vorbeugenden Maßnahmen im Kampf gegen die Tötung von Neugeborenen bzw. gegen Aborte« über diesen Vorfall zu informieren.[163]

Die Motive, bewußt ein Kind im Lager auszutragen, waren vielfältig. »Bis zum Wahnsinn, bis Zum-gegen-die-Wand-Rennen, bis zum Tode« verlangte es Chawa Wolowitsch »nach Liebe, nach Zärtlichkeit, und es verlangte nach einem Kind – einem Wesen, was einem ganz nahe und vertraut war.«[164] Das Neugeborene verlieh der Mutter andere Kräfte, sich dem Kampf für das Überleben zu stellen. »Auch wer einfach die Mutterschaft erleben wollte«, heißt es bei Alexander Solschenizyn, »trug das Kind aus: Lager hin, Lager her, ein Leben anderswo stand nicht zur Wahl.«[165] Für die 21jährige Walja K., die Susanne Leonhard in ihren Erinnerungen schildert, gehörte ein Lagerkind zu den wenigen »Möglichkeiten der Selbstbejahung und Selbstbehauptung, die das Lager dem Menschen« noch ließ.[166] Ähnliche Überlegungen stellte Antonie Satzger an, die in den letzten Monaten ihrer Haft schwanger wurde. Obwohl vom Erzeuger angeboten, lehnte sie eine Abtreibung kategorisch ab. Sie sah in ihrem Lagerkind eine Aufgabe und neue Verantwortung für die Zeit nach dem Lager. Sie war unsicher, ob ihre drei früheren Kinder und ihr Ehemann – von dessen Tod sie im Lager nichts ahnte – sie als Mutter und Ehefrau nach acht Haftjahren wieder akzeptieren oder sie möglicherweise zurückstoßen würden. »Dann habe ich etwas, für das ich sorgen kann«, waren ihre damaligen Gedanken, »dann habe ich mein Kind.«[167]

Die sowjetische Regierung erließ in den Nachkriegsjahren mehrere Amnestien für Schwangere bzw. Mütter. Zum 10. Januar 1951 entließ man beispielsweise aus dem Karlag 785 Schwangere, 706 Mütter mit ihren Lagerkindern sowie 1205 Frauen, deren Kinder außerhalb des Lagers lebten.[168] Allerdings waren von den vorfristigen Entlassungen Frauen ausgenommen, die nach § 58 verurteilt waren. Vor allem Kriminelle nutzten das Gebären von Kindern als Möglichkeit, sich Erleichterungen zu verschaffen oder vorfristig die Freiheit zu erlangen.[169]

Lebensbedingungen für Mütter und Kinder

Nach der Entbindung blieben die Mütter mit ihren Babys eine Woche in der Krankenstation. Danach nahm die Frau wieder ihren Platz in der Baracke und nach einem Monat auch im Arbeitskommando ein. Das Neugeborene kam in das Kinderhaus. Neun Monate durften die Mütter, die Mamki, sofern sie dazu in der Lage waren, ihre Kinder stillen. Diese wurden zwei-, fünf- oder siebenmal am Tage genährt,

Antonie Satzger,
illegales Lagerfoto, 1950.

entsprechend ihrem Alter und der körperlichen Konstitution der Mütter. Nach 30 Minuten wurden die Babys wieder eingesammelt und die Mütter unter Bewachung zurück an ihren Arbeitsplatz geführt.[170]

Vor den Terrorjahren 1937/38 waren die geltenden Bestimmungen weitaus liberaler. Mütter bewohnten gemeinsam mit ihren Kindern nicht selten die am besten ausgestatteten Baracken. Da die Mamki nur leichte Heimarbeit zu erfüllen hatten, stand ihnen die nötige Zeit zur Verfügung, sich um das Wohl und die Entwicklung ihrer Kinder angemessen zu kümmern.[171] Nadeschda Joffe erlebte die Verschärfung der Haftordnung als Mutter Anfang 1938 auf Kolyma. Aus ihrer angestammten Baracke wies man den zwei Müttern und ihren Kindern nun eine Ecke in einem Arbeitszelt zu. Zwei Liegen, zwei Kinderbettchen und ein eiserner Herd bildeten die Ausstattung. Das Zelt konnte nur schwer beheizt werden. »Wenn der Herd an war«, heißt es in ihren Erinnerungen, »konnte man sich nicht über ihn beugen, der heiße Dampf stach zu sehr ins Gesicht. Beugte man sich nach hinten, froren die Haare an der Zeltplane fest.« Beschnitten wurde auch die ihnen zustehende Verpflegungsration. Einen Teil behielt einfach der Ausgebende, einen anderen Teil mußten sie dem Wachposten geben, um von ihm die Erlaubnis zum Holzsammeln zu erhalten. Ihre Leidensgefährtin erkrankte schnell. Eine Bitte um Hilfe beantwortete der Lagerkommandant mit den Worten: »Dann stirbt sie halt. Eure Vergünstigungen sind vorbei.«[172]

Die Ende der 1930er Jahre eingerichteten Kinderhäuser führten zur Trennung der Neugeborenen von ihren Müttern. Vor 1938 blieben die Kinder vier, danach nur noch zwei, teils nur ein Jahr in den Kinderbaracken des Lagers.[173] Während dieser Zeit durften die Mütter ihre Kleinen nur ein- bis zweimal im Monat auf wenige Stunden besuchen. Die Jüngsten vergaßen von einem Besuchstag zum anderen das Gesicht und die Stimme ihrer Mutter. Gerade wenn die Mütter sich erfolgreich ins Gedächtnis der Kleinen zurückgebracht hatten, rief der Wachsoldat schon: »Los, los, sammeln! Es ist Zeit!« Im Hof hörten die Frauen das Weinen ihrer Kinder. Und hinter den milchigen Scheiben drückten sich die Größeren, um zuzusehen, wie die Mütter in Fünferreihen abrückten, begleitet von einem Soldaten mit aufgepflanztem Bajonett.[174] Allerdings konnten selbst diese lang ersehnten und viel zu kurzen Begegnungen von der Lageradministration untersagt werden, wenn ihrer Auffassung nach die Zwangsarbeit oder die Planerfüllung dies erforderlich machten.[175]

Die räumliche Trennung von Mutter und Kind lief quasi auf den Entzug des Erziehungsrechtes hinaus und bedrückte die Frauen ebenso wie die Tatsache, daß ihre Kinder eher schlecht als recht unter fremder Aufsicht heranwuchsen. Mütter machten in dieser Zeit unterschiedliche Erfahrungen mit der Betreuung ihrer Kinder. In Badaik schloß man 1942 das Kinderhaus und brachte Enni Kiuttos Tochter nach Dolinka, wo die Kinder des Karlag konzentriert werden sollten. Der Friedhof, auf dem die verstorbenen Kleinkinder begraben wurden, existiert bis heute. Nach der Verlegung konnte die Mutter ihr Kind nur noch ein-, höchstens zweimal im Jahr sehen. Diese Begegnungen mußte sich die Gefangene durch hervorragende Arbeitsleistungen verdienen, sonst setzte sich ihr Lagerchef nicht für eine Besuchserlaubnis bei der vorgesetzten Stelle ein.[176] Das Kinderhaus, in dem Hilda Schlegels Tochter untergebracht war, hatte wie die meisten eine Bretterumzäunung. Die Kinder konnten nicht hinausschauen, die Mütter nicht hinein. Ein Gefängnis im Ge-

Hilda Schlegel während eines Gespräches, 2002.

fängnis, auch wenn die Kinder gelegentlich außerhalb des Lagers unter Aufsicht wandern gingen. Der Lagermann der jungen Frau, ein Zivilangestellter, brachte sie als Wirtschaftsleiterin im Kinderhaus unter. In dem Gebäude stand ihr sogar eine eigene kleine Schlafkammer zu. Dadurch konnte sie sich um das Wohl und Wehe ihrer Tochter besser kümmern und war nicht von ihrer Sehnsucht geplagt. Und wenn das Kind krank war, nahm sie es mit in ihr eigenes Bett. Die Versorgung und das Essen empfand Hilda Schlegel als vergleichsweise gut.

Entgegengesetzte Erfahrungen machte Chawa Wolowitsch, deren Tochter Ende 1942 in einem abgelegenen Außenlager geboren wurde. Dort existierte kein spezielles Kinderhaus. Die Lageradministration wies den drei Müttern und ihren Kindern ein separates Zimmer in einer Häftlingsbaracke zu. »Die Wanzen fielen wie Sand von der Decke und den Wänden«, schreibt die Jüdin in ihren Erinnerungen: »Die ganze Nacht haben wir sie von den Kindern abgelesen. Tags ging's zur

Arbeit. Die Kleinen mußten wir einer alten Frau überlassen, die jedoch das Essen für die Kinder selber aufaß. Wie schon gesagt, ich glaubte weder an Gott noch an den Teufel, aber während meiner Mutterschaft wollte ich leidenschaftlich, daß es einen Gott gebe. ... Ein ganzes Jahr lang stand ich nachts am Bett meines Kindes, suchte die Wanzen ab und betete. Betete, Gott möge meine Qualen wenn nötig auf hundert Jahre verlängern, er möge mich aber nicht von meinem Töchterchen trennen. Selbst wenn ich als Bettlerin oder Krüppel aus der Haft entlassen würde, soll es nur mit ihr zusammen geschehen. Auch wenn ich auf Knien um milde Gaben betteln müßte, um mein Kind großzuziehen. Aber Gott hat meine Gebete nicht erhört. Kaum fing mein Kind an zu laufen, kaum vernahm ich von ihr die ersten zärtlichen, so wunderbaren Worte Mama, Mamotschka, als man uns in der Winterkälte in Lumpen gehüllt in einen Güterwagen setzte und in ein Mütterlager fuhr, wo mein Kind sich in Kürze in einen bleichen Schatten, mit tiefen Augenrändern und verklebten Lippen, verwandelte.« Chawa Wolowitsch wurde nun von ihrer Tochter endgültig getrennt. Beim Holzeinschlag und in einem Sägewerk mußte sie schwer arbeiten. Nur gelegentlich durften die Mütter zu ihren Kindern. Um ihr Kleines vor Läusen und Typhus zu schützen, ließ sich Chawa ihre Kopfhaare scheren. Im Laufe ihres Aufenthaltes bekam sie mit, wie die Kinder in diesem Lagerpunkt behandelt wurden. Sie ängstigte sich um ihr Kind und verging vor Sehnsucht. »Für ein Bündel Holz ließ mich die Kinderfrau, die in der Gruppe auch ihre eigenen Kinder betreute, frühmorgens vor dem Ausmarsch, manchmal während der Mittagspause und natürlich abends, wenn ich mit dem Bündel Holz kam, zu meiner Tochter. Aber was mußte ich dort entdecken. Ich sah, wie um 7.00 Uhr die Kinderfrauen die Kleinen weckten. Mit Püffen und Stößen hoben sie die Kleinen aus ihren kalten Bettchen (um die Zudecken reinzuhalten, wurden diese nicht über die Kinder gelegt, sondern über die Kinderbetten geworfen). Sie stießen die Kinder mit Fäusten in den Rücken, überhäuften sie mit groben Schimpfwörtern. Sie wechselten die Hemdchen und wuschen sie mit eiskaltem Wasser. Die Kleinen wagten nicht mal zu weinen. Sie krächzten nur vor sich hin. Dieses Geräusch war den ganzen Tag über aus den Kinderbetten zu hören. Die Kinder, die eigentlich schon sitzen oder kriechen müßten, lagen auf dem Rücken, die Beine an den Bauch gezogen, und gaben diese seltsamen Laute von sich, die wie das unterdrückte Gurren von Tauben klangen. Für eine Gruppe von 17 Kindern war eine Kinderfrau zuständig. Sie mußte das Zimmer sauberhalten, die Kinder waschen und anziehen, sie füttern, die Öfen heizen, zu allen möglichen Sondereinsätzen in die Zone gehen, aber vor allem im Zimmer für Sauberkeit sorgen. Um sich die Arbeit zu erleichtern und freie Zeit für sich selbst zu gewinnen, dachte sich die Kinderfrau alles mögliche aus, um die Zeit der Pflege für die Kinder auf ein Minimum zu verkürzen. Als Beispiel das Füttern, dem ich einmal zusehen konnte. Aus der Küche brachte die Kinderfrau den dampfenden heißen Brei, verteilte ihn auf Schüsselchen, griff sich aus einem der Bettchen das erstbeste Kind, bog ihm die Ärmchen auf den Rücken, band sie mit einem Handtuch am Körper fest und stopfte ihm den heißen Brei Löffel um Löffel wie einem Truthahn in den Hals, ohne dem Kind Zeit zu lassen, den Brei überhaupt zu schlucken. Und das, ohne sich vor mir, dem zufälligen Zeugen des Geschehens, zu genieren.«[177] Die Tochter von Chawa Wolowitsch starb am 3. März 1944.

Es gab auch Kinderhäuser in wetterfesten und warmen Gebäuden, in denen jedes Kind ein sauberes Bett hatte, kindgerechtes Essen bekam und einige Spielsachen vorhanden waren.[178] Aber selbst diese vergleichsweise guten Bedingungen waren, abgesehen von der Haftsituation, keine Garantie für eine kindgerechte Betreuung. Ebenso wichtig war die Zusammensetzung und Qualifikation des Personals und dessen Engagement. Nach Festlegungen der Lageradministration durften keine politischen Gefangenen als »Njanja«, als Kinderfrau, tätig werden. Im allgemeinen sollten nur nichtpolitische Frauen diese Funktionen ausführen.[179] Nadeschda Joffes Kind war in einem Kinderhaus untergebracht, in dem das Pflegepersonal aus Kriminellen bestand. »Stundenlang standen sie mit ihren ›Männern‹ unter der Treppe oder gingen ganz weg, und die Kinder, hungrig, unbeaufsichtigt, wurden krank, starben, bei der kleinsten Epidemie starben sie wie die Fliegen.«[180] Immer wieder kam es vor, daß die Lageradministration entgegen den Vorschriften politische Frauen in Kinderhäusern einsetzte.[181] Eleonora Leibbrandt betreute 30 Neugeborene, die sie im Wechsel mit einer Gefangenen im Zweischichtsystem waschen, wickeln und füttern mußte. Wenn es das Wetter gestattete, ließ man die Kleinen an die frische Luft.[182] Die Mädchen und Jungen waren in Altersgruppen zusammengefaßt, die zwischen 15 und 30 Kinder umfaßten.[183] Immer wieder werden in den Berichten engagierte politische Kinderfrauen und Ärztinnen geschildert, denen das Schicksal der Lagerkinder auf besondere Weise am Herzen lag. Eleonoras Chefin kümmerte sich energisch um zusätzliche Nahrung wie Reis, Fleisch, weißes Mehl und ausreichend Milch. Jewgenia Ginsburg versuchte die anderen Kinderschwestern für den problematischen körperlichen und seelischen Zustand der Heranwachsenden zu sensibilisieren. Die meisten der als »Njanjas« arbeitenden politischen Frauen gaben ihr Letztes. »Aber selbst eine gute Wärterin kann bei dem dortigen Massenbetrieb dem einzelnen Kind nicht die geringste Aufmerksamkeit schenken«, so das Resümee von Elinor Lipper: »Sie wird gerade damit fertig, die Kinder der Reihe nach auf die paar vorhandenen Töpfchen zu setzen, ihnen unter dem üblichen Wasch-Tröpfel-Apparat[184] über die Gesichter zu fahren, die kleinen Kahlgeschorenen alle mit dem gleichen Handtuch abzuwischen und das Essen mit möglichster Geschwindigkeit in sie hineinzustopfen.«[185]

Ausstattung und Versorgung der Lagereinrichtungen für Mütter und Kinder waren zu allen Zeiten des Gulag mehr als unzureichend. Selbst Lagerverwaltungen sahen sich genötigt, die unzumutbaren Bedingungen zumindest zu registrieren. Der Staatsanwalt des Karlag beanstandete nach einer Inspektion der Lagerabteilung Bidaik am 5. August 1940 – also in vergleichsweise »guten« Zeiten zwischen Terror- und Kriegsjahren – folgende Zustände: die Mütterbaracke verwanzt, Verpflegung der Mütter unzureichend, ebenso ihre Bekleidung und Ausrüstung.[186] Im Kinderhaus der Bidaiksker Abteilung des Karlag befanden sich im August 1940 174 Kinder im Alter zwischen drei Monaten und drei Jahren. Der Chef der genannten Lagerabteilung notierte in einem Bericht u.a. folgende Mißstände: Verpflegung eintönig, Schwierigkeiten bei Versorgung mit Gemüse und Fleisch, Ausgabe der Wäsche entspricht nicht den Normen der Hauptverwaltung, Reparaturen notwendig am Fußboden, den Fenstern sowie am Dach des Kinderhauses, kein ausreichender Platz zum Spazierengehen der Kinder.[187] Selbst nach offiziellen Angaben der Hauptverwaltung Lager besserten sich die Zustände kaum, und die Unterbringungsmöglichkeiten der Kinder waren noch Ende 1952 völlig ungenügend. Die zu diesem Zeitpunkt im Gulag lebenden mehr als 35 000 Heranwachsenden waren in 247 Kinderhäusern untergebracht, in denen sich im Schnitt jeweils 150 Kleinkinder aufhielten. Jedes Kind sollte nach der offiziellen Versorgungsnorm über eine Fläche von 4 qm verfügen können. Im Durchschnitt standen Lagerkindern zum 1. Januar 1952 lediglich 3,7 qm zur Verfügung. In 26,6 % der Kinderhäuser betrug die Unterbringungsfläche pro Kind jedoch nur zwischen 1,2 und 3 qm. Nur 29 % der Kindereinrichtungen konnten der vorgegebenen Norm entsprechen. Diese Zahlen sagen allerdings noch nichts über die Qualität der Wohnfläche, deren Ausstattung oder die Beheizung der Räume aus. Der Verantwortliche für diese Zustände, der Chef der Moskauer Hauptverwaltung Lager, kam nicht umhin, in einem Bericht an den Minister des Innern der UdSSR im März 1953 neben der permanenten Überbelegung weitere Mängel in den Kindereinrichtungen zu melden: so die gemeinsame Unterbringung von kranken und gesunden Kindern, überdurchschnittliche Erkrankungen an Dysenterie, Lungenentzündung und Grippe, die Lage der Kindereinrichtungen in allgemeinen Haftzonen sowie die nicht kindgerechte Verpflegung. Es fehlte nicht nur an frischem Obst, Gemüse und Milch, sondern auch an Wäsche, Spielsachen, Kindermöbel und -wannen. Schließlich mangele es in den Kinderhäusern an fachlich ausgebildetem Personal.[188] Daß die Mütter die Versorgung ihrer Kinder selbst mit Hingabe und Liebe durchgeführt hätten und damit auch das bestausgebildetste Personal leicht ersetzen hätten können, darauf kam der GULag-Chef nicht.

Tamara Kostalewskaja wurde am 12. April 1939 in der Lagerabteilung Akmolinsk geboren und wuchs im dortigen Kinderhaus auf. »Man verhielt sich nicht gut zu uns«, so ihre frühesten Eindrücke, »ich hatte das Gefühl, die Kinderfrauen haßten mich.« Spielzeug bekam sie nie oder ganz selten. Immer wieder fühlte sich die Kleine zurückgesetzt und benachteiligt. Aufgrund der einseitigen Ernährung litt Tamara an einer akuten Magenverstimmung. Ungewollt machte sie nachts ins Bett. Am nächsten Tag stellte man das Kind nackt auf eine Bank, und die anderen konnten es mit irgend etwas bewerfen oder kneifen. Eine Erniedrigung, die Tamara bis heute schmerzt.[189] Die Umstände des Lagerdaseins, der Zustand in den Kinderhäusern und die Trennung von ihren Müttern wirkten sich verheerend auf die Entwicklung vieler Lagerkinder aus. »Selten können diese Kinder lachen. Sprechen lernen sie spät, Zärtlichkeit nie«, so Elinor Lipper.[190] Die Kinder waren steril aufgewachsen, so Eleonora Leibbrandt, sie waren verängstigt und hatten wenig Widerstandskräfte entwickeln können.[191] Hella Frischer fiel sofort auf, wie zurückgeblieben die ihr anvertrauten Kinder waren. »Sie sprechen wenig und schlecht. Offensichtlich schafft man es hier nicht, auf ihre geistige Entwicklung zu achten. Sie spielen selten und sind schnell erschöpft.«[192] Besonders die motorische und sprachliche Entwicklung der Kinder blieb zurück. Nur ein paar Vierjährige brachten einzelne zusammenhanglose Wörter heraus, erinnert sich Jewgenia Ginsburg. Sie verständigten sich durch »unartikuliertes Geschrei, durch Gebärden und Püffe«. Niemand oder viel zu selten nahm sie jemand auf den Arm, um mit ihnen zu sprechen, Wörter oder ein Liedchen zu erlernen.[193]

In den Kriegs- und Nachkriegsjahren gestattete man Angehörigen der Gefangenen, das Kind aus dem Lager zu übernehmen und aufzuziehen. Doch nicht jede Häftlingsmutter hatte Angehörige, die in diesen schweren Jahren in der Lage waren, eine zusätzliche Person zu ernähren und zu kleiden. Andere lehnten es von vornherein ab, sich um ein »Lagerbalg« zu kümmern. Die Mehrheit wies man in Kindererziehungsanstalten des NKWD/MWD oder andere staatliche Heime ein. Beim Abschied gab es herzzerreißende Szenen, ahnten doch viele Mütter, daß sie ihre Kinder nie wiedersehen würden.[194] In manchen Lagern verlegte man die Kinder ohne das Wissen der Mütter. Erst später und auf Protest hin unterrichtete die Lageradministration die Frauen über den Aufenthaltsort ihrer Kinder, allerdings keineswegs immer wahrheitsgetreu.[195]

Angaben über die Sterblichkeit der Lagerkinder liegen nur vereinzelt vor. Susanne Leonhard schätzt, daß durchschnittlich zwischen 40 und 50 % der Neugeborenen starben.[196] Häufigste Todesursachen bei Kleinkindern waren: Dyspepsie, Anämie, Lungenentzündung und Erschöpfung.[197] Im Jahr 1950 kamen beispielsweise im Karlag 1049 Kinder zur Welt, im gleichen Zeitraum starben 143, mehr als 13 %.[198]

Aus dem Lagertagebuch einer Mutter[199]

Sofia Main, seit 1938 im Lager Dolinka, führte eine mehrjährige Lagerehe mit einem inhaftierten Bauingenieur. Aus der Gemeinschaft gingen die Kinder Albert und Elvira hervor, die 1940 bzw. 1946 zur Welt kamen. Trotz strengen Verbots schrieb die Gefangene im Februar und März 1941 ein 23seitiges Tagebuch, dem sie ihre Erfahrungen und Empfindungen als Mutter anvertraute. Zu diesem Zeitpunkt war Sofia Main 35 Jahre, ihr Sohn einige Monate alt.

»11. Februar 1941

Im Kinderhaus ist es kalt. Der Wind weht direkt ins Fenster und die Tür des Stillzimmers. Alik[200] hat sich an mich gedrückt wie ein Mäuschen. Nicht einmal seine Händchen hat er rausgestreckt. Die armen Kinder, sie frieren. Wie oft ist er ganz blau angelaufen. Ja, der Januar war ein schwerer Monat. In der Kälte und bei Hunger war es schwer, das Kind siebenmal zu stillen, bei 200 Gramm Brot und einer einzigen warmen Mahlzeit abends zwischen 9.00 und 10.00 Uhr. Nach jedem Stillen zog es in der Brust. Doch, mein lieber Hansik[201], weder der Hunger noch die Kälte, noch die Arbeit und die Lebensumstände können mich schrecken.

15. Februar 1941

Es tut mir so weh, daß ich Alik nicht wie andere Mütter betreuen kann. Wie gern möchte ich ihn anziehen, waschen, mit Liedern in den Schlaf singen, ihn ansehen, wie er schläft oder spielt. Jede Minute möchte ich seine Entwicklung verfolgen.

16. Februar 1941

Ich habe mich erkältet, Grippe. Der Hals tut weh, erhöhte Temperatur. Man hat mir Arbeit aus dem Büro gebracht. Es ist viel zu schreiben. Die Augen wollen mir nicht gehorchen. Ich habe viel geweint. Stillen wurde noch einmal abgesetzt. Die Stunden mit Albert sind meine einzige Erholung. Das sind Minuten, in denen ich die Umgebung vergesse, und diese Stunden werden immer seltener und seltener. Oh Gott, wann sind diese Leiden zu Ende. Wann wird die Stunde anbrechen, in der alles zum besten sein wird.

19. Februar 1941

Ich sitze auf der Pritsche wie auf einem Koffer und schreibe. Heute leisteten wir bei der Schneeräumung des Kinderhauses Stoßarbeit. Alles tut weh, mein ganzer Körper schmerzt, ich bin wie erschlagen. Die Mütter, die ihre Kinder nicht stillen, weil sie keine Milch haben, wurden zurückgeschickt. Schreie, Weinen. Alik, mein liebes Krümelchen, auch deine Mutter erwartet dieses Schicksal. Ich weiß dann nicht, was mit mir sein wird. Meine einzige Freude bist du, mein lieber Junge. Wenn du nur wüßtest, wie deine Mama dich liebt! Wie hat er heute wieder geweint, als er zurück in die Station mußte.

20. Februar 1941

Noch eine Stillzeit wurde gestrichen. Ich sehne mich so nach ihm. Den ganzen Tag habe ich feuchte Augen. Er hatte so geweint. Wahrscheinlich sehnt er sich auch, denn obgleich er weinte, krallten sich seine kleinen Hände in mein Gesicht. Wie liebe ich diese kleinen Händchen. Kindchen, weine nicht, Mama und Papa werden dich nie kränken. Soll doch Papa der Mama Schmerzen bereiten wie er will, dich wird er aber verschonen. Wie gern möchte ich den Schmerz aus meiner Seele herausreißen. Ich wollte nicht mehr schreiben, aber ich habe wieder zum Stift gegriffen. Ich kann einfach nicht zur Ruhe kommen. Albert hat alles getrunken und sich erbrochen. Viele Kinder sind wieder krank. Gestern 12.00 Uhr nachts war das Kind von Russakowa gesund und trank normal, morgens um 6.00 Uhr war es ein erkalteter Leichnam. Was für ein Schrecken hat alle erfaßt. Große Aufregung im Kinderhaus, große Aufregung. Der Leiter des medizinischen Dienstes war da. Eine Autopsie ist angeordnet worden. Man wartet aber noch auf jemanden aus Dolinka. Die Nerven sind überspannt, ich kann nicht schlafen. Auch die Arme tun so weh, sie fallen fast ab. Albertik, du mein Leben, bleibe gesund. Ich schreibe heute nach Hause. Die Tante möge doch herkommen. Dort wirst du es gut haben, mein Kind.

21. Februar 1941

Albertik ist gesund. Es wurde mir leichter ums Herz. Ich bin sehr erschöpft. Völlig durchnäßt. Der Schnee ist so naß, und wir müssen immer so weit gehen, fünf Kilometer. Alles tut so weh und quält mich. Wahrscheinlich sind das noch die Nachwirkungen der Grippe. Trotz meiner Erschöpfung gehe ich lieber auf Arbeit, als die ekelhafte Flucherei in der Baracke zu hören. Das Gezeter nimmt mich sehr mit. Ich kann mich überhaupt nicht daran gewöhnen.

22. Februar 1941

Die Ärztin erklärte zwei Müttern, daß es für ihre Kinder keine Hoffnung gibt. Man hat ein Zimmer zur Verfügung gestellt, wo diese beiden Kinder untergebracht wurden und die Mütter abwechselnd Dienst taten, bis Mitternacht mit einer Schwester und anschließend die Ärztin. Sie sagte gestern, daß die Lage insgesamt sehr ernst ist. Es könnte sein, daß das Vieh mit schlechter Silage gefüttert wurde und die Milch der Kühe sich negativ auf die Verdauung der Kinder auswirkte. Sämtliche Nahrungsmittel und das Küchengeschirr wurden überprüft. Die Milch ist direkt von den Kühen ins Kinderhaus gekommen. Es wurde alles unternommen, aber die Erkrankungen hörten nicht auf. Alik hat in den letzten beiden Wochen 250 Gramm zugenommen. Er hat sich so gut entwickelt. Nur, daß er sehr schmerzhaft beißt. Beide Brüste hat er so zerbissen, daß ich mich manchmal davor fürchte, ihn zu stillen.

23. Februar 1941

Heute ist 34 Grad Frost. Gestern waren wir schon so verfroren, daß wir heute morgen nicht zur Arbeit gingen. Gestern war überhaupt wieder mal ein verrückter Tag. Wir waren völlig durchgefroren. Alle waren äußerst gereizt. Die Mahlzeit am Abend war unmöglich, alle verfluchten sie und wiesen sie zurück. Dann kam der Lagerkommandant, und wir beschwerten uns. Wie es ausgegangen ist, weiß ich nicht. Ich habe den ganzen Tag für Alik gewaschen und geschneidert. Seinen Schlafanzug habe ich bestickt.

8. März 1941

Ach, wie quäle ich mich. Aljonka, mein Kind, ich habe dich schon zwei Tage nicht gesehen. Die Ärztin Sapira hat gesagt, daß es ihm sehr schlecht geht. Er muß sich immer wieder übergeben. Heute wurde ihm der Magen ausgepumpt.

Mit Schrecken merke ich, daß meine Milch, da Alik nicht mehr an meiner Brust saugt, nicht mehr zunimmt. Ich möchte mit der Ärztin darüber sprechen. Vielleicht gibt man ihn mir. Das Kinderhaus ist zum Krankenhaus geworden. Drei Kleine hat man schon begraben, und die Ärztin sagte, es werden ihnen noch viele folgen.

10. März 1941

Die Mütter, deren Kinder sehr krank sind, wurden von der Arbeit befreit. Unter ihnen auch ich. Wir müssen auf alles gefaßt sein, sagte die Ärztin. Morgen werde ich Alik stillen können. Dann wird hoffentlich meine Milch wieder zunehmen. Ich kann den morgigen Tag kaum erwarten. Alik, mein liebes Kind mit deinen Äuglein, morgen werde ich euch sehen. Ich kann den Morgen kaum abwarten. Alik, mein Lieber, morgen sehe ich dich und werde dich kräftig abküssen, von mir und Papa. Alik, du mußt gesund werden.

11. März 1941

Man hat mir meinen Jungen nicht gegeben. Wieder wurde gesagt, morgen. Das ist eine Folter, eine höllische Folter. Ich habe mich in ein Nervenbündel verwandelt. Morgen, morgen, morgen und wieder morgen. Heute sind wieder zwei Kinder gestorben und fünf Müttern hat man gesagt, daß keine Hoffnungen bestehen. Morgen werde ich Alik sehen. Noch so lange warten. Ich bin so aufgeregt. Ich fürchte, die Milch ganz zu verlieren. Ich komme einfach nicht zur Ruhe. Von der Arbeit bin ich befreit. Ich kann überhaupt nichts machen. Alles fällt mir aus den Händen. Hansik, Hansik, was habe ich nur verbrochen? Warum bin ich so bestraft worden? Im Winter habe ich so gefroren. Bei den Erdarbeiten ist es jetzt so schwer, aber ich habe mich niemals beklagt, daß es mir schwer sei. Im Gegenteil, wenn mich meine Kräfte verlassen wollten, habe ich nur an dich und Alik gedacht und alles andere weggeschoben. Ich will nichts weiter, nur Alik soll gesund werden.

12. März 1941

Ich habe Alik bekommen. In meinen Händen lag ein lebloser, kleiner, blasser, abgemagerter Körper. Wie hat sich mein blondes Glühwürmchen verändert. Wie klagend er seufzt. Wenn er seine kleinen Äuglein öffnet, sehe ich wie viel Leid und wie viel Flehen nach Hilfe in ihnen ist. Mein liebes Krümelchen, mein teures Kind, wie gern möchte ich dir helfen. Die Ärztin stand auf der einen, die Schwester auf der anderen Seite, und nach fünf Minuten hat man ihn mir wieder weggenommen. Er weinte. Wie wehleidig schaute er mich an. Er möchte trinken, aber mehr als 30 Gramm darf er nicht. Wie schwer ist es, dies alles anzusehen. Oh Gott, möge er nur gesund werden.

16. März 1941

Ich stille immer noch zehnmal am Tag. Die Sonderzuteilung wurde gestrichen. Brot bekomme ich nur 500 Gramm. Ich müßte eigentlich viel essen, aber gerade jetzt habe ich nichts. Zehnmal am Tag stillen und nur 500 Gramm Brot, das reicht überhaupt nicht. Zwei Päckchen sind unterwegs. Würden sie doch schneller eintreffen. Ich tausche Sachen gegen Milch und Fett ein. Hoffentlich reichen die Sachen bis zur Ankunft der Päckchen. Alik ist noch so schwach, daß die Ärztin nicht sagen kann, ob er es übersteht. Wann wird nur meine Folter zu Ende gehen.

19. März 1941

Hurra! Die Ärztin sagte, daß unser Junge aus dem Gröbsten raus ist. Alik, mein Kind, mein Goldjunge, mein blondes Glühwürmchen. Wie dünn sind deine kleinen Händchen geworden? Wirklich nur noch Haut und Knochen. Das macht nichts mein lieber Junge, du wirst mit mir schnell wieder gesund werden. Durch die Aufregung hatte ich kaum noch Milch. Jetzt aber werde ich ruhig schlafen. Ich werde das Laken und noch ein paar Strümpfe gegen Milch und Fett tauschen, und dann wird hoffentlich das Päckchen ankommen, und du wirst wieder viel Milch bekommen.

22. März 1941

Alik nimmt zu. Er trinkt schon je 60 Gramm auf einmal. Das Päckchen ist angekommen. Schade, daß es mehr Sachen als Lebensmittel waren. Aber, doch etwas Fett und das wichtigste, 400 Gramm Zucker. Nun, Alik, jetzt wirst du auch süße Milch bekommen. Wenn du groß bist, wirst du Onkel Robert, der Oma und der Tante Rosa ein großes Dankeschön sagen.

23. März 1941

Das Gesicht zusammengepreßt wie eine Faust, der Körper lang und mager. Ab morgen werde ich ihn täglich acht Mal stillen. Er wird in der hypertrophischen Station eingewiesen, das heißt in die für sehr geschwächte Kinder. Das sogenannte Sanatorium. Dort wird er schnell zunehmen. Alles zum besten, Alik. Zu guter Letzt wirst du wieder auf die Beine kommen. Ich habe versucht ihn auf seine Füße zu stellen. Er kann nicht mehr stehen, ist zu schwach. Ja, Hansik, ich habe ihn mit meinem Blut gerettet. Aber vielen haben auch die Transfusionen mit der Spritze nicht geholfen. Viele haben zwölf und mehr Spritzen bekommen, und trotzdem haben die Kinder nicht durchgehalten.

25. März 1941

Alik nimmt deutlich zu. Er hat einen gewaltigen Appetit. Er würde wohl auch seine Mama aufessen. Mit seinen Zähnen hat er meine Brust schon ganz zerbissen, daß seine Lippen voller Blut sind. Es tut mir so weh, aber ich halte es aus. Jetzt stille ich ihn achtmal und arbeite. Es ist schwer, achtmal zu stillen und bei Erdarbeiten, bei Schmutz und Schlamm eingesetzt zu sein. Bis mittags geht es noch, aber danach sind wir immer ganz durchnäßt. Wir sind alle erkältet. Das Schuhwerk ist katastrophal. Die Füße sind den ganzen Tag über naß. Wann wird endlich der Schnee weg sein.«

Sophia Main und ihr Sohn Albert sowie ihre Tochter Elvira haben die Lagerjahre überlebt.

12. Überleben

»Irgendwie hatte ich immer ein kleines bißchen Glück«, antwortete Alice S. auf die Frage, wie sie sich ihr Überleben erklärt.[1] Andere ehemalige Gefangene sehen in ihrer Jugend, ihrer körperlichen Leistungsfähigkeit oder ihrer Arbeitserfahrung Gründe für das Überstehen der Lagerjahre.[2] Helena Kutscherowa-Koch ist sicher, daß ihr Charakter hilfreich war. Sie war humorvoll, gutmütig, sang und spielte im Lagertheater und konnte viel erzählen, vor allem Witze. Ihr unbeschwertes Gemüt half nicht nur Helena selbst über besonders schwere Phasen hinweg, sondern hob auch die Stimmung ihrer Mitgefangenen.[3] Solche Häftlinge sind gewiß beliebt gewesen. Auch Luise Hörmann verfügte über ein optimistisches Naturell. »Ich habe den Mut nicht verloren«, erzählt sie: »Selten, daß ich mal in ein ›Loch‹ gefallen war und geheult habe. Das war selten. Und dann habe ich anderen noch Mut machen können. An mich hat sich immer jemand geklammert, der Zuspruch und Kraft gesucht hat. Ich konnte immer eine lockere Atmosphäre schaffen, im Gegensatz zu Häftlingen, die den ganzen Tag traurig rumgelaufen sind.«[4]

Nicht selten schreiben ehemalige Gefangene ihr Überleben überirdischen Kräften oder eben dem Glück zu. Luise Hörmann meint im nachhinein, im Lager von einem Schutzengel behütet worden zu sein. »Der hat mich nie im Stich gelassen. Es ging manchmal durch solche Engpässe, daß man keine Aussichten mehr sah. Und dennoch hat sich immer irgendwas ergeben, daß man sich gewundert hat.«[5] Auch atheistisch eingestellte Gefangene wie Jewgenia Ginsburg schreiben die Bewältigung der Lagerfrist übersinnlichen Kräften zu. Verschiedene rettende Umstände schienen ihr nicht als Zufall, sondern als »wohl gesetzmäßige Offenbarung des *großen Guten*«, das ihrer Auffassung nach trotz allem die Welt regierte.[6] Sicher gehörten Glück oder Zufall – wie immer sie ausgelegt werden – dazu, um die Haftjahre zu überstehen. Es war aber auch das Glück derjenigen, die sich immer wieder aufs neue mühten, aus der Arbeit, der wenigen freien Zeit, aus der Er-

Antonie Satzger während des Interviews, 1992.

innerung, dem Gespräch mit Kameradinnen etwas Mut und Kraft zu schöpfen oder durch das geschickte Taktieren mit Häftlingen und Vorgesetzten eine größere Ration oder eine leichtere Tätigkeit zu erlangen. »Glück« allein ist eine zu bescheidene Erklärung für das Überleben. Es beruhte nicht zuletzt auf einem über Jahre, oft unter Schmerzen angenommenen bewußten Verhalten, einer zum zweiten Ich gewordenen Lagerroutine. Antonie Satzger über ihre Denk- und Lebenstechniken: »Ich habe immer gedacht, verhältst dich so in dem Lager: Erfüllst deine Norm, legst dich weitestgehend nicht an, um sich nicht noch mehr physisch zu zermürben. Ich hab furchtbar darauf geachtet, daß ich meine Brotration gegessen und nicht gegen irgendwas getauscht habe, daß ich versuchte, soviel wie möglich wilden Knoblauch zu finden und zu essen. Das war gegen Skorbut. Irgendwie war der Trieb da, daß ich mich erhalten muß, daß ich aus dem Lager rauskommen muß. Es war auch der Trieb da, wenn ich rausgekommen bin, dann geh ich an die Stellen, und dann verlange ich ein richtiges Gericht. Ein Mensch muß ein Ziel haben, ein Mensch muß einen Halt haben. Ganz egal, wie. In dem Moment, wo ich mich hängenlasse, bin ich verloren. Und das durfte ich nicht. Nein, das kannst du nicht, das darfst du nicht, und das mußt du schaffen und mußt es auch versuchen zu schaffen, und nicht gleich sagen, ich kann das nicht. Ich muß bis an die Grenze gehen, vielleicht sogar noch einen kleinen Schritt weiter, wo ich spüre, jetzt geht es nicht mehr. Ich muß mir gegenüber ehrlich sein und eben nicht verzagen. Und innerlich habe ich einen Trotz in mir aufkommen lassen und das Gefühl entwickelt: IHR könnt gar nicht an mich ran, IHR könnt gar nicht, was könnt IHR denn mir schon, IHR wißt ja gar nichts. Ich hab mich nicht stolz gefühlt, ich hab mich erhaben gefühlt.«[7]

Durchhalten

Es war schwer, im Lager seine Würde zu bewahren, lautet das Fazit von Walentina Iewlewa: »Die Art, wie die Aufseher mit einem umgehen, der besondere Jargon, die Umgebung, der Drill – alles dient dem Zweck, das Gefühl der persönlichen Würde abzutöten. Mein Ziel besteht darin, mich, solange es geht mit meinen Kräften, zu wehren. Und ich strenge mich an, ungeachtet der zermürbenden Übergänge von Verzweiflung zu Freude, von Freude zu Verzweiflung.«[8]

Im allgemeinen hatten es Susanne Leonhard zufolge »Menschen aus den kulturell und sozial niedrigerstehenden Volksschichten, besonders aus der Bauernschaft« leichter im Lager. »Das ganze Leben dieser Frauen hatte sich unter schweren Bedingungen und in völlig primitiven Verhältnissen abgespielt, und das Leben im Lager war, von der Arbeit und den äußeren Lebensumständen her betrachtet, nur graduell verschieden von dem Leben in der Freiheit.« Gleich war allen Frauen die Sehnsucht nach ihren Kindern, Ehemännern oder anderen Familienangehörigen. Die Intellektuellen waren, so Susanne Leonhard, »schlimmer dran. Nicht nur, daß sie schwere Arbeit verrichten mußten, die sie nie im Leben getan hatten, bei der sie sich oft ungeschickt anstellten und geringen Erfolg hatten, sondern sie litten auch unendlich darunter, alles das entbehren zu müssen, was ihnen früher das Leben lebenswert gemacht hatte.«[9] Obgleich diese Auffassung nachvollziehbar scheint, hatten das erlittene Leid und die menschlichen Demütigungen für jede einzelne Frau, unabhängig von ihrer sozialen Herkunft, die gleiche Wirkung. Differenziert war jedoch die individuelle Verarbeitung. Der mühsamen Anpassung und Gewöhnung der ersten Monate folgte im Verlauf der Jahre die Routine der Arbeit, der Hungerration, der Gefühle. Der Kampf ums Überleben war anhaltend und meist einsam. Der Lageralltag mit seinen Unberechenbarkeiten, etwa unerwarteter Verschickung, Trennung von liebgewordenen Leidensgenossinnen oder einer Verschlechterung der Arbeitssituation, schuf ein ständiges Auf und Ab des körperlichen und seelischen Befindens. Davon berichtet nicht nur Luise Hörmann: »Von Zeit zu Zeit kam es zu Katastrophen, die einen an den Abgrund stießen und wo man nicht mehr weiterwußte. Irgendwann ging dann der Trott weiter: die Arbeit, das Stück Brot, der Mangel an Wasser.«[10] »Oft hast du gedacht, das kriegst du nie hinter dich«, erinnert sich Frieda Siebenaicher: »Ein Mensch kann alles. Und wenn's noch so schwer ist. Alles könntest du. Hast tagelang nichts gegessen, nur gearbeitet und hast überlebt. Warst krank, keiner hat sich um dich gekümmert, hast gelegen und bist schon nicht mehr hochgekommen. Hast gedacht, so nun ist Schluß, endlich Schluß. Nein, immer noch nicht Schluß. Immer wieder bist du hoch.«[11]

Manche Gefangene, wie Maria Kono, verfiel in Apathie, sie »existierte wie ein Automat, hatte keine Wünsche und Gedanken mehr«.[12] Die extreme Teilnahmslosigkeit konnte zu weiterem körperlichen und seelischen Verfall, schließlich zum Tod führen. Jede Frau versuchte den ihr angemessenen und erfolgversprechenden Weg aus dem menschlichen Tief zu finden. Frauen, die zunehmend lernten, dem Haftalltag nicht mit Gleichgültigkeit, sondern mit überlegter Routine zu begegnen, hatten erhöhte Überlebenschancen. »In den ersten Jahren versucht man immer noch, innerlich gegen sein Schicksal zu opponieren«, erinnert sich Mimi Brichmann: »Nach fünf, sechs Jahren habe ich verhältnismäßig selten an das zurückgedacht, was mal mein Leben bedeutet hat. Ich konnte mir ein anderes Leben gar nicht mehr vorstellen. Man lebt dahin und weiß, der nächste Tag ist wie der heutige. Dem Sommer folgt der fürchterlich kalte Winter. Und wenn der Winter zu Ende geht, versinken wir in der Schneeschmelze und im Morast. Und dann kommt wieder der heiße Sommer. So verlief das Leben.«[13] Eigentlich gab es gar kein »Draußen« mehr, so das Resümee der neun Jahre hinter Stacheldraht lebenden Frau. »Wir hatten uns schon an

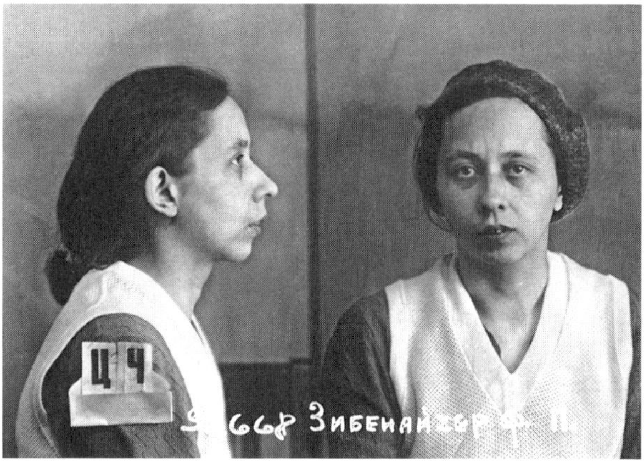

Haftfoto des NKWD von Frieda Siebenaicher, 1938.

diese, mit Verlaub gesagt, Lebensform gewöhnt«, erinnert sich auch Jewgenia Ginsburg: »Die Bilder unseres früheren Lebens glitten immer weiter in die Vergangenheit zurück, immer häufiger wurde mit voller Überzeugung eine witzige Redensart der Kriminellen wiederholt: ›Das ist so lange her, daß es nicht mehr wahr ist!‹«[14] Die Bewältigung des ständigen Auf und Ab der Lagersituation gehört ebenso wie die Befreiung aus depressiven Phasen zu den beeindruckendsten Leistungen und gleichsam zu den nötigen Überlebenspraktiken der Frauen. Dies gilt auch für den Umgang mit der meist langjährigen Haftstrafe. Vor Adele Schiffmann lagen zehn Jahre. Ihr Ehemann war ebenfalls inhaftiert, das Mutterrecht hatte man ihr entzogen. Immer wieder fragte sie sich: Was macht mein Sohn? Wo ist mein Mann? Das Haftende geriet in unbekannte Ferne. Gedanken zermürbten die Gefangene: »Ich habe erst drei Jahre rum, es hat doch keinen Sinn, du mußt noch sieben Jahre durchstehen.«[15] Hilda Schlegel meint, sie hätte Ende der 1930er Jahre nie gedacht, die zehn Haftjahre zu überstehen. Sie war sich sicher, irgendwann im Lager sterben zu müssen. Nichts anderes dachte die mit 25 Lagerjahren bestrafte Emilie B. »Niemand hat daran gedacht«, erinnert sie sich, »daß wir noch mal frei werden.«[16] Gelegentlich half Sarkasmus, wovon der Kolyma-Witz zeugt: »Nur die ersten zehn Jahre fallen einem schwer.«[17] Nina Hagen-Torn zufolge haben Gefangene gelernt, nicht an ihre Frist zu denken. Ihre Begründung:

»Der Unterschied zwischen Lagerbewußtsein und normalem besteht darin, daß Häftlinge ihr Zeitgefühl verlieren. Der Häftling lebt in einem stark eingeschränkten Raum, sein Zeithorizont kennt nur Tage. Danach folgt schon Ungewißheit.«[18] Andere Frauen hingegen zählten Jahre und Monate.[19] Als außergewöhnlich dürfte die Zählpraxis von Elinor Lipper gegolten haben. Sie hatte sich eine Streichholzschachtel zugelegt, worin sich für jeden Haftmonat ein Streichholz befand. Fünf Jahre waren 60 Monate, also 60 Streichhölzer. Jeden Monat entnahm sie der Schachtel einen Streichholz. Das letzte warf sie an einem Tag im Sommer 1942 weg. Es passierte nichts, denn politische Häftlinge wurden während des Krieges nicht entlassen. Aus fünf wurden mehr als zehn Jahre.[20]

Für den Umgang mit den oft langen Haftstrafen spielte die innere Verbindung zur Vergangenheit keine unbedeutende Rolle. Erinnerungen an das Leben davor konnten Kraftquell, aber auch seelische Belastung sein. Helene Golnipa hatte eines Tages als Ärztin eine neue Wattejacke erhalten. Das Futter bestand aus Baumwollstoff, das mit vielen hellfarbigen Blumen bedruckt war. »Wenn ich die Jacke auf meinem Bette ausbreitete – sie mußte meiner Decke helfen, mich zu erwärmen –, legte ich sie immer so, daß ich sie sehen konnte, sie war für mich das einzig Farbige in meiner Umgebung. Es kam wohl auch vor, daß ich darüber hinstrich, was aber durchaus keiner Sentimentalität zuzurechnen ist. Menschen, die alles verloren haben, halten sich an das Wenige, was ihnen noch verblieben ist, woran sich eine Erinnerung heften kann. Vielleicht war es der Garten meiner Kindheit, der mich von dort her, von diesem bedruckten Baumwollstoff aus ansah.«[21] Nicht nur Helene Golnipa dachte während ihrer Haftjahre immer wieder an die Zeit vor dem Lager und an nahe Angehörige zurück. Sofia Main schreibt am 17. Februar 1941 in ihr heimlich geführtes Tagebuch: »Ich dachte an mein Elternhaus. Alle meine Lieben erscheinen wie lebendig vor meinen Augen.«[22] Pritschennachbarinnen oder befreundete Häftlinge sprachen in ihrer wenigen Freizeit über vergangene Erlebnisse und Erfahrungen. Für viele Gefangene war die Erinnerung eine wichtige Stütze im Überlebenskampf. »Man lebte von der Vergangenheit«, heißt es direkt bei Ljuba Ukrainska.[23] Klara D. suchte die triste Lagergegenwart mit ihren Erinnerungen an die Vergangenheit zu überdecken. »Ich habe diese Gegenwart gar nicht gelebt«, erinnert sie sich, »da war ich möglichst gar nicht dabei. Wenn ich alleine für mich war, habe ich nur an die Vergangenheit gedacht.« Nicht nur bei der monotonen Feldarbeit hat sie sich ihrer Kinder- und Jugendzeit erinnert, sondern vor allem in der überfüllten Massenbaracke. Auf der Suche nach einem Stück Vertrautheit und Individualität schuf sich Klara D. ihre eigene Gedankenwelt.[24] Immer wieder bezogen sich Frauen auf das Vergangene. Nina Hagen-Torn spricht von den »sanften Händen der Vergangenheit«, die die »heiße Stirn streicheln«.[25] Und Wera Schulz erinnert sich des besonderen Gefühls, daß sich bei der leisesten Berührung mit dem Vergangenem einstellte. »Man wurde für Augenblicke wieder ein Mensch«, so ihr Fazit.[26]

Eher wenige Frauen meinen, sie hätten kaum oder nie an ihr früheres Leben gedacht. Alice S. konstatiert: »Wenn man arbeitet und müde ist, denkt man an gar nichts mehr.«[27] Andere Frauen quälte die Erinnerung an früher, vor allem in den Nächten. »Erschöpft schlief ich wie tot ein«, erinnert sich Olga Adamowa-Sliosberg: »Aber gegen 2.00 Uhr nachts wachte ich auf, wie von einem Stich ins Herz. Ich konnte nicht weiterschlafen, und die Stunden bis zum Aufstehen waren unheimlich quälend. Aufstehen und lesen war nicht gestattet. Ich wollte mich auch nicht ständig herumwälzen, denn Schenja hatte einen leichten Schlaf, und ich wollte sie nicht aufwecken. Und so lag ich leise mit geschlossenen Augen und lernte, mich nicht zu erinnern. Die kleinste Willensschwäche, und schon kommen die Gesichter der Kinder, des Mannes, der Mutter, und das durfte nicht sein, sonst hätte ich angefangen zu schreien. In diesen Nächten begriff ich, daß man tatsächlich Herr seiner Gedanken sein kann: die einen zulassen, andere verjagen. Man schafft es, sich nicht zu erinnern, nicht zu bedauern, sich nicht mit Schuldgefühlen zu quälen, weder vor dem Mann oder der Mutter, daß man sie gekränkt oder zuwenig geliebt hätte. Man schafft es, aber es ist sehr schwer. Nach einer solchen Nacht stand ich wie zerschlagen auf.«[28] Bei vielen weckte die Erinnerung an das einstige Zuhause ein besonderes Gefühl der Verlassenheit und Verzweiflung.[29] Deshalb entwickelten Häftlinge auch die unerläßliche, ja lebenswichtige Fähigkeit der Verdrängung. »Jedes Mal, wenn ich anfing, daran zu denken«, erinnert sich Frieda Siebenaicher, »hab ich schnell an was anderes gedacht.«[30] Ähnliche Mechanismen schildert auch Olga Adamowa-

Sliosberg: »Jeglichen Schatten von Erinnerungen verjagst du sofort. Du bemühst dich, das Gehirn sofort auf eine mechanische Tätigkeit umzuschalten: zählst, sagst Verse auf, stellst aus den Buchstaben eines großen Wortes andere zusammen. Doch manchmal überwältigen die Erinnerungen deine Seele, und der Wille gibt nach. Ach, wie schwer war es danach!«[31]

Jede Frau hat im Laufe ihrer langjährigen Haftdauer individuelle Verhaltensweisen und -regeln entwickelt, auf deren Grundlage die Lagerwidrigkeiten bewältigt wurden. Die persönliche Situation konnte bisweilen durch die Wahrnehmung des kollektiven Schicksals entspannt werden. »Ich habe gesehen, wieviel Leute eingesperrt waren«, erinnert sich Alice S.: »Die 8000 Frauen, die mit mir zusammen im Lager waren.«[32] Das erlebte Massenschicksal machte das eigene Leiden zwar nicht geringer, es tröstete aber ein wenig darüber hinweg. »Nach einer Weile bin ich hart geworden«, erinnert sich Käte L., »als ich merkte, es haben alle dasselbe Leid, und keiner weint, was soll ich da weinen. Das ändert ja doch nichts.«[33]

Der Überlebenswille konnte jedoch auch durch die Sehnsucht nach Familienangehörigen gestärkt werden. Auf die Frage, was ihr half zu überleben, antwortete die Finnin Enni Kiutto unumwunden: meine Tochter.[34] Es waren die Gedanken an die Kinder, erinnert sich Hilda Vitzthum, »die uns gegen alle Leiden am meisten wappneten. Für sie mußten wir leben, denn sie würden uns noch brauchen.«[35] Die Erinnerung an die zurückgebliebenen Kinder und deren unbekanntes Schicksal konnte jedoch auch zwiespältige Gefühle nähren, wie es Antonie Satzger erlebte: »Bezogen auf meine psychische Verfassung, wirkte die Erinnerung an meine Kinder schrecklich. Es war immer der Gedanke vorhanden, wo sind sie, was machen sie, leben sie überhaupt, haben sie zu essen? Es war ja Krieg. Seh ich sie wieder? Kann ich die acht Jahre durchhalten? Das war mein großer Kummer. Werden sie mich wieder anerkennen? Glauben sie mir, daß ich wirklich unschuldig war, oder ist ihnen eingebleut worden, daß ihre Mutter eine Verbrecherin sei? Das hat mich moralisch oft zermürbt.« Antonie Satzger bewegten ferner quälende Schuldgefühle gegenüber ihren Kindern, die die junge Frau veranlaßten, sich immer wieder innerlich dafür zu rechtfertigen, daß sie verhaftet wurde und ihre drei Kinder allein zurückblieben: »Es bestand die ganzen acht Jahre gegenüber meinen Kindern die Bitte,

Käte L. während des Interviews, 1991.

verzeiht mir, daß ich euch verlassen habe. Ich hatte Schuldgefühle, wahnsinnige Schuldgefühle, und ich habe mir immer gesagt, hättest du doch den Mund gehalten. Oder, warum hast du dir nicht ein Schloß an deine Lippen gehängt. Hättest du die Zustände so hingenommen, wie sie waren.«[36]

Auch die Sehnsucht nach anderen Familienangehörigen konnte den Durchhaltewillen der Frauen stärken. Nach einer geheimen Weihnachtsfeier mit Leidensgefährtinnen ging Margaretha Witschel nach draußen und lehnte sich an die Barackenwand. »Längst schon rannen heiße Tränen über mein Gesicht und wurden sofort zu Eis. Ich weiß nicht, wie lange ich so stand und meine Gedanken in die Heimat sandte. ›Sie müssen doch zu Hause spüren, daß ich an sie denke, daß ich am Leben bin!‹ Ich faltete meine erstarrten Hände und betete mit Inbrunst: ›Lieber Gott, laß mich noch einmal nach Hause kommen, laß mich nicht hier im ewigen Schnee zugrunde gehen!‹«[37] Das Zustandekommen ihres Lagerberichtes schreibt Margaretha Witschel namentlich ihren Geschwistern zu, »denn nur durch die Sehnsucht nach ihnen und den Wunsch, sie wiederzusehen, blieb ich am Leben«.[38] Auch der Drang nach Gerechtigkeit in einer fernen Zukunft stärkte den Lebenswillen. Dodo Garai fühlte sich im Lager völlig verlassen, meinte »tot für die Welt« zu sein. »Aber nein, so einfach gehe ich nicht«, sagte sie sich trotzig: »Ich kehre wieder, ich werde wiederkehren, um die Bestätigung in Händen zu halten, daß man mich zu Unrecht verurteilt hat, die Rehabilitierung, die Rechtfertigung meines ganzen Lebens.«[39] Damit einher ging nicht selten der Wunsch, später über das Erlebte zu erzählen. »Ich muß überleben«, schreibt Olga Adamowa-Sliosberg, »und den Menschen berichten, was ich gesehen habe. Ich kann jetzt nicht alles verstehen, aber ich sehe, daß Unheilvolles geschieht. Ich werde Zeugnis ablegen! Dieser Entschluß, der in mir reifte, erfüllte mein Leben mit neuem Inhalt. Ich begann jede Erzählung, die mir meine Kameradinnen berichteten, aufmerksamer als sonst aufzunehmen und mir alles zu merken, was ich um mich herum sah. Mein Leben hatte einen Sinn bekommen.«[40]

Selbstdisziplin und Gemeinschaftssinn

Die Überlebenschancen erhöhten sich besonders für jene Frauen, die versuchten, eine mehr oder weniger strenge Selbstdisziplin zu üben. Mimi Brichmann etwa stärkte ihren Durchhaltewillen schon in der Untersuchungshaft. »Ich sagte mir vom ersten Tage an, du mußt alles essen, auch wenn es nicht schmeckt. Du willst ja überleben. Und als zweites habe ich mir geschworen, du darfst vor nichts Ekel haben. Das hat mir sehr geholfen. Manche Frauen konnten ihren Ekel nicht überwinden, die ganze Lagerzeit über. Einmal habe ich in meiner Kohlsuppe kleine Zähne gefunden. Wahrscheinlich waren es Rattenzähne. Ich nahm sie raus und aß weiter. Andere konnten das nicht, die haben sich dann erbrochen. Ich habe meinen Ekel rechtzeitig überwinden können, und vieles ist mir dadurch sehr viel leichter gefallen. Man kann das vielleicht auch als Gleichgültigkeit bezeichnen, aber es war von mir eine ganz bewußt erzwungene Abwehrreaktion.«[41] Die deutsche Exilantin ließ es dabei nicht bewenden. Neben anderen Aufgaben stellte sie sich das Ziel, von ihren Leidensgefährtinnen so schnell wie möglich Russisch zu erlernen.[42] Dies verbesserte nicht nur ihre Kontakte zu russischsprechenden Mitgefangenen, sondern auch ihre Kommunikationsmöglichkeiten innerhalb des Lagers. Selbstdiszipliniert und bewußt suchten Frauen ihre Position gegenüber der Lageradministration, aber auch anderen Häftlingen zu bestimmen. Einen Weg sahen Frauen wie Irmgard Schünemann darin, in der grauen Masse der Gefangenen unterzutauchen. Ihre Maxime: »Ich habe mir nichts zuschulden kommen lassen, ich bin nicht aufgefallen.«[43] Auch Emilie B. ging aus Furcht vor neuen Repressionen der Lageradministration allen Konflikten aus dem Weg und bemühte sich, ihr Arbeitspensum immer zu erfüllen. Aber nicht nur Angst trieb die zu 25 Jahren verurteilte Gefangene, es war auch der eigene Wille. »Ich wollte mich nicht gehenlassen. Und ich wollte nicht, daß mich mal der Lagerkommandant ruft und fragt, warum hast du nicht gut gearbeitet. Ich bin nicht einmal wegen solcher Sachen gerufen worden oder wegen anderer negativer Dinge. Das wollte ich erreichen, daß ich mit DENEN überhaupt nichts zu tun habe.«[44] Auf der Suche nach der Verbesserung ihrer Überlebenschancen nahm Ruth Z. völlig unvoreingenommen Kontakt mit kriminellen Frauen auf und lernte von deren Lagererfahrungen. Schon in den ersten Tagen ihrer Haft hörte sie von Kriminellen die tröstenden Worte: Es sei nicht ungewöhnlich, verhaftet zu sein; überall werde man, wie sie sagten, mit Brot gefüttert. Mit der Zeit kamen andere Weisheiten hinzu, auf die Ruth Z. immer wieder zurückgriff. »Angst durfte man überhaupt nicht haben, das habe ich auch von den Kriminellen gelernt. Immer frech sein und keine Angst haben.«[45] Andere Frauen stützten sich auf Lebenserfahrungen, die sie in ihrem Elternhaus gemacht hatten. »Wir wurden ja zu Hause so geprägt«, erinnert sich Luise Hörmann, »daß man keinem Menschen was Böses antun darf, daß man den Nächsten lieben muß, daß man Gutes tun muß, daß man niemanden verachten darf, daß man sich selbst aufopfern muß für den anderen. Das war die Grundlage, die in uns gelegt war. Und das hat mich natürlich am Leben gehalten, moralisch am Leben gehalten.«[46] Manche Gefangene erinnerte sich in einer verzweifelten Situation russischer Sprichwörter, etwa: »Die Welt ist nicht ohne gute Menschen!«, oder: »Dem Guten begegnet man auch dort, wo man es nicht erwartet.«[47] Wer imstande war, Kontakte herzustellen und Beziehungen zu gestalten, erhöhte seine Chancen, das Lager zu überstehen. Trude Richter erinnert sich mit Dankbarkeit ihrer Bekanntschaft mit einigen Bäuerinnen. Die deutsche Kommunistin schätzte nicht nur deren beachtliches Arbeitsvermögen, sondern vor allem den gesunden Menschenverstand sowie die Volksweisheit ihrer Sprichwörter.[48] Der redegewandten Hilda Schlegel bereitete es keine Probleme, mit anderen Häftlingen oder Angehörigen des Lagerpersonals ins Gespräch zu kommen. Sie fand immer die richtigen Worte. »Dadurch war ich sehr angesehen«, erinnert sie sich, »und das hat mir viel geholfen.«[49]

Ausdruck des Bedürfnisses nach Gemeinschaft waren kleine, meist illegal durchgeführte Feiern. Mia Spitz erinnert sich einer Silvesterfeier Ende der 1930er Jahre. Sie hatte noch etwas Geld, mit dem sie im Lagergeschäft 500 Gramm Lebkuchen erstehen konnte. Allerdings standen sie und befreundete Mithäftlinge zwei Tage danach an. Eine Bekannte aus der Küche brachte eine Kanne Kaffe-Ersatz. Kurz vor Mitternacht begann die Feier. »Wir haben den Tisch schön gedeckt, irgendeinen Fetzen hingelegt. Jeder hat seine Blechschale hingestellt. Wir haben Kaffee getrunken, und alle haben geweint. Da habe ich gesagt: ›Weinen ist verboten. Jeder muß etwas Lustiges aus seinem Leben erzählen.‹«[50] Ola Popadyn erinnert sich einiger Feiern zum Geburts- oder Namenstag naher Leidensgefährtinnen. Kleine Bilder wurden gemalt, Lesezeichen gehäkelt oder gestickt und heimlich der Betreffenden zugesteckt.[51] Auch für die Engländerin Flora Leipman hatten die heimlichen, noch so bescheiden ausgerichteten Feiern und Zusammenkünfte eine tiefe emotionale Bedeutung. Es war nicht nur die Erinnerung an glückliche Kindheitstage in ihrer Heimatstadt Glasgow, sondern auch die Befriedigung, die Wachsoldaten hinters Licht geführt zu haben.[52] Alles in allem stärkten solche Begegnungen das Selbstwert- und Gemeinschaftsgefühl und nicht zuletzt den Überlebenswillen der Frauen.

Vor allem jüngere Gefangene suchten gegen die Tristesse des Lageralltags eine gewisse Unbekümmertheit zu bewahren und das Lachen nicht völlig zu verlernen.[53] »Man konnte ja nicht jeden Tag nur an das denken, was schlecht war«, erinnert sich Eleonora Leibbrandt, »man hat auch an Gutes gedacht, vielleicht an schönes Wetter, schöne Blumen oder Früchte. Man hat sich satt gegessen. Immer hat man versucht, eine kleine Freude zu haben.«[54] Nora Pfeffer erhielt 1948 von einer Leidensgefährtin im Transitgefängnis von Krasnojarsk ein kleines Bild geschenkt. Auf der Rückseite standen die Worte: »Fröhlichkeit ist keine Flucht vor der Traurigkeit, sondern der Sieg über sie.« Dieser Ausspruch hielt die damals 28jährige aufrecht: »Ich konnte wieder fröhlich sein und mich an irgendwelchen Kleinigkeiten erfreuen.«[55] Irmgard Schünemann verstand es, Ausschnitte der absurden Lagerwirklichkeit zu reflektieren und mit Humor, ja Sarkasmus zu betrachten. Einer dieser Vorgänge war das tägliche Antreten und die Verabschiedung der Arbeitskolonnen am Wachtor des Lagers, mit Blaskapelle. »Wenn wir zur Arbeit geführt wurden, mit Hunden und Gewehren, und alles so traurig war, mußte ich innerlich lachen. So viel ›Feinde‹!« Irmgard Schünemann und einige ihrer Mithäftlinge gingen noch weiter, sie konnten sich über das ganze Lagersystem lustig machen: »Wir haben immer gesagt, wir leben schon im Kommunismus, an uns probieren sie das aus. Kleidung und Essen, alles umsonst.«[56]

Aktivität und Ablenkung

Viele inhaftierte Frauen entwickelten ein ganzes Spektrum von alternativen Denkweisen und entlastenden Verdrängungsmechanismen, das ihnen gestattete, sich allmählich der bedrückenden und lähmenden Gedanken zumindest zeitweilig zu entledigen und eine spezifische Lagerroutine auszubilden. Zusätzliche Überlebenskräfte schöpften die Gefangenen aus persönlichen Arbeitsleistungen, ihrer geschlechtlichen Identität sowie aus sozialen oder weltanschaulichen Bindungen.

Handarbeiten

Nicht nur Jewgenia Ginsburg erkannte schon bald nach ihrer Ankunft im Lager, daß durch zusätzliche Arbeit die persönliche Lebensmittelversorgung und damit die Überlebenschancen gesteigert werden konnten.[57] Hilda Schlegel ging nach Feierabend die Küche putzen. Ihr Lohn: ein halbwegs voller Magen.[58] Irmgard Schünemann, eine gelernte Friseuse, ondulierte prominente weibliche Häftlinge und Frauen des Lagerpersonals.[59] Die verbreitetste Nebenbeschäftigung waren textile Handarbeiten. Unter schwierigsten materiellen Bedingungen nähten, strickten, häkelten oder stickten Frauen in der wenigen Freizeit nach der Zwangsarbeit.[60] Die Stricknadeln mußten aus Draht gefertigt und die Wolle aus alten Kleidungsstücken gewonnen werden. Christina Kjossewa und ihre Mitgefangenen bestickten Lappen aus Sackleinen mit Buketts von Kornblumen, Mohn und Getreideähren.[61] Galina Lewinson strickte für sich und zum Verkauf Mützen.[62] Die gläubige Anna Kandalina nähte und bestickte Kopftücher, die sie für Nahrungsmittel an wohlhabendere Häftlinge eintauschte.[63] »Frauen können sich helfen«, konstatiert Hilda Vitzthum, »so daß selbst in der Lagerkleidung jede von uns noch einen Hauch von Weiblichkeit ausstrahlte.«[64] Unter den Häftlingen entwickelte sich ein reger Handel mit allerlei gestrickten oder behäkelten Kleidungsstücken, die den Bedürfnissen der inhaftierten Frauen nach weiblicher Kleidung entgegenkamen und für ihre geschlechtliche Identität eine besondere Rolle spielten. Handarbeiten dienten aber auch der Sicherung oder Erlangung einer guten Arbeit. Eleonora Leibbrandt zupfte das Fell eines Hundes, spann die Wolle und strickte ihrer Kontorchefin eine Jacke.[65] Agnessa Mironowa-Korol fertigte ein Nadelkissen, das Material dazu gewann sie aus ihren eigenen Kleidungsstücken. Die bunten Fäden zum Sticken zog sie aus ihrem Rock und einem Trikot, den Stoff schnitt sie aus dem Futter ihres Mantels. Die Handarbeit war für die Chefin des Lebensmittellagers gedacht, die sie auch sehr wohlwollend annahm. »Solche Sachen liebten die Frauen im Lager«, erinnert sich Agnessa, »alle wollten irgend etwas Schönes haben – eine Illusion der häuslichen Gemütlichkeit.«[66] Die Handarbeiten mancher Frauen waren begehrt und fanden nicht nur Absatz unter Häftlingen, sondern auch bei Lagerangestellten oder deren Ehefrauen. Ohne Vorlagen strickten, häkelten oder stickten Frauen komplizierte Muster und gestalteten für sich einen anspruchsvollen und kreativen Arbeitsprozeß, der nicht nur Zusatznahrung, sondern auch ideelle Befriedigung schuf. Diese und andere mentale Stärkungen der Persönlichkeit förderten nicht unwesentlich die Überlebenschancen weiblicher Häftlinge. Das Ansehen der ausführenden Frauen stieg ebenso wie deren Verbindungen und Bekanntschaften unter den Häftlingen. Manche Frauen nutzten aber auch Handarbeiten, um sich von bedrückenden Gedanken und Sehnsüch-

Gertrud Platais während des Interviews, 1990.

ten abzulenken.[67] Offiziell war diese Art »Schwarzarbeit« jedoch verboten. Neider und Spitzel konnten denunzieren und die heimliche Arbeit von Wochen zerstören.[68]

Literatur

Im Gegensatz zur weitverbreiteten Anfertigung von Handarbeiten war die Beschäftigung mit Literatur zumeist auf die Minderheit der besser gebildeten Frauen beschränkt. Auf die geachtete Stellung von Erzählern und Erzählerinnen unter den Häftlingen ist schon an anderer Stelle verwiesen worden. Bis zum Kriegsausbruch kam einmal im Monat eine der begabten Frauen in die Baracke, erinnert sich Gertrud Platais. Eine Ecke wurde mit einem bunten Tuch ausgeschmückt. Im Halbdunkel der Baracke stellte sich Stille ein. Die Gefangenen hörten mit großer Spannung der nicht selten theatralisch, aber meist handlungstreu vorgetragenen Erzählung zu.[69]

Hella Frischer deklamierte »Anna Karenina«. Vom Ausgang der Geschichte hatten gelegentlich kriminelle Zuhörerinnen ihre eigenen Vorstellungen. Sie protestierten und forderten ein anderes Ende. »So kann es nicht sein, du hast da was verwechselt«, rief ihr jemand zu, »erzähl, wie es sich gehört, schildere eine wahre Liebe, eine, die nicht stirbt.« Hella Frischer mußte sich dieser Forderung beugen, sonst hätte sie ihr Zubrot gefährdet.[70]

Vor allem Intellektuelle suchten über die Rezeption literarischer Texte Ablenkung und Befriedigung zu finden. Der lyrische Vers wurde nicht nur für Nina Hagen-Torn zu einer »Notwendigkeit des Überlebens« schlechthin.[71] Nora Pfeffer traf sich eine Zeitlang heimlich mit ebenfalls literaturinteressierten Häftlingen. »Wir versammelten uns gewöhnlich bei uns in der Gießerei, in unserem kleinen Kontor. Man legte ein glühendes Stück Eisen auf den Sandboden. Dann wurde es schön warm. Und jeder, der irgend etwas geschickt bekam, brachte etwas mit. Ich kann mich erinnern, ich habe mal kleine Piroggen gemacht. Wir saßen zusammen und sprachen über Kunst, Literatur und Theater. Wir zitierten verschiedene Gedichte, eigene oder von Jessenin und Blok.« Solche als Produktionsberatung getarnten Zusammenkünfte bildeten jedoch eher eine Ausnahme. Um so bedeutsamer waren diese Begegnungen und Gespräche für die Gefangene. »Wir konnten uns ganz ablenken von der Misere, in der wir uns befanden. Wir sprachen nicht über unsere Brotration, über die Balanda, sondern wir sprachen über Literatur und Kunst.«[72] Die Beschäftigung mit Poesie schuf jedoch nicht nur Ablenkung, sie knüpfte zudem eine Verbindung zu Vergangenem und stärkte die Selbstachtung der Häftlinge. Die Beschäftigung mit Literatur war meist ein individueller, von außen nicht einsehbarer und kontrollierbarer Vorgang. Vielleicht erlaubte deshalb die Lageradministration den Zugang zu Büchern für die Häftlinge eher selten.[73] »Bücher waren die einzige Ablenkung, das einzige Glück, sie waren Brot und Wasser für den Geist, der sonst ohne Nahrung vertrocknet und abgestorben wäre.« Damals verstand Olga Adamowa-Sliosberg, »was ein wirklich gutes Buch ist, das man liest und sich wieder als Mensch fühlt. Uns wurde ja so lange und hartnäckig eingeredet, daß wir keine Menschen wären, sondern Abfall.«[74] Die Frauen behandelten die wenigen ausgeliehenen Bücher mit besonderer Wertschätzung. Manche Gefangene versuchte über Kontakte zu Freien illegal an Bücher zu kommen.[75] Dennoch war die Ausbeute meist gering. Während ihrer 16jährigen Lagerhaft bekam beispielsweise Frieda Mayer-Melikowa weniger als zehn Bücher in ihre Hände.[76] Anders war es mit Lyrik, die Gefangene im Kopf hatten und in die Zellen der Untersuchungsgefängnisse, die Transportwaggons und die Lager brachten, immer wieder untereinander rezitierten und für deren Verbreitung sorgten. Gedichte verbanden sie alle, resümiert Jewgenia Ginsburg, die ihre ersten beiden Haftjahre im Gefängnis Jaroslawl verbringen mußte. Dort war sie mit ihrer Dichtung meist allein. In den ersten Wochen im Lager Elgen auf Kolyma trugen sich Frauen nachts gegenseitig Verse vor. Jewgenia Ginsburg gehört zu den immerhin sieben hier zu Wort kommenden Frauen, die selbst im Lager Gedichte verfaßten. »Ich habe die Gedichte gebraucht wie die Luft zum Atmen«, so eine andere Verfasserin, »ich habe meine Seele in die Gedichte hineingelegt, daraus habe ich meine Hoffnung geschöpft. Von der schweren Arbeit hat der Rücken geschmerzt, die Hände haben wehgetan, aber die Gedichte haben uns das Überleben möglich gemacht.«[77] Henrietta Herzfeld dachte sich Verse beim Hüten der Schafe aus.[78] Susanne Leonhard schrieb einige Gedichte während der Etappe.[79] Aufgeschriebene Lagerlyrik war allerdings selten, denn diese war nicht erlaubt und konnte den regelmäßigen Durchsuchungen zum Opfer fallen. Die meisten Gedichte sind erst nach der Entlassung aus dem Lager niedergeschrieben worden und spiegeln ein Bild zeitgenössischer Empfindungen.[80] »Hart sind meine Gedichte«, schreibt Nora Pfeffer über ihre Texte, »und vielleicht sind sie einfach nur Prosa, denn, wovon sie berichten, war durchaus keine Lyrik in Rosa. Weh tun meine Gedichte – tausend Splitter zerschmetterter Jugend ... Der Terror der Geschichte war getarnt mit der Maske der Tugend. Aufschrei sind meine Gedichte! Mit der Wahrheit, die dastand, verlassen, gingen stur zu Gerichte die mit Blindheit geschlagenen Massen. Gramvoll sind meine Gedichte! Denn des Menschentums größter Verräter ließ vernichten, vernichten, vernichten uns und unsere Mütter und Väter. Grau sind meine Gedichte wie im Lager das Stöhnen und Sterben und ergraute Gesichter ... Und seither ist mein Herz voller Kerben ...«[81]

Zeichnungen

Die Existenzbedingungen im Lager und das offizielle Lagerregime des NKWD gestatteten offiziell keine individuelle künstlerische Produktion; mehr noch, erklärtes Ziel war die Austreibung persönlicher Ansichten und Äußerungen. Wenn unter diesen Bedingungen Kunst

Im Lager gezeichnetes Porträt von Ida Konrad, 1945.

entstand, kann nur von besonderer menschlicher Leistung die Rede sein, die Ausdruck kreativer Selbstbehauptung und ungebrochenen Überlebenswillens des einzelnen war. Dies gilt auch für Frauen, die im Lager als Malerinnen oder Zeichnerinnen hervortraten. Verständlicherweise versuchten auch sie zunächst ihr Können als zusätzliche Verdienstquelle nutzbar zu machen. Beliebt waren vor allem Porträts, die die Gefangenen geschönt und ohne die Sorgenfalten des Lagerlebens darstellten. In hellen Farben, mit einem besinnlichen Blick, lockigem blondem Haar und sogar einem Hut zeichnete 1945 eine Mitgefangene Ida Konrad im Lager Akmolinsk.

Die meist einfachen, kleinen Buntstiftzeichnungen dienten der eigenen Selbstvergewisserung oder wurden zur Beruhigung an die Familien gesandt. Meist ließen sich die Zeichnerinnen mit Brot oder Handarbeiten entlohnen. Besondere Schwierigkeiten bereitete die Besorgung des Handwerkzeugs: Papier und Stifte. Einfache Farben und Werkstoffe gewann man mit Ausdauer und Raffinesse aus Naturstoffen, Ruß oder Mauersteinen. Manch ein Talent betätigte sich auch als Malerin von Losungen oder Porträts für die Agitation und Propaganda der »Kultur- und Erziehungsabteilung« des Lagers.[82] Frauen malten und zeichneten aber nicht nur zum Hausgebrauch oder zum Broterwerb. Wie überlieferte Arbeiten zeigen, suchten die Künstlerinnen sich auf ihre

Weise mit der Lagerrealität auseinanderzusetzen. Von der zwischen 1938 und 1946 inhaftierten Lidija Pokrowskaja sind mehrere Darstellungen erhalten geblieben. Postkartengroße Bleistiftzeichnungen porträtieren eher ungeschönt Leidensgefährtinnen im Lager Akmolinsk. Ihre Gesichter sind faltig, der Blick verhalten ernst.[83] Alla Wasilewa schloß 1929 ein Kunststudium ab. Als »Familienangehörige eines Volksfeindes« inhaftierte sie das NKWD mehrere Jahre im Karlag. Von ihr sind mehr als 50 Arbeiten überliefert, davon zahlreiche eindrucksvolle Porträts weiblicher Mitgefangener.[84] Alla Andreewa wurde 1915 in Moskau geboren und schloß 1937 eine künstlerische Ausbildung ab. Im Jahr 1948 verurteilte sie ein Sondergericht des Ministeriums für Staatssicherheit zu 25 Jahren Haft, die sie bis 1956 im Temnikowsker Lager verbrachte. Mehr als 20 Arbeiten, vor allem karge Landschaften, konnte sie über die Zeiten retten.[85] Die Kunstproduktionen sind nicht nur Sinnbild individueller Selbstbehauptung, sondern ebenso Reflex auf die Lagerexistenz. Die Darstellung grausamer Szenen versagte sich von selbst. Sie wäre als »antisowjetische Agitation« mit Erhöhung der Haftfrist oder gar mit dem Tode bestraft worden. Verweisen möglicherweise endlose Landschaften – ein oft gewähltes Sujet – nicht auf endlos erscheinende Haftzeiten und das Gefühl des Verlorenseins in Zeit und Raum? Und versinnbildlichen die kantig-harten oder traurig-müden Leidensgefährtinnen nicht die Suche nach menschlicher Zuneigung und Wärme?

Natur

Obwohl sich die Naturgewalten meist gegen die Gefangenen richteten, finden sich in Lagererinnerungen immer wieder Schilderungen von Naturerscheinungen. Marta Rudzka beschreibt ausführlich die Wahrnehmung des Nordlichts. Von dem Naturschauspiel völlig überwältigt, rannte sie zu ihrer Freundin Christina, um sie daran teilhaben zu lassen. Gemeinsam richteten sie den Blick in den bewegten Himmel. »Für mich ist das Nordlicht das Grenzland, ein regenbogenfarbiger Vorhang, der vom Atem des lebendigen Gottes bewegt wird und das Irdische vom Unirdischen scheidet.«[86] Die beiden Frauen fanden auch Gefallen am Ural, den sie von ihrem Lager aus sehen konnten. »Nie bin ich mir des Alters der Welt so bewußt geworden«, erinnert sich Marta Rudzka, »wie beim Anblick der Uralberge. Die

Uralberge sind jenseits unseres Seins, sie rühren an das Abstrakte.«[87] Viele Häftlinge erfreuten sich an Naturschauspielen, manche knüpften eine mentale Verbindung zwischen Universum und sich selbst. In solchen Situationen konnten sich Gefangene zumindest für kurze Zeit aus der Eintönigkeit des Lageralltags befreien und neue Kräfte für den Überlebenskampf freilegen. »Manchmal gehe ich vor die Baracke«, heißt es bei Walentina Iewlewa, »und schaue mir den Sonnenuntergang an. Die purpurne Abendröte ist so schön, daß man die Augen nicht davon losbekommt. Die Schönheit der Natur erfreut mein Herz.«[88] Ljuba Ukrainska machte wie viele Häftlinge in jedem Haftjahr aufs neue das Aufkommen des Frühlings glücklich. »Wenn der Wald begann aufzuwachen«, erinnert sie sich, »die Blätter von Tag zu Tag größer wurden und alles so angenehm roch, war es wunderbar. Das war etwas Außergewöhnliches, und es wurde einem auch leichter zumute.«[89] Vor allem Trost, Ausgeglichenheit und Hoffnung fanden Frauen in ihren Naturbeobachtungen. Nach langen Gefängnisaufenthalten oder Transporten war die Aufmerksamkeit besonders intensiv. Olga Adamowa-Sliosberg erreichte 1939 das Lager Magadan auf Kolyma. »Die Natur überwältigte uns«, heißt es in ihrem Bericht: »Wir gingen durch die mit Draht abgegrenzte Zone und bestaunten den Himmel, betrachteten die fernen Hügel, gingen zu kleinen verkrüppelten Bäumen und streichelten sie. Wir atmeten die feuchte Meeresluft, spürten auf unseren Gesichtern feine Wassertropfen, setzten uns auf das feuchte Gras und berührten die Erde mit unseren Händen.«[90] Margaretha Witschel entdeckte auf einer noch von Schnee bedeckten Lichtung ein Fleckchen grünes, samtiges Moos. »Als ich näher kam«, erinnert sich die Österreicherin, »sah ich noch eine kleine, gelbe Blume, die ihr Köpfchen der Sonne entgegenstreckte. Ich war so gerührt, daß ich niederkniete, diese Blume mit meinen beiden Händen umhüllte und sie küßte. Für mich war sie der erste Bote aus einem neuerwachenden Leben und gab mir Trost und Hoffnung. Wenn dieses zarte Blümchen diesen harten Winter überstanden hatte, dann würde auch ich wieder einen Sommer erleben. Lange kniete ich vor dieser Blume, und meine Tränen versickerten im Moos.«[91] Anna Bucharina entdeckte als eine der ersten Gefangenen das Frühlingsgrün der einzigen drei in ihrem Lagerpunkt stehenden Bäume. »Wie schön waren diese Birken, unter denen sich die vergrämten, finsteren, heruntergekommenen Frauen drängten, die noch nicht alle ihre schmutzigen grauen Steppjacken abgelegt hatten, wie schön waren sie vor dem Hintergrund der schäbigen, niedrigen Baracken und der zertrampelten Zone, aus der es überhaupt keinen Ausweg mehr zu geben schien!«[92] Naturerlebnisse konnten die Gedanken aber auch in die Vergangenheit und nach Hause lenken. Frieda Siebenaicher arbeitete auf einem Feldstützpunkt und baute mit anderen Gefangenen Sonnenblumen an. Im Sommer legte sie sich manchmal in eine der Reihen. »Das war wie ein Schirm. Oben haben die Bienen gesummt, die Lerchen gesungen, und du lagst da und schautest. Da habe ich an zu Hause gedacht, wie ich dort die Lerchen trällern hörte und wie schön das war. Du liegst in der Steppe und machst die Augen zu. Ganz komisch, denkst du, ist genau wie zu Hause, genauso. Oder du guckst auf den Mond und auf die Sonne, die geht hier auf und zu Hause unter.«[93]

Hoffnung und Aberglaube

Wahrsagerei, Kartenlegen, Traumdeutungen und sogenannte »Paraschas«, Gerüchte, fanden unter inhaftierten Frauen eine nicht unbeträchtliche Verbreitung. Weissagungen waren eine Dienstleistung und hatten entsprechend vergütet zu werden. Schon im Gefängnis machte Susanne Leonhard Erfahrungen damit: »Aus den Handlinien und aus blind geformten Brotklümpchen wurde die Zukunft gewahrsagt. In Bücher wurde ›gestochen‹, und die Worte, die die Nadel traf, wurden ›ausgelegt‹.« Die deutsche Sozialistin war sehr verwundert, diesen »hinterwäldlerischen Hokuspokus« in der Sowjetunion so verbreitet zu finden.[94] Im Güterwaggon, der Galina Nurmina gen Osten transportierte, stellte eine Mitgefangene Horoskope auf. Nachdem Tag, Monat und Jahr der Geburt genannt waren, malte die vermeintliche Astrologin irgendwelche Figuren in die Luft und schwieg tiefsinnig. Die Voraussagen ähnelten sich allerdings immer häufiger: »Schicksalsschlag, schwere Prüfung und auf jeden Fall ein glückliches Ende.«[95] Abgeschottet und bar jeder wahrhaftiger Informationen, tauchten die abenteuerlichsten Gerüchte auf, die von den Häftlingen eifrig diskutiert wurden. »Habt ihr gehört? Kolyma wird an Amerika verkauft!« hieß es Anfang der 1940er Jahre unter Mitgefangenen von Jewgenia Ginsburg. Die Häftlinge stritten, ob es für sie günstig oder schlecht sei, mit nach Amerika verkauft zu werden. Manche meinten, wenn sie schon krepieren müßten, dann lieber in der Heimat. Andere warnten, man würde niemals die Gefangenen mit ans Ausland verkaufen, da sie zuviel gesehen hatten.[96] Irgendein Gefühl von Hoffnung, das sich auf ein Gerücht gründete, hatte Erna Kolbe eigentlich immer. »Mal kam eine«, erinnert sie sich, »die hatte gehört, wir würden alle verschickt, mit unseren Familien zusammen, nicht in die Nähe von Städten, aber wir könnten uns etwas bauen, dort wohnen und mit unserer Familie in Ruhe leben. Das klang wie ein schönes Märchen. Wir klammerten uns an jeden Strohhalm, weil die zehn Jahre uns unendlich erschienen.«[97] Große Erwartungen weckten die nach Kriegsende umgehenden Gerüchte. Jemand wollte schon ganze Züge von bereits Entlassenen gesehen haben.[98] Vor allem bei Frauen mit wenig Lagererfahrung weckte das Gerede die unwahrscheinlichsten Hoffnungen, und diese überdeckten auf ihre Weise die grausame Wirklichkeit.[99] Allerdings folgte der zeitweiligen Zuversicht meist Ernüchterung und Resignation.

Den Mangel an Informationen, vor allem aber Angst macht Hella Frischer für die beträchtliche Verbreitung des Aberglaubens in den Lagern verantwortlich.[100] Wahrsagerei und Irrglaube waren Susanne Leonhard zufolge unter allen Häftlingsgruppen, ob Analphabetinnen oder Intellektuellen, verbreitet. »Da saß eine sowjetische Untersuchungsrichterin und starrte tiefsinnig in den Kaffeesatz oder wuselte mit weißen Bohnen herum, weil sie glaubte, auf diese Weise ihre Zukunft enträtseln zu können. Da erzählte die Staatsanwältin der Lehrerin einen Traum von einer Bergbesteigung, und dann stritten sich beide um die Deutung, bis die autoritative vox populi einer einfachen Bäuerin den Meinungsstreit schlichtete. Da ließ sich die Ärztin von der Gewerkschaftsbeamtin die Karten legen und die Krankenpflegerin von der Straßenbahnschaffnerin die Zukunft aus der Handschrift deuten.«[101] Wahrsagerinnen entwickelten für die Deutung von Träumen und Karten ein ganzes Repertoire von Erklärungen. Träumte jemand etwa von langen Haaren, Zwirnsfäden, Schuhen, einer fliegenden Vogelschar oder einem Sonnenaufgang, wies dies auf einen langen Weg oder eine Reise hin und wurde als baldige Entlassung aus dem Lager gedeutet. Die unmittelbare Freilassung sollte erfolgen, wenn die Gefangene von der Geburt eines Kindes, dem Beginn des Eisgangs, einer Feuersbrunst oder einem Wolkenbruch geträumt hatte. Verständlicherweise zielte eine immer wieder gestellte Frage auf die Entlassung aus dem Lager. Die Resonanz unter den Häftlingen war, so das Fazit von Susanne Leonhard, ungebrochen: »Monatelang, jahrelang ging diese Traumdeuterei und dieses Kartenlegen, und trotz ungezählter Möglichkeiten, sich, sei es auch nur empirisch, davon zu überzeugen, daß die Prophezeiungen Mumpitz waren, wurden alle Gegenbeweise für nicht stichhaltig erklärt, und der Glaube an die unfehlbar richtigen Wahrsagungen blieb unerschüttert, sowohl bei den Kartenlegern selbst als auch bei ihrer Kundschaft.«[102]

Die Akzeptanz und die Aufnahme der Voraussagen dürfte jedoch differenzierter gewesen sein, als es Susanne Leonhard wahrnahm. Marta Rudzka erinnert sich an spiritistische Sitzungen unter ihren Landsleuten, die nur wenige tatsächlich ernst nahmen.[103] In ihrer 16jährigen Haftzeit hatte Frieda Mayer-Melikowa dreimal Kontakt mit Wahrsagerinnen. Zunächst war sie unsicher gewesen, ob sie den Deutungen Glauben schenken sollte. Richtig zufrieden verließ sie nur die dritte Sitzung kurz vor dem Ende ihrer Haftstrafe. Die Kartenlegerin sagte ihr, sie käme bald frei, und es würde ihr gutgehen.[104] Häftlinge durchschauten aber auch die Fassade der Weissagungen. Helene Golnipa, die nie Karten gelegt hatte, wurde von kriminellen Frauen aufgefordert, für sie die Zukunft vorauszusagen. »Ungefähr wußte ich, was sie erwarteten«, erinnert sich die Österreicherin, »natürlich waren es gute Nachrichten.«[105] Ob sich tatsächlich die Mehrheit der Frauen den Voraussagen passiv ergab, dürfte fraglich sein. Gewiß wollte jede Gefangene in der Existenznot des Lagers auch einmal etwas Zuversichtliches hören. Das förderte durchaus den Überlebenswillen des einzelnen. Frauen nahmen aber Voraussagen auch zum Anlaß, die eigenen Hafterfahrungen zu durchdenken und das Schicksal soweit wie möglich selbst in die Hand zu nehmen. Walentina Iewlewa hörte wie viele andere die Prophezeiung: »Dich erwartet ein interessanteres, ein schweres, aber langes Leben, mit vielen Begegnungen und Trennungen, Freuden und Leiden, Freunden und Feinden.« Ihre Reaktion: »Ich kann mich nicht dem unabänderlichen Schicksal in Gefangenschaft unterwerfen. Das heißt, ich muß bereit sein, für jeden einzelnen Tag auf Erden zu kämpfen.«[106]

Es waren durchaus nicht nur »sehr charakterschwache Menschen«, wie Susanne Leonhard meint, die die »Verantwortung für sich selbst auf ein übernatürliches höheres Wesen« lenkten oder ihren »Schicksalsspruch von irgendwelchen dreckigen Spielkarten« hören wollten. Eine einstige Kommunistin entgegnete ihr: »Ich war auch Atheistin, früher, aber im Lager habe ich wieder beten gelernt. Und nun, da ich um alle Hoffnungen, frei zu werden, betrogen bin, suche ich den Trost, wo ich ihn finden kann.«[107]

Männer

»Arme Gefährten! Schwaches Geschlecht«, nennt Jewgenia Ginsburg ihre männlichen politischen Mitgefangenen. »Sie fielen tot um, wo wir uns nur beugten, aber standhielten. Sie waren weit geschickter im Umgang mit Axt, Spitzhacke oder Karren, doch wenn es darum ging, Leiden zu ertragen, konnten sie sich nicht mit uns messen.«[108] Faina Nauschütz meint, Männer hätten mit dem seelischen Schmerz weit schlechter als Frauen umgehen können, resignierten und verfielen schneller der tödlichen Apathie.[109] Manche Frauen kommen sogar zu dem Schluß, Männer hätten es überhaupt schwerer im Lager gehabt. Zum einen wegen der harten körperlichen Arbeit und der für Männer zu kleinen Verpflegungsrationen. Zum anderen wegen der im Vergleich zu weiblichen Häftlingen strengeren und härteren Behandlung durch das Wachpersonal.[110] In solchen Erinnerungen spiegeln sich unter Zurückdrängung der eigenen körperlichen und seelischen Belastungen nicht nur das Mitgefühl der Frauen für männliche Gefangene, sondern auch quälende Gedanken an ihre eigenen, irgendwo in der Ferne inhaftierten Lebensgefährten. Bedrückend wirkten völlig ausgemergelte und arbeitsunfähige männliche Häftlinge, die zur »Genesung« in leichtere Lager geschickt wurden. »Heute kommen eure Männer ins Lager«, sagte man eines Tages Anfang der 1940er Jahre Frieda Siebenaicher und ihren Mitgefangenen. »Eine panische Aufregung war das auf einmal. Alle Frauen liefen zur Straße, um ihre Männer zu finden. Jetzt kamen die Lastwagen hinterm Zaun an und die stiegen aus. Also, das kannst du dein Leben nicht vergessen, was das für Männer waren, den Kopf nach unten, einen Topf mit Löffel über der Schulter, irgendwas auf dem Kopf und vollständig abgelumpt. Das waren nur noch Skelette. Du hättest nie deinen eigenen Mann erkannt. Die Männer sahen alle gleich elend aus: die Haare verfilzt, die Schuhe zerfallen.« Obgleich viele Frauen ihre Verpflegungsration mit den Neuzugängen teilten, starben viele der Männer in den folgenden Wochen.[111] Immer wieder machen Frauen in ihren Erinnerungen auf die höhere Sterblichkeit unter den männlichen Häftlingen aufmerksam. Deren Todesrate überstieg Susanne Leonhard zufolge die der weiblichen Häftlinge um ein Vielfaches.[112] Besonders viele Opfer kostete der Goldabbau im Kolymagebiet. Dort konnte auch der Gesündeste innerhalb von ein oder zwei Schürfperioden zum Invaliden werden.[113]

Einen Grund für ihr häufigeres Überleben sahen Frauen allerdings weniger in den gegebenen Haftbedingungen, sondern in ihrem eigenen Handeln. Gegenüber männlichen Gefangenen betrachteten sich weibliche Häftling als widerstandsfähiger. Frauen waren zäher und hielten mehr aus, heißt es nicht nur bei Nora Pfeffer.[114] Es gab einen Grad der Erschöpfung, wo männliche Häftlinge nur noch essen und schlafen wollten. Frauen versuchten auch in diesen verzweifelten Situationen einen Ausweg zu finden und sich einen Rest von Würde zu bewahren.[115] Zugute kam weiblichen Gefangenen zudem ihre Fähigkeit und Bereitschaft, sich der Haftsituation umsichtiger anzupassen. Frauen stützten sich in diesem Prozeß insbesondere auf ihre früheren Erfahrungen als Verantwortliche des Familienhaushaltes. Weibliche Häftlinge gingen etwa bei der Organisation und Zubereitung zusätzlicher Speisen wagemutiger und geschickter vor. Mit der Hungerration gingen viele Frauen disziplinierter um als die Masse der männlichen Häftlinge, die das Brot oft hastig und auf einmal hinunterschlangen.[116] Und nicht zuletzt kümmerten sich weibliche Gefangene auch um ihre persönliche Hygiene intensiver und gewissenhafter als Männer.[117]

Kontakte zu Angehörigen

Der briefliche bzw. persönliche Kontakt zwischen den Häftlingen und ihren Angehörigen unterlag strengen Vorschriften und wurde in den Instruktionen zum Haftregime geregelt.[118]

Briefe

In den Terrorjahren 1937/38 galt nach Häftlingsberichten für die meisten Neuverhafteten völliges Korrespondenzverbot.[119] Faktisch unmöglich waren Briefverbindungen inhaftierter Ausländerinnen zu

Familienangehörigen außerhalb der UdSSR.[120] Die im August 1939 erlassene Haftinstruktion gestattete Häftlingen, die wegen »konterrevolutionärer Verbrechen« einsaßen, alle drei Monate einen Brief zu schreiben. Allen anderen Gefangenen war der Briefverkehr ohne Begrenzung erlaubt.[121] Eine akribische Lagerzensur wachte darüber, daß die Briefe keine Angaben über die Zahl der Lagerinsassen, die Haft- und Bewachungsordnung, die Zwangsarbeit oder andere entlarvende Informationen enthielten. Die Lageradministration nutzte das Bedürfnis der Gefangenen nach Briefverkehr zielgerichtet als Druckmittel. Bei Verstößen gegen die Haft- oder Arbeitsdisziplin folgte der Entzug, bei anhaltender Normübererfüllung die Möglichkeit zusätzlicher Sendungen.[122] Das illegale Absenden von Briefen bestrafte man mit Korrespondenzverbot bis zu sechs Monaten, im Wiederholungsfall mit Verhängung von sechs Monaten Strafregime.[123] Dessenungeachtet versuchten Häftlinge immer wieder, vor allem über freie Lagerangestellte oder auf Transport gehende Gefangene, kleine Nachrichten und Briefe an ihre Nächsten abzusenden.[124] Für die inhaftierten Frauen waren Briefe, die sie mit ihren Angehörigen wechseln konnten, die einzige reale Verbindung zu ihrer lebensgeschichtlichen Vergangenheit. Erinnerungen über die Anzahl der erlaubten Schriftkontakte variieren zwischen einem Brief im Monat, einem Brief im Quartal bzw. zwei Briefen pro Jahr.[125] Wie viele reguläre Sendungen allerdings auf dem Postweg einfach »verlorengingen«, ein für die sowjetische Staatspost typischer Vorgang, wird wohl immer unbekannt bleiben. Von den vier von Susanne Leonhard im Jahr 1942 versandten Briefen erreichte beispielsweise nur einer ihren Sohn.[126] Während des Krieges war der Postverkehr zu vielen Lagerorten längere Zeit unterbrochen. Bis Herbst 1942 hatte Christina Kjossewa selbst auf Kolyma regelmäßig Briefe erhalten. Dann erhielt sie drei Jahre keinerlei Post.[127] Zudem gestatteten der Mangel an Papier und Stiften eher selten, das Recht auf Korrespondenz tatsächlich in vollem Umfang wahrzunehmen. Manche Botschaft wurde mit Ruß auf braunem, aus Säcken gewonnenem Packpapier geschrieben.[128] Schwer fiel es den Häftlingen auch, das Porto aufzubringen. »Um etwas Geld zu bekommen«, erinnert sich Nora Pfeffer, »verkauften wir unsere Brotration. Für eine Briefmarke mußte ich zwei Tage meine Brotration verkaufen. Und dann machten wir das so. Vier Tage hungerte ich mit meiner Freundin, und wir aßen eine Ration zu zweit. Und dann konnten wir uns jeder zwei Briefmarken kaufen. Denn die Post war im Lager doppelt so teuer wie draußen.«[129] Ein weiteres Problem stellte die Sprache dar. Maria Ölberg schrieb an ihre Tochter deutsche Wörter in russischen Buchstaben. Das Lagerpersonal mahnte Irmgard Schünemann, von ihrer betagten Mutter zu fordern, die Briefe ins Lager in russischer Sprache abzufassen. Susanne Leonhard zufolge durften die Häftlinge in ihrer Muttersprache korrespondieren. Dennoch machte sie selbst bald die Erfahrung, daß es zwecklos war, in einer anderen Sprache als in der russischen zu schreiben. Dahinter vermutete die Gefangene weniger Schikane als einfach den Mangel an sprachkundigen Zensoren.[130] Der Lageradministration ging die Zensur in jedem Falle vor das Recht der Korrespondenz, wodurch eine Vielzahl des Russischen unkundiger Häftlinge benachteiligt wurden. Manche Ausländerin oder Analphabetin fand schließlich in Mitgefangenen Helferinnen, die ihnen bei der Abfassung ihrer Post in der geforderten Sprache halfen.

Frieda Mayer-Melikowa schrieb 1943, ein Jahr vor dem Ende ihrer achtjährigen Haftstrafe, an ihre Angehörigen: »Meine liebe Mutter, meine liebe Schwester, ob dieser Brief jemals an Euch abgeschickt wird, hängt vom Ausgang des harten Kampfes ab, den ich zur Zeit um mein Leben führen muß. Wer siegen wird – Leben oder Tod – weiß ich nicht. Dieser Brief erreicht Euch, wenn letzterer siegt. Denkt nicht, daß ich, während ich diesen Brief schreibe, unnormal oder erregt bin, oder nicht bereit wäre, diesen letzten Weg zu gehen, der das Leben abschließt. Tief, tief im Herzen versteckt ist der Wunsch noch zu leben. Er wird aber unterdrückt von der schweren Last des gegenwärtigen Daseins und der Müdigkeit nach den vielen Jahren einsamen Lebens. Ich bin schon lange bereit, aus diesem Leben zu gehen. Schon zwei aus unserer Familie mußten in Einsamkeit ihren Lebensweg beschließen. Sehr oft denke ich darüber nach, warum denn ich ein leichteres Los haben sollte als sie. Seit meinem Aufenthalt in Sibirien, als meine Kräfte mich im Laufe einer sehr kurzen Zeit (ein halbes Jahr) verließen, habe ich mich an den Gedanken gewöhnt, daß eines Tages auch mein Ende eintritt. Von allem, was mir teuer war, mußte ich mich schon lange lossagen, von allen meinen Lieben bin ich schon lange getrennt. Unter solchen Verhältnissen ist es leichter, aus dem Leben zu gehen, als wenn man glücklich ist. Als ich noch in Freiheit lebte, dachte ich oft darüber nach, daß ich nicht sterben möchte. Ich war glücklich und mich schreckte der Gedanke an den Tod, an das Ende meines schönen Daseins. Heute ist das eine leere Vorstellung von längst Vergangenem und ist zu etwas Traumhaftem geworden. Ich hatte auch ein Kind. Schon sieben Jahre bin ich für mein Kind nicht mehr da. Vielleicht lebt es nicht mehr, das lange Ausbleiben von Nachrichten deutet darauf hin. Alles, was ich sage, ist nicht durch Hoffnungslosigkeit hervorgerufen. Ich habe mich in mein Schicksal ergeben, ich vertraue vollständig meinem Gott und bin bereit zu diesem Ende. Sein Wille geschehe, wenn es anders nicht möglich ist. Ich hatte viel Schönes und Gutes im Leben – angefangen von all dem Guten, was meine Eltern mir gegeben haben. Auch in der Gefangenschaft traf ich viele gute Menschen, hatte Freunde. Ich habe Lebenserfahrung erworben, und gedachte all das meinem Kinde weiterzugeben. Jedoch nicht ich allein bestimme mein Geschick. Ich bin ruhig, vollkommen ruhig. Den Gedanken an einen freiwilligen Tod habe ich schon längst verdrängt. Wie sehr ich geschwächt bin, davon könnt Ihr Euch kein Bild machen, denn Ihr habt nie solche Menschen gesehen. Es hätte keinen Sinn, Euch alles zu schreiben. Weshalb sollte ich Euch vor der Zeit aufregen. Außerdem habt Ihr selbst genug Schweres durchzumachen. Um alles zu begreifen, müßte man einen Blick auf mich und unser Leben werfen können. Ich danke Euch für Eure Liebe und Sorge um mich und mein Kind. Seid nicht zu traurig. Unter unseren Verhältnissen ist der Tod auch eine erwünschte Befreiung. Eure Frieda. 18. April 1943.«[131]

Derart offene Briefe aus dem Lager erreichten selten den vorgesehenen Adressaten. Manche Gefangene versuchte den Zensor durch verschiedene Manipulationen zu täuschen. Jewgenia Ginsburg wandelte im Briefverkehr mit ihrer Mutter beispielsweise alle vorkommenden Personen in Kinder um und schrieb von sich in der dritten Person.[132] Viele Häftlinge verzichteten indes von sich aus, ihren Angehörigen realistische Berichte über den Lageralltag zu übermitteln. Die meisten Frauen wollten ihre Angehörigen eher beruhigen und nicht zusätzlich belasten. »Ich habe nur Gutes geschrieben«, erinnert sich Hilda Schreiner, »damit sich meine Mutter nicht aufregt.«[133] Ihren Kindern versuchten inhaftierte Frauen Mut zu machen und Hoffnungen auf das Ende der Haftzeit zu vermitteln. Maria Ölberg schrieb: »Guten Tag, meine liebe Tochter Elly. Gruß und Kuß von Deiner lieben Mutter. Ich bin gesund und wünsche auch Dir die beste Gesundheit. Bei mir ist alles gut, gehe auf die Arbeit. Meine Arbeit in der Molkerei ist schwer. Aber die Arbeit ist gut für mich ... Schreib mir bitte, wie es bei Dir geht. Ich weiß, daß Du schwer arbeiten mußt, meine kleine Tochter, und ich mache mir immer große Sorgen, weil Du noch so jung bist. Aber sei brav und höre auf Tante Beate und Tante Olga. Bekommst Du Briefe von Vater oder den Geschwistern? Bleibe gesund bis zum frohen Wiedersehen. Glaube ›Nach allen Leiden und aller Not, folgt eine ewige Freude‹.« Die damalige Reaktion der Tochter: »Vor allem die letzte Zeile machte mir immer Mut und gab mir Hoffnung. Das sind Wörter aus einem Gebet, das wir zu Hause mit Tante Beate immer beteten: ›Nach allen Leiden und aller Not folgt eine ewige Freude, Du treuer Gott‹. Aber Gott durfte Mutter nicht erwähnen.«[134] Auch in den Briefen, die in die Lager gingen, drehte sich der Inhalt oft um die Vermittlung von Zuversicht und die Stärkung des Durchhaltewillens. Im ihrem zwölften Haftjahr, im Dezember 1947, erhielt Frieda Mayer-Melikowa einen Brief von ihrer Mutter: »Verliere die Hoffnung nicht, nicht für Dein Kind. Du wirst nicht nur eine Mutter in Briefen sein, sondern eine leibhaftige, eine Mutter, die nach so vielen Jahren der Trennung ihre Tochter wieder zärtlich umarmen kann.«[135] Helena Kutscherowa-Koch las Ende 1948 folgende Zeilen ihrer Mutter: »Selbstverständlich ist die Einsamkeit, in der Du leben mußt, unter diesen schrecklich schweren Lebensbedingungen, besonders schwer. Du bist doch noch so jung. Mein liebes Töchterchen, ich bitte Dich noch einmal, sei standhaft und schone Dich. Es ist noch nicht alles im Leben verloren. Es kann doch nicht sein, daß Du wirklich die ganzen zehn Jahre im Lager verbringen mußt. Bestimmt entläßt man Dich früher, und Du wirst Dein Leben Deinen Erfahrungen nach aufbauen. Sei nicht traurig, weine nicht und denke immer daran, daß Deine Mutter und Dein Sohn Peter Dich lieben.« Mehr als vier Jahre haben Briefe solchen Inhalts Helena Kutscherowa-Koch über die Zeit geholfen und ihr die Kraft gegeben, Hunger, schwere Arbeit und Erniedrigungen zu überstehen.[136] Wohl nicht wenige Frauen trugen einen aufmunternden Brief immer bei sich, um ihn bei Bedarf hervorzuholen und immer wieder aufs neue zu lesen. Manche hatte sich ein kleines Kästchen besorgt, in dem Briefe und andere wertvolle Erinnerungsstücke aufbewahrt wurden.[137]

Gefangene Frauen empfanden Hella Frischer zufolge die Botschaften von draußen nicht selten als für ALLE bestimmt, es war in ihnen etwas Wärmendes, Schönes, Aufregendes.[138] Sich gegenseitig die erhaltene Post immer wieder vorzulesen war gängige Praxis.[139] Damit vermochten allerdings Häftlinge, die vergeblich auf Briefe warten mußten, nicht immer umzugehen. Wenn andere Gefangene laut die Mitteilungen ihrer Angehörigen vorlasen, steckte Emilie B. bedrückt den Kopf unter ihre Decke. Sie verharrte dort, bis das letzte Wort verklungen war.[140]

Frauen erhielten jedoch nicht nur Briefe mit tröstendem Inhalt. Dramatisch und wechselhaft gestaltete sich der Briefverkehr zwischen inhaftierten Müttern und den zurückgelassenen Kindern. Die wenigen Briefe der Heranwachsenden lösten bei der Inhaftierten Freude und Schmerz gleichermaßen aus; Freude über die meist positiv geschilderten Alltagserlebnisse, Schmerz über die Gewißheit der noch Jahre anhaltenden Trennung.[141] Viele Kinder von Verhafteten der Terrorjahre 1936 bis 1938 wies man in spezielle Kinderheime ein, die nicht selten dem NKWD unterstanden. Von dort kamen Briefe ganz unterschiedlichen Inhalts. Ein zehnjähriges Mädchen schrieb im Sommer an ihre verhaftete Mutter nur einige wenige Zeilen, die Susanne Leonhard in ihren Erinnerungen so wiedergibt: »Mama, damit Du es gleich weißt: dies ist der einzige Brief, den ich Dir schreibe, und von nun an warte nicht mehr auf Briefe von mir. Ich habe bisher nicht gewußt, daß Du eine Trotzkistin und Verräterin bist. Aber nun weiß ich es und will Dir nie mehr schreiben. Ich bin in einem schönen Kinderheim, und es geht mir sehr gut. Hier lernen wir, unser großes sozialistisches Vaterland lieben, aber alle Volksfeinde, wie Onkel Grigorij und Dich, die verachten und hassen wir bis in den Tod. Irina.«[142] Jewgenia Ginsburg gibt in ihren Erinnerungen den Brief eines Jungen wieder, der sich ebenfalls in einem NKWD-Sonderheim für Kinder von Inhaftierten befand. Zwei Jahre hatte seine Mutter auf diese erste Nachricht warten müssen. »Liebe Mama! Mir geht es gut. Am ersten Mai hatten wir ein Konzert von unserem Laienorchester.« Unter den Abschiedsgruß kritzelte der Junge noch: »Mamotschka! Ich habe die lettischen Buchstaben vergessen. Schreib sie mir bitte auf. Dann will ich Dir auf lettisch schreiben, wie schlecht es mir ohne Dich hier geht.«[143]

Vielen inhaftierten Frauen erteilten die NKWD-Organe keinerlei Auskünfte über den Verbleib ihrer Kinder.[144] Erna Kolbes zweijährige

Tochter wurde einfach zur Adoption freigegeben. Jahrelang recherchierte die Gefangene, von Freundinnen unterstützt, bis sie 1941 von den Pflegeeltern in Moskau erfuhr. Diese hatten im Februar 1938 das Mädchen mit der Gewißheit aufgenommen, es sei elternlos. Erna besorgte sich Papier und Bleistift und schrieb an den Pflegevater. In der Antwort heißt es: »Sie sind die Mutter, die sie geboren hat. Und wir sind Vater und Mutter, die sie als Tochter aufnahmen, die Verantwortung übernahmen für ihr Leben und ihre Erziehung, und haben in diesen Jahren sie grenzenlos liebgewonnen. ... Alles weitere wird zugunsten des Kindes erledigt werden, denn wir wünschen ihr nichts als alles Gute. Ich wünsche Ihnen eine schnelle Befreiung und völlige Rehabilitierung, wenn Sie der Entlassung würdig sind.« Damit hielt der Pflegevater die Korrespondenz mit der gefangenen Mutter für abgeschlossen. Alle Versuche Erna Kolbes, den Kontakt am Leben zu erhalten, scheiterten. Erst 1947 erreichte ein Brief sein Ziel. Darin schrieb sie: »Wenn Sie wüßten, wieviel Schmerzen mir Ihr Schweigen verursachte und verursacht. Sie fühlen sich einem fremden Kinde nahe, haben es liebgewonnen, machen sich Gedanken und Sorgen um dieses Kind. Doch wie konnten Sie, da Sie so verständnisvoll sind, nicht daran denken, was die leibliche Mutter durchmachen muß, die viele Jahre nichts von ihrer Tochter weiß, zumal in solch erschütternden Zeiten. ... Ich möchte, daß Sie mich wirklich verstehen und in mir keinen Feind sehen, der Ihr Glück stehlen will. Ich bin Ihnen so dankbar für Ihre Liebe zu dem Mädchen und der Sorge um sie. Ihnen Leid zuzufügen, wäre ein Verbrechen meinerseits. Vielleicht sind Sie der Meinung, daß ich mich besser nicht melden sollte, ganz auf meine Tochter verzichten sollte und den Namen einer Mutter. So hätte ich auch gehandelt, wenn auf meinem Gewissen irgendwelche verachtenswerte Handlungen liegen würden, die ein schlechtes Licht auch auf meine Tochter werfen würden. Soviel Mut würde ich aufbringen. Aber mein Gewissen erlaubt mir, offen in die wahrhaften Kinderaugen zu blikken.«[145] Schließlich sah Erna Kolbe ihre Tochter erst Mitte der 1950er Jahre wieder, 18 Jahre nach ihrer gewaltsamen Trennung.

Käte L. korrespondierte mehrere Jahre mit verschiedenen staatlichen Institutionen, bis sie ihre Tochter in einem staatlichen Kinderheim ausfindig machen konnte.[146] Nach Aufhebung der Kontaktsperre informierte die Administration die Mütter eines Lagers. Die Frauen wurden in eine besondere Baracke vor eine Kommission befohlen. »Dann hat man die Frauen einzeln aufgerufen«, erinnert sich Mia Spitz: »›Iwanowa, treten Sie vor. Ihr Sohn, XY, zehn Jahre alt, wurde dann und dann, dort und dort von einem Lastwagen überfahren. Da, unterschreiben Sie! Ihre Tochter, so und so, ist dann und dann an Scharlach erkrankt und gestorben; unterschreiben Sie!‹ Jetzt kann man sich vorstellen, in welcher Verfassung ich war, als ich wartete. Und dann wurde gerufen: ›Spitz, treten Sie vor. Ihr Sohn Walter, so und so alt, befindet sich im Kinderheim bei Odessa; ist gesund, lernt gut. Unterschreiben Sie!‹ So wurde ich benachrichtigt. Und dann nach einiger Zeit ist der Befehl gekommen, man darf den Kindern schreiben. Da habe ich den ersten Brief an Walter geschrieben.« Wochen später traf der Antwortbrief des Jungen ein: »Mama, weine nicht. Mir geht es hier gut im Kinderheim, man ernährt mich gut. Man kleidet und unterrichtet mich gut. Weine nicht. Aber, wenn Du ein bißchen getrocknetes Schwarzbrot hast, schicke es mir. Und wenn Du ein paar Rubel hast, schicke sie mir auch, denn hier ist noch ein Junge, und seine Mutter wohnt auch in einem Postfach. Der andere Junge, möchte auch seiner Mutter schreiben, hat aber kein Geld für eine Briefmarke. Aber sonst geht es mir gut.« Beigelegt war noch eine Mitteilung des Kinderheimdirektors an die Mutter, in der es sinngemäß hieß: »Ihr Junge hat in den letzten Monaten die und die Krankheiten durchgemacht. Er lernt fleißig in der Schule und ist ein guter Kamerad. Er ist sehr lustig, nur am Abend weint er noch immer nach Ihnen.«[147]

Besuche

Die zentralen Haftinstruktionen von 1939 und 1947 gestatteten offiziell Besuche von Angehörigen ersten Grades im Lager, vorausgesetzt, die Gefangene hielt die vorgesehene Disziplinarordnung ein und erfüllte das Arbeitssoll.[148] Für politische Häftlinge waren die Bestimmungen jahrelang nur bedingt gültig, denn je nach »Schwere des Delikts« erteilten nur die Moskauer Lagerhauptverwaltung bzw. die Verwaltung eines Lagerkomplexes die Besuchserlaubnis.[149] Dort entschied man sich fast immer gegen den Antragsteller. So wundert es nicht, daß lediglich drei der 91 hier zu Wort kommenden Frauen über die Begegnung mit Familienmitgliedern am Haftort berichten. Kurz nach Kriegsende erhielt Nora Pfeffer im Lager Baku am Kaspischen

Meer Besuch von ihrem Mann und ihrem Sohn. Der einstige Wohnort der Familie lag nur einige Hundert Kilometer entfernt. Unter den Inhaftierten erregte der fünfjährige Junge besonderes Aufsehen. Nicht wenige Frauen weinten oder wollten dem Kleinen etwas zustecken.[150] Helena Kutscherowa-Koch erhielt Ende der 1940er Jahre dreimal Besuch von ihrer als Militärärztin tätigen Mutter.[151] Solche Begegnungen waren oftmals mehr von Schmerz als von Wiedersehensfreude geprägt. Für die Gefangene war es die dramatische Erinnerung an frühere, meist glückliche Zeiten, aber auch die Gewißheit, die Vergangenheit nicht wiederherstellen zu können. Dem Besuchenden konnte hingegen kaum der körperliche und seelische Wandel der Inhaftierten entgehen. Und schon wenige Augenblicke nach dem Beginn der Begegnung folgten nicht selten Sprachlosigkeit und die Gedanken an den bevorstehenden Abschied.[152]

Von verweigerten Besuchen berichten zwei Frauen. So war der Tochter von Nina Hagen-Torn, die sich schon am Lagerort befand, die Begegnung mit der Mutter verwehrt worden. Ebenso erging es der Mutter von Eleonora Leibbrandt, die sich auf den Weg zu ihrer inhaftierten Tochter gemacht hatte. Entgegen dem erlassenen Besuchsverbot ermöglichten befreundete Häftlinge einige kurze, heimliche Begegnungen der beiden in der Krankenstation des Lagers.[153] Nicht nur die ohnedies zu erwartende Ablehnung des Besuches, den der jeweilige Häftling beantragen mußte, schränkte die reale Chance auf Begegnungen ein. Die meist wochenlange Reise in die entfernt liegenden Haftorte war für die Angehörigen einfach unerschwinglich. Hinzu kam die nicht nur während der Kriegszeit eingeschränkte Bewegungsfreiheit der Zivilbevölkerung.

Weltbilder und -anschauungen

Auch weltanschauliche Überzeugungen und Gedanken trugen zum Durchhaltewillen der Frauen bei. Häftlinge mit religiösen bzw. politischen Weltbildern treten in den Berichten am deutlichsten hervor.

Religion

Obwohl die sowjetische Regierung vor allem seit Ende der 1920er Jahre eine repressive antireligiöse Politik, einschließlich physischer Verfolgung, betrieb, war die Gläubigkeit keineswegs aus dem Bewußtsein der Menschen verbannt. Die einst mit dem Sowjetsystem sympathisierende Elinor Lipper stellte im Lager fest, »daß – abgesehen von der Schicht der ehemaligen Parteimitglieder und Jungkommunisten – sich die Mehrheit nicht von ihrem Glauben gelöst hatte, auch wenn sie kaum noch irgendwelche Kulthandlungen ausgeübt hatte«.[154] Häftlinge wie Agnessa Mironowa-Korol erinnerten sich in der Notsituation des Lagers an das gemeinsame Beten und den Kirchgang mit der Mutter und reaktivierten religiöses Gedankengut aus der Kindheit.[155] Nachts, wenn Ida Konrad vor Kälte oder Hunger nicht schlafen konnte, dachte sie an ihren Vater sowie seine frommen Lieder und Erzählungen. Mit ihrer im selben Lager inhaftierten Mutter rätselte sie des öfteren, warum Gott sie so gestraft hätte. Manchmal dachten sie aber auch, Gott habe sie um den Preis des Lagers vielleicht vor Krieg und Tod bewahrt.[156] Für Frauen wie Emilie B. war der Glaube im Überlebenskampf eine der wichtigsten Stützen. Abends, wenn langsam Ruhe in der Baracke einzog, fand sie sich mit anderen Frauen zum Gebet zusammen. Gemeinsam oder jeder für sich sprachen sie das Vaterunser oder andere, teils selbstverfaßte Gebete: »Lieber Gott, ich habe doch nichts getan, warum muß ich hier so leiden. Hilf mir doch!«[157] Helena Kutscherowa-Koch gelang es, ein kleines Büchlein mit dem Evangelium über ihre acht Jahre und alle Durchsuchungen zu bewahren. Viele, vor allem ältere Frauen, liehen sich die Schrift und schöpften aus ihr Kraft. »Jeder hatte sein eigenes Verhältnis zu Gott«, resümiert Helena. Sie selbst redete öffentlich nicht darüber, ihr Gebet hielt sie meist für sich ab. »Ich habe an Gott geglaubt, wie an einen Freund, der mich versteht und mir helfen wird. In besonders schwierigen Situationen rief ich Gott an und betete.«[158] Ein Teil der russisch-orthodoxen Frauen betrachtete ihren konsequenten Gottesglauben nicht nur als Kraft- oder Trostspender für das irdische Leben, sondern als Voraussetzung, um in den Genuß des himmlischen Lebens zu gelangen. »Ich folgte Christus«, erinnert sich Anna Kandalina, »und habe nicht darüber nachgedacht, was geschehen oder wie es mir ergehen wird. Man soll sich nicht über den nächsten Tag Gedanken machen. Über den wacht Gott. Sonst müßte man nur weinen.«[159] Wie andere Gefangene machte die Gläubige Handarbeiten und fertigte kleine Kreuze, die Wachsoldaten immer wieder konfiszierten. »Ich nahm mir vor, nur meinem Gott zu folgen«, erinnert sich Serafima Alikina, »damit er mich errettet. Ich dachte immer nur, hoffentlich beschützt er mich, rettet er meine Seele. Ich habe immer nur an das Reich Gottes gedacht. Ich wußte doch, daß nur die in sein Reich kommen werden, die alle Qualen, Leiden und Strafen überstehen.«[160] Aus dieser religiösen Überzeugung resultierte auch eine veränderte Einstellung zum Tod. Die zu 25 Jahren Haft verurteilte Anna Kandalina erwartete nicht, die Freiheit jemals zurückzuerlangen. Sie glaubte eher, eines Tages im Lager umgebracht zu werden. Wenn sie dabei ihrem Glauben treu blieb, stand vor ihr das ewige Leben. Selbst erneute Strafverfolgung durch die NKWD/MWD-Operativabteilung schreckte russisch-orthodoxe Frauen nicht. Die wegen Arbeitsverweigerung inhaftierte Uljana Ignatenko sagte dem zuständigen Untersuchungsführer: »Ich hoffe nicht auf das irdische, sondern auf das himmlische Leben. Ich bin der Meinung, ich werde so oder so in absehbarer Zeit sterben, und das wird mir ein Geschenk Gottes sein.«[161] Angesichts dieses hoffnungsvollen Gottvertrauens ist der Schluß Anna Kandalinas – Häftlinge ohne Glauben hätten es viel schwerer gehabt – durchaus naheliegend.

Eine Mischung aus religiösen und nationalen Gefühlen stärkte vor allem Frauen aus den von der Sowjetarmee besetzten Gebieten, insbesondere der Westukraine, der baltischen Republiken oder der Bukowina. Die Mehrheit dieser seit Anfang der 1940er Jahre Internierten verfügte gegenüber ihren Bewachern über ein klares Feindbild.[162] Die Unterscheidung von Freund und Gegner klärte nicht nur die Sicht auf die Lageradministration, sondern stärkte den Durchhaltewillen und den inneren Zusammenhalt dieser Frauen. Junge Litauerinnen bereiteten, trotz der Gefahr erneuter Verfolgung, ihren Nationalfeiertag vor. Sie sammelten Liedtexte in der Muttersprache und fertigten ein Emblem ihres Heimatlandes.[163] Die kurz vor ihrem 18. Geburtstag festgenommene Ukrainerin Ljuba Ukrainska betrachtete ihre Haft als bewußte Vernichtung ihrer Jugend, aber auch als Demütigung ihres Volkes. Unauffällig, aber um so enger schlossen sich nationale Häftlingsgruppen zusammen. »Diese Kraft beschützte uns vor all dem Übel«, erinnert sich Ljuba, »man versuchte zu widerstehen, und natürlich beteten wir. Die älteren Frauen sagten immer zu uns: ›Mädchen, betet, und Gott wird euch immer helfen.‹ Und tatsächlich haben wir in unserem Leben viele Beispiele für diese Gottesgnade erlebt. Und das half uns.«[164]

Politik

Den Durchhaltewillen anderer Frauen festigten politische Anschauungen und Überzeugungen. Am auffälligsten sind in den Erinnerungen ehemalige Kommunistinnen. Wohl nur eine geringe Zahl von ihnen betrachtete allerdings, Stalins Politik als terroristische Diktatur. Manche Kommunistin wie die Österreicherin Hilda Vitzthum kam im Zwiegespräch mit Vertrauten jedoch zu desillusionierenden Erkenntnissen. »Ich begriff jetzt mit aller Eindringlichkeit, daß nur das Gefühl der eigenen Würde hilft, die grenzenlose Erniedrigung zu ertragen, und daß nur das Wissen um die Wahrheit, die unabhängig von allem existiert, die Kraft zum Überleben gibt.«[165] Auch für politische Gegner des Sowjetsystems wie die Sozialistin Ekatarina Olizkaja spielten politische Visionen im Überlebenskampf eine bedeutende Rolle. »Wir verstanden uns als Vertreter des ethischen Sozialismus«, heißt es in ihren Erinnerungen, »wir wußten, eine Revolution würde nicht mit Samthandschuhen gemacht, aber der Aufbau der sozialistischen Gesellschaft dürfe nicht mit Mitteln der Gewalt, Knechtung und Unterdrückung geschehen.«[166] Im Jahr 1937 endete ihre fünfjährige Gefängnishaft, die sie in Susdal ableistete. Sie wurde jedoch nicht entlassen, sondern zunächst nach Jaroslawl und wenig später nach Kolyma deportiert. Unter den sie umgebenden politischen Häftlingen fühlte sich Ekatarina Olizkaja als Ausgestoßene. Im Gegensatz zu den meisten anderen wußte sie allerdings, weshalb und wofür sie inhaftiert war. »Rundherum waren Verbrecherinnen, Mütter, die den Gerichtsurteilen nach Terroristinnen waren, ihre Heimat verraten, Schädlingsarbeit geleistet oder Morde vorbereitet haben sollen. In der Tat: ich war eine nichtreuige Gegnerin unter unschuldig verurteilten, aber aktiv für das bestehende Sowjetregime kämpfenden Frauen. Sie litten unter den schrecklichen Verbrechen, deren man sie bezichtigte. Mir gegenüber hatten sie jedoch Berührungsängste, um sich nicht zu kompromittieren durch einen Kontakt zu einem tatsächlichen Volksfeind.«[167]

Denkansatz der meisten ehemaligen Mitglieder kommunistischer Parteien war eine nach wie vor ungebrochene Partei- und Systemgläubigkeit. Daran orientierten sich viele Kommunistinnen und stellten dieses »Überich« auch unter den Bedingungen des Lagers über das eigene »Ich«. Allerdings kam unter den hier berichtenden Frauen nur die ehemalige Parteifunktionärin Elena Sidorkina zu der fragwürdigen Behauptung, daß »nur starke und mannhafte Menschen, die an die Wahrheit unserer kommunistischen Partei glaubten, an körperliche Arbeit gewöhnt waren und den Mut nicht verloren« das Lager überleben konnten.[168]

In der ersten Zeit hielt viele Kommunistinnen die trügerische Hoffnung aufrecht, es sei einfach ein Irrtum, der sich aufklären würde, und sie könnten rehabilitiert in den Schoß der Partei zurückkehren.[169] Hin und her gerissen zwischen Verzweiflung, Wut und Zuversicht, schrieb Anna Etterer im Sommer 1938 aus einem Lager im Gebiet Archangelsk an ihren Mann: »Ich kann Dir sagen, daß mich nur das hochhält, daß ich stets als ehrlicher klassenbewußter Kommunist gehandelt habe, daß ich hier unschuldig sitze und sich noch einmal klären wird, daß ich ein Kind und einen Mann habe, dem ich verdanke, daß ich sieben Jahre treu und aufrecht unserer kommunistischen Partei gedient habe, (und der mich)[170] erzogen hat. Ich hoffe, daß Du mich während unserer siebenjährigen Ehe genug kennengelernt hast, daß ich stets meine Parteitreue auch Dir gegenüber bewiesen habe und Du auch heute noch meinen Worten Glauben schenkst. Ich werde auch diese Feuerprobe überstehen, denn ein wahrer Bolschewist steht auf jedem Platz seinen Mann.«[171] Nicht nur für Anna Etterer blieb anfangs das bekannte Parteiverständnis ungebrochen. Sie definierte sich als »ehrliche und klassenbewußte Kommunistin«, konnte dadurch moralische Kraft aus der eigenen Vergangenheit schöpfen und das Lager sogar als »Feuerprobe« verklären. Auch Erna Kolbe hoffte, nach einem Jahr aus dem Lager entlassen zu werden, und meinte, »das tut uns mal ganz gut, wenn man die Nase ins wirkliche Leben steckt«.[172] So unverständlich heute diese Reaktionen scheinen, waren sie doch für viele Kommunistinnen in den ersten Monaten des Lagers die einzige Chance, eine Bindung zu ihrer Vergangenheit aufrechtzuerhalten, daraus Kräfte sowie Hoffnungen auf baldige Freilassung zu schöpfen und damit zu versuchen, den unmenschlichen Lagerbedingungen zu trotzen. Freilich bewegten sich die Überlegungen immer wieder im Kreise, denn das Nachdenken blieb auch inkonsequent und rührte nicht an den gesellschaftspolitischen Hintergründen. Zehn Monate später, am 27. Juni 1939, schrieb Anna Etterer ihrem Mann: »Überhaupt darf ich nicht darüber nachdenken, daß ich hier in der Sowjetunion unschuldig sitze, und schon bald eineinhalb Jahre. Wozu habe ich sieben Jahre für unsere proletarische Partei gearbeitet und im faschistischen Gefängnis gesessen, und jetzt soll ich ein Volksfeind sein. Weißt Du, Franz, das tut mir so weh, daß mir das Herz zerspringen möchte. Nur zwei Faktoren halten mich hoch, der eine, daß sich unbedingt meine Unschuld beweisen wird, denn ich habe bis heute noch nicht das Vertrauen zur Sowjetgerichtsbarkeit verloren. Der andere, daß Du und das Kind noch in meiner Nähe sind.«[173] Die Grübeleien über das nach wie vor unerklärliche Geschehen blieben meist ergebnislos und wurden von Tag zu Tag von der aufzehrenden Zwangsarbeit verdrängt. Existentielle Fragen des Lageralltags gewinnen die Oberhand. Am 7. September 1939 teilte Anna Etterer ihrem Mann mit: »Wenn ich solche Gedanken (Selbstmordgedanken)[174] hege, dann verzeihe mir, aber ich werde niemals davon abkommen, wenn ich noch länger hierbleiben sollte. Du wirst das nicht begreifen können, denn Du weißt nicht und hast keine Ahnung, was ich schon alles durchleben mußte. Ich stehe auf dem Standpunkt, wenn ich einmal herauskomme, bin ich ein gesundheitlicher Krüppel, der Dir und dem Kind nichts mehr nützen kann. Lebe Du einmal eineinhalb Jahre bei dieser Kost, bei dieser schweren Arbeit, dann siehst Du selbst das Resultat, und dann, was von Wichtigkeit ist, mit einer solchen seelischen Beleidigung und Kränkung.« Und knapp zwei Wochen später heißt es: »Ich bin jetzt schon gleichgültig geworden. Komme es, wie es will, entweder baldige Freiheit oder Untergang, seelisch wie gesundheitlich.«[175]

Erklärungsversuche

Obgleich das nackte Leben, das tägliche Stück Brot, stets im Vordergrund stand, suchten politische Gefangene immer wieder nach Erklärungen und Ursachen ihrer Inhaftierung.[176] Nina Hagen-Torn zufolge trug die Hauptmasse der Frauen ihr Schicksal und Leid wie »ein unabänderliches Unglück, ohne zu versuchen, die Gründe zu verstehen«. Die einstige Gefangene meint jedoch, daß es Häftlinge, die für sich irgendeine Erklärung fanden und daran glaubten, leichter hatten.[177] Ob tatsächlich die Mehrheit der Häftlinge ihr Los lediglich als »unabänderliches Unglück« betrachtete, dürfte fraglich sein. Zum einen bedeutete die tatsächlich verbreitete Verschwiegenheit nicht unbedingt, daß doch viele Häftlinge für sich allein nach Erklärungen suchten. Zum anderen finden sich in den Überlieferungen immer wieder Deutungsversuche, die teils krasse Unterschiede zwischen den politischen Häftlingen verdeutlichen. Frauen wie Luise Hörmann, die schon als Heranwachsende mit staatlichen Repressionen gegen Familienangehörige konfrontiert waren, betrachteten ihre Verfolgung sehr realistisch. »Das war ein Verbrechen von Partei und Regierung. Das waren die eigentlichen Volksfeinde – das wußten wir damals schon«, bekräftigt die Rußlanddeutsche.[177a] Auch Ljuba Ukrainska, die 1949 wegen vermeintlicher nationalistischer Aktivität verhaftet wurde, betrachtete ihre Verfolgung sehr klar. »Jeder wußte, jeder war davon überzeugt, daß das absichtlich gemacht wurde, um die Ukrainer zu vernichten.«[178] Ähnliche Gedanken und Erklärungen dürften viele Häftlinge bewegt haben, die aus von der UdSSR annektierten Gebieten stammten. Auch religiöse Häftlinge, die aus ihrer Gegnerschaft kein Hehl machten, waren sich ihrer Inhaftierungsgründe durchaus bewußt. Beispielhaft stehen dafür Äußerungen einiger russisch-orthodoxer Frauen vor einem Lagergericht des Karlag am 26. Juni 1941. Agrafena Kiselewa: »Ich bin gegen die Sowjetmacht, aber für den Zaren.« Natalja Silujanowa: »Jeder hat seinen eigenen Kopf zum Nachdenken. Ich bin bereit, für die ganze Welt zu leiden, weil der Herr für uns gelitten hat.« Ewdokija Nasina: »Ich wurde allein für den Herrn festgenommen.« Matrona Nawolokina: »Die Sowjetmacht ist gottlos und von niemandem gegeben.« Warwara Derewjagina: »Die Sowjetmacht erkenne ich nicht an.«[179] Das NKWD-Gericht verurteilte die Frauen zum Tode und ließ sie erschießen. Am 14. April 1993 rehabilitierte der Gebietsstaatsanwalt von Karaganda die Hingerichteten.

Die Sozialistin Susanne Leonhard gehörte zu jenen Häftlingen, die während ihrer Lagerzeit des öfteren enge Freunde fand, mit denen sie auch politische Überlegungen austauschen konnte. In ihren bereits Ende der 1940er Jahre niedergeschriebenen Erinnerungen kommt sie zu einer unmißverständlichen Deutung der Massenverhaftungen: »Erstens Ausschaltung jedes politischen und weltanschaulichen Gegners, das heißt jedes Menschen, der in Gedanken an einer Regierungsmaßnahme Kritik übte und von dem zu befürchten gewesen wäre, daß er eventuell unter gewissen Umständen sich mit anderen Gleichgesinnten zu einer oppositionellen Gruppe zusammenschließen könnte. Zweitens sollten diese rigorosen Maßnahmen als Mittel zur Abschreckung dienen und die Bevölkerung zum bedingungslosen Kadavergehorsam erziehen. Drittens aber brauchte man Arbeitssklaven und holte sie sich, wo und wie man konnte.«[180]

Nur mit wenigen, wirklich guten Leidenskameradinnen konnten offene Worte gewechselt und klärende Gedanken ausgetauscht werden. Meist blieben die Frauen mit ihren Erklärungsnöten allein und suchten nach einer Antwort. Frieda Mayer-Melikowa sah sich zunächst als Einzelschicksal. Im August 1936 verhaftet, wußte sie sich anfangs kein Bild zu machen. Sie meint, sie wäre damals ganz naiv gewesen. Ihre Hafterfahrungen belehrten sie jedoch bald eines Besseren. »Ich habe gesehen, daß aus allen Schichten Menschen verhaftet werden. Das habe ich in der Untersuchungshaft noch nicht so gesehen, denn da macht man ja seine ersten Schritte. Aber dann, als ich ins Lager gekommen bin, sah ich, wie viele und daß die verschiedensten Menschen inhaftiert waren.« Nicht zuletzt dachte die Gefangene an die Demütigungen und Benachteiligungen zurück, die sie als Tochter eines deutschen Pastors in den 1920er und 30er Jahren zu erdulden hatte. »Elemente, die nicht paßten«, eben auch religiöse, wurden »abgesondert aus der Gesellschaft«, erklärte sie sich und machte das ganze politische System, die Kommunistische Partei, dafür verantwortlich.[181] Unverbindlicher fielen Deutungen anderer Frauen aus. Anna Bucharina spricht von einer »Tragödie des ganzen sowjetischen Landes«, Walentina Iewlewa von einer »Verschwörung gegen das Volk«.[182] Alice S. fühlte sich einer eher anonymen, nicht definierbaren Macht ausgeliefert. Und für Hilda Schlegel indes war schon im Lager klar, daß Stalin für die Verfolgungen verantwortlich war. Unklar blieb ihr jedoch, welches Ziel der Diktator mit den Massenverhaftungen verfolgte.[183]

Über Deutungen von Häftlingen, die Mitglieder der Kommunistischen Partei waren bzw. dem Sowjetsystem nahestanden und vornehmlich 1936 bis 1938 verhaftet wurden, ist in den überlieferten Erinnerungen mehrfach die Rede. Diese Frauen befanden sich in besonderer Erklärungsnot, fielen sie doch ihrer eigenen Partei zum Opfer. Das Unerklärliche der eigenen Inhaftierung und massenhafter anderer Fälle konnte unter den kommunistischen Häftlingen nur selten aufgelöst werden. »Wir haben uns erklärt«, so die deutsche Exilantin Adele Schiffmann, »daß wir uns das nicht erklären können. Wir waren doch so eifrige Kommunisten, und mit einem Male wurden wir als Verbrecher dargestellt. Das konnten wir uns nicht erklären. Warum? Aus welchem Grunde? Wer konnte denn Schuld haben?«[184] Den Berichten nach hielt die Mehrheit der inhaftierten Kommunistinnen an ihrer Weltanschauung und ihren parteipolitischen Prinzipien fest. Um das Weltbild und das damit verknüpfte politische Selbstverständnis nicht in Mitleidenschaft zu ziehen, trugen Deutungen vieler ehemaliger Parteimitglieder bewußt oder unbewußt verklärenden Charakter. Die deutsche Kommunistin Martha Globig suchte nach der Verhaftung 1937 die Schuld bei sich. Bis in den »letzten Seelenzipfel« prüfte sie sich, denn es konnte doch nicht sein, daß die Partei und ihre Sicherheitsorgane einen Fehler begangen hatten. Ende der 1930er Jahre gab sie die Hoffnung auf, vor Ableistung ihrer zehnjährigen Strafe entlassen zu werden. In dieser Situation gab es für sie nur eine Devise: Als Kommunistin mußte man auch im Lager sein Bestes geben.[185] Mimi Brichmann stellte ihre persönliche Integrität dagegen nicht in Frage. Mehr noch, sie sah sich in ihren politischen Hoffnungen und Erwartungen getäuscht. Allerdings blieb ihr Grübeln inkonsequent und ihre Erklärung im parteipolitischen Ghetto. Sie versuchte sich einzureden, die Verhaftungen könnten »Vorsichtsmaßnahmen« der sowjetischen Regierung vor einer »faschistischen Unterwanderung« sein. »Ich habe meine Begründung selber nicht recht eingesehen«, erinnert sie sich, »aber damit versuchte ich mich zu beruhigen und mir irgendwie einen Rückhalt zu geben.«[186] Ähnliche, teils konfuse gedankliche Konstruktionen finden sich bei anderen Kommunistinnen. »Ich hatte mir eine Theorie zurechtgemacht«, erklärt Erna Kolbe: »Die Sowjetunion existiert als einziges sozialistisches Land und ist von kapitalistischen Ländern eingekreist. Durch den Krieg und den Überfall des faschistischen Deutschland hat sich das ja auch bestätigt. Die meisten Politischen waren sowjettreue Leute, obwohl wir von den Sowjets eingesperrt wurden. Aber wir haben nicht den Sowjets die Schuld gegeben, sondern in großem Maße dem Krieg und was damit zusammenhing.«[187] Vielleicht lag eine »Entartung der oberen Parteikader« vor, fragte sich

Christina Kjossewa und dachte, die Partei habe beschlossen, die Funktionäre »in den Lagern wieder an ehrliche Arbeit zu gewöhnen«. Später vermutete sie, »daß in der breiten Masse der Sowjetunion aufgrund der faschistischen Einkreisung des Landes eine Art ›Vorkriegspsychose‹ bestanden habe und daß die Partei dieser Psychose nicht Herr werden konnte«.[188] Am verbreitetsten unter inhaftierten Parteimitgliedern war jedoch eine Verschwörungstheorie. »Fast alle waren überzeugt«, erinnert sich Galina Lewinson, daß für die Verhaftungen nicht ein Beschluß des ZK oder Politbüros verantwortlich war, sondern eine »Verschwörung innerhalb der Partei oder eine der Partei unbekannte faschistische Verschwörung«.[189]

»Die Untersuchungsführer waren Parteimitglieder und nannten sich Kommunisten«, schreibt Elena Sidorkina in ihren Erinnerungen, »und doch mißhandelten sie echte, treue Menschen, die ihr Leben für die Festigung der Sowjetmacht opferten und die ersten Organisatoren der Partei und des Komsomol waren.«[190] Zu einer ähnlichen Verklärung kam Walentina Pikina, die von 1936 bis 1938 Sekretärin des ZK des Komsomol und Abgeordnete des Obersten Sowjets war. »Ich verstand«, sagte sie in einem 1989 geführten Interview, »daß sich die tatsächlichen Feinde des Volkes in die Organe des NKWD eingeschlichen haben und eine schonungslose Vernichtung der ehrlichen Sowjetmenschen durchführten. Mein Gewissen gab mir keine Ruhe. Schweigen durfte man nicht.« Die Kommunistin verfaßte einen für Stalin bestimmten Bericht, dem sie selbst den Status »streng geheim« gab und den sie im Mai 1941 bei einem Besuch ihrer Mutter aus dem Lager schmuggeln konnte. Darin bezog sich die Gefangene auf die Verhaftungswelle 1936/38, der sie selbst zum Opfer fiel. Die während der Untersuchungshaft Gefolterte schrieb: »Während der Umsetzung der bolschewistischen Losung ›Kampf den Feinden des Volkes‹ wurden mit Hilfe der NKWD-Organe und ihrer Sondergerichte zum größten Teil feindliche Nester vernichtet. Es wurden jedoch auch Fehler begangen, und viele ehrliche, der Partei und Heimat ergebene Menschen verhaftet.« An anderer Stelle des Berichtes heißt es: »Ich verstehe sehr gut, daß bei großen historischen Umwälzungen einzelne Überspitzungen möglich sind. ... Ich vergesse keinen Augenblick, daß der Klassenkampf in der Periode der Errichtung der kommunistischen Gesellschaft nicht nachläßt, sondern im Gegenteil sich zuspitzt. Ich vergesse keinesfalls die Anstrengungen für den Zweiten Fünfjahrplan und daß sich jeder ehrliche Bürger durch die kapitalistische Umkreisung veranlaßt sah, seine bolschewistische Wachsamkeit zu verschärfen.« Mit dieser Sicht legitimierte die inhaftierte Kommunistin ausdrücklich die physische Verfolgung und auch Vernichtung von vermeintlichen Feinden der Sowjet- und Parteiherrschaft. Die aufgetretenen Fehler, die nach ihrer Denkart nur bei der »Partei und Heimat ergebenen Menschen« vorkamen, erklärte auch sie mit einer Verschwörung. »Die Feinde des Volkes, die sich in die Organe des NKWD eingeschlichen hatten, verfolgten das Ziel, bolschewistische Kader zu vernichten und künstlich Unzufriedenheit mit der Sowjetmacht hervorzurufen.«[191] Die Gefangene bat Stalin, persönlich einzugreifen. Walentina Pikina vertraute nicht einmal mehr ihrer Partei, sondern allein dem Führer. Verbreitet war die Meinung, Stalin sei von Feinden umgeben und wisse von nichts.[192] Wenn er die Wahrheit erfahren würde, kämen »treue und ehrliche« Parteikader wieder frei.[193]

Bereits im März 1939 legte der XVIII. Parteitag der KPdSU die Grundlagen dieses Verklärungskonstruktes, auf das Kommunisten immer wieder zurückgriffen. Man behauptete einfach, »in die Partei eingedrungene karrieristische Elemente« und »getarnte Feinde« seien für die Repressionsmaßnahmen gegenüber »ehrlichen Parteimitgliedern« verantwortlich.[194] Auf ihre Freilassung hofften nicht nur kommunistische Häftlinge nach diesen Parteitag allerdings vergebens.

Der Engländerin Flora Leipman, die mit kritischen Überlegungen die Erklärungen ihrer kommunistischen Mitgefangenen hinterfragte, antwortete man: »Du bist zu jung, um das zu verstehen. Und außerdem kennst du die russische Geschichte nicht.«[195] Ähnliche Erfahrungen machten andere inhaftierte Frauen mit Kommunistinnen. Die wenigsten Parteimitglieder konnten oder wollten die Vorgänge innerhalb der UdSSR durchschauen und die dafür Verantwortlichen benennen.[196] Eine offene politische Kommunikation gab es schon in der Freiheit kaum und im Lager erst recht nicht. Das Grübeln war einsam, und je tiefer die einzelne Gefangene nachdachte, um so beklemmender wurde es. So lebten wohl die meisten Kommunistinnen lieber mit ihren Illusionen als mit einer schmerzhaften Erkenntnis. Ethisch zweifelhaft war unter den Lagerbedingungen nicht das Festhalten an verinnerlichten politischen Dogmen. Fragwürdig handelten jedoch jene Kommunistinnen, die willfährig der Lageradministration einschließlich dem NKWD-Bevollmächtigten ihre Dienste anboten. Und herabwürdigend gegenüber Mitgefangenen dachten jene Parteimitglieder, die allein von der eigenen Unschuld und der Schuld aller anderen Inhaftierten überzeugt waren.[197]

Die Unerklärbarkeit des Geschehens blieb bei vielen politischen Häftlingen vorherrschend und trug dazu bei, gezielte Solidarisierung und Opposition zu blockieren. Die Bewältigung der existentiellen Zwänge des Lageralltags und die fortschreitende physische und psychische Erschöpfung behinderten schon nach wenigen Monaten die Erörterung der gesellschaftspolitischen Hintergründe der Haft. Unter diesen Umständen war es vor allem für Kommunistinnen nur schwer möglich, angemessene Gründe für die Vorgänge zu ermitteln. Allerdings erschien konsequentes Nachfragen als eher unbequem oder gar bedrohlich. Vor allem angesichts der ausweglosen Haftsituation und der langen Haftstrafen hielten viele Häftlinge das weitere Grübeln für müßig und unnütz. Das Fazit der Parteilosen Eva B.: »Wir hatten im Winter nasse Füße. Dann mußten die Fußlappen aus unseren Überschuhen getrocknet werden. Und das war eine Lebensfrage, ob man die Fußlappen trocknen konnte oder am nächsten Tag irgendwelche nassen Lumpen nehmen mußte. Darüber vergaß man den Kommunismus und alles. So war die Lage, daß man wirklich nicht viel nachdachte oder direkt theoretische Gespräche begann.«[198]

13. Entlassung

Von der Zukunft erwartete Klara D. nichts Gutes: »Ich glaubte anfangs auch nicht, als ein Wachsoldat kam und sagte, ich soll mich anziehen, nach Prostornoje fahren, dort würde ich entlassen werden. Ich glaubte das nicht. Ich dachte, du liebe Zeit, was wird das für eine Freiheit werden? Für die Freiheit muß man Geld haben, und Geld gab's nicht. Ich hatte einfach keine Kraft mehr.«[1]

Erwartungen

Die Zukunft schien vielen Häftlingen gleich Klara D. verschlossen, zumindest völlig unsicher. Es war schwer, sich das künftige Dasein vorzustellen. Vielen wurde schmerzlich bewußt, daß es keine Rückkehr zu ihrem einstigen Leben geben würde. Nora Pfeffer meint gar: »Es war leichter, sich ein Leben nach dem Tode als ein Leben nach dem Lager vorzustellen.«[2] Nicht wenige Frauen vermieden überhaupt, an die Zeit nach der Haft zu denken. Bei Ljuba Ukrainska heißt es: »Man hatte Angst, an die Zukunft zu denken.«[3] Zurückhaltend, teils skeptisch waren auch die Gedanken, die um die bevorstehende Entlassung aus dem Lager kreisten. Nina Hagen-Torn hat sich ihren Erinnerungen nach nicht besonders auf die Freilassung gefreut. Sie schmerzte besonders die bevorstehende Trennung von guten Freundinnen.[4] Auch Helene Golnipa schreibt, der sich nähernde Tag ihrer Entlassung sei ihr gleichgültig gewesen, eine Anknüpfung an die Vergangenheit schien ihr ausgeschlossen. »Ich war allein, hatte alles verloren, was zu meinem früheren Leben gehörte, und wußte, daß man mich nach Moskau nicht zurücklassen werde.«[5] Viele Frauen fragten sich immer wieder: Wohin soll ich gehen? Was mache ich dort? Wovon lebe ich? Wer würde einer wegen konterrevolutionärer Verbrechen bestraften Gefangenen eine Bleibe oder eine Anstellung geben? »Es war grotesk«, erinnert sich Susanne

Leonhard, »da hatte man nun jahrelang den Tag der Entlassung aus dem Lager herbeigewünscht und jetzt, da er in greifbare Nähe gerückt war, bekam man eine maßlose Angst davor.«[6] Beklommen dachte manche Frau an ihre jahrelange Haftzeit und haderte wie Frieda Mayer-Melikowa mit der Zukunft. »Ich hatte Angst, ins Leben hinauszutreten«, erinnert sie sich: »Ich war 16 Jahre immer unter Bewachung, habe keinen Schritt ohne Bewachung gemacht, und jetzt soll ich wieder ins Leben hinaus. Ja, wie soll ich leben? Ich hatte einfach Angst.«[7] Auch Olga Adamowa-Sliosberg fürchtete sich in den letzten Haftwochen, über die Freiheit nachzudenken. Aber in ihr reiften auch hoffnungsvolle Gedanken: »Ich träumte davon, daß ich nach der Arbeit in mein ›eigenes‹ Zimmer komme, die Tür abschließen (unbedingt die Tür abschließen), mich aufs Bett legen und bei echtem elektrischem Licht ein Buch aus der Bibliothek lesen werde. Ich träumte davon, daß ich mich satt essen, daß ich nicht im schrecklichen Frost von Kolyma zur Arbeit in den Wald gehen werde, sondern mich irgendwo in einem warmen Büro einrichte. Ich träumte, daß keine Kontrollen mehr stattfinden werden, daß ich keine Mütterflüche hören und nicht mehr mit Prostituierten und Diebinnen zusammenleben muß. Ich träumte davon, daß ich an Sommersonntagen den ganzen Tag spazierengehe und dem Weg so lange folge, wie ich will. Und niemand verbietet es oder brüllt: ›Ein Schritt nach rechts, ein Schritt nach links, und ich werde schießen!‹«[8]

Zwiespältig schildern Frauen auch den eigentlichen Entlassungstag. Sinaida Gribina-Kawerina entsinnt sich ihrer Freudentränen, aber auch künftiger Sorgen.[9] »Das war eine wahnsinnige Aufregung«, erinnert sich Frieda Siebenaicher an ihre Freilassung im Herbst 1946. »Der Moment, wo sie dir sagten, du wärst entlassen. ›Morgen steht draußen ein Lastwagen und bringt dich nach Akmolinsk und dann fährst du weiter nach Karaganda.‹ Ich kann gar nicht sagen, wie ich auf den Wagen gekommen bin. Ich weiß es nicht mehr. So eine Aufregung war das. Wir haben am ganzen Körper gezittert.«[10] Auf demselben Lastwagen saß auch Mimi Brichmann. Während der Fahrt schaute sie, so lange es ging, auf das Lager zurück. »Da standen mir die Tränen in den Augen. Ich dachte, hier hast du über acht Jahre gelebt, überall steckt ein Stück deiner Arbeit drin. Es konnte nicht mal richtige Freude aufkommen. Man war zu lange dort gewesen. Es war ein zu wichtiger Teil meines Lebens, von meinem 27. bis zum 36. Lebensjahr, dort abgelaufen.«[11]

Verlauf

Vor der Entlassung hatten die Gefangenen mehrere Stationen zu durchlaufen. Nach der Desinfektion nahm man in der Registratur- und Verteilungsstelle die Abrechnung der geleisteten Zwangsarbeit vor und zahlte ein nur als Verhöhnung zu bezeichnendes Entgelt aus. Klara D. erhielt für acht Jahre 140 Rubel, der Wert von einigen Broten.[12] Die 63 Rubel, die für Antonie Satzger bestimmt waren, unterschlug einfach das Wachkommando.[13] Alle vom Lager erhaltenen Gegenstände und Sachen mußten zurückgegeben werden. Wer über die Jahre nichts geschickt bekam oder verdienen konnte, hatte am Ende der langjährigen Lagerzeit, wie Klara D., keinerlei eigene Bekleidung. Man gestattete ihr, aus dem Versorgungsmagazin Schuhe zu beziehen. Dort fand die Entlassungskandidatin allerdings nur Männerschuhe in unpassenden Größen. Eine Mitgefangene schenkte Klara D. noch ein getragenes Kleid, damit sie überhaupt das Lager verlassen konnte.[14] Allerdings verließen nicht alle Häftlinge den Haftort mit leeren Händen. Jewgenia Ginsburg verfügte über einen Koffer, ein Bündel und 430 private Rubel, als sie das Lager 1947 verließ. Und Susanne Leonhard benötigte einen Träger für ihre drei Gepäckstücke.[15] Nora Pfeffer hingegen überließ außer einer Wattejacke ihre gesamte Habe den zurückbleibenden Mithäftlingen.[16]

Bevor die Gefangenen das Lager verließen, kontrollierten Angehörige des Wachpersonals ihr Gepäck und konfiszierten alle »unrechtmäßig angeeigneten Gegenstände und illegale Korrespondenz«.[17] Zuvor vergatterte man die Gefangenen, über die Zeit im Lager Stillschweigen zu bewahren.[18] Susanne Leonhard mußte eine Erklärung unterschreiben, die ihr bei Androhung einer hohen Freiheitsstrafe untersagte, über das Lager sowie dessen Haft- oder Arbeitsregime, Häftlinge, Personal oder geographische Lage zu sprechen. Außerdem mußte sie erklären, sich durch die Verurteilung nicht benachteiligt gefühlt zu haben, auf jegliche Schadenersatzansprüche zu verzichten und sich während der Haftzeit »über nichts zu beklagen hatte«.[19] Gewöhnlich erfolgte die Entlassung aus den Haupt- oder den Verteilungslagern, über die die Häftlinge einst kamen; in ihren Händen eine karge Marschverpflegung, eine Fahrkarte und der Entlassungsschein. Das vorgedruckte Formular war das einzige, die Entlassenen legitimierende Dokument. Streng orthodoxe Gefangene verweigerten unter Inkaufnahme erneuter Bestrafung gelegentlich seine Annahme.[20] Die Bescheinigung enthielt neben einem Foto oder einem Fingerabdruck Angaben über die abgeleistete Haftstrafe und den künftigen Aufenthaltsort und brandmarkte die Frauen gegenüber jedem Kontrolleur als entlassene politische Sträflinge.[21] So hieß es in der Entlassungsbescheinigung Jewgenia Ginsburgs: »Der Bürgerin Ginsburg Jewgenia Solomonowna, geboren 1904 in Moskau, Staatsangehörigkeit UdSSR, Nationalität Jüdin, verurteilt im Verfahren des Militärkollegiums des Obersten Gerichtes der UdSSR am 01. August 1937 aufgrund der § 58.8 und 58.11[22] des Strafgesetzbuches der RSFSR zu zehn Jahren Freiheitsentzug und fünf Jahren Entzug der staatsbürgerlichen Rechte, bisher ohne Vorstrafen, wird hiermit bescheinigt, daß sie ihre Haftfrist in den Strafanstalten des Innenministeriums bis zum Tag ihrer Entlassung am 16. Februar 1947 verbüßte. Sie befindet sich auf dem Weg in den ausgewählten Wohnort, wo sie sich fünf Jahre ohne staatsbürgerliche Rechte aufzuhalten hat.«[23] Trotz des diskriminierenden Inhalts faltete Jewgenia Ginsburg die Bescheinigung andächtig zweimal und steckte sie nach einigem Überlegen behutsam und vorsichtig in ihren Büstenhalter.[24]

Amnestien für politische Häftlinge gab es bis Stalins Tod, 1953, faktisch keine. 1941 sind auf der Grundlage eines polnisch-sowjetischen Abkommens aus Polen stammende Häftlinge, unter ihnen Camilla Leliwa, aus der Haft entlassen worden.[25] Ein Teil trat in die gegen die deutschen Truppen kämpfende polnische Armee unter General Anders ein. Anderen Polinnen, wie Marta Rudzka, gelang es, die UdSSR zu verlassen.[26] Mehrere Hundert deutsche und österreichische Antifaschisten, darunter Juden und Jüdinnen, lieferte die sowjetische Regierung Ende der 1930er, Anfang der 1940er Jahre an Nazideutschland aus, von denen nicht wenige, wie Margarete Buber-Neumann, sofort ins Konzentrationlager kamen.[27]

Amnestien nach 1945 bezogen sich lediglich auf Kriminelle und mit weniger als drei Jahren bestrafte Gefangene, die es unter Politischen äußerst selten gab.[28] Die vorzeitige Entlassung von Schwangeren und Müttern in den Nachkriegsjahren, die ebenfalls keine Politischen betraf, ist schon an anderer Stelle erwähnt worden. Von den hier zu Wort Kommenden sind vor Ausbruch des Krieges nur einige wenige Frauen entlassen worden. Hilda Schreiner und Nadeschda Joffe kamen nach

Ableistung ihrer regulären Haftfrist im April 1940 bzw. 1941 frei, wobei die letztgenannte als Zwangsangesiedelte auf Kolyma verbleiben mußte.[29] Vorzeitige Entlassungen aus dem Gulag waren äußerst selten. Alexandra Afanasewja, 1938 als Familienmitglied zu acht Jahren verurteilt, entließ man 1940 aus dem Lager und wandelte die Strafe in fünf Jahre Verbannung um.[30] Die deutsche Exilantin Anna Etterer, deren Mann sich in energischen Eingaben an verschiedene Sowjetführer wandte, ist nach zweijähriger Haft im März 1940 entlassen worden. Hintergrund dieser und anderer Entlassungen war nicht zuletzt die Ablösung und spätere Liquidierung des Volkskommissars des Innern Jeschow, und seine Ersetzung durch Berija. Alexander Solschenizyn zufolge betrug der Umfang der vorzeitigen Entlassungen in den Jahren 1939 und 1949 ein bis zwei Prozent der Verhafteten. Größer war die propagandistische Wirkung: »Klein, aber geschickt genutzt war der Strom: für einen kassierten Rubel kam eine Kopeke Wechselgeld zurück, notwendig um alles auf den schmutzigen Jeschow abzuschieben, um den in sein Amt eintretenden Berija zu stützen und des Einzigen Glorie noch stärker erstrahlen zu lassen. Mit dieser Kopeke wurde der verbleibende Rubel bis zum Rand in die Erde getrieben. Denn wenn nun ›eruiert und freigelassen‹ wurde (selbst die Zeitungen meldeten furchtlos *einzelne* Verleumdungen), dann hieß das soviel, daß die übrigen Verhafteten ganz sicher Schufte waren! Die Rückkehrenden aber schwiegen. Sie hatten unterschrieben. Sie waren stumm vor Angst.«[31] Nach offiziellen Angaben der Moskauer Lagerhauptverwaltung vom 1. Oktober 1939 ließ man von 1303906 Häftlingen lediglich 9900 vorzeitig frei, davon: 6383 wegen Einstellung des Verfahrens, 2473 wegen Revision des Urteils, 1004 im Rahmen von Amnestien und 290 nach Verbüßung der halben Frist. Summa summarum 0,77% aller Inhaftierten.[32]

Nach dem Überfall Deutschlands auf die UdSSR im Juni 1941 gab es nur Entlassungen von solchen politischen Häftlingen, die für die sowjetische Kriegsführung von Bedeutung waren, vor allem inhaftierte Militärs. Darunter waren jedoch kaum weibliche Gefangene. Der Weg der meisten im Krieg entlassenen Frauen führte jedoch nicht in die Freiheit, sondern geradewegs in die Verbannung. So entließ man die 1937 zu zehn Jahren verurteilte Sinaida Gribena-Kawerina zwar im Dezember 1944 vorzeitig, allerdings statt in ihre Heimatstadt im Moskauer Gebiet nach Kasachstan.[33] Fristgerecht konnte Olga Adamowa-Sliosberg am 27. April 1944 das Lager verlassen, jedoch nicht in die Freiheit, sondern zur Zwangsansiedlung auf Kolyma.[34]

Aufgrund »besonderer Verordnungen«, wie es lapidar hieß, mußte die übergroße Mehrheit der Gefangenen über Jahre länger in Haft bleiben. Aus fünf wurden nicht selten acht oder noch mehr Jahre hinter Stacheldraht. Bei Häftlingen wie der 1937 zu fünf Jahren verurteilten Mira Fainjut verdoppelte sich gar die verhängte Strafe. Um dem Vorgang einen rechtmäßigen Anstrich zu verleihen, ließ die Lageradministration die Verlängerung der Haftzeit in unbekannter Länge durch die Gefangenen quittieren.[35] Aber auch nach dem Sieg über Deutschland im Mai 1945 dachte die Moskauer Führung nicht daran, die überfälligen politischen Häftlinge zügig zu entlassen. »Hin- und hergerissen zwischen Hoffnung und Furcht, Zuversicht und Verzweiflung vegetierten« viele Überfällige dahin. »Ich kann zwar von mir sagen«, erinnert sich Susanne Leonhard, »daß ich sowohl im Gefängnis als auch in den langen Lagerjahren bis zum Mai 1945 den Kopf oben behalten hatte, aber die Monate nach Beendigung des Krieges schienen mir den Rest geben zu wollen. Nächtelang wälzte ich mich schlaflos auf meinem harten Lager.«[36] Die Überlebenden der Terrorjahre 1936 bis 1938 durften erst ab 1946/47 die Lager verlassen. Die Entlassungen vollzogen sich jedoch schleppend und undurchsichtig. »Warum die einen auf die Entlassungslisten kamen«, so Jewgenia Ginsburg, »und für die anderen – die Mehrzahl – angeordnet wurde, ›bis zur weiteren Verfügung‹ im Lager zu bleiben, womit ihnen jeder noch so trügerische Trost genommen war, wie etwa das Zählen der Monate und Wochen bis zum Ende der vom Gericht verhängten Strafe – das war ein Rätsel, das der schlichte menschliche Verstand nicht zu ergründen vermochte.« In dieser Situation hätte leicht eine feindselige Stimmung gegenüber den Frauen entstehen können, die entlassen wurden. Doch Jewgenia Ginsburg bezeugt mit Nachdruck: »*Niemand empfand Neid gegenüber den Entlassenen*!«[37]

Die während der Kriegsjahre oder danach Inhaftierten entließ man gewöhnlich nach Ablauf des verhängten Strafmaßes. Mit dem Tag nahm es die Lageradministration nicht immer genau, wie Frieda Mayer-Melikowa schildert: »Morgen soll ich frei werden. Ich werde aufgerufen, und mir wird mitgeteilt, daß ich entlassen werde. Der morgige Tag kommt, und ich werde nicht aufgerufen. Was soll ich denken? Also komme ich nicht frei! Der morgige Abend kommt, und niemand ruft mich. Ich verbringe eine schlaflose Nacht. Und am nächsten Morgen, da rufen sie: ›Mayer, wir haben dich vergessen.‹ Ein Mensch, der 16 Jahre darauf wartet, daß er entlassen wird, den hat man einfach vergessen.«[38]

Zu vorfristigen Entlassungen kam es erst nach Stalins Tod 1953 und der politischen Neuorientierung der sowjetischen Führung unter Chruschtschow. Das betraf vor allem Frauen, die in den Nachkriegsjahren als »Vaterlandsverräterinnen« zu hohen, teils 25jährigen Haftstrafen verurteilt worden waren. Ein Offizier sagte Emilie B. sogar bei ihrer Entlassung 1956: »Es war ein Fehler der Justiz, Sie waren unschuldig verhaftet.« Und wenn sie deshalb jemand beleidige, solle sie es melden, die Person würde bestraft werden.[39] Ein Jahr zuvor entließ Helena Kutscherowa-Koch ein Lagerangestellter noch mit den Worten: »Sie sind auf Bewährung frei. Wenn Sie ein Verbrechen begehen, bekommen Sie die verbliebenen Jahre hinzu.«[40]

Auf den künftigen Aufenthaltsort der Entlassenen nahmen die Sicherheitsorgane der UdSSR stets entscheidenden Einfluß. Ganze Regionen und Städte waren für ehemalige politische Häftlinge gesperrt, so der Moskauer und Leningrader Bezirk, die Hauptstädte der Sowjetrepubliken, Grenz-, Hafen- und andere Großstädte sowie wichtige Industriezentren.[41] Oft gebrauchte man einfach den Ausdruck »Minus 135«, das hieß, die Ansiedlung in den 135 größten Städten der UdSSR war verboten. Mehr noch, die Entlassenen mußten sich mindestens 100 km entfernt von den verbotenen Zonen aufhalten bzw. niederlassen.[42] Damit war die Rückkehr vieler Frauen in ihre ursprüngliche Herkunftsgegend und zu ihrer Familie versperrt. Viele Gefangene fragten sich, wo sie leben könnten, um wenigstens die Entfernung zu ihren Angehörigen zu reduzieren. Andere Häftlinge, vor allem Alleinstehende oder Ausländerinnen, verabredeten noch im Lager eine Wohngegend, taten sich später zusammen und versuchten gemeinsam zu leben. Manche fanden es leichtsinnig, ins Ungewisse zu fahren. Oder ihnen blieb, wie Julie Bevern, nichts anderes übrig, auf die Anwerbung der Lageradministration einzugehen und als Freie in Büros oder Krankeneinrichtungen am Haftort weiterzuarbeiten.[43] Lagerverantwortliche zwangen jedoch auch Gefangene, wenn sie für die Produktion unentbehrlich schienen, zu bleiben. Unsicherheit und Skepsis begleiteten die Frauen aber auch nach ihrer Entlassung. Emilie B. kam 1956 nach neun Haftjahren frei. »Da kommt noch was nach«, dachte sie längere Zeit, »das ist nur vorläufig.«[44]

Verbannung

Zwei Drittel der hier berichtenden Frauen ließen sowjetische Instanzen nach der Entlassung ohne Gerichtsprozeß oder -urteil in die Verbannung deportieren, meist in unwirtliche Gegenden Sibiriens, des hohen Nordens oder des Fernen Ostens. Polizeiaufsicht, Meldepflicht, rigide Eingrenzung der Bewegungsfreiheit, reduzierte Persönlichkeitsrechte, zusätzliche Demütigungen und die Zuweisung meist niederer oder schwerer körperlicher Arbeit gehörten zum Alltag der Verbannten. Antonie Satzgers Haftzeit endete nach acht Jahren eigentlich am 31. Januar 1952. Dennoch brachten fünf bewaffnete Soldaten mit zwei Hunden die Entlassene zum Bahnhof und sperrten sie in ein Gefangenenabteil. Nach ihrer Ankunft in Irkutsk behielt man Antonie Satzger annähernd zehn Tage im Transitgefängnis. Von dort ging es nach Krasnojarsk, später nach Abakan, immer unter Bewachung. Die Aufenthalte verbrachte sie in Gefängniszellen oder auf den Fußböden von Polizeistationen. Schließlich erreichte sie ihren Zielort, Tschernogorsk. Dort teilte ihr ein Offizier völlig überraschend mit, sie sei hierher auf »ewig« verbannt. Antonie Satzger, Mutter von drei Kindern und im vierten Monat schwanger, brach völlig zusammen. »Ich habe geheult, das kann ich gar nicht beschreiben. Es hat mich geschüttelt. Ich habe wahnsinnig geweint, wahnsinnig. Meine ganze Hoffnung, meine Familie wiederzusehen, war weg. Der erste Gedanke war, dann kommen die Kinder nicht zu mir, jetzt wissen sie, daß ich schuldig bin. Nachdem ich unterschrieben hatte, ging ich auf den Friedhof und hab mir die Gräber angesehen. Das hat mir wieder Mut gegeben. Ich hab mir gesagt, hier will ich nicht sterben, hier will ich nicht begraben sein.«[45] Eine zeitliche Begrenzung der Zwangsansiedlung wurde nicht genannt. Erst nach Stalins Tod hob die sowjetische Regierung schrittweise die Verbannungsbestimmungen auf. Damit war allerdings nicht unbedingt das Recht verbunden, wie etwa im Falle Zehntausender Rußlanddeutscher, in die Heimatgegend zurückzukehren. Auch die Ausübung des früheren Berufes oder die Fortführung einer abgebrochenen Ausbildung gelang nur wenigen ehemaligen Häftlingen.

Ab Mitte der 1950er Jahre stellten Gerichte der UdSSR juristische Rehabilitierungsbescheinigungen aus, jedoch keineswegs für alle ehemaligen politischen Häftlinge. Das Militärkollegium des Obersten Gerichts der UdSSR prüfte am 24. Mai 1956 das Verfahren gegen Olga Adamowa-Sliosberg und kam zu dem Schluß: »Das Urteil des Militärkollegiums vom 12. November 1936, der Beschluß des Obersten Gerichts vom 21. November 1940 und der Beschluß der Sonderberatung beim Ministerium für Staatssicherheit der UdSSR vom 19. November 1949 wurden in bezug auf Adamowa-Sliosberg aufgehoben und das Verfahren wegen fehlenden Tatbestands eingestellt.« Die Reaktion der ehemaligen Gefangenen: »Den kleinen Irrtum habe ich mit 20 Jahren und 41 Tagen meines Lebens bezahlt.«[46]

Anmerkungen

1. Überlieferungen

1 Die Übertragung russischer Namen oder Bezeichnungen in die deutsche Sprache erfolgt nach der im Duden vorgesehenen Transkription. Bei lange im Deutschen üblichen Schreibweisen ist diese übernommen worden, z. B. Jewgenia Ginsburg.

2 Eine Übersicht der biographischen Überlieferungen findet sich am Ende des Bandes.

3 Doppelinterview mit Serafima Alikina und Aleksandra Okunjewa, 03./05.04.1998.

4 Joffe, Nadeschda: Rückblende. Mein Leben. Mein Schicksal. Meine Epoche, Essen 1997, S. 15. Stolypinsche Waggons waren besondere Gefängniswaggons, die im Kapitel »Transport« näher beschrieben werden.

5 Interview mit Luise Hörmann, 15./16.06.1998.

6 Interview mit Anna Kandalina, 06.04.1998.

7 Interview mit Irmgard Schünemann mit dem Südwestfunk, 19.08.1999.

8 Dyck, Maria: Unveröffentlichter Bericht, Lissitschansk 1998, S. 32.

9 Interview mit Praskowja, S., 04.04.1998.

10 Gribina-Kawerina, Sinaida: Unveröffentlichter Bericht, MEMORIAL Krasnojarsk 1988.

11 Pfeffer, Nora: Zeit der Liebe. Lyrik, Moskau 1998, S. 216.

12 Stark, Meinhard: »Wenn Du willst Deine Ruhe haben, schweige.« Deutsche Frauenbiographien des Stalinismus, Essen 1991. Stark, Meinhard: »Ich muß sagen, wie es war.« Deutsche Frauen des Gulag, Berlin 1999.

13 Dyck: S. 16.

14 Ruschenzewa, Tamara D.: Goworit Tamara Dawidowna Ruschenzewa, in: Galina Iwanowna Lewinson: Wsja nascha schisn, Moskwa 1996, S. 75. Die Butyrka war ein Gefängnis in Moskau. Die Lubjanka war Sitz des NKWD in Moskau und verfügte über ein spezielles »Inneres Gefängnis«.

15 Mayer-Melikowa, Frieda: Ein Leben zwischen den Mühlsteinen der Politik, Schorndorf 1997.

16 Interview mit Helena Kutscherowa-Koch, 16.07. u. 12./13.08.1997.

17 Kersnowskaja, Jefrosinija A.: »Ach Herr, wenn unsre Sünden uns verklagen.« Eine Bildchronik aus dem Gulag, Kiel 1991, S. 374.

18 Rudzka, Marta: Workuta. Weg zur Knechtschaft, Zürich 1948.

19 Buber-Neumann, Margarete: Als Gefangene bei Stalin und Hitler. Eine Welt im Dunkel, München 1949. (Im Text zitiert nach der Ausgabe Berlin 1993.)

20 Zu den Kontroversen um dieses Buch vgl. Schafranek, Hans: Zwischen

NKWD und Gestapo. Die Auslieferung deutscher und österreichischer Antifaschisten aus der Sowjetunion an Nazideutschland 1937-1941, Frankfurt am Main 1990.

21 Der Bundesbeauftragte für die Unterlagen des Staatssicherheitsdienstes der ehemaligen Deutschen Demokratischen Republik, im folgenden BStU, AOP 285/56 (Potsdam), AOP 22/67.

22 Lipper, Elinor: Elf Jahre in sowjetischen Gefängnissen und Lagern, Zürich/Konstanz 1950. (Im Text zitiert nach der Ausgabe Genf 1990.)

23 Vgl. Leonhard, Wolfgang: Die Revolution entläßt ihre Kinder, Köln 1955.

24 Leonhard, Susanne: Gestohlenes Leben. Schicksal einer politischen Emigrantin in der Sowjetunion, Frankfurt am Main 1956, S. 5.

25 Leonhard: Vorwort, S. 5.

26 Brief von Susanne Leonhard an Ruth Fischer vom 09.05.1950, in: Fischer, Ruth; Maslow, Arkadij: Abtrünnig wider Willen. Aus Briefen und Manuskripten des Exils, hrsg. von Peter Lübbe, München 1990, S. 274.

27 Brief von Susanne Leonhard an Ruth Fischer, 22.06.1951, in: ebenda, S. 283.

28 So die Einschätzung von Reinhard Crusius, Herbert Kuehl und Manfred Wilke in der Einleitung zu: Entstalinisierung. Der XX. Parteitag der KPdSU und seine Folgen, hrsg. von Reinhard Crusius und Manfred Wilke, Frankfurt am Main 1977, S. 20.

29 Ginsburg, Jewgenia: Gratwanderung, München/Zürich 1991, S. 483.

30 Ebenda, S. 485.

31 Im Januar 1963 ebenfalls publiziert in der sowjetischen »Romangaseta« (Romanzeitschrift) in einer vermutlich hohen Auflage.

32 Ginsburg: Gratwanderung, S. 486.

33 Ebenda, S. 487. Hervorhebung im Original.

34 Solschenizyn, Alexander: Der Archipel GULAG. 1918-1956. Versuch einer künstlerischen Bewältigung. Folgeband. Arbeit und Ausrottung. Seele und Stacheldraht, Bern/München 1974, S. 216-238. Vgl. Solschenizyn, Alexander: Der Archipel GULAG. 1918-1956. Versuch einer künstlerischen Bewältigung, Bern/München 1974. Solschenizyn, Alexander: Der Archipel GULAG. 1918-1956. Versuch einer künstlerischen Bewältigung. Schlußband. Die Katorga kommt wieder. In der Verbannung. Nach Stalin, Bern/München 1974.

35 Russ. Glawnoe Uprawlenie Lagerei, Abkürzung GULag. Für die Lager steht die Schreibweise Gulag.

36 Olizkaja, Ekatarina: Moi Wospominanija, Teil I u. II, Frankfurt am Main 1971.

37 Bei 26 Frauen unklare oder keine Angaben.

38 Bei 26 Frauen unklare oder keine Angaben.

39 Bei 30 Frauen unklare oder keine Angaben.

40 Bei elf Frauen unklare oder keine Angaben.

41 Archiv des Karagandinsker Besserungsarbeitslagers, Karaganda, Kasachstan, im weiteren Archiv des Karlag, 9/4/Bl. 366. Befehl des Chefs der Karlag-Verwaltung, Nr. 174, für das Karagandinsker Besserungsarbeitslager des NKWD vom 21.05.1936. OGPU: Vereinigte Staatliche Politische Verwaltung, 1922 bis 1934

sowjetische Geheimpolizei, danach Teil des neugegründeten Volkskommissariats des Innern, NKWD.

42 Russ. Isprawitelno-trudowoi lager, Abkürzung ITL.

43 Staatsarchiv der Russischen Föderation, Moskau, im weiteren GARF, 8401/1/1299/Bl. 246f. Befehl des Ministers des Innern der UdSSR, Nr. 0068, »Über das Verbot der Anwendung verschiedenster Maßnahmen der Nötigung oder der physischen Einwirkung auf die Häftlinge« vom 04.04.1953.

44 Archiv des Karlag, 9/4/Bl. 366. Befehl des Chefs der Karlag-Verwaltung, Nr. 174, für das Karagandinsker Besserungsarbeitslager des NKWD vom 21.05.1936.

45 Archiv des Karlag, 10/4/Bl. 470. Befehl des Chefs der Karlag-Verwaltung, Nr. 447, für das Karagandinsker Besserungsarbeitslager des NKWD vom 08.12.1936.

46 Interview mit Luise Hörmann, 15./16.06.1998.

2. Umrisse der Lagerwelt

1 In: Letters From Russian Prisons, Published for The International Committee for Political Prisoners, New York 1925, S. 191.

2 Ebenda.

3 Ebenda, S. 93.

4 Zitiert nach Stettner, Ralf: »Archipel GULag«: Stalins Zwangslager. Terrorinstrument und Wirtschaftsgigant, Paderborn/München/Wien/Zürich 1996, S. 69f.

5 Ebenda, S. 70.

6 Sistema Isprawitelno-trudowych lagerei w SSSR 1923-1960. Sprawotschnik, Moskwa 1998, S. 394.

7 Schlögel, Karl: Solowki – Laboratorium der Extreme, in: www.solovki.org/de.

8 Sistema Isprawitelno-trudowych lagerei: S. 395.

9 Schlögel: ebenda.

10 Stettner: »Archipel GULag«, S. 234.

11 Sistema Isprawitelno-trudowych lagerei: S. 38.

12 Vgl. Gulag. 1918-1960. Dokumenty. Sostawiteli: A. I. Kokurin i N. W. Petrow, Moskwa 2000.

13 Stettner: »Archipel GULag«, S. 133.

14 Sistema Isprawitelno-trudowych lagerei: S. 41.

15 Ebenda: S. 383.

16 Stettner: »Archipel GULag«, S. 223.

17 Sistema Isprawitelno-trudowych lagerei: S. 392.

18 Ebenda, S. 137-525.

19 Stettner: »Archipel GULag«, S. 358f.

20 Lipper: S. 80.

21 Vgl. Huber, Peter: Stalins Schatten in der Schweiz. Schweizer Kommunisten in Moskau: Verteidiger und Gefangene der Komintern, Zürich 1994. McLoughlin, Barry; Schafranek, Hans; Szevera, Walter: Aufbruch, Hoffnung, Endstation.

Österreicherinnen und Österreicher in der Sowjetunion 1925-1945, Wien 1996. Müller, Reinhard: Menschenfalle Moskau. Exil und stalinistische Verfolgung, Hamburg 2001.

22 Vitzthum, Hilda: Mit der Wurzel ausrotten. Erinnerungen einer ehemaligen Kommunistin, München 1984, S. 132. Interview mit Luise Hörmann, 15./16.06.1998.

23 Lipper: S. 244.

24 Leonhard: S. 599. Interview mit Eleonora Leibbrandt, 28./29.10.1997. Weselaja, Sajara: 7-35, in: Dodnes tjagoteet, Moskwa 1989, S. 578.

25 Joffe: S. 224.

26 Archiv des Komitees für Staatssicherheit der Republik Tatarstan, Kasan, 2-10230, Akte Antonie Satzger.

27 Merl, Stephan: Das System der Zwangsarbeit und die Opferzahl im Stalinismus, in: Geschichtswissenschaft im Unterricht, 1995, Nr. 5/6, S. 277. Eine ausführliche Darstellung aller Schätzungen und der Kontroverse um diese in: Stettner: »Archipel GULag«, S. 382ff.

28 Merl: Das System der Zwangsarbeit, S. 292f.

29 Interview mit Käte L., 15./17.04.1991.

30 Archiv des Föderalen Sicherheitsdienstes der Russischen Föderation, im folgenden FSB: Zentralarchiv Moskau, P 13390, Akte Frieda Siebenaicher; FSB, Smolensk, 315-3, Akte Adele Schiffmann; FSB, Tscheljabinsk, P 12075, Akte Irmgard Schünemann; FSB, Saratow, OF-9667, Akte Brunhilde Hebel.

31 Interview mit Brunhilde Hebel, 01.07.-11.11.1991.

32 Interview mit Käte L., 15./17.04.1991.

33 Lipper: S. 11f.

34 Kolbe, Erna: Dokumentarbiographie, in: Stark: Frauenbiographien, S. 105.

35 Interview mit Irmgard Schünemann, 28.06.-17.07.1991.

36 Interview mit Julie Bevern, 09.-11.09.1991.

37 Lipper: S. 9f.

38 Interview mit Antonie Satzger, 15./16.06. und 25.09.1992.

39 Interview mit Klara D., 10.06., 26./27.08.1991.

40 Interview mit Adele Schiffmann, 08.-10.07.1991.

41 Interview mit Antonie Satzger, 15./16.06. und 25.09.1992.

42 Kolbe: S. 20.

43 Lipper: S. 44.

44 Interview mit Mimi Brichmann, 18.12.1992-15.02.1993.

45 Interview mit Julie Bevern, 09.-11.09.1991.

46 Lipper: S. 45.

3. Transport ins Lager

1 Leonhard: S. 112.

2 Interview mit Mia Spitz, 13.10.1983-26.03.1984. Das Interview stellte freundlicherweise Hans Schafranek, Wien, zur Verfügung.

3 1934 bis 1946 Volkskommissariat des Innern (NKWD), ab 1946 Ministerium des Innern (MWD).

4 Interview mit Luise Hörmann, 15./16.06.1998.

5 Ljudyno, Wera I.: Sapiski 20-ti letnego seka. Unveröffentlichter Bericht, MEMORIAL St. Petersburg 1991, S. 6.

6 Interview mit Nora Pfeffer, 07./08.04.1997.

7 Interview mit Mia Spitz, 13.10.1983-26.03.1984.

8 Golnipa, Helene: Im Angesicht der Todesengel Stalins, Mattersburg/Katzelsdorf 1989, S. 88.

9 Satmilowa, Galina: Prinadleschat istorii, in: Dodnes tjagoteet, Moskwa 1989, S. 244.

10 Archiv des Karlag, 177149, Häftlingsakte Maria Rand.

11 Dort befand sich das Durchgangs- und Verteilungslager des Karlag.

12 Archiv des Karlag, 209756, Häftlingsakte Fedora Korotkowa.

13 Schulz, Wera: Taganka – W srednei Asii, in: Dodnes tjagoteet, Moskwa 1989, S. 209.

14 Vitzthum: S. 79.

15 Leipman, Flora: The Long Journey Home, New York/London/Toronto/Sydney/Auckland 1987, S. 52.

16 Ginsburg: Marschroute, S. 92.

17 Buber-Neumann: S. 67.

18 Ginsburg: Marschroute, S. 246.

19 Interview mit Mia Spitz, 13.10.1983-26.03.1984.

20 Leonhard: S. 114.

21 Archiv des Karlag, 4209, Häftlingsakte Maria Dawtjan.

22 Rudzka: S. 62.

23 Ebenda, S. 75.

24 Kolbe: S. 113.

25 Interview mit Ljuba Ukrainska, 1997.

26 Monitsch, Nina: Wtoroje roschdenie. 1941-1952, in: Wolja, 1997, Nr. 6-7, S. 347 u. 356.

27 Interview mit Eleonora Leibbrandt, 28./29.10.1997.

28 Ginsburg: Marschroute, S. 250.

29 Vitzthum: S. 78f.

30 Golnipa: S. 90.

31 Kowalska, Jadwiga: Zeugenaussage, in: Eine Welt hinter Stacheldraht. Weißbuch über sowjetische Konzentrationslager. Protokoll der öffentlichen Verhandlung der »Internationalen Kommission zur Bekämpfung des Konzentrationslagersystems«, Brüssel, 21.-26.05.1951, S. 73.

32 Vitzthum: S. 79.
33 Bronska-Pampuch, Wanda: Ohne Maß und Ende, München 1963, S. 216.
34 Golnipa: S. 103.
35 Nurmina, Galina: Na dalekom priiske. Rasskasy, Magadan 1992, S. 32.
36 Witschel, Margaretha: Und dennoch überlebt. Acht Jahre in russischer Gefangenschaft, Wien/Köln/Graz 1985, S. 95.
37 Interview mit Josephin Stephan, 05./06.02.1997 (50 Frauen), Ginsburg: Marschroute, S. 249 (76 Frauen), Rudzka: S. 104 (ca. 80 Frauen), Kowalska: S. 73 (ca. 90 Frauen), Lipper: S. 71 (etwa 100 Frauen).
38 Rudzka: S. 104.
39 Stiftung Archiv der Parteien und Massenorganisationen der DDR im Bundesarchiv, im weiteren SAPMO im BArch, Berlin, Bestand SED, Christina Kjossewa, EA 1940. Rudzka: S. 103.
40 Kolbe: S. 113.
41 Interview mit Faina Nauschütz, 21./24.01.1997.
42 Die Einführung der speziellen Transportwaggons geht auf den russischen Innenminister P. Stolypin (1862-1911) zurück.
43 Interview mit Hilda Schreiner, 16./17.06.1997, u. Fainjut, Mira: Unveröffentlicher Bericht, MEMORIAL St. Petersburg 1989, S. 4.
44 Monitsch: S. 360 (10-12 Frauen), Buber-Neumann: S. 72, u. Interview mit Luise Hörmann, 15./16.06.1998 (16 Frauen), Lipper: S. 256 (bis zu 25 Frauen).
45 Interview mit Luise Hörmann, 15./16.06.1998.
46 Kono, Maria: Unveröffentlichter Bericht, MEMORIAL St. Petersburg 1991, S. 5.
47 Bucharina, Anna L.: Nun bin ich schon weit über zwanzig. Erinnerungen, Zürich 1990, S. 186.
48 Ljudyno: S. 7.
49 Ginsburg: Marschroute, S. 250.
50 SAPMO im BArch, Berlin, Bestand SED, Christina Kjossewa, EA 1940.
51 Bronska-Pampuch: S. 217. Lipper: S. 75. Kowalska: S. 73.
52 Buber-Neumann: S. 72. Interview mit Mia Spitz, 13.10.1983-26.03.1984.
53 Ginsburg: Marschroute, S. 283.
54 Interview mit Mia Spitz, 13.10.1983-26.03.1984.
55 Ljudyno: S. 7.
56 Interview mit Nora Pfeffer, 07./08.04.1997.
57 Ebenda.
58 Interview mit Mia Spitz, 13.10.1983-26.03.1984. SAPMO im BArch, Berlin, Bestand SED, Christina Kjossewa, EA 1940. Lipper: S. 73.
59 Frischer, Hella: W naschei schisni mnogo ras – ›tak trudno eschtsche ne bylo‹, in: Dodnes tjagoteet, Moskwa 1989, S. 358.
60 Golnipa: S. 95.
61 Interview mit Mia Spitz, 13.10.1983-26.03.1984.
62 Interview mit Ruth Z., 24.06.-16.07.1991.
63 Buber-Neumann: S. 72.
64 Ruschenzewa: S. 71.

65 Adamowa-Sliosberg, Olga: Put, in: Dodnes tjagoteet, Moskwa 1989, S. 58.
66 Golnipa: S. 91.
67 Buber-Neumann: S. 72.
68 Rudzka: S. 106.
69 Lipper: S. 73 f. Interview mit Mia Spitz, 13.10.1983-26.03.1984.
70 Lipper: S. 257.
71 Ebenda, S. 73.
72 Witschel: S. 97.
73 Rudzka: S. 106.
74 Jakowenko, M. M.: Agnessa, Moskwa 1997, S. 178.
75 Lipper: S. 73.
76 Golnipa: S. 91. Ähnlich bei Ginsburg: Marschroute, S. 274.
77 Rudzka: S. 106.
78 Adamowa-Sliosberg: S. 58.
79 Interview Maria Wensel, 13.02.1997.
80 SAPMO im BArch, Berlin, Bestand SED, Christina Kjossewa, EA 1940.
81 Buber-Neumann: S. 72 f.
82 Lipper: S. 257 (zweimal), Buber-Neumann: S. 72 (dreimal).
83 Lipper: S. 257.
84 Golnipa: S. 18 f.
85 Monitsch: S. 360.
86 Witschel: S. 97.
87 Interview mit Luise Hörmann, 15./16.06.1998. SAPMO im BArch, Berlin, Bestand SED, Christina Kjossewa, EA 1940.
88 Golnipa: S. 105. Rudzka: S. 106. SAPMO im BArch, Berlin, Bestand SED, Christina Kjossewa, EA 1940. Lipper: S. 74.
89 SAPMO im BArch, Berlin, Bestand SED, Christina Kjossewa, EA 1940.
90 Rudzka: S. 217.
91 Interview mit Katharina Stoljarow, 27.10.1997.
92 Interview mit Mia Spitz, 13.10.1983-26.03.1984.
93 Golnipa: S. 68 f.
94 Interview mit Frieda Mayer-Melikowa, 25./26.10.1997.
95 Interview mit Mia Spitz, 13.10.1983-26.03.1984.
96 Interview mit Maria Wensel, 13.02.1997.
97 Golnipa: S. 68.
98 Rudzka: S. 114.
99 Lipper: S. 74 f.
100 Interview mit Eleonora Leibbrandt, 28./29.10.1997. Bucharina: S. 170. Leipman: S. 53.
101 Joffe: S. 127.
102 Bucharina: S. 59 f.
103 Interview mit Ida Konrad, 08./09.01.1998.
104 Kowalska: S. 73.
105 Lipper: S. 71.

106 Wolowitsch, Chawa: in: Dodnes tjagoteet, Moskwa 1989, S. 486.
107 Interview mit Josephine Stephan, 05./06.02.1997.
108 Golnipa: S. 90. Ginsburg: Marschroute, S. 274.
109 Interview mit Josephine Stephan, 05./06.02.1997.
110 Interview mit Enni Kiutto, 25./27.10.1998.
111 Nurmina: S. 33.
112 Vitzthum: S. 91.
113 Nurmina: S. 32.
114 Interview mit Enni Kiutto, 25./27.10.1998.
115 Interview mit Mia Spitz, 13.10.1983-26.03.1984.
116 Interview mit Josephine Stephan, 05./06.02.1997.
117 Nurmina: S. 32.
118 Frischer: S. 358.
119 Lipper: S. 72.
120 Olizkaja: Teil I, S. 213.
121 Ginsburg: Marschroute, S. 252.
122 Wolowitsch: S. 486.
123 Sokolowa, Tamara: Unveröffentlichter Bericht, MEMORIAL St. Petersburg 1990, S. 1.
124 Kersnowskaja: S. 83.
125 Interview mit Ida Konrad, 08./09.01.1998.
126 Kuprijanowa, Ewdokia W.: Unveröffentlichter Bericht, MEMORIAL Krasnojarsk, aufgeschrieben nach einem Gespräch von Wladimir Birger, 15.02.94, S. 4.
127 Rudzka: S. 107.
128 Lipper: S. 76.
129 Interview mit Eleonora Leibbrandt, 28./29.10.1997. Sidorkina, Elena: Manuskript der Erinnerungen, Teil II, aus dem (mittlerweile geschlossenen) Museum »Ruhm des Komsomol«, Ioschkar Ola, Republik der Mari, GUS, S. 23.
130 Witschel: S. 185.
131 Jakowenko: Agnessa, S. 178.
132 Interview mit Luise Hörmann, 15./16.06.1998.
133 Kersnowskaja: S. 205.
134 Hagen-Torn, N. I.: Memoria, Moskwa 1994, S. 72. Bucharina: S. 169.
135 Golnipa: S. 68.
136 Witschel: S. 181.
137 Jakowenko: Agnessa, S. 179.
138 Interview mit Emilie B., 11./12.08.1997.
139 Kersnowskaja: S. 92. Golnipa: S. 95.
140 Golnipa: S. 179.
141 Ljudyno: S. 7.
142 Interview mit Josephine Stephan, 05./06.02.1997.
143 Jakowenko: Agnessa, S. 178.
144 Leonhard: 135.
145 Golnipa: S. 69.

146 Bucharina: S. 172f.
147 Golnipa: S. 108.
148 Bucharina: S. 120.
149 Witschel: S. 14.
150 Buber-Neumann: S. 75.
151 Golnipa: S. 114.
152 Interview mit Nora Pfeffer, 07./08.04.1997.
153 Lipper: S. 72f.
154 Witschel: S. 185.
155 Bucharina: S. 188.
156 Interview mit Luise Hörmann, 15./16.06.1998.
157 Interview mit Mia Spitz, 13.10.1983-26.03.1984.
158 Schulz: S. 208.
159 Interview mit Mia Spitz, 13.10.1983-26.3.1984.
160 Monitsch: S. 361.
161 Frischer: S. 359. Vitzthum: S. 99.
162 Golnipa: S. 19.
163 Interview mit Mia Spitz, 13.10.1983-26.3.1984.
164 Sidorkina: Manuskript der Erinnerungen, Teil II, S. 27.
165 Interview mit Alice S., 13./14. u. 17.01.1997.
166 Interview mit Eleonora Leibbrandt, 28./29.10.1997.
167 Interview mit Frieda Mayer-Melikowa, 25./26.10.1997. Vgl. auch Bucharina: S. 56.
168 Mayer-Melikowa: Ein Leben, S. 39f.
169 Joffe: S. 255
170 Iewlewa, Walentina: Nepritschesannaja shisn, Moskwa 1994, S. 35.
171 Bucharina: S. 25.
172 Häftlingssuppe.
173 Pfeffer: Zeit, S. 234.
174 Sidorkina, Elena: Gody pod konwoem, in: Dodnes tjagoteet, Moskwa 1989, S. 299.
175 Golnipa: S. 104.
176 Lipper: S. 78.
177 Hagen-Torn: S. 76.
178 Lipper: S. 80.
179 SAPMO im BArch, Berlin, Bestand SED, Christina Kjossewa, EA 1940.
180 Lipper: S. 77.
181 Ebenda, S. 81f.
182 Ginsburg: Marschroute, S. 316f.
183 Witschel: S. 64f.
184 Kersnowskaja: S. 215f.
185 Ebenda, S. 217.
186 Bucharina: S. 27.
187 Golnipa: S. 111.

188 Witschel: S. 68.
189 Bucharina: S. 27.
190 Interview mit Ljuba Ukrainska, 1997.
191 Golnipa: S. 80.
192 Interview mit Luise Hörmann, 15./16.06.1998. Interview mit Ola Popadyn, 1997.
193 Vitzthum: S. 104.
194 Ljudyno: S. 7.
195 Archiv des Karlag, Häftlingskartei mit ca. 800 000 Karteikarten aller ehemaligen Gefangenen.
196 Monitsch: S. 364.
197 Interview mit Enni Kiutto, 25./27.10.1998.
198 Interview mit Eleonora Leibbrandt, 28./29.10.1997.
199 Monitsch: S. 364.
200 Ljudyno: S. 7.
201 Monitsch: S. 364.
202 Interview mit Eleonora Leibbrandt, 28./29.10.1997. Monitsch: S. 365.
203 Interview mit Helena Kutscherowa-Koch, 16.07./13.08.1997. Bei Kersnowskaja: S. 263 heißt es direkt »Sklavenmarkt«.
204 Interview mit Nora Pfeffer, 07./08.04.1997.
205 Ruschenzewa: S. 75.
206 Leonhard: S. 135.
207 SAPMO im BArch, Berlin, Bestand SED, Christina Kjossewa, EA 1940. Ginsburg: Marschroute, S. 317.
208 Kowalska: S. 74. Lipper: S. 85.
209 Ginsburg: Marschroute, S. 319.
210 Kowalska: S. 74.
211 Jakobs, Karl-Heinz: Das endlose Jahr. Begegnungen mit MÄD (MÄD ist Dorothea bzw. Dodo Garai) Berlin 1990, S. 42.
212 Interview mit Emilie B., 11./12.08.1997.
213 Ginsburg: Marschroute, S. 321.
214 Kowalska: S. 74.
215 Lipper: S. 85.
216 Bronska-Pampuch: S. 218. Ginsburg: Marschroute, S. 320.
217 Lipper: S. 87. Interview mit Nora Pfeffer, 07./08.04.1997.
218 Bronska-Pampuch: S. 218.
219 Rudzka, S. 126.
220 Ebenda, S. 127.
221 Sidorkina: Manuskript der Erinnerungen, Teil II, S. 28.
222 Kersnowskaja, S. 207.
223 Dyck: S. 20.
224 Jakowenko: Agnessa, S. 182.
225 Ebenda, S. 184.
226 Kono: S. 7.

4. Lagertopographie und Anpassung

1 Siebenaicher, Frieda: Dokumentarbiographie, in: Stark: Frauenbiographien, S. 40.

2 Interview mit Luise Hörmann, 15./16.06.1998.

3 Siebenaicher: S. 40.

4 Interview mit Ida Konrad, 08./09.01.1998.

5 Vitzthum: S. 82.

6 Interview mit Serafima Alikina, 03./05.04.1998. Interview mit Enni Kiutto, 25./27.10.1998. Interview mit Nonna Tschekanowa-Janzen, 13./14.08.1997. Kolbe: S. 113.

7 Hagen-Torn: S. 141.

8 Adamowa-Sliosberg: S. 59.

9 Hagen-Torn: S. 129.

10 Ruschenzewa: S. 72.

11 Witschel: S. 101.

12 Interview mit Emilie B., 11./12.08.1997.

13 In der Instruktion zum Regime der Unterbringung der Häftlinge in Besserungsarbeitslagern und -kolonien des MWD vom 27.03.1947 waren folgende Elemente festgelegt: Übernahme der Häftlinge aufgrund der Transportbegleitlisten und der persönlichen Häftlingsakte, Durchsuchung der Häftlinge, medizinische Begutachtung, Körperreinigung und Desinfektion. GARF 8401/1/31/3, Instruktion von 1947, Pkte. 8-14.

14 Russ. »Sona«, dt. »Zone«, wird das umzäunte, bewachte Lager genannt.

15 Interview mit Luise Hörmann, 15./16.06.1998.

16 Schulz: S. 211.

17 GARF 8401/1/31/3, Instruktion von 1947, Pkt. 294 a.

18 Leonhard: S. 158.

19 Tartak: S. 135.

20 Leonhard: S. 159.

21 Ebenda, S. 691.

22 GARF 8401/1/31/3, Instruktion von 1947, Pkt. 293.

23 Wolowitsch: S. 486.

24 Kersnowskaja: S. 221.

25 Interview mit Adele Schiffmann, 08.-10.07.1991. Bucharina: S. 14f.

26 Archiv des Karlag, 288/14, Zeitweilige Instruktion zum Regime der Unterbringung der Häftlinge in den Besserungsarbeitslagern des NKWD der UdSSR vom 02.08.1939, Pkt. 3 a. u. b. GARF 8401/1/316/3, Instruktion zum Regime der Unterbringung der Häftlinge in Besserungsarbeitslagern und -kolonien des MWD vom 27.03.1947, Pkt. 5 a.

27 Archiv des Karlag, 288/14, Instruktion von 1939, Pkt. 3 c u. d. GARF 8401/1/316/3, Instruktion von 1947, Pkt. 5 b. u. c.

28 Archiv des Karlag, 288/14, Instruktion von 1939, Pkte. 5 u. 6. GARF 8401/1/316/3, Instruktion von 1947, Pkt. 6.

29 Vgl. die kommentierte Übersicht aller Besserungsarbeitslager in: Sistema Isprawitelno-trudowych lagerei w SSSR 1923-1960 sowie Stettner: »Archipel GU-Lag«.

30 Archiv des Karlag, 79/10URO/Bl. 85, Bericht des Chefs des Karlag über den Zustand des Regimes der Unterbringung der Häftlinge im Karagandinsker ITL des NKWD für den Zeitraum Januar-Oktober 1939 an den stellvertretenden Leiter der GULag des NKWD, Major der Staatssicherheit Dobrynin, vom 01.11.1939.

31 Archiv des Karlag, 79/10URO/Bl. 96, Bericht des Chefs des Karlag über den Zustand des Regimes der Unterbringung der Häftlinge im Karagandinsker ITL des NKWD für den Zeitraum Oktober-Dezember 1939 an den stellvertretenden Leiter der GULag des NKWD, Major der Staatssicherheit Dobrynin, vom 01.01.1940.

32 Archiv des Karlag, 79/10URO/Bl. 86, Bericht vom 01.11.1939.

33 Archiv des Karlag, 519/33/ Bl. 15, Übergabebericht bzw. -protokoll über die Akten und den Bestand des Karlag anläßlich des Wechsels der Führung des Karlag, in Anwesenheit einer Kommission des MWD unter der Führung des Leiters der GULag, Generalmajor Dobrynin, Januar 1951.

34 GARF 8401/1/316/3, Instruktion von 1947, Pkt. 53 e.

35 Archiv des Karlag, 519/33/Bl. 15, Bericht Januar 1951.

36 Kolbe: S. 115.

37 Interview mit Henry Lewenstein, 11.04.1998.

38 Archiv des Karlag, 79/10URO/Bl. 90, Bericht vom 01.11.1939.

39 Interview mit Praskowja S., 04.04.1998.

40 Vitzthum: S. 130.

41 Interview mit Nonna Tschekanowa-Janzen, 13./14.08.1997.

42 Interview mit Ljuba Ukrainska, 1997.

43 Interview mit Helena Kutscherowa-Koch, 16.07./13.08.1997.

44 Interview mit Alice S., 13./14. u. 17.01.1997. Interview mit Frieda Mayer-Melikowa, 25./26.10.1997.

45 Vitzthum: S. 118.

46 Lipper: S. 112.

47 Ginsburg: Gratwanderung, S. 388.

48 Nurmina: S. 77.

49 Tartak: S. 147.

50 Lipper: S. 225.

51 Interview mit Luise Hörmann, 15./16.06.1998.

52 Interview mit Nonna Tschekanowa-Janzen, 13./14.08.1997.

53 Ein Passus »Unterbringung der Häftlinge« existierte in der Instruktion von 1939 nicht.

54 GARF 8401/1/316/3, Instruktion von 1947, Pkt. 50.

55 Ebenda, Pkt. 52 a-e.

56 Ebenda, Pkt. 51 bzw. 54.

57 Bucharina: S. 15.

58 Interview mit Mia Spitz, 13.10.1983-26.03.1984.

59 Witschel: S. 102.

60 Archiv des Karlag, 79/10URO/Bl. 86, Bericht vom 01.11.1939.
61 Archiv des Karlag, 79/10URO/Bl. 98, Bericht vom 01.01.1940.
62 Archiv des Karlag, 128/1c/Bl. 144. Befehl des Chefs des Karlag über die Ergebnisse der Überprüfung der sanitären und Lebensbedingungen in der Dschartassker Abteilung, 29.09.1949.
63 Archiv des Karlag, 519/33/Bl. 10, 22, Bericht Januar 1951.
64 Ebenda.
65 Ebenda.
66 Lipper: S. 113.
67 Interview mit Klara D., 10.06. u. 26./27.08.1991.
68 Wolowitsch: S. 487. Leonhard: S. 342.
69 Golnipa: S. 159.
70 Hagen-Torn: S. 149.
71 Frischer: S. 419.
72 Hagen-Torn: S. 149.
73 Richter, Trude: Totgesagt. Erinnerungen, Halle/Leipzig 1990, S. 311.
74 Ginsburg: Gratwanderung, S. 60f.
75 Leonhard: S. 342.
76 Archiv des Karlag, 79/10URO/Bl. 86, Bericht vom 01.11.1939.
77 Interview mit Frieda Mayer-Melikowa, 25./26.10.1997.
78 Interview mit Luise Hörmann, 15./16.06.1998.
79 Leipman: S. 57.
80 Archiv des Karlag, 79/10URO/Bl. 86, Bericht vom 01.11.1939.
81 Siebenaicher: S. 48f.
82 Interview mit Antonie Satzger, 15./16.06. und 25.09.1992.
83 Nagljak, Justina: Unveröffentlichter Bericht, MEMORIAL Krasnojarsk 1993, S. 2.
84 Rudzka: S. 131.
85 Interview mit Emilie B., 11./12.08.1997.
86 Interview mit Julie Bevern, 09.-11.09.1991. Siebenaicher: S. 40.
87 Nagljak: S. 2. Ginsburg: Marschroute, S. 367.
88 Interview mit Sofia Main, 15.06.1997. Interview mit Eleonora Leibbrandt, 28./29.10.1997.
89 Lewinson: S. 37.
90 Kuprijanowa: S. 5.
91 Interview mit Julie Bevern, 09.-11.09.1991.
92 Lipper: S. 117.
93 Archiv des Karlag, 79/10URO/Bl. 98, Bericht vom 01.01.1940.
94 Archiv des Karlag, 519/33/Bl. 21, Bericht Januar 1951.
95 Interview mit Emilie B., 11./12.08.1997.
96 Archiv des Karlag, 127/1c, Befehl des Chefs der Verwaltung des Karagandinsker Besserungsarbeitslagers des MWD der UdSSR über die Ergebnisse einer Überprüfung der sanitären und anderen Lebensbedingungen in der Akmolinsker Abteilung sowie ausgesprochene Disziplinarmaßnahmen vom 22.06.1949.

97 Archiv des Karlag, 128/1c, Bl. 144. Befehl des Chefs der Verwaltung des Karagandinsker Besserungsarbeitslagers des MWD der UdSSR über die Ergebnisse der Überprüfung der sanitären und anderen Lebensbedingungen in der Dschartassker Abteilung vom 29.09.1949.

98 Archiv des Karlag, 519/33/Bl. 18, Bericht Januar 1951.

99 GARF 8401/1/316/3, Instruktion von 1947, Pkt. 294.

100 Ginsburg: Marschroute, S. 241 (alle 14 Tage), Lipper: S. 116 (zwei- bis dreimal monatlich), Irmgard Schünemann (wöchentlich).

101 Witschel: S. 123.

102 Interview mit Emilie B., 11./12.08.1997. Interview mit Mimi Brichmann, 18.12.1992-15.02.1993. Vitzthum: S. 119.

103 Interview mit Mimi Brichmann, 18.12.1992-15.02.1993.

104 Interview mit Hilda Schlegel, 26.05.1997.

105 Interview mit Anna Etterer, 28.09.1990 u. 30.09.1991.

106 Interview mit Julie Bevern, 09.-11.09.1991, u. Interview mit Adele Schiffmann, 08.-10.07.1991.

107 Leonhard: S. 550.

108 Platais: S. 209.

109 Interview mit Ljuba Ukrainska, 1997.

110 Rudzka: S. 89.

111 Adamowa-Sliosberg: S. 38.

112 Archiv des Karlag, 132/21, Bericht vom 29.08.1951.

113 Bronska-Pampuch: S. 227.

114 Interview mit Praskowja S., 04.04.1998.

115 Interview mit Hilda Schlegel, 26.05.1997.

116 Leonhard: S. 289f. Buschlat – halblanger Mantel, mit Fell, meist aber mit Watte gesteppt.

117 Interview mit Hilda Schlegel, 26.05.1997.

118 Interview mit Irmgard Schünemann, 28.06.-17.07.1991.

119 Entfallen.

120 Lipper: S. 119f.

121 Archiv des Karlag, 288/14, Instruktion von 1939, Pkt. 37.

122 GARF 8401/1/316/3, Instruktion von 1947, Pkt. 92. Offizielle Angaben dieser Versorgungsnormen lagen mir nicht vor.

123 GARF 5446/29a/112, Bl. 191, Beschluß des Wirtschaftsrates beim Rat der Volkskommissare der UdSSR über die Festlegung von Normen für Verpflegung, Bekleidung und Ausrüstung für Häftlinge in Besserungsarbeitslagern und -kolonien des NKWD der UdSSR vom 04.07.1939.

124 Archiv des Karlag, 79/10URO/Bl. 86, Bericht vom 01.11.1939.

125 Archiv des Karlag, 519/33/Bl. 20f., Bericht Januar 1951.

126 Lipper: S. 120.

127 Ebenda, Hervorhebung im Original, Burki: dt. Stiefel.

128 Siebenaicher: S. 45.

129 Bronska-Pampuch: S. 227.

130 Interview mit Enni Kiutto, 25./27.10.1998.
131 Interview mit Alice S., 13./14. u. 17.01.1997.
132 Interview Mimi Brichmann, 18.12.1992-15.02.1993.
133 Interview mit Ljuba Ukrainska, 1997.
134 Interview mit Frieda Mayer-Melikowa, 25./26.10.1997.
135 Interview mit Antonie Satzger, 15./16.06. und 25.09.1992.
136 Archiv des Karlag, 136107, Häftlingsakte Maria Slonowa.
137 Interview mit Alice S., 13./14. u. 17.01.1997. Siebenaicher: S. 45.
138 Interview mit Ida Konrad, 08./09.01.1998.
139 Leonhard: S. 157.
140 Interview mit Faina Nauschütz, 21./24.01.1997.
141 Leonhard: S. 326.
142 Lipper: S. 167.
143 Interview mit Julie Bevern, 09.-11.09.1991.
144 Interview mit Emilie B., 11./12.08.1997.
145 Leonhard: S. 245.
146 Archiv des Karlag, 288/14, Instruktion von 1939, Pkt. 16.
147 GARF 8401/1/31/3, Instruktion von 1947, Pkt. 158.
148 Archiv des Karlag, 288/14, Instruktion von 1939, Pkte. 16-18.
149 Ebenda, Pkte. 19-22.
150 Ebenda, Pkte. 23-25.
151 Ebenda, Pkt. 29.
152 Ebenda, Pkte. 10 u. 11.
153 Ebenda, Pkt. 33.
154 GARF 8401/1/31/3, Instruktion von 1947, Pkte. 158-175.
155 Ebenda, Pkt. 160.
156 Ebenda, Pkt. 164.
157 Ebenda, Pkt. 175.
158 Interview mit Emilie B., 11./12.08.1997.
159 Ginsburg: Marschroute, S. 245.
160 Interview mit Irmgard Schünemann, 28.06.-17.07.1991.
161 Leonhard: S. 643 f.
162 Lipper: S. 178 ff.
163 Rudzka: S. 134.
164 Interview mit Julie Bevern, 09.-11.09.1991.
165 Lipper: S. 180.
166 Interview mit Luise Hörmann, 15./16.06.1998.
167 Lipper: S. 180.
168 Interview mit Ruth Z., 24.06.-16.07.1991.
169 Lipper: S. 183.
170 Ebenda, S. 184.
171 Kolbe: S. 118.
172 Rudzka: S. 134.
173 Interview mit Hilda Schreiner, 16./17.06.1997.

174 Buber-Neumann: S. 124.
175 Frischer: S. 363.
176 Interview mit Frieda Mayer-Melikowa, 25./26.10.1997.
177 Iewlewa: S. 59.
178 Vitzthum: S. 108.
179 Interview mit Frieda Mayer-Melikowa, 25./26.10.1997.
180 Richter: S. 306 f.
181 Joffe: S. 128.
182 Interview mit Ida Konrad, 08./09.01.1998.
183 Interview mit Ruth Z., 24.06.-16.07.1991.
184 Richter: S. 309.
185 Kersnowskaja: S. 223.
186 Lipper: S. 114.
187 Bronska: S. 239.
188 Richter: S. 306.
189 Bucharina: S. 44.
190 Interview mit Eleonora Leibbrandt, 11./12.08.1997.
191 Interview mit Henrietta Herzfeld, 25.10.1998.
192 Interview mit Frieda Mayer-Melikowa, 25./26.10.1997.
193 Interview mit Anna Kandalina, 06.04.1998.
194 Leonhard: S. 577.
195 Interview mit Emilie B., 11./12.08.1997.
196 Hagen-Torn: S. 242.
197 Kolbe: S. 132.
198 Interview mit Luise Hörmann, 15./16.06.1998.
199 Leonhard: S. 125.
200 Interview mit Mimi Brichmann, 18.12.1992-15.02.1993.
201 Interview mit Hilda Schlegel, 26.05.1997.
202 Interview mit Eleonora Leibbrandt, 28./29.10.1997.
203 Hagen-Torn: S. 243.
204 Interview mit Antonie Satzger, 15./16.06. und 25.09.1992.
205 Bronska-Pampuch: S. 312.
206 Interview mit Anna Etterer, 28.09.1990 u. 30.09.1991.
207 Interview mit Irmgard Schünemann, 28.06.-17.07.1991.

5. Lageradministration und Haftregime

1 URTsch, russ. Utschetno-Paspredelitelnaja Tschast.
2 KWTsch, russ. Kulturno-Wospitatelnyi Tschast.
3 EKTsch, russ. Ekonomitscheskoe Tschast.
4 SanTschast, russ. Sanitarnoe Tschast.
5 In den zentralen Verwaltungen der Lagerkomplexe trugen die genannten Abteilungen den im russischen höherstehenden Begriff »Otdel«, der ebenfalls mit »Ab-

teilung« übersetzt wird. Die entsprechenden Abkürzungen lauten danach URO, KWO, EKO bzw. SanO.

6 Archiv des Karlag, 519/33/Bl. 6, Bericht Januar 1951.

7 Ebenda, Bl. 9.

8 Ebenda, Bl. 22.

9 Ebenda, Bl. 9.

10 Archiv des Karlag, 79/10URO/Bl. 103. Bericht vom 01.01.1940.

11 Interview mit Nora Pfeffer, 07./08.04.1997.

12 Archiv des Karlag, 214983, Häftlingsakte Tatjana Popyrina.

13 Archiv des Karlag, 209756, Häftlingsakte Fedora Korotkowa.

14 Archiv des Karlag, 184179, Häftlingsakte Ekatarina Korostelewa sowie 112446, Häftlingsakte Anna Bodolanowa.

15 Archiv des Karlag, 4209, Häftlingsakte Maria Dawtjan.

16 Archiv des Karlag, 174995, Häftlingskarteikarte Margarete Buber-Neumann.

17 Interview mit Hilda Schreiner, 16./17.06.1997.

18 Joffe, S. 130, 149 f.

19 Woprosi Istorii, Heft 10, Moskwa 1994, S. 18.

20 Archiv des Karlag, 48/6/Bl. 44, Weisung der Hauptverwaltung Lager des NKWD, Abteilung II: Bewachung, an den Chef des Karlag bezüglich Festigung des Haftregimes und Isolation von Häftlingen, die wegen besonders gefährlicher Staatsverbrechen verurteilt wurden, vom 10.05.1937.

21 Archiv des Karlag, 48/6/Bl. 44.

22 Archiv des Karlag, 220/13/Bl. 21, Befehl des Chefs der Verwaltung des Karlag, Linin, an den Chef der Koktun-Kulsker-Abteilung vom 14.07.1937.

23 Archiv des Karlag, 220/13/Bl. 21.

24 Archiv des Karlag, 157/9/Bl. 106, Befehl des Chefs der Verwaltung des Karlag, Linin, zur Einrichtung eines zentralen Straflagerpunktes und Strafisolatoren in den Lagerpunkten vom 31.08.1937.

25 Ebenda.

26 Ebenda.

27 Ebenda.

28 Benannt nach dem Volkskommissar des Innern, Nikolai Jeschow, dem auch alle Besserungsarbeitslager des NKWD unterstanden.

29 Joffe: S. 167.

30 Ebenda, S. 168.

31 Jakobs: MÄD, S. 18 f.

32 Archiv des Karlag, 2074, Häftlingsakte Wera Ermolaewa.

33 Ebenda.

34 Jakobs: MÄD, S. 12.

35 Archiv des Karlag, 288/14, Instruktion von 1939, Pkt. 1. GARF 8401/1/316/3, Instruktion von 1947, Pkt. 3.

36 Archiv des Karlag, 288/14, Instruktion von 1939, Pkt. 2.

37 GARF 8401/1/316/3, Instruktion von 1947, Pkte. 2 u. 3.

38 Als »Überläufer« wurden im Sprachgebrauch des NKWD/MWD Personen bezeichnet, die illegal die Staatsgrenze zur UdSSR überschritten haben.

39 GARF 8401/1/316/3, Instruktion von 1947, Pkt. 47.

40 Archiv des Karlag, 288/14, Instruktion von 1939, Pkt. 1.

41 GARF 8401/1/316/3, Instruktion von 1947, Pkt. 3.

42 Ebenda, Pkt. 53.

43 GARF 8401/1/31/3, Instruktion von 1947, Pkt. 89.

44 Ebenda, Pkt. 91, a-s.

45 Archiv des Karlag, 288/14, Instruktion von 1939, Pkte. 43 u. 43.

46 GARF 8401/1/31/3, Instruktion von 1947, Pkt. 92.

47 Archiv des Karlag, 288/14, Instruktion von 1939, Pkte. 139-148. GARF 8401/1/31/3, Instruktion von 1947, Pkte. 144-157.

48 Archiv des Karlag, 288/14, Instruktion von 1939, Pkt. 132.

49 GARF 8401/1/31/3, Instruktion von 1947, Pkt. 238. Ähnlich in Archiv des Karlag, 288/14, Instruktion von 1947, Pkt. 105.

50 In der Instruktion von 1939 wurde die »Überführung in schlechtere Lebensbedingungen« angedroht, was Strafration und noch schlechter eingerichtete Unterkunft bedeutete.

51 Archiv des Karlag, 277/18/Bl. 296. Protokoll einer Überprüfung der 13. Bidaikser Abteilung des Karlag durch den Staatsanwalt des Karlag, Chlopow, vom 05.08.1940.

52 Archiv des Karlag, 288/14, Instruktion von 1939, Pkte. 113-117. GARF 8401/1/31/3, Instruktion von 1947, Pkte. 284-292.

53 GARF 8401/1/31/3, Instruktion von 1947, Pkte. 284 u. 285. Ähnlich in Archiv des Karlag, 288/14, Instruktion von 1947, Pkte. 113 u. 116.

54 Archiv des Karlag, 288/14, Instruktion von 1939, Pkt. 117. GARF 8401/1/31/3, Instruktion von 1947, Pkt. 285.

55 Frischer: S. 361. Kersnowskaja: S. 275.

56 Archiv des Karlag, 79/10URO/Bl. 92, 93, 101, Bericht vom 01.11.1939 und 01.01.1940. Die Angaben dieser beiden Berichte sind für diese Statistik zusammengefaßt worden.

57 Archiv des Karlag, 519/33/Bl. 15, Bericht Januar 1951.

58 Archiv des Karlag, 79/10URO/Bl. 92, 101. Für 1950 lagen keine Angaben über Bestrafungen vor.

59 Archiv des Karlag, 4209, Häftlingsakte Maria Dawtjan.

60 Die Zusammenstellung haben Mitarbeiterinnen des Karlag-Archivs 1998 vorgenommen, die sie mir freundlicherweise zur Verfügung stellten. Einzelne Fälle erschossener Frauen werden im Kapitel »Häftlingsgesellschaft« dargestellt.

61 Archiv des Karlag, 4068, Häftlingsakte Uljana und Fekla Ignatenko.

62 Hier der Paragraph des Strafgesetzbuches der Ukrainischen SSR.

63 Mit der Einführung eines Inlandspasses 1932 sollte die durch Industrialisierung und Kollektivierung hervorgerufene Wanderungsbewegung nicht durch individuelle Intentionen, sondern allein durch die Anforderungen des Staates kontrollierbar und lenkbar gemacht werden. Um das unkontrollierte Abwandern der

ländlichen Bevölkerung zu verhindern, erhielten Bauern keinen Paß. Religiöse verweigerten oft die Annahme des Passes oder hielten sich nicht an die vorgeschriebenen Aufenthaltsterritorien.

64 Ungeklärt ist, ob es sich bei diesem Gebietsgericht um eine dem Karlag oder dem Gebiet Karaganda unterstehende Justizinstitution handelt.

65 Archiv des Karlag, 4247, Häftlingsakte Agafia Burkina.

66 Archiv des Karlag, 4010, Häftlingsakte Darja Djatschenko.

67 Archiv des Karlag, 4024, Häftlingsakte Maria Slugina.

68 Archiv des Karlag, 4009, Häftlingsakte Anastasija Kislaja.

69 Archiv des Karlag, 4050 und 4209, Häftlingsakte Feona Akimowa sowie Maria Dawtjan.

70 Der Oberste Sowjet der UdSSR schaffte die Todesstrafe am 26.05.1947 ab. Doch schon im Januar 1950 wurde die Todesstrafe für »Vaterlandsverräter, Spione und Saboteure« erneut eingeführt.

71 Interview mit Serafima Alikina, 03.-05.04.1998.

72 Vitzthum, S. 84.

73 »Obysk«: dt. »Durchsuchung«.

74 Leonhard: S. 626.

75 Archiv des Karlag, 288/14, Instruktion von 1939, Pkt. 55.

76 GARF 8401/1/31/3, Instruktion von 1947, Pkt. 228.

77 Archiv des Karlag, 79/10URO/Bl. 101, Bericht von 01.01.1940.

78 Lipper: S. 181.

79 Interview mit Hilda Schlegel, 26.05.1997.

80 Lipper: S. 181f.

81 Interview mit Nonna Tschekanowa-Janzen, 13./14.08.1997.

82 Interview mit Helena Kutscherowa-Koch, 16.07./13.08.1997.

83 Interview mit Käte L., 15./17.04.1991. Interview mit Julie Bevern, 09.-11.09.1991.

84 Kono, Maria: »Es begann in Kischinjow«. Unveröffentlichter Bericht, MEMORIAL St. Petersburg o. J., vermutlich nach 1989.

85 Archiv des Karlag, 519/33/Bl. 5, 13, Bericht Januar 1951.

86 URTsch: Registratur- und Verteilungsabteilung des Lagerpunktes.

87 Ginsburg: Gratwanderung, S. 43f.

88 Vitzthum: S. 114.

89 Leonhard: S. 310f.

90 Lipper: S. 161f. »Stoßarbeit für den Lagerbedarf«: zusätzliche Arbeiten wie Schneeräumen, Holzbeschaffung, Wassertragen usw.

91 Vitzthum: S. 147.

92 Dodo Garai – Alfred Kurella. Ein Briefwechsel, in: Sinn und Form, 32. Jg., 1990, Heft 4, S. 752.

93 Ginsburg: Marschroute, S. 370.

94 Interview mit Luise Hörmann, 15./16.06.1998.

95 Ginsburg: Marschroute, S. 369.

96 Witschel: S. 160f.

97 Ginsburg: Marschroute, S. 369.
98 Interview mit Luise Hörmann, 15./16.06.1998.
99 Interview mit Antonie Satzger, 15./16.06. und 25.09.1992.
100 Interview mit Helena Kutscherowa-Koch, 16.07./13.08.1997.
101 Hagen-Torn: S. 182.
102 Interview mit Aleksandra Okunjewa, 03.-05.04.1998.
103 Interview mit Anna Kandalina, 06.04.1998.
104 Buber-Neumann: S. 95.
105 Ebenda, S. 98.
106 Frischer: S. 430 ff.
107 SAPMO im BArch, Berlin, Bestand SED, Erinnerungen Christina Kjossewa, EA 1940.
108 Bronska-Pampuch: S. 317.
109 Leonhard: S. 318.
110 Interview mit Klara D., 10.06., 26./27.08.1991. Leonhard: S. 277.
111 Ginsburg: Gratwanderung, S. 50.
112 Interview mit Julie Bevern, 09.-11.09.1991.
113 Leonhard: S. 318.
114 Ginsburg: Gratwanderung, S. 57. Leonhard: S. 316.
115 Interview mit Eleonora Leibbrandt, 28./29.10.1997.
116 Interview mit Frieda Mayer-Melikowa, 25./26.10.1997.
117 Ginsburg: Gratwanderung, S. 52.
118 SAPMO im BArch, Berlin, Bestand SED, Erinnerungen Martha Globig, EA 0287.
119 SAPMO im BArch, Berlin, Bestand SED, Erinnerungen Christina Kjossewa, EA 1940.
120 Ginsburg: Gratwanderung, S. 74.
121 Interview mit Luise Hörmann, 15./16.06.1998.
122 Ginsburg: Gratwanderung, S. 74.
123 Leserbrief von Larisa Kultschitska, in: Norilskii Memorial. Sondernummer, Norilsk, April 1990, S. 27.
124 Wolowitsch: S. 492.
125 Interview mit Emilie B., 11./12.08.1997.
126 Interview mit Nonna Tschekanowa-Janzen, 13./14.08.1997.
127 Interview mit Faina Nauschütz, 21./24.01.1997.
128 Interview mit Emilie B., 11./12.08.1997.
129 Interview mit Serafima Alikina, 03.-05.04.1998.
130 GARF 8401/1/31/3, Instruktion von 1947, Pkt. 7.
131 Interview mit Nora Pfeffer, 07./08.04.1997.
132 Ginsburg: Gratwanderung, S. 60. Mit »Archiv ›A‹« sind möglicherweise Unterlagen über die »Aktierung«, d.h. Invalidisierung von Häftlingen, gemeint. Über Häftlinge, die nicht mehr in der Lage waren zu arbeiten, wurde ein ärztlich-administrativer »Akt«, ein Protokoll, über die Arbeitsunfähigkeit bzw. vollständige Invalidisierung angefertigt.

133 Interview mit Nora Pfeffer, 07./08.04.1997.
134 Interview mit Mimi Brichmann, 18.12.1992-15.02.1993.
135 Lewinson: S. 135.
136 Interview mit Emilie B., 11./12.08.1997.
137 Golnipa: S. 153.
138 Interview mit Luise Hörmann, 15./16.06.1998.
139 Interview mit Enni Kiutto, 25./27.10.1998.
140 Interview mit Faina Nauschütz, 21./24.01.1997.
141 Leonhard: S. 183.
142 Ebenda, S. 211.
143 Ginsburg: Gratwanderung, S. 99-105.
144 Leonhard: S. 209.
145 Ebenda, S. 227.
146 Lipper: S. 163 ff.
147 Kersnowskaja: S. 321 ff.
148 Interview mit Mia Spitz, 13.10.1983-26.03.1984.
149 Lipper: S. 164.
150 Interview mit Luise Hörmann, 15./16.06.1998.
151 Interview mit Eleonora Leibbrandt, 28./29.10.1997.
152 Interview mit Mia Spitz, 13.10.1983-26.03.1984.
153 »Seksot«, russ. »Sekretnyi sotrudnik«, dt. »Geheimer Mitarbeiter«, Bronska-Pampuch: S. 324.
154 Alexander Dolgun's Story. An American in the Gulag, by Alexander Dolgun with Patrick Watson, New York 1975, S. 211.
155 Interview mit Eleonora Leibbrandt, 28./29.10.1997.
156 Interview mit Alice S., 13./14. u. 17.01.1997.
157 Interview Julie Bevern, 09.-11.09.1991.
158 Interview mit Eleonora Leibbrandt, 28./29.10.1997.
159 Interview mit Frieda Mayer-Melikowa, 25./26.10.1997.
160 Frischer: S. 435.
161 Interview mit Ida Konrad, 08./09.01.1998.
162 Ebenda.
163 Leonhard: S. 183.
164 Buber-Neumann: S. 112 f.
165 Interview mit Serafima Alikina, 03.-05.04.1998.
166 Interview mit Irmgard Schünemann, 28.06.-17.07.1991.
167 Ebenda.
168 Interview mit Serafima Alikina, 03.-05.04.1998.
169 Vitzthum: S. 150.
170 Kolbe: S. 114 f.
171 Interview mit Antonie Satzger, 15./16.06. und 25.09.1992.
172 Bucharina: S. 54 f.
173 Interview mit Adele Schiffmann, 08.-10.07.1991. Frischer: S. 358.
174 Interview mit Hilda Schlegel, 26.05.1997.

175 Jakobs: MÄD, S. 44 f.
176 Bronska-Pampuch: S. 330.
177 Interview mit Hilda Schlegel, 26.05.1997.
178 Interview mit Mia Spitz, 13.10.1983-26.03.1984.
179 Gemeint ist eine als Mann agierende Frau, die sich den Namen Wanja zulegte.
180 Kersnowskaja: S. 314 f.
181 Interview mit Emilie B., 11./12.08.1997.
182 Golnipa: S. 156.
183 Interview mit Eleonora Leibbrandt, 28./29.10.1997.
184 Ruschenzewa: S. 76.
185 Interview mit Nora Pfeffer, 07./08.04.1997.
186 Interview mit Aleksandra Okunjewa, 03.-05.04.1998.
187 Interview mit Serafima Alikina, 03.-05.04.1998.
188 Interview mit Aleksandra Okunjewa, 03.-05.04.1998.
189 Interview mit Anna Kandalina, 06.04.1998.
190 Solschenizyn: GULAG. Folgeband, S. 449.
191 Leonhard: S. 126.
192 Solschenizyn: GULAG. Folgeband, S. 450 f.
193 GARF 8401/1/31/3, Instruktion von 1947, Pkt. 312.
194 Ebenda, Pkt. 312-314.
195 Lipper: S. 192.
196 Interview mit Ola Popadyn, 1997.
197 Richter: S. 359.
198 Interview mit Helena Kutscherowa-Koch, 16.07./13.08.1997.
199 Jakobs: MÄD, S. 121.
200 Lipper: S. 195.
201 Bronska-Pampuch: S. 272.
202 Leonhard: S. 642.
203 Interview mit Frieda Mayer-Melikowa, 25./26.10.1997. Leonhard: S. 642.
204 Interview mit Eleonora Leibbrandt, 28./29.10.1997.
205 Interview mit Helena Kutscherowa-Koch, 16.07./13.08.1997.
206 Interview mit Ola Popadyn, 1997.
207 Vitzthum: S. 188.
208 Leonhard: S. 643.
209 Golnipa: S. 178.
210 Hagen-Torn: S. 155. Leonhard: S. 641.
211 Vgl. Teatr Gulaga. Vospominanija, ocerki, Moskwa 1995.
212 Joffe: S. 184.
213 Interview mit Ida Konrad, 08./09.01.1998.
214 Helena Kutscherowa-Koch: Durch Furcht und Finsternis. Schriftliche Lagererinnerungen, ungedruckt, o. O., o. J.
215 Iewlewa: S. 40 f.
216 Interview mit Helena Kutscherowa-Koch, 16.07./13.08.1997.

217 Wolowitsch: S. 484. Auch Wolowitsch, Chawa: O Proschlom, in: Teatr Gulaga, S. 143 ff.

218 Interview mit Helena Kutscherowa-Koch, 16.07./13.08.1997. Ginsburg: Gratwanderung, S. 37.

219 Solschenizyn: GULAG. Folgeband, S. 483.

220 Joffe: S. 184. Kultschitska, Norilski Memorial, April 1990, S. 27.

221 Hagen-Torn: S. 174.

222 Interview mit Hilda Schlegel, 26.05.1997.

223 Interview mit Eleonora Leibbrandt, 28./29.10.1997, Interview mit Mimi Brichmann, 18.12.1992-15.02.1993.

224 Bronska-Pampuch: S. 271 f.

225 Frischer: S. 383.

226 Ginsburg: Gratwanderung, S. 120.

6. Zwangsarbeit

1 Archiv des Karlag, 288/14, Instruktion von 1939, Pkt. 35. GARF 8401/1/316/3, Instruktion von 1947, Pkt. 89.

2 Ebenda, Pkt. 68.

3 Ebenda, Pkte. 72-75.

4 Buber-Neumann: S. 143. Ginsburg: Gratwanderung, S. 58. Bei Bronska-Pampuch, S. 382, heißt es für das gleiche Lager auf Kolyma: arbeitsfrei ab minus 53° C.

5 GARF 8401/1/316/3, Instruktion von 1947, Pkte. 79-87.

6 Ebenda, Pkte. 76/77.

7 Archiv des Karlag, 112446, Häftlingsakte Anna Bodolanowa.

8 Archiv des Karlag, 184172, Häftlingsakte Christina Iwaschtschenko.

9 Archiv des Karlag, 177149, Häftlingsakte Maria Rand.

10 Leonhard: S. 691. Lipper: S. 175. Lewenstein, Henry: Unveröffentlichter Bericht, 1997, S. 4. Henry Lewenstein arbeitete als inhaftierter Arzt im Lager und war an der Zuweisung der Kategorien beteiligt.

11 Herzmuskelerkrankung.

12 Archiv des Karlag, 184179, Häftlingsakte Ekatarina Korostelewa.

13 Joffe: S. 222.

14 Leonhard: S. 273.

15 Joffe: S. 223.

16 Lewenstein: Unveröffentlichter Bericht, S. 18.

17 Interview mit Mia Spitz, 13.10.1983-26.03.1984, Haftzeit 1938-1946. Witschel: S. 141, Haftzeit: 1947-1955.

18 Vitzthum: S. 143. Interview mit Luise Hörmann, 15./16.06.1998.

19 Infektionskrankheit, Maltafieber.

20 Lagertagebuch von Sofia Main, Kopie in meinem Besitz.

21 Archiv des Karlag, 79/10URO/Bl. 97, Bericht 01.01.1940. Archiv des Karlag, 519/33/Bl. 16, Bericht Januar 1951.

22 Diese Gesamtzahl weicht um 108 von der Gesamtzahl der Häftlinge ab, die eingangs des Berichtes genannt wurde. Rechenfehler im Bericht!

23 Leonhard: S. 172.

24 Adamowa-Sliosberg: S. 83.

25 Witschel: S. 163.

26 Interview mit Klara D., 10.06., 26./27.08.1991. Richter: S. 341.

27 GARF 8401/1/31/3, Instruktion von 1947, Pkt. 307-310.

28 Ebenda, Pkt. 309.

29 Archivauskunft des MWD für Faina Nauschütz vom 26.05.1992, Kopie in meinem Besitz. Interview mit Nora Pfeffer, 07./08.04.1997.

30 Archiv des Karlag, 136107, Häftlingsakte Maria Slonowa.

31 Archiv des Karlag, 184179, Häftlingsakte Ekatarina Korostelewa.

32 Archiv des Karlag, 177149, Häftlingsakte Maria Rand.

33 Archiv des Karlag, 136107, Häftlingsakte Maria Slonowa.

34 GARF 8401/1/316/3, Instruktion von 1947, Pkt. 285.

35 Archiv des Karlag, 288/14, Instruktion von 1939, Pkt. 114. GARF 8401/1/316/3, Instruktion von 1947, Pkt. 288.

36 GARF 8401/1/316/3, Instruktion von 1947, Pkt. 312 f.

37 Archiv des Karlag, 519/33/Bl. 18, Bericht Januar 1950.

38 Ebenda, Bl. 19.

39 Ebenda.

40 Ebenda, Bl. 25.

41 Kowalska: S. 75.

42 Lipper: S. 172.

43 Ebenda, S. 187.

44 Frischer: S. 376.

45 Ebenda, S. 401.

46 Ebenda, S. 424.

47 Ebenda, S. 425.

48 Interview mit Antonie Satzger, 15./16.06. und 25.09.1992.

49 Kono: S. 14.

50 Golnipa: S. 159.

51 Ebenda.

52 Ebenda, S. 160.

53 Ebenda, S. 166.

54 Ebenda.

55 Ebenda, S. 168.

56 Nurmina: S. 122 f.

57 Interview mit Ljuba Ukrainska und Ola Popadyn, 1997.

58 Bronska-Pampuch: S. 311.

59 SAPMO im BArch, Berlin, Bestand SED, Erinnerungen Christina Kjossewa, EA 1940.

60 Ebenda.

61 Platais: S. 217.

62 Interview mit Helena Kutscherowa-Koch, 16.07./13.08.1997.
63 Richter: S. 307f.
64 Interview mit Mia Spitz, 13.10.1983-26.03.1984.
65 Lipper: S. 185.
66 SAPMO im BArch, Berlin, Bestand SED, Erinnerungen Christina Kjossewa, EA 1940. Ginsburg: Gratwanderung, S. 83.
67 Lipper: S. 186.
68 Interview mit Sofia Main, 15.06.1997. Buber-Neumann: S. 143.
69 Siebenaicher: S. 50.
70 SAPMO im BArch, Berlin, Bestand SED, Christina Kjossewa, EA 1940.
71 Sidorkina: Manuskript der Erinnerungen, Teil II, S. 36.
72 Interview mit Klara D., 10.06. u. 26./27.08.1991.
73 GARF 8401/1/31/3, Instruktion von 1947, Pkt. 96.
74 Ginsburg: Gratwanderung, S. 57.
75 Lipper: S. 153 (3 bis 6 m^3. Die Norm richtete sich, so Elinor Lipper, nach der Dichte des Waldes, S. 171). SAPMO im BArch, Berlin, Bestand SED, Erinnerungen Christina Kjossewa, EA 1940 (8 m^3). Ginsburg: Marschroute, S. 366 (8 m^3). Oliskaja: Teil I, S. 259 (9 m^3 für vier Frauen, denen aber insgesamt nur eine Säge und ein Beil zur Verfügung standen).
76 Chyz, Martha: Women and Child in the Modern System of Slavery – USSR, Toronto/New York 1962, S. 119f.
77 Interview mit Hilda Schlegel, 26.05.1997.
78 Interview mit Julie Bevern, 09.-11.09.1991.
79 Golnipa: S. 149f.
80 Interview mit Emilie B., 11./12.08.1997.
81 Rudzka: S. 164.
82 Ginsburg: Marschroute, S. 367.
83 SAPMO im BArch, Berlin, Bestand SED, Erinnerungen Christina Kjossewa, EA 1940.
84 Interview mit Emilie B., 11./12.08.1997.
85 Wolowitsch: S. 474.
86 Lipper: S. 187.
87 Interview mit Irmgard Schünemann, 28.06.-17.07.1991.
88 Kersnowskaja: S. 240.
89 Ebenda, S. 242.
90 Interview mit Nonna Tschekanowa-Janzen, 13./14.08.1997.
91 Interview mit Emilie B., 11./12.08.1997. Witschel: S. 138ff.
92 Witschel: S. 122.
93 Ginsburg: Gratwanderung, S. 61.
94 Interview mit Mimi Brichmann, 18.12.1992-15.02.1993.
95 Interview mit Mia Spitz vom 13.10.1983-26.03.1984.
96 Witschel: S. 150.
97 Joffe: S. 172.
98 Bronska-Pampuch: S. 292.

99 Leonhard: S. 610.
100 Interview mit Ida Konrad, 08./09.01.1998.
101 Leliwa, Camilla: Zeugenaussage, in: Eine Welt hinter Stacheldraht. Weißbuch über sowjetische Konzentrationslager. Protokoll der öffentlichen Verhandlung der »Internationalen Kommission zur Bekämpfung des Konzentrationslagersystems«, Brüssel, 21.-26. Mai 1951, S. 91 ff.
102 Platais: S. 213.
103 Rudzka: S. 134.
104 Leonhard: S. 228.
105 Ebenda, S. 294 f.
106 Ebenda, S. 316.
107 Witschel: S. 137.
108 Ebenda, S. 132.
109 Leonhard: S. 228.
110 Witschel: S. 131 f.
111 Nurmina: S. 18.
112 SAPMO im BArch, Berlin, Bestand SED, Erinnerungen Christina Kjossewa, EA 1940.
113 Sidorkina: Dodnes tjagoteet, S. 304.
114 Richter: S. 334.
115 Leonhard: S. 336.
116 Lipper: S. 193.
117 Bronska-Pampuch: S. 292.
118 Interview mit Mia Spitz, 13.10.1983-26.03.1984.
119 Interview mit Enni Kiutto, 25./27.10.1998.
120 Kersnowskaja: S. 335.
121 Hagen-Torn: S. 155.
122 Ginsburg: Marschroute, S. 367.
123 Ebenda, S. 369.
124 Solschenizyn: GULAG, Folgeband, S. 120.
125 Richter: S. 318.
126 Leipman: S. 58.
127 Archiv des Karlag, 136107, Häftlingsakte Maria Slonowa.
128 Kersnowskaja: S. 246.
129 Interview mit Eleonora Leibbrandt, 28./29.10.1997.
130 Kolbe: S. 117.
131 Mayer-Melikowa: Leben, S. 42.
132 Interview mit Mimi Brichmann, 18.12.1992-15.02.1993.
133 Adamowa-Sliosberg: S. 83.
134 Platais: S. 215. Kolbe: S. 116.
135 Archiv des Karlag, 519/33/Bl. 25, Bericht Januar 1951.
136 Platais: S. 216.
137 Leonhard: S. 235.
138 Lipper: S. 171 f.

139 Archiv des Karlag, 519/33/Bl. 24, Bericht Januar 1951.
140 Ebenda.
141 Kersnowskaja: S. 351.
142 Lipper: S. 186
143 Interview mit Antonie Satzger, 15./16.06. und 25.09.1992.
144 Frischer: S. 381.
145 Lipper: S. 186.
146 Interview mit Nora Pfeffer, 07./08.04.1997. Interview mit Ola Popadyn, 1997. Lipper: S. 187.
147 Ginsburg: Marschroute, S. 371.
148 Ebenda, S. 372.
149 Adamowa-Sliosberg: S. 64.
150 Golnipa: S. 168. Leonhard: S. 614.
151 Buber-Neumann: S. 79.
152 Interview mit Eleonora Leibbrandt, 28./29.10.1997.
153 Richter: S. 310.
154 Leonhard: S. 615. Lipper: S. 188 f.
155 Leonhard: S. 191.
156 Interview mit Eleonora Leibbrandt, 28./29.10.1997.
157 Ginsburg: Gratwanderung, S. 89 f. Leonhard: S. 202.
158 Interview mit Ida Konrad, 08./09.01.1998.
159 Kolbe: S. 117 f.
160 Ruschenzewa: S. 75. Interview mit Faina Nauschütz, 21./24.01.1997.
161 Frischer: S. 58.
162 Interview mit Irmgard Schünemann, 28.06.-17.07.1991.
163 Interview mit Antonie Satzger, 15./16.06. und 25.09.1992.
164 Archiv des Karlag, 288/14, Instruktion von 1947, Pkt. 126. GARF 8401/1/31/3, Instruktion von 1947, Pkt. 233.
165 Lipper: S. 225.
166 Archiv des Karlag, 79/10URO/Bl. 86, Bericht vom 01.11.1939.
167 Interview mit Ljuba Ukrainska 1997.
168 Golnipa: S. 182 f.
169 Interview mit Nora Pfeffer, 07./08.04.1997.
170 Leonhard: S. 704.
171 Ebenda, S. 705. Lipper: S. 226 ff.
172 Leonhard: S. 706.
173 Interview mit Ljuba Ukrainska, 1997.
174 Leonhard: S. 705.
175 Golnipa: S. 184. Lipper: S. 228.
176 Leipman: S. 58.
177 Interview mit Faina Nauschütz, 21./24.01.1997.
178 Interview mit Emilie B., 11./12.08.1997.
179 Interview mit Nora Pfeffer, 07./08.04.1997.
180 Interview mit Mia Spitz, 13.10.1983-26.03.1984.

181 SAPMO im BArch, Berlin, Bestand SED, Erinnerungen Christina Kjossewa, EA 1940.

182 Interview mit Ljuba Ukrainska, 1997.

183 Interview mit Antonie Satzger, 15./16.06. und 25.09.1992.

184 Kersnowskaja: S. 267.

185 Interview mit Ida Konrad, 8./9.01.1998.

186 Interview mit Mimi Brichmann, 18.12.1992/15.02.1993.

187 Vitzthum: S. 129.

188 Lipper: S. 186. Hervorhebung im Original.

189 SAPMO im BArch, Berlin, Bestand SED, Erinnerungen Martha Globig, EA 0287.

190 Kolbe: S. 116.

191 Sidorkina: Dodnes tjagoteet, S. 304.

192 Adamowa-Sliosberg: S. 59.

193 Ebenda, S. 68 ff.

194 Anmerkung von Helena Kutscherowa-Koch nach dem Lesen des Buchmanuskriptes, 2000.

7. Hungeralltag

1 Lipper: S. 175.

2 Garai, Dorothea: Aus den Lagergeschichten einer deutschen Kommunistin, in: Neues Deutschland, 15./16.06.1996, S. 13.

3 Die Angabe der einzelnen Verpflegungsnormen erfolgt aufgrund folgender Quellen: GARF 5446/29a/12, Bl. 190, Verpflegungsnormen vom 04.07.1939; GARF 8401/1/646/Bl. 492 ff., Verpflegungsnormen vom 03.12.1942, zugrunde liegen die Festlegungen der Ration für schwere allgemeine Arbeit (Norm Nr. 3); Archiv des Karlag, 228/1, Verpflegungsnormen vom 01.01.1945, zugrunde liegen die Festlegungen der Norm Nr. 1. Die Norm Nr. 1 garantierte bei Normerfüllung 550 Gramm Brot. Der Versorgungsinstruktion nach hing die genaue Höhe der Brotration von der Übererfüllung der Arbeitsnorm ab. Der Chef des Lagerpunktes verfügte, in welcher Art die Zusatzversorgung zu verabreichen war, entweder als zusätzliche Brotration – etwa dreimal 100 Gramm, insgesamt 850 Gramm – oder als Suppe bzw. Grütze aus dem Kessel.

GARF 8401/1a/856, Bl. 31, Verpflegungsnormen vom 10.08.1949. Die Berechnung des Kaloriengehaltes erfolgt nach Oberritter, Helmut: Kalorien- und Nährwerttabelle, Niedernhausen/Taunus 1996, S. 24-84; im einzelnen: Roggenbrot: 100 g – 213 kcal, Backschrot: 100 g – 321 kcal, Eierteigwaren: 100 g – 352 kcal, Kochfleisch vom Schwein: 100 g – 187 kcal, roher Hering: 100 g – 206 kcal, Mittelwert von Kartoffeln, roh: 100 g – 71 kcal und Weißkohl, roh: 100 g – 25 kcal, d. h. 48 kcal.

4 Oberritter: Kalorien- und Nährwerttabelle, S. 93.

5 GARF 5446/29a/12, Bl. 189, Verpflegungsnormen vom 04.07.1939.

6 Ebenda, Bl. 190.
7 GARF 8401/1/646, Bl. 492 ff., Verpflegungsnormen vom 03.12.1942.
8 Für die Lager im hohen Norden bzw. auf Kolyma galten geringfügig höhere Verpflegungsnormen.
9 GARF 8401/1/646, Bl. 504, Verpflegungsnormen vom 03.12.1942.
10 Ebenda, Bl. 504 f.
11 Ebenda, Bl. 497.
12 Ebenda, Bl. 497.
13 Ebenda, Bl. 498.
14 Archiv des Karlag, 228/1, Verpflegungsnormen vom 01.01.1945.
15 Ebenda.
16 Ebenda.
17 GARF 8401/1a/856, Bl. 26-48, Verpflegungsnormen vom 10.08.1949.
18 Ebenda, Norm 1a, Norm 2, Norm 3. Liste der 34 Lager, Bl. 48.
19 Ebenda, Bl. 46, Norm 10.
20 Ebenda, Bl. 27.
21 Ebenda, Bl. 29 f.
22 Archiv des Karlag, 228/1, Pkte. 21-40, Verpflegungsnormen vom 01.01.1945.
23 Ebenda, Pkte. 33-40.
24 GARF 8401/1/31/3, Instruktion von 1947, Pkte. 176-199.
25 Ebenda, Pkt. 197.
26 Archiv des Karlag, 519/33/Bl. 20, Bericht Januar 1951.
27 Interview mit Sofia Main, 15.06.1997.
28 Interview mit Nora Pfeffer, 07./08.04.1997.
29 GARF 8401/1/315, T. 1, Pkt. 56, Verpflegungsnormen vom 29.02.1940.
30 Archiv des Karlag, 228/1, Pkte. 23-32, Verpflegungsnormen vom 01.01.1945.
31 GARF 8401/1/31/3, Instruktion von 1947, Pkte. 188 u. 189.
32 Archiv des Karlag, 519/33/Bl. 20, Bericht Januar 1951.
33 Rudzka: S. 134.
34 Lewinson: S. 39.
35 Lipper: S. 175.
36 Witschel: S. 8.
37 Interview mit Antonie Satzger, 15./16.06. und 25.09.1992.
38 Interview mit Mimi Brichmann, 18.12.1992-15.02.1993.
39 Interview mit Alice S., 13./14. u. 17.01.1997.
40 Interview mit Irmgard Schünemann, 28.06.-17.07.1991.
41 Interview mit Ljuba Ukrainska, 1997.
42 Frischer: S. 410.
43 Witschel: S. 223.
44 Ruschenzewa: S. 72.
45 Buber-Neumann: S. 84.
46 Doppelinterview mit Serafima Alikina und Alexandra Okunjewa, 03./05.04.1998. Interview mit Anna Kandalina, 06.04.1998.
47 Leonhard: S. 616.

48 Interview mit Hilda Schreiner, 16./17.06.1997.
49 Interview mit Julie Bevern, 09.-11.09.1991.
50 Interview mit Mimi Brichmann, 18.12.1992-15.02.1993. Interview mit Julie Bevern, 09.-11.09.1991.
51 Frischer: S. 410.
52 SAPMO im BArch, Berlin, Bestand SED, Christina Kjossewa, EA 1940.
53 Richter: S. 33.
54 Interview mit Nonna Tschekanowa-Janzen, 13./14.08.1997.
55 Interview mit Ola Popadyn, 1997.
56 Vitzthum: S. 143.
57 Interview mit Ruth Z., 24.06.-16.07.1991.
58 Richter: S. 308.
59 Interview mit Julie Bevern, 09.-11.09.1991.
60 Interview mit Emilie B., 11./12.08.1997.
61 Interview mit Helena Kutscherowa-Koch, 16.07. u. 13.08.1997.
62 Leonhard: S. 617.
63 Archiv des Karlag, 127/1c, Befehl des Chefs der Verwaltung des Karagandinsker Besserungsarbeitslagers des MWD der UdSSR über die Ergebnisse einer Überprüfung der sanitären und anderen Lebensbedingungen in der Akmolinsker Abteilung sowie ausgesprochene Disziplinarmaßnahmen vom 22.06.1949.
64 Lipper: S. 179 f.
65 Kersnowskaja: S. 243.
66 Interview mit Helena Kutscherowa-Koch, 16.07. u. 13.08.1997. Kolbe: S. 119.
67 Interview mit Luise Hörmann, 15./16.06.1998.
68 Buber-Neumann: S. 118.
69 Ruschenzewa: S. 72.
70 Interview mit Eleonora Leibbrandt, 28./29.10.1997. SAPMO im BArch, Berlin, Bestand SED, Christina Kjossewa, EA 1940.
71 Leonhard: S. 619.
72 Golnipa: S. 156.
73 Interview mit Eleonora Leibbrandt, 28./29.10.1997.
74 Kersnowskaja: S. 238.
75 Platais: S. 215.
76 Richter: S. 320.
77 Interview mit Mia Spitz, 13.10.1983-26.03.1984.
78 Buber-Neumann: S. 142.
79 Platais: S. 217 f.
80 Interview mit Adele Schiffmann, 08.-10.07.1991.
81 Interview mit Mimi Brichmann, 18.12.1992-15.02.1993.
82 Bronska-Pampuch: S. 230.
83 Witschel: S. 244.
84 Bucharina: S. 281.
85 Interview mit Nora Pfeffer, 07./08.04.1997.

86 Interview mit Ljuba Ukrainska, 1997.

87 Lipper: S. 174.

88 Interview mit Adele Schiffmann, 08.-10.07.1991.

89 Doppelinterview mit Serafima Alikina und Alexandra Okunjewa, 03. u. 05. 04.1998.

90 Buber-Neumann: S. 157.

91 Witschel: S. 221.

92 Interview mit Irmgard Schünemann, 28.06.-17.07.1991. Interview mit Nonna Tschekanowa-Janzen, 13./14.08.1997. Interview mit Klara D., 10.06. u. 26./27.08.1991. Lipper: S. 177.

93 Nurmina: S. 120.

94 Interview mit Antonie Satzger, 15./16.06. und 25.09.1992.

95 Leonhard: S. 327.

96 Witschel: S. 126.

97 Siebenaicher: S. 42 f.

98 Platais: S. 214.

99 Interview mit Mimi Brichmann, 18.12.1992-15.02.1993.

100 Interview mit Antonie Satzger, 15./16.06. und 25.09.1992.

101 Richter: S. 341.

102 Interview mit Adele Schiffmann, 08.-10.07.1991.

103 Leonhard: S. 620 u. 327.

104 Adamowa-Sliosberg: S. 66.

105 Interview mit Frieda Mayer-Melikowa, 25./26.10.1997.

106 Interview mit Ida Konrad, 8./9.01.1998. Interview mit Ruth Z., 24.06./16.07.1991.

107 Golnipa: S. 168 f.

108 Leonhard: S. 656.

109 Interview mit Emilie B. 11./12.08.1997. Interview mit Hilda Schlegel, 26.05.1997.

110 Leonhard: S. 656.

111 Interview mit Ruth Z., 24.06./16.07.1991.

112 Witschel: S. 201.

113 Interview mit Luise Hörmann, 15./16.06.1998.

114 Interview mit Antonie Satzger, 15./16.06. und 25.09.1992.

115 Interview mit Hilda Schlegel, 26.05.1997. Ginsburg: Gratwanderung, S. 65.

116 Interview mit Irmgard Schünemann, 28.06.-17.07.1991.

117 Interview mit Ruth Z., 24.06./16.07.1991.

118 Interview mit Frieda Mayer-Melikowa, 25./26.10.1997.

119 Golnipa: S. 192.

120 Leonhard: S. 327.

121 Ebenda. Interview mit Ruth Z., 24.06./16.07.1991.

122 Kolbe: S. 120.

123 Interview mit Luise Hörmann, 15./16.06.1998.

124 Witschel: S. 105.

125 Leonhard: S. 616.

126 GARF 8401/12/315, t. 1, Bl. 5, Brief des Chefs der Moskauer Hauptverwaltung Lager, Major der Staatssicherheit Nasedkin, vom 23.01.1942.

127 Interview mit Mia Spitz, 13.10.1983-26.03.1984.

128 Richter: S. 317 f.

129 Buber-Neumann: S. 118.

8. Häftlinge

1 Bronska-Pampuch: S. 224.

2 Leonhard: S. 599.

3 Semskow, W. N.: GULAG (Istoriko-Soziologitscheskii Aspekt), Teil I, in: Soziologitscheskie Issledowanija, 1991, Nr. 6, S. 11. Zur Kritik Semskows vgl. Ahlberg, Rene: Stalinistische Vergangenheitsbewältigung. Auseinandersetzung über die Zahl der GULAG-Opfer, in: Osteuropa, 1992, Nr. 11, S. 921-937.

4 RSFSR: Russische Sozialistische Föderative Sowjetrepublik. In anderen Sowjetrepubliken trug der Paragraph, nach dem konterrevolutionäre Verbrechen verfolgt wurden, eine andere Nummer, so war es in der Ukrainischen SSR der § 54 oder in der Belorussischen SSR der § 63.

5 GARF 8414/1/1140, Bl. 231, Übersicht der Moskauer Hauptverwaltung Lager über die Zusammensetzung der Gefangenen nach dem Charakter ihres Verbrechens vom 01.10.1939.

6 Kuhr, Corinna: Kinder von »Volksfeinden« als Opfer der stalinistischen Säuberungen von 1937/38, Manuskript, Köln 1994, S. IV.

7 Vgl. Ugolownyi Kodeks R.S.F.S.R., Redakzii 1926 goda, Moskwa 1928, § 59-135.

8 Archiv des Karlag, 214937, Häftlingsakte Soja Ababkowa.

9 Archiv des Karlag, 214983, Häftlingsakte Tatjana Popyrina.

10 Archiv des Karlag, 4068 u. 4147, Häftlingsakte Uljana und Fekla Ignatenko bzw. Maria Ignatenko.

11 Leonhard: S. 600.

12 Archiv des Karlag, 35/5URO, Bl. 46, Statistischer Monatsbericht Dolinka, Karlag, Mai 1935.

13 GARF 8114/1/1140, Bl. 160; Übersicht, 01.04.1939.

14 Archiv des Karlag, 79/10URO, Bl. 97, Bericht vom 01.01.1940.

15 Ginsburg: Marschroute, S. 302. Joffe: S. 183.

16 Lewinson: S. 41.

17 GARF 8414/1/1140, Bl. 190, Übersicht 01.01.1939.

18 Nach einem Bericht der Verwaltung des Lagers Dolinka (Karlag) vom Mai 1935 befanden sich unter den inhaftierten Frauen: 41 % Bäuerinnen, 30 % ohne »bestimmte Beschäftigung«, und die übrigen waren Angestellte bzw. übten andere Tätigkeiten aus. Archiv des Karlag, 35/35URO, Bericht Dolinka, Mai 1935.

19 Adamowa-Sliosberg: S. 26 f.

20 Ginsburg: Marschroute, S. 252.
21 Platais: S. 211.
22 Lewinson: S. 15.
23 Lipper: S. 156f.
24 Vitzthum: S. 152.
25 Lipper: S. 157.
26 Hagen-Torn: S. 206.
27 Alle Angaben und Zitate dieses Abschnittes Archiv des Karlag, 4209, Häftlingsakte Maria Dawtjan.
28 Die Informationen stellte freundlicherweise Nikolai Frolow, MEMORIAL-Zentrum in Tscheremschan, Republik Tatarstan, GUS, zur Verfügung.
29 Archiv des Karlag, 184172, Häftlingsakte Christina Iwaschtschenko.
30 Die Informationen stellte freundlicherweise Rafail Chisamow, Vertreter von MEMORIAL und wissenschaftlicher Mitarbeiter im Pasternak-Museum Tschistopol, Republik Tatarstan, GUS, zur Verfügung. Er hat 1993 die NKWD-Untersuchungsakte von Serafima Alikina im Kasaner KGB-Archiv eingesehen. Archiv des KGB, Kasan, 25533.
31 Archiv des Karlag, 4155, Häftlingsakte Anisija Gergeljuk.
32 Hagen-Torn: S. 152.
33 Lipper: S. 127.
34 Doppelinterview mit Serafima Alikina und Aleksandra Okunjewa, 03./05.04.1998. Interview mit Anna Kandalina, 06.04.1998.
35 Chyz, Martha: Woman and Child in the Modern System of Slavery, Toronto/New York 1962, S. 60.
36 Interview mit Luise Hörmann, 16./17.06.1998.
37 Buber-Neumann: S. 118.
38 Doppelinterview mit Serafima Alikina und Aleksandra Okunjewa, 03./05.04.1998.
39 Interview mit Ljuba Ukrainska, 1997.
40 Hagen-Torn: S. 153.
41 GARF 8414/1/1140, Bl. 160f., Übersicht über die Anzahl der Häftlinge in den Lagern des NKWD nach dem Charakter ihres Verbrechens vom 01.04.1939.
42 Als »Überläufer« wurden im Sprachgebrauch des NKWD Personen bezeichnet, die illegal die Staatsgrenze zur UdSSR überschritten, auch wenn sie als politische Sympathisanten oder Flüchtlinge kamen. Unter diesen Personen vermutete man eingeschleuste Spione, die einfach präventiv inhaftiert wurden.
43 Auf den Raub »sozialistischen Eigentums« standen nach diesem Gesetz zehn Jahre Zwangsarbeit, teils die Todesstrafe. Vgl. Stettner: »Archipel GULag«, S. 101.
44 Interview mit Nora Pfeffer, 07./08.04.1997.
45 Interview mit Frieda Mayer-Melikowa, 25./26.10.1997.
46 Joffe: S. 144.
47 Leonhard: S. 632.
48 Sidorkina: Manuskript der Erinnerungen, Teil II, S. 40.

49 Leonhard, S. 531. Interview mit Eleonora Leibbrandt, 28./29.10.1997.
50 Jakobs: MÄD, S. 118.
51 Buber-Neumann, S. 132.
52 Schulz: S. 214. Sidorkina: Manuskript der Erinnerungen, Teil II, S. 33.
53 Sidorkina: Manuskript der Erinnerungen, Teil II, S. 33.
54 Buber-Neumann: S. 81 f.
55 Nurmina: S. 69.
56 SAPMO im BArch, Berlin, Bestand SED, Christina Kjossewa, EA 1940.
57 Joffe: S. 143.
58 Buber-Neumann: S. 80 f.
59 Leonhard: S. 341 f.
60 Vitzthum: S. 123.
61 Interview mit Antonie Satzger, 15./16.06. und 25.09.1992.
62 Kolbe: S. 120.
63 Vitzthum: S. 158.
64 Bronska-Pampuch: S. 138.
65 Archiv des Karlag, 519/33, Bl. 15, Bericht Januar 1951.
66 Interview mit Eleonora Leibbrandt, 28./29.10.1997.
67 Leonhard: S. 634.
68 Interview mit Eleonora Leibbrandt, 28./29.10.1997.
69 Leonhard: S. 634.
70 Witschel: S. 108.
71 Vgl. Potanow, S. M.: Slowar Schargona Prestupnikow (blatnaja musyka), Moskwa 1927. Das Wörterbuch war eine überarbeitete Fassung von 1923, um über die Kenntnis dieses Jargons »Verbrechen vorzubeugen und aufzudecken«. Auch Meyer, Galler, Marquess, Harlan E.: Soviet Prison Camp Speech. A Survivor's Glossary, Madison, Wisconsin, 1972.
72 Interview mit Eleonora Leibbrandt, 28./29.10.1997.
73 Interview mit Luise Hörmann, 15./16.06.1998. Leonhard: S. 670 f.
74 Interview mit Mimi Brichmann, 18.12.1992-15.02.1993.
75 Interview mit Sofia Main, 15.06.1997.
76 Kolbe: S. 120
77 Leonhard: S. 633.
78 Golnipa: S. 262.
79 Interview mit Nora Pfeffer, 07./08.04.1997. Witschel: S. 102. Golnipa: S. 182.
80 GARF 9414/1/1140, Bl. 10, Übersicht der GULag über den Bestand Minderjähriger in den Lagern des NKWD vom 01.10.1939.
81 Archiv des Karlag, 35/5URO, Liste vom 03.05.1935, Bericht Dolinka, Mai 1935.
82 Buber-Neumann: S. 149. Vitzthum: S. 100 f.
83 Vitzthum: S. 101 ff.
84 Solschenizyn: GULAG, Folgeband, S. 433.
85 Henry Lewenstein: Unveröffentlichter Bericht, S. 29.
86 Rudzka: S. 78.

87 Vitzthum: S. 103.

88 Abgeleitet ist der Begriff »Bytowiki« von »Bytowye prestuplenia« – »gewöhnliche Delikte bzw. Verbrechen«, vor allem Dienst- und Wirtschaftsvergehen nach § 109-121 und § 128-135 des Strafgesetzbuches der RSFSR.

89 Leonhard: S. 598.

90 Archiv des Karlag, 79/10URO/Bl. 94, Bericht vom 01.11.1939.

91 Archiv des Karlag, 79/10URO/Bl. 98, Bericht vom 01.01.1940.

92 Vitzthum: S. 111.

93 Buber-Neumann: S. 82.

94 Jakobs: MÄD, S. 119.

95 Archiv des Karlag, 519/33/Bl. 7, Übergabebericht Januar 1951.

96 Interview mit Julie Bevern, 09.-11.09.1991.

97 Ljudyno: S. 8 ff.

98 Ginsburg: Marschroute, S. 320.

99 Ginsburg: Gratwanderung, S. 133.

100 Ebenda, S. 81 f.

101 Lipper: S. 130.

102 Interview mit Faina Nauschütz, 21./24.01.1997. Interview mit Hilda Schlegel, 26.05.1997.

103 Lipper: S. 132.

104 Chyz: S. 130.

105 Lipper: S. 131.

106 Interview mit Irmgard Schünemann, 28.06.-17.07.1991.

107 Bronska-Pampuch: S. 214.

108 Stettner: »Archipel GULag«, S. 182, 186.

109 Lipper: S. 130.

110 Archiv des Karlag, 18/5Prikasy/Bl. 443, Befehl des Chefs der Verwaltung des Karlag vom 20.12.1937.

111 Interview mit Klara D., 10.06., 26./27.08.1991.

112 Interview mit Frieda Mayer-Melikowa, 25./26.10.1997.

113 Leonhard: S. 530.

114 Interview mit Alice S., 13.-17.01.1997.

115 Richter: S. 331 f.

116 SAPMO im BArch, Berlin, Bestand SED, Christina Kjossewa, EA 1940.

117 Kolbe: S. 121.

118 Interview mit Käte L., 15./17.04.1991.

119 Interview mit Antonie Satzger, 15./16.06. und 25.09.1992.

120 Lewinson: S. 44.

121 Buber-Neumann: S. 134.

122 Ginsburg: Marschroute, S. 321.

123 GARF 8414/1/1140, Bl. 229, Übersicht der GULag über den Bestand der Häftlinge in Lagern des NKWD nach ihrer Nationalität vom 01.10.1939.

124 Offizielle Angaben nach der Volkszählung von 1939, in: Wsesojusnaja perepis naselenija 1939 goda. Osnownye itogi, Moskwa 1992, S. 57 f.

125 Vgl. In den Fängen des NKWD. Deutsche Opfer des stalinistischen Terrors in der UdSSR, Berlin 1991. McLoughlin, Barry, Schafranek, Hans, Szevera, Walter, Aufbruch, Hoffnung, Endstation. Österreicherinnen und Österreicher in der Sowjetunion 1925-1945, Wien 1996. Tischler, Carola: Flucht in die Verfolgung. Deutsche Emigranten im sowjetischen Exil 1933-1945, Münster 1996. Stark: Deutsche Frauen des Gulag.

126 Zur Verfolgung nationaler Minderheiten vgl. Tak eto bylo. Nazionalnye repressii w SSSR 1919-1952, Moskwa 1993. Und: Repressii protiw poljakow u polskich graschdan, MEMORIAL, Moskwa 1997.

127 Interview mit Hilda Schlegel, 26.05.1997.

128 Interview mit Luise Hörmann, 15./16.06.1998.

129 Interview mit Henrietta Herzfeld, 25.10.1998.

130 Interview mit Ruth Z., 24.06./16.07.1991.

131 Rudzka: S. 60.

132 Interview mit Ljuba Ukrainska, 1997.

133 Rudzka: S. 58.

134 Interview Mimi Brichmann, 18.12.1992-15.02.1993.

135 GARF 8414/1/1140, Bl. 190, Übersicht 01.01.1939.

136 Leonhard: S. 578.

137 Vitzthum: S. 130.

138 Interview mit Eva B., 07./08.10.1991.

139 Richter: S. 322.

140 Interview mit Julie Bevern, 09.-11.09.1991.

141 Interview mit Ljuba Ukrainska, 1997.

142 Interview mit Luise Hörmann, 15./16.06.1998. Ginsburg: Marschroute, S. 330.

143 Interview mit Frieda Mayer-Melikowa, 25./26.10.1997.

144 Interview mit Eleonora Leibbrandt, 28./29.10.1997.

145 Ginsburg: Gratwanderung, S. 152.

146 Hagen-Torn: S. 170.

147 Archiv des Karlag, 184221, Häftlingsakte Polina Tschartschis.

148 Hagen-Torn: S. 170.

149 Sidorkina: Manuskript der Erinnerungen, Teil II, S. 31.

150 Interview mit Frieda Mayer-Melikowa, 25./26.10.1997. Leonhard: S. 691, 694.

151 Leonhard: S. 694.

152 Ebenda, S. 691.

153 Archiv des Karlag, 79/10URO/Bl. 97, Bericht 01.01.1940.

154 9609 von 48 312 Häftlingen. Archiv des Karlag, 1/8/Bl. 321, Übersicht der Verwaltung des Karlag über den Bestand der Häftlinge vom 01.12.1950.

155 Richter: S. 311.

156 Leonhard: S. 201.

157 Jakobs: MÄD, S. 121.

158 Ginsburg: Gratwanderung, S. 43.

159 Ginsburg: Marschroute, S. 363.
160 Archiv des Karlag, 79/10URO/Bl. 99, Bericht 01.01.1940.
161 Leonhard: S. 142.
162 Ginsburg: Marschroute, S. 359 f.
163 Witschel: S. 149.
164 Interview mit Käte L., 15./17.04.1991. Vgl. Art and Life in the Gulag, Memorial Society Museum Catalogue, Moskwa 1998.
165 Nurmina: S. 93 f.
166 Lipper: S. 195.
167 Ginsburg: Gratwanderung, S. 42.
168 Bronska-Pampuch: S. 340.
169 Interview mit Luise Hörmann, 15./16.06.1998.
170 Ginsburg: Gratwanderung, S. 28.
171 Interview mit Nora Pfeffer, 07./08.04.1997.
172 Richter: S. 311 f.
173 Interview mit Eleonora Leibbrandt, 28./29.10.1997.
174 Interview mit Nora Pfeffer, 07./08.04.1997.
175 Interview mit Luise Hörmann, 15./16.06.1998.
176 Leonhard: S. 552.
177 Buber-Neumann: S. 157.
178 Jakobs: MÄD, S. 120.
179 Ebenda, S. 121.
180 Kersnowskaja: S. 288.
181 Leonhard: S. 200 ff.
182 Ebenda, S. 339.
183 Interview mit Luise Hörmann, 15./16.06.1998.
184 Ginsburg: Gratwanderung, S. 161 ff.
185 Interview mit Antonie Satzger, 15./16.06. und 25.09.1992.
186 Interview mit Nora Pfeffer, 07./08.04.1997.
187 Vitzthum: S. 164.
188 Buber-Neumann: S. 85.
189 Hagen-Torn: S. 219, 221.
190 Interview mit Nora Pfeffer, 07./08.04.1997.
191 Richter: S. 374.
192 Ginsburg: Marschroute, S. 275.
193 Ebenda, S. 308.
194 Ebenda, S. 309.
195 Leonhard: S. 166.
196 Ebenda, S. 666.
197 Lipper: S. 130.
198 Ebenda, S. 135.
199 Lewenstein: Unveröffentlichter Bericht, S. 4.
200 Leonhard: S. 666 f.
201 Ebenda, S. 189.

202 Oledzka, Barbara: Unveröffentlichter Bericht, MEMORIAL Krasnojarsk o.J., S. 8.
203 Interview mit Luise Hörmann, 15./16.06.1998.
204 Rudzka: S. 156.
205 Leonhard: S. 634.
206 Interview mit Käte L., 15./17.04.1991.
207 Platais: S. 216.
208 Archiv des Karlag, 214991, Häftlingsakte Agrafena Salowa.
209 Interview mit Käte L., 15./17.04.1991.
210 Ginsburg: Gratwanderung, S. 104.
211 Frischer: S. 433.
212 Leonhard: S. 666. Hervorhebung im Original.

9. Vereinzelung, Zusammenhalt, Widerstand

1 Bronska-Pampuch: S. 246.
2 Nurmina: S. 30. Den Begriff »Lagerethik« prägte der ehemalige Gulag-Häftling Warlam Schalamow, in: Ders.: Schocktherapie. Kolyma-Geschichten, Berlin 1990, S. 60.
3 Kersnowskaja: S. 12.
4 Interview mit Luise Hörmann, 15./16.06.1998.
5 Adamowa-Sliosberg: S. 36.
6 Jakowenko: Agnessa, S. 182.
7 Joffe: S. 164.
8 Witschel: S. 229.
9 Ginsburg: Gratwanderung, S. 213.
10 Vitzthum: S. 239.
11 Leonhard: S. 668.
12 Lipper: S. 180.
13 Kersnowskaja: S. 232.
14 Interview mit Luise Hörmann, 15./16.06.1998.
15 Interview mit Ljuba Ukrainska, 1997.
16 Bucharina: S. 17.
17 Leonhard: S. 668.
18 Nurmina: S. 30.
19 Hagen-Torn: S. 178.
20 Interview mit Hilda Schreiner, 16./17.06.1997.
21 Interview mit Antonie Satzger, 15./16.06. und 25.09.1992.
22 Interview mit Frieda Mayer-Melikowa, 25./26.10.1997.
23 Interview mit Eleonora Leibbrandt, 28./29.10.1997.
24 Solschenizyn: GULAG, Folgeband, S. 351 f.
25 Joffe: S. 159.
26 Ebenda.

27 Nurmina: S. 72.
28 Ginsburg: Marschroute, S. 292.
29 Ebenda, S. 301.
30 Lipper: S. 198.
31 Kersnowskaja: S. 238.
32 Ruschenzewa: S. 76.
33 Schtscherbakowa, Irina: Erinnerung und die Strategie des kollektiven und individuellen Überlebens im Gulag, in: Strategie des Überlebens. Häftlingsgesellschaften in KZ und Gulag, hrsg. von Robert Streibel und Hans Schafranek, Wien 1996, S. 84.
34 Platais: S. 210.
35 Dyck: S. 24.
36 Leonhard: S. 529.
37 Interview mit Mia Spitz, 13.10.1983-26.03.1984.
38 Adamowa-Sliosberg: S. 79.
39 Interview mit Luise Hörmann, 15./16.06.1998.
40 Vitzthum: S. 113.
41 Doppelinterview mit Serafima Alikina und Aleksandra Okunjewa, 3./5.04.1998.
42 Interview mit Hilda Schlegel, 26.05.1997.
43 Interview mit Frieda Mayer-Melikowa, 25./26.10.1997.
44 Interview mit Alice S., 13.-17.01.1997.
45 Interview mit Frieda Mayer-Melikowa, 25./26.10.1997.
46 Interview mit Anna Kandalina, 06.04.1998.
47 Jakobs: MÄD, S. 40.
48 Interview mit Antonie Satzger, 15./16.06. und 25.09.1992.
49 Interview mit Eva B., 07./08.10.1991.
50 Interview mit Praskowja S., 04.04.1998.
51 Leonhard: S. 250.
52 Ginsburg: Gratwanderung, S. 195.
53 Ebenda.
54 Interview mit Praskowja S., 04.04.1998.
55 Interview mit Luise Hörmann, 15./16.06.1998.
56 Frischer: S. 379.
57 Vitzthum: S. 89.
58 Frischer: S. 363.
59 Interview mit Luise Hörmann, 15./16.06.1998.
60 Interview mit Julie Bevern, 09.-11.09.1991.
61 Hagen-Torn: S. 197.
62 Buber-Neumann: S. 154.
63 Bronska-Pampuch: S. 241.
64 Dyck: S. 26.
65 Schulz: S. 220.
66 Interview mit Luise Hörmann, 15./16.06.1998.

67 Kolbe: S. 124.
68 Ebenda, S. 125.
69 Archiv des FSB, Smolensk, 315-e, Akte Adele Schiffmann.
70 Vitzthum: S. 95.
71 Archiv des Karlag, 177149, Häftlingsakte Maria Rand.
72 Leonhard: S. 122.
73 Interview mit Eleonora Leibbrandt, 28./29.10.1997.
74 Interview mit Emilie B., 11./12.08.1997.
75 Interview mit Frieda Mayer-Melikowa, 25./26.10.1997.
76 Leonhard: S. 188.
77 Archiv des Karlag, 2074, Häftlingsakte Wera Ermolaewa.
78 Interview mit Julie Bevern, 09.-11.09.1991.
79 Archiv des Karlag, 4067, Häftlingsakte Warwara Dunaewa.
80 Archiv des Karlag, 4050, Häftlingsakte Feona Akimowa.
81 Archiv des Karlag, 4123, Häftlingsakte Tamara Wolskaja. Die Erklärung ist im handschriftlichen Original in der Häftlingsakte von Tamara Wolskaja überliefert.
82 Ebenda.
83 Ebenda.
84 Lipper: S. 156f.
85 Vgl. Burmeister, Alfred (Pseudonym für Wanda Bronska-Pampuch): Der Aufstand von Kingir, in: Aus Politik und Zeitgeschichte, Beilage zur Wochenzeitung Das Parlament, 30.05.1956, S. 333, 341. Die aktive Teilnahme von Frauen beim Aufstand in Kingir bestätigt der Russe Andrei Wolkow in einem am 28.10.1998 in Karaganda, Kasachstan, geführten Interview. Vgl. auch Stettner: »Archipel GULag«, S. 345-354. Weitere Forschungen sind hier dringend notwendig!
86 Doppelinterview mit Serafima Alikina und Aleksandra Okunjewa, 03./05.04.1998.
87 Witschel: S. 161f.
88 Archiv des Karlag, 4068, Häftlingsakte Uljana und Fekla Ignatenko. Zu diesem Zeitpunkt befanden sich vier gläubige Schwestern der Ignatenkos im Karlag, verurteilt zu drei Jahren Lager sowie anschließender Zwangsansiedlung in entfernten Gebieten der UdSSR für eine Dauer von zehn Jahren bei gleichzeitiger Aberkennung der staatsbürgerlichen Rechte für fünf Jahre. Der Grund: »Vernichtung der Pässe, Widerstand gegen die Vertreter der Staatsgewalt bei der Ausführung dienstlicher Pflichten und Wohnen in einem Gebiet mit Paßzwang ohne Paß«. Alle folgenden Zitate stammen aus dieser Häftlingsakte.
89 Ebenda und Archiv des Karlag, 4147, Häftlingsakte Maria Ignatenko.
90 Archiv des Karlag, 3976, Häftlingsakte Natalija Sundukowa und andere.
91 Ebenda.
92 Ginsburg: Marschroute, S. 375.
93 Solschenizyn: GULAG, Folgeband, S. 384. Dort findet sich die Schilderung der Flucht einer politischen Gefangenen mit Unterstützung des freien Ehemannes.
94 Archiv des Karlag, 79/10URO/Bl. 87, Bericht 01.11.1939. Hier die Angaben für 1935 bis 1938. Die Angaben für 1939 bzw. 1950 in: Archiv des Karlag,

79/10URO/Bl. 102, Bericht 01.01.1940. Archiv des Karlag, 519/33/Bl. 22, Bericht Januar 1951.

95 Archiv des Karlag, 519/33/Bl. 22, Bericht Januar 1951.

96 Archiv des Karlag, 79/10URO/Bl. 103, Bericht 01.01.1940.

97 Archiv des Karlag, 79/10URO/Bl. 95, Bericht 01.11.1939.

98 Vitzthum: S. 203.

99 Frischer: S. 439. Interview mit Eleonora Leibbrandt, 28./29.10.1997.

100 Archiv des Karlag, 8132, Häftlingsakte Maria Mur.

10. Krankenversorgung und Häftlingssterben

1 Vitzthum: S. 177.

2 Archiv des Karlag, 79/10URO/Bl. 96, 98, Bericht 01.01.1940.

3 Ebenda, Bl. 99.

4 Archiv des Karlag, 79/10URO/Bl. 86, Bericht 01.11.1939.

5 Ginsburg: Gratwanderung, S. 61.

6 Interview mit Julie Bevern, 09.-11.09.1991. Interview mit Emilie B., 11./12.08.1997.

7 Golnipa: S. 192.

8 Interview mit Nonna Tschekanowa-Janzen, 13./14.08.1997.

9 Interview mit Mia Spitz, 13.10.1983-26.03.1984.

10 Lewinson: S. 39. Leonhard: S. 171.

11 Golnipa: S. 138.

12 Interview mit Ruth Z., 24.06./16.07.1991.

13 Wolowitsch: S. 483.

14 Interview mit Alice S., 13./17.01.1997.

15 GARF 8401/1/646/Bl. 499 f. Befehl des Volkskommissars des Innern der UdSSR über die Einführung neuer differenzierter Verpflegungsnormen für Häftlinge in den Besserungsarbeitslagern und -kolonien des NKWD der UdSSR vom 03.12.1942. Die Verpflegungsordnung von 1945 weist gegenüber der Krankennorm von 1942 nur marginale Änderungen auf. Archiv des Karlag, 228/1, Ordnung der Verpflegung der Häftlinge in Besserungsarbeitslagern und -kolonien des NKWD der UdSSR, bestätigt vom stellvertretenden Volkskommissar des NKWD, Tschernischow, gültig ab 01.01.1945.

16 Interview mit Ruth Z., 24.06./16.07.1991. Interview mit Mia Spitz, 13.10.1983-26.03.1984.

17 Lipper: S. 203.

18 Golnipa: S. 200.

19 Leonhard: S. 694, 703. Interview mit Nora Pfeffer, 07./08.04.1997.

20 Solschenizyn: GULAG, Folgeband, S. 207 f. Danach kamen auf ca. 500 Gefangene 15 Erholungsplätze.

21 Ebenda, S. 207. Solschenizyn spricht von zwei Wochen »Urlaub«. Bei Kuprijanowa, S. 7, ist die Rede von 24 Tagen. Leonhard, S. 694, sagt vier Wochen.

22 Archiv des Karlag, 277/18/Bl. 197, Rapport des Leiters der Sanitätsabteilung des Karlag vom 07.05.1940.

23 Ebenda, Bl. 197f.

24 Golnipa: S. 182.

25 Vitzthum: S. 177.

26 Golnipa: S. 151. Bei Solschenizyn, Folgeband, S. 205, heißt es: »Hat man jemals gehört, daß die Sanitätsstelle alle Kranken auch krank schrieb?« Ginsburg: Gratwanderung, S. 62.

27 Witschel: S. 166. Leonhard: S. 315f. Interview mit Nora Pfeffer, 07./08. 04.1997.

28 Golnipa: S. 152.

29 Leonhard: S. 702f.

30 Ginsburg: Marschroute, S. 375.

31 Kersnowskaja: S. 269.

32 Witschel: S. 156f.

33 Interview mit Ruth Z., 24.06./16.07.1991.

34 Vitzthum: S. 149.

35 Interview mit Luise Hörmann, 15./16.06.1998.

36 Kersnowskaja: S. 341. Die jüdische Ärztin überlebte die deutsche Okkupation versteckt in Odessa. »Das machte das NKWD ›mißtrauisch‹ und verurteilte sie, so Kersnowskaja, weil die ›Deutschen sie nicht erschossen hatten‹.«

37 Ginsburg: Marschroute, S. 326. Leonhard: S. 141, 273, auf S. 131 heißt es: »Der Arzt ist im Lager der einzige, der mal irgendwie helfen kann.«

38 Lipper: S. 224.

39 Vitzthum: S. 177.

40 Ebenda, S. 178.

41 Leipman: S. 66.

42 Interview mit Nora Pfeffer, 07./08.04.1997.

43 Lipper: S. 176. Bei Susanne Leonhard heißt es: »Die stille Sehnsucht fast aller Gefangenen war, einmal im Krankenhaus zu liegen.« (S. 702)

44 Leonhard: S. 703. Narjadschik: Angestellter der Registratur- und Verteilungsstelle, der die Gefangenen zur Arbeit einteilte.

45 Rudzka: S. 144.

46 Ginsburg: Gratwanderung, S. 60f. Golnipa: S. 126.

47 Sidorkina: Dodnes tjagoteet, S. 301.

48 Leonhard: S. 703.

49 Ebenda. Bei Nina Hagen-Torn heißt es auf S. 189, in normalen Lagerpunkten existierten Krankenstationen mit 15 bis 20 Betten.

50 Luise Hörmann über ein solches zahnärztliches Behandlungszimmer in Taischet: Die freie Zahnärztin verfügte über eine Bohrmaschine mit Fußantrieb, Betäubungsmittel gab es nicht, die Instrumente wurden mit Seifenwasser gereinigt. Interview mit Luise Hörmann, 15./16.06.1998.

51 Interview mit Nora Pfeffer, 07./08.04.1997.

52 GARF 8401/1/31/3, Instruktion von 1947, Pkte. 296, 297.

53 Ljudyno: S. 10.
54 Ginsburg: Gratwanderung, S. 164.
55 Archiv des Karlag, 184194, Häftlingsakte Elena Owtscharenko.
56 Herzmuskelentzündung.
57 Entzündung mehrerer Gelenke.
58 Luftansammlung im Gewebe.
59 Archiv des Karlag, 184179, Häftlingsakte Ekatarina Korostelewa.
60 Lendenlähmung, allgemein Hexenschuß.
61 Archiv des Karlag, 257104, Häftlingsakte Ernestine Henkel.
62 Archiv des Karlag, 184172, Häftlingsakte Christina Iwaschtschenko.
63 Arterienverkalkung.
64 Herzverkalkung.
65 Auszehrung, völliger Kräfteverfall.
66 Ginsburg: Gratwanderung, S. 164.
67 Golnipa: S. 126.
68 Nur bei Hilda Vitzthum heißt es über ihre achtjährige Lagerzeit, sie sei dort »nie wirklich krank gewesen«. Vitzthum: S. 209.
69 Interview mit Antonie Satzger, 15./16.06. und 25.09.1992.
70 Leonhard: S. 695.
71 Rudzka: S. 141.
72 Interview mit Julie Bevern, 09.-11.09.1991. Interview mit Luise Hörmann, 15./16.06.1998. Leonhard: S. 697f.
73 Interview mit Ruth Z., 24.06. u. 16.07.1991.
74 Ginsburg: Marschroute, S. 272.
75 So der ehemalige Lagerarzt Henry Lewenstein, Brief an den Autor vom 10.10.1997.
76 Leonhard: S. 698.
77 Golnipa: S. 126.
78 Kersnowskaja: S. 232. Interview mit Julie Bevern, 09.-11.09.1991. Interview mit Emilie B., 11./12.08.1997.
79 Leonhard: S. 697.
80 Vitzthum: S. 143.
81 Lewenstein, Brief an den Autor vom 10.10.1997.
82 Interview mit Julie Bevern, 09.-11.09.1991.
83 Garai: Briefwechsel, S. 763.
84 Kersnowskaja: S. 225. Leonhard: S. 340.
85 Interview mit Mia Spitz, 13.10.1983-26.03.1984. Leipman: S. 69.
86 Interview mit Alice S., 13./17.01.1997.
87 Interview mit Nora Pfeffer, 07./08.04.1997.
88 Golnipa: S. 130. Bei Maria Dyck, S. 26, heißt es: »Alle erkrankten und kratzten sich die Haut blutig.«
89 Interview mit Julie Bevern, 09.-11.09.1991.
90 Leonhard: S. 699.
91 Lewenstein: Brief an den Autor vom 10.10.1997.

92 Solschenizyn: Folgeband, S. 224. Eine Zeichnung dazu bei Baldajew, Dancik S.: Gulag-Zeichnungen, Frankfurt am Main 1993, S. 117.

93 Interview mit Alice S., 13./14. u. 17.01.1997.

94 Leonhard: S. 164.

95 Interview mit Ljuba Ukrainska, 1997.

96 Siebenaicher: S. 44. Susanne Leonhard spricht von einer »ganzen Anzahl« Geisteskranker in ihrem Lagerpunkt, Leonhard: S. 700.

97 Nina Hagen-Torn: S. 191. Golnipa: S. 132. Bronska-Pampuch: S. 312.

98 Leonhard: S. 701.

99 Kono: S. 15.

100 Ginsburg: S. 164.

101 Archiv des Karlag, 177149, Häftlingsakte Maria Rand. Kursiv gedruckte Worte bedeuten handschriftliche Eintragung im ansonsten vorgedruckten Totenschein.

102 Blutige Entzündung des Dickdarms.

103 Die Akten, aus denen diese Totenscheine stammen, wurden nach dem Zufallsprinzip aus dem Gesamtbestand der überlieferten Häftlingsakten des Karlag erhoben. Archiv des Karlag: 136107, Häftlingsakte Maria Slonowa; 209756, Häftlingsakte Fedora Korotkowa; 214983, Häftlingsakte Tatjana Popyrina; 214991, Häftlingsakte Soja Ababkowa; 213423, Häftlingsakte Ekatarina Lysowa; 177149, Häftlingsakte Maria Rand; 184172, Häftlingsakte Christina Iwaschtschenko; 184188, Häftlingsakte Ewdokija Martinko; 184175, Häftlingsakte Ksenija Kannunikowa; 177159, Häftlingsakte Marionella Zech; 205379, Häftlingsakte Natalja Burago; 214907, Häftlingsakte Wera Maslowa; 257104, Häftlingsakte Ernestine Henkel; 184182, Häftlingsakte Natalja Kudelja; 184194, Häftlingsakte Elena Otscharenko; 184221, Häftlingsakte Polina Tschartschis.

104 Ginsburg: Gratwanderung, S. 163.

105 Leonhard: S. 620. Interview mit Ruth Z., 24.06.-16.07.91.

106 Interview mit Luise Hörmann, 15./16.06.1998.

107 Lewenstein: Unveröffentlichter Bericht, S. 15.

108 Golnipa: S. 128.

109 Ginsburg: Marschroute, S. 280.

110 Archiv des Karlag, 2396, Häftlingsakte Aleksandra Wasilewa.

111 Vitzthum: S. 143, 146.

112 Stettner: »Archipel GULag«, S. 189 f.

113 Sistema Ispravitel'no-trudovych lagerei: S. 32, 48.

114 Stettner: »Archipel GULag«, S. 190.

115 Merl: Opferzahl, S. 293.

116 Stettner: »Archipel GULag«, S. 223.

117 Interview mit Frieda Mayer-Melikowa, 25./26.10.1997. Interview mit Eleonora Leibbrandt, 28./29.10.1997. Interview mit Julie Bevern, 09.-11.09.1991. Interview mit Ruth Z., 24.06.-16.07.1991. Leonhard: S. 141. Interview mit Faina Nauschütz, 21./24.01.1997.

118 Leonhard: S. 141. Bei Elinor Lipper, S. 206, heißt es, die Sterblichkeit von

Frauen war »erheblich niedriger«. Aussagekräftige statistische Angaben können diesbezüglich allerdings erst nach einer geschlechtsspezifischen Auswertung einer repräsentativen Anzahl von Häftlingsakten gemacht werden, die bis heute aussteht.

119 Leonhard: S. 141.

120 Lewenstein: Brief an den Autor vom 10.10.1997. Interview mit Hilda Schlegel, 26.05.1997.

121 Interview mit Luise Hörmann, 15./16.06.1998.

122 Interview mit Faina Nauschütz, 21./24.01.1997.

123 Lipper: S. 228.

124 Interview mit Antonie Satzger, 15./16.06. und 25.09.1992. Interview mit Luise Hörmann, 15./16.06.1998.

125 Lipper: S. 206 f.

126 Archiv des Karlag, 79/10URO/Bl. 96, Bericht 01.01.1940.

127 GARF 5446/29a/12, Bl. 190, Versorgungsnormen vom 04.07.1939. GARF 8401/1/646, Bl. 505, Verpflegungsnormen vom 03.12. 1942. GARF 8401/1a/856, Bl. 31, Versorgungsnormen vom 10.08.1949.

128 Garai: Lagergeschichten, S. 13.

129 Vitzthum: S. 197.

130 Garai: Briefwechsel, S. 752.

131 Jakowenko: Agnessa, S. 179.

132 Leonhard: S. 174.

133 Andrejew, Wladimir: Zeugenaussage, in: Eine Welt hinter Stacheldraht. Weißbuch über sowjetische Konzentrationslager. Protokoll der öffentlichen Verhandlung der »Internationalen Kommission zur Bekämpfung des Konzentrationslagersystems«, Brüssel, 21.-26.05.1951, S. 64. Vitzthum: S. 138.

134 Lipper: S. 84.

135 Richter: S. 351.

136 Interview mit Ida Konrad, 08./09.01.1998.

137 Interview mit Julie Bevern, 09.-11.09.1991.

138 Jakowenko: Agnessa, S. 179.

139 Interview mit Luise Hörmann, 15./16.06.1998.

140 Ginsburg: Gratwanderung, S. 164

141 Golnipa: S. 128.

142 Ebenda, S. 129.

143 Ginsburg: Marschroute, S. 281.

144 Lewenstein: Unveröffentlichter Bericht, S. 15.

145 Golnipa: S. 147.

146 Ebenda.

147 Archiv des Karlag, 288/14, Instruktion von 1939, Pkte. 150, 152. GARF 8401/1/31/3, Instruktion von 1947, Pkte. 331, 332, 334.

148 Interview mit Klara D., 10.06., 26./27.08.1991. Interview mit Julie Bevern, 09.-11.09.1991. Lipper: S. 233. Kersnowskaja: S. 303.

149 GARF 8401/1/31/3, Instruktion von 1947, Pkt. 326. Archiv des Karlag,

288/14, Instruktion von 1939. In Pkt. 149 ist die Rede von einer »medizinischen Leichenschau«.

150 Interview mit Klara D., 10.06., 26./27.08.1991. Lipper: S. 233.

151 Siebenaicher: S. 51.

152 Jakowenko: Agnessa, S. 179. Der einstige Häftlingsarzt Henry Lewenstein: »Die nackten Leichen lagen wie Holz aufgestapelt vom Boden bis zur Decke. Es waren mit Haut umzogene Skelette, deren Rippen man wie Saiten einer Harfe zählen konnte.« Lewenstein: Unveröffentlichter Bericht, S. 15.

153 Archiv des Karlag, 209756, Häftlingsakte Fedora Korotkowa. Es ist eines von zwei vorgedruckten Protokollen dieser Art, die sich nach der Durchsicht von mehr als 40 Häftlingsakten des Karlag-Archivs fanden.

154 Archiv des Karlag, 184172, Häftlingsakte Christina Iwaschtschenko.

155 Interview mit Mimi Brichmann, 18.12.1992-15.02.1993.

156 Siebenaicher: S. 51.

157 Witschel: S. 140.

158 Kersnowskaja: S. 299.

159 Siebenaicher: S. 51.

160 Ginsburg: Gratwanderung, S. 69. Interview mit Emilie B., 11./12.08.1997. Interview mit Hilda Schlegel, 26.05.1997.

161 Ginsburg: Gratwanderung, S. 180.

162 Interview mit Emilie B., 11./12.08.1997. Witschel: S. 140.

163 Interview mit Hilda Schlegel, 26.05.1997.

164 Vitzthum: S. 192.

165 Interview mit Frieda Mayer-Melikowa, 25./26.10.1997.

166 Adele Schiffmann: Brief an den Autor vom 26.02.1993.

167 Lipper: S. 228. Solschenizyn meint allgemein, Selbstmorde seien im Lager »erstaunlich selten«. Solschenizyn: Folgeband, S. 578.

168 Interview mit Antonie Satzger, 15./16.06. und 25.09.1992.

169 Interview mit Anna Etterer, 28.09.1990 u. 30.09.1991. Interview mit Nora Pfeffer, 07./08.04.1997.

170 Lipper: S. 75.

171 Interview mit Irmgard Schünemann, 28.06.-17.07.1991.

172 Kolbe: S. 131.

173 Hochschild, Adam: Stalins Schatten. Gespräche mit Russen heute, Göttingen 1994, S. 81.

174 Interview mit Antonie Satzger, 15./16.06. und 25.09.1992.

175 Interview mit Helena Kutscherowa-Koch, 16.07./13.08.1997.

176 Witschel: S. 132.

177 Ebenda, S. 229.

178 Interview mit Julie Bevern, 09.-11.09.1991.

179 Interview mit Hilda Schlegel, 26.05.1997.

180 Interview mit Faina Nauschütz, 21./24.01.1997.

181 Ginsburg: Gratwanderung, S. 137. Auslassungen bzw. Punkte im Original.

182 Solschenizyn: Folgeband, S. 581.

11. Sexualität und Lagerbeziehungen

1 Tschekanowa-Janzen: Unveröffentlichter Bericht vom 15.05.1997, S. 5 f.

2 Ginsburg: Marschroute, S. 358 f.

3 Verfassung der UdSSR, Berlin 1947, S. 44 f.

4 Interview mit Emilie B., 11./12.08.1997.

5 Kolbe: S. 115.

6 Siebenaicher: S. 41.

7 Interview mit Antonie Satzger, 15./16.06. und 25.09.1992.

8 Interview mit Mia Spitz, 13.10.1983-26.03.1984.

9 Interview mit Ida Konrad, 08./09.01.1998. Interview mit Mimi Brichmann, 18.12.1992-15.02.1993. Interview mit Nora Pfeffer, 07./08.04.1997. Interview mit Nonna Tschekanowa-Janzen, 13./14.08.1997. Leonhard: S. 695 f.

10 Interview mit Emilie B., 11./12.08.1997. Interview mit Ruth Z., 24.06.-16.07.91. Siebenaicher: S. 41. Golnipa: S. 194. Leonhard: S. 695.

11 Ljudyno: S. 7.

12 Interview mit Klara D., 10.06., 26./27.08.1991.

13 Interview mit Irmgard Schünemann, 28.06.-17.07.1991.

14 Schulz: S. 211.

15 Lipper: S. 77.

16 Interview mit Nonna Tschekanowa-Janzen, 13./14.08.1997.

17 Ginsburg: Marschroute, S. 293.

18 Nur Nonna Tschekanowa-Janzen berichtet, sie sei von einer Frau rasiert worden. Interview mit Nonna Tschekanowa-Janzen, 13./14.08.1997.

19 Ginsburg: Marschroute, S. 287 f. Leonhard: S. 689.

20 Pfeffer: Zeit, S. 230.

21 Interview mit Helena Kutscherowa-Koch, 16.07./13.08.1997. Der ehemalige Lagerarzt Henry Lewenstein hatte auch besonders hübsche und junge Frauen, die neu ins Lager kamen, auf Geschlechtskrankheiten zu untersuchen. Lewenstein: Unveröffentlichter Bericht, S. 6.

22 Interview mit Helena Kutscherowa-Koch, 16.07./13.08.1997.

23 Susanne Leonhard nennt in ihren Erinnerungen folgende: »Geh zum gevögelten Teufel, du Hurensohn!«, »Mach, daß du zur gevögelten Großmutter kommst, Dummkopf!«, wörtlich: »Geh auf den Schwanz (Penis)!« – sinngemäß: »Scher dich fort!« »Scheide«, »Fotze«, »Penis« und »Ficken« gehörten zum Standardvokabular des Fluchens. Leonhard: S. 671.

24 Interview mit Katharina Stoljarow, 27.10.1997.

25 Interview mit Eleonora Leibbrandt, 28./29.10.1997.

26 Ebenda. Interview mit Frieda Mayer-Melikowa, 25./26.10.1997.

27 Bronska-Pampuch: S. 231.

28 Interview mit Emilie B., 11./12.08.1997.

29 Interview mit Hilda Schreiner, 16./17.06.1997.

30 Interview mit Eleonora Leibbrandt, 28.10.1997.

31 Witschel: S. 218 f.

32 Lipper: S. 115.
33 Interview mit Julie Bevern, 09.-11.09.1991.
34 Vitzthum: S. 97.
Interview mit Irmgard Schünemann, 28.06.-17.07.1991.
35 Interview mit Frieda Mayer-Melikowa, 25./26.10.1997.
36 Interview mit Nora Pfeffer, 07./08.04.1997.
37 Interview mit Helena Kutscherowa-Koch, 16.07./13.08.1997. Interview mit Ida Konrad, 08./09.01.1998.
38 Interview mit Luise Hörmann, 15./16.06.1998.
39 Witschel: S. 249.
40 Interview mit Frieda Mayer-Melikowa, 25./26.10.1997.
41 Interview mit Antonie Satzger, 15./16.06. und 25.09.1992.
42 Ginsburg: Marschroute, S. 286.
43 Interview mit Emilie B., 11./12.08.1997.
44 Archiv des Karlag, 152/9, Bl. 31. Rundschreiben des Chefs des Karlag an alle Lagerabteilungen des Karlag vom 05.07.1936 bezüglich der Beziehungen von Männern und Frauen.
45 Ebenda, Bl. 32f.
46 StGB der RSFSR, Abschnitt VI: Verbrechen gegen das Leben, die Gesundheit, die Freiheit und die Würde der Persönlichkeit, § 150 bis § 155.
47 Kowalska: S. 76. Solschenizyn: GULAG, Folgeband, S. 526. Wanda Bronska-Pampuch schildert einen Fall, nach dem ein Lagerkommandant wegen »Beziehungen zum Staatsfeind« fünf Jahre Haft erhielt. Bronska-Pampuch: S. 349.
48 Frischer: S. 416.
49 Leonhard: S. 126.
50 Interview mit Luise Hörmann, 15./16.06.1998.
51 Leonhard: S. 263 f.
52 Bronska-Pampuch: S. 232 ff.
53 Interview mit Emilie B., 11./12.08.1997.
54 Antonow, Nikolai, in: Eine Welt hinter Stacheldraht. Weißbuch über sowjetische Konzentrationslager. Protokoll der öffentlichen Verhandlung der »Internationalen Kommission zur Bekämpfung des Konzentrationslagersystems«, Brüssel, 21.-26. Mai 1951, S. 88.
55 Interview mit Antonie Satzger, 15./16.06. und 25.09.1992.
56 Interview mit Mia Spitz, 13.10.1983-26.03.1984.
57 Interview mit Alice S., 13./14. u. 17.01.1997.
58 Solschenizyn: GULAG, Folgeband, S. 526.
59 Ruschenzewa: S. 74.
60 Buber-Neumann: S. 116. Siebenaicher: S. 46.
61 Interview mit Helena Kutscherowa-Koch, 16.07./13.08.1997.
62 Ginsburg: Marschroute, S. 341 f. Auslassungen im Original.
63 Ebenda, S. 331.
64 Kersnowskaja: S. 288.

65 SAPMO im BArch, Berlin, Bestand SED, Erinnerungen Christina Kjossewa, EA 1940.

66 Joffe: S. 186f.

67 Ginsburg: Marschroute, S. 346-354.

68 Kono: S. 10f.

69 Interview mit Eleonora Leibbrandt, 28./29.10.1997.

70 Interview mit Anna Kandalina, 06.04.1998.

71 Frischer: S. 373.

72 Witschel: S. 170f.

73 Kono: S. 6.

74 Interview mit Nora Pfeffer, 07./08.04.1997.

75 Lipper: S. 139. Trambahn steht für Straßenbahn. In Deutsch müßte es umgangssprachlich lauten: »Sie ist unter die Räder gekommen.«

76 Bronska-Pampuch: S. 236f. Burmeister, Alfred (das ist Wanda Bronska-Pampuch): Goldland Kolyma. Teil VI. Das Problem der Frauen, in: Aktion, hrsg. von Margarete Buber-Neumann, Heft VIII, 1951, S. 83.

77 Nurmina: S. 16. Die kriminelle Brigadierin warnte: »Man lockt euch fort, vergewaltigt und tötet euch.«

78 Chyz: S. 129.

79 Lewenstein: Unveröffentlichter Bericht, S. 14.

80 Hildebrandt, Georg: Wieso lebst Du noch? Ein Deutscher im GULAG, Frankfurt am Main/Berlin 1993, S. 164.

81 Olizkaja: Teil I, S. 242.

82 Solschenizyn: GULAG, Folgeband, S. 222.

83 Interview mit Anna Kandalina, 06.04.1998. Olizkaja: Teil I, S. 253f.

84 Hildebrandt: Deutscher im GULAG, S. 164ff. Hildebrandt schreibt als Zeuge des Geschehens.

85 Ginsburg: Gratwanderung, S. 136.

86 Interview mit Henry Lewenstein, 11.04.1998.

87 Leonhard: S. 676.

88 Ebenda, S. 674.

89 Ebenda. Lipper: S. 244.

90 Leonhard: S. 680

91 Ebenda, S. 257.

92 Kersnowskaja: S. 312.

93 Bronska-Pampuch: S. 238.

94 Interview mit Antonie Satzger, 15./16.06. und 25.09.1992.

95 Adamowa-Sliosberg: S. 76.

96 Ebenda, S. 77.

97 Leonhard: S. 680.

98 Ebenda.

99 Wolowitsch: S. 479.

100 Leonhard: S. 681.

101 Ginsburg: Gratwanderung, S. 33. Buber-Neumann: S. 91.

102 Buber-Neumann: S. 91.
103 Ginsburg: Gratwanderung, S. 33.
104 Interview mit Ruth Z., 24.06./16.07.1991.
105 Ginsburg: Gratwanderung, S. 34.
106 Lipper: S. 140.
107 Ruschenzewa: S. 72.
108 Ebenda, S. 73.
109 Leonhard: S. 224 f., 232, 253.
110 Interview mit Hilda Schlegel, 26.05.1997.
111 Lipper: S. 141.
112 Ginsburg: Gratwanderung, S. 193.
113 Leonhard: S. 679.
114 Ebenda, S. 225.
115 Witschel: S. 128, 170.
116 Leonhard: S. 226.
117 Ebenda, S. 166.
118 »Kobel«: dt. »Rüde«.
119 Bronska-Pampuch: S. 296.
120 Witschel: S. 226. Kolbe: S. 121.
121 Leonhard: S. 681.
122 Interview mit Emilie B., 11./12.08.1997.
123 Kono: S. 11 f.
124 Ginsburg: Gratwanderung, S. 133.
125 Interview mit Frieda Mayer-Melikowa, 25./26.10.1997.
126 Interview mit Luise Hörmann, 15./16.06.1998.
127 Schilderungen von Lagerehen u. a. in: Ginsburg: Gratwanderung, S. 149 ff. Leonhard: S. 190 ff. Bronska-Pampuch: S. 247 ff. SAPMO im BArch, Berlin, Bestand SED, Erinnerungen Christina Kjossewa, EA 1940.
128 Vitzthum: S. 178.
129 Ebenda. Interview mit Helena Kutscherowa-Koch, 16.07./13.08.1997.
130 Vitzthum: S. 179.
131 Bronska-Pampuch: S. 257.
132 Ebenda, S. 279.
133 Buber-Neumann: S. 106.
134 Interview mit Nonna Tschekanowa-Janzen, 13./14.08.1997.
135 Leonhard: S. 680.
136 Ginsburg: Gratwanderung, S. 193-195. Leonhard: S. 192.
137 Solschenizyn: Folgeband, S. 227.
138 Ebenda, S. 229.
139 Interview mit Helena Kutscherowa-Koch, 16.07./13.08.1997.
140 Interview mit Josephine Stephan, 05./06.02.1997.
141 Buber-Neumann: S. 67.
142 Bucharina: S. 29. Interview mit Ruth Z., 24.06./16.07.1991.
143 Interview mit Helena Kutscherowa-Koch, 16.07./13.08.1997.

144 Kowalska: S. 76.
145 Archiv des Karlag, 519/33/Bl. 5, 17, Bericht Januar 1951.
146 GARF 8401/1/31/3, Instruktion von 1947, Pkt. 53e.
147 GARF 8401/4109/Bl. 289, Aktennotiz des Chefs der Hauptverwaltung Lager des MWD für den Minister des Innern der UdSSR, Generaloberst Kruglow, über den Zustand der medizinischen Versorgung der Lagerangestellten der ITL des MWD, der Kontingente von Häftlingen und Maßnahmen zu seiner Verbesserung, vom März 1953.
148 Vitzthum: S. 129f. Ginsburg: Gratwanderung, S. 29. Interview mit Eleonora Leibbrandt, 28./29.10.1997. Joffe: S. 158.
149 Interview mit Enni Kiutto, 25. u. 27.10.1998.
150 Interview mit Hilda Schlegel, 26.05.1997.
151 Joffe: S. 148.
152 GARF 8401/1/646/Bl. 495, 504, Verpflegungsnormen vom 03.12.1942.
153 Archiv des Karlag, 228/1, Bl. 9, Verpflegungsnormen vom 01.01.1945.
154 GARF 8401/1a/856, Bl. 28, Verpflegungsnormen vom 10.08.1949.
155 Bronska-Pampuch: S. 334.
156 Ebenda, S. 328f.
157 Zwischen 1936 und 1955 war der Schwangerschaftsabbruch in der UdSSR verboten.
158 Witschel: S. 179. Interview mit Helena Kutscherowa-Koch, 16.07./13.08.1997. Nora Pfeffer, Brief an den Autor vom 18.03.2000.
159 Interview mit Nonna Tschekanowa-Janzen, 13./14.08.1997.
160 Lewenstein: Unveröffentlichter Bericht, S. 28f. Interview mit Antonie Satzger, 15./16.06. und 25.09.1992.
161 Interview mit Nonna Tschekanowa-Janzen, 13./14.08.1997.
162 Bronska-Pampuch: S. 341f.
163 Archiv des Karlag, 45/13/Bl. 14, Schreiben des Staatsanwalts des Karlag vom 02.06.1943.
164 Wolowitsch: S. 479.
165 Solschenizyn: Folgeband, S. 232.
166 Leonhard: S. 577.
167 Interview mit Antonie Satzger, 15./16.06. und 25.09.1992.
168 Archiv des Karlag, 519/33/Bl. 17, Bericht Januar 1951.
169 Leliwa: S. 92. Witschel: S. 178. Golnipa: S. 172.
170 Lipper: S. 106f.
171 Leonhard: S. 684.
172 Joffe: S. 155f.
173 Leonhard: S. 684.
174 Lipper: S. 108.
175 Ebenda, S. 107.
176 Interview mit Enni Kiutto, 25. u. 27.10.1998.
177 Wolowitsch: S. 479ff.
178 Joffe: S. 161. Witschel: S. 178.

179 Joffe: S. 161. Leonhard: S. 685. Lipper: S. 108.

180 Joffe: S. 161.

181 Selbst Jewgenia Ginsburg, die wegen »konterrevolutionär-trotzkistischer« Tätigkeit verurteilt war, arbeitete zeitweilig in einem Kinderhaus. Ginsburg: Gratwanderung, S. 23-32.

182 Interview mit Eleonora Leibbrandt, 28./29.10.1997.

183 Kostalewskaja: S. 117 (15 Kinder). Leonhard: S. 685 (15-18 Kinder). Lipper: S. 108 (20-25 Kinder). Interview mit Eleonora Leibbrandt, 28./29.10.1997 (30 Kinder).

184 In den wenigsten Lagern existierten Wasserleitungen. Gewöhnlich wurden Wasserbehälter per Hand gefüllt. Die Entnahmeleitung verschloß ein konusförmiger Körper, der nur Wasser entließ, wenn dieser hochgedrückt wurde.

185 Lipper: S. 108. Ginsburg: S. 25.

186 Archiv des Karlag, 277/18/Bl. 296. Protokoll der Untersuchung des Staatsanwaltes des Karlag, Chlopow, in der 13. Bidaiksker Abteilung vom 05.08.1940.

187 Ebenda, Bl. 297f. Bericht des Chefs der Bidaiksker Abteilung des Karlag über die Zustände im Kinderhaus.

188 GARF 8401/1/4109/Bl. 289f., Aktennotiz des Chefs der Hauptverwaltung Lager des MWD für den Minister des Innern der UdSSR, Generaloberst Kruglow, über den Zustand der medizinischen Versorgung der Lagerangestellten der ITL des MWD, der Kontingente von Häftlingen und Maßnahmen zu seiner Verbesserung, März 1953.

189 Kostalewskaja: S. 116.

190 Lipper: S. 108

191 Interview mit Eleonora Leibbrandt, 28./29.10.1997.

192 Frischer: S. 386.

193 Ginsburg: Gratwanderung, S. 23-25.

194 Leonhard: S. 684.

195 Interview mit Hilda Schlegel, 26.05.1997.

196 Leonhard: S. 685.

197 Joffe: S. 160. Leonhard: S. 685.

198 Archiv des Karlag, 519/33/Bl. 17, Bericht Januar 1951.

199 Main, Sofia: Lagertagebuch. Kopie im Besitz des Autors.

200 Russische Koseform von Albert, an anderer Stelle auch Albertik und Aljonka.

201 Der Lagergefährte von Sofia Main.

12. Überleben

1 Interview mit Alice S., 13./14. u. 17.01.1997.

2 Interview mit Eleonora Leibbrandt, 28./29.10.1997. Interview mit Faina Nauschütz, 21./24.01.1997. Interview mit Julie Bevern, 09.-11.09.1991.

3 Interview mit Helena Kutscherowa-Koch, 16.07./13.08.1997.

4 Interview mit Luise Hörmann, 15./16.06.1998.

5 Interview mit Nora Pfeffer, 07./08.04.1997. Interview mit Emilie B., 11./12.08.1997. Interview mit Luise Hörmann, 15./16.06.1998.

6 Ginsburg: Marschroute, S. 372. Hervorhebung im Original.

7 Interview mit Antonie Satzger, 15./16.06. und 25.09.1992.

8 Iewlewa: S. 32.

9 Leonhard: S. 644 f.

10 Interview mit Luise Hörmann, 15./16.06.1998.

11 Siebenaicher: S. 53.

12 Kono, Maria: Unveröffentlichter Bericht, MEMORIAL St. Petersburg 1991, S. 16.

13 Interview mit Mimi Brichmann, 18.12.1992-15.02.1993.

14 Ginsburg: Gratwanderung, S. 41 f.

15 Interview mit Adele Schiffmann, 08.-10.07.1991.

16 Interview mit Emilie B., 11./12.08.1997.

17 Ginsburg: Marschroute, S. 247.

18 Hagen-Torn: S. 242.

19 Interview mit Eleonora Leibbrandt, 28./29.10.1997.

20 Lipper: S. 239, 273.

21 Golnipa: S. 163.

22 Main, Sofia: Unveröffentlichtes Lagertagebuch. Kopie im Besitz des Autors.

23 Interview mit Ljuba Ukrainska, 1997.

24 Interview mit Klara D., 10.06., 26./27.08.1991.

25 Hagen-Torn: S. 185.

26 Schulz: S. 212.

27 Interview mit Alice S., 13./14. u. 17.01.1997.

28 Adamowa-Sliosberg: S. 38. Ähnlich bei Frischer: S. 381.

29 Vitzthum: S. 116. Interview mit Hilda Schreiner, 16./17.06.1997.

30 Siebenaicher: S. 46.

31 Adamowa-Sliosberg: S. 146.

32 Interview mit Alice S., 13./14. u. 17.01.1997.

33 Interview mit Käte L., 15.-17.04.1991.

34 Interview mit Enni Kiutto, 25./27.10.1998.

35 Vitzthum: S. 100.

36 Interview mit Antonie Satzger, 15./16.06. und 25.09.1992.

37 Witschel: S. 159.

38 Ebenda, S. 11.

39 Jakobs: MÄD, S. 40.

40 Adamowa-Sliosberg: S. 49.

41 Interview mit Mimi Brichmann, 18.12.1992-15.02.1993.

42 Interview mit Klara D., 10.06., 26./27.08.1991. Platais: S. 220.

43 Interview mit Irmgard Schünemann, 28.06.-17.07.1991.

44 Interview mit Emilie B., 11./12.08.1997.

45 Interview mit Ruth Z., 24.06.-16.07.1991.

46 Interview mit Luise Hörmann, 15./16.06.1998.
47 Vitzthum: S. 168. Ginsburg: Gratwanderung, S. 235.
48 Richter: S. 331.
49 Interview mit Hilda Schlegel, 26.05.1997.
50 Interview mit Mia Spitz, 13.10.1983-26.03.1984.
51 Interview mit Ola Popadyn, 1997.
52 Leipman: S. 82.
53 Interview mit Anna Kandalina, 06.04.1998. Interview mit Hilda Schreiner, 16./17.06.1997.
54 Interview mit Eleonora Leibbrandt, 28./29.10.1997.
55 Interview mit Nora Pfeffer, 07./08.04.1997.
56 Interview mit Irmgard Schünemann, 28.06.-17.07.1991.
57 Ginsburg: Marschroute, S. 329.
58 Interview mit Hilda Schlegel, 26.05.1997.
59 Interview mit Irmgard Schünemann, 28.06.-17.07.1991.
60 Abbildungen verschiedener Handarbeiten von weiblichen Gefangenen in: Katalog. Art and Life in the Gulag. Scientific-Informentional and Educational Center »Memorial«, Moskwa 1998, S. 162-177.
61 SAPMO im BArch, Berlin, Bestand SED, Christina Kjossewa, EA 1940.
62 Lewinson: S. 39.
63 Interview mit Anna Kandalina, 06.04.1998.
64 Vitzthum: S. 87.
65 Interview mit Eleonora Leibbrandt, 28./29.10.1997. Ähnlich bei Golnipa: S. 176.
66 Jakowenko: Agnessa, S. 181.
67 SAPMO im BArch, Berlin, Bestand SED, Christina Kjossewa, EA 1940.
68 Interview mit Irmgard Schünemann, 28.06.-17.07.1991.
69 Platais: S. 211.
70 Frischer: S. 406 f.
71 Hagen-Torn: S. 243.
72 Interview mit Nora Pfeffer, 07./08.04.1997.
73 Hagen-Torn: S. 162.
74 Adamowa-Sliosberg: S. 44 f.
75 Interview mit Eleonora Leibbrandt, 28./29.10.1997.
76 Interview mit Frieda Mayer-Melikowa, 25./26.10.1997.
77 Schtscherbakowa: Strategie des Überlebens, S. 90.
78 Interview mit Henrietta Herzfeld, 25.10.1998.
79 Leonhard: S. 192.
80 Vgl. Lagerlyrik in Pfeffer: Lyrik. Adamowa-Sliosberg, Olga: Put, Moskwa 1992. Barkowa, Anna: Stichotworenija, in: Dodnes tjagoteet, Moskwa 1989, S. 335-343. Hagen-Torn: S. 80-91.
81 Pfeffer: Lyrik, S. 212 ff. Auslassungen im Original.
82 Kono, Maria: Unveröffentlichter Bericht, MEMORIAL St. Petersburg 1991, S. 15.

83 Katalog. Art and Life in the Gulag, S. 72 ff.
84 Ebenda, S. 34 ff.
85 Ebenda, S. 23 ff.
86 Rudzka: S. 163 f. Auch Leonhard: S. 340.
87 Rudzka: S. 137.
88 Iewlewa: S. 26.
89 Interview mit Ljuba Ukrainska, 1997.
90 Adamowa-Sliosberg: S. 59. Ähnlich bei Ginsburg: Marschroute, S. 304 f.
91 Witschel: S. 169.
92 Bucharina: S. 22 f.
93 Siebenaicher: S. 49.
94 Leonhard: S. 657.
95 Nurmina: S. 42.
96 Ginsburg: Gratwanderung, S. 54. Ähnlich bei Lipper: S. 234.
97 Kolbe: S. 125 f. Siebenaicher: S. 43.
98 Leonhard: S. 345.
99 Vitzthum: S. 85, 90.
100 Frischer: S. 410.
101 Leonhard: S. 659.
102 Leonhard: S. 660.
103 Rudzka: S. 93.
104 Interview mit Frieda Mayer-Melikowa, 25./26.10.1997.
105 Golnipa: S. 174.
106 Iewlewa: S. 32.
107 Leonhard: S. 658.
108 Ginsburg: Gratwanderung, S. 204. Ähnlich bei Vitzthum: S. 242 f.
109 Interview mit Faina Nauschütz, 21./24.01.1997. Ähnlich Interview mit Mimi Brichmann, 18.12.1992/15.02.1993.
110 Interview mit Eleonora Leibbrandt, 28./29.10.1997. Ähnlich bei Vitzthum: S. 154.
111 Siebenaicher: S. 50 f. Ähnlich SAPMO im BArch, Berlin, Bestand SED, Erinnerungen Christina Kjossewa, EA 1940.
112 Leonhard: S. 141. Interview mit Ruth Z., 24.06.-16.07.91.
113 Adamowa-Sliosberg: S. 70. Lipper: S. 98.
114 Interview mit Nora Pfeffer, 07./08.04.1997. Interview mit Ruth Z., 24.06.-16.07.91. Interview mit Irmgard Schünemann, 28.06.-17.07.1991. Interview mit Luise Hörmann, 15./16.06.1998.
115 Lipper: S. 228.
116 Interview mit Josephine Stephan, 05./06.02.1997. Ölberg, Maria Luise: Unveröffentlichter Bericht, aufgeschrieben von ihrer Tochter Ella Ölberg, 1997.
117 Interview mit Julie Bevern, 09.-11.09.1991. Lipper: S. 172.
118 Archiv des Karlag, 288/14, Instruktion von 1939, Pkte. 73-80. GARF 8401/1/316/3, Instruktion von 1947, Pkte. 105-143.

119 Bucharina: S. 15. Lewinson: S. 38. Leonhard: S. 621. Interview mit Mia Spitz, 13.10.1983-26.03.1984.

120 Interview mit Adele Schiffmann, 08.-10.07.1991. Richter: S. 312f.

121 Archiv des Karlag, 288/14, Instruktion von 1939, Pkt. 86.

122 Interview mit Mia Spitz, 13.10.1983-26.03.1984. GARF 8401/1/316/3, Instruktion von 1947, Pkte. 238, 241, 242.

123 Archiv des Karlag, 288/14, Instruktion von 1939, Pkte. 88-92.

124 Buber-Neumann: S. 159. Siebenaicher: S. 52. Vitzthum: S. 96.

125 Lewinson: S. 38. Leonhard: S. 622. Interview mit Ola Popadyn, 1997. Interview mit Ljuba Ukrainska, 1997.

126 Leonhard: S. 622.

127 SAPMO im BArch, Berlin, Bestand SED, Christina Kjossewa, EA 1940. Leonhard: S. 344.

128 Ölberg, Maria Luiese: Unveröffentlichter Bericht, aufgeschrieben von ihrer Tochter Ella Ölberg, hier Brief der Tochter an den Autor vom 26.06.1997.

129 Interview mit Nora Pfeffer, 07./08.04.1997.

130 Leonhard: S. 622.

131 Mayer-Melikowa: persönliche Unterlagen.

132 Ginsburg: Marschroute, S. 189. Interview mit Ola Popadyn, 1997.

133 Interview mit Hilda Schreiner, 16./17.06.1997. Auch Interview mit Nora Pfeffer, 07./08.04.1997.

134 Ölberg: Brief der Tochter an den Autor vom 26.06.1997.

135 Mayer-Melikowa: persönliche Unterlagen.

136 Kutscherowa-Koch: persönliche Unterlagen.

137 Leonhard: S. 299. Interview mit Helena Kutscherowa-Koch, 16.07./13.08.1997.

138 Frischer: S. 363.

139 Interview mit Sofia Main, 15.06.1997. Interview Ljuba Ukrainska, 1997.

140 Interview mit Emilie B., 11./12.08.1997.

141 Interview mit Irmgard Schünemann, 28.06.-17.07.1991.

142 Leonhard: S. 590f.

143 Ginsburg: Marschroute, S. 262.

144 Vgl. die Erfahrungen betroffener Kinder: Wolfenhagen, Irma von: Meine seltsame Liebe zu Rußland. Als »Repressiertenkind« im Waisenhaus von Astrachan 1937 bis 1940, Frankfurt am Main 1993. Pristawkin, Anatoli: Wir Kuckuckskinder. Roman, aus dem Russischen von Thomas Reschke, Frankfurt am Main 1993. Das Tagebuch der Nina Kosterina. Moskau 1936-1941, aus dem Russischen von Helen von Ssachno, Frankfurt am Main 1981.

145 Kolbe: S. 126ff.

146 Interview mit Käte L., 15./17.04.1991.

147 Interview mit Mia Spitz, 13.10.1983-26.03.1984.

148 Archiv des Karlag, 288/14, Instruktion von 1939, Pkt. 73. GARF 8401/1/316/3, Instruktion von 1947, Pkt. 105.

149 Archiv des Karlag, 288/14, Instruktion von 1939, Pkt. 74.

150 Interview mit Nora Pfeffer, 07./08.04.1997.

151 Interview mit Helena Kutscherowa-Koch, 16.07./13.08.1997.

152 Die literarische Schilderung eines Besuches im Jahr 1940 findet sich bei Nagibin, Juri: Steh auf und geh, Berlin 1990, S. 59ff. Besuch erhielt ebenfalls Walentina Pikina, im Mai 1941. Pikina, Walentina: Interviewtranskript, Museum »Ruhm des Komsomol«, Ioschkar Ola 1989, Republik der Marii, GUS, S. 13.

153 Interview mit Eleonora Leibbrandt, 28./29.10.1997.

154 Lipper: S. 126.

155 Jakowenko: Agnessa, S. 184.

156 Interview mit Ida Konrad, 08./09.01.1998.

157 Interview mit Emilie B., 11./12.08.1997.

158 Interview mit Helena Kutscherowa-Koch, 16.07./13.08.1997.

159 Interview mit Anna Kandalina, 06.04.1998.

160 Doppelinterview mit Serafima Alikina und Aleksandra Okunjewa, 03./05.04.1998.

161 Archiv des Karlag, 4068, Häftlingsakte Uljana Ignatenko u.a.

162 Hagen-Torn: S. 207.

163 Ebenda.

164 Interview mit Ljuba Ukrainska, 1997.

165 Vitzthum: S. 105.

166 Olizkaja: Teil II, S. 154.

167 Ebenda, S. 228.

168 Sidorkina: Manuskript der Erinnerungen, Teil II, S. 32.

169 SAPMO im BArch, Berlin, Bestand SED, Martha Globig, Sg Y 30/0278, S. 73.

170 Einfügung von M. S.

171 Russisches Zentrum für die Aufbewahrung und das Studium von Dokumenten der Neuen Geschichte Moskaus, in folgendem RZA, 495/205/4460, Akte Franz Schwarzmüller, der Ehemann von Anna Etterer.

172 Kolbe: S. 114.

173 RZA, 495/205/4460.

174 Einfügung von ihrem Mann.

175 RZA, 495/205/4460.

176 Interview mit Mimi Brichmann, 18.12.1992-15.02.1993. Interview mit Ruth Z., 24.06.-16.07.1991.

177 Hagen-Torn: S. 205.

177a Interview mit Luise Hörmann, 15./16.06.1998

178 Interview mit Ljuba Ukrainska, 1997.

179 Archiv des Karlag, 3976, Häftlingsakte Agrafena Kiselewa u.a.

180 Leonhard: S. 600.

181 Interview mit Frieda Mayer-Melikowa, 25./26.10.1997.

182 Bucharina: S. 13. Iewlewa: S. 36.

183 Interview mit Hilda Schlegel, 26.05.1997.

184 Interview mit Adele Schiffmann, 08.-10.07.1991.

185 SAPMO im BArch, Berlin, Bestand SED, Martha Globig, Sg Y 30/0278, S. 75 f.

186 Interview mit Mimi Brichmann, 18.12.1992-15.02.1993.

187 Kolbe: S. 130.

188 SAPMO im BArch, Berlin, Bestand SED, Christina Kjossewa, EA 1940.

189 Lewinson: S. 41. Interview mit Praskowja S., 04.04.1998.

190 Sidorkina: Manuskript der Erinnerungen, Teil II, S. 10.

191 Pikina: Interviewtranskript, S. 1 f., 12.

192 Leipman: S. 79. Interview mit Luise Hörmann, 15./16.06.1998.

193 Ginsburg: Marschroute, S. 258.

194 Resolutionen des XVIII. Parteitages der KPdSU (B), 10.-21.03.1939, Moskau 1939, S. 48.

195 Leipman: S. 79.

196 Golnipa: S. 167.

197 Olizkaja: Teil II, S. 213.

198 Interview mit Eva B., 07./08.10.1991.

13. Entlassung

1 Interview mit Klara D., 10.06., 26./27.08.1991.

2 Interview mit Nora Pfeffer, 07./08.04.1997.

3 Interview mit Ljuba Ukrainska, 1997.

4 Hagen-Torn: S. 250.

5 Golnipa: S. 200.

6 Leonhard: S. 347.

7 Interview mit Frieda Mayer-Melikowa, 25./26.10.1997.

8 Adamowa-Sliosberg: S. 88.

9 Gribina-Kawerina, Sinaida: Unveröffentlichter Bericht, MEMORIAL Krasnojarsk 1988, S. 8. Iewlewa: S. 63.

10 Siebenaicher: S. 53.

11 Interview mit Mimi Brichmann, 18.12.1992-15.02.1993.

12 Interview mit Klara D., 10.06., 26./27.08.1991.

13 Interview mit Antonie Satzger, 15./16.06. und 25.09.1992.

14 Interview mit Klara D., 10.06., 26./27.08.1991.

15 Ginsburg: Gratwanderung, S. 219. Leonhard: S. 358 f.

16 Interview mit Nora Pfeffer, 07./08.04.1997.

17 GARF 8401/1/316/3, Instruktion von 1947, Pkt. 324.

18 Kono: S. 17. Interview mit Anna Kandalina, 06.04.1998.

19 Leonhard: S. 356 f.

20 Doppelinterview mit Serafima Alikina und Aleksandra Okunjewa, 03./05.04.1998.

21 Kopien der Entlassungsscheine von Käte L., Praskowja S., Sinaida Gribina-Kawerina, Julie Bevern. Interview mit Antonie Satzger, 15./16.06. und 25.09.1992.

22 Verübung von Terrorakten (§ 58.8) in organisierter Form mit anderen Tätern (§ 58.11).

23 Dwa sledstwennych dela Jewgenii Ginsburg. Sostawitel i awtor wstupitelnoi stati professor A. L. Litwin, Kasan 1994, S. 146.

24 Ginsburg: Gratwanderung, S. 208.

25 Leliwa: S. 91.

26 Rudzka: S. 166, 267.

27 Vgl. Schafranek: Zwischen NKWD und Gestapo, sowie die Erinnerungen von Margarete Buber-Neumann.

28 Sokolowa, Tamara: Unveröffentlichter Bericht, MEMORIAL St. Petersburg 1990, S. 2. Interview mit Irmgard Schünemann, 28.06.-17.07.1991. Interview mit Luise Hörmann, 15./16.06.1998.

29 Interview mit Hilda Schreiner, 16./17.06.1997. Joffe: S. 198.

30 Archivauskunft des Ministeriums für Sicherheit der Russischen Föderation, Verwaltung für das Gebiet Wolgograd, 18.02.1992, freundlicherweise zur Verfügung gestellt von MEMORIAL Krasnojarsk.

31 Solschenizyn: GULAG, S. 83, Hervorhebung im Original.

32 GARF 8414/1/1140, Bl. 228, 233 f., Übersicht der GULag über die Zusammensetzung der Gefangenen nach dem Charakter ihres Verbrechens vom 01.10.1939.

33 Duplikat des Entlassungsscheines vom 20.02.1956, MEMORIAL Krasnojarsk.

34 Adamowa-Sliosberg: S. 88.

35 Fainjut: S. 10. Platais: S. 221. Interview mit Mimi Brichmann, 18.12.1992-15.02.1993. Interview mit Julie Bevern, 09.-11.09.1991.

36 Leonhard: S. 346 f.

37 Ginsburg: Gratwanderung, S. 213. Hervorhebung im Original.

38 Interview mit Frieda Mayer-Melikowa, 25./26.10.1997.

39 Interview mit Emilie B., 11./12.08.1997.

40 Interview mit Helena Kutscherowa-Koch, 16.07./13.08.1997.

41 Leonhard: S. 353.

42 Lipper: S. 242.

43 Interview mit Julie Bevern, 09.-11.09.1991.

44 Interview mit Emilie B., 11./12.08.1997. Interview mit Hilda Schlegel, 26.05.1997.

45 Interview mit Antonie Satzger, 15./16.06. und 25.09.1992.

46 Adamowa-Sliosberg: S. 122.

Abkürzungsverzeichnis

ASA	Antisowjetische Agitation
BArch	Bundesarchiv
BStU	Der Bundesbeauftragte für die Unterlagen des Staatssicherheitsdienstes der ehemaligen DDR
DALSTROI	Fernöstliche Bauverwaltung
GARF	Staatsarchiv der Russischen Föderation
GPU/OGPU	Vereinte Staatliche Politische Verwaltung, 1922-1934
GULag	Hauptverwaltung Lager
Gulag/GULAG	Synonym für das gesamte sowjetische Lagersystem
GUS	Gemeinschaft Unabhängiger Staaten
ITL	Besserungsarbeitslager
Karlag	Karagandinsker Besserungsarbeitslager in Kasachstan
KGB	Komitee für Staatssicherheit, 1954 bis zum Ende der UdSSR
Kolchos	Landwirtschaftliche Produktionsgenossenschaft
Komsomol	Kommunistischer Jugendverband der UdSSR
KPD	Kommunistische Partei Deutschlands
KPdSU	Kommunistische Partei der Sowjetunion
KRD	Konterrevolutionäre Tätigkeit
KRTD	Konterrevolutionäre trotzkistische Tätigkeit
KWO/KWTsch	Kulturerziehungsabteilung bzw. -stelle
MSRF	Archiv des Föderalen Sicherheitsdienstes der Russischen Föderation
MGB	Ministerium für Staatssicherheit, 1946-1953
MWD	Ministerium des Inneren, 1946-1954
NKWD	Volkskommissariat des Inneren, 1934-1946
OLP	Einzellagerpunkt
OP	Erholungspunkt
OSO	Sonderberatung bzw. Sondergericht des NKWD
Osoblag	Sonderlager
RCCHIDNI	Russisches Zentrum für die Aufbewahrung und das Studium von Dokumenten der neuen Geschichte
RSFSR	Russische Sozialistische Föderative Sowjetrepublik
SanO/Tsch	Sanitätsabteilung bzw. -stelle
SAPMO	Stiftung Archiv der Parteien und Massenorganisationen der DDR im Bundesarchiv
SBZ	Sowjetische Besatzungszone
Schiso	Strafisolator

Seki/Seka	Häftlinge bzw. weibliche Form einer Gefangenen
Seksot	Informeller Mitarbeiter der Geheimpolizei, Spitzel
SOE	Sozial gefährliches Element
SWE	Sozial schädliches Element
Sowchos	Landwirtschaftliches Staatsgut
Spezlag	Speziallager
SSR	Sozialistische Sowjetrepublik
Tscheka	Allrussische Außerordentliche Kommission zur Bekämpfung von Konterrevolution und Spionage, 1917-1922
URO/URTsch	Registratur- und Verteilungsabteilung bzw. -stelle
UdSSR	Union der Sozialistischen Sowjetrepubliken

Biographische Überlieferungen

Adamowa-Sliosberg, Olga: Put, in: Dodnes tjagoteet, Moskwa 1989, S. 6-123.
Geboren 1902 in Samara, Russin, Ökonomin, Sowjetsympathisantin, 1936-1944 Lagerhaft, 1944 bis Mitte der 1950er Jahre Verbannung.

Afanasewa, Aleksandra W.: Unveröffentlichtes Gesprächsprotokoll, aufgeschrieben von Wladimir Birger, MEMORIAL Krasnojarsk 1992.
Geboren 1906 in Archangelsk, Russin, Angestellte, parteilos, 1938-1940 Lagerhaft, anschließend bis 1943 Verbannung.

Alikina, Serafima D.: Interview, 03.-05.04.1998, Tschistopol, Republik Tatarstan.
Geboren 1916 in einem Dorf Tatarstans, Russin, Bäuerin, russisch-orthodox, 1950-1955 Lagerhaft, später weiter als Religiöse verfolgt, 1958-1960 Verbannung, lebte mit ihrer Schwester Alexandra Okunjewa bis zu ihrem Tod in Tschistopol.

B., Eva (Pseudonym): Interview, 07./08.10.1991, Leipzig.
Geboren 1898 in Stallupönen, Ostpreußen, Deutsche, Lehrerin, 1931 Übersiedlung in die UdSSR, 1937-1946 Lagerhaft, anschließend bis Mitte der 1950er Jahre Verbannung, 1957 Übersiedlung in die DDR, 1996 verstorben.

Bevern, Julie: Interview, 09.09.-11.09.1991, Leipzig.
Geboren 1905 in München, Deutsche, Kinderschwester, 1931 Übersiedlung in die UdSSR, 1938-1946 Lagerhaft, bis 1949 Verbannung, 1956 Übersiedlung in die DDR, 1999 verstorben.

B., Emilie (Pseudonym): Interview, 11./12.08.1997, Münster.
Geboren 1919 in Grüntal im Gebiet Schitomir, Ukraine, Deutsche, Arbeiterin, 1947-1956 Lagerhaft, Entlassung nach Kasachstan, 1961 Übersiedlung in die Bundesrepublik Deutschland.

Brichmann, Mimi: Interview, 18.12.1992-15.02.1993, Berlin.
Geboren 1909 in Berlin, Deutsche, Lektorin, Mitglied der KPD, 1934 Exil in der UdSSR, 1937-1946 Lagerhaft, anschließend Verbannung, 1948 Ausreise in die Sowjetische Besatzungszone, lebte später in der DDR.

Bronska-Pampuch, Wanda: Ohne Maß und Ende, München 1963.
Geboren 1911, Polin, Journalistin, Mitglied der KPD, 1938-1945 Lagerhaft, Ausreise nach Polen 1947, Anfang der 1950er Jahre Flucht in die Bundesrepublik Deutschland, 1972 verstorben.

Buber-Neumann, Margarete: Als Gefangene bei Stalin und Hitler. Eine Welt im Dunkel, Berlin 1993 (zuerst 1949).
Geboren 1901 in Potsdam, Deutsche, Journalistin, Mitglied der KPD, 1935 Exil in der UdSSR, 1938-1940 Lagerhaft, 1940 an die deutsche Gestapo ausgeliefert, bis 1945 im Frauenkonzentrationslager Ravensbrück, arbeitete als Publizistin in der Bundesrepublik Deutschland, 1989 verstorben.

Bucharina, Anna L.: Nun bin ich schon weit über zwanzig. Erinnerungen, Zürich 1990.
Geboren 1914 bei Moskau, Russin, Studentin, Mitglied der KPdSU, Ehefrau von Nikolai Bucharin, 1937-1945 Lagerhaft, bis Mitte der 1950er Jahre Verbannung, Rückkehr nach Moskau, verstorben 1996.

D., Klara (Pseudonym): Interview, 10.06, 26./27.08.1991, Erfurt.
Geboren 1903 in Meiningen, Deutsche, Sekretärin, Mitglied der KPD, später der KPdSU, seit 1930 in der UdSSR, 1938-1946 Lagerhaft, bis Mitte der 1950er Jahre Verbannung, Übersiedlung in die DDR 1956.

Dyck, Maria: Unveröffentlichter Bericht, Lissitschansk 1998, Ukraine.
Geboren 1914 in einem ukrainischen Dorf, Deutsche, Lehrerin, Mennonitin, 1935-1937 Lagerhaft, 1947-1956 Verbannung, Rückkehr in die Ukraine.

Efron, Ariadna: Miroedicha, Moskwa 1996.
Geboren 1913 in Moskau, Russin, Lehrerin, 1939-1947 Lagerhaft, bis Mitte der 1950er Jahre Verbannung, Rückkehr nach Moskau.

Etterer, Anna: Interview, 28.09.1990 und 30.09.1991, Berlin.
Geboren 1913 in München, Deutsche, Sekretärin, Mitglied der KPD, 1933/34 in Gestapohaft, 1935 Exil in der UdSSR, 1938-1940 Lagerhaft, 1941-1946 Verbannung, Rückkehr nach München und Wiedereintritt in die KPD, 1952 Übersiedlung in die DDR, verstorben 1992.

Fainjut, Mira: Unveröffentlichter Bericht, MEMORIAL St. Petersburg 1989.
Geboren 1915 in St. Petersburg, Russin, Studentin, Mitglied des Komsomol, 1935-1937 Verbannung, 1937-1947 Lagerhaft, bis 1951 Verbannung.

Federolf, Ada: Rjadom s Alei, Moskwa 1996.
Geboren 1901 in St. Petersburg, Russin, Lehrerin, 1938-1947 Lagerhaft, 1947-1955 Verbannung, Rückkehr nach Moskau.

Frischer, Hella: W naschei schisni mnogo ras – »Tak trudno eschtsche ne bylo«, in: Dodnes tjagoteet, Moskwa 1989, S. 356-439.
Geboren 1906 in Brünn, Tschechoslowakai, Jüdin, Lehrerin, Mitglied der Kommunistischen Partei, 1935 Übersiedlung in die UdSSR, 1937-1947 Lagerhaft, anschließend bis 1955 Verbannung, arbeitete und lebte bis zu ihrem Tod 1984 in Moskau.

Garai, Dorothea: Aus den Lagergeschichten einer deutschen Kommunistin, in: Neues Deutschland, 15./16.06.1996, S. 13.
Geboren 1899 im schlesischen Öls, Deutsche, Mitglied der KPD, später der KPdSU, 1937-1950 Lagerhaft, anschließend bis 1956 Verbannung, 1956 Übersiedlung in die DDR, 1982 in Dresden verstorben.

Garai, Dorothea: Dodo Garai – Alfred Kurella. Ein Briefwechsel, in: Sinn und Form, 32. Jg., 1990, Heft 4, S. 737-764.

Jakobs, Karl-Heinz: Das endlose Jahr. Begegnungen mit MÄD (d. i. Dorothea Garai), Berlin 1990.

Ginsburg, Jewgenia: Marschroute eines Lebens, München/Zürich 1989.
Geboren 1906 in Moskau, Jüdin, Hochschullehrerin, Mitglied der KPdSU, 1937-1947 Lagerhaft, anschließend bis Mitte der 1950er Jahre Verbannung, Rückkehr nach Moskau, schrieb ihre Lagererfahrungen seit Ende der 1950er Jahre auf, in der UdSSR im Untergrund vertrieben, zuerst veröffentlicht »Marschroute eines Lebens« bzw. »Gratwanderung« in Italien 1967 und 1979, in Moskau 1977 verstorben.

Ginsburg, Jewgenia: Gratwanderung, München/Zürich 1991.

Dwa sledstwennych dela Jewgenii Ginsburg. Sostawitel i awtor wstupitelnoi stati professor A. L. Litwin, Kasan 1994.

Globig, Martha: Erinnerungen, SAPMO im Bundesarchiv, Berlin, Bestand SED, Sg Y 30/0278. 1936/37.
Geboren 1901 in Kiel, Deutsche, Sekretärin, Mitglied der KPD, 1931 Übersiedlung in die UdSSR, 1937-1947 Lagerhaft, anschließend Verbannung, 1956 Übersiedlung in die DDR, Anfang der 1990er Jahre verstorben.

Globig, Martha: Eine schwere Zeit in Moskau, in: Beiträge zur Geschichte der Arbeiterbewegung, 1990, Heft 4, S. 521-526.

Golnipa, Helene: Im Angesicht der Todesengel Stalins, Mattersburg/Katzelsdorf 1989.
Geboren 1890 in Znaim, Österreicherin, Ärztin, Ende der 1920er Jahre Übersiedlung nach Moskau, 1941-1949 Lagerhaft, anschließend bis Mitte der 1950er Jahre

Verbannung, blieb in der UdSSR, schrieb illegal ihre Lagererinnerungen, die erst nach ihrem Tod 1985 im Westen erscheinen konnten.

Gribina-Kawerina, Sinaida A.: Unveröffentlichter Bericht, MEMORIAL Krasnojarsk 1988.
Geboren 1906 bei Moskau, Russin, Arbeiterin, Mitglied des Komsomol und der KPdSU, 1937-1944 Lagerhaft, anschließend bis 1955 Verbannung, lebte später in Krasnojarsk, Sibirien.

Hagen-Torn, N. I.: Memoria, Moskwa 1994.
Geboren 1901 in St. Petersburg, Russin, Ethnographin, Sowjetsympathisantin, 1936-1942 und 1947-1952 Lagerhaft, anschließend Verbannung, 1954 Rückkehr nach Leningrad, verstorben 1986.

Hebel, Brunhilde: Interview, 01.07-11.11.1991, Berlin.
Geboren 1908 in Berlin, Deutsche, Angestellte, Mitglied der KPD, 1933 Exil in der UdSSR, 1938/39 Gefängnishaft, 1940 Rückkehr nach Deutschland, lebte nach dem Krieg in der DDR, Ende der 1990er Jahre verstorben.

Herzfeld, Henrietta (Pseudonym): Interview, 25.10.1998, Karaganda, Kasachstan.
Geboren 1908 bei Riga, Lettland, Jüdin, Angestellte, 1938-1946 Lagerhaft, Rückkehr nach Lettland untersagt, lebt bis heute in Kasachstan.

Hörmann, Luise: Interview, 15./16.06.1998, Worms.
Geboren 1922 in einem Dorf bei Donez, Ukraine, Deutsche, Lehrerin, 1941-1946 Lagerhaft, anschließend bis 1954 Verbannung, lebte bis zur Übersiedlung nach Deutschland 1989 in Kasachstan.

Ippen, Hella: Unveröffentlichter Bericht, Berlin o. J.
Nach 1915 in der Bukowina geboren, Jüdin, Naturwissenschaftlerin, 1941 verhaftet, bis Ende der 1950er Jahre in Verbannung in Sibirien, Anfang der 1970er Jahre Ausreise in die Bundesrepublik Deutschland.

Iewlewa, Walentina: Nepritschesannaja schisn, Moskwa 1994.
Um 1925 geboren, Russin, Schülerin, 1946-1952 Lagerhaft, später bei Moskau gelebt.

Jakowenko, M. M.: Agnessa, Moskwa 1997.
Fünf Jahre Lagerhaft.

Joffe, Nadeschda: Rückblende. Mein Leben. Mein Schicksal. Meine Epoche, Essen 1997.
Geboren 1906 in Berlin, russische Jüdin, Ökonomin, zeitweilig Mitglied der KPdSU, Anhängerin der trotzkistischen Opposition, 1929-1933 Verbannung, 1936-1941

Lagerhaft, 1941-1954 Verbannung, 1956 Übersiedlung nach Moskau und illegale Abfassung ihrer Lagererinnerungen, später Ausreise in die USA.

Kandalina, Anna A.: Interview, 06.04.1998, Elantowo bei Tschistopol, Republik Tatarstan.
Geboren 1926 in einem russischen Dorf, Russin, russisch-orthodox, 1947-1956 Lagerhaft, 1962-1964 Verbannung, lebt als Bäuerin in einem Dorf bei Tschistopol.

Kersnowskaja, Jefrosinija A.: »Ach Herr, wenn unsre Sünden uns verklagen.« Eine Bildchronik aus dem Gulag, Kiel 1991.
Geboren um 1910 in Bessarabien, fühlt sich als Russin, christlich-orthodox, 1941/42 Verbannung, Flucht, 1943-1952 Lagerhaft, 1952-1960 Verbannung, verfaßte illegal in der UdSSR ihre 1991 publizierte Bildchronik aus dem Gulag.

Kiutto, Enni I.: Interview, 25. u. 27.10.1998, Karaganda, Kasachstan.
Geboren 1908 in einem Dorf in Finnland, Finnin, Lehrerin, Mitglied der Kommunistischen Partei, 1932 Übersiedlung in die UdSSR, 1937-1947 Lagerhaft, lebt bis heute in Kasachstan.

Kjossewa, Anna C.: Erinnerungen, SAPMO im Bundesarchiv, Berlin, Bestand SED, EA 1940.
Geboren 1906 in Hessen, Deutsche, Stenotypistin, Mitglied der KPD, 1935 Exil in der UdSSR, 1936-1946 Lagerhaft, 1946-1948 Verbannung, Ausreise nach Bulgarien, 1980 Übersiedlung in die DDR, 1984 verstorben.

Kjossewa, Anna C.: Als Lebensgefährtin Hans Kippenbergers in Moskau verhaftet, in: Beiträge zur Geschichte der Arbeiterbewegung, 1990, Heft 3, S. 379-389.

Kolbe, Erna: Interview, 03.04.-07.06.1990, Berlin.
Geboren 1904 in Berlin, Deutsche, Stenotypistin, Mitglied der KPD, 1933 Exil in der UdSSR, 1937-1947 Lagerhaft, 1947-1955 Verbannung, 1956 Übersiedlung in die DDR, verstorben 2000.

Kolbe, Erna: Dokumentarbiographie, in: »Wenn Du willst Deine Ruhe haben, schweige.« Deutsche Frauenbiographien des Stalinismus, hrsg. von Meinhard Stark, Essen 1991, S. 80-154.

Kono, Maria L.: Natschalo bylo w Kischinewe. Unveröffentlichter Bericht, MEMORIAL St. Petersburg o. J.
Hochschullehrerin, 1948-1955 Lagerhaft.

Konrad, Ida: Interview, 08./09.01.1998, Augsburg.
Geboren 1920 in einem Dorf in Wolhynien, Ukraine, Schülerin, 1937-1946 Lagerhaft, bis Mitte der 1950er Jahre Verbannung, 1969 Rückkehr in die Ukraine, Übersiedlung in die Bundesrepublik Deutschland 1992.

Kowalska, Jadwiga: Zeugenaussage, in: Eine Welt hinter Stacheldraht. Weißbuch über sowjetische Konzentrationslager. Protokoll der öffentlichen Verhandlung der »Internationalen Kommission zur Bekämpfung des Konzentrationslagersystems«, Brüssel, 21.-26.05.1951, S. 73-77.
Geboren 1911, Polin, 1938-1948 Lagerhaft.

Kraewskaja, Olga, I.: Unveröffentlichtes Gesprächsprotokoll, aufgeschrieben von Wladimir Birger, MEMORIAL Krasnojarsk 1993.
Geboren 1925 in Lwow, Ukrainerin, Arbeiterin, 1945-1949 Lagerhaft, anschließend bis 1954 Verbannung.

Kuprijanowa, Ewdokia W.: Unveröffentlichtes Gesprächsprotokoll, aufgeschrieben von Wladimir Birger, MEMORIAL Krasnojarsk 1994.
Geboren 1924 in der Westukraine, Ukrainerin, 1947-1954 Lagerhaft.

Kutscherowa-Koch, Helena: Interview, 16.07. u. 12./13.08.1997, Berlin u. Minden.
Geboren 1926 in Leningrad, Deutsche, Sekretärin, später tätig als Regisseurin, 1947-1955 Lagerhaft, lebte bis zur Übersiedlung nach Deutschland 1996 in verschiedenen Regionen der Sowjetunion.

Leibbrandt, Eleonora: Interview, 28./29.10.1997, Bad Rappenau.
Geboren 1920 in einem Dorf bei Odessa, Ukraine, Deutsche, Studentin, 1938-1947 Lagerhaft, anschließend bis Mitte der 1950er Jahre Verbannung, lebte bis zur Ausreise nach Deutschland 1992 in Kasachstan.

Leipman, Flora: The Long Journey Home. The Memories of Flora Leipman, New York/London/Toronto/Sydney/Auckland 1987.
Geboren 1918 in Glasgow, Britin, 1937-1941 Lagerhaft, lebte und arbeitete bis zu ihrer Ausreise nach Großbritannien 1984 in verschiedenen Orten der Sowjetunion.

Leliwa, Camilla: Zeugenaussage, in: Eine Welt hinter Stacheldraht. Weißbuch über sowjetische Konzentrationslager. Protokoll der öffentlichen Verhandlung der »Internationalen Kommission zur Bekämpfung des Konzentrationslagersystems«, Brüssel, 21.-26.05.1951, S. 91-92.
Polin, nach der Besetzung Ostpolens durch die Sowjetarmee 1939 verhaftet, 1940/41 Lagerhaft.

Leonhard, Susanne: Gestohlenes Leben. Schicksal einer politischen Emigrantin in der Sowjetunion, Frankfurt am Main 1956.

Geboren 1895 in Oschatz, Deutsche, Journalistin, Mitglied der KPD, 1935 Exil in der UdSSR, 1936-1946 Lagerhaft, anschließend Verbannung, 1948 Ausreise in die Sowjetische Besatzungszone, 1949 Flucht in die Bundesrepublik Deutschland, verstorben 1984.

Lewinson, Galina I.: Ja postaralas sabyt, in: Lewinson, Galina I.: Wsja nascha schisn, Moskwa 1996, S. 5-63.
Geboren 1909 in Moskau, russische Jüdin, Ingenieurin, Sowjetsympathisantin, 1937-1942 Lagerhaft, anschließend bis Mitte der 1950er Jahre Verbannung.

Lipper, Elinor: Elf Jahre in sowjetischen Gefängnissen und Lagern, Zürich/Konstanz 1950.
Geboren 1912 in Brüssel, Jüdin, Medizinstudentin, Sowjetsympathisantin, Mitte der 1930er Jahre Übersiedlung in die UdSSR, 1937-1947 Lagerhaft, 1948 Ausreiseerlaubnis für Westeuropa.

Ljudyno, Wera I.: Sapiski 20-ti letnego seka. Unveröffentlichter Bericht, MEMORIAL St. Petersburg 1991.
Anfang der 1920er Jahre in Sowjetrußland geboren, Russin, Sekretärin, 1944-1949 Lagerhaft, anschließend Verbot, in großen Städten zu leben.

L., Käte (Pseudonym)**:** Interview, 15.-17.04.1991, Grimma.
Geboren 1910 in Troisdorf bei Köln, Deutsche, Arbeiterin, 1933 Gestapohaft, anschließend Flucht und Exil in der UdSSR, 1938-1946 Lagerhaft, bis 1955 Verbannung, Ausreise in die DDR 1957.

Main, Sofia: Interview, 15.06.1997, Schwabach.
Geboren 1903 in einem Dorf bei Nikolaew, Ukraine, Deutsche, Lehrerin, 1937-1947 Lagerhaft, anschließend bis Mitte der 1950er Jahre Verbannung, 1995 Ausreise in die Bundesrepublik Deutschland. 1997 verstorben.

Martschenko, Soja: Tak bylo . . ., in: Dodnes tjagoteet, Moskwa 1989, S. 309-325.
Geboren 1907 in Jampol, Ukraine, Ukrainerin, Stenographin, 1931-1934 und 1937-1947 Lagerhaft, anschließend bis Mitte der 1950er Jahre Verbannung, lebte später in Moskau.

Mayer-Melikowa, Frieda: Interview, 25./26.10.1997, Schorndorf.
Geboren 1906 in Tiflis, Georgien, Deutsche, evangelisch, Agronomin, 1936-1944 und 1944-1952 Lagerhaft, anschließend bis 1955 Verbannung, Anfang der 1960er Jahre Rückkehr nach Georgien, 1995 Übersiedlung in die Bundesrepublik Deutschland.

Mayer-Melikowa, Frieda: Ein Leben zwischen den Mühlsteinen der Politik, Schorndorf 1997.

Meyer, Gertrud: Erinnerungen, SAPMO im Bundesarchiv, Berlin, Bestand SED, EA 1474/3.
Geboren 1898 in Köln, Deutsche, Arbeiterin, Mitglied der KPD, Exil in der UdSSR, 1937/38 Gefängnishaft, 1938 Auslieferung an die Gestapo, 1938-1940 und 1944/45 Zuchthaus, lebte bis zu ihrem Tod 1975 in Hamburg.
Die Frau mit den grünen Haaren. Erinnerungen von und an Gertrud Meyer, hrsg. von Mathijs C. Wiessing, Hamburg 1978.

Monitsch, Nina: Wtoroje roschdenie 1941-1952, in: Wolja, Nr. 4-5, 1995, S. 257-312 u. Nr. 6-7, 1997, S. 340-366.
Russin, Hochschullehrerin, 1942 verhaftet, Haftdauer unbekannt.

Nagljak, Justina N.: Unveröffentlichtes Gesprächsprotokoll, aufgeschrieben von Wladimir Birger, MEMORIAL Krasnojarsk 1993.
Geboren 1924, Ukrainerin, 1946-1952 Lagerhaft, anschließend bis 1956 Verbannung.

Nauschütz, Faina: Interview, 21./24.01.1997, Berlin.
Geboren 1910 in Tschernigow, Ukraine, Jüdin, Arbeiterin, 1941-1955 Lagerhaft, Anfang der 1990er Jahre Übersiedlung in die Bundesrepublik Deutschland, verstorben.

Nurmina, Galina: Na dalekom priiske. Rasskasy, Magadan 1992.
Geboren 1916 bei Archangelsk, Rußland, Russin, Studentin, 1937-1944 Lagerhaft, 1944-1954 Verbannung, seit 1959 in Moskau, verstorben 1991.

Ölberg, Maria Luiese: Unveröffentlichter Bericht, aufgeschrieben von ihrer Tochter Ella Ölberg, 1997.
Geboren 1895 bei Saratow, Rußland, Deutsche, 1942-1946 Lagerhaft, anschließend bis Mitte der 1950er Jahre Verbannung, 1992 Übersiedlung nach Deutschland.

Okunjewa, Aleksandra D.: Interview, 03.-05.04.1998, Tschistopol, Republik Tatarstan.
Geboren 1919 in einem Dorf Tatarstans, Russin, Bäuerin, russisch-orthodox, 1950-1954 Lagerhaft, später weiter als Religiöse verfolgt, bis Anfang der 1960er Jahre Verbannung, lebte später mit ihrer Schwester Alexandra Okunjewa in Tschistopol.

Oledzka, Barbara: Unveröffentlichter Bericht, MEMORIAL Krasnojarsk o. J.
Geboren 1914 in Belostok, Polin, Lehrerin, 1944-1953 Lagerhaft, anschließend bis 1955 Verbannung.

Olizkaja, Ekatarina: Moi Wospominanija, Teil I u. II, Frankfurt am Main 1971.
Angehörige der sozialrevolutionären Opposition in der UdSSR, 1932 verhaftet, bis 1938 Gefängnis, 1938-1947 Lagerhaft, schrieb in der UdSSR illegal ihre Erinnerungen, die 1971 in Deutschland in russischer Sprache erschienen.

Pfeffer, Nora: Interview, 07./08.04.1997, Köln.
Geboren 1920 in Tiflis, Georgien, Deutsche, Germanistin und Lehrerin, evangelisch, 1943-1952 Lagerhaft, anschließend bis Mitte der 1950er Jahre Verbannung, später Tätigkeit als Hochschullehrerin, Redakteurin, Lyrikerin und Kinderbuchautorin, 1992 Übersiedlung in die Bundesrepublik Deutschland.

Pfeffer, Nora: Zeit der Liebe. Lyrik, Moskau 1998.

Pikina, Walentina F.: Interviewtranskript, Museum »Ruhm des Komsomol«, Ioschkar Ola 1989, Republik der Mari, GUS.
Geboren 1908 St. Petersburg, Russin, Arbeiterin, Komsomolfunktionärin, 1938-1948 Lagerhaft, anschließend bis 1954 Verbannung.

Platais, Gertrud: Interview, 09.-11.12.1990, Erfurt.
Geboren 1910 in Niederschlesien, Deutschland, Lithographin, 1932 Übersiedlung nach Moskau, 1938-1946 Lagerhaft, anschließend bis Mitte der 1950er Jahre Verbannung, 1959 Ausreise in die DDR.

Platais, Gertrud: Dokumentarbiographie, in: »Wenn Du willst Deine Ruhe haben, schweige.« Deutsche Frauenbiographien des Stalinismus, hrsg. von Meinhard Stark, Essen 1991, S. 156-253.

Popadyn, Ola: Interview durch Olga Sidor, 1997, Lwow, Polen.
Geboren 1923 in der Ukraine, Ukrainerin, Schülerin, Mitglied der ukrainischen Unabhängigkeitsbewegung, 1950-1953 Lagerhaft.

Richter, Trude: Totgesagt. Erinnerungen, Halle/Leipzig 1990.
Geboren 1899 in Magdeburg, Deutschland, Deutsche, Lehrerin, Mitglied der KPD, Exil in der UdSSR 1934, Lagerhaft 1936-1946 und 1949-1956 Verbannung, 1957 Übersiedlung in die DDR, verstorben 1989.

Rudzka, Marta: Workuta. Weg zur Knechtschaft, Zürich 1948.
Um 1910 in Polen geboren, Polin, Landwirtin, katholisch, 1940/41 Lagerhaft.

Ruschenzewa, Tamara D.: Goworit Tamara Dawidowna Ruschenzewa, in: Galina Iwanowna Lewinson: Wsja nascha schisn, Moskwa 1996, S. 64-81.
Geboren 1917 in St. Petersburg, Rußland, Russin, 1938-1940 und 1941-1946 Lagerhaft.

S., Praskowja (Pseudonym): Interview, 04.04.1998, Tschistopol, Republik Tatarstan.
Geboren 1910 in einem Dorf Weißrußlands, Weißrussin, Technikerin, zeitweilig Mitglied des Komsomol, 1938-1941 Lagerhaft.

Satmilowa, Galina: Prinadleschat istorii, in: Dodnes tjagoteet, Moskwa 1989, S. 222-251.
Geboren 1906 in Saratow, Rußland, Russin, Lehrerin, zeitweilig Mitglied des Komsomol, später Angehörige der sozialrevolutionären Opposition, 1937-1947 Lagerhaft, anschließend bis 1955 Verbannung.

Satzger, Antonie: Interview, 15./16.06. u. 25.09.1992, Zwickau.
Geboren 1911 in Beuren, Deutschland, Deutsche, Arbeiterin, Mitglied der KPD, Exil in der UdSSR 1933, Lagerhaft 1944-1952, anschließend Verbannung, 1959 Übersiedlung in die DDR.

S., Alice (Pseudonym)**:** Interview, 13.-17.01.1997, Kleinmachnow bei Berlin.
Geboren 1914 in Kiskunhalas, Ungarn, Deutsche, Erzieherin, Exil in der UdSSR 1935, Lagerhaft 1937-1946, anschließend bis Mitte der 1950er Jahre Verbannung, Übersiedlung in die DDR 1958.

Schiffmann, Adele: Interview, 08.-10.07.1991, Bad Liebenstein.
Geboren 1905 in Prag, Deutsche, 1936 Exil in der UdSSR, Lagerhaft 1938-1948, anschließend Verbannung bis 1955, Übersiedlung in die DDR 1959, 1996 verstorben.

Schlegel, Hilda: Interview, 24.04.1997, Bremen.
Geboren 1910 in einem Dorf des Gebietes Schitomir, Ukraine, Deutsche, Lehrerin, 1937-1947 Lagerhaft, anschließend Verbannung bis Mitte der 1950er Jahre, Übersiedlung in die Bundesrepublik Deutschland 1989.

Schreiner, Hilda: Interview, 16./17.06.1997, Augsburg.
Geboren 1913 in einem Dorf auf der Krim, Ukraine, Deutsche, Lehrerin, evangelisch, 1935-1940 Lagerhaft, 1943-1947 Arbeitsarmee, anschließend bis 1956 Verbannung, 1990 Übersiedlung in die Bundesrepublik Deutschland.

Schünemann, Irmgard: Interview, 28.06.-17.07.1991, Berlin.
Geboren 1913 in Berlin, Deutschland, Deutsche, Arbeiterin, 1931 Übersiedlung in die UdSSR, Lagerhaft 1941-1951, 1958 Ausreise in die DDR.

Schulz, Wera: Taganka – w srednei Asii, in: Dodnes tjagoteet, Moskwa 1989, S. 185-221.
Geboren 1905 in Moskau, Russin, Lehrerin und Schauspielerin, 1938 verhaftet, Verbannung 1938-1953, zeitweilig Lagerhaft.

Schwargun, Olga I.: Unveröffentlichtes Gesprächsprotokoll, aufgeschrieben von Wladimir Birger, MEMORIAL Krasnojarsk 1993.
Geboren 1929 im Gebiet Rowno, Ukraine, Ukrainerin, Bäuerin, 1944-1954 Lagerhaft.

Sidorkina, Elena: Gody pod konwoem, in: Dodnes tjagoteet, Moskwa 1989, S. 286-304.
Geboren 1903 in einem Dorf der Republik der Mari, Nationalität Mari, Funktionärin der KPdSU, 1937-1947 Lagerhaft, bis Mitte der 1950er Jahre Verbannung.

Sidorkina, Elena: Manuskript der Erinnerungen, Museum »Ruhm des Komsomol«, Ioschkar Ola 1989, Republik der Mari, GUS.

Siebenaicher, Frieda: Interview, 16.11.1989-13.03.1990, Berlin.
Geboren 1908 in einem niederschlesischen Dorf, Deutsche, Krankenschwester, Übersiedlung nach Moskau 1928, Lagerhaft 1938-1946, anschließend Verbannung bis Mitte der 1950er Jahre, 1966 Ausreise in die DDR.

Siebenaicher, Frieda: Dokumentarbiographie, in: »Wenn Du willst Deine Ruhe haben, schweige.« Deutsche Frauenbiographien des Stalinismus, hrsg. von Meinhard Stark, Essen 1991, S. 12-79.

Sokolowa, Tamara: Unveröffentlichter Bericht, MEMORIAL St. Petersburg, 1990.
Arbeiterin aus Leningrad, Russin, Lagerhaft 1943-1946.

Spitz, Mia: Interview durch Hans Schafranek, 13.10.1983-26.03.1984, Wien, Österreich.
Geboren 1903 in Wien, Österreicherin, Kindergärtnerin, Mitglied der Kommunistischen Partei, 1928 Übersiedlung in die UdSSR, Lagerhaft 1938-1946, anschließend Verbannung bis 1954, im selben Jahr Rückkehr nach Österreich.

Stephan, Josephine: Interview, 05./06.02.1997, Freiburg i. Br.
Geboren 1917 in Philadelphia, USA, Deutsche, Lehrerin, Mitte der 1920er Jahre Auswanderung in die UdSSR, 1941 Verhaftung und Deportation zeitweilig Gefängnis, bis 1946 Verbannung, 1993 Übersiedlung in die Bundesrepublik Deutschland.

Stoljarow, Katharina: Interview, 27.10.1997, Esslingen.
Geboren 1923 in einem Dorf bei Saporoschje, Ukraine, Deutsche, Sekretärin, 1945 verhaftet, bis Mitte der 1950er Jahre Verbannung, Ausreise nach Deutschland 1977.

Tartak, Alja I.: Goworit Alja Ilinitschna Tartak, in: Lewinson, Galina I.: Wsja nascha schisn, Moskwa 1996, S. 128-157.
Geboren 1910, Lagerhaft 1937-1942.

Tschekanowa-Janzen, Nonna: Interview, 13./14.08.1997, Bad Salzuflen.
Geboren 1924 in Mogilew, Weißrußland, Russin, Arbeiterin, 1942-1945 Zwangsarbeit in Deutschland, Lagerhaft 1945-1950, anschließende Verbannung bis Mitte der 1950er Jahre, Übersiedlung in die Bundesrepublik Deutschland 1993.

Ukrainska, Ljuba: Interview durch Olga Sidor, 1997, Lwow, Polen.
Geboren 1932 in der Ukraine, Ukrainerin, Studentin, Sympathisantin der ukrainischen Unabhängigkeitsbewegung, 1949-1954 Lagerhaft.

Vitzthum, Hilda: Mit der Wurzel ausrotten. Erinnerungen einer ehemaligen Kommunistin, München 1984.
Geboren um 1900 in Österreich, Österreicherin, Arbeiterin, Übersiedlung in die UdSSR 1931, Mitglied der KPdSU, Lagerhaft 1938-1946, bis 1948 Verbannung, im selben Jahr Ausreise nach Wien.

Wensel, Maria (Pseudonym): Interview, 13.02.1997, Chemnitz.
Geboren 1930 im Gebiet Schitomir, Ukraine, Deutsche, Arbeiterin, evangelisch, 1947-1956 Verbannung, Anfang der 1970er Jahre Übersiedlung in die DDR.

Weselaja, Sajara: 7 - 35, in: Dodnes tjagoteet, Moskwa 1989, S. 539-588.
Geboren um 1930, Russin, Studentin, 1949 verhaftet, Verbannung bis Mitte der 1950er Jahre.

Witschel, Margaretha: Und dennoch überlebt. Acht Jahre in russischer Gefangenschaft, Wien/Köln/Graz 1985.
Geboren 1922 in Österreich, Österreicherin, katholisch, 1947 in Wien verhaftet und in die UdSSR deportiert, Lagerhaft 1947-1955, anschließend Rückkehr nach Österreich.

Wolowitsch, Chawa: O proschlom, in: Dodnes tjagoteet, Moskwa 1989, S. 461-494.
Geboren 1916 im Gebiet Tschernigow, Ukraine, Jüdin, Arbeiterin, Sowjetsympathisantin, 1937-1953 Lagerhaft, anschließend Verbannung.

Z., Ruth (Pseudonym): Interview, 24.06.-16.07.1991, Berlin.
Geboren 1905 in Berlin, Jüdin, Exil in der UdSSR 1932, Lagerhaft 1941-1949, anschließend bis 1956 Verbannung, 1959 Übersiedlung in die DDR.

Auswahlbibliographie

Ahlberg, René: »Stalinistische Vergangenheitsbewältigung. Auseinandersetzung über die Zahl der GULAG-Opfer«, in: *Osteuropa*, Heft 11, 1992, S. 936 f.

Armanski, Gerhard: *Maschinen des Terrors. Das Lager (KZ und GULAG) in der Moderne*, Münster 1993.

Bacon, Edwin: *The Gulag at War. Stalin's Forced Labour System in the Light of the Archives*, London 1994.

Chyz, Martha: *Women and Child in the Modern System of Slavery – USSR*, Toronto/New York 1962.

Conquest, Robert: *Der große Terror. Sowjetunion 1934-1938*, München 1992.

Conquest, Robert: *Kolyma. The Arctic death camps*, New York 1978.

Dallin, David J.; Nicolaevsky, Boris I.: *Forced Labor in Soviet Russia*, New Haven 1947.

Gizejewska, Malgorzata: *Polacy na Kolymie. 1940-1943*, Warszawa 1997.

Gortschewa, A. Ju.: *Pressa Gulaga. 1918-1955*, Moskwa 1996.

Gulag 1918-1960. Dokumenty, Moskwa 2000.

Heller, Michael: *Stacheldraht der Revolution. Die Welt der Konzentrationslager in der sowjetischen Literatur*, Stuttgart 1975.

Iwanowa, Galina M.: *Gulag w sisteme totalitarnogo gosudarstwa*, Moskwa 1997.

Jakobson, Michael: *Origins of the Gulag. The Soviet Prison Camp System 1917-1934*, Lexington/Kentucky 1993.

Kaminski, Andrzej J.: *Konzentrationslager 1896 bis heute. Geschichte, Funktion, Typologie*, München 1990.

Lager, Zwangsarbeit, Vertreibung und Deportation. Dimensionen der Massenverbrechen in der Sowjetunion und in Deutschland 1933 bis 1945, hrsg. von Dittmar Dahlmann und Gerhard Hirschfeld, Essen 1999.

McLoughlin, Barry; Schafranek, Hans; Szevera, Walter: *Aufbruch, Hoffnung, Endstation. Österreicherinnen und Österreicher in der Sowjetunion 1925-1945*, Wien 1996.

Medwedew, Roy: *Das Urteil der Geschichte. Stalin und Stalinismus*. 3 Bde., Berlin 1992.

Merl, Stephan: »Das System der Zwangsarbeit und die Opferzahl im Stalinismus«, in: *Geschichtswissenschaft im Unterricht*, 1995, Nr. 5/6, S. 277-301.

Meyer, Galler; Harlan, E. Marquess: *Soviet Prison Camp Speech. A Survivor's Glossary*, Madison 1972.

Müller, Reinhard: *Menschenfalle Moskau. Exil und stalinistische Verfolgung*, Hamburg 2001.

Nilskii, Michail: *Vorkuta*, San Francisco 1986.

Potanow, S. M.: *Slowar Schargona Prestupnikow (blatnaja musyka)*, Moskwa 1927.

Reabilitazija. Polititscheskie prozessy 30-50-ch godow, Moskwa 1991.

Repressii protiw poljakow i polskich graschdan, Istoritscheskie Sborniki »MEMORIALA«, Moskwa 1997

Rossi, Jacques: *The Gulag-Handbook*, New York 1989.

Sbornik sakonodatelnych i normatiwnych aktow o repressijach i reabilitazii schertw polititscheskich repressii, Moskwa 1993.

Semskow, W. N.: »GULAG (Istoriko-soziologitscheskii aspekt)«, in: *Soziologitscheskie Issledowanija*, 1991, Teil I, Nr. 6, S. 10-27; Teil II, Nr. 7, S. 3-16.

Shifrin, Avraham: *UdSSR. Reiseführer durch Gefängnisse und Konzentrationslager in der Sowjetunion*, Uhldingen/Seewis 1980.

Sistema Isprawitelno-trudowych Lagerei w SSSR 1923-1960. Sprawotschnik, Obschtschestwo »MEMORIAL«, Gosudarstwennyi Archiw Rossiiskoi Federazii, Moskwa 1998.

Solschenizyn, Alexander: *Der Archipel GULAG. 1918-1956. Versuch einer künstlerischen Bewältigung*, Bern/München 1974.

Solschenizyn, Alexander: *Der Archipel GULAG. 1918-1956. Versuch einer künstlerischen Bewältigung. Folgeband. Arbeit und Ausrottung. Seele und Stacheldraht*, Bern/München 1974.

Solschenizyn, Alexander: *Der Archipel GULAG. 1918-1956. Versuch einer künstlerischen Bewältigung. Schlußband. Die Katorga kommt wieder. In der Verbannung. Nach Stalin*, Bern/München 1974.

Stettner, Ralf: *»Archipel GULag«: Stalins Zwangslager. Terrorinstrument und Wirtschaftsgigant*, Paderborn/München/Wien/Zürich 1996.

Strategie des Überlebens. Häftlingsgesellschaften in KZ und Gulag, hrsg. von Robert Streibel und Hans Schafranek, Wien 1996.

Tak eto bylo. Nazionalnye repressii w SSSR 1919-1952. 3 Bde., Rossiiskii Meschdunarodnyi Fond Kultury, Moskwa 1993.

Teatr Gulaga. Wospominanija, otscherki, »MEMORIAL«, Moskwa 1995.

Wilenski, S. S.: *Soprotiwlenie w GULage. Wospominanija, pisma, dokumenty.* Moskwa 1992.

Zorin, Libushe: *Soviet Prisons and Concentration Camps. A Annotated Bibliography 1917-1980*, Newtonville 1980.

Bildnachweis

Zentrum für Rechtsstatistik und Information für das Gebiet Karaganda, Archiv des Karlag, Republik Kasachstan: S. 28, 150, 172, 216, 305, 322, 381, 387, 388.
Gedenk-Zentrum Tscheremschan, Republik Tatarstan: S. 38, 42, 310.
Archiv des Föderalen Sicherheitsdienstes der Russischen Föderation, Moskau: S. 46, 441, 494.
Zentrales Staatsarchiv der historisch-politischen Dokumente der Republik Tatarstan, Kasan: S. 55, 353.
Manfred Hahn: S. 16, 69, 85, 100, 110, 210, 236, 260, 279, 286, 292, 370, 400, 421, 435, 450, 465, 467, 477, 492, 498, 506.
Privat: S. 152, 153, 345, 469, 474, 510.
Meinhard Stark: S. 10, 123, 141, 335, 471.

Gustaw Herling

Welt ohne Erbarmen

Aus dem Englischen von Hansjürgen Wille

2001. 340 Seiten

»*Welt ohne Erbarmen* ist ein Bericht, dem es um die Wahrheit, die vertuschte, verleugnete Wahrheit, geht und der sich streng an das hält, was der Lagerinsasse Herling sehen und hören, was er, in die abgeschlossene Welt der Verdammten gestoßen, damals schon wissen und sich selbst erklären konnte. Bestechend ist die Disziplin, mit der der Autor an der von ihm selbst gezogenen Grenze Halt macht und sich das Spekulieren, Phantasieren, das Weitertreiben von Geschichten über das Faktische, das Verbürgte hinaus versagt. Doch gerade, indem er sich nicht die Freiheiten des Romanciers nimmt, weiß Herling Szenen der Gewalt, Angst, Verzweiflung zu entwerfen, die von beklemmender Dichte und, man zaudert es zu sagen, großer künstlerischer Kraft sind.«

Frankfurter Allgemeine Zeitung – Karl-Markus Gauss

»Nun war Herling eben kein Historiker, sondern ein wacher Zeitgenosse, der seine Leser zur eigenen Rückschau auf das ›Jahrhundert der Revolutionen‹ anregte. Das ist nicht wenig.« *Der Tagesspiegel – Christiane Böhler*

»Niemand, der Herlings *Welt ohne Erbarmen* liest, kann sich unbeeindruckt davonschleichen.« *Süddeutsche Zeitung – Verena Auffermann*

Karl Schlögel

Promenade in Jalta

und andere Städtebilder

2001. 312 Seiten

»Schlögel, der sich auch als Schriftsteller versteht, trägt Geschehenes Schicht für Schicht ab. Wie ein Archäologe an einer Ausgrabungsstätte macht er Geschichte sichtbar und findet den alten Glanz vieler Städte wieder – so auch den von Odessa, der Stadt am Schwarzen Meer, in der sich auch der Schriftsteller Mark Twain zu Hause fühlte. ... Essays von ihm sind ein Ereignis, das die Sicht auf Europa verändert.«

Financial Times Deutschland – Mareile Ahrndt

»*Promenade in Jalta* ist – wie alle anderen Bücher Karl Schlögels – ein einziges Plädoyer für Neugier auf Mittel- und Osteuropa. Und es macht Lust auf das jetzt entstehende Europa. Wer mit Karl Schlögel im Koffer gereist ist, der möchte bereichert die Koffer packen und selber losfahren, um wie er Städte und Landschaften zu lesen.« *Der Tagesspiegel – Katharina Narbutovic*

»Karl Schlögel hat unter dem Titel *Promenade in Jalta* farbige und interessante Städteporträts versammelt. ... Schlögel verfügt über eine Sprache, die sich bei Landschaftsbeschreibungen ebenso bewährt wie bei der Schilderung von Stadtgeschichten, er hat die globale politische Perspektive im Blick, aber auch Kanaldeckel oder Zugfahrpläne als historische Dokumente. Er hat ein faszinierendes Buch geschrieben, dessen größter Vorzug es ist, daß es nicht nur Städtebilder aneinanderreiht, sondern eine eigene Perspektive entwickelt. ... Karl Schlögel hat ein facettenreiches und dichtes Buch geschrieben, das von ›Topophilie‹ (Gaston Bachelard), von Liebe zum Ort, geprägt ist und nicht nur papierene Geschichtsdokumente kennt, sondern auch einen Strom – die Oder historisch zu ›lesen‹ versteht. ... Seine Porträts, die Städte als Lebensmuster rekonstruieren und in den untergegangenen Lebensformen nach Modellen für heute forschen, werden erst dann nicht mehr unverzichtbar sein, wenn westeuropäische Provinzialität einer differenzierten Kenntnis aller Länder Europas gewichen ist.« *Die Presse (Wien) – Cornelius Hell*

Karl Schlögel

Die Mitte liegt ostwärts

Europa im Übergang

2002. 256 Seiten

»Unter den deutschen Osteuropa-Historikern der Gegenwart ist Karl Schlögel eine Ausnahmeerscheinung. Wort- und schriftgewaltig wie wenige seiner Zunft, pflegt er die Ergebnisse seiner wissenschaftlichen Forschungsarbeit, aber auch seine persönlichen Beobachtungen und Reflexionen regelmäßig einem breiteren Publikum zugänglich zu machen – in brillanten Essays, eindrucksvollen Vorträgen, publizistischen Zwischenrufen und Reportagen. ... Nun hat Schlögel einen Sammelband seiner Aufsätze aus den vergangenen 15 Jahren vorgelegt. Der wohl bemerkenswerteste Beitrag darin ist der 1986 erschienene Essay *Die Mitte liegt ostwärts – Die Deutschen, der verlorene Osten und Mitteleuropa*. Darin entwirft Schlögel geradezu prophetisch das Bild eines neu entstehenden Raumes im Herzen Europas, dessen Geschichte einst beispielhaft war für das Zusammenwachsen, ja Zusammengehören von Ost und West.« *Die Zeit – Klaus Bednarz*

»Ein Fall für Karl Schlögel, möchte man sagen, der unermüdlich und mit immer neuer Leidenschaft jene Landstriche und Städte des ehemaligen Ostens ins Licht rückt.« *Süddeutsche Zeitung – Harald Eggebrecht*

Karl Schlögel

Petersburg

Das Laboratorium der Moderne 1909–1921

2002. 704 Seiten

»›Alles Vorausgegangene scheint nur Probe, Sammlung der Kräfte für den Augenblick zu sein, da die Gefahr der Restauration gebannt sein wird‹, schreibt Karl Schlögel in *Petersburg – Das Laboratorium der Moderne*. Das Werk, soeben neu aufgelegt, ist eines der besten Bücher über Petersburg und ganz gewiss das beste in diesem Jahr. ... Dass Schlögel das Rad der Geschichte im Moment seiner höchsten Beschleunigung anhält, dass er kein Ergebnis, sondern Wandlungen und Fantasien beschreibt, entspricht dem quecksilbrigen Charakter der Stadt perfekt.«

Süddeutsche Zeitung – Sonja Zekri